野外ギャラリー（P.101参照）
Ⓐ Monument with Standing Beast（デュビュッフェ）
Ⓑ Untitled（ピカソ）
Ⓒ Miro's Chicago（ミロ）
Ⓓ The Four Seasons（シャガール）
Ⓔ Flamingo（カルダー）

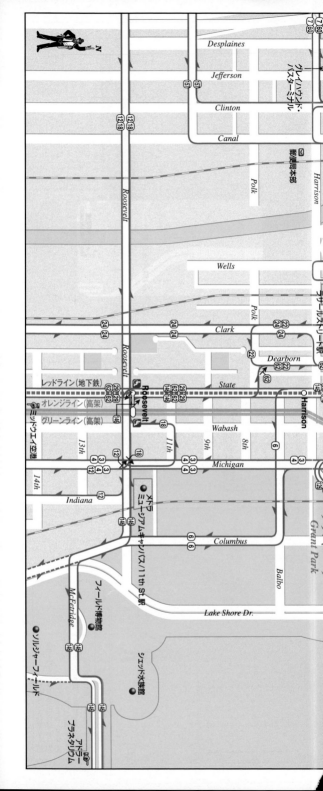

Chicago

シカゴ

CHICAGO CONTENTS

出発前に必ずお読みください! 旅のトラブルと安全対策…362

©Abel Arciniega Photo Courtesy of Choose Chicago

©Ranvestel Photographic Photo Courtesy of Choose Chicago

歩き方の使い方

掲載エリアが地図のどこか
おおよその位置を表します

掲載エリアにある建築や
ミュージアムについての詳細
ページを表します

掲載エリアへの行き方と歩き
方を表します

住 住所（所在地）
Ave. = Avenue
Blvd. = Boulevard
Dr. = Drive
Epwy. = Expressway
Fwy. = Freeway
Hwy. = Highway
Pkwy. = Parkway
St. = Street
☎ 電話番号
Free アメリカ国内は料金着
信者払いの無料電話
無料 日本で無料の電話番号
FAX ファクス番号
URL ウェブサイトアドレス
✉ e-mail アドレス
営 営業（開館・開園）
時間
休 休館（休業）日
料 料金（入場料）
行き方 CTAトレイン、CTA
バス、メトラ、ペース
バス、タクシー、車での
アクセス方法

FROM READERS
読者の皆さんからいただい
た投稿

CHICAGO INFORMATION
シカゴとシカゴ周辺に関する
こと、旅行に役立つ情報など

観光名所のある
地区名を表します

掲載エリアのモデ
ルコースと所要時
間です

見どころの名称

地図位置を表しま
す

シカゴで必見の
見どころです

ミュージックベニュー（ライブハウス）、ダンスクラブ、
ラウンジ＆バー

ホテル

レストラン

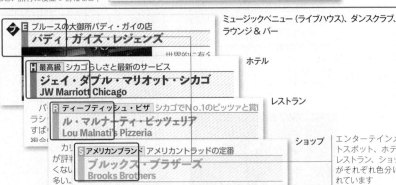

ショップ

エンターテインメン
トスポット、ホテル、
レストラン、ショップ
がそれぞれ色分けさ
れています

地図と凡例

---	州境
⑯	インターステートハイウエイ
⑱	USハイウエイ
⑳	ステートハイウエイ(州道)
59A	フリーウエイ出口
✈	空港
▬	摩天楼建築群
⑰	建築見どころ
⑭	見どころ
H	ホテル
S	ショップ
R	レストラン
C	カフェ
G	ギャラリー
N	ナイトスポット
i	観光案内所
✉	郵便局
✝	教会
⑩	ゴルフコース
M	メトラ駅
C	CTAトレイン駅
—	レッドライン
—	ブルーライン
—	グリーンライン
—	パープルライン
—	ブラウンライン
—	オレンジライン
—	ピンクライン

各ホテルの設備や各種サービス

- 🚻 車椅子用設備
- 🚭 全館禁煙
- ☕ コーヒーメーカー
- 🗄 室内金庫
- 🧊 冷蔵庫またはミニバー
- 🛁 全室バスタブあり
- 💪 フィットネスセンターまたはプール
- 🧺 洗濯機
- 👔 同日仕上げのクリーニング
- 🍴 レストラン
- 🛎 ルームサービス
- 🛍 コンシェルジュ
- 🗣 日本語の話せるスタッフ
- Wifi Wi-Fi
- 無料 インターネットの料金

クレジットカード

- A アメリカン・エキスプレス
- D ダイナースクラブ
- J JCBカード
- M マスターカード
- V ビザ

■掲載情報のご利用にあたって

編集部では、できるだけ最新で正確な情報を掲載するように努めていますが、現地の規則や手続きなどがしばしば変更されたり、またその解釈に見解の相違が生じることもあります。このような理由に基づく場合、または弊社に重大な過失がない場合は、本書をご利用して生じた損失や不都合などについて、弊社は責任を負いかねますのでご了承ください。また、本書をお使いいただく際は、掲載されている情報やアドバイスがご自身の状況や立場に適しているか、すべてご自身の責任でご判断のうえご利用ください。

■現地取材および調査時期

本書は2019年8月の取材調査データを基に編集されています。また、追跡調査を2020年3月まで行いました。しかしながら時間の経過とともにデータの変更が生じることがあります。特に、ホテル、レストラン、エンターテインメントスポットなどの情報は、旅行時点では変更されていることも多くあります。したがって、本書のデータはひとつの目安としてお考えいただき、現地ではできるだけ新しい情報を観光案内所などで入手してご旅行ください。

■発行後の情報の更新と訂正について

発行後に変更された掲載情報や、訂正箇所は『地球の歩き方』ホームページの「更新・訂正情報」で、可能な限り案内しています(ホテル、レストラン料金の変更などは除く)。

URL book.arukikata.co.jp/support

■ ホテルの表示

アメリカでは、基本的にホテル料金は「ひと部屋」の宿泊料が表示されます。本書もそれに従い、ひと部屋当たりの料金を表示しています。また、料金にホテルタックスは含まれていません。支払い時には所定の税金(シカゴ市内17.4%)がかかります(→ P.220)。また、料金は時期や空室状況によって大きく変動するので、詳細は予約時に確認ください。また "○○ Fee" と称し、追加料金が発生するホテルもあります。

Ⓢ：シングル(シングルベッドひとつ)、Ⓓ：ダブル(ダブルベッドひとつ)、Ⓣ：ツイン(ベッドふたつ)、スイート(リビング+ベッドルーム)をそれぞれ利用した料金です。また、格安の宿泊施設では、バス、トイレが共同になっている場合がありますので、バスタブの有無と合わせて宿泊の際に確認してください。

■投稿記事について

投稿記事は、多少主観的になっても原文にできるだけ忠実に掲載してありますが、データに関しては編集部で追跡調査を行っています。投稿記事のあとに(東京都 小熊太郎 '19)とあるのは、寄稿者と旅行年、シーズンを表しています。その後の追跡調査で新しいデータに変更されている場合は、その調査年を角カッコで追記し(東京都 小熊太郎 '19)['20]としています。

なお、ご投稿をお送りいただく場合は、P.328をご覧ください。

アメリカ合衆国の基本情報

▶シカゴの基礎知識
→P.35

国 旗
Stars and Stripes
13 本のストライプは 1776 年建国当時の州の数、50 の星は現在の州の数を表す。

正式国名
アメリカ合衆国
United States of America
アメリカという名前はイタリアの探検家でアメリカ大陸を確認したアメリゴ・ベスプッチのファーストネームから取ったもの。

国 歌
Star Spangled Banner

面 積
約 914 万 8000km²
日本の約 25 倍（日本約 37 万 8000km²）。

人 口
約 3 億 2824 万人
※シカゴ市約 271 万人

首 都
ワシントン特別行政区 Washington, District of Columbia
全米 50 のどの州にも属さない連邦政府直轄の行政地区。人口は約 70 万人。

元 首
ドナルド・トランプ 大統領 Donald Trump

政 体
大統領制　連邦制（50 州）

人種構成
白人系76.5%、アフリカ系13.4%、アジア系5.9%、アメリカ先住民1.3%など。

宗 教
おもにキリスト教。宗派はバプテスト、カトリックが主流だが、都市によって分布に偏りがある。少数だがユダヤ教、イスラム教など。

言 語
主として英語だが、法律上の定めはない。スペイン語も広域にわたって使われている。

通貨と為替レート

▶外貨の両替
→P.335

通貨単位はドル（$）とセント（¢）。$1.00≒105.17円（2020年3月13日現在）。流通している紙幣はおもに$1、5、10、20。$50と$100札は、小さな店で扱わないこともあるので注意。硬貨は1¢、5¢、10¢、25¢、50¢、$1の6種類だが、50¢と$1硬貨はほとんど流通していない。

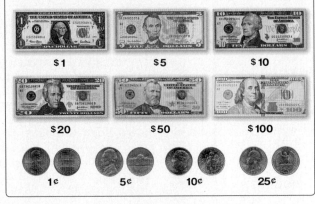

$1　$5　$10
$20　$50　$100
1¢　5¢　10¢　25¢

電話のかけ方

▶電話
→ P.359

日本からシカゴへかける場合

国際電話会社の番号
001（KDDI）※1
0033（NTTコミュニケーションズ）※1
0061（ソフトバンク）※1
005345（au携帯）※2
009130（NTTドコモ携帯）※3
0046（ソフトバンク携帯）※4

例 シカゴ（312）123-4567 へかける場合

国際電話識別番号	アメリカの国番号	市外局番（エリアコード）	相手先の電話番号
010	1	312	123-4567

※1 マイライン、マイラインプラスの国際区分に登録している場合は不要。詳細は、 www.myline.org
※2 auは005345をダイヤルしなくてもかけられる。
※3 NTTドコモは009130をダイヤルしなくてもかけられる。
※4 ソフトバンクは0046をダイヤルしなくてもかけられる。
※ 携帯電話の3キャリアは「0」を長押しして「＋」を表示し、続けて国番号からダイヤルしてもかけられる。

祝祭日

下記はシカゴのあるイリノイ州の祝日。なお、店舗などで「年中無休」をうたっているところでも、元日、感謝祭（11月第4木曜）、クリスマスの3日間はほとんど休み。また、メモリアルデイからレイバーデイにかけての夏休みの期間中は営業時間などのスケジュールを変更するところが多い。

▶イベントカレンダー
→ P.330

1月	1/1	元日 New Year's Day
	第3月曜	マーチン・ルーサー・キングの日 Martin Luther King Day
2月	12日	リンカーンの誕生日 Lincoln's Birthday
	第3月曜	大統領の日 Presidents' Day
5月	最終月曜	メモリアルデイ（戦没者追悼の日）Memorial Day
7月	7/4	独立記念日 Independence Day
9月	第1月曜	レイバーデイ（労働者の日）Labor Day
10月	第2月曜	コロンブス記念日 Columbus Day
11月	11/11	ベテランズデイ（退役軍人の日）Veteran's Day
	第4木曜と翌日	感謝祭と翌日 Thanksgiving Day and the day after Thanksgiving Day
12月	12/25	クリスマス Christmas Day

※セント・パトリック・デイ（3月17日）、愛国者の日（4月第3月曜）は、州によっては祝日になる

ビジネスアワー

以下は一般的な営業時間の目安。業種、立地条件などによって異なり、シカゴは中心部を離れれば24時間営業のスーパーも多い。

銀　行　月～金 9:00 ～ 17:00

デパートやショップ　月～金10:00～20:00、土～19:00、日11:00～18:00。ショッピングモールは平日21:00くらいまで営業している。

レストラン　朝からオープンしているのはレストランというより気軽なコーヒーショップ。朝食 7:00 ～ 10:00、昼食 11:30 ～ 14:00、ディナー 17:30 ～ 22:00。バーは深夜まで営業。

電気＆映像方式

電圧とプラグ
電圧は120ボルト。3つ穴プラグ。100ボルト、2つ穴プラグの日本製品も使えるが、電圧数がわずかではあるが違うので注意が必要。特にドライヤーや各種充電器などを長時間使用すると過熱する場合もあるので、時間を区切って使うなどの配慮が必要。

映像方式
ビデオは日米ともに NTSC 方式、ブルーレイ・リージョンコードは日米ともに「A」なので、両国のソフトはお互いに再生可能。ただし、DVD リージョンコードはアメリカ「1」に対し日本「2」のため、「ALL CODE」の表示のあるソフト以外はお互いに再生できない。

アメリカから日本へかける場合　　例東京 (03) 1234-5678、または (090) 1234-5678へかける場合

| 国際電話識別番号 **011** | + | 日本の国番号 **81** | + | 市外局番と携帯電話の最初の0を除いた番号 **3** または **90** | + | 相手先の電話番号 **1234-5678** |

※公衆電話から、日本にかける場合は上記のとおり。ホテルの部屋からは、外線につながる番号を「011」の前に付ける

▶アメリカ国内通話

▶公衆電話のかけ方

市内へかける場合は市外局番は不要※1）→欄外参照。市外へかける場合は最初に1をダイヤルし、市外局番からダイヤルする
①受話器を持ち上げる
②都市により異なるが、市内通話は最低通話料50¢を入れ、相手先の電話番号を押す。市外通話は「1」を頭に付け市外局番からダイヤル（プリペイドカードの場合はアクセス番号をプッシュし、ガイダンスに従って操作する）
③「初めの通話は○分○ドルです」とのアナウンスに従って、案内された額以上の金額を投入する

※1）シカゴ市では、同じ市内へかける場合も市外へかける場合と同様に最初に1をダイヤルし、市外局番からダイヤルする

▶チップについて
→ P.358

レストラン、タクシー、ホテルの宿泊（ベルボーイやベッドメイキング）など、サービスを受けたときにチップを渡すのが習慣になっている。額は、特別なことを頼んだ場合や満足度によっても異なるが、以下の相場を参考に。
レストラン／全米では合計額の15〜20%だが、シカゴではタックスを含まない飲食代合計の20%が一般的。サービス料が含まれている場合は、小銭程度をテーブルやトレイに残して席を立つ。
タクシー／運賃の約15%。
ホテル宿泊／ベルボーイは荷物の大きさや個数によって、ひとつにつき$2〜3。荷物が多いときはやや多めに。ベッドメイキングは$1〜2。

飲料水

シカゴの水道水は全米でもおいしいことで知られる。そのまま飲むこともできるが、ミネラルウオーターを購入する人もいる。スーパーやコンビニ、ドラッグストアなどで購入できる。

気候

▶シカゴの気候と
シーズン
→ P.330、334

シカゴにも四季はあるが、日本に比べると春と秋が短く、冬は寒さが厳しく長い。降雪もあり、気温がマイナス20℃を下回る日も。風が吹くときは体感温度が実際の温度より低く感じられる。夏から初秋にかけては気候も安定しており、イベントもめじろ押しで旅行に最適だ。なお、1日の気候の変化が著しく、気温差も激しいため、季節にかかわらず服装には注意を。

シカゴと東京の気温と降水量

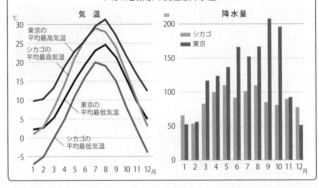

▶日本 - シカゴ間のフ
ライトスケジュール
→ P.340

日本からシカゴへは直行便で11時間30分〜12時間が目安。直行便でないのなら、西海岸の都市を経由すれば、比較的早くアクセスできる。

時差と
サマータイム

アメリカ本土には4つの時間帯がある。東部標準時 Eastern Standard Time（ニューヨークなど）は日本時間マイナス14時間、**中部標準時 Central Standard Time（シカゴなど）はマイナス15時間**、山岳部標準時 Mountain Standard Time（デンバーなど）はマイナス16時間、太平洋標準時 Pacific Standard Time（ロスアンゼルスなど）はマイナス17時間。シカゴは中部標準時に属している。夏はデイライト・セービング・タイム（夏時間）を採用し、時計の針を1時間進める州がほとんど。その場合、日本との時差は1時間短くなる。ただし、アリゾナ州、ハワイ州でデイライト・セービング・タイムは採用されていない。
夏時間を取り入れる期間は、3月第2日曜午前2時から、11月第1日曜午前2時まで。移動日に当たる場合、タイムスケジュールに十分注意する必要がある。

郵便料金

日本への航空便は封書、はがきともに＄1.20。規定の封筒や箱に入れるだけの荷物を定額で郵送できるタイプもある。郵便局は町によって営業時間が多少異なる。一般的な局は平日の 8:30 ～ 17:00 くらい。

郵 便

▶郵便
→ P.360

ビザ

90 日以内の観光、商用が目的の日本国民はビザは基本的に不要。ただし、頻繁にアメリカ入国出国を繰り返していたり、アメリカでの滞在が長い人は入国拒否をされることも。ビザ免除者は ESTA による電子渡航認証の取得が義務づけられている。

パスポート

アメリカ入国の際、パスポートの有効残存期間は、90 日以上あることが望ましい。

出入国

▶パスポート取得
→ P.337
▶ビザの取得
→ P.337
▶ ESTA（エスタ）の取得
→ P.338

物の購入時にかかるセールスタックスSales Taxとホテル宿泊時にかかるホテルタックスHotel Taxがある。率（%）は州や市によって異なるが、シカゴの場合、セールスタックスが10.25%、ホテルタックスは17.40%。スーパーマーケットなどで食料品を買うときは2.25%のフードタックス、果汁50%未満のソフトドリンクには3%のソフトドリンクタックスが課税される。また、レストランで食事をした場合、中心部（Diversey, Ashland, Stevenson, ミシガン湖）は11.75%、その他のエリアは10.75%の税金がかかる。

税 金

日本人の遭いやすい犯罪は、置き引き、ひったくりなど。犯行は複数人で及ぶことが多く、ひとりが気を引いているスキに、グループのひとりが財布を抜いたり、かばんを奪ったりする。日本語で言葉巧みにお金をだまし取られるケースも多い。日本から一歩でも出たら、「ここは日本ではない」という意識を常にもつことが大切。

【警察 救急車 消防署】
911

安全とトラブル

▶旅の安全対策
→ P.362
▶トラブルに遭ってしまったら
→ P.363

州によって異なるが、シカゴでは飲酒可能な年齢は 21 歳から。場所によっては、酒類を買うときも身分証明書（ID）の提示を求められる。ライブハウスなど酒のサーブがあるところも身分証明書が必要。アメリカでは若年層の交通事故がとても多く、大手レンタカー会社では一部の例外を除き 25 歳以上にしか貸し出さない。21 歳以上 25 歳未満の場合は割増料金が必要なことが多い。

年齢制限

▶マナーについて
→ P.358

▶アメリカと日本のサイズ比較
→ P.282

距離や長さ、面積、容量、速度、重さ、温度など、ほとんどの単位が日本の度量衡とは異なる。

度量衡

時差表

日本時間	0	1	2	3	4	5	6	7	8	9	10	11	12	13	14	15	16	17	18	19	20	21	22	23
東部標準時（EST）	10	11	12	13	14	15	16	17	18	19	20	21	22	23	0	1	2	3	4	5	6	7	8	9
中部標準時（CST）	9	10	11	12	13	14	15	16	17	18	19	20	21	22	23	0	1	2	3	4	5	6	7	8
山岳部標準時（MST）	8	9	10	11	12	13	14	15	16	17	18	19	20	21	22	23	0	1	2	3	4	5	6	7
太平洋標準時（PST）	7	8	9	10	11	12	13	14	15	16	17	18	19	20	21	22	23	0	1	2	3	4	5	6

※ 3月第 2 日曜から 11 月第 1 日曜まではデイライト・セービング・タイム（夏時間）を実施している。夏時間は時計の針を 1 時間進める政策。なお、ピンクの部分は日本時間の前日を示している。

シカゴと周辺の 行ってみたい町

シカゴを中心とする中西部には、
アメリカらしい穏やかでフレンドリーな町が点在する
シカゴと合わせて、本書に掲載の町を紹介しよう

アメリカ第3の都市
シカゴ → P.35

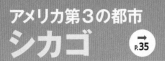

スカイラインの
美しさは世界一

大阪と姉妹都市。
食い倒れ、お笑いの町
（コメディシアター多数）

©Adam Alexander Photography

全米No.1と称された
「シカゴ美術館」

五大湖のひとつ
ミシガン湖沿いにある

©Adam Alexander Photography Photo Courtesy of Choose Chicago

ふたりの著名人を輩出 → P.124
オークパーク

ノーベル文学賞受賞の
アーネスト・ヘミングウェイが
生まれ育った町

20世紀4大建築家のひとり
フランク・ロイド・ライトの
住宅建築が集まる

郊外の典型的な住宅街 → P.136
エバンストン

全米屈指の
ノースウエスタン大学

ロータリー世界本部

リンカーンの町

イリノイ州の州都
スプリングフィールド
→ P.304

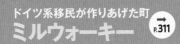

ルート66の名物
ダイナーのコージードッグ

ドイツ系移民が作りあげた町 → P.311
ミルウォーキー

バイク、ハーレー・ダビッ
ドソンの博物館

ライトの世界遺産もある → P.317
マディソン

ウィスコンシン大学

伝説の野球映画のロケ地
ダイアースビル → P.325

『フィールド・オブ・ドリームス』

ほかにもあります！

世界遺産の墳丘群と
アメリカの景勝道 → P.310
アルトンとグラフトン

グラフトンは紅葉と
石灰岩の
コントラストが見事

アメリカで 最高の小さな町 → P.324
ガリーナ

ミシシッピ川沿いのミニリゾート → P.327
デュビューク

13

シカゴスタイル・ピザ、ステーキ、
クルーズ、ライトの世界遺産

今、シカゴの マストはコレ!!

シカゴへ行ったら、ゼッタイに見ておきたい、
体験したい、食べておきたいものはこちら

P.65 → P.78

レイククルーズ（湖）と建築クルーズ

町そのものが建築博物館といわれるシカゴ。世界一のスカイ
ラインをカメラに収めたいならレイククルーズ、名物の建築
を説明付きで間近に見たいのなら建築クルーズがおすすめ

シカゴ川に沿っての
建築クルーズなら
重要な建築を
見落とすことがない。
右はリバーシティ

レイククルーズに
乗るなら午前中に

シカゴを訪れた観光客が
必ず体験するのがクルーズ

14

リンカーンパーク地区にある
キングストンマインズは1日に
2ステージの聴き比べができる

料理もおいしいと人気の
ハウス・オブ・ブルースの
ゴスペルブランチ

ディープなブルースが聴ける
ローザスラウンジ。
日本人ブルース・ピアニストの
有吉須美人氏も出演する

ライブハウス Music Venue で 生演奏を堪能 P.183~192

ニューオリンズから生まれた黒人音楽はミシ
シッピ川を遡ってシカゴで開花した。特にシ
カゴは「魂の叫び」といわれるブルースの本
場で、琴線に触れるようなサウンドに出合え
る。ジャズのライブハウスも多く、どちらも
手頃な料金で迫力の演奏が楽しめる

シカゴ名物のディープディッシュ・ピザ P.249, 252-253

シカゴ名物は、超ボリューミーなピザ。もともとシカゴっ
子に愛されてきた店は、今やどこも観光客で大混雑

タルト型に入った分厚いピザで、
チーズ、サラミ、野菜、
トマトソースなど、具だくさん

店員が切り
分けてくれる
が、それを見
ているだけで
もボリュー
ムのすごさが伝
わってくる

味自慢の店が林立する ステーキ P.254~256

シカゴの大火前は、テキサ
スをはじめとする南部や西
部の州から牛などの家畜が
集められ、シカゴで加工さ
れてきた。その名残か、シ
カゴにはステーキハウスが
多く、どこも毎晩にぎわっ
ている

フィレはどの店も
驚くほど分厚い

アメリカでもWagyuという
言葉が一般化している。
ジューシーな脂が特徴

フランク・ロイド・ライトの世界遺産見学 シカゴのライト建築 モデルコース P.44

2019年に世界遺産に登録されたのが「フランク・ロイド・ライトの20
世紀建築作品群」の8つの建築。そのうちのふたつがシカゴにあり、もう
ふたつが北に隣接するウィスコンシン州のマディソンとその郊外にある

ハイドパーク P.119

ライトのプレーリースタイルを
代表するロビー邸

オークパーク P.131

教会とは思えない外観の
ユニティテンプル

マディソン郊外 P.322

ライトの東の理想郷
「タリアセン」。
自宅、学校、スタジオ
などが敷地内にある

閉塞感のある外観とは
対照的に内部は開放的

シカゴを楽しみ尽くす モデルコース 2

シカゴは体験したいことが意外に多い。午前と午後に分けて、マストを効率よく回るモデルコースをご紹介。観光シーズンとオフシーズンでは各所の営業時間が変わるので注意

☀ 朝から昼までコース

8:00 ミレニアムパーク（→P.97）
人が少ないうちにビーンとクラウンファウンテンを観賞

ビーンはいつ行ってもおもしろい景色が見られるが、朝なら人が少なくて写真が撮りやすい

徒歩でMichigan & Chicago Riverへ

建築クルーズはシカゴ川沿いを航行、摩天楼が大迫力

9:00 レイククルーズ Wendella社のLake & River Architecture Tour（→P.65）か、建築に興味があるのなら建築センターの**建築クルーズChicago Architecture Center River Cruise**（→P.78）に参加。どちらも90分。湖からスカイラインの撮影は午前中に。午後は逆光になる

一度は名物の高架鉄道に乗ろう。乗り方→P.56

ウィリスタワーからの鳥瞰図。奥に見えるのがジョン・ハンコック・センターとミシガン湖

 11:00 ウィリスタワーの展望台（→P.84）シカゴで最高峰のビル。アクリルの突出部「レッジ」は足元が見え、スリル満点

State/Lake駅から高架鉄道のピンクラインに乗りQuincy駅下車

パブがサーブするグルメピザ。あまり混雑しないので穴場

徒歩

アクリルでできた突出部。崩れ落ちないかと冷や汗もの

12:30 エクスチェッカーパブ（→P.253）シカゴ名物のディープ・ディッシュ・ピザでランチ。余ったら持ち帰ろう

🌙 午後から夜までコース

14:00 **シカゴ美術館**（→P.142）
2時間早回りコースで見学。最後にショップでおみやげを物色

徒歩

美術全集で見たことのある作品に出合える美術館だ

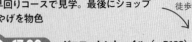

17:00 **マグニフィセントマイル**（→P.103）
ミシガンアベニューを北上しながらウインドーショッピング。途中**トランプタワー**（→P.91）、**330ノース・ワバッシュ**（→P.91）、**マリーナシティ**（→P.90）、**リグレービル**（→P.92）、**トリビューンタワー**（→P.92）を見学。シカゴ名物のチョコ「フランゴ」はウオータータワー・プレイスのメイシーズで

徒歩

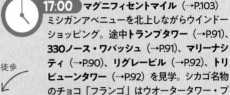

ミシガンアベニューとシカゴ川が交差する所にリグレービル（左）とトリビューンタワー（右）が見えてくる

シカゴっ子にも人気のステーキハウス。できれば予約を入れたい

18:30 **ギブソンズ・バー＆ステーキハウス**（→P.255）ステーキの夕食を

徒歩

20:00 **ジョン・ハンコック・センター**（→P.93）
展望台から宝石箱のようなシカゴの夜景を堪能

南側は宝石を身にまとった摩天楼が林立する

ミシガンアベニューで人気なのがジョン・ハンコック・センターの南にあるウオータータワー・プレイス（手前）

展望台から北側を見下ろすとレイクショア・ドライブがきれい

Michigan Ave.からCTA#147のバスでBalbo & Michigan下車

21:15 **バディ・ガイズ・レジェンド**（→P.183）ブルースを鑑賞。ジャズが好きなら**ウインターズ・ジャズ・クラブ**へ（→P.187）

ウインターズ・ジャズ・クラブはネイビーピアに近い所にあり、リラックスして聴けるのがいい

アクセスしやすいブルースクラブがバディ・ガイズ・レジェンズ。生演奏は心に響く

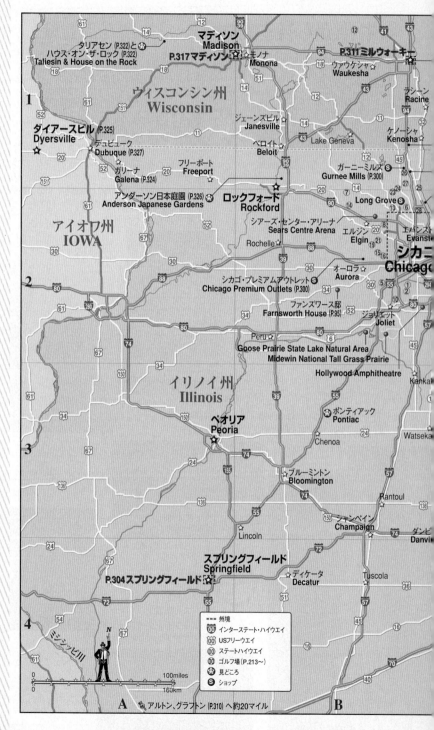

タリアセン (P.322) と
ハウス・オン・ザ・ロック (P.322)
Taliesin & House on the Rock

マディソン
Madison
P.317 マディソン ☆
モノナ
Monona

P.311 ミルウォーキー

ウァウケシャ ☆
Waukesha

ラシーン
Racine

ウィスコンシン州
Wisconsin

ジェーンズビル ☆
Janesville

ケノーシャ ☆
Kenosha

ダイアースビル (P.325)
Dyersville
☆

デュビューク (P.327)
Dubuque (P.327)

ベロイト ☆
Beloit

Lake Geneva

ガリーナ (P.324)
Galina (P.324)

フリーポート
Freeport

ガーニーミルズ Ⓢ (P.300)
Gurnee Mills (P.300)

アンダーソン日本庭園 (P.326)
Anderson Japanese Gardens

ロックフォード ☆
Rockford

Long Grove Ⓢ

アイオワ州
IOWA

シアーズ・センター・アリーナ
Sears Centre Arena

エルジン ☆
Elgin

エバンスト
Evanst

Rochelle ☆

オーロラ ☆
Aurora

シカゴ
Chicago

シカゴ・プレミアムアウトレット Ⓢ
Chicago Premium Outlets (P.300)

ファンズワース邸 (P.95)
Farnsworth House (P.95)

ジョリエット ☆
Joliet

Peru ☆

Goose Prairie State Lake Natural Area
Midewin National Tall Grass Prairie

Hollywood Amphitheatre

Kanka

イリノイ州
Illinois

ポンティアック ☆
Pontiac

ペオリア
Peoria
☆

Chenoa

Watseka

ブルーミントン ☆
Bloomington

Rantoul

シャンペイン ☆
Champaign

ダンビ
Danvi

Lincoln

スプリングフィールド
Springfield
P.304 スプリングフィールド ☆

ディケータ ☆
Decatur

Tuscola

アメリカ中西部マップ ★ *Midwest* ①

ミシシッピ川

N

0 ───── 100miles
0 ───── 160km

--- 州境
⑩ インターステート・ハイウエイ
⑩ USフリーウエイ
⑩ ステートハイウエイ
⑩ ゴルフ場 (P.213〜)
☆ 見どころ
Ⓢ ショップ

A 🚗 アルトン、グラフトン (P.310) へ約20マイル   B

18

ミルウォーキー
Milwaukee
『B01アメリカ編』掲載都市）

ミシガン湖
Lake Michigan

Pleasant Prairie Premium Outlets

シックス・フラッグス・グレート・アメリカ (P.140)
Six Flags Great America

ラビニア音楽祭 (P.199)
Ravinia Festival
②シカゴとその近郊 P.20-21

Holland

ミシガン州
Michigan

☆ランシング
Lansing

デトロイト
Detroit へ
（『B01アメリカ編』掲載都市）

カラマズー
Kalamazoo

バトルクリーク
Battle Creek

ジャクソン
Jackson

☆Benton Harbor

Three Rivers

Coldwater

Adrian

エルクハート
Elkhart

サウスベンド
South Bend

ゲーリー
Gary

Valparaiso

Bryan

☆Defiance

フォートウェイン
Fort Wayne

Huntington

Van Wert

リマ
Lima

Logansport

☆Peru

Decatur

St. Marys

ココモ
Kokomo

Portland

ラファイエット
Lafayette

インディアナ州
Indiana

アンダーソン
Anderson

☆Muncie

オハイオ州
Ohio

Piqua

Rockville

☆インディアナポリス
Indianapolis
（『B01アメリカ編』掲載都市）

リッチモンド
Richmond

デイトン
Dayton

☆テレホート
Terre Haute

Greensburg

Morgan Monroe State Forest

☆Columbus
Yellowwood State Forest

シンシナティ
Cincinnati
（『B01アメリカ編』掲載都市）

C

D

サンフランシスコ
シカゴ☆
ニューヨーク
☆ロスアンゼルス
マイアミ

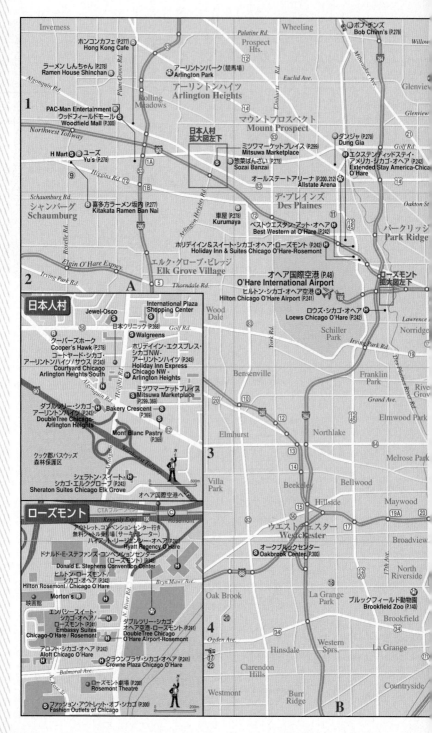

シカゴとその近郊マップ ★ *Chicago & Suburbs* ②

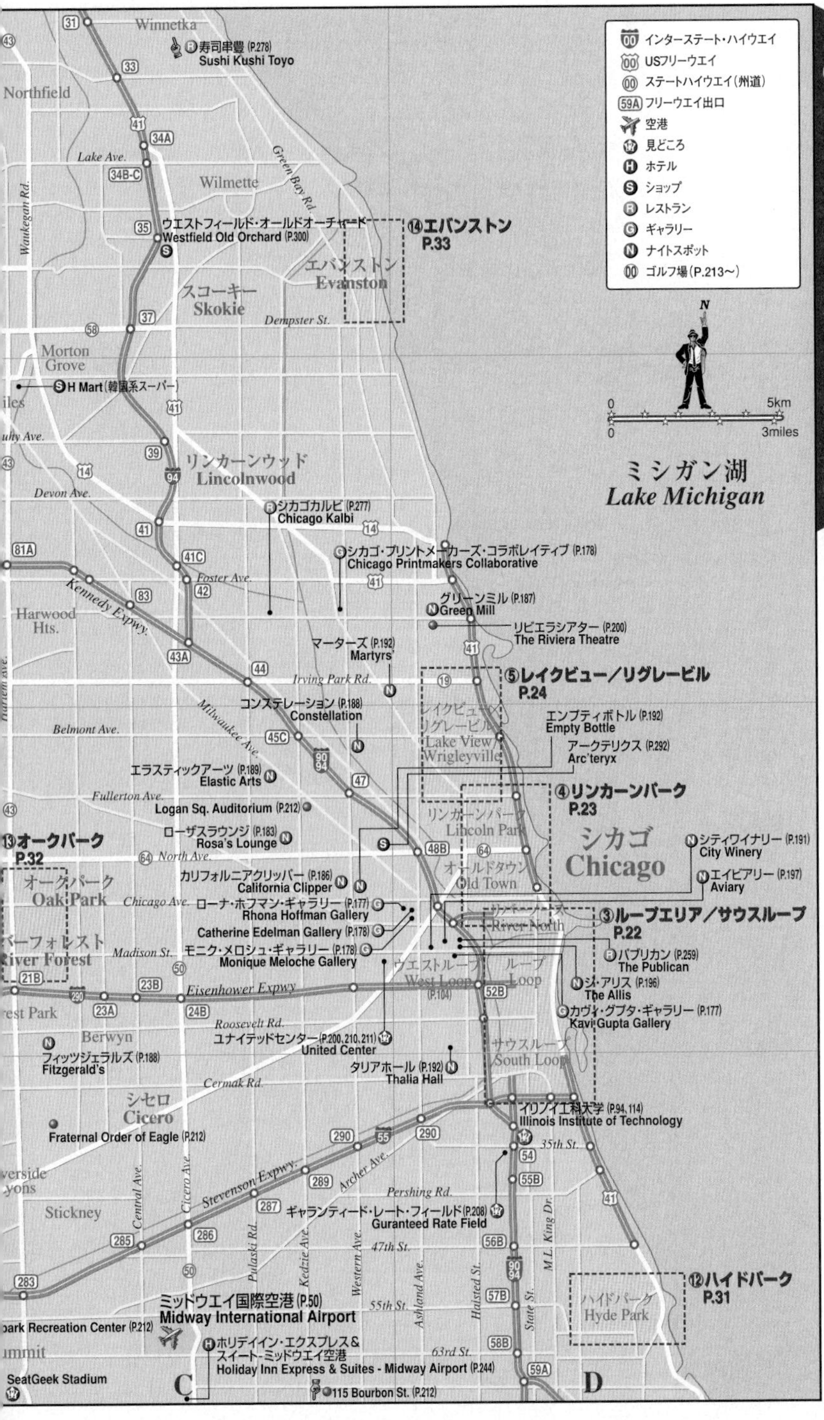

インターステート・ハイウエイ
USフリーウエイ
ステートハイウエイ（州道）
フリーウエイ出口
空港
見どころ
ホテル
ショップ
レストラン
ギャラリー
ナイトスポット
ゴルフ場（P.213〜）
N
0 5km
0 3miles
ミシガン湖
Lake Michigan
Winnetka
寿司串豊 (P.278)
Sushi Kushi Toyo
Northfield
Lake Ave.
Wilmette
Green Bay Rd.
Waukegan Rd.
ウエストフィールド・オールドオーチャード
Westfield Old Orchard (P.300)
⑭エバンストン
P.33
エバンストン
Evanston
スコーキー
Skokie
Dempster St.
Morton Grove
H Mart（韓国系スーパー）
Niles
Touhy Ave.
リンカーンウッド
Lincolnwood
Devon Ave.
シカゴカルビ (P.277)
Chicago Kalbi
シカゴ・プリントメーカーズ・コラボレイティブ (P.178)
Chicago Printmakers Collaborative
Foster Ave.
Kennedy Expwy.
Harwood Hts.
グリーンミル (P.187)
Green Mill
リビエラシアター (P.200)
The Riviera Theatre
マーターズ (P.192)
Martyrs'
Irving Park Rd.
⑤レイクビュー／リグレービル
P.24
レイクビュー／リグレービル
Lake View/ Wrigleyville
コンステレーション (P.188)
Constellation
Milwaukee Ave.
Belmont Ave.
エンプティボトル (P.192)
Empty Bottle
アークテリクス (P.292)
Arc'teryx
エラスティックアーツ (P.189)
Elastic Arts
Fullerton Ave.
④リンカーンパーク
P.23
リンカーンパーク
Lincoln Park
Logan Sq. Auditorium (P.212)
ローザスラウンジ (P.183)
Rosa's Lounge
シカゴ
Chicago
シティワイナリー (P.191)
City Winery
⑬オークパーク
P.32
North Ave.
オールドタウン
Old Town
エイビアリー (P.197)
Aviary
オークパーク
Oak Park
カリフォルニアクリッパー (P.186)
California Clipper
Chicago Ave.
ローナ・ホフマン・ギャラリー (P.177)
Rhona Hoffman Gallery
リバーノース
River North
③ループエリア／サウスループ
P.22
Catherine Edelman Gallery (P.178)
リバーフォレスト
River Forest
Madison St.
モニク・メロシュ・ギャラリー (P.178)
Monique Meloche Gallery
パブリカン (P.259)
The Publican
ウエストループ
West Loop
(P.104)
ループ
Loop
Eisenhower Expwy.
Forest Park
ジ・アリス (P.196)
The Allis
カヴィ・グプタ・ギャラリー (P.177)
Kavi Gupta Gallery
Roosevelt Rd.
Berwyn
ユナイテッドセンター (P.200, 210, 211)
United Center
フィッツジェラルズ (P.188)
Fitzgerald's
サウスループ
South Loop
タリアホール (P.192)
Thalia Hall
Cermak Rd.
シセロ
Cicero
イリノイ工科大学 (P.94, 114)
Illinois Institute of Technology
Fraternal Order of Eagle (P.212)
35th St.
Riverside
Lyons
Archer Ave.
Stevenson Expwy.
Pershing Rd.
Stickney
Central Ave.
Cicero Ave.
ギャランティード・レート・フィールド (P.208)
Guranteed Rate Field
Pulaski Rd.
Kedzie Ave.
Western Ave.
47th St.
Ashland Ave.
Halsted St.
State St.
M.L.King Dr.
⑫ハイドパーク
P.31
ハイドパーク
Hyde Park
ミッドウエイ国際空港 (P.50)
Midway International Airport
55th St.
Park Recreation Center (P.212)
Summit
ホリデイイン・エクスプレス＆スイート・ミッドウエイ空港
Holiday Inn Express & Suites - Midway Airport (P.244)
63rd St.
SeatGeek Stadium
115 Bourbon St. (P.212)
C
D

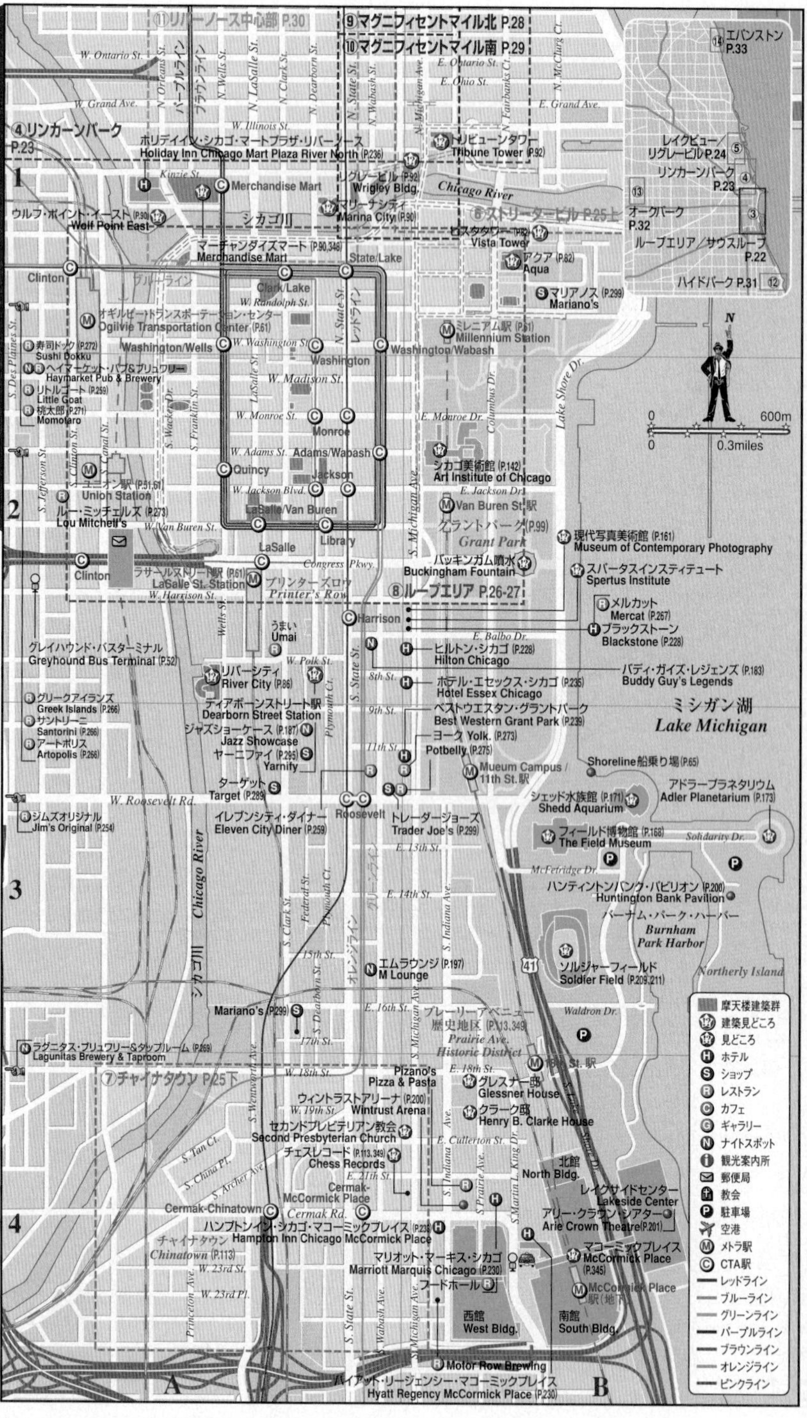

⑪リバーノース中心部 P.30
⑨マグニフィセントマイル北 P.28
⑩マグニフィセントマイル南 P.29
④リンカーンパーク P.23
⑥ストリータービル P.25上
⑧ループエリア P.26-27
⑦チャイナタウン P.25下
W. Ontario St.
W. Grand Ave.
W. Illinois St.
Kinzie St.
N. Orleans St.
N. Wells St.
N. LaSalle St.
N. Clark St.
N. Dearborn St.
N. State St.
N. Wabash St.
N. Michigan Ave.
N. Fairbanks Ct.
N. McClurg Ct.
E. Ontario St.
E. Ohio St.
E. Grand Ave.
パープルライン
ブラウンライン
ホリデイイン・シカゴ・マートプラザ・リバーノース
Holiday Inn Chicago Mart Plaza River North (P.236)
トリビューンタワー
Tribune Tower (P.92)
Merchandise Mart
リグレービル (P.92)
Wrigley Bldg.
Chicago River
マリーナシティ
Marina City (P.90)
ウルフ・ポイント・イースト (P.90)
Wolf Point East
シカゴ川
マーチャンダイズマート (P.90,348)
Merchandise Mart
ビスタタワー (P.82)
Vista Tower
State/Lake
アクア (P.82)
Aqua
Clinton
ブルーライン
Clark/Lake
W. Randolph St.
マリアノス (P.299)
Mariano's
オギルビートランスポーテーション・センター
Ogilvie Transportation Center (P.61)
ミレニアム駅 (P.61)
Millennium Station
Washington/Wells
W. Washington St.
Washington
Washington/Wabash
レッドライン
寿司ドック (P.272)
Sushi Dokku
ヘイマーケット・パブ＆ブリュワリー
Haymarket Pub & Brewery
リトルゴート (P.259)
Little Goat
桃太郎 (P.271)
Momotaro
W. Madison St.
S. Des Plaines St.
S. Wacker Dr.
S. Franklin St.
LaSalle St.
Columbus Dr.
Lake Shore Dr.
W. Monroe St.
Monroe
E. Monroe Dr.
W. Adams St.
Adams/Wabash
S. Clinton St.
Canal St.
S. Jefferson St.
ユニオン駅 (P.51,61)
Union Station
Quincy
Jackson
シカゴ美術館 (P.142)
Art Institute of Chicago
W. Jackson Blvd.
E. Jackson Dr.
ルー・ミッチェルズ (P.273)
Lou Mitchell's
LaSalle/Van Buren
Van Buren St.駅
W. Van Buren St.
Library
グラントパーク (P.99)
Grant Park
現代写真美術館 (P.161)
Museum of Contemporary Photography
LaSalle
Congress Pkwy.
バッキンガム噴水
Buckingham Fountain
スパータスインスティテュート
Spertus Institute
ラサールストリート駅 (P.61)
LaSalle St. Station
プリンターズロウ
Printer's Row
W. Harrison St.
Harrison
メルカット
Mercat (P.267)
ブラックストーン
Blackstone (P.228)
E. Balbo Dr.
うまい
Umai
グレイハウンド・バスターミナル
Greyhound Bus Terminal (P.52)
Wells St.
ヒルトン・シカゴ (P.228)
Hilton Chicago
W. Polk St.
リバーシティ
River City (P.86)
8th St.
ホテル・エセックス・シカゴ (P.235)
Hotel Essex Chicago
バディ・ガイズ・レジェンズ (P.183)
Buddy Guy's Legends
グリークアイランズ
Greek Islands (P.266)
ディアボーンストリート駅
Dearborn Street Station
9th St.
ベストウエスタン・グラントパーク
Best Western Grant Park (P.239)
ミシガン湖
Lake Michigan
サントリーニ
Santorini (P.266)
ジャズショーケース (P.187)
Jazz Showcase
Plymouth Ct.
S. State St.
S. Michigan Ave.
ヨーク Yolk. (P.273)
アートポリス
Artopolis (P.266)
ヤーニファイ (P.295)
Yarnify
11th St.
Potbelly (P.275)
Shoreline船乗り場 (P.65)
Mueum Campus / 11th St.駅
ターゲット
Target (P.289)
アドラープラネタリウム
Adler Planetarium (P.173)
W. Roosevelt Rd.
シェッド水族館 (P.171)
Shedd Aquarium
ジムズオリジナル
Jim's Original (P.254)
イレブンシティ・ダイナー
Eleven City Diner (P.259)
Roosevelt
トレーダージョーズ
Trader Joe's (P.299)
フィールド博物館 (P.168)
The Field Museum
Solidarity Dr.
E. 13th St.
McFetridge Dr.
Chicago River
ハンティントンバンク・パビリオン (P.208)
Huntington Bank Pavilion
Federal St.
Plymouth Ct.
E. 14th St.
S. Clark St.
S. Indiana Ave.
バーナム・パーク・ハーバー
Burnham Park Harbor
15th St.
グリーンライン
オレンジライン
エムラウンジ (P.197)
M Lounge
41
ソルジャーフィールド
Soldier Field (P.209,211)
Northerly Island
シカゴ川
Mariano's (P.299)
E. 16th St.
プレーリーアベニュー歴史地区 (P.113,349)
Prairie Ave. Historic District
Waldron Dr.
S. Dearborn St.
17th St.
S. Wentworth Ave.
ラグニタス・ブリュワリー＆タップルーム (P.269)
Lagunitas Brewery & Taproom
W. 18th St.
Pizano's Pizza & Pasta
E. 18th St.
18th St.駅
グレスナー邸
Glessner House
ウィントラストアリーナ (P.200)
Wintrust Arena
W. 19th St.
クラーク邸
Henry B. Clarke House
セカンドプレビテリアン教会
Second Presbyterian Church
E. Cullerton St.
S. Tan Ct.
S. China Pl.
S. Archer Ave.
チェスレコード (P.113,349)
Chess Records
E. 21th St.
北館
North Bldg.
Cermak-McCormick Place
レイクサイドセンター
Lakeside Center
Cermak-Chinatown
Cermak Rd.
アリー・クラウン・シアター
Arie Crown Theatre (P.201)
S. Prairie Ave.
S. Martin L. King Dr.
ハンプトンイン・シカゴ・マコーミックプレイス (P.230)
Hampton Inn Chicago McCormick Place
チャイナタウン
Chinatown (P.113)
マコーミックプレイス
McCormick Place (P.345)
W. 23rd St.
マリオット・マーキス・シカゴ
Marriott Marquis Chicago (P.230)
フードホール
McCormick Place駅（地下）
W. 23rd Pl.
Princeton Ave.
西館
West Bldg.
南館
South Bldg.
S. Wabash Ave.
Motor Row Brewing
ハイアット・リージェンシー・マコーミックプレイス
Hyatt Regency McCormick Place (P.230)
1
2
3
4
A
B
⑭ エバンストン P.33
レイクビュー／リグレービル P.24 ⑤
リンカーンパーク P.23 ④
⑬
オークパーク P.32
ループエリア／サウスループ P.22 ③
ハイドパーク P.31 ⑫
N
0 600m
0 0.3miles
摩天楼建築群
建築見どころ
見どころ
ホテル
ショップ
レストラン
カフェ
ギャラリー
ナイトスポット
観光案内所
郵便局
教会
駐車場
空港
メトラ駅
CTA駅
レッドライン
ブルーライン
グリーンライン
パープルライン
ブラウンライン
オレンジライン
ピンクライン

ループエリア／サウスループマップ ★ *Loop Area/South Loop* ③

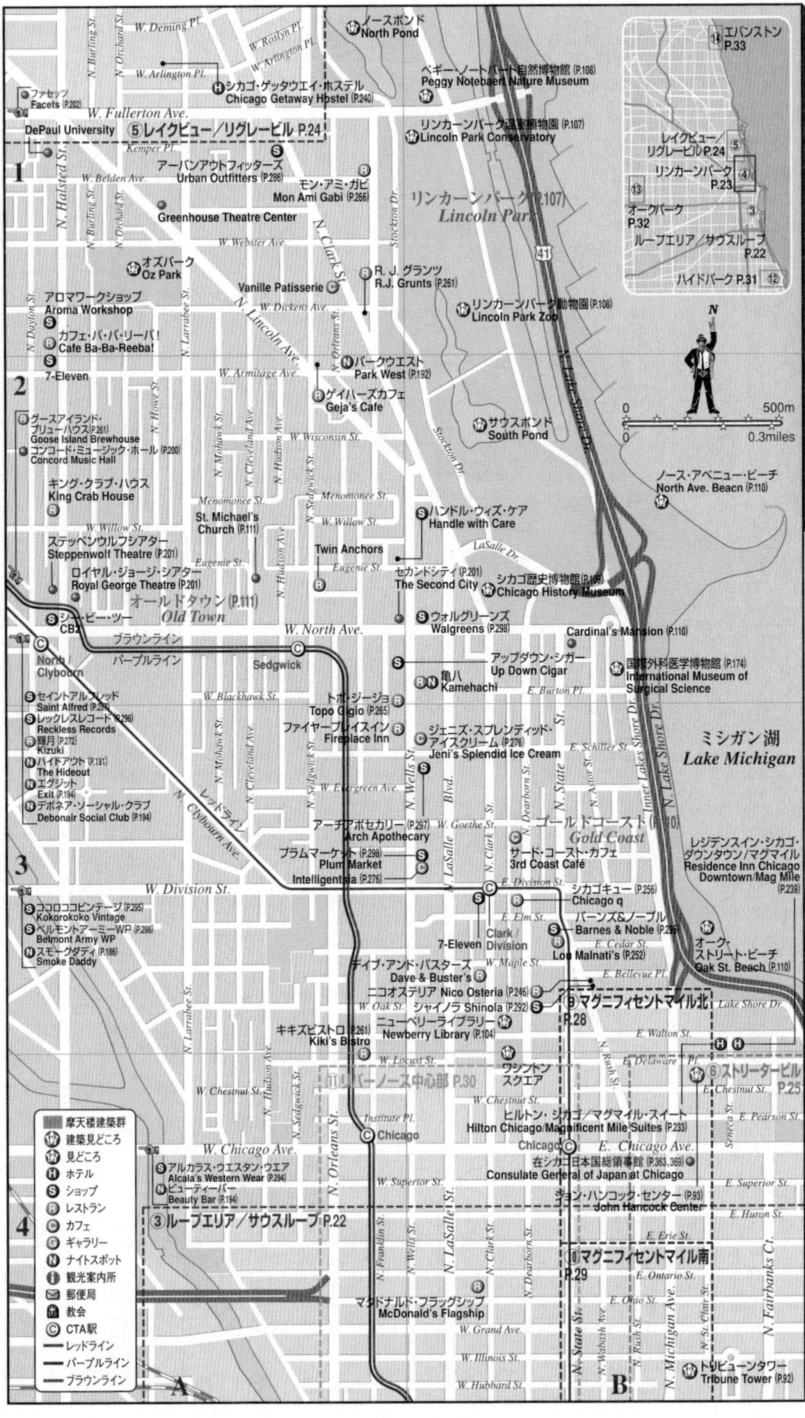

ノースポンド
North Pond
ペギー・ノートバート自然博物館 (P.108)
Peggy Notebaert Nature Museum
リンカーンパーク温室植物園 (P.107)
Lincoln Park Conservatory
リンカーンパーク(P.107)
Lincoln Park
リンカーンパーク動物園 (P.108)
Lincoln Park Zoo
サウスポンド
South Pond
ノース・アベニュー・ビーチ
North Ave. Beacn (P.110)
シカゴ歴史博物館 (P.109)
Chicago History Museum
Cardinal's Mansion (P.110)
国際外科医学博物館 (P.174)
International Museum of Surgical Science
ミシガン湖
Lake Michigan
ゴールドコースト (P.110)
Gold Coast
オールドタウン (P.111)
Old Town
ファセッツ
Facets (P.202)
DePaul University
⑤レイクビュー／リグレービル P.24
シカゴ・ゲッタウエイ・ホステル
Chicago Getaway Hostel (P.240)
アーバンアウトフィッターズ
Urban Outfitters (P.286)
モン・アミ・ガビ
Mon Ami Gabi (P.266)
Greenhouse Theatre Center
オズパーク
Oz Park
Vanille Patisserie
R. J. グランツ
R.J. Grunts (P.261)
アロマワークショップ
Aroma Workshop
カフェ・バ・バ・リーバ！
Cafe Ba-Ba-Reeba!
7-Eleven
パークウエスト
Park West (P.192)
ゲイハーズカフェ
Geja's Cafe
グースアイランド・ブリューハウス (P.261)
Goose Island Brewhouse
コンコード・ミュージック・ホール (P.200)
Concord Music Hall
キング・クラブ・ハウス
King Crab House
St. Michael's Church (P.111)
ハンドル・ウィズ・ケア
Handle with Care
Twin Anchors
ステッペンウルフシアター
Steppenwolf Theatre (P.201)
ロイヤル・ジョージ・シアター
Royal George Theatre (P.201)
セカンドシティ (P.201)
The Second City
シー・ビー・ツー
CB2
ウォルグリーンズ
Walgreens (P.298)
ブラウンライン
パープルライン
North / Clybourn
Sedgwick
アップダウン・シガー
Up Down Cigar
亀八
Kamehachi
セイントアルフレッド
Saint Alfred (P.287)
レックレスレコード (P.296)
Reckless Records
輝月 (P.272)
Kizuki
ハイドアウト (P.191)
The Hideout
エグジット
Exit (P.194)
デボネア・ソーシャル・クラブ
Debonair Social Club (P.194)
トポ・ジージョ
Topo Gigio (P.265)
ファイヤープレイスイン
Fireplace Inn
ジェニズ・スプレンディッド・アイスクリーム (P.276)
Jeni's Splendid Ice Cream
レッドライン
アーチアポセカリー (P.297)
Arch Apothecary
プラムマーケット (P.298)
Plum Market
Intelligentsia (P.276)
サード・コースト・カフェ
3rd Coast Café
レジデンスイン・シカゴ・ダウンタウン／マグマイル
Residence Inn Chicago Downtown/Mag Mile (P.239)
ココロココビンテージ (P.295)
Kokorokoko Vintage
ベルモントアーミーWP (P.298)
Belmont Army WP
スモークダディ (P.186)
Smoke Daddy
シカゴキュー (P.256)
Chicago q
バーンズ&ノーブル
Barnes & Noble (P.296)
7-Eleven
Clark / Division
Lou Malnati's (P.252)
オーク・ストリート・ビーチ
Oak St. Beach (P.110)
デイブ・アンド・バスターズ
Dave & Buster's
ニコオステリア Nico Osteria (P.246)
シャイノラ Shinola (P.292)
⑨マグニフィセントマイル北 P.28
ニューベリーライブラリー
Newberry Library (P.104)
キキズビストロ (P.261)
Kiki's Bistro
ワシントンスクエア
⑪リバーノース中心部 P.30
⑥ストリータービル P.25
ヒルトン・シカゴ／マグマイル・スイート
Hilton Chicago/Magnificent Mile Suites (P.233)
Chicago
在シカゴ日本国総領事館 (P.363,369)
Consulate General of Japan at Chicago
アルカラス・ウエスタン・ウエア
Alcala's Western Wear (P.294)
ビューティーバー
Beauty Bar (P.194)
ジョン・ハンコック・センター (P.93)
John Hancock Center
③ループエリア／サウスループ P.22
⑩マグニフィセントマイル南 P.29
マクドナルド・フラッグシップ
McDonald's Flagship
トリビューンタワー
Tribune Tower (P.92)
W. Deming Pl.
W. Roslyn Pl.
W. Arlington Pl.
W. Fullerton Ave.
Kemper Pl.
W. Belden Ave.
W. Webster Ave.
W. Dickens Ave.
W. Armitage Ave.
W. Wisconsin St.
Menomonee St.
W. Willow St.
Eugenie St.
LaSalle Dr.
W. North Ave.
W. Blackhawk St.
E. Burton Pl.
E. Schiller St.
W. Evergreen Ave.
W. Goethe St.
W. Division St.
E. Division St.
E. Elm St.
E. Cedar St.
W. Maple St.
E. Bellevue Pl.
W. Oak St.
Lake Shore Dr.
E. Walton St.
E. Delaware Pl.
W. Locust St.
W. Chestnut St.
E. Chestnut St.
E. Pearson St.
Institute Pl.
W. Chicago Ave.
E. Chicago Ave.
W. Superior St.
E. Superior St.
E. Huron St.
E. Erie St.
E. Ontario St.
E. Ohio St.
W. Grand Ave.
W. Illinois St.
W. Hubbard St.
N. Halsted St.
N. Burling St.
N. Orchard St.
N. Dayton St.
N. Larrabee St.
N. Howe St.
N. Mohawk St.
N. Cleveland Ave.
N. Hudson Ave.
N. Sedgwick St.
N. Orleans St.
N. Clark St.
N. Lincoln Ave.
Stockton Dr.
N. Lake Shore Dr.
N. Clybourn Ave.
N. Wells St.
N. LaSalle Blvd.
N. Dearborn St.
N. State St.
N. Astor St.
Inner Lakes Shore Dr.
N. Rush St.
N. Franklin St.
N. Wabash Ave.
N. Michigan Ave.
N. St. Clair St.
Seneca St.
N. Fairbanks Ct.
41
A
B
1
2
3
4
エバンストン P.33
レイクビュー／リグレービル P.24
リンカーンパーク P.23
オークパーク P.32
ループエリア／サウスループ P.22
ハイドパーク P.31
N
0
500m
0.3miles
摩天楼建築群
建築見どころ
見どころ
ホテル
ショップ
レストラン
カフェ
ギャラリー
ナイトスポット
観光案内所
郵便局
教会
CTA駅
レッドライン
パープルライン
ブラウンライン

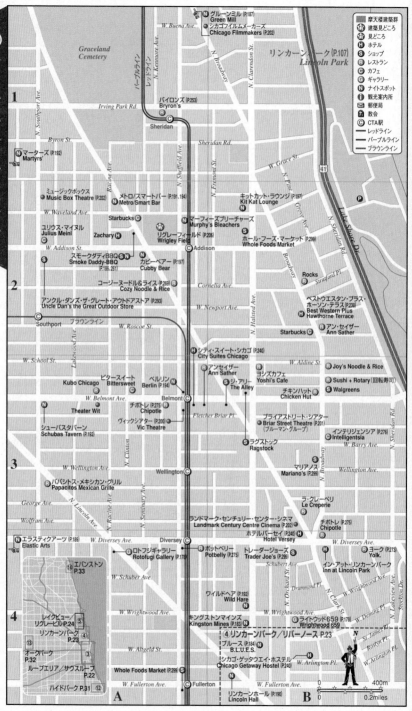

Graceland
Cemetery

リンカーン・パーク (P.107)
Lincoln Park

グルーンミル (P.187)
Green Mill
シカゴフイルムメーカーズ
Chicago Filmmakers (P.202)

摩天楼建築群
建築見どころ
見どころ
ホテル
ショップ
レストラン
カフェ
ギャラリー
ナイトスポット
観光案内所
郵便局
教会
CTA駅
レッドライン
パープルライン
ブラウンライン

W. Buena Ave.

N. Kenmore Ave.

N. Clarendon St.

N. Broadway

Irving Park Rd.

バイロンズ (P.253)
Bryron's

Sheridan

Sheridan Rd.

N. Southport Ave.

Byron St.

W. Grace St.

N. Racine Ave.

N. Sheffield Ave.

N. Fremont St.

N. Pine

41

マーターズ (P.192)
Martyrs'

N. Lake Shore Dr.

N. Sheridan Rd.

ミュージックボックス
Music Box Theatre (P.202)
メトロ／スマートバー
Metro/Smart Bar (P.191, 194)

キットカット・ラウンジ (P.197)
Kit Kat Lounge

W. Waveland Ave.

Grove Ave.

Starbucks

ユリウス・マイヌル
Julius Meinl
Zachary

マーフィーズブリーチャーズ
Murphy's Bleachers
リグレーフィールド (P.206)
Wrigley Field

ホール・フーズ・マーケット (P.299)
Whole Foods Market

W. Addison St.

Addison

スモークダディBBQ
Smoke Daddy-BBQ (P.186, 251)

カビーベア (P.197)
Cubby Bear

Broadway

Rocks

Stratford Pl.

コージー・ヌードル＆ライス (P.269)
Cozy Noodle & Rice

Cornelia Ave.

アンクル・ダンズ・ザ・グレート・アウドアストア (P.293)
Uncle Dan's the Great Outdoor Store

W. Newport Ave.

ベストウエスタン・プラス・
ホーソン・テラス (P.238)
Best Western Plus
Hawthorne Terrace

N. Halsted Ave.

Southport

ブラウンライン

アン・セザー (P.266)
Ann Sather

W. Roscoe St.

Lakewood Ave.

Starbucks

シティ・スイート・シカゴ (P.240)
City Suites Chicago

W. Aldine St.

Joy's Noodle & Rice

W. School St.

ビタースイート
Bittersweet

アンセイザー
Ann Sather

ヨシズカフェ
Yoshi's Cafe

Sushi + Rotary (回転寿司)

Kubo Chicago

ベルリン
Berlin (P.194)

ジ・アリー
The Alley

チキンハット
Chicken Hut

Walgreens

W. Belmont Ave.

Belmont

Fletcher Briar Pl.

Theater Wit

チポトレ (P.275)
Chipotle

ブライアストリート・シアター
Briar Street Theatre (P.201)
（ブルーマン・グループ）

インテリジェンシア (P.276)
Intelligentsia

シューバスタバーン
Schubas Tavern (P.192)

ヴィックシアター (P.200)
Vic Theatre

ラグストック
Ragstock

W. Barry Ave.

N. Clinton Ave.

N. Broadway

Wellington

W. Wellington Ave.

マリアノス
Mariano's

Wellington Ave.

パパシトス・メキシカン・グリル
Papacitos Mexican Grille

George Ave.

N. Racine Ave.

N. Seminary Ave.

ラ・クレペリー
Le Creperie

Wolfram Ave.

N. Lincoln Ave.

ランドマーク・センチュリー・センター・シネマ (P.202)
Landmark Century Centre Cinema

チポトレ (P.275)
Chipotle

エラスティックアーツ (P.189)
Elastic Arts

W. Diversey Ave.

Diversey

ホテルバーセイ (P.240)
Hotel Versey

W. Diversey Ave.

ロトフジギャラリー
Rotofugi Gallery (P.179)

ポットベリー
Potbelly (P.275)

トレーダージョーズ
Trader Joe's (P.299)

ヨーク (P.273)
Yolk.

イン・アット・リンカーンパーク
Inn at Lincoln Park

W. Schuber Ave.

Schubert Ave.

N. Orchard St.

Drummond Pl.

N. Clark Ave.

N. Lakeview Ave.

Stockton Dr.

W. Dening Pl.

ワイルドヘア (P.192)
Wild Hare

エバンストン
P.33

レイクビュー／
リグレービル P.24

リンカーンパーク
P.23

オークパーク
P.32

ループエリア／サウスループ
P.22

ハイドパーク P.31

W. Wrightwood Ave.

キングストンマインズ (P.183)
Kingston Mines

ライトウッド659 (P.178)
Wrightwood 659

W. Lakeview Ave.

St. James Pl.

ブルース (P.184)
B.L.U.E.S.

シカゴ・ゲッタウエイ・ホステル (P.240)
Chicago Getaway Hostel

Roslyn Pl.

W. Arlington Pl.

W. Altgeld St.

Whole Foods Market (P.299)

W. Wrightwood Ave.

④リンカーンパーク／リバーノース P.23

W. Arlington Pl.

W. Fullerton Ave.

Fullerton

W. Fullerton Ave.

リンカーンホール (P.190)
Lincoln Hall

0   400m
0   0.2miles

① ストリータービル

Fourth Presbyterian Church (P.199)
ジョン・ハンコック・センター (P.93)
John Hancock Center
ウォータータワー
Water Tower (P.103)

E. Delaware Pl.
ラファエロ
Raffaello (P.233)

E. Chestnut St.
フランチェスカズ・オン・チェスナット (P.94)
Francesca's on Chestnut

エイトシックスティ・エイトエイティ・レイクショア・ドライブ・アパート (P.93)
860-880 Lake Shore Drive Apartments

E. Pearson St.

シカゴ現代美術館 (P.159, 190)
The Museum of Contemporary Art, Chicago

ミシガン湖
Lake Michigan

ワイルドベリー・パンケーキ (P.273)
Wildberry Pancakes

E. Chicago Ave.

在シカゴ日本国総領事館 (11階/P.363, 369)
Consulate General of Japan at Chicago

E. Superior St.

アーツクラブ・オブ・シカゴ (P.177)
The Arts Club of Chicago

E. Huron St.

フェアフィールド・イン&スイート・シカゴ・ダウンタウン (P.237)
Fairfield Inn & Suites Chicago Downtown

アウターハーバー
Outer Harbor

⑨ マグニフィ
セントマイル北 P.28

⑩ マグニフィ
セントマイル南 P.29

Hyatt Centric
Magnificent Mile

E. Erie St.

ダブル・シカゴ・レイクショア
W Chicago-Lakeshore (P.233)

牛角 (P.272)
Gyu-Kaku

紫酒ラウンジ (P.196)
Murasaki Sake Lounge

E. Ontario St.

オハイオ・ストリート・ビーチ
Ohio Street Beach

7-Eleven

ダオタイ (P.268)
Dao Thai

E. Ohio St.

ドロップコーヒー (P.276)
Dollop Coffee

ホール・フーズ・マーケット (P.299)
Whole Foods Market

ヨーク (P.273)
Yolk.

E. Grand Ave.

レイク・ポイント・タワー (P.92)
Lake Point Tower

ネイビーピア (P.105, 348)
Navy Pier

ヴォラーレ (P.265)
Volare

AMCリバーイースト21
AMC River East 21

トリビューンタワー
Tribune Tower (P.92)

E. Illinois St.

Embassy Suites-
Chicago Downtown
Magnificent Mile

カーソンズ (P.257)
Carson's

Target

ウインターズ・ジャズ・クラブ
Winters Jazz Club (P.187)

シカゴ・シェークスピア・シアター
Chicago Shakespeare Theatre (P.201)

AMCネイビーピア・アイマックス・シアター
AMC Navy Pier IMAX Theatre (P.202)

リグレービル (P.92)
Wrigley Bldg.

NBCタワー
NBC Tower

E. North Water St.

シェラトン・グランド・シカゴ
Sheraton Grand Chicago (P.232)

シカゴ川

ビッグバー Big Bar (P.195)

ハイアット・リージェンシー・シカゴ
Hyatt Regency Chicago (P.230)

シカゴ建築センター (P.78)

E. Wacker Dr.

スイソテル・シカゴ
Swissotel Chicago (P.231)

Chicago River

N. Lake Shore Dr.

ビスタタワー (P.92)

凡例

摩天楼建築群
建築見どころ
見どころ
ホテル
ショップ
レストラン
カフェ
ギャラリー
ナイトスポット
観光案内所
郵便局
教会
空港
CTA駅
レッドライン
グリーンライン
オレンジライン

200m
0.1miles

N

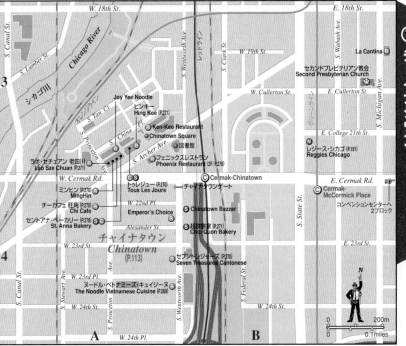

⑦ チャイナタウン

W. 18th St.
E. 18th St.

シカゴ川
Chicago River

W. 19th St.
La Cantina

セカンドプレビテリアン教会
Second Presbyterian Church

W. Cullerton St.
E. Cullerton St.

Joy Yee Noodle

ピンキー
Hing Kee (P.271)

Ken-Kee Restaurant

Chinatown Square

図書館

E. College 21th St.

レジーズ・シカゴ (P.191)
Reggies Chicago

ラオ・セチュアン 老四川 (P.271)
Lao Sze Chuan

フェニックスレストラン
Phoenix Restaurant (2F/P.270)

W. Cermak Rd.

トゥレジュー (P.270)
Tous Les Jours

チャイナタウンゲート

Cermak-Chinatown

E. Cermak Rd.

Cermak-
McCormick Place

コンベンションセンターへ
2ブロック

ミンヒン (P.270)
MingHin

チーカフェ 旺角 (P.270)
Chi Cafe

W. 22nd Pl.

Emperor's Choice

Chinatown Bazzar

セントアナ・ベーカリー
St. Anna Bakery

超群餅家 (P.271)
Chiu Quon Bakery

Alexander St.

チャイナタウン
Chinatown (P.113)

E. 23rd St.

W. 23rd St.

セブントレジャーズ (P.270)
Seven Treasures Cantonese

W. 23rd Pl.

ヌードル・ベトナミーズ・キュイジーヌ
The Noodle Vietnamese Cuisine (P.268)

W. 24th St.
W. 24th St.

200m
0.1miles

N

25

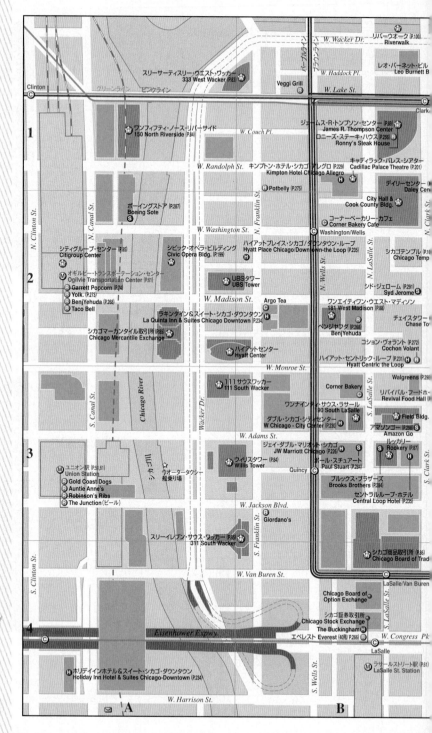

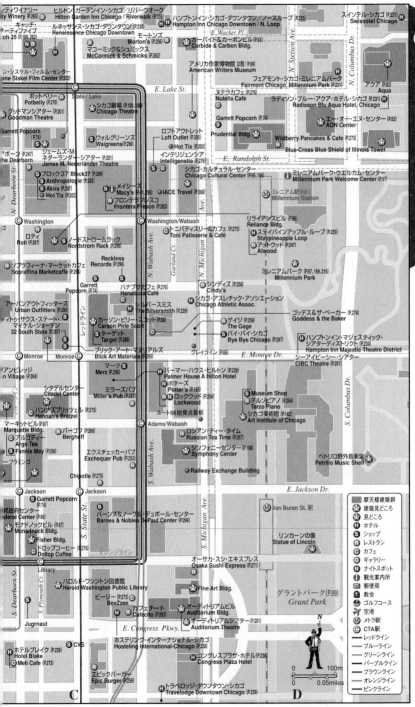

Ⓡ ギブソンズバー＆ステーキハウス (P.255)
Gibsons Bar & Steakhouse
Ⓡ ヒューゴズ・フロッグ・バー＆フィッシュハウス (P.262)
Hugo's Frog Bar & Fish House
プラダ (P.288) Ⓢ
Prada

シャネル (P.286)
Chanel
トム・フォード (P.286)
Tom Ford
ジミー・チュウ (P.294)
Jimmy Choo

E. Oak St.

ル・コロニアル (P.269)
Le Colonial
ポール・スチュアート (P.284)
Paul Stuart

E. Lake Shore Dr.

ジョルジオ・アルマーニ (P.288) Ⓢ
Giorgio Armani
モンクレール (P.291) Ⓢ
Moncler
スーツサプライ (4階/P.291)
Suitsupply
エルメス Ⓢ
Hermes
メイドウエル (P.286) Ⓢ
Madewell
Ⓢ ヴェルサーチ
Versace
Ⓢ ディオール
Dior

ジョージ・グリーン (P.291) Ⓢ
George Greene
トリーバーチ Ⓢ
Tory Burch
パタゴニア (P.293) Ⓢ
Patagonia

トッズ (P.294) Ⓢ
Tods

スピアッジア (P.265) Ⓡ
Spiaggia
ドレイク (P.234) Ⓗ
The Drake

Ⓢ Walgreens

ヘンドリックス・ベルジアン・ブレッド・クラフター (P.274)
Hendrickx Belgian Bread Crafter
Ⓢ ゲイロード (P.268)
Gayload

E. Walton St.

マーク・ジェイコブズ (P.284)
Marc Jacobs
ウォルドルフ・アストリア・シカゴ (P.234)
Waldorf Astoria Chicago

フォーシーズンズ・ホテル・シカゴ (P.227)
Four Seasons Hotel Chicago
900ノース・ミシガン・ショップス (P.289) Ⓢ
900 North Michigan Shops
ケーラー Kaehler (P.288) Ⓢ

ミレニアム・ニッカーボッカー・シカゴ (P.234) Ⓗ
Millennium Knickerbocker Chicago

ルイ・ヴィトン (P.288) Ⓢ
Louis Vuitton
ブルガリ Ⓢ
Bvlgari

タルボット (P.233) Ⓗ Ⓢ
The Talbott
インターミックス (P.292) Ⓢ
Intermix

マイケル・コース Michael Kors (P.285) Ⓢ
ケイト・スペード・ニューヨーク Kate Spade New York (P.285) Ⓢ
グッチ Gucci (P.288) Ⓢ
ブルーミングデールズ Bloomingdale's (P.290) Ⓢ

ウェスティン・ミシガンアベニュー・シカゴ (P.232) Ⓗ
The Westin
Michigan Avenue Chicago

E. Delaware St.

Ⓜ バーノース中心部 P.30

ソフィテル・シカゴ・マグマイル (P.227)
Sofitel Chicago Mag Mile

マイティ・ナイス・グリル (P.260)
Mity Nice Grill
エアロポステール (P.292) Ⓢ
Aeropostale
ギャレット・ポップコーン (P.74) Ⓢ
Garrett Popcorn
アバクロンビー＆フィッチ (P.292) Ⓢ
Abercrombie&Fitch
ホリスター Hollister Co. (P.291) Ⓢ
メイシーズ Macy's (P.290) Ⓢ
アキラ Akira (P.287) Ⓢ

ジョン・ハンコック・センター (P.93) Ⓦ
John Hancock Center
シグネチャールーム (95階) (P.258) Ⓡ
Signature Room
チーズケーキファクトリー (P.261) Ⓡ
Cheesecake Factory
シグネチャー・ラウンジ (P.196) Ⓝ
Signature Lounge at the 96th
アット・ザ・ナインティシックス Ⓖ
リチャード・グレイ・ギャラリー (38階) (P.177)
Richard Gray Gallery

デンボカフェ (P.273) Ⓒ
Tempo Cafe

トレモント・シカゴ・ホテル (P.238) Ⓗ
Tremont Chicago Hotel

E. Chestnut St.

ディトカズ (P.256) Ⓡ
Ditka's

アメリカン・イーグル (P.291) Ⓢ
American Eagle
フリーピープル (P.286) Ⓢ
Free People
トゥミ Tumi (P.294) Ⓢ

ノースフェイス North Face (P.293) Ⓢ
ヘイニグスフットウエア Hanig's Footwear Ⓢ

ウォーター・タワー・プレイス (P.289)
Water Tower Place

E. Rush St.

コロンビアスポーツウエア (P.293) Ⓢ
Columbia Sportswear
ユニクロ Uniqlo (P.291) Ⓢ
Ⓢ ギラデリ Ghirardelli

リッツカールトン・シカゴ (P.227) Ⓗ
The Ritz-Carlton, Chicago

E. Pearson St.

アルゴ・ティー Argo Tea Ⓒ

パークハイアット・シカゴ (P.226) Ⓗ
Park Hyatt Chicago
ウォータータワー
Water Tower (P.103)

ルッキンググラス・シアター・カンパニー
Lookingglass Theatre Co. (P.201)
給水塔 (P.103) Water Works

フラコスタコス (P.263) Ⓡ
Flaco's Tacos

ボッテガ・ベネタ (P.288) Ⓢ
Bottega Veneta
カナダグース (P.291) Ⓢ
Canada Goose

在シカゴ日本国総領事館 (11階/P.363,369)
Consulate General of Japan at Chicago

Ⓒ Chicago

E. Chicago Ave.

ラルフローレン (P.284)
Ralph Lauren
ウォルグリーンズ (P.238) Ⓢ
Walgreen (24時間)

Ⓢ 7-Eleven

Holy Name Cathedral (P.121) 🏛

ノードストロームラック (P.290) Ⓢ
Nordstrom Rack
アンソロポロジー (P.265) Ⓢ
Anthropologie
ペニンシュラシカゴ (P.226) Ⓗ
The Peninsula Chicago
ズィーバー (P.196,258) Ⓡ Ⓝ
Z Bar

バナナリパブリック (P.286) Ⓢ
Banana Republic
ビクトリアズシークレット＆ピンク (P.286) Ⓢ
Victoria's Secret&Pink
ニーマン・マーカス (P.290) Ⓢ
Neiman Marcus

ジオダーノス (P.252) Ⓡ
Giordano's
ピエログルメ (P.275)
Pierrot Gourmet
ティファニー (P.286) Ⓢ
Tiffany & Co.

ジノス・イースト (P.252) Ⓡ
Gino's East

E. Superior St.

ジェイク・メルニックス・コーナー・タップ (P.261) Ⓡ
Jake Melnick's Corner Tap
サックス・フィフス・アベニュー (P.290) Ⓢ
Saks Fifth Avenue
Ⓢ T-Mobile
Ⓢ Zara

カンブリア・シカゴ・マグマイル (P.233) Ⓗ
Cambria Chicago Mag Mile
Ⓢ Disney Store

ワーウィック・アラートン・シカゴ (P.238) Ⓗ
Warwick Allerton Chicago
ブルックス・ブラザーズ (P.284)
Brooks Brothers

E. Huron St.

オムニ・シカゴ (P.233)
Omni Chicago
カブス・チームストア (P.297)
Cubs Team Store

ナイキ・シカゴ (P.293) Ⓢ
Nike Chicago

0 100m / 0 0.05miles

⑩ マグニフィセントマイル南 P.29

E. Erie St.

凡例：摩天楼建築群 ⑫建築見どころ ⑫見どころ Ⓗホテル Ⓢショップ Ⓡレストラン Ⓒカフェ Ⓖギャラリー Ⓝナイトスポット ⓘ観光案内所 ✉郵便局 🏛教会 Ⓜメトラ駅 Ⓒ CTA駅 —レッドライン

A　B

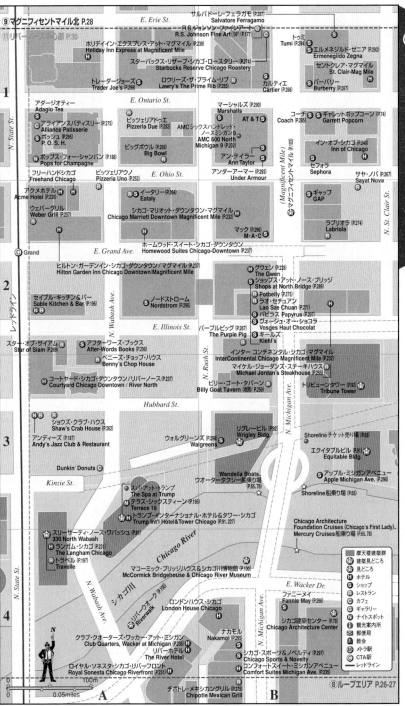

E. Erie St.

サルバドーレ・フェラガモ (P.287)
Salvatore Ferragamo

R.S.ジョンソン・ファインアート
R.S. Johnson Fine Art (9F/P.177)

ホリデイ・イン・エクスプレス・アット・マグマイル (P.239)
Holiday Inn Express at Magnificent Mile

トゥーミ (P.294)
Tumi

エルメネジルド・ゼニア (P.292)
Ermenegildo Zegna

スターバックス・リザーブ・シカゴ・ロースタリー (P.274)
Starbucks Reserve Chicago Roastery

セント・クレア・マグマイル
St. Clair-Mag Mile

トレーダージョーズ (P.299)
Trader Joe's

ロウリーズ・ザ・プライム・リブ (P.255)
Lawry's The Prime Rib

カルティエ
Cartier (P.288)

バーバリー
Burberry (P.267)

アダージオティー
Adagio Tea

1

E. Ontario St.

マーシャルズ (P.290)
Marshalls

アライアンスパティスリー (P.275)
Alliance Patisserie

ピッツェリアドゥエ
Pizzeria Due (P.252)

AT & T S

コーチ (P.285)
Coach

ギャレット ポップコーン (P.74)
Garrett Popcorn

ポッシュ (P.295)
P.O.S.H.

AMCシックスハンドレッド 9
AMC 600 North
Michigan 9 (P.202)

N. State St.

ビッグボウル
Big Bowl

アン・テイラー
Ann Taylor

イン・オブ・シカゴ (P.240)
Inn of Chicago

ポップス・フォー・シャンパン (P.188)
Pops for Champagne

アンダーアーマー (P.293)
Under Armour

セフォラ
Sephora

フリーハンドシカゴ (P.239)
Freehand Chicago

ピッツェリアウノ
Pizzeria Uno (P.252)

E. Ohio St.

サヤ・ノバ (P.267)
Sayat Nova

アクメホテル (P.239)
Acme Hotel

ギャップ
GAP

ウェバーグリル (P.257)
Weber Grill

イータリー (P.264)
Eataly

シカゴ・マリオット・ダウンタウン・マグマイル
Chicago Marriott Downtown Magnificent Mile (P.232)

ラブリオラ (P.274)
Labriola

マック (P.296)
M.A.C

N. St. Clair St.

ホームウッド・スイート・シカゴ・ダウンタウン
Homewood Suites Chicago-Downtown (P.237)

Grand

2

ヒルトン・ガーデンイン・シカゴ・ダウンタウン / マグマイル (P.237)
Hilton Garden Inn Chicago Downtown/Magnificent Mile

グウェン (P.228)
The Gwen

ショップス・アット・ノース・ブリッジ (P.289)
Shops at North Bridge

セイブル・キッチン&バー (P.195)
Sable Kitchen & Bar

ノードストローム (P.290)
Nordstrom

ポテトベリー (P.275)
Potbelly

ラオ・セチュアン (P.271)
Lao Sze Chuan

パピルス (P.297)
Papyrus

E. Illinois St.

パープルピッグ (P.267)
The Purple Pig

ヴォージュ・オー・ショコラ
Vosges Haut Chocolat

キールズ
Kiehl's

スター・オブ・サイアム (P.269)
Star of Siam

アフターワーズ・ブックス (P.296)
After-Words Books

インター コンチネンタル・シカゴ・マグマイル
InterContinental Chicago Magnificent Mile (P.232)

ベニーズ・チョップ・ハウス
Benny's Chop House

マイケル・ジョーダンズ・ステーキハウス (P.255)
Michael Jordan's Steakhouse

コートヤード・シカゴ・ダウンタウン / リバーノース (P.237)
Courtyard Chicago Downtown / River North

ビリー・ゴート・タバーン (酒場) (P.259)
Billy Goat Tavern

トリビューンタワー (P.92)
Tribune Tower

Hubbard St.

3

ショウズ・クラブ・ハウス (P.262)
Shaw's Crab House

リグレービル (P.92)
Wrigley Bldg.

アンディーズ (P.187)
Andy's Jazz Club & Restaurant

ウォルグリーンズ (P.298)
Walgreens

エクイタブルビル (P.91)
Equitable Bldg.

Shoreline チケット売り場 (P.65)

Dunkin' Donuts

Kinzie St.

Wendella Boats,
ウォータータクシー船乗り場 (P.65、78)

アップル・ミシガンアベニュー (P.296)
Apple Michigan Ave.

スパ・アット・トランプ (P.187)
The Spa at Trump

Shoreline 船乗り場 (P.65)

テラス・シックスティーン (P.195)
Terrace 16

トランプ・インターナショナル・ホテル&タワー・シカゴ (P.91、227)
Trump Int'l Hotel&Tower Chicago

スリーサーティ・ノース・ワバッシュ (P.91)
330 North Wabash

Chicago Architecture
Foundation Cruises (Chicago's First Lady),
Mercury Cruises 船乗り場 (P.65、78)

ランガム・シカゴ (P.231)
The Langham Chicago

トラベル (P.197)
Travelle

Chicago River

N. State St.

マコーミック・ブリッジハウス&シカゴ川博物館 (P.100)
McCormick Bridgehouse & Chicago River Museum

リバーウォーク (P.106)
Riverwalk

4

E. Wacker Dr.

ファニーメイ (P.296)
Fannie May

ロンドンハウス・シカゴ
London House Chicago

シカゴ建築センター (P.78)
Chicago Architecture Center

N. Michigan Ave.

シカゴ
N. Wabash Ave.

N

クラブ・クオーターズ・ワッカー・アット・ミシガン (P.238)
Club Quarters, Wacker at Michigan

リバーホテル
The River Hotel

ナカモル (P.295)
Nakamol

シカゴ・スポーツ&ノベルティ (P.297)
Chicago Sports & Novelty

ロイヤル・ソネスタ・シカゴ・リバーフロント (P.231)
Royal Sonesta Chicago Riverfront

コンフォートスイーツ・ミシガンアベニュー (P.235)
Comfort Suites Michigan Ave.

チポトレ・メキシカングリル
Chipotle Mexican Grill

100m

0.05miles

A

B

⑧ループエリア P.26-27

摩天楼建築群
建築見どころ
見どころ
ホテル
ショップ
レストラン
カフェ
ギャラリー
ナイトスポット
観光案内所
郵便局
教会
メトラ駅
CTA駅
レッドライン

W. Chestnut St.

W. Chicago Ave.

W. Superior St.

W. Huron St.

W. Erie St.

W. Ontario St.

W. Ohio St.

W. Grand Ave.

Illinois St.

Hubbard St.

Kinzie St.

Carroll Ave.

Chicago River

W. Wacker Dr.

Lake St.

N. Orleans St.

N. Franklin St.

N. Wells St.

N. LaSalle St.

N. Clark St.

N. Dearborn St.

N. State St.

Institute Pl.

Chicago

凡例
- 摩天楼建築群
- ⑩ 建築見どころ
- 🔭 見どころ
- H ホテル
- Ⓢ ショップ
- Ⓡ レストラン
- Ⓒ カフェ
- Ⓖ ギャラリー
- ℹ 観光案内所
- 🏤 郵便局
- ✝ 教会
- Ⓜ メトラ駅
- Ⓒ CTA駅
- レッドライン
- パープルライン
- ブラウンライン

ペーパーソース (P.297)
Paper Source

アンドリュー・ベイ・ギャラリー (P.177)
Andrew Bae Gallery

スティーブン・デイター・ギャラリー (P.176)
Stephen Daiter Gallery

ヴェイル・クラフト・ギャラリー (P.176)
Vale Craft Gallery

グルーンギャラリーズ (P.176)
Gruen Galleries

ヨーク (P.273)
Yolk.

エクトギャラリー (P.178)
Echt Gallery

カール・ハマー・ギャラリー (P.176)
Carl Hammer Gallery

カフェイベリコ (P.267)
Cafe Iberico

ホール・フーズ・マーケット (P.299)
Whole Foods Market

Holy Name Cathedral (P.121)

Chicago

ジーン・アルベーノ・ギャラリー (P.176)
Jean Albano Gallery

プロセッコ (P.265)
Prosecco

ゾーラ/リーバーマン・ギャラリー (P.176)
Zolla/Lieberman Gallery

ユニオンスシ＋BBQバー (P.272)
Union Sushi + BBQ Bar

香々呂 (P.271)
Cocoro

フーターズ (P.260)
Hooters

ナシオナル27
Nacional 27

グリーン・ドア・タバーン (P.260)
The Green Door Tavern

ミスター・ビーフ (P.254)
Mr. Beef

サウンドバー (P.193)
Sound Bar

ワイルドファイアー (P.256)
Wildfire

ポーティロズ・ホットドッグ (P.253)
Portillo's Hot Dog

Walgreens Ⓢ

マグニフィセントマイル北
⑨ P.28

ビジャンビストロ (P.196)
Bijans Bistro

マグニフィセントマイル南
⑩ P.29

オステリア・ヴィア・スタート (P.265)
Osteria Via Stato

タオ・シカゴ (P.193)
TAO Chicago

アルズ・ビーフ (P.253)
Al's Beef

マクドナルド・フラッグシップ
McDonald's Flagship

Hard Rock Cafe

オハイオ・ハウス・モーテル (P.240)
Ohio House Motel

Rainforest Cafe

Fado Irish Pub (P.121)

ブルーシカゴ (P.184)
Blue Chicago

エンバシー・スイート・
シカゴ・ダウンタウン (P.234)
Embassy Suites Chicago Downtown

ジュエル・オスコ (P.299)
Jewel-Osco

メリカフェ (P.273)
Meli Cafe

GTフィッシュ＆オイスター (P.262)
GT Fish & Oyster

タンタ (P.263)
Tanta

ベアトリックス (P.260)
Beatrix

インディアハウス (P.266)
India House

ロックボトム (P.263)
Rock Bottom

Grand

ジーン＆ジョーゲッティ (P.255)
Gene & Georgetti

アロフト・シカゴ・リバーノース (P.237)
Aloft Chicago River North

ハイアットプレイス・シカゴ/リバーノース (P.237)
Hyatt Place Chicago / River North

ジノズ・イースト (P.252)
Gino's East

サンダ (P.272)
Sunda

アンダーグラウンド (P.193)
The Underground

アールピーエム・イタリアン (P.265)
RPM Italian

ココ・パッツオ (P.264)
CoCo Pazzo

フェデックス (24時間)
FedEx

ルー・マルナーティ・ピッツエリア (P.252)
Lou Malnati's Pizzeria

ロカ・アコア (P.271)
Roka Akor

フロンテラグリル (P.263)
Frontera Grill

ディスコ (P.194)
Disco

ショーコ (P.263)
Xoco

バブシティ (P.257)
Bub City

ハンプトンイン＆スイート・
シカゴ・ダウンタウン (P.236)
Hampton Inn & Suites Chicago-Downtown

ヴァーミリオン (P.268)
Vermilion

ベースメント (P.197)
The Bassment

バベッツバー＆ブッフ (P.255)
Bavett's Bar & Boeuf

レジデンス・イン・シカゴ・ダウンタウン/
リバーノース
Residence Inn Chicago Downtown / River North

ブルー・マーキュリー (P.297)
Bluemercury

ハウル・アット・ザ・ムーン (P.193)
Howl at the Moon

ルース・クリス・ステーキハウス (P.255)
Ruth's Chris Steak House

シティスケープ・バー
CityScape Bar

ホリデイイン・シカゴ・マートプラザ・リバーノース (P.236)
Holiday Inn Chicago Mart Plaza River North

マーチャンダイズマート (P.90, 348)
Merchandise Mart

アンタイトルド (P.190)
Untitled

アールピーエム・ステーキ (P.254)
RPM Steak

ハリー・ケリーズ・イタリアン・ステーキハウス (P.257)
Harry Caray's Italian Steakhouse

ポットベリー (P.275)
Potbelly

ライフウエイ・キーファー・ショップ (P.299)
Lifeway Kefir Shop

オボンパン
Au Bon Pain

ザ・ゴールデン・トライアングル (P.178)
The Golden Triangle

ウェスティン・シカゴ・リバーノース (P.235)
The Westin Chicago River North

ヨーク (P.273)
Yolk.

ウルフ・ポイント・イースト (P.90)
Wolf Point East

リバーロースト (P.246)
River Roast

放送通信博物館 (P.104)
Museum of Broadcast Communications

マリーナシティ (P.90)
Marina City

ハウス・オブ・ブルース (P.185, 200)
House of Blues

⑧ループエリア P.26-27

シカゴ川

ディックス・ラスト・リゾート
Dick's Last Resort

リバーウオーク (P.100)
RiverWalk

225ウエスト・ワッカー
225 West Wacker

333ウエスト・ワッカー (P.83)
333 West Wacker

Merchandise Mart

0 200m
0 0.1miles

A B

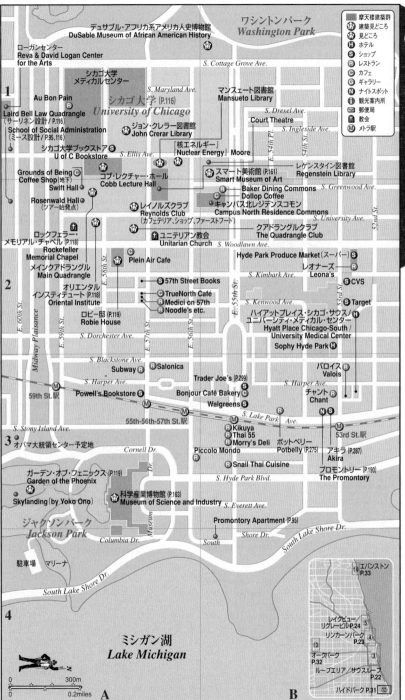

凡例:
- 摩天楼建築群
- 建築見どころ
- 見どころ
- H ホテル
- S ショップ
- R レストラン
- C カフェ
- G ギャラリー
- N ナイトスポット
- 観光案内所
- 郵便局
- 教会
- M メトラ駅

ワシントンパーク
Washington Park

デュサブル・アフリカ系アメリカ人史博物館
DuSable Museum of African American History

ローガンセンター
Reva & David Logan Center for the Arts

S. Cottage Grove Ave.

シカゴ大学メディカルセンター

マンスエート図書館
Mansueto Library

S. Maryland Ave.

1

Au Bon Pain

シカゴ大学
University of Chicago

Laird Bell Law Quadrangle
〔サーリネン設計 / P.116〕

School of Social Administration
（ミース設計 / P.95,116）

ジョン・クレラー図書館
John Crerar Library

S. Drexel Ave.

Court Theatre

S. Ingleside Ave.

S. 54th Pl.

54th St.

シカゴ大学ブックストア
U of C Bookstore

S. Ellis Ave.

「核エネルギー」
Nuclear Energy「Moore

レゲンスタイン図書館
Regenstein Library

Grounds of Being
Coffee Shop（地下）
Swift Hall

コブ・レクチャー・ホール
Cobb Lecture Hall

スマート美術館 (P.161)
Smart Museum of Art

S. Greenwood Ave.

Rosenwald Hall
（ツアー始発点）

Baker Dining Commons
Dollop Coffee

レイノルズクラブ
Reynolds Club
（カフェテリア、ショップ、ファーストフード）

キャンパス北レジデンスコモン
Campus North Residence Commons

S. University Ave.

52nd St.

ロックフェラー・メモリアル・チャペル (P.118)
Rockefeller Memorial Chapel

メインクアドラングル
Main Quadrangle

Plein Air Cafe

ユニテリアン教会
Unitarian Church

クアドラングルクラブ
The Quadrangle Club

S. Woodlawn Ave.

Hyde Park Produce Market（スーパー）S

レオナーズ
Leona's

2

オリエンタルインスティテュート (P.118)
Oriental Institute

57th Street Books
TrueNorth Café
Medici on 57th
Noodle's etc.

S. Kimbark Ave.

S. 55th St.

CVS

E. 60th St.

E. 59th St.

E. 58th St.

ロビー邸 (P.119)
Robie House

S. Kenwood Ave.

Target

ハイアットプレイス・シカゴ・サウス／ユニバーシティ・メディカル・センター
Hyatt Place Chicago-South / University Medical Center
Sophy Hyde Park

S. Dorchester Ave.

E. 57th St.

E. 56th St.

Midway Plaisance

S. Blackstone Ave.

Subway R
Salonica

Trader Joe's S

バロイス
Valois

S. Harper Ave.

Powell's Bookstore S

Bonjour Café Bakery S

チャント
Chant

M 59th St. 駅

Walgreens S

55th-56th-57th St. 駅

S. Lake Park Ave.

N S

53rd St. 駅

S. Stony Island Ave.

Kikuya
Thai 55
Morry's Deli

ポットベリー
Potbelly (P.275)

アキラ (P.287)
Akira

3

オバマ大統領センター予定地

Cornell Dr.

Piccolo Mondo

プロモントリー (P.190)
The Promontory

ガーデン・オブ・フェニックス (P.119)
Garden of the Phoenix

Snail Thai Cuisine

S. Hyde Park Blvd.

Skylanding (by Yoko Ono)

科学産業博物館 (P.163)
Museum of Science and Industry

S. Everett Ave.

ジャクソンパーク
Jackson Park

Dr.

Museum

S. Shore Dr.

Promontory Apartment (P.95)

Columbia Dr.

South

South Lake Shore Dr.

駐車場 マリーナ

South Lake Shore Dr.

4

ミシガン湖
Lake Michigan

0 ——— 300m
0 ——— 0.2miles

A

B

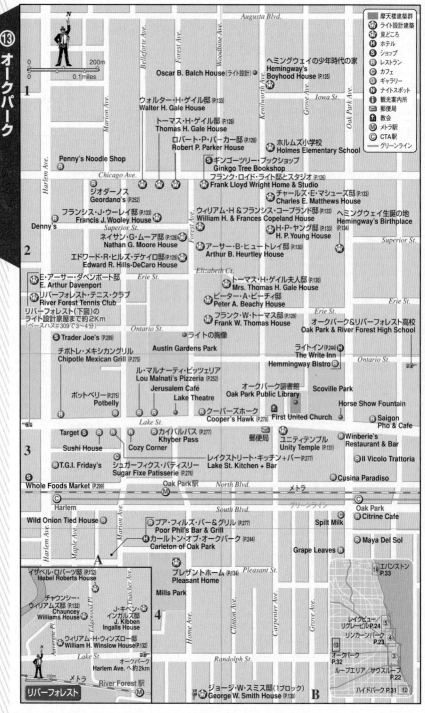

⑬ オークパーク

N

0 ——— 200m
0 ——— 0.1miles

Augusta Blvd.

Oscar B. Balch House (ライト設計)

ヘミングウェイの少年時代の家
Hemingway's Boyhood House (P.135)

ウォルター・H・ゲイル邸 (P.133)
Walter H. Gale House

トーマス・H・ゲイル邸 (P.128)
Thomas H. Gale House

ロバート・P・パーカー邸 (P.129)
Robert P. Parker House

ホルムズ小学校
Holmes Elementary School

Penny's Noodle Shop

Chicago Ave.

ギンゴーツリー・ブックショップ
Ⓢ Ginkgo Tree Bookshop

フランク・ロイド・ライト邸とスタジオ (P.126)
Frank Lloyd Wright Home & Studio

ジオダーノス
Geordano's (P.252)

チャールズ・E・マシューズ邸 (P.133)
Charles E. Matthews House

フランシス・J・ウーレイ邸 (P.133)
Francis J. Wooley House

ウィリアム・H＆フランシス・コープランド邸 (P.133)
William H. & Frances Copeland House

ヘミングウェイ生誕の地
Hemingway's Birthplace

ネイサン・G・ムーア邸 (P.128)
Nathan G. Moore House

H・P・ヤング邸 (P.133)
H. P. Young House

Denny's

Superior St.

エドワード・R・ヒルズ・デケイロ邸 (P.129)
Edward R. Hills-DeCaro House

アーサー・B・ヒュートレイ邸 (P.130)
Arthur B. Heurtley House

Superior St.

E・アーサー・ダベンポート邸
E. Arthur Davenport

Elizabeth Ct.

リバーフォレスト・テニス・クラブ
River Forest Tennis Club

トーマス・H・ゲイル夫人邸 (P.130)
Mrs. Thomas H. Gale House

リバーフォレスト (下図)の
ライト設計家屋まで約2km
(ベースハス#309で3〜4分)

ピーター・A・ビーチィ邸
Peter A. Beachy House

Erie St.

Erie St.

フランク・W・トーマス邸 (P.129)
Frank W. Thomas House

オークパーク＆リバーフォレスト高校
Oak Park & River Forest High School

Ontario St.

Ⓢ Trader Joe's (P.299)

ライトの胸像

ライトイン (P.244) Ⓗ
The Write Inn

チポトレ・メキシカングリル
Chipotle Mexican Grill (P.275)

Austin Gardens Park

Ontario St.

Hemmingway Bistro Ⓡ

ル・マルナーティ・ピッツェリア
Lou Malnati's Pizzeria (P.252)

Scoville Park

ポットベリー (P.275)
Potbelly

Jerusalem Café

オークパーク図書館
Oak Park Public Library

Lake Theatre

Horse Show Fountain

クーパーズホーク
Ⓡ Cooper's Hawk (P.278)

First United Church

Ⓡ Saigon
Pho & Cafe

Lake St.

Target Ⓢ

カイバルパス
Ⓡ Khyber Pass (P.277)

郵便局

ユニティテンプル
Unity Temple (P.131)

Winberie's
Restaurant & Bar

Sushi House

Cozy Corner

レイクストリート・キッチン＋バー
Lake St. Kitchen + Bar (P.277)

Ⓡ Il Vicolo Trattoria

Ⓡ T.G.I. Friday's

シュガーフィクス・パティスリー
Sugar Fixe Patisserie (P.276)

Ⓡ Cusina Paradiso

Ⓢ Whole Foods Market (P.299)

Oak Park 駅 North Blvd. メトラ

Harlem

South Blvd. グリーンライン

Oak Park

Wild Onion Tied House Ⓡ

プア・フィルズ・バー＆グリル (P.277)
Poor Phil's Bar & Grill

Spilt Milk

Ⓡ Citrine Cafe

カールトン・オブ・オークパーク (P.244)
Carleton of Oak Park

Ⓡ Maya Del Sol

Grape Leaves Ⓡ

イザベル・ロバーツ邸 (P.132)
Isabel Roberts House

Pleasant St.

エバンストン
P.33

プレザントホーム (P.134)
Pleasant Home

チャウンシー・
ウィリアムズ邸 (P.132)
Chauncey
Williams House

Mills Park

J・キベン・
インガルズ邸 (P.132)
J. Kibben
Ingalls House

レイクビュー／
リグレービル P.24

リンカーンパーク
P.23

ウィリアム・H・ウィンズロー邸 (P.132)
William H. Winslow House

オークパーク
P.32

オークパーク
Harlem Ave. へ約2km

Lake St.

ループエリア／サウスループ
P.22

リバーフォレスト

メトラ

River Forest 駅

ジョージ・W・スミス邸 (1ブロック)
George W. Smith House (P.130)

ハイドパーク P.31

A

B

Augusta Blvd.

Forest Ave.

Woodbine Ave.

Kenilworth Ave.

Grove Ave.

Oak Park Ave.

Iowa St.

Belleforte Ave.

Marion Ave.

Harlem Ave.

Marion Ave.

Harlem Ave.

Maple Ave.

Thatcher Ave.

Edgewood Pl.

Auvergne Pl.

Home Ave.

Clinton Ave.

Carpenter Ave.

Grove Ave.

South Blvd.

Pleasant St.

Randolph St.

1

2

3

4

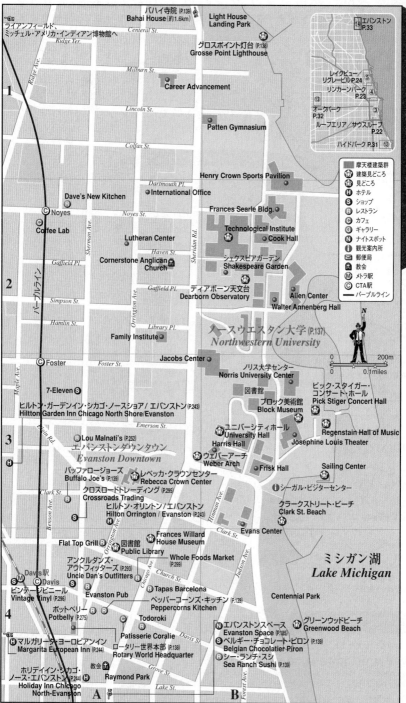

バハイ寺院 (P.139) 🚗
Bahai House (約1.6km)

Light House
Landing Park

ライアンフィールド
ミッチェル・アメリカ・インディアン博物館へ
Ridge Ter.

Central St.

グロスポイント灯台 (P.138)
Grosse Point Lighthouse

1

Milburn St.

Career Advancement

Lincoln St.

Patten Gymnasium

Colfax St.

⑭エバンストン
P.33

レイクビュー／
リグレービル P.24 ⑤
リンカーンパーク P.23 ④
オークパーク
P.32 ③
ループエリア／サウスループ
P.22 ②
ハイドパーク P.31 ⑫

摩天楼建築群
🏛 建築見どころ
🏛 見どころ
🅷 ホテル
🆂 ショップ
🆁 レストラン
🅲 カフェ
🅶 ギャラリー
🅽 ナイトスポット
🛈 観光案内所
✉ 郵便局
🏛 教会
🄼 メトラ駅
🅲 CTA駅
── パープルライン

Dartmouth Pl.

Henry Crown Sports Pavilion

Dave's New Kitchen

International Office

🅲 Noyes

Noyes St.

Frances Searle Bldg.

Coffee Lab

Sherman Ave.

Lutheran Center

Technological Institute

🏛 Cook Hall

Haven St.

Cornerstone Anglican
Church

シェクスピアガーデン
Shakespeare Garden

Gaffield Pl.

Sheridan Rd.

2

Gaffield Pl.

ディアボーン天文台
Dearborn Observatory

Allen Center

Simpson St.

Orrington Ave.

Walter Annenberg Hall

Hamlin St.

Library Pl.

Family Institute

N

ノースウエスタン大学 (P.137)
Northwestern University

🅲 Foster

Foster St.

Jacobs Center

ノリス大学センター
Norris University Center

0   200m
0   0.1 miles

Maple Ave.

Dunn Rd.

7-Eleven 🆂

ヒルトン・ガーデンイン・シカゴ・ノースショア／エバンストン (P.243)
Hiltton Garden Inn Chicago North Shore/Evanston

図書館

ブロック美術館
Block Museum

ビック・スタイガー・
コンサート・ホール
Pick Stiger Concert Hall

Emerson St.

3

🆁 Lou Malnati's (P.252)

エバンストンダウンタウン
Evanston Downtown

ユニバーシティホール
University Hall

Harris Hall

Regenstain Hall of Music

🅷

バッファロージョーズ
Buffalo Joe's (P.139)

レベッカ・クラウンセンター
Rebecca Crown Center

Josephine Louis Theater

Clark St.

クロスロードトレーディング (P.295)
Crossroads Trading

🏛 ウェバーアーチ
Weber Arch

🏛 Frisk Hall

Sailing Center

Benson Ave.

🆁
🆁 ヒルトン・オリントン／エバンストン
Hilton Orrington / Evanston (P.243)

シーガル・ビジターセンター

🆁 🅷

Hinman Ave.

Evans Center

Flat Top Grill 🆁

図書館
Public Library

Frances Willard
House Museum

Clark St.

クラークストリート・ビーチ
Clark St. Beach

ミシガン湖
Lake Michigan

Davis駅
🆂 🅲 Davis

ビンテージビニール
Vintage Vinyl (P.296)

アンクルダンズ・
アウトフィッターズ (P.293)
Uncle Dan's Outfitters

Evanston Pub

Chicago Ave.

Church St.

Whole Foods Market
(P.299)

Tapas Barcelona

Centennial Park

4

ポットベリー
Potbelly (P.275)

🆁 🆁

🅲 Todoroki

ペッパーコーンズ・キッチン (P.139)
Peppercorns Kitchen

Orrington Ave.

Patisserie Coralie

Davis St.

🅷 マルガリータ・ヨーロピアンイン (P.244)
Margarita European Inn

ロータリー世界本部 (P.138)
Rotary World Headquarter

エバンストンスペース (P.185)
Evanston Space

グリーンウッドビーチ
Greenwood Beach

ベルギー・チョコレート・ピロン (P.139)
Belgian Chocolatier Piron

Judson Ave.

ホリデイイン・シカゴ・
ノース・エバンストン (P.244) 🅷
Holiday Inn Chicago
North-Evanston

教会 🏛
Raymond Park

Grove St.

Lake St.

シー・ランチ・スシ (P.139)
Sea Ranch Sushi

Forest Ave.

A

B

旅好き女子のためのプチぼうけん応援ガイド

海外女子旅には
この1冊でOK!

地球の歩き方
aruco

人気都市ではみんなとちょっと違う
新鮮ワクワク旅を。
いつか行ってみたい旅先では、
憧れを実現するための
安心プランをご紹介。
世界を旅する女性のための最強ガイド!

aruco はハンディサイズなのに情報たっぷり!

旅の
テンションUP!

point ❶
一枚ウワテの
プチぼうけん
プラン満載

友達に自慢できちゃう、
魅力溢れるテーマがいっぱい。
みんなとちょっと違うとっておきの
体験がしたい人におすすめ

point ❷
aruco調査隊が
おいしい&かわいいを
徹底取材!

女性スタッフが現地で食べ比べた
グルメ、試したコスメ、
リアル買いしたおみやげなど
「本当にイイモノ」を厳選紹介

point ❸
読者の口コミ&
編集部のアドバイスも
チェック!

欄外には
読者から届いた
耳より情報を多数掲載!

Check!

Check!

編集部からの
役立つプチアドバイスも

取りはずして使える
便利な
別冊MAP付!

定価:本体1320円(税込)〜
お求めは全国の書店で

ウェブ&SNSで旬ネタ発信中!

メルマガ配信中!
登録はこちら

arucoのLINEスタンプが
できました!チェックしてね♪

OK!!

aruco公式サイト
www.arukikata.co.jp/aruco

aruco編集部が、本誌で紹介しきれなかったこぼれネタや女子が気になる
最旬情報を、発信しちゃいます!新刊や改訂版の発行予定などもチェック☆

Instagram @arukikata_aruco   X @aruco_arukikata   Facebook @aruco55

All About Chicago

シカゴの基礎知識

シカゴってどんな町？

Tell Me about Chicago !

シカゴのプロスポーツはどのチームも熱狂的なファンに支えられている。ファンの応援ぶりを見るのも楽しい

シカゴは、ニューヨーク、L.A. に次ぐアメリカ第三の都市。アメリカでの位置づけは、日本における大阪に近く、"Second City（第 2 の都市）" のニックネームもある。食、建築、音楽、スポーツなど、さまざまな魅力をもつが、ほかの大都市との大きな違いは、シカゴにはフトコロが広く、明るく、正直者のアメリカ人が多いこと。シカゴはポテンシャルが高い町なのだ。行けばきっと気に入る！　シカゴについてちょっと予習を。

シカゴはどこにある？

中西部のイリノイ Illinois 州にあり、中西部最大の都市。町の東側にはアメリカ五大湖のひとつであるミシガン湖 Lake Michigan が広がる。緯度は、日本の函館とほぼ同じになるため、冬季はかなり気温が下がる。名物の風が吹くと、体感温度はさらに低くなるが、いくら寒くても町はいつもと変わらずしっかり動いている。空港も、地下鉄も、お役所も。タクシーや配車サービスを利用すれば、寒い季節も問題ない。

飛行機で何時間？

日本からのノンストップ便の飛行時間は 11 時間 45 分〜12 時間。ニューヨークから約 2 時間 30 分、西海岸から約 4 時間の距離だ。

シカゴへは日本からノンストップ便が運航

同縮尺＆同緯度のアメリカ合衆国　主要都市と日本列島

日本との時差は？

アメリカ本土にある 4 つの時間帯のうち、中部標準時 Central Standard Time Zone に属し、東海岸の東部標準時からマイナス 1 時間、西海岸の太平洋標準時からはプラス 2 時間の時差がある。日本との時差はマイナス 15 時間となる（夏時間は − 14 時間）。

CHICAGO INFORMATION　シカゴの治安について　アル・カポネをはじめとするギャングの横行のおかげで、シカゴの治安がいまだに悪いと思っている日本人も少なくない。しかし、これは1920年代のこと。詳しくは→P.362。

シカゴのある イリノイ州はどんな州？

イリノイ州の別名は "Prairie State"、大平原の州という意味。シカゴから1時間も車を走らせれば、真っ平らな土地が続き、トウモロコシ、大豆などの大穀倉地帯が広がる。

州名は、この周辺を中心に住んでいたネイティブアメリカンの Iliniwek 族たちの言葉 Iliniwed（優れた人たち）に由来する。

州都はシカゴから南西へ車で約3時間30分のスプリングフィールド Springfield（→ P.304）で、第16代大統領リンカーンが人生の大半を過ごした町。州の車のナンバープレートのキャッチフレーズにもなっている "Land of Lincoln（リンカーンの州）" は、それに由来する。

リンカーンで知られるスプリングフィールドが州都

摩天楼発祥の地

シカゴは1871年の大火事をきっかけに高層ビルが盛んに建てられるようになり、「近代建築の宝庫」とも呼ばれている。世界最古の鉄骨高層ビルから、それぞれの時代を代表するさまざまなデザインのビルが建ち並び、町全体がまるでギャラリーのよう。

名物の摩天楼はクルーズ船に乗っての見学が人気

シカゴの産業

シカゴの産業は1871年10月の "シカゴの大火" を機に変貌を遂げる。大火以前は、周囲に抱える穀倉地帯と "ストックヤード（Stockyard＝家畜置場）" があることから農畜産業が盛んであった。大火後は主産業が農業から工業へと変わり、現在では家具、冷凍食品、家電、工業機械、通信販売などが全米トップの地位を占めている。シカゴから誕生した企業にはマクドナルド（ハンバーガーチェーン）、リグレー（チューイングガム）、シアーズ（通信販売）、ユナイテッド航空、ハイアットホテルなどがある。

マクドナルドはシカゴ生まれ。中心部に巨大な店舗がある

コンベンションシティ

アメリカのほぼ中央に位置するという地理上の利点から、コンベンション、国際的な会議や見本市が頻繁に行われることでも有名だ。世界最大の広さを誇るコンベンション会場もあり、春から秋にかけて数多くのコンベンションが開催される（→ P.344）。

全米No.1の広さをもつコンベンションセンターもある

シカゴの豆知識

- シカゴ市の誕生：1837年
- 人口：約270万人（邦人数は約1万2000人）
- 人種：白人 49.4%、アフリカ系 30.1%、アジア系 6.4% など
- 面積：約590km²
- 緯度：北緯41度52分
- 姉妹都市：大阪市、上海（中国）、ミラノ（イタリア）、トロント（カナダ）、モスクワ（ロシア）など
- 市長：ローリ・ライトフット Lori E. Lightfoot（1962年オハイオ州生まれ。2019年初当選。連邦検事補を務め、シカゴ初のレズビアンを公言する市長となった）
- 数字あれこれ：レストラン 7300、ライブハウス＆コンサートホール 250、公園 600、自転車道 185km、映画＆TV製作会社 400
- シカゴ出身の有名人：ミシェル・オバマ（元ファーストレディ）、ヒラリー・クリントン（元政治家）、ハリソン・フォード（俳優）、ビル・マーレイ（俳優）、ベニー・グッドマン（バンドリーダー）、デーブ・スペクター（プロデューサー、コメンテーター）、アーネスト・ヘミングウェイ（作家）、ウォルト・ディズニー（アニメーター）、ジャネット・リン（フィギュアスケーター）、パティ・スミス（パンクの女王）

ニックネーム

シカゴにはいくつかのニックネームがある。最も有名なのが、"風の町 Windy City"。ミシガン湖から吹き込む風が摩天楼の合間を強風となって流れることからこう呼ばれる。

風の町シカゴは、スカイラインが美しい

FROM READERS　シカゴのスカイラインはここ　スカイラインがきれいに見える場所にネイビーピア、シェッド水族館などがありますが、リンカーンパークからもきれい。ベルモントハーバーのヨットの出入口の北側など。（愛知県　KGOTOH）['20]

37

シカゴのオリエンテーション

シカゴを歩き始める前に、町がどんなエリアから成り立っているのか予習をしておこう。アメリカのほとんどの町には、どの通りにも通り名を記した看板が出ており、しかも番地が規則的なので非常にわかりやすい。

Orientation of Chicago

ミシガン湖クルーズでシカゴを遠望してみたい

エリア区分

シカゴ市内全体の大きさは、南北42km、東西34kmほどに及ぶ。本書では、観光ポイントの集中する地域を中心にシカゴと近郊を7つのエリアに分けた。なお、シカゴの「ダウンタウン」は一般的にループエリアとマグニフィセントマイル＆リバーノースあたりを指す。

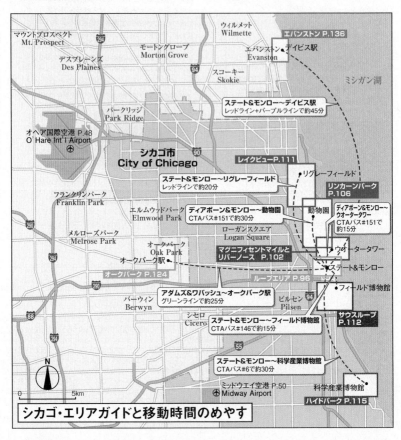

マウントプロスペクト
Mt. Prospect

デスプレーンズ
Des Plaines

モートングローブ
Morton Grove

ウィルメット
Wilmette

エバンストン P.136

エバンストン・デイビス駅
Evanston

スコーキー
Skokie

ミシガン湖

パークリッジ
Park Ridge

ステート＆モンロー〜デイビス駅
レッドライン＋パープルラインで約45分

オヘア国際空港 P.48
O'Hare Int'l Airport

シカゴ市
City of Chicago

レイクビュー P.111

リグレーフィールド

ステート＆モンロー〜リグレーフィールド
レッドラインで約20分

リンカーンパーク P.106

フランクリンパーク
Franklin Park

エルムウッドパーク
Elmwood Park

ディアボーン＆モンロー〜動物園
CTAバス#151で約30分

動物園

ディアボーン＆モンロー〜ウォータータワー
CTAバス#151で約15分

メルローズパーク
Melrose Park

ローガンスクエア
Logan Square

オークパーク
Oak Park
オークパーク駅

マグニフィセントマイルとリバーノース P.102

ウォータータワー

ステート＆モンロー

オークパーク P.124

アダムズ＆ワバッシュ〜オークパーク駅
グリーンラインで約25分

ビルセン
Pilsen

ループエリア P.96

フィールド博物館

バーウィン
Berwyn

シセロ
Cicero

ステート＆モンロー〜フィールド博物館
CTAバス#146で約15分

サウスループ P.112

ステート＆モンロー〜科学産業博物館
CTAバス#6で約30分

N

0　　5km

ミッドウェイ空港 P.50
Midway Airport

科学産業博物館

ハイドパーク P.115

シカゴ・エリアガイドと移動時間のめやす

CHICAGO INFORMATION **シカゴアンたちの禁句** あまりポピュラーではないが、シカゴっ子のことを「シカゴアンChicagoan」という。さて、そのシカゴアンが、時代とともに名前が変わっても古いまま呼んでいるものがいくつか

1. ループエリア Loop Area

P.96 〜 /建築P.82 〜 / MAP P.26 〜 27

　ループとは "輪" という意味。かつてのシカゴの中心部を市電が囲むように走っていたことからこう呼ばれている。現在、ビジネスの中枢であり、シカゴ美術館や建築群、ミレニアムパークなど、観光ポイントも多い、シカゴの中心。

ループにはシカゴ美術館がある ©Adam Alexander Photography

2. マグニフィセントマイルとリバーノース Magnificent Mile & River North

P.102 〜 /建築P.90〜 / MAP P.28 〜 30

　ダウンタウンを東西に流れるシカゴ川北のエリア。マグニフィセントマイル（マグマイル）＝魅惑の1マイルは、北ミシガンアベニュー沿いのショッピング街。リバーノースには人気レストランやナイトスポットが集中し、ホテルも多い。

華やかなシカゴの大通りがマグニフィセントマイル

3. リンカーンパーク Lincoln Park

P.106 〜 / MAP P.23 〜 24

　ダウンタウンの北、ミシガン湖沿いの広大な公園がリンカーンパーク。園内には、動物園、植物園、博物館などがあり、市民の憩いの場となっている。

リンカーンパーク地区の北側にあるボーイズタウン

4. サウスループ South Loop

P.112 〜 / MAP P.22

　かつては閑散としていたが、今は発展著しいエリアとなっている。ミシガン湖沿いにはミュージアムキャンパスと呼ばれる一画があり、その南にはミース・ファン・デル・ローエの建築で知られるイリノイ工科大学がある。

世界屈指の恐竜の化石があるフィールド博物館

5. ハイドパーク Hyde Park

P.115 〜 / MAP P.31

　サウスループのさらに11kmほど南に位置するエリア。科学産業博物館とシカゴ大学のキャンパスがあり、閑静な住宅街が広がる所だ。シカゴの南は治安のよくないエリアだが、ハイドパークは浮き島のよう。

ハイドパークにはオノ・ヨーコ氏のオブジェも

6. オークパーク Oak Park

P.124 〜 / MAP P.32

　シカゴの西、19kmほどにある閑静な住宅街。20世紀を代表する建築家、フランク・ロイド・ライトが手がけた住宅建築の世界最大のコレクションが自慢。また、文豪アーネスト・ヘミングウェイの生誕地でもある。

オークパークのフランク・ロイド・ライト邸とスタジオ

7. エバンストン Evanston

P.136 〜 / MAP P.33

　シカゴのダウンタウンの北、約20kmに位置する市、名門ノースウエスタン大学のおひざ元だ。アッパーミドルクラスが住むエリアで、日本でもおなじみのロータリー世界本部がある。

エバンストンはノースウエスタン大学の町でもある

　ある。それが「シアーズタワー（現ウィリスタワー）」と「マーシャル・フィールズ（現メイシーズ）」。古くていいものを愛するシカゴっ子気質の表れだ。道を聞くとき、古い名称をいえば、シカゴっ子たちは感激して、教えてくれる！

シカゴの歩き方

どこから歩けばいい？

シカゴ観光の起点となるエリアは、「ループエリア」と、「マグニフィセントマイルとリバーノース」のふたつ。このふたつを総括して「ダウンタウン」と呼ぶことが多い。観光案内所（→P.41）はループエリアの1ヵ所のみ。

シカゴはルート66の始発点

町は碁盤の目

シカゴの町は碁盤の目のように規則正しく通りが走り、町の東側に湖が位置することを覚えておけば道に迷うことはない。ループエリアのメインストリートは**ステートストリートState St.**、マグニフィセントマイルとリバーノースは**ミシガンアベニュー Michigan Ave.**で、それぞれの地区のいちばんにぎやかな通りだ。ふたつのエリアを散歩すれば町の輪郭がつかめてくる。

観光ポイントは分散

観光ポイントは、ダウンタウンのほかに、ミュージアムキャンパスと呼ばれ、博物館、水族館が集中するサウスループ、大都市のオアシス、リンカーンパーク、科学産業博物館のあるハイドパークなどにある。建築家フランク・ロイド・ライト設計の住宅が残るオークパークや名門ノースウエスタン大学の町エバンストンなど、どちらも閑静な住宅街でシカゴの中心部とは異なる魅力に触れることができる。

シカゴの住所解読法

アメリカの住所の表記

アメリカの多くの町は碁盤の目のように規則正しく通りが走り、すべての通りに名前が付いている。住所はこの通り名と、その通りに沿った番地によって表示される。

シカゴの住所の起点

住所の起点となるのは、ループエリアを南北に走る**State St.**と、東西に走る**Madison St.**の交差点。State St.を境に東Eastと西Westに分かれ、Madison St.を境に北Northと南Southに分かれる。

町の番地はステートストリートが起点

シカゴの住所の表記

前述のState St.とMadison St.を起点に東西南北の4方向に番地が増えていく。

ダウンタウンでは、8ブロックがおおよそ1マイル（約1.6km）。そのため、1ブロックの1辺が約200mとなる。番地の番号は1ブロックごとに100番ずつ増え、場所によっては2ブロックで100番数える所もある。

また、南北に走る通りには、東側が奇数、西側が偶数の番地、東西に走る通りには、北側が偶数、南側が奇数の番地が付く。

一番人気のアトラクションがミレニアムパークだ

ボランティアによるシカゴ案内 無料のボランティアによる町案内がシカゴグリーターだ。2〜4時間で町案内をしてくれて、最高6人まで参加できる。日本語を話せる人もいるので、ウェブサイト、または✦

住所の表記例

例を挙げると、「909 N. Michigan Ave.」という住所は、Madison St.からダウンタウンを南北に走るMichigan Ave.沿いに909番地北（North）に上がった場所。つまり、9ブロック分＝約1.8kmと少しの場所となる。実際には、Delaware Pl.とWalton St.の間。番地は奇数なので、Michigan Ave.の東側となる。なお、折込地図の表面、左端と上端に住所の番地を入れてあるので、参考にしてほしい。

観光案内所

唯一の観光案内所

メイシーズ・シカゴ・ビジターセンター
Macy's Chicago Visitor Center

現在シカゴの観光案内所は1ヵ所のみ。ループエリアの目抜き通り、ステートストリート沿い

メイシーズの1階にある観光案内所

のデパート、メイシーズ1階のランドルフストリート側の入口にある。係員が常駐し、レストランの予約もお願いできる。また、カウンターで「日本から来た」と言うと、メイシーズの10%引きクーポンを配布してくれる。隣ではシカゴ名物『フランゴ』のチョコレートを販売しているだけでなく、さまざまなシカゴみやげも揃い、みやげの物色を兼ねて一度は寄りたい。

MAP P.27-C1,2
🏠 111 N. State St., Main Floor
☎ (1-312) 567-8500　🕐月〜土10:00〜21:00、日11:00〜20:00。メイシーズに準ずるため、季節によって変更あり
ウェブサイトのシカゴ情報
URL www.choosechicago.com
ウェブサイトのイリノイ州情報
URL www.enjoyillinois.com/jp(日本語)

シカゴ観光局CEO（最高経営責任者）
デビッド・ウィテカーDavid Whitaker氏
からのメッセージ

Welcome Home, Chicago !

ミシガン湖に面したシカゴは歩きやすい町です。昔から日系人を受け入れるなど日本との歴史も長く、日本からは毎日直行便が運航されています。シカゴには5つのプロスポーツをはじめとして、シカゴ美術館や博物館、ブルースなどのライブハウス、そして、摩天楼に代表されるヘリテージもあります。アメリカで最もウェルカムシティのシカゴをご自身で体験してください。

COLUMN
バーナムのシカゴ都市計画
Burnham Plan of Chicago

シカゴは中心部の東に広大な公園（グラントパーク）があり、その向こうにミシガン湖が広がるという、都市と公園が見事に調和した世界でも屈指の町だ。

そのシカゴの都市計画案を出したのがダニエル・バーナム Daniel Burnham とエドワード・ベネット Edward Bennet のふたりの建築家。バーナムは、ニューヨークの薄っぺらい三角形のビル（フラット・アイアン・ビル）の設計者。彼は1893年のコロンビア万博の総指揮者でもあった。

1871年の大火後、町は急ピッチで復興した。そこで採用されたのがバーナムのプラン。町の中心にドーム型の市庁舎をおき、周囲には公共の建造物を配するという案を中心に、物資輸送のための鉄道や高速道路との引き込み線、広い幹線道路の整備などのアイデアが盛り込まれた。その一部がミシガン湖に沿った南北の広範囲に

公園を造る案。公園の土地はわずか30cm²でぇも個人が所有してはならない、公共のものであると考え、できあがったのがミシガン湖沿いのいくつかの公園である。以来そのルールは忠実に守られ、こうしてシカゴの美しいスカイラインが保たれている。なかでもミレニアムパークは、ブルースやジャズフェスティバルをはじめ、さまざまなイベントの会場として市民に愛される、まさに憩いの場となっている。

バーナムの都市計画にはグラントパークも含まれていた
©City of Chicago

カルチュラル・センターの案内所で尋ねてみよう。ただし、10日以上前の申し込みが必要。ほかにも金〜日曜のみ中心部を1時間案内してくれるインスタグリーター InstaGreeter（予約不要）もある。URL chicagogreeter.com

41

＼これを参考にシカゴを歩こう／

観光モデルコース

Model Course

シカゴが初めてという人は、どこへ行けばいいのかわからない人も多いだろう。また、仕事でシカゴを訪れていて、突然空き時間ができてしまうこともあるはず。そんな人のためのモデルコースを紹介しよう。

シカゴ超早回り 3時間コース

わずか３時間でシカゴの代表的な見どころを回るコース。スタートはマコーミックプレイスだが、シカゴ美術館から始めるもよし、逆のウィリスタワーから始めるのもいい。

① マコーミックプレイスからは、Martin Luther King Dr.を走るCTAバス#3 King Dr.の北方面行きに乗る。右側にライオンのいる建物が見えたら、美術館だ

バス18分

② **シカゴ美術館（→P.142）**
2階の印象派と1900 ～ 1950年の現代アメリカ美術だけを見学。北側のミレニアムパークへの橋がある3階出口を出てパークへ

徒歩5分

③ **ミレニアムパーク（→P.97）**
今、シカゴで最も人気の高いスポット

徒歩1分

④ **シカゴ・カルチュラル・センター（→P.99）**
ティファニー製のドームは必見。水曜12:15からは無料コンサートあり

徒歩8分

⑤ **シカゴ劇場（→P.100）**
ローリングトゥエンティズを感じさせてくれるような劇場

徒歩3分

⑥ **ステートストリート**
シカゴのメインストリート。メイシーズやターゲットなどをのぞくのもいい

徒歩1分

⑦ **連邦政府センター（→P.86）**
3つの黒いシンプルなビルに囲まれた広場にカルダー作の「フラミンゴ」が鎮座する

徒歩2分

⑧ **マーキットビル（→P.87）**
向かいの連邦センター広場から見てみよう。3層構造がわかる。人気のフードホール（→P.258）とも中でつながっている

徒歩5分

⑨ **チェイスタワー（→P.88）**
西新宿にある損保ジャパン日本興亜本社ビルにそっくり。シャガールは必見

徒歩5分

⑩ **デイリーセンター（→P.89）**
センター前に鎮座するピカソ作の像、向かいにあるミロ作の像に対面

徒歩3分

⑪ **ジェームス・R・トンプソン・センター（→P.89）**
内部は別世界。壁のないオフィスビルはデザインもすごい

徒歩10分

⑫ **ルッカリー（→P.87）**
近代摩天楼の原本。ロビーはフランク・ロイド・ライトのデザイン

徒歩1分

⑬ **シカゴ商品取引所（→P.86）**
アールデコが美しいビルを外から見学

徒歩5分

⑭ **ウィリスタワー（→P.84）**
タワーに昇って摩天楼の町シカゴを実感

※徒歩などの移動時間は目安

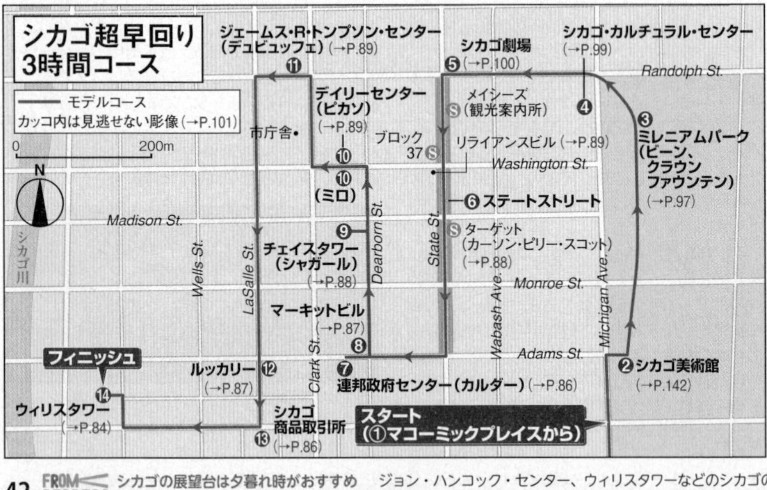

FROM READERS シカゴの展望台は夕暮れ時がおすすめ　ジョン・ハンコック・センター、ウィリスタワーなどのシカゴの展望台は、日没30分前から30分後まで滞在するのがおすすめ。昼間の景色からだんだん光が増えて、最↗

シカゴ初心者 1日コース

シカゴ中心部のおもな見どころを1日で回る、初心者向けのコース。途中シカゴらしいレストランや、
シカゴ名物のおみやげを買えるスポットも紹介。

① シカゴ・カルチュラル・センター（→P.99）
3万個のガラス片からなるティファニー製のドームは必見

徒歩1分

② ミレニアムパーク（→P.97）
シカゴ・カルチュラル・センターの向かい

徒歩5分

③ シカゴ美術館（→P.142）
シカゴ美術館早回り2時間コースを参考に回る。最後はショップでみやげを物色

徒歩5分

④ ミラーズパブ（→P.257）か、
エクスチェッカーズパブ（→P.253）か、
バーゴフ（→P.266）でランチ

徒歩8分

⑤ 連邦政府センター（→P.86）
「カルダー」の前で記念撮影

徒歩3分

⑥ ルッカリー（→P.87）
近代摩天楼の原本

徒歩1分

⑦ シカゴ商品取引所（→P.86）
シカゴ・アールデコの代表的な建築

徒歩5分

⑧ ウィリスタワー（→P.84）
全米No.2の高さのビル。展望台の透明アクリル製の突出部が名所

徒歩10分

⑨ チェイスタワー（→P.88）
ビルの南側には、シャガール作「四季」がある

徒歩3分

⑩ デイリーセンター（→P.89）
「ピカソ」と向かいにある「ミロ」の像も見ておこう

徒歩3分

⑪ ジェームス・R・トンプソン・センター（→P.89）
近未来的なビルはイリノイ州政府のお役所

徒歩10分

**⑫ マリーナシティ、
330ノース・
ワバッシュビル、
トランプタワー**
（→P.90、91）
Wacker Dr.を東に歩きながら、シカゴ川対岸のビルを見学

徒歩5分

何かと話題の大統領が建てたタワー

ⒸRanvestel Photographie

ネイビーピアは幅広い年齢層の人に愛されている

⑬ 建築センター（→P.78）
センター内のショップでみやげ物を

徒歩3分

⑭ リグレービルとトリビューンタワー（→P.92）
写真撮影スポットのひとつ

徒歩25分

⑮ ネイビーピア（→P.105）
ネイビーピアからのスカイラインも美しい

バス#66 16分

⑯ ウオータータワー（→P.103）
シカゴの大火で焼け残った唯一の公共の建物

徒歩2分

⑰ ジョン・ハンコック・センター（→P.93）
夕暮れ時がおすすめ

**シカゴ初心者
1日コース**

── モデルコース
カッコ内は
見逃せない彫像（→P.101）

フィニッシュ
Oak St.
900ノースミシガン Ⓢ ⑰ ジョン・ハンコック・センター（→P.93）
Chestnut St.
ウオータータワー（→P.103）⑯
Chicago Ave.
ウオータータワー・プレイス Ⓢ
（メイシーズ1Fのフランゴ）
ピエロ グルメ
Huron St.
State St.
Ontario St.
ギャレット ポップコーン
Ohio St.
Clark St.
Dearborn St.
ネイビーピアへ →P.105
Michigan Ave.
⑮
ショップス・アット・ノースブリッジ Ⓢ リグレービル（→P.92）
（ヴォージュのチョコ）
トリビューンタワー（→P.92）⑭
トランプタワー（→P.91）⑫
マリーナシティ ⑫（→P.90）
シカゴ川
アルゴティ Ⓢ
Wacker Dr.
ファニーメイ ⑬ シカゴ建築センター（→P.78）
ジェームス・R・トンプソン・センター（デュビュッフェ）（→P.89）⑪
330ノース・ワバッシュ（→P.91）
シカゴ・カルチュラル・センター（→P.99）①
スタート
デイリーセンター（ピカソ）（→P.89）⑩
Clark St.
Dearborn St.
ⓀⒷ
バーゴフ（ドイツビール）
ミレニアムパーク（→P.97）②
チェイスタワー（ミロ）（シャガール）（→P.88）⑨
ミラーズ（リブ）④
ウィリスタワー（→P.84）⑧
ルッカリー（→P.87）⑥
シカゴ美術館（→P.142）③
エクスチェッカーズパブ（ピザ）④
シカゴ商品取引所（→P.86）⑦
連邦政府センター（カルダー）（→P.86）⑤
100m

↘ 後は宝石のような夜景が見られます。感動の1時間です。

フランク・ロイド・ライトの建築巡り 1日コース

2019年世界遺産にも登録されたフランク・ロイド・ライトの8つの建築群。そのうちふたつがシカゴ（ひとつはオークパーク）にあり、少し効率が悪いが公共交通機関でアクセスできる。

① **ルッカリーのロビー**（→P.87）
ルッカリーの設計はバーナム&ルートだが、ロビーはライトがデザイン。繊細で壮麗な造りは建築ツアーにも組み込まれている

Adams/Wabash駅からグリーンラインで約30分Oak Park駅下車+徒歩15分

② **フランク・ロイド・ライト邸とスタジオ**（→P.126）
ライトの家とスタジオはツアーに参加して見学。ツアーは前もって予約しておきたい

徒歩10分

③ **ユニティテンプル**（→P.131）
世界遺産に登録された斬新な設計の教会。時間があれば周囲のライト設計の個人宅も外側から静かに見学したい

Oak Park駅からグリーンラインで約30分State/Lake駅で下車。State St.からCTA#6のバスに乗り約30分Stony Island & 57th下車+徒歩12分

ルッカリーのロビーはライトのデザイン

④ **ロビー邸**（→P.119）
プレーリースタイルを代表する住宅。こちらも世界遺産で、ツアーに参加して見学する

シカゴ観光に便利なシティパス CityPass

かなりの割引率となるシティパス

全米各地でおなじみのシティパスが、シカゴにもある。主要観光ポイントの入場料がディスカウントされるお得なパスで、シカゴに2〜3日滞在する人は一考の価値あり。パスに含まれるものは

● シェッド水族館（→P.171）　● ウィリスタワーのスカイデッキ（→P.84）　● フィールド博物館（→P.168）
● 科学産業博物館（→P.163）またはジョン・ハンコック・センターの展望台（→P.93）
● アドラープラネタリウム（→P.173）またはシカゴ美術館（→P.142）

料金 $108、3〜11歳 $89（50%以上の割引）　9日間有効で各アトラクションのチケット窓口、ウェブサイトでも販売されている

★ シティパス CityPass　URL www.citypass.com/chicago

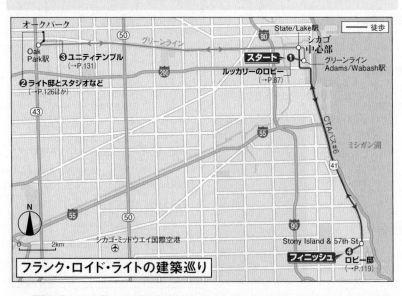

フランク・ロイド・ライトの建築巡り

オークパーク
Oak Park駅
③ ユニティテンプル（→P.131）
❷ ライト邸とスタジオなど（→P.126ほか）
グリーンライン
State/Lake駅
シカゴ中心部
スタート ①
ルッカリーのロビー（→P.87）
グリーンライン Adams/Wabash駅
CTAバス#6
ミシガン湖
シカゴ・ミッドウェイ国際空港
Stony Island & 57th St
フィニッシュ ④ ロビー邸（→P.119）
徒歩
N
0 2km

FROM READERS　こちらのパスもお得　観光案内所でChicago Passのほかに、Chicago Explorer Passをすすめられた。「Chicago Explorer Pass」で検索するとホームページにたどり着ける。（神奈川県 Potawatomi24）['20]

映画&TVドラマのロケーション巡り 2時間コース

古くからある高架鉄道をはじめとして、歴史的なビルと現代的なビルが混在するシカゴは、数々の映画のロケ地となってきた。映画については→ P.204 ～ 205の特集を参照。

① トリビューンタワーとリグレービル（→P.92）
『アンタッチャブル』では映画のポスターやジャケットに使われた

徒歩1分

② ミシガンアベニュー橋
物資輸送のため橋は2層構造。下層部は『アンタッチャブル』でケビン・コスナーがショーン・コネリーに出会うシーンや、『逃亡者』でハリソン・フォードが身を隠しながら移動するなど、ときに陰の象徴となっている

徒歩10分

③ マリーナシティ（→P.90）
『シカゴ・ファイア』の消防局51分署の消防士や救命士がダウンタウンへ出動時、よくバックに現れるのがマリーナシティ。また、亡き名優スティーブ・マックイーンの遺作『ハンター』で自動車がシカゴ川に飛び込むのがこのビルから。対岸から見ると美しい

徒歩5分

④ Clark/Lake駅
高架鉄道のなかでヒヤヒヤしながら追跡劇を繰り広げた『逃亡者』。高架鉄道から降りた駅

徒歩5分

⑤ デイリーセンター（→P.89）**と市庁舎**
『ブルース・ブラザース』では、高架鉄道下のカーチェイスのあと、兄弟がたどり着くのがデイリーセンター

徒歩10分

⑥ ルッカリーとシカゴ商品取引所（→P.86、87）
『アンタッチャブル』ではアル・カポネ退治の主人公たちのオフィスとしてルッカリーが登場。『ダークナイト』では葬儀のパレードが行われるのが商品取引所の前

徒歩10分

⑦ ラサールストリート駅（→P.61）
『スティング』で、シカゴ郊外から出てきたロバート・レッドフォードが降り立った駅

徒歩15分

⑧ ユニオン駅（→P.51、61）
『アンタッチャブル』のクライマックスの銃撃戦が、ユニオン駅の正面階段。実物の意外な小ささに、映画のマジックを感じる

ちょっと足を延ばして
『シカゴ・ファイア』の消防署（[住]1360 S. Blue Island Ave.）がユニオン駅から約3km南西にある。CTA#60のバスでRacine & 14th下車。東側が51分署だ。

映画&TVドラマの
ロケーション巡り→
2時間コース
N
映画名
[BB] ブルース・ブラザース
[C] シカゴ・ファイア
[D] ダークナイト
[F] 逃亡者
[S] スティング
[U] アンタッチャブル
モデルコース
スタート
トランプ・インターナショナル・ホテル&タワー (→P.91)
トリビューン タワー (→P.92)
リグレービル (→P.92)
ミシガン アベニュー橋(下)
マリーナシティ (→P.90)
シカゴ川
330ノース・ワバッシュ (→P.91)
35イースト・ワッカードライブ
Clark St.
LaSalle St.
State St.
Wacker Dr.
Michigan Ave.
Clark/Lake駅
トンプソン・センター
メトラ駅 (→P.61)
Randolph St.
デイリーセンター (→P.89)
市庁舎
シカゴ・カルチュラル・センター
Washington St.
ループエリア
Madison St.
ミレニアムパーク
Monroe St.
シカゴ消防局51分署 (CTAバス#60と徒歩で約20分)
シカゴ美術館
Adams St.
ウィリスタワー (→P.84)
ルッカリー (→P.87)
フィニッシュ
Jackson Blvd.
ヒルトン・シカゴ (Michigan Ave.を4ブロック南)
ユニオン駅 (→P.51、61)
ラサールストリート駅 (メトラ駅) (→P.61)
シカゴ商品取引所 (→P.86)
0
500m

市内へのアクセス

オヘア国際空港はユナイテッド航空のハブ。全日空の直行便も運航する

北米大陸のほぼ中央という地の利を生かし、交通手段が水路から鉄道、航空機へと移り変わる時代のなかで、シカゴは交通の要衝として古くから繁栄してきた。現在、シカゴは世界最大級のオヘアと、市の南西にあるミッドウエイのふたつの空港を有し、毎日28万以上もの利用客を数える。また、シカゴは陸路の中心でもあり、鉄道の路線はシカゴから四方に延びている。

オヘアでもUberなどの配車サービスを利用する人が急増。乗り場もある（→下記脚注）

《　飛行機で着いたら　Airplane 》

●日本から

オヘア国際空港には成田空港から全日空が、羽田空港から全日空、日本航空、ユナイテッド航空の3社が計4本のノンストップ便を運航している。所要約11時間30分、シカゴを経由して全米各地に向かう人の利用も多い。

●アメリカ国内から

シカゴは北米大陸のほぼ中央にあり、全米どこの都市からもアクセスがよい。シカゴ市内にはふたつの空港があるから、どちらの空港を利用するか確認しておこう。

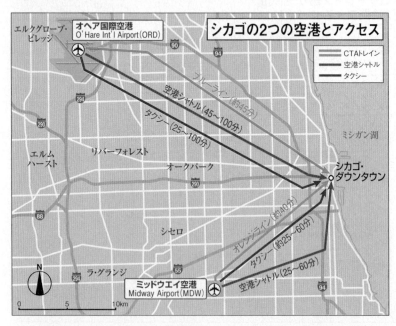

シカゴの2つの空港とアクセス

- CTAトレイン
- 空港シャトル
- タクシー

エルクグローブ・ビレッジ

オヘア国際空港
O'Hare Int'l Airport (ORD)

ブルーライン(約45分)
空港シャトル(45～100分)
タクシー(25～100分)

エルムハースト
リバーフォレスト
オークパーク

ミシガン湖

シカゴ・ダウンタウン

シセロ
ラ・グランジ

オレンジライン(約40分)
タクシー(約25～60分)
空港シャトル(25～60分)

ミッドウエイ空港
Midway Airport (MDW)

0　　5　　10km

オヘア空港の配車サービスの乗降場所　UberやLyftなどの配車サービスの乗り場は1階ではなく、2階のターミナル1と2の間にあり、A～Dの4つのゾーンに色分けされている。国際線ターミナルは5Cのドア近く。

アメリカ入国の手順

出発前に ESTA の申請（→ P.338）を忘れずに（有効期間は 2 年、または申請者のパスポートの有効期限）。オヘア国際空港の入国審査はどの航空会社を利用してもすべて国際線ターミナル（ターミナル 5）で行われる。注意したいのは帰国時。日本への便は、日本航空（アメリカン航空と提携）はターミナル 3、ユナイテッドと全日空はターミナル 1 となる。

フライト到着

入国審査場へ

アメリカに初めて入国する人、ビザで入国する人は有人カウンターへ

- ▶並ぶ前に：機内で税関申告書（→ P.353）を記入しておく。1 文字くらいの書き損じは、線を引いて訂正すればたいてい大丈夫。
- ▶並ぶ所：アメリカ国籍外 Non U.S. Citizen の列。アメリカ人の入国審査が終われば、アメリカ国籍外の人もそちらに誘導される。
- ▶提出するもの：パスポート、税関申告書。ほかに ESTA の申請番号、帰国便がわかる e チケットの控え、宿泊先の住所も用意するとベター。ビザで入国する人はビザも。
- ▶質問されること：目的、滞在日数など
- ▶質問のあと：両手のすべての指の指紋採取と顔写真の撮影

問題がなければパスポートと税関申告書にスタンプを押し、返却されて入国審査は終了。
※英語が通じないときは通訳 Interpreter がやってくる。

ESTA 取得後、アメリカ入国が 2 回目以降の人は APC（Automated Passport Control= 自動入国審査）のキオスク（端末機）で各自行う
※税関申告書は基本的に不要

❶言語（日本語）を選択
❷税関申告書と同じ質問事項に回答
❸ ESTA での入国であることに答え、パスポートの顔写真のページを読み込ませる
❹旅行の目的を選択
❺指紋採取。左手か右手を選び親指以外の 4 指をスキャン装置の上に置く。緑のライトがつけば OK
❻顔写真の撮影
❼同伴家族についての質問に回答
❽提供した情報が真実か回答
❾便名が表示されるので正しいか確認
❿レシート発行。受け取り後、係官のブースへ進み入国審査は完了（バツがついたら有人カウンターへ）

荷物のピックアップ

ターンテーブル（バゲージクレーム）へ行って荷物のピックアップ。自分の便名を覚えておこう。

税　関

申告するものがなければ、緑のランプのブース、または税関係員がいる出口へ。申告するものがあるならば赤のブースへ。APC で入国した人以外は出口で税関申告書を渡す。

国内線に乗り継ぐ場合

税関を出て、出口の少し手前に、国内線に乗り継ぐ人用の受託手荷物を預けるカウンターがある。出口に向かってユナイテッド、全日空は右側、アメリカン、日本航空は左側にあり、目的地までのタグが付いていれば、ここで荷物を預ける。

出　口

国際線ターミナルの外から、シカゴの中心部に向かうタクシーなどが出ている。CTA トレイン（地下鉄）や中距離のバスを利用するときは、中 2 階を走るターミナル間移動トラムの ATS（→ P.49）でターミナル 2 へ行き、それぞれの交通機関に乗る。

CHICAGO INFORMATION 2020年半ばまで各ターミナル間、駐車場の移動はバスで　2020年2月現在ORDではATS（→P.49）の代わりにバスが運行されている。5〜15分間隔で、ターミナル1、2、3は2階、国際線ターミナルは1階から発着する。

オヘア国際空港
（略称 ORD）
住 10000 W. O'Hare Ave. Chicago, IL
MAP P.20-B2
Free (1-800)832-6352
URL www.flychicago. com → O'Hare

オヘア空港便利メモ
[両替] ターミナル1、3、5
[ギャレットポップコーンの売店] ターミナル1のコンコースB（ユナイテッド航空）、ターミナル3のコンコースH（アメリカン航空）

レンタカー利用者は
駐車場Fの近くにレンタカー会社と駐車場からなる「マルチモーダル・ファシリティ Multi-Modal Facility」がオープンした。レンタカー利用者はATS（または徒歩）でアクセスする。将来的には周辺へのバスもここから発着する。

オヘア国際空港（略称ORD）
O' Hare International Airport

ダウンタウンの北西約27kmに位置する年間乗降旅客数約8300万人を誇る全米第3位の空港だ。空港は7つの滑走路と約190のゲート、4つのターミナル、空港ホテル、駐車場から構成されている。空

ターミナル1のBとCゲートをつなぐトンネル。ネオンの競演が美しい

港内にはチャペル、ヨガルーム、コーヒーショップ、レストラン、ギフトショップ、両替所、ビジネスセンターまであり、まるでひとつの町のよう。アメリカで最もメジャーな航空会社のふたつ、

アメリカン航空とユナイテッド航空のハブ（各航空会社の軸となる中心の都市）でもある。無料Wi-Fiも開通。

国際線ターミナルの出口。迎えの人はここで待っている

オヘア国際空港（ORD）

国際線ターミナル(ターミナル5)
AA：アメリカン航空
（国際線は到着便のみ）
AF：エールフランス
BA：ブリティッシュ・エアウェイズ
JL：日本航空（到着便のみ）
KE：大韓航空
NH：全日空（到着便のみ）
UA：ユナイテッド航空
（国際線は到着便のみ）など

全日空、日本航空、アメリカン航空、ユナイテッド航空とも国際線の到着はターミナル5だが、国際線の出発は各航空会社の国内線のターミナルとなる

ターミナル3
3E：エア・チョイス・ワン
AA：アメリカン航空
（国際線は出発便のみ）
JL：日本航空（出発便のみ）
NK：スピリット航空など

ターミナル2
AC：エア・カナダ
AS：アラスカ航空
DL：デルタ航空
B6：ジェットブルー

Mゲート M1～M21

Hゲート H1～H18
Gゲート G1～G21
Fゲート F1～F28
Eゲート E1～E17
Kゲート K1～K20
Lゲート L1～L11
Cゲート C1～C31
Bゲート B1～B24
H Hilton
（2階）
バス/シャトルセンター
CTA O'Hare駅
Lゲート L20～L24

←シカゴ市内へ→
←駐車場へ→

── ターミナル間＆駐車場移動トラム（ATS）
── CTAブルーライン
● トラム駅（ターミナル5は中2階）
★ タクシー乗り場
● 配車サービス乗り場（Uberなど）

レベル1：バス/シャトルセンター
（空港周辺ホテルや中距離のバス乗り場）
地下：市内へのCTAブルーライン乗り場

ターミナル1
NH：全日空（出発便のみ）
LH：ルフトハンザドイツ航空（出発便のみ）
UA：ユナイテッド航空（国際線は出発便のみ）

チェックインの際はIDが必要 空港でチェックインの手続きをするとき、本人確認のためパスポートなど、写真付きのIDを提示するよう求められる。国内線の移動でもパスポートは常に手元に用意しておこう。

ターミナル間の移動方法

➡トラムのATS（Airport Transit System）で各ターミナルへ

　ターミナル1、2、3、5（国際線ターミナル）と駐車場、マルチモーダル・ファシリティを"ATS"という無料の小型トラムが結んでいる。ATSは2020年2月現在大規模な修復工事が進行中で、2020年前半には稼働する予定。ATSはターミナル5の中2階を、ほかのターミナルはターミナルを出た外周道路の駐車場側を走っている。市内行きのCTAトレイン（地下鉄）はターミナル2の地下に駅がある。24時間運行。ATS運休時は無料のバスが代行する（→P.47脚注）。

> **受託手荷物の重量制限**
> **●国際線の場合**
> 　航空会社、クラスによって異なるが、エコノミークラスは2個まで無料で、荷物1個の重さが23kg以内、3辺の和が157cm以内。
> **● アメリカ国内線の場合**
> 　受託手荷物は1個目から有料である航空会社が多い。だいたい1個目が$30、2個目$40。

▶ 市内へのアクセス方法

CTAトレイン・ブルーライン　　　　安く行きたいときに
CTA Train Blue Line

　ターミナル2の地下から出発するブルーラインが、安くて時間も正確。空港からダウンタウンの中心まで所要時間約45分。空港駅はブルーラインの始発駅。ダウンタウンではClark/Lake駅にエレベーターとエスカレーターがあり、大きい荷物を持っている人は、この駅で降りてタクシーをつかまえるのがベター。駅ではグリーン、オレンジ、ブラウンラインへの乗り換えが可能。ダウンタウンはエレベーターのない駅も多い。

ターミナル2の下に地下鉄駅がある。ブルーラインは治安のいい路線でもある

☎(1-312)836-7000　URL www.transitchicago.com　運行／毎日24時間。深夜24:30〜翌3:30は15〜30分間隔。それ以外は3〜10分間隔。土日は減便。ダウンタウン中心部の下車駅はLake、Washington、Jackson駅など　料$5（オヘア空港発のみの料金）※CTAトレインの料金→P.53、54

空港シャトルバン　ゴー・エアポート・エクスプレス　　ひとりで、荷物が大きいときに
Go Airport Express

　ダウンタウンのホテルと空港を結ぶ小型の乗合バン。白い車体に緑の文字が目印だ。各ターミナルのバゲージクレームを出た建物のほぼ中央に"Ground Transportation"のカウンターがあり、その近くに同社のブースがある。ここでチケットを買い、乗り場は各ターミナルを出た縁石の"Airport Bus"の看板の下。
　ダウンタウンまでの所要時間は45〜90分。ダウンタウンから空港へ向かう場合、出発の24時間前までにウェブサイトで申し込もう。

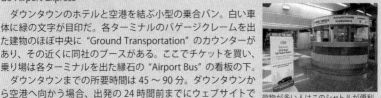

荷物が多い人はこのシャトルが便利。各ターミナルにチケット売り場がある

☎(1-773)363-0001　URL www.airportexpress.com　運行／空港から毎日4:00〜23:30、10〜15分間隔　料 片道$40（ふたり目から＋$19）　カード A M V　乗り場／到着階の次のドア近くにカウンターがあり、ここで申し込める。ターミナル1の1E、ターミナル2の2E、ターミナル3の3E、ターミナル5は5E。同社は郊外の個人宅にもDoor-to-doorのサービスを行っている。シカゴ市以外でも近郊なら利用することができる。

タクシー　　　　ふたり以上。早朝、夜の利用に、急ぐとき
Taxi

　ダウンタウンまで所要時間25〜75分。乗り場は各ターミナルを出た縁石の"Taxi"の看板の下。メーター制ではあるが、ボラれないためには、乗る前に料金を確かめておくといい（→P.63）。

タクシーは所定の乗り場から乗るのが安全策のひとつ

料 ダウンタウンまで$45〜80＋チップ。オークパークまで約$35、エバンストンまで約$50。オヘア空港からは$4の空港使用料がかかる。

※Uber、Lyftなど、配車サービス乗り場→P.46脚注

ミッドウエイ国際空港（略称MDW）
Midway International Airport

ミッドウエイ国際空港
（略称MDW）
住 5700 S. Cicero Ave.
MAP P.21-C4
☎ (1-773) 838-0600
URL www.flychicago.com
→ Midway

バゲージクレームの近くには観光案内所もある

ダウンタウンの南西約18kmに位置し、離発着機の多いオヘア国際空港の補助的役割をする空港。"シカゴ市内の空港"のキャッチフレーズのごとく、ダウンタウンまで車でたったの20分ほど。コンコースはA～Cの3つに分かれ、デルタ航空や

デルタ航空などが乗り入れるミッドウエイ国際空港 ©Abel Arciniega Photo Courtesy of Choose Chicago

サウスウエスト航空をはじめとして5社の航空会社が乗り入れている。なお、近年ミッドウエイ空港では、置き引きではなく、機内預けの荷物が盗難に遭う被害が報告されている。貴重品は絶対に受託手荷物に入れないこと。

ミッドウエイ空港で最も利用者が多いのがサウスウエスト航空

市内へのアクセス方法

CTA トレイン・オレンジライン
CTA Train Orange Line（Midway線）　　　安く行きたいときに

ループエリアとミッドウエイ空港を結ぶオレンジラインは、所要時間20～25分。ダウンタウンでは Clark/Lake 駅で、ほかの CTA の路線に乗り換えることができる。もちろん、オヘアへ行くブルーラインにも乗り換え可能だ。

市内へは高架鉄道のオレンジラインで向かう人が多い

☎(1-312)836-7000　URLwww.transitchicago.com　運行／空港から月～金早朝 3:30～翌 1:05、土日 4:00（日 4:30）～の 7～15 分間隔　圏$2.50～3

空港シャトルバン　ゴー・エアポート・エクスプレス
Go Airport Express　　　ひとりで、荷物が大きいときに

空港シャトルバンがミッドウエイ空港にも乗り入れている。15 分間隔で、ループエリアまで所要時間約 30 分だが、朝晩は交通渋滞に巻き込まれやすいので、余裕をもって行くように。

ホテルへピックアップに来てもらうときは、24 時間前までに予約を。ミッドウエイ空港では 1 階 Lower Level バゲージクレーム階、ドア 3 近くの同社ブースでチケットを購入できる。

荷物が大きいときにはやはりシャトルが便利

☎(1-773)363-0001　URLwww.airportexpress.com　運行／毎日 最初の到着便～最終 22:30、15 分間隔　圏 片道 $32（ふたり目から＋ $16）　カード A M V

タクシー
Taxi　　　ふたり以上。早朝、夜の利用に、急ぐとき

タクシー乗り場はターミナルの前から。市内まで 20～30 分。

圏$40～60。ミッドウエイ空港からは $4 の空港使用料がかかる。

常時タクシーが待機しているので使いやすい

《 鉄道で着いたら　Railroad 》

ユニオン駅
Union Station

世界最長の鉄道王国アメリカ。その中枢がこのシカゴのユニオン駅だ。鉄道網はシカゴを中心に東はニューヨーク、南はニューオリンズやマイアミ、そして西はサンフランシスコやロスアンゼルスへと、全米約500の駅と結ばれ、1

ユニオン駅の待合室がグレートホール。すばらしい造りだ

日の到着本数は約50を数える。交通手段が鉄道から航空機へと変化してしまった現在、最盛期の活気は薄れているものの、鉄道のハブ（軸となる町）としてのシカゴ・ユニオン駅は健在だ。

現在ユニオン駅には、**長距離旅客鉄道のアムトラックとシカゴの近郊列車であるメトラ**（→P.61）が乗り入れている。アムトラックは長距離路線のほかミルウォーキー、スプリングフィールド、インディアナポリスなど近郊の都市から乗り入れる列車の運行本数も多い。

メトラではMD-N線、MD-W線、NCS線、BNSF線、HC線、SWS線の6本がこのユニオン駅を起点に郊外へ延びている。なお、アムトラックもメトラも、ユニオン駅の地下に線路が敷設されている。シカゴ川の対岸から見るとおもしろい。また、中2階には駅弁代わりになるホットドッグやサンドイッチ店のあるフードコートがあって便利だ。

ユニオン駅
住225 S. Canal St.
MAP P.26-A3
URL www.chicagounion
station.com
アムトラック：
Free (1-800)872-7245
URL www.amtrak.com
営 毎日 5:30 ～ 24:00（チケット売り場 6:00 ～ 21:20）
メトラ：
☎ (1-312)322-6777
URL metrarail.com
営 月～金 6:00 ～ 23:00、土 6:30 ～、日 7:00 ～
行き方 CTA ブルーライン Clinton 駅下車。CTA バス #7、124、151、156。シカゴ川のすぐ西にあるので、ダウンタウンに勤めるビジネスマンはたいてい駅から歩いてオフィスへ行く
※ Wi-Fi（無料）は待合室で使える

ユニオン駅には近郊列車のメトラも乗り入れる（→P.61）。メトラのチケット売り場

※すべての路線は記載されていません
アムトラック主要路線

グレイハウンド・バスターミナル

グレイハウンド・バスターミナル
📮630 W. Harrison St.
MAP P.22-A2
Free (1-800)231-2222
🕐 毎日 24 時間
URL www.greyhound.com
行き方 CTA ブルー ライン
Clinton 駅下車。CTA バス
#7、60。ループエリアの中
心まで徒歩約 20 分
※暗くなってからは、タク
シーを利用しよう。人通
りが少なくなる。

グレイハウンド・バスターミナル
Greyhound Bus Terminal

ループエリアの少し西にグレイハウンドのバスターミナルがある。夜の移動はタクシーで

比較的大きなバスターミナルで
各方面へのバスが出ている

　交通の要衝シカゴの、もうひとつの入口は、長距離バスであるグレイハウンドのバスターミナルだ。アメリカ第3の都市だけあってバスターミナルは1日中混雑している。

　ロッカー、カフェテリア、ギフトショップなどの設備が整い、チケットの自動券売機もある。ミルウォーキー、インディアナポリスなどに向かう場合は、飛行機よりもグレイハウンドのほうが、経済的、時間的にも有利だ。急行Expressは乗車ゲートが異なるので注意。路線によってはセキュリティチェックがある。入口には常時タクシーも待機している。館内は無料Wi-Fi。

　なお、現在ユニオン駅（→P.51）のアムトラック側にもグレイハウンドのカウンターがあり、路線の一部がユニオン駅にも発着する。鉄道との乗り継ぎがあるときはとても便利。ウェブサイトで確認してみよう。

COLUMN
映画『アンタッチャブル』の銃撃戦のシーンはユニオン駅

　1987 年のパラマウント映画『アンタッチャブル』のクライマックスシーンは、シカゴのユニオン駅を舞台に繰り広げられた。シカゴからの逃亡を企てるアル・カポネの帳簿係、それを待ち伏せする財務省の若き捜査官エリオット・ネスと彼の相棒。刻一刻と列車の発車時刻が迫るなか、乳母車を引いたひとりの女性が現れる。彼女の目の前に立ちはだかる、入口へと続く階段。女は乳母車を必死で引き上げようとするが、なかなか思うようにはいかない。見かねたネスが駆け寄って乳母車を引き上げる。1段また1段、ネスはユニオン駅入口を通過する人を注視しながらそれを引き上げていく。最後の1段に差しかかると、ひとりの神経質そうな男が、ボディガードに囲まれて駅構内に入ってきた。「確かにヤツだ！」、そう思った瞬間、乳母車はネスの手を離れ階段を1段1段落ちていく。始まる銃撃戦……。スローモーションで階段を転げ落ちていく乳母車と、ネスとカポネの一味と

の銃撃戦の見事なコントラストは映画史上に残る名場面となっている。

　この名場面は、実際のシカゴ・ユニオン駅で撮影された。準備は2週間、膨大な電力量をまかなうため、電力会社は一時的にユニオン駅への送電量を増やしたという。『アンタッチャブル』の映画のなかではシカゴの各所がロケ地として登場するが、このユニオン駅でのシーンはまさに圧巻！　映画のあのシーンの現場を自分の目で確かめてみては？

映画『アンタッチャブル』の階段。映画ファンが必ず訪れる所

チケットは事前に　各所で無人化が進み、グレイハウンドも自動券売機が増えたぶん、係員が少なくなり、窓口が混雑している。チケットはウェブで事前に購入することをすすめる。

シカゴの交通機関
Public Transportation in Chicago

大都会シカゴは公共の交通機関がよく発達している。それらを乗りこなせば市内は車いらずだ。逆に車を使うと、交通渋滞や駐車料金の高さなどで苦労する。シカゴでは公共交通機関をうまく組み合わせて歩いてみよう。

シカゴ名物の高架鉄道の下。映画などによく登場する

➡ シカゴ市交通局について

シカゴ市交通局Chicago Transit Authority（CTA）は、シカゴエリアの高架鉄道と地下鉄Elevated Train & Subway（双方を合わせて本書では「CTAトレイン」と呼ぶ）と、路線バスのCTAバスCTA Busの運営を行っている。CTAトレインは8路線、バスは約140路線が走っており、これを乗りこなせれば、シカゴ観光も思いのまま。

➡ シカゴの交通機関を乗りこなす！

◉ ぜひ入手しておきたい CTA "Bus & Rail Map"

シカゴを歩く際に、ぜひ入手しておきたいのが、CTAが発行するこの "Bus & Rail Map"。広げると大きいが、これにはCTAトレイン（高架鉄道と地下鉄）、CTAバスの路線図、運行時間、料金体系、見どころへの路線番号などがすべて掲載されていて、たいへん便利。CTAの空港駅や中心部のおもな駅、観光案内所で手に入る。

➡ 短期間の滞在ならCTAパスが便利

◉ CTA Pass（CTA パス）

観光などで短期間のみシカゴに滞在する人におすすめしたいのが、CTAパス。1、3、7日用の3種類あり、その期間内（24時間単位）ならCTAの高架鉄道、地下鉄、バスに乗り放題。

CTA全体の時刻表&解説書である "Bus & Rail Map"（左）。観光客用の "Downtown Transit" は観光案内所で入手できる（右）

シカゴ市交通局
☎(1-312) 836-7000
Free (1-888) 968-7282
（問い合わせ時間：月〜金 7:00 〜 19:00）
URL www.transitchicago.com
鉄道 鉄道 $2.50、バス $2.25（現金でのバス乗車は $2.50）。CTAのICカード「ベントゥラカード」もある（→下記）

トランスファー（乗り換え券）について
CTAはトレイン、バスとも相互の乗り換えができる。料金は25¢。2乗車まで、2時間有効。現金でバスに乗るときは25セントを加算した料金を支払い「トランスファープリーズ」とドライバーに告げてトランスファーチケットをもらう。

CTA パス
鉄道 1日用 $10、3日用 $20、7日用 $28（7日パスは Pace Bus 付きもある）

▐ CTA の運賃と IC カード & チケット

シカゴ市交通局も交通系ICカードの「ベントゥラカード Ventra Card」を導入している。カード代 $5 は旅行者にとって安くはない。そこで、おすすめが「ベントゥラチケット Ventra Ticket」。ベントゥラチケットは CTA 駅の自動券売機で購入でき、運賃 $2.50 のところトランスファー込みで $3（オヘア空港発は $5）。25 セントの手数料をシカゴの記念品代と考えれば、悪くはないだろう。自動券売機はおつりが出ないものもあるので注意。なお、ベントゥラチケットは CTA 1 日パス（$10）、3 日パス（$20）もあり、何度も乗る人には便利。

CTAのチケット。左からベントゥラカード（ICカード。カード代$5）、紙の1回乗車券（Single Ticket。$3）。紙の3日パス（3 Day Ticket。$20）。1日、3日パスは自動券売機で買える

CTAトレイン（高架鉄道と地下鉄）
CTA Train (Elevated Train & Subway)

圏$2.50。現金では乗れない。必ずベントゥラチケットかベントゥラカードを購入してから乗ること。

同じ駅名に注意
CTAトレインの駅名は、通りの名前をもとにつけられたものが多い。そのため、異なった路線で、なおかつ乗り換えもできないのに同じ駅名が使われていることもあるので注意。

CTAが管理運行する高架鉄道と地下鉄のふたつの鉄道を総称して地元では "CTAトレイン" と呼ぶ。中心部で耳にする "L" は Elevated Train（高架鉄道）の愛称で、現在の地下鉄が昔は地上を走っていたことから、こう呼ばれている。路線は全部で8本で色分けされているが、車両はすべて同じなので表示に注意しよう。ループエリアではいくつかの駅で各ラインの乗り換えが可能なほか、レッドラインの Lake 駅と高架鉄道の State 駅間のように、駅は離れているが乗り換えが可能なところもある。

路線名	特　徴	運行時間
ブルーライン Blue Line	オヘア国際空港からダウンタウンを経由して西へ向かう。オヘア空港からのアクセスに便利。ダウンタウンでは地下を走る	24時間運行
レッドライン Red Line	シカゴ市を南北に縦断する路線。郊外では高架鉄道、ダウンタウンでは地下を走る	24時間運行
グリーンライン Green Line	西の郊外のオークパークからダウンタウンを経由して南へ向かう路線。南では2方向に分かれる	月〜金 4:00〜翌 0:45、 土日 5:00〜翌 0:45
ブラウンライン Brown Line	シカゴ北西の郊外からループエリアを1周して、もとの北西へ戻る。とにかく揺れる。月〜土の Kimball-Belmont 間は右記の時間を延長して運行	月〜土 4:00〜翌 1:00、 日 5:00〜翌 1:00
パープルライン Purple Line	レッドラインの Howard 駅からエバンストンを走る路線。ラッシュアワーのみループまで走る。それ以外の時間は Linden と Howard 間の折り返し運転	月〜金 4:45〜翌 1:25、 土 5:30〜翌 2:10、日 6:30 〜翌 1:40
オレンジライン Orange Line	ダウンタウン南西のミッドウエイ空港からループエリアを1周してもとに戻る路線	月〜金 3:30〜翌 1:05、土 4:00〜翌 1:05、日 4:30 〜翌 1:05
ピンクライン Pink Line	旧ブルーラインの西側が一部独立した路線	月〜金 4:00〜翌 1:00、土 日 5:00〜翌 1:00

※平日のみ郊外を走るイエローラインもある

ベントゥラチケットの買い方

1 ▶ 自動券売機の最初の画面
A: ベントゥラカード購入、**C:** カードに入金（Add value）、**F:**1回乗りのチケット購入、**G:**CTAの1日パス購入などの表示があるが、ここでは1回乗りのチケットを購入するので「**F**」を押す（下）

2 ▶ 次に枚数の画面が表示されるので、「**A**」の1枚をプッシュ。上には $0.25 の手数料がかかることが表示されている

3 ▶ トランスファー込みの1枚チケットの金額 $2.50 と手数料 $0.50、合計金額 $3.00 が表示される。支払いは **I**：クレジットカード、**H**：デビットカード、現金の3つから選ぶ

4 ▶ 支払い

現金はボタンを押さずに直接投入、札は機械の右下に、コインは右上に投入口がある。クレジットかデビットカードは **I,H** を押してから挿入口に入れて読み込ませる

5 ▶ レシート（領収書）が必要ですかと尋ねるので、必要な場合は「**J**」をプッシュ

6 ▶ 下からチケットとレシートが出てくる

安全に乗るために ホームで待っているとき、危険を感じたらすぐに "Customer Assistant" のボタンを押そう。居眠りしない、ドアの近くには立たない、かばんはしっかり持つ、うるさい乗客のそばに行かない。深夜は利用せず、乗客の多い車両に乗るなど注意しよう。

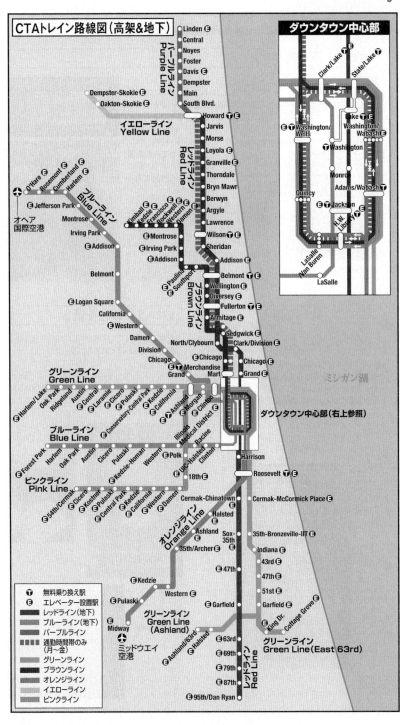

CTAトレイン路線図（高架&地下）

ダウンタウン中心部（右上参照）

ミシガン湖

ダウンタウン中心部

凡例
- 🔵 無料乗り換え駅
- Ⓔ エレベーター設置駅
- レッドライン（地下）
- ブルーライン（地下）
- パープルライン
- 通勤時間帯のみ（月〜金）
- グリーンライン
- ブラウンライン
- オレンジライン
- イエローライン
- ピンクライン

各ライン
- バープルライン Purple Line
- イエローライン Yellow Line
- レッドライン Red Line
- ブルーライン Blue Line
- ブラウンライン Brown Line
- グリーンライン Green Line
- ピンクライン Pink Line
- オレンジライン Orange Line
- グリーンライン Green Line (Ashland)
- グリーンライン Green Line (East 63rd)

オヘア国際空港

ミッドウエイ空港

シカゴの基礎知識

シカゴの交通機関 ● CTAトレイン（高架鉄道と地下鉄）

STEP 1　駅を見つける

高架鉄道なら、上に鉄道が走っているので駅の入口も見つけやすい。**地下鉄の駅は、歩道に鉄道のマークとライン名、運行状況を表示するモニター**があれば、そこが駅の入口だ。

一部の高架鉄道駅では、**行き先によって入口が違う場合**があるので、駅の階段にある行き先案内に注意しよう。

この駅に乗り入れている路線の色

高架鉄道駅の入口。上部と階段に注目を

この入口がどのラインのどちらの方向か表示されている

上／駅の入口に路線ごとの運行状況が表示されている
下／地下鉄の入口。ほとんどが階段なので荷物が大きいと難儀する

STEP 2　切符を買う（ベントゥラチケット、ベントゥラカード）

CTAトレインの乗車には**切符**が必要。**2時間以内に乗り終えるのなら1回乗車チケットのベントゥラチケット**でいいが、複数回**バスや地下鉄＆高架鉄道に乗る人や長期間滞在する人はCTAパス**（→P.53）**やベントゥラカード**（カード代$5）が便利。買い方は→P.54

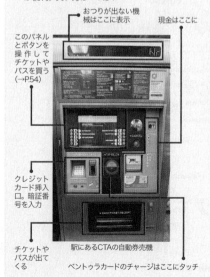

このパネルとボタンを操作してチケットやパスを買う（→P.54）

おつりが出ない機械はここに表示

現金はここに

クレジットカード挿入口。暗証番号を入力

チケットやパスが出てくる

駅にあるCTAの自動券売機

ベントゥラカードのチャージはここにタッチ

STEP 3　改札を通る

改札は自動改札で、日本と同じ。切符を改札機右の**黄色のカードのイラスト**が表示された所にタッチするだけ。ピーッという音がして、表示が"Go"に変わったらバーを押して構内に入る。**"Stop"**が出たら、金額が足りないか、パスの期限が切れたということ。日本と違って、改札から出るときのタッチは不要。

改札機。右にベントゥラカードをタッチする所がある

ここにチケットやカードをタッチする

「Go」のランプと同時に、奥の緑の「ENTER」のランプがついたら、バーを押して入る

　CTAトレインの車内放送は　自動音声でクリア。また、駅に時刻表はあったが、あてにならなかった。
（川崎市　武田義明）['20]

STEP 4 | 行き先のホームを確認する

列車入線時は列車の真ん中上に注目

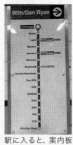

行き先と路線の色が表示

駅に入ると、案内板があるのでこれで行き先を確認しよう

ひとつのホームの両側に上りと下りの列車が走っていることが多いから、間違って逆方向の列車に乗らないように行き先を確認する。ホームには **"Howard"** や **"O' Hare"** といった終点の駅名が出ているだけで、日本のような次の駅の表示はない。また、深夜など人が少ない時間帯には階段近くの **"Waiting Area"** で待つようにしたい。

STEP 5 | 乗車する

車内の様子。多くの人が乗っていれば安心

列車の行き先（先頭車両正面）を確認しよう。ドアの開閉は自動で、降りる人が先は万国共通のルール。また、ループエリアの高架鉄道は同じ線路を違う色のラインが走っているので、自分の乗るラインをしっかり確認するように。列車の外観はすべて同じシルバーだ。安全のために、なるべく乗客の多い車両に乗るようにしよう。

STEP 6 | 降車する

次の停車駅を告げるアナウンスはある。駅の構内に駅名の表示があるので、それで確認して下車しよう。ホームから出るときは、ターンスティールか、バーを押して出る方法がある。日本と違い、出口でチケットやカードをタッチする必要はない。通りへの出口がいくつもある駅では、出口ごとに、通りの名前と交差点のどちら側かの表示が出ているので、それを目安に駅から出る。

最近車内にも次の駅の表示が出るようになった

出るときはターンスティールを押して出る。チケットやカードをタッチする必要はない

シカゴの中心部の駅はいまだにこのような出口も多い。白いバーを押して出る

CHICAGO INFORMATION この高架鉄道の下に注意　ループエリアのWabash Ave.の高架下はガラの悪いホームレスがいるので、特に夜間の歩行は避けたほうがいい。またはグループで歩きたい。

シカゴのバスは単純に走る路線
が多いのでわかりやすい。本数
も多い

CTAバス
運$2.25（現金は$2.50）。ト
ランスファーは25¢
　CTAバスやベントゥーラ
カードのほか、$1紙幣、硬
貨が使用可能。コインは5¢
以上のものに限る。車内に
両替機はなく、おつりも出
ないので、現金で支払う場
合はぴったりの金額を用意
しておくこと。

CTAバス
CTA Bus

　実際にシカゴの中心部を歩くと、CTAトレインよりバスのほう
が、はるかに利用頻度が高いことを実感するだろう。路線は約
140あり、路線網も非常に細かい。車内の治安もよく、運行本数
も多い。旅行者にとってもありがたい存在だ。ただし、交通渋滞
に巻き込まれると予想以上に時間がかかる。

バスの路線

　路線の数は多いが、東西、または南北に走るという比較的単
純なものが多いので、それほど混乱することもないはず。路線を
探すときはP.53で紹介しているCTA"Bus & Rail Map"が便利。
"エクスプレスEXPRESS（急行）"と付いている路線は、途中
停まらない区間があるので注意。

運行間隔

　多くの路線は10 〜 20分に1本の割合で運行されている。週
末や祝日、深夜には運行されなかったり、本数が少なくなるが、

CTA バスの乗り方

STEP 1　バス停を見つける

CTA バスのバス停は、"cta bus stop"と書かれ
た看板標識。標識にはそのバス停に停車するバス
の路線番号と路線名、行き先が出ているので、自
分の乗りたい路線かどうか確認できる。バス停は
路線上に、3 〜 4 ブロック、ダウンタウンではほ
ぼ 2 ブロックおきにあるので、少し歩けば見つか
る。新しいバス停では次のバスが来るまでの時間
が表示されて便利。

左上／ループエリアにある最新のバス停。バス番号の表
示と風よけのあるベンチがある
右上／一般的なバス停の看板標識。番号と行き先を確認
下／新しいバス停には、これから到着するバスの番号、
行き先、到着までの時間が表示されていて、助かる

STEP 2　バスに乗る

バスの正面上部には、**路線番号と行き先（終点な
ど）**が表示されている。路線が合っていても行き
先が逆なんてこともあるので、注意したい。**アメ
リカでは車は右側通行である**ことを頭にたたき込
んでおくこと。バスが近づいてきたら、**手を挙げ
て乗ることをアピール**しよう。

番号が合って
いても、行き
先が違ってい
ることもある
のでここで確
認を

STEP 3　料金を払う

前乗りで料金は先払い。現金の場合、ドライバー横
の料金箱に支払う。**$1 紙幣は右側の投入口、硬貨
はその前の料金箱へ入れる**。ベントゥラチケットや

左／バスの料金箱。右側の上に紙幣、その前の投入口に硬
貨を入れる。ピッタリの金額を用意しよう　右／ベントゥラ
カード、ベントゥラチケットや1日パスを持っている場合は、
バスステップを上がった右側にタップの機械があるのでここ
にタッチ

服装に気をつけて　シカゴのバスやCTAトレインに限らず、アメリカの町のバスや地下鉄の車内は
想像以上に汚れていることがある。汚れの目立つ色の服などは着ないほうが無難。

24時間運行している路線もいくつかある。各路線の運行時間は前述の "Bus & Rail Map" に掲載されている。

観光に便利なバス路線

#6 ジャクソンパーク・エクスプレス Jackson Park Express

ループエリアのState St.からハイドパークにある科学産業博物館とシカゴ大学へのアクセスに便利。

#22 クラーク Clark

シカゴ北部のレッドラインHoward駅からループエリアまでの長い距離をClark St.に沿って走る路線。リバーノースやリンカーンパーク、レイクビュー／リグレービルへのアクセスなど、利用頻度が高い。24時間運行。

#151 シェリダン Sheridan

マグニフィセントマイルを南北に走り、シカゴ美術館の前を通ってユニオン駅へ行く。北はリンカーンパーク内を通るので、シカゴ歴史博物館や動物園などへのアクセスにも使える。

治安について

CTAバスはトレインよりもずっと安全であるが、深夜などの乗客が極端に減る時間帯の利用は避けたい。やむを得ず乗客の少ないバスに乗るときは、なるべく前方に座ること。ドライバーの目につく位置なら犯罪の起こる可能性は非常に少ない。バス停が暗く、人通りのない所ではタクシーを使おう。

CTA 3日パスのベントゥラチケット。地下鉄や高架鉄道はもちろん、バスにも使える。3日以上滞在するなら、かなり割安。バスは自動券売機でも買える

ベントゥラカードは**入口右の機械にタッチする**。現金の支払いでトランスファーが必要な場合は、料金投入時にトランスファーの料金も含めた運賃（$2.75）を料金箱に入れ、**"Transfer, please."** と頼めばドライバーがトランスファーカードをくれる。

STEP 4 車内で

入口付近の両側の座席は車椅子のマークが付いた、シルバーシート。シカゴのバスは混雑するので、入口付近に立ち止まらずに、なるべく奥に進むようにしたい。次に停車する通りの名前が流れ、車両前方上に通りの名前が表示される。降りるバス停がわからないときはドライバーに自分の目的地が来たら知らせてくれるように、**"Please let me know when I get to ～."** と頼んだり、周りの人に聞いてみるのもいい。

上／シカゴのバスは利用者が多いので、頻繁に停まる。車内は前のほうが優先席だ
下／バスの前方で次の停車する場所が表示される

STEP 5 降車する

降車するバス停が近づいたら、窓枠上部に張ってあるワイヤーを引くか、黄色い帯の部分、またはボタンを押す。降りるのは前のドアでも後ろのドアでもいい。後ろのドアは降車専用の半自動式。ドア上部のグリーンのライトがついている間、ドアに付いているバーを押すとドアが開く。後ろに人が続いていたら降りたあとも手でドアを押さえておくのがマナーだ。タッチすると開くドアも増えた。前のドアから降りるときは、**"Thank you"** とドライバーにひと声かけるようにしたい。

上／下車するときはバスの窓の上に張られているこのワイヤーを下に引く。押しボタン式もある　下／降車ドアの上のグリーンのライトがつけばドアを開けることができる

ドアの黄色の部分をタッチするとドアが開くが、押さなければならない古いバスもある

交通機関を安全に乗りこなす
For Your Safety

シカゴ市民の足として活用されている CTA の交通機関。さまざまな人々が利用するだけに、場合によってはトラブルに巻き込まれることもある。そんな可能性をゼロにすることはできないが、いくつかの点に気をつけておけば、大幅に減らすことは可能だ。

CTA トレイン（高架鉄道＆地下鉄）

以前に比べ、車内も駅も治安がよくなってきた。ただし 22:00 以降、慣れない旅行者のひとり乗りは、男性・女性を問わずおすすめできない。

安全に乗るポイント

ひと気の少ない車両は注意。また、深夜や休日など、人の数が減る時間帯のひとりでの乗車は避ける。22:00 を目安として、それ以降の乗車は避け、タクシーを利用したほうがいい。近年、夜間、年配者を狙った犯罪も増えている。

車内では、出入口付近はスリ、ひったくりが多発する場所。ドアが開いた瞬間にかばんをひったくられたりするなどの犯罪が起こっている。日本のようにドアの近くに立たないこと。

気をつけたい路線

観光ポイントのない所へ、用もないのに行かないように。なかでもレッドラインの南は要注意のエリア。メジャーリーグのホワイトソックスのホーム、ギャランティード・レート・フィールド（Sox-35th 駅下車）へ試合を見に行くとき以外は乗らないようにしたい。

グリーンラインは、ここ数年で安全な路線に変わりつつある。日が暮れてからの利用を避ければ、それほど問題はない。なお、コンベンションセンター近くに駅（Cermak-McCormick Place）ができたが、周辺は夜さびしくなるので 22:00 以降は利用しないこと。

比較的安全な路線

ダウンタウンから北へ向かう路線は比較的安

CTAトレインの車内。心配なら人の多い車両に乗ること

全。ただし、レッドライン、パープルラインの Wilson 駅以北は人もまばらになるので注意が必要。また、同じくレッドラインの Cermak-Chinatown 駅以南も同様の理由で注意。

ループエリアをぐるりと回り、レイクビュー／リグレービル方面の Belmont 駅を経て北西に向かうブラウンラインも比較的安全な路線。

CTA バス

バスを利用するときは、ドライバーの目の届く位置にいたい

料金の高いタクシーを別にすると、バスほど安全な乗り物はない。特に夜はドライバーが乗客をきっちり見定めてから乗せるので、22:00 頃まで女性がひとりで乗ってもかなり心強い。

もし、間違えて危険な路線に乗ってしまったら、できるだけドライバーの目に届く席に座り、バスが安全な場所を走るようになるまでじっとしていよう。車内ではドライバーに近い位置に座るのがポイント。

気をつけたい路線

● # 60 Blue Island　ブルーアイランド

ループと 26th St. を中心に東西をつなぐ路線。Ashland Ave. から西は危険。

● # 62 Archer　アーチャー

ループと Archer St. を中心に南西を結ぶ路線。Halsted St. 以南は治安が悪い。

比較的安全な路線

● # 22 Clark　クラーク

Clark St. を中心に南は Polk から北は CTA の Howard 駅までを 24 時間走っている。ただし Wilson（4600 N.）から北、特に Howard 駅周辺は治安がよくない。

● # 36 Broadway　ブロードウエイ

State St.、Clark St. を経由して Broadway を南北に走る。22 番クラークとほぼ同じ路線だが、Addison（3600 N.）以北はやや危険。

● # 151 Sheridan　シェリダン

アムトラックの停まるユニオン駅 Union Station から State St.、Michigan Ave. を経て湖沿いを南北に走る景色のよいバス。ただし、Wilson（4600 N.）以北は人通りも少なくなるので注意。

渋滞には注意が必要　シカゴは大都市だけあって、朝夕の出勤、帰宅ラッシュ時の交通渋滞がひどい。バスは時には通常の 2 ～ 3 倍の時間がかかるので、ラッシュ時には余裕をもつようにしたい。

メトラ
Metra

シカゴのダウンタウンと周辺の町や住宅地を結ぶ近距離列車。"Metra"とはMetropolitan Railの略で、シカゴ近郊に住むビジネスパーソンの通勤列車といったところ。

旅行者に便利な路線は、ブルックフィールド動物園へ行くBNSF線、シックスフラッグスやラビニア音楽祭の会場へ行くUP-N線。基本的に通勤用なので、週末は運行本数が減る。

通勤列車のメトラ。時刻表をゲットすれば観光にも使える

➡ メトラの路線

路線は全部で11本。シカゴからミシガン湖を除く三方に延びている。車体はシルバーの2階建てのダブルデッカー。席も大きく、まず座れるので快適だ。

運行時間、運行本数は路線によって異なるため、ウェブサイトで確認しよう。時刻表はメトラの駅や車内に用意されている。

メトラの始発駅はシカゴのループエリアに4ヵ所あり、路線により始発駅が異なる。

ライン名／特徴	シカゴの発着駅
UP-N Union Pacific North イリノイ州の北のウィスコンシン州Kenosha駅まで	オギルビー
UP-NW Union Pacific Northwest 北西へ向かう路線。途中でHarvard駅とMcHenry駅へ分岐	オギルビー
UP-W Union Pacific West 西のElburn駅へ向かう路線	オギルビー
MD-N Milwaukee District North シカゴから北へ向かう路線。終点はFox Lake駅	ユニオン
MD-W Milwaukee District West シカゴから西のBig Timber駅までの路線	ユニオン
NCS North Central Service シカゴからミルウォーキー州境のAntioch駅までの路線。シカゴからFranklin Park駅まではMD-W線と並走する	ユニオン
BNSF シカゴから西のAurora駅までの間を走る路線	ユニオン
ME Metra Electric 南のUniversity Park駅とMillennium駅を結ぶ路線	ミレニアム
HC Heritage Corridor シカゴから南西のJoliet駅まで延びる路線	ユニオン
SWS SouthWest Service 南西のManhattan駅を結ぶ路線	ユニオン
RI Rock Island District HC路線と同じJoliet Union駅までだが、南方面を通る路線	ラサール

メトラ
☎(1-312)322-6777
（問い合わせ時間：月～金
8:00～17:00)
🔗metrarail.com
💲S4～11（乗車距離に応じたゾーン分け）。ベントゥラカード(→P.53)も使用可

メトラ・ダウンタウン
4つの駅
オギルビー・トランスポーテーション・センター
Ogilvie Transportation Center
🏠Madison & Canal Sts.
🗺P.26-A1,2
　シカゴ川の西、Madison St.沿いのCanalとClintonに囲まれた一画。

ユニオン駅
Union Station
🏠Canal St. bet. Adams and Jackson
🗺P.26-A3
　シカゴ川の西、ウィリスタワーの西にあり、地下に駅がある。CTAのClinton駅下車、北へ2ブロック。

ミレニアム駅
Millennium Station
🏠Michigan at Randolph
🗺P.27-D2
　MichiganとRandolphが交差する南東側地下にあり、カルチュラル・センター前から入るとわかりやすい。CTAのWashington/Wabash駅から2ブロック。

ラサールストリート駅
LaSalle St. Station
🏠LaSalle & Congress
🗺P.26-B4
　LaSalle & Congressに立つ建物の2階。CTAのLaSalle駅から南へ1ブロック。

※郊外の駅では、自動券売機が壊れて使えないことがある。そんなときのために、ベントゥラVentraのアプリをダウンロードし、チャージをしておけば、切符を買わずに乗車できる。ただし、数回しか利用しない旅行者には現実的でない。

➡ メトラの乗り方

1. 切符を買う

　チケットブースか自動券売機、またはベントゥラVentraのアプリをダウンロードして購入する。ダウンタウンの始発駅なら確実に買うことができるが、郊外の駅では買えないこともあるので往復切符Round Tripを買っておくとよい。

2. ホームの確認と乗車

　ダウンタウンの始発駅はホームが何本もある。ホームの手前には、そのホームに停車している列車の行き先と停車駅、出発時

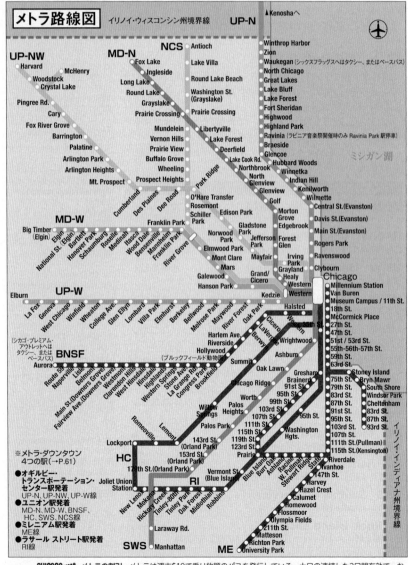

メトラの割引　メトラは週末$10で乗り放題のパスを発行している。土日の連続した2日間有効で、おもな駅で購入できる。

刻が表示されているので、自分の乗る列車かどうかを確認しよう。郊外の駅では、ホームは上り下りだけなので、どの方面に向かうかを確認する。駅に改札はない。開いたドアから乗り込めばいい。

3. 車内

席はすべて自由席。電車が動き出すと間もなく車掌が検札にやってくるので、切符を差し出す。このとき、切符を持っていなければ、車掌から購入する。切符は座席前の切符差しに入れてくれる。この切符は降車の前に車掌が集めにくる。

4. 降車

次の駅が近づくと駅名の車内アナウンスがある。そのまま降りればそれでOK。改札はない。

タクシー
Taxi

ウーバー Uberや**リフトLyft**といった配車サービスの普及により、全米各地でタクシーがどんどん廃業に追い込まれている。大都会シカゴでもタクシーの数は減っているが、空港や駅などに限らず、町なかでもひろいやすく、利便性の高さは変わらない。また、配車サービスと競合したことでサービスが向上している会社もある。

タクシーの外観は運営会社によってさまざまだが、共通しているのは、屋根にランプを付けていること。

➡ タクシーの料金

シカゴのタクシーはすべてメーター制。初めの9分の1マイル（約179m）までは基本料金の$3.25、その後9分の1マイル走行するごとに25¢加算されていく。また、待ち時間は36秒ごとに25¢の加算。乗車人数については、ふたり目の乗車は$1、3人目以降は50¢ずつ加算される。これは、メーターの右側に表示されており、支払い時にプラスされる。このほか、空港発の乗車は空港使用料として$4かかる。

チップは最低でも料金の15%を。荷物の出し入れをしてもらった場合は、荷物1個につき$1ぐらいのチップを心がけよう。

混雑する時間帯はUberとタクシーの料金の差はあまりない。サービスはタクシーのほうがおおむねよい

ループエリアから各地へのタクシー料金の目安（チップ込み）

行き先	料金
オヘア国際空港	$45〜90
ミッドウェイ空港	$40〜65
ジョン・ハンコック・センター	$10〜25
リンカーンパーク動物園	$18〜40
マコーミックプレイス	$10〜25
シカゴ大学	$25〜55
リグレーフィールド	$25〜45
ユナイテッドセンター	$15〜40
ソルジャーフィールド	$12〜25
ギャランティード・レート・フィールド	$18〜35

CHICAGO INFORMATION 配車サービス ウーバー Uberやリフト Lyftの配車サービスは、賛否両論あるものの、アメリカでは欠かせない交通インフラ。出発前にアプリをダウンロードしておくと便利。ただし、夜間女性ひとりでの利用はすすめない。

63

タクシーの乗り方

STEP 1　タクシーを見つける

駅や大きなホテルではタクシーが客待ちをしている

空車の場合は、屋根のライトが点灯している。つかまえ方は日本と同じで、片手を挙げて合図する。つかまりにくいときはホテルへ行くとよい。

まったくタクシーがつかまらなかったら
　タクシー会社へ電話し、「I need a cab.」と言って自分の所在地を伝える。所在地をテキストメッセージで送る方法もある。

STEP 2　乗車する

左／タクシーはホテルならつかまりやすい。ベルマンが呼んでくれたらチップを　右／ドライバーの右に料金が表示される

ドアは手動なので、自分で開ける。行き先は主要な場所やホテルなら名前で通じる。それ以外は「State St. & Division St., please.（State St. と Division St. の交差点あたり）」などと、目的地の住所を伝える。動き出したらメーターが動いているか確認しよう。故意ではないはずだが、ドライバーがよく忘れることがある。

STEP 3　降車する

目的地に着いたら、ドライバーがメーターを止める。表示された金額（追加人数分も含める）にチップ（料金の 15％ が目安）を含めた金額を支払う。メーターの料金とチップを合わせてキリのいい金額で済ませるといい。運賃の支払いにはクレジットカードも使えるが、50¢の手数料がかかる。

上／クレジットカードのリーダー。料金に納得がいったらクレジットカードを読み込ませ暗証番号を入力する
下／ドライバーの後ろにモニターがあり、支払い時には料金やチップが現れる。横にクレジットカードのリーダーがある

安全にタクシーを乗りこなす

　P.63 右欄のタクシー会社ならトラブルは少ないはず。要注意は個人名義のタクシー。昼間でもひとりでは乗らないようにしたい。
　また、シカゴのタクシーは乗客がふたり以上の場合、乗客がひとり増えるごとに＄1、3 人目以降は 50¢ずつ加算され、走行料金とは別に払う。この料金をチップと誤解する日本人がたいへん多いので気をつけよう。

被害に遭わないために

　なかには料金を多く取るためにわざと遠回りするドライバーもいるので、もし、何かあったら毅然とした態度で注意すること。
　被害に遭った場合は、タクシー内に掲示されている運転手登録番号かナンバープレートを書き取り、レシートをもらい☎311（シカゴ市）か、URL www.chicago.gov から Cab Feedback を検索し、オンラインで苦情を申し立てる。

ホテルからのタクシー　高級ホテルにつけているタクシーはまず安心。ボラれるようなことがあったら、会社と番号を控えて遠慮なくホテルに申し立てること。ホテルからタクシー会社に注意が行くようになっている。

シカゴの基礎知識

観光ツアー
Sightseeing Tour

言葉に慣れない初めての町で、バスや地下鉄を使っての観光は何かと不安だ。そんな人におすすめなのが観光ツアー。初心者はもちろん、時間のない旅行者にも最適。多少高くつくが、日系の旅行会社が主催する日本語ツアーに参加するのもひとつの手だ。なお、建築クルーズ（→ P.78）はミシガン湖まで行かない。

ウオータータクシー（→P.66脚注）もちょっとしたクルーズ気分が味わえる

シカゴの交通機関 ◉ タクシーの乗り方／観光ツアー

ミシガン湖クルーズ Cruises at Lake Michigan

　ミシガン湖から望むシカゴのスカイラインは、まさに絶景！ 特に日没時は幻想的。クルーズを運営している会社は数社あり、出発地点、時間、コースも少しずつ異なる。**建築ツアーの英語説明が苦手という人に好評だ**。なお、クルーズは風が強く、寒い。必ず上着を持参すること。

◉マーキュリー・シカゴズ・スカイライン・クルーズライン Mercury Chicago's Skyline Cruiseline

シカゴでおなじみのクルーズ会社。ツアーは5種類あり、ネイビーピアからの花火を見るクルーズもある。

出発場所 **MAP** P.29-B4 **住**112 E. Upper Wacker Dr. ミシガンアベニュー南東側から階段を下りた橋の下（青い雨よけ幌が目印）**☎**(1-312)332-1353 **URL**mercurycruises.com **カード**M V

ツアー名	内容	出発時間	所要時間	料金
アーバン・アドベンチャー・ツアー Urban Adventure Tour	シカゴ川とミシガン湖をクルーズしながら名物の建築とスカイラインを楽しむ、最も人気のツアー	4月下旬～10月中旬の毎日10:15、12:15、14:15、16:15、18:15発	90分	$37、5～15歳$16、5歳以下無料
シカゴ・バイ・ナイト！クルーズ Chicago By Night! Cruise	サンセットクルーズ。徐々に日が暮れ、町の明かりが浮かび上がる。シカゴの夜景と摩天楼のスカイラインの美しさを実感できる	メモリアルデイ～レイバーデイの水土を除く毎晩20:15発、9月の金土20:15発	90分	$40、5～15歳$18、5歳以下無料

◉ウェンデラボート Wendella Boats

1935年からの老舗ウェンデラ社のクルーズ。

出発場所 **MAP** P.29-B3 **住**400 N. Michigan Ave. ミシガンアベニュー橋の北西側
☎(1-312)337-1446 **URL**www.wendellaboats.com

ツアー名	内容	出発時間	所要時間	料金
レイク&リバー建築ツアー Lake & River Architecture Tour	ミシガン湖とシカゴ川の両方から建築を見ながらクルーズする。ミシガン湖からのスカイラインも楽しめる	3月中旬～4月中旬と10月下旬～11月上旬は6便、4月下旬～メモリアルデイは6便、メモリアルデイ～レイバーデイは9便、レイバーデイ～10月中旬は8便運航	90分	$39、4～12歳 $18

◉ショアライン・サイトシーイング Shoreline Sightseeing

所要40分のスカイライン・レイクツアーや建築ツアークルーズ、ネイビーピアとシェッド水族館を結ぶウオータータクシーなどを運航している。

出発場所 ツアーによって異なるので注意 ミシガンアベニュー橋：**MAP** P.29-B3 シェッド水族館横：**MAP** P.22-B3 **☎**(1-312)222-9328 **URL**shorelinesightseeing.com

ツアー名	内容	出発時間	所要時間	料金
クラシックレイクツアー Classic Lake Tours	30分でミシガン湖を回るお手頃なツアー。シカゴの歴史や有名な建物を解説するガイド付き。ネイビーピア・ウエストエンドから出発	5月中旬～9月の毎日1～8便の運航	30分	$23、12歳以下$8
建築リバークルーズ Architecture River Cruise	シカゴ川沿いにあるトリビューンタワーやリグレービル、ウィリスタワーなど40以上の建築を見学していく。出発はネイビーピアとミシガンアベニュー橋の2ヵ所	3月上旬～10月上旬の毎日4～11便の運航	75分	$37～43、12歳以下$19～24
ウオータータクシー Water Taxi	ネイビーピア～ウィリスタワー間、ネイビーピア～シェッド水族館間を頻繁に往復している。一気に動きたいときはたいへん便利	5月下旬～9月上旬の毎日9:35～19:05（土曜20:05まで）の20～30分ごとに出発	20分	距離に応じて片道$6～10

ダブルデッカーバス Double Decker Bus

シカゴでも2階建ての観光バスが人気

　2階部がオープンのダブルデッカーバスで市内のポイントを回る。風の町シカゴの夏の風を体感しながらのツアーは格別だ。バスはダウンタウン中心部に13ヵ所のストップがあり、1日券を買えばその日のうちに乗り降り自由。ダウンタウンのおもなスポットへ行くことができ、1周すれば約2時間。30分〜1時間おきに運行されている。予約は必要なく、チケットはブースのあるトロリーストップやシカゴ建築センター（→ P.78）で買うことができる。

◉ビッグバス・シカゴ BigBus Chicago
　エンジ色の車体で、Wi-Fi付き。バス観光に建築センターやウィリスタワーの展望台などをプラスした料金もある。
　URL www.bigbustours.com/en/chicago　料1日券$46〜56　休12/25

デッカーバスのおもなストップ
ウィリスタワー、リバーウオーク、ウオータータワー、シカゴ美術館、フィールド博物館、ジョン・ハンコック・センター、ネイビーピア、リバーノース、マグニフィセントマイルなど

観光バスツアー Sightseeing Bus

効率よく回りたいならグレイラインの
観光バスに乗りたい

　日本の「はとバス」のアメリカ版が以下に紹介する観光バスだ。時間が限られている短期滞在者には最適。また、郊外の町など車以外では行けない所へ行くにも便利だ。種類も豊富なので、各自の目的、時間、予算に合ったツアーを選ぼう。

◉グレイライン・シカゴ　Gray Line Chicago（American Sightseeing 社）
　おもにシカゴの建築を見て回るバスツアーのほか、バスとクルーズの両方でシカゴを観光するツアーや超高層ビルからの展望を組み合わせたものなども取り扱っている。詳しくはウェブサイトで。ダウンタウンのおもなホテルへのピックアップサービスがあるので、申し込み時に問い合わせのこと。キャンセルは48時間前に。

出発場所 MAP P.27-C2　住30 S. Michigan Ave. Monroeとの北西角　☎(1-312)251-3100
URL graylinechicago.com　休おもな休日

ツアー名	内容	出発時間	所要時間	料金
Scenic North Side Tour	ループエリア、マグニフィセントマイル、リンカーンパークなどシカゴのダウンタウンのポイントやリンカーンパーク温室植物園を中心に回る	毎日 9:30 発（ハイシーズン）木〜月 9:30 発(オフシーズン)	2時間	$35、5 〜 14 歳 $20
Historic Chicago South Side Tour	シカゴ美術館、チェスレコード、オバマ元大統領邸、ロビー邸、シカゴ大学、科学産業博物館、ミュージアムキャンパスなどを回る	毎日 11:30 発（ハイシーズン）木〜月 11:30 発(オフシーズン)	2時間	$35、5 〜 14 歳 $20
Grand Tour	上記ふたつのコンビネーションツアー。リンカーンパーク温室植物園とフィールド博物館で下車	毎日 11:30 発（ハイシーズン）木〜月 9:30 発(オフシーズン)	4時間	$53、5 〜 14 歳 $33
Grand Tour & Chicago Style Pizza	上記のグランドツアーにシカゴ名物のディープディッシュ・ピザの食事が含まれる。ピザの店はエクスチェッカーパブ（→ P.253）	毎日 9:30 発（ハイシーズン）木〜月 9:30 発(オフシーズン)	4時間	$75、5 〜 14 歳 $54

日本語ツアー&サービス Japanese Tours & Service

　やはり、英語より日本語のほうが断然わかりやすい。要事前確認。

◉JTBトラベルネットワーク全米電話予約センター
　日本の大手旅行会社 JTB が日本語の市内観光などのツアーを催行している。インターコンチネンタルホテル、ヒルトン・シカゴより出発。2名より催行。催行日の10日前の17:00 以降よりキャンセル料がかかる。
　☎(1-212)424-0800(日本語)　営アメリカ中部時間の月〜金8:00〜18:00
　URL www.looktour.net(オンライン予約)　※「シカゴ」をクリック

チャイナタウンまで行けるウオータータクシー　黄色い船体のウオータータクシーはシカゴ川のミシガンアベニュー橋（MAP P.29-B3）ユニオン駅〜チャイナタウンを巡航し、クルーズを楽しみなが↗

ツアー名	内容	料金
半日・1日市内観光	8:45～9:15 ホテル発、アドラープラネタリウム、グラントパーク、ウィリスタワー（入場）、ハイドパークのロビー邸などに下車して見学。ユニオン駅、ループエリア、ギャランティード・レート・フィールド、ミシガンアベニューなどは車窓から。ウオータータワーで解散が半日観光（日火木土の催行。4時間）。1日観光（火木土の催行）は加えてネイビーピア、リグレーフィールドまで行く（7時間）	半日 $128～、3～11 歳$118～ 1 日 $190～、3～11 歳$170～
フランク・ロイド・ライト・スタジオツアー	ダウンタウンのホテルは 14:00～14:30 のピックアップ、オークパークのライト邸とスタジオをツアー（英語）で見学。日火木土の催行。3 時間	$128～、2～6 歳$108～
ブルースと夜景（360 Chicago: ジョン・ハンコック展望台付き）	シカゴではブルースのライブハウスに行くのが観光のひとつ。送迎付きで安心。20:00 頃ピックアップ、アドラープラネタリウムで下車、摩天楼の夜景を楽しみ、ジョン・ハンコックの展望台のあと、ブルースライブハウスへ。3 時間 30 分。火木土の催行。パスポートなどの ID が必要	大人のみ $129～

●スターエクスプレストラベル　Star Express Travel/Excel Tours

観光旅行、ビジネスでシカゴを訪れた人に日本語での各種観光、アウトレットツアー、車や大型バスなどでの送迎、チャーター手配、スポーツ観戦など、さまざまな要望に応えてくれる。車なしでは行きづらいダイアーズビルへの個人ツアーもアレンジしてくれる。

🏠415 W. Golf Rd., Suite 30, Arlington Heights, IL 60005
☎(1-847)439-0777　FAX(1-847)439-0773　E-mail starexp01@gmail.com
🕐月～金9:00～17:30(1～3月は17:00まで)　現金のみ　ツアーは2名から催行
ツアー内容
●シカゴ半日観光　$120～ ─ シカゴの見どころを効率的に回る。3時間30分
●シカゴデラックス 1 日観光（夏期のみ）$240～ ─ シカゴ川、ミシガン湖クルーズ付き
●ミシガン湖ディナークルーズ　$180～ ─ シカゴの夜景を見ながら食事を楽しめる

● M スクエア・グローバル　M Square Global, Inc.

コンベンション・サービス、ミーティング・プランニングなど、企業向けビジネス・サポート専門。コンベンション時のホスピタリティルーム設置や会議・セミナーアレンジメント、視察ツアー、企業イベントがおもな業務。通訳や翻訳のサポートサービスも行っている。メディア向けには、撮影コーディネーションや手配も可能。
M Square Global, Inc.
🏠1670 Mill St., #502, Des Plaines, IL 60016　☎(1-847) 768-8503　FAX(1-847) 789-9609
URLm2chicago.com

●近畿インターナショナル・シカゴ支店

シカゴのホテルの予約を取り扱う。世界中どこからでもオンライン予約が可能。
ホテル予約　URLjp.kintetsu.com
近畿日本ツーリスト米国現地法人　近鉄インターナショナル・シカゴ支店
🏠One Pierce Place, 270C, Itasca, IL 60143　☎(1-630)250-8840　FAX(1-630)250-8574
🕐中部時間の月～金9:00～17:30(日本語・英語可)

COLUMN

冬のシカゴ

全米でも有名なシカゴのクリストキンドルマーケット
©Abel Arciniega

「冬のシカゴは寒いから……」と敬遠しがちだが、実は冬のシカゴにも見どころが満載だ。特に、シカゴは北米で最も早く本格的なクリスマスが始まる大都市として知られている。毎年11 月後半に行われる「マグニフィセントマイル・クリスマスパレード」を皮切りに、ダウンタウンのデイリープラザで本場ドイツのクリスマス市「クリストキンドルマーケット」、シカゴ科学産業博物館では世界のクリスマスツリーが展示される「クリスマス・アラウンド・ザ・ワールド＆ホリデイ・オブ・ライト」が開催される。また、地下鉄にも「サンタ列車」が現れ、街角にはクリスマス聖歌隊が登場するなど、町はクリスマス一色。ホテルやデパートには巨大なツ

リーも飾られ、本格的なクリスマス気分を味わうにはもってこい。冬期は航空チケットもホテルも軒並み安くなるうえに、格安の劇場チケットも出回る。バーゲンセールも多いので買い物も楽しめる。シカゴは冬こそが狙い目なのだ。

交通渋滞からも解放！

安くて、便利なレンタサイクル！
ディビーバイク Divvy Bike

　昨今、日本でも都市部を中心に増えてきたバイクシェアのシカゴ版がディビーバイクだ。誰でも借りることができ、30分以内に市内600ヵ所以上にあるバイクステーションに戻せば、24時間何度乗っても$15。30分以内1回なら$3。バイクステーションの数は現在も増加中で、自転車数も6000台を超えるなど、不便はない。シカゴっ子は年間パスを買い、駅に行くときや、レストランに行くときなどに利用している。観光客でもうまく利用すれば、効率のよい観光ができる。

ディビーバイクのルール

● 16歳以上であること
● クレジットカードが必要
● 1度借りたら30分以内にバイクステーションへ戻さなければならない。戻さないと追加料金がかかる
● ヘルメット着用は義務づけられていないが、あったほうがベター

ディビーバイクの借り方

1 最初にアプリをダウンロードしたい。キオスクでの操作なしに乗ることができる。ディビーバイクのキオスクがこの機械。ここで借り出しの手順をふむ

2 バイクステーションに立つキオスクのタッチスクリーンで言語を選択（日本語はない）

3 「Get a Bike」をタッチ

4 何台欲しいか、1台なら「24-Hour Pass」、1回なら「Single Ride」をタッチ

5 バイクの借り出しは16歳からだが、18歳以上であれば「Adult」をタッチ

6 クレジットカードを読み込ませ、抜き取る。ギフトカードがなければ「Skip」をタッチ

ディービーバイクの注意点

● 自転車を借り出したら、ブレーキが効くか確認を
● 荷物籠はあるが小さい。バックパックなどを背負いたい
● シカゴのダウンタウンにも自転車道は増えてきたが、すべての道にはない。初心者なら交通量の多いダウンタウンを避け、ミュージアムキャンパスやミシガン湖沿い、リンカーンパークの走行をすすめる
● 自転車は必ず車道、またはバイクレーン（自転車道）を走ること。歩道では必ず自転車から降りること

● 日本とは逆の右側通行
● バイクステーションは市内に600ヵ所以上あるが、探すと意外に見つからないもの。前もってウェブサイトで確認するか、こんなときアプリがあると便利

シカゴ市内にもBike Lane（自転車専用道）は増えてきたが、まだない所もある

困ったら

5ケタのコードがわからなくなったら、キオスクのタッチスクリーンで、最初の言語を選んだあと、「Get a Bike」の下に表示されている「Request New Ride Code」をタッチして進める。なお、発行されたコードの有効時間は5分間

満車だった場合は、キオスクでクレジットカードを読み込ませ、「Station Full?」をタッチすると、15分間延長される。「Find Nearby Station」で近くのバイクステーションを探せる

Divvy Free (1-855)553-4889 URL divvybikes.com

7 携帯電話の番号の入力に続き、郵便番号 ZIP または国コード Country Code と出るので、日本の「81」を入力

9 自転車をリリースするための5ケタの番号が表示される。同時にその番号がプリントされ、その紙が下から出てくるので、これをなくさないこと

8 30分以内に戻さなければ追加料金がかかることが表示される。よければ「Yes」のあと、交通法規を守ること、自転車を戻さなければクレジットカードにチャージされることなどが表示されるので、よければ「Accept」

10 使える自転車の左側に、リリースのための装置が付いているので、先ほどの5ケタの番号を入力すると、緑のランプがつき、自転車がリリースされる。サドルの部分を持ち上げて引き出す。戻すときは、前輪をバイクステーションの奥まで入れること。次に借りたいときは、②の画面左下の「Request New Ride Code」をタッチし、前記と同じ要領でバイクを借り出す

返却時間を気にせずに自転車を借りたい人へ

ディービーバイクは安くて便利だが、30分以内に返却しなくてはならないことと、サドルが低くならないので身長の低い人はつらい。そんなことから解放されたいなら、レンタサイクル店へ行こう。ふたり乗りや、電気自転車などさまざまな種類の自転車を用意している。ヘルメットも貸してくれるし、地図も用意している。冬期は休み。

シカゴで人気はレイクショア・ドライブ Lake Shore Dr. をグラントパークからリンカーンパークまでのバイクルート。

バイク・アンド・ロール・シカゴ Bike and Roll Chicago
URL bikechicago.com
● ミレニアムパーク：239 E. Randolph St. MAP P.98
● ネイビーピア：700 E. Grand Ave. MAP P.25-B2

ミレニアムパークにバイク・アンド・ロールの店があり、ここで借りるのが便利

ショップ別
シカゴみやげ

ビジネスであれ、遊びであれ、
旅先で悩むものがおみやげ……
シカゴらしいものがゲットできるところを
スポットごとにご紹介

スターバックスの
ご当地マグカップ $12.95

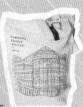

新名所スタバの
ロースタリー(→P.274)
オリジナルトート $24.95

シカゴ建築センター ▶ P.78

建築センターのショップは新しいみやげスポット

建築センター1階奥にある。入場無料

有名建築家の似顔絵トート $24.99
デザイナーのシスコはシカゴのローカルアーティスト。建築家のイラストがかわいい

**フランク・ロイド・
ライトのポケット
スケール $6**
ライトの名言入りで
一流建築家気分

建築エコバッグ $4
かさばらずシカゴらしさ
満点。日本でのレジ袋有
料化に最適

**フランク・ロイド・ライト
の子供用Tシャツ $22**
大人も着たくなるセンスのよさ

**フランク・
ロイド・ライトの
マグカップ $21.99**
幾何学模様がライトならでは

**フランク・ロイド・ライトの
マグネット $5**
オフィスのばらまき用に

シカゴ美術館 ▶ P.142

ショップは入場無料で、おみやげの宝庫

**シャガールの
スカーフ** $95
女性に人気のシャガール。
素材もいい

スーラのトートバッグ $40
ファスナー付きで安心

**スーラのめがねケースと
クロス** $24
おしゃれなめがねケースで
注目を浴びるかも

**所蔵品の
マグネット** 各$3.95
ばらまきみやげの定番。
美術好きに喜ばれる

**ホッパーの
マグカップ** $9.95
美術館の代表作
『ナイトホークス』

**画家のサイン入り
オリジナルTシャツ** $26
シカゴ美術館のベストセラー

ボーイングストア ▶ P.287

機種名のステッカー
50¢
日本人には787がおすすめ

ボーイング社の本社がシカゴ川の西にあ
り、1階にショップが入る。平日のみ営業

レガシーキャップ $15.99
1930年代のボーイング社のロゴ入り

ボールペン 各$2
ばらまき用にはボー
ルペンを。小さくて
おしゃれなものも

**ドリームライナーの
Tシャツ** $25
機種ごとにTシャツが揃う

**747と787の
マグネット** 各$4
ボーイングのマグネ
ットは厚くなく、男
性にも喜ばれる

ファニーメイ ▶ P.298

シカゴっ子に長年愛されているチョコレートの老舗。シカゴらしいパッケージが揃う

名所の板チョコ
3つで$10、ひとつ$3.50
リグレービル、ウォータータワー、バッキンガム噴水がパッケージ。味はアーモンド、トフィー、シーソルト

建築センターの隣にあるファニーメイ

キャラメル入りチョコ $6
小さなオフィスにおすすめ。入れ物の缶がかわいい

ミントチョコ 各$2
シカゴらしい摩天楼パッケージ

ホール・フーズ・マーケット ▶ P.299

シカゴ産の商品が豊富。目印は茶色の"Local"

ヴォージェスの板チョコ $7.99
ベーコンなどユニークな味で人気

ビッグショルダーズ $13.99～
ケニヤ、グアテマラ、ウガンダなどで厳選した豆を焙煎

メトロポリス $12.99～
シカゴらしいパッケージならこれ

インテリジェンシアのコーヒー豆
(→P.276) $13.99～
全米に支店があり、おしゃれな若者に人気

チアシード $10.99
栄養価が高くカロリーが少ないことからダイエット用に注目されている

カラビナ付きのサニタイザー (消毒薬) $2.99
インフルエンザや風邪の流行時に持ち歩きたい

オリジナルクラッカー
9個入り $5.99
オーガニックで安心。オフィスによし

スプレー式のサニタイザーと口臭消し
各$2.69
持ち歩きが簡単なことから喜ばれる

オリジナルのチョコブラウニー
$1.49
しっかり濃厚味ひと口サイズ。ばらまきによし

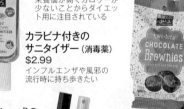

リップバーム 各$1.99
バニラ、オレンジ、ペパーミント風味ですべてオーガニック

72

トレーダージョーズ ▶ P.299

アメリカで人気No.1のスーパーマーケット

アルガンオイル
$6.99
抗酸化作用があり、どんな年齢の人にも

**フェイシャル
トナー**
$3.99
乾燥したとき、スプレーでリフレッシュ

**シカゴ当地
エコバッグ 表** 99¢
安くて軽くて絶大なる人気

裏
エコバッグは英語で「Reusable Bag」

**リップバーム
SPF15**
3つで$2.49
オーガニックで安心。コスパよし

キノア $3.99
グルテンフリーを実行する人の注目度が高く、ご飯代わりにも

グラノラ $3.99
フルーツたっぷりでオーガニック

フラックスシード
$2.99
美容にも健康にもよく、栄養価の高い

オクラスナック
$1.99
アメリカでもオクラと言います

ドライフルーツ
$3.49
トレジョのドライフルーツはスナックにもシリアルにかけてもいい

小袋入りのアーモンド
$5.99
トレジョのナッツ類は最初から小袋に分けられていて、便利。オフィスにもよし

**ミル付きの
ペッパー類**
各$1.99
粉砕用のミルが付き、珍しいペッパー類がお手頃

**オリジナル
チョコレート**
3つで$1.79
ミルク、ダーク、アーモンド入り、ライス入り、カカオ72%などさまざまな種類がある

ギャレットポップコーン　www.garrettpopcorn.com

サクサク、カリカリ、リピーター続出の、日本でも有名なポップコーン。一番人気はキャラメルクリスプとチーズコーンをミックスしたギャレットミックス。保存料なし、遺伝子組み換え作物不使用、トランス脂肪酸0%と、とてもヘルシー。おみやげにはシカゴ・スカイラインの缶が人気。1ガロン（$33）、2ガロン（$60）など

ポップコーンは毎日作られて新鮮。ミックスは店で行われる

▼ギャレットポップコーン支店一覧

エリア	MAP	住所	時間
ループエリア	P.27-C1	26 W. Randolph St.	月〜土10:00〜20:00、日11:00〜19:00
	P.27-C2	4 E. Madison St.	月〜土10:00〜20:00、日11:00〜19:00
	P.27-C3	27 W. Jackson Blvd.	月〜土10:00〜20:00、日11:00〜19:00
	P.27-D1	173 N. Michigan Ave.	月〜土10:00〜20:00、日11:00〜19:00
マグマイル	P.29-B1	625 N. Michigan Ave.（入口はOntario St.側）	月〜木10:00〜20:00、金土〜21:00、日〜19:00
	P.28-B2	835 N. Michigan Ave. ウォータータワー・プレイス7階	月〜土10:00〜21:00、日11:00〜18:00
オヘア国際空港	P.20-B2	ターミナル1コンコースB（ユナイテッド、全日空出発）	毎日6:00〜21:00
		ターミナル3コンコースH（日本航空）	毎日6:00〜21:00

ウォルグリーンズ ▶ P.298

シカゴ生まれのドラッグストア。24時間営業の店舗もあり、みやげにいいものも

スナック類 各99¢
カシューナッツ、ピスタチオなど日本では高いナッツもこの値段

バーツビーズのフェイスマスク 各$2.99
日本にはバーツビーズのフェイスマスクはないので話のネタに

バーツビーズのリップバーム 各$3.59
オーガニックで安心。日本でも買えるが割高

バーツビーズのメイク落とし $2.99
ティッシュスタイルで忘れたときに便利

メイシーズ ▶ P.290

フランゴのミントチョコレート $21
メイシーズ以前のマーシャルフィールズの時代からシカゴみやげの定番

ジュエル・オスコ ▶ P.299

パパニコラスのコーヒー $9
シカゴで一番売れているコーヒーは、シカゴ生まれのスーパーで

パーマーハウス ▶ P.228

ブラウニー $5.59
アメリカを代表するお菓子のひとつがブラウニー Brownie。ブラウニーが生まれたのがパーマーハウスで、レストランでも食べることができ、おみやげ用も販売（→P.254）

Area Guide
エリアガイド

シカゴ建築の楽しみ方

個性豊かな建築が生きもののように林立するシカゴ。シカゴは町全体が建築博物館だ。"摩天楼が生まれた町" として近代建築を語るうえでも外せない所。シカゴで活躍した建築家・堀静夫さんからシカゴ建築と建築家について教えてもらうことから始めよう。

シカゴ派建築家の系譜　　　　　　　　　建築家　堀　静夫

アメリカ大陸のほぼ中心部、五大湖のうち 2 番目に大きなミシガン湖に面したシカゴは、アメリカ政治経済の重要拠点として発展してきた。また、世界の近代建築、現代建築を牽引した現代建築のメッカである。世界的にみても特異な発展を遂げた都市といえる。

建築工法の転換

18 世紀半ば英国で興起した産業革命は、石造構築法から鉄骨構築造法への転換期でもあった。1777 年英国シュロップシャー州のセバーン川に架けられた鉄橋が、現代建築史の始まりといわれる。

1851 年にロンドンで第 1 回万国博覧会が開催。ジョセフ・パクストン設計による巨大な「水晶館」が近代建築の夜明けともなった。しかし、19 世紀にはヨーロッパでの芸術が荒廃していく。このような状況のなか英国のデザイナーのウィリアム・モーリスは「アーツ・アンド・クラフト運動」を提起し、20 世紀初頭後にさまざまな芸術運動がヨーロッパ全土に吹き荒れた。その決定的な事象となったのは、1919 年のグロピウスによるバウハウスの創設であった。一方、アメリカでは独立戦争(1775 ~ 83) 後ヨーロッパからの移民によって経済が活性化し、西部への開拓は目覚ましかった。しかし、南北戦争 (1861 ~ 65) などが原因で文化的発展は後れを取った。日本では大政奉還 (1867) によって近代国家の歩みが始まった時代であった。

シカゴの基盤機能の変容

シカゴ発展の背景には、豊穣な穀倉地帯のアイオワ、ネブラスカ、カンザス州と酪農のウィスコンシン州があり、またミシシッピ川に連結するシカゴ川とミシガン湖に面しており、地の利と水運の利を生かした商業取引の要であった。こうに 1865 年以来の食肉加工業と鉄道会社の共同事業開発により、畜産加工規模は 1.5km²、1890 年には年間 900 万頭を扱うまでに拡大した。しかし、その対価としてシカゴ川からミシガン湖のし尿処理問題を抱えることとなり、1900 年にはシカゴ川を逆流させる巨大土木工事が始まった。高速道路幹線網の整備により輸送が鉄道からトラックへと移行するなか "Union Stock Yard" は縮小の一途をたどった。加えて環境衛生意識の高まりを受け、精肉産業は縮小・撤廃を余儀なくされた。この産業構造の変化により、ミシガン湖水を飲用とするシカゴに水位調整ドックをもつ巨大な上水処理施設が設けられた。また、トラック搬送が慢性的な渋滞を招き、緩和策として中心部への配送網トンネルが設けられた。現在、トンネルシステムは IT 技術に対応する電送網に再活用されている。こうしてシカゴのインフラはさまざまな変容を経ながら、大都市としての基幹機能を支えている。

第 1 期シカゴ派建築

1871 年農家の牛舎から発した火災は 3 ヵ月の日照りとシカゴ特有の強風にあおられ、36 時間燃え続けた。面積は約 800 ヘクタールにも達し、市のほぼ 3 分の 1 が廃墟と化した。すでに農作物や精肉・酪農製品などの集積地として栄えていたシカゴは、復興も目覚ましかった。商業取引の増加に対応するため貸事務所ビルやホテル、アパートなどの建設ラッシュが始まり、有能な建築家がシカゴを目指して集まった。

耐火に対する都市整備が計画され、火災に強い建築の造成が始まった。事務所の需要が急増し、シカゴでは事務所ビルの高層化が進んだ。採光に出窓を設け、壁面の開口部を大きく取った。工費軽減と建物の軽量化、そして工期短縮のための鉄骨構法が発達した。室内換気の窓割り (シカゴ窓) や耐火外壁材の構築システムなどを創生させた建築家集団の功績が、いわゆる第 1 期シカゴ派建築である。1893 年のコロンビア万国博覧会の総督のダニエル・バーナム、パートナーであったジョン・ウェルボーン・ルート、鉄骨構法開発のウィリアム・ル・バロン・ジェニー、最多の建築デザインを手がけたジョン・ホラバード、高層建築および建築論とライトの師であるルイス・サリバン、折衷古典主義に近代感覚を投影させたチャールズ・アトウッド、ドゥワイト・パーキンス、ヘンリー・J・コップなどの多数の有能な建築家の活躍があった。復興の好機に新建築創造への「知力」、「感力」の結晶となった第 1 期シカゴ派建築は、コロンビア万国博覧会の古典折衷様式の台頭で終焉を迎えた。博覧会には"ホワイトシティ"の俗名がつけられたが、これは開催に間に合わせるための苦肉の策として主要建築を白色の塗装で統一したことによる。バーナムは東部から 5 人のボザール系の建築家を招き、古典折衷様式で会場の主要建築を統一した。サリバンは「新建築への覇気を示すべき」と猛然に抵抗したが、シカゴからはサリバンを含めわずか 3 人の建築家が選ばれるのみだった。

サリバンの事務所で就労していたフランク・ロイド・ライトは「鉄道館」の建設現場に、日本の「鳳凰殿」という組石構造様式とは異質な木造建築を目の当たりにした。その流動する空間構成、建築様式や構法が新たな創作源泉となったといわれる。ライトに建築の実践と日本文化の扉を開いたジョセフ・ライマン・シルスビーあってのことだった。

博覧会を契機としてアメリカの建築界は、半世紀以上古典折衷主義が主流となった。1922 年シカゴ・トリビューン新聞本社ビルの国際建築コンペティション開催時、近代建築の先駆を行くヴァルター・グロピウス(ドイツ)の応募があったにもかかわらず、ニューヨークのジョン・ハウエル&レイモンド・フッドによるネオゴシック様式の案が入選した。その頃ライトは、旧帝国ホテルの建設途中で日本を去り、プレーリー建築からの離脱を模索し、カリフォルニア州ロスアンゼルスでライトにとって新建築資材のコンクリートブロックの住宅を設計していた。

アールデコ様式

1933 年、低迷する経済の刺激策として「躍進の世紀」のテーマで再びシカ

ゴで万国博覧会が開催された。ケック＆ケックによる「明日の住宅」や流線型機関車など、近未来的な建築や新技術開発が発表されたが古典折衷主義は根強く、態勢を変えるまでにはいたらなかった。しかし、1925 年パリの「装飾美術・産業国際展」に対抗したコルビュジエの発言はアールデコの潮流を変えるきっかけとなった。1919 年ドイツでヴァルター・グロピウスが創設したバウハウス教育が 20 世紀のデザイン界に核心的な土壌をもたらした。シカゴではバーナム兄弟設計のカーバイド＆カーボンビル（1929）、シカゴ商品取引所（1930）、当時世界最大床面積を誇るマーチャンダイズマート（1950）、プルデンシャル（1955）のように装飾を徐々に排除する傾向の建築も 1950 年まで続いた。ニューヨークのエンパイア・ステート・ビルやクライスラービルなどは代表例である。1930〜40 年代の「ハリウッド映画黄金期」と呼ばれる時期に全米にアールデコ様式の映画館が登場した。一方、工業デザイン分野では、流線型蒸気機関車や生活用品、装飾、グラフィックデザインにおいても新しい風潮として顕著な変容が定着していった。

シカゴ建築の復興

1938 年バウハウスで教鞭を執っていたミース・ファン・デル・ローエがナチスの弾圧からシカゴに亡命した際、ジョン・ホラバードを中心にバウハウスで教育を受けた建築家らが、アーマー工科学校（現 IIT ＝イリノイ工科大学）にミースを主任教授として招いた。その教育は産業生産力と新鮮な建築美学を基礎としたもので、IIT は若い有能な建築家を輩出し、現代建築の発祥の場となった。1950 年初頭の戦後の経済復興の影響で、建築界はミースを筆頭にスキッドモア・オーウィングズ＆メリル（SOM）、チャールズ・マーフィー、ヘルムート・ヤーン、パーキンス＆ウイル、ジョージ・シポレイト、生産建築への反骨精神のスタンレー・タイガーマンなどによる「鉄とガラス」の現代建築の源流となった。

ミースの建築にとどまらないさらなる可能性を求めた 3 人の異色建築家も忘れてはならない。コンクリートの可塑性に建築機能幾何形の可能性を追求したバートランド・ゴールドバーグ（マリーナシティ）、エリエル・サーリネンの芸術学校で学んだハリー・ウィース（タイム・ライフ・ビル）、SOM の中堅パートナーで幾何形集積による「美」を追

求したウォルター・ネッチ（イリノイ州立大学）らの活躍も 50 年代後半に興起した第 2 期シカゴ派建築家として大きな足跡を遺した。この潮流に独自の建築創造論で追従したフランク・ロイド・ライトもいる。資本主義におけるシカゴ派建築は、異次元の「建築創造の真価」を求めた。これを近・現代建築史では「第 2 期シカゴ派建築」と呼び、現代建築の潮流は 1950 年台後半のライト他界後にシカゴで築かれていった。

ポストモダンの台頭から半世紀、近未来（21 世紀の展望）

1973 年のオイルショックの影響で建築活動は 5〜6 年間停滞したが、1970 年代後半に経済回復が見られるようになった。シカゴ建築家にも大きな衝撃を与えた、ニューヨーク KPF 事務所の 333 ウエスト・ワッカーや、都市グリッド空間に円錐形の新鮮な "やわらぎ" をもたらしたヘルムート・ヤーンのトンプソン・センターなど、新しい表現を試みる建築が出現した。

1981 年アメリカ政府は経済活性化策として既存の建築に対する改築／保存工事に税制控除の特典を与える方針を打ち出す。不動産投資の動きが高まり、歴史的建造物の保存に一役買うことになる。シカゴ建築も歴史的建造物に新しい建材・工法を複合させ、従来の石造やれんが造のディテールを見直し、歴史的建築の価値の再認識を促した。この動きがポストモダンの要因となった。

1990 年は建築許可申請の総額が史上最高に達した。10 年ごとに起こる建築ブームのサイクルは 2000 年も起るが、この間量産化された建築からは建築デザイン思想の不在すら感じさせた。1990 年代以降短絡的な破壊主義や局所的に現れる建築の曲面建築の出現は、IT 技術の進化により次世代の建築家を奮い立たせた。歴代の社会通念の美意識の価値観は経済観念のら対со即化、鈍化、停滞、迷走した。建築新材料、工法などが「量」的尺度で均衡化され、個性的な建築はまれになったが、特殊建築などへの

造形性は過剰と思われる域へと広がっていった。21 世紀を迎え IT 技術開発は累乗的な発展をみせ、建設工法への応用はデザインの多様性を広め、建設工費との相反性に置き換えられていった。建築家は施主の求めに服従し、信念稀薄な技術提供者になりつつある。新形態や類似的環境改善のための「自然材」の過剰的汎用や、奇異性を新建築とするなど、精神の形骸化に拍車がかかる。環境破壊もいとわぬ混迷にも無感覚になりつつある自省不在の建築創作が今であると、杞憂するのは個人の感傷であろうか。今日の世界的な建築デザインの停滞と迷走から一見する混沌は、シカゴ建築においても例外ではない。新建築のデザイン論の混乱は IT 技術による造形への無策とも思われ、形態の可能性の追求に憂慮の念を残す。

今後の人間と AI

現在急速に進行する AI による第 4 次産業革命の兆しを意識し、展望を見据えなければならない。人工知能は無限の可能性を秘める反面、人間の尊厳を感知する脅威もある。人工知能の急速な革新的展開は、建築価値観の変容を強要する可能性も無視できない。人間の人間たる尊厳である「感力」の醸成こそが必須の命題となるであろう。無限大の宇宙の極細微小の青い惑星の「大自然」との共生と存続の探求から得られる想像力の源泉を豊かにしなければならない。存在意識の原点復帰することによって、近未来に「生」の根元を探求する、そのような時期となってきたようだ。

創造とは、物が物を作る依存ではなく、人間の「感力」が「知力」をもって創造するという根源的課題である。ソロー、ウイットマン、特にエマソンの精神性、そしてフランク・ロイド・ライトが終生喚起し続けた自然界への意識、すなわち「感力」と「知力」の回帰と探求こそ、その導きであると考える。まさに「資質」の醸成こそ建築教育に必須の課題となるのではなかろうか。

PROFILE **堀 静夫** 建築家。NPO法人「ライト ウェイ ソサエティ」代表。明治大学理工学部建築学科卒業後、建築家フランク・ロイド・ライトの建築学校タリアセンで学ぶ。その後シカゴのバートランド・ゴールドバーグの設計事務所に18年在籍し、River City Master Plan、River City 2、Howard Hues Research Center、Bringham & Women's Hospitalなどのプロジェクトに携わり、宗教建築、商業建築および超高層集合建築を手がける。鹿島建設シカゴ支店勤務後、HORI and Architects, Inc.を設立、帰国後、設計およびプロジェクト・コンサルタントとして現在にいたる。

位相の建築
バートランド・ゴールドバーグとフランク・ロイド・ライト
堀静夫 著 鹿島出版会
定価（本体2200円＋税）
ライトの「感」の建築を出発点とし、ゴールドバーグの「知」の建築をシカゴでの実務経験に基づき堀氏が語る著書

シカゴの建築を楽しむ方法

手っ取り早いのは、本書を片手にシカゴ中心部を歩くこと。次の3つも人気の鑑賞法だ。残念ながら日本語のオーディオツアーは現在ない。3つのツアーは下記のシカゴ建築センターが催行する。

まずは
シカゴ建築センターへ行こう
Chicago Architecture Center

シカゴ建築の教育と普及を目的に創立された非営利組織が運営する施設で、各種建築ツアーの申し込みカウンター、展示室、ショップからなる。建築クルーズをはじめとしてウオーキングやバスなど約85種類のツアーを催行。ウェブでの予約はもちろん、ここで申し込むこともできる。ショップにはみやげに適した物が豊富だ。ツアーの多くはここから出発する。

●展示室 Exhibits

シカゴ建築をじっくり見たいなら、2階展示室での予習がおすすめ。大火後に発達したシカゴ建築の流れや多民族国家シカゴ、鉄道のハブとしてのシカゴ、高架鉄道などの解説のほか、シカゴのビルの3D模型は必見。高さや大きさ、位置関係が一目瞭然だ。未来のビルや、タッチパネルによる建築解説もある。

住111 E. Wacker Dr. at Michigan Ave. MAP P.29-B4, P.25-A2 ☎(1-312)922-3432 URL www.architecture.org 営毎日9:30〜17:00 休11月第4木曜、12/25、1/1 料展示室のみ$12、学生$8、5歳以下無料

①建築リバークルーズ
（シカゴ・ファーストレディ）
Chicago Architecture River
Cruise on Chicago First Lady

シカゴ川の南北の支流に沿って、ビル、跳ね橋、稼働橋など50以上の建築を大型ボートに乗って見学する、一番人気のツアー。遮るもののない川から見ることによって、建物の全体像がわかる。クルーズは風が強く寒いので上着を忘れずに。夏は早めの予約を。所要90分

運航：3月中旬〜11月。季節と曜日によって日に4〜18便の運航
出発：建築センターの向かい下。Michigan Ave. & Chicago Riverのミシガンアベニュー橋南東の階段を下りた青いひさしが目印（住112 E. Upper Wacker Dr. MAP P.29-B4）
URL www.cruisechicago.com、www.architecture.org→tours→river cruise 料$44.48（税抜き）

英語が苦手なら

リバークルーズはとても人気が高いが、解説はすべて英語。英語が得意でない人におすすめなのが下記のツアー。シカゴ川の水門を通ってミシガン湖からのスカイラインも楽しめる。所要90分。

● Wendella社 Lake &
River Architecture Cruise

住400 N. Michigan Ave. at Chicago River MAP P.29-B3。チケット売場はミシガン橋下の北西側 料$39、4〜12歳$18（税抜き）URL www.wendellaboats.com

ツアーの申し込みはこちらで

建築センターの係員

建築センターはクルーズ船乗り場のすぐそばにオープンした

②ウオーキングツアー
Walking Tour

建築センターでは65のウオーキングツアーを催行。建築や高架鉄道をガイドの説明を聞きながら回る。種類が多いので事前にウェブサイトでチェックを。多くはセンター出発。基本的に$26、約90分。人気のツアーは……

Elevated Architecture:
Downtown "L" Train
ループの高架鉄道駅などから見学

Chicago Icons:
Connecting Past and Present
1890年代から現在までそれぞれの時代を代表する建築

Historic Skyscrapers
ルッカリーに代表される初期の摩天楼

Art Deco Skyscrapers
The Loop
ローリングトゥエンティに代表されるアールデコ建築

③バスツアー
Bus Tour

バスから建築を見学。人気はオークパークへのツアーだ。アクセスの悪いファンズワース邸へのツアーも催行する。

Architectural Highlights by Bus
ループ地区の建築に加え、ハイドパークのロビー邸、ミースのイリノイ工科大学も回る。$55。センター発、約3時間30分

Frank Lloyd Wright by Bus
ライト設計の住宅が集結するオークパークへのツアー。ライト邸は内部を、ユニティテンプルは外側から見学。$55。センター発、約4時間。冬期は運休（要確認）

Farnsworth House by Bus
ミース・ファン・デル・ローエの傑作ファンズワース邸へのツアー。$55。センター発、約4時間30分。冬期は運休（要確認）

シカゴで人気No.1のアトラクションが建築クルーズ

ツアーに参加する際に ガイドの案内で回る場合、わかりやすかった、ていねいに質問に答えてもらったなどツアーに満足したら、最後にチップを渡そう。

建築巡り & 買い物モデルコース

建築+ショッピング&観光の、お得なモデルコースをご紹介
※時間は目安としてください

ループエリア(L) 4時間

シカゴ川の南の建築見学。時間が許せばロビーの見学も。外観に負けないほど装飾に凝ったビルがほとんど。

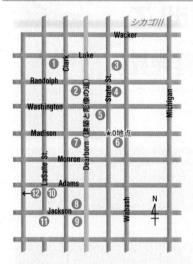

❶ジェームス・R・トンプソン・センター (→P.89)
円錐形ガラス建築。内部は17階の吹き抜けが見事。デュビュッフェの彫像もお見逃しなく

❷デイリーセンター (→P.89)
自然腐食鋼が特徴。ピカソの向かいにミロの彫像がある

❸シカゴ劇場(→P.100)
バロック調の華やかな劇場。ツアーも催行

❹メイシーズ(→P.41、290)
1階に観光案内所があり、名物チョコも販売

❺リライアンスビル(→P.89)
第1期シカゴ派ビルの代表。シカゴ窓に注目

❻カーソン・ピリー・スコット(ターゲット)(→P.88、289)
ディスカウントデパート的存在。日用品も販売

❼チェイスタワー (→P.88)
懸垂曲線の美しい建築。シャガールのモザイク壁画も必見

❽連邦政府センター (→P.86)
ミース設計。黒い3つのビルからなり、中央にカルダーのフラミンゴが立つ

❾モナドノックビル (→P.87)
組積構造と鉄骨構造が共存する珍しいビル

❿ルッカリー (→P.87)
外壁は組積構造、内部は鉄骨構造。ロビーはライトの設計

⓫シカゴ商品取引所(→P.86)
シカゴを舞台とした映画によく登場するアールデコ調のビル

⓬ウィリスタワー(→P.84)
25年間世界最高層だったビル。展望階からの眺望は必見

シカゴ建築バイエニアル

Chicago Architecture Biennial

2015年に発足して以来、奇数年に開催されるシカゴ建築バイエニアル(シカゴ建築ビエンナーレともいわれる)は北米最大の建築デザインの展覧会。シカゴ市文化部が主催しており、メイン会場となるカルチュラル・センター(→P.99)では20ヵ国から招待された100人以上の建築家が、その年のテーマのもとモデルなどを発表する。9月から翌年1月の期間中は出展建築家によるイベントが多くあり、2017年は安藤忠雄氏、2019年はステフアン・グルーバー氏による講演会が行われた。会場はほかに市内およそ20ヵ所で料金はイベント内容によって異なる。

● Chicago Architecture Biennial
URL chicagoarchitecturebiennial.org
● Chicago Cultural Center
MAP P.27-C1,2 住78 E. Washington St.
☎(1-312)744-3316
URL www.chicagoculturalcenter.org

ステートストリート沿いにあるシカゴ劇場。クラシックな造りで豪華な劇場だ

マグマイル(M) 4時間

人気のリバーウオークを西から東、マグマイルを南から北へ歩きながら、シカゴ川北の建築などを回る。

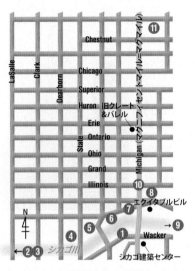

❻トランプ・インターナショナル・ホテル&タワー(→P.91)
シカゴで2番目に高い複合建築

❼リグレービル(→P.92)
ルネッサンス様式でライトアップ時が秀逸

❽トリビューンタワー(→P.92)
ゴシック様式が壮麗

❾ビスタタワー(→P.82)
シカゴのスカイラインを変えた最新の超高層建築

❿マグマイル(→P.103)
ブランド店が軒を連ねる名物通りでショッピング

⓫ジョン・ハンコック・センター(→P.93)
台形という特殊な姿の超高層ビル。展望階からの眺めはシカゴNo.1

シカゴで最も有名な建築のひとつマリーナシティ

❶リバーウオーク(→P.100)
シカゴ川沿いの遊歩道。シカゴの人気スポット

❷150ノース・リバーサイド(→P.84)
下層部のほうが細い驚異の姿の摩天楼

❸333ウエスト・ワッカー(→P.83)
ポストモダンの先駆け。ガラスの曲面が印象的

❹マリーナシティ(→P.90)
完成当時は世界最高峰のコンクリート造りのアパート

❺330ノース・ワバッシュ(→P.91)
52階建て、ミース最後の作

シカゴの7大事業

建築だけでなく、シカゴは町づくりにも独自の計画があった。「シカゴの7大事業」といわれるもので、シカゴの発展に大きく寄与している。

1	湖水位調整ドック Lock Gate of Lake Michigan	町の発展とともに水の汚染が社会問題となり、ミシガン湖に流れた汚水が原因でコレラが発生。流入を防ぐため水位調整ドックが設置された。シカゴ川からミシガン湖へのクルーズで通過することができる
2	ウオータータワーと給水場 Water Tower & Water Works	シカゴの大火時、ミシガン湖から水道水を給水する役目のおかげで焼け残ったウオータータワーと給水場。給水場へは湖沖に数ヵ所点在する人工島から給水されるが、クルーズ船から遠望できる
3	高架路線電車 Elevated Train	Elevated Train(高架鉄道)は「エル」とも呼ばれ、コロンビア万国博覧会の会場(現在のハイドパーク)への交通手段として建設された。現在も市内の交通渋滞の緩和に役立ち、市民の重要な足となっている
4	ミシガン湖畔公園 Parks Along Lake Michigan	コロンビア万国博覧会の統括指揮者バーナムとベネットが、1909年に「シカゴ計画 Plan of Chicago」を発表。中心部南に高速道路への進入路を配置し、全長36マイルのミシガン湖沿いに、ヨットハーバーを兼ねた公園を設けた
5	ワッカードライブ Wacker Drive	「シカゴ計画」のひとつ。ワッカードライブを二層構造にし、周辺から中心部への進入道路(Freeway)は上層部、物流道路を下層部にした。水路交通開放のため、シカゴ川に架かる橋を跳ね橋にした。ほかの都市には見られない独創的な計画
6	ディープトンネル Deep Tunnel	近郊河川の氾濫により、1863年に行われた治水改良事業。MSD(Metropolitan Sanitary District=都市圏下水処理局)が地下61mに直径9m、総延長約176kmの深層地下排水溝Deep Tunnelを建設。排水管はリバーシティの地下も走る
7	物流トンネルシステム Underground Tunnel	鉄道貨物で集積された大量の農作物や酪農生産物の配送時の混乱解消のため、1906年までに地下12m、総延長約100kmに及ぶトロッコ用輸送トンネルが設けられた。現在電信技術の光ファイバーに再利用されている

2020年シカゴのスカイラインを変える ―――

ビスタタワー
Vista Tower　　　　　**M❾**（→ P.81地図）

　ミシガン湖に近いシカゴ川の南東に、新たに誕生する超高層ビルが
ビスタタワーだ。オヘア空港から中心部へアクセスする際、セットバッ
クと流線型がコラボした姿がハッキリ見えるだろう。高さ363m、101
階建て、完成すればシカゴで3番目の高さとなる。設計はアクア（→下記）
で知られるジニー・ギャングとそのチーム。波打つ側面はギャングの得
意とするところで、ビルは高さの異なる3つのタワーから構成される。
83階は風の抵抗の軽減のために窓がないのが特徴。約400戸のコンド
ミニアムと200室の高級ホテルが入居する予定。地上階からはリバー
ウオークにつながる。

アクアを抜き、女
性建築家が設計し
たビルで最高峰と
なる。2020年半
ばに完成予定

MAP P.25-A2、P.22-B1　　**住**375 E. Wacker Dr.
竣工 2020年4月下旬
設計 Jeanne Gang & Studio Gang Architects

―――― 女性建築家による初の高層建築

アクア
Aqua

　シカゴ川とミレニアムパークの間に建つ、波打つような外観
の高層ビルは、通称「アクア」。ジニー・ギャングの設計で、女性
建築家によるものとしては世界最高峰の摩天楼だ。「アクア＝水」
の名のとおり、透明感としなやかさをもつ斬新なデザインで、五
大湖周辺の石灰岩からヒントを得たという。高さ262m、82階
建て。波打つベランダ部は、実はどのユニットからもミシガン湖
とダウンタウンが見えるようなデザインとなっている。

MAP P.27-D1、P.22-B1　　**住**225 N. Columbus Dr.
竣工 2010
設計 Jeanne Gang & Studio Gang Architects

波打つような斬新な外壁が
特徴。下層部はホテル

シンプルかつスレンダー
な姿が印象に残る

スレンダーな花崗岩のビル ―――

エー・オー・エヌ・センター
AON Center

　シカゴの超高層ビルのなかでもひときわ目立つシンプルなデザイン。
59m四方×高さ346m、V字型柱からなり、83階建て。完成当時、外壁
は大理石であったが、1枚のパネルが落下。調査の結果、自動車の排気
ガスによる腐食が原因であることが判明し、6000万ドルの工費をかけ
て大修復が行われ、外壁は花崗岩となった。縦に走る何本ものラインが
ビルをいっそうスリムに見せている。

MAP P.27-D1　　**住**200 E. Randolph St. bet. Stetson & Columbus
竣工 1974
設計 Edward Durell Stone, The Perkins and Will Partnership

アールデコのデザインに注目

カーバイド&カーボンビル
Carbide & Carbon Building

1920年代に一世を風靡したアールデコ様式。シカゴ商品取引所（→P.86）と並ぶ、シカゴでは数少ないアールデコを代表するビルだ。地下2階、地上40階建て。入口の装飾には黒い大理石とブロンズ、黒く磨かれた花崗岩が使われ、レースのような真ちゅう細工が美しい。離れた所からビルの全景を見てみると、頂上の尖塔のゴールドリーフの装飾が、シカゴの建築のなかでもひときわ異彩を放っている。

MAP P.27-C1　**住** 230 N. Michigan Ave. at Wacker Pl.
竣工 **1929**
設計 **Burnham Brothers**

ゴールドとブラックが
エレガントな雰囲気

上部は神殿風、窓枠のアクセントがポストモダン

レオ・バーネット・ビル
Leo Burnett Building

ポストモダン建築が盛んに建てられるなかで、シカゴの建築に一石を投じた重要な作品。それまでのシカゴにはなかった装飾が特徴で、グレーとグリーンの花崗岩とステンレスの円筒を開口部に備えて、華やかさを演出している。設計のローチとディケンローはサーリネンの事務所で働き、ニューヨークのフォード財団やコネチカット州ニューヘブンのナイツ・オブ・コロンバス・ビルといったビルの設計も担当した。

MAP P.27-C1　**住** 35 W. Wacker Dr. at Dearborn
竣工 **1989**
設計 **Kevin Roche-John Dinkeloo**

50階建て、193m、窓枠の
デザインに注目

天気のいい日は対岸のビル
が窓に反射する

シカゴ市民のお気に入り

スリーサーティスリー・ウエスト・ワッカー
333 West Wacker　　　　**M❸**（→ P.81地図）

36階建て、左右111mにも延びるダイナミックな緑色のガラスの曲面で覆われた姿が、とてもユニーク。敷地がシカゴ川に面することから扇形をしており、シカゴ川と背後のにぎやかなダウンタウンとの調和がよく取れている。上層部のなめらかなガラスの表面とは対照的に、下層部は過去の建築様式をモチーフとした八角形の柱と、建築仕上げ材として大理石、花崗岩を駆使し、シカゴでのいわゆるポストモダンの先駆けともなった。

MAP P.26-A,B1　**住** 333 W. Wacker Dr. at Franklin
竣工 **1979-83**
設計 **Kohn Pedersen Fox with Perkins & Will**

ビルの下層部に注目。人間の無限の可能性を感じさせてくれるデザインだ

── Y字型　ど肝を抜く姿 ──

ワンフィフティ・ノース・リバーサイド

150 North Riverside　　　M❷（→ P.81地図）

　下層がえぐられたような摩天楼は、センセーショナルな姿がシカゴでも話題を呼んだ。1階部の広さはわずか12m弱×36.5mと、1階敷地面積の25%に過ぎない。シカゴ市では新築ビルの建設に際し公共スペースを設けなければならない条例があり、また施主のオフィススペースの要望からもこの姿が生まれた。7階部分まで外向きのスロープが続き、その上にオフィスやペントハウスが54階まで続く。1階西側のロビーは金属枠のないガラス張りでとても開放的。地下にはアムトラックやメトラの列車が走っているから驚きだ。高さ228m。

MAP P.26-A1
住 150 N. Riverside Plaza
竣工 **2017**
設計 **Goettsch Partners**

全米第3位の高さからアメリカ第3の都市を眺望

ウィリスタワー

Willis Tower　　　L⓬（→ P.80地図）

　1973～1998年の間、世界一の高さを誇るビルとして君臨し続けたが、現在は世界第24位。110階建て（443m）で、ビルの屋上から突き出たアンテナの高さを含めると約520mにも達する。総床面積は約127万9000m²、中では104基のエレベーターが稼働する。

　建物は69m×69mの正方形。23mで3等分された正方形を基準構造体とし、合計9つからなる正方形で構成され、4.6m間隔の柱からなる。9本を束ね合わせたバンドルチューブ式だ。この基準構造体計9本のうち2本は50階まで、2本は66階まで、3本は90階まで、そして残り2本が最上階の110階、443mに達する。それぞれの基準構造体の中は、柱が1本もなく自由な室内レイアウトが可能でもある。

シカゴの観光名所、
鳥瞰図が楽しめるスカイデッキ

　103階の展望台**スカイデッキ Skydeck**へはJackson Blvd.側から入り、2基の超高速エレベーターが乗客をたったの1分で運ぶ。展望台からは360度の大パノラマが楽しめ、その光景には息をのむばかり。天気のいい日には60マイル先のインディアナ、ウィスコンシン、ミシガンの各州まで見渡すことができる。ただし、夏の観光シーズンは非常に混雑する。

　スカイデッキで体験しておきたいのが、ビルから飛び出た透明アクリルキューブの**レッジ The Ledge**。透明な床の真下には道路や人、車が一直線に見えて、高い所が苦手でなくても身がすくむ。

MAP P.26-A,B3
住 233 S. Wacker Dr. at Jackson
竣工 **1970-73**
設計 **Skidmore, Owings and Merrill**

上／シカゴを代表するビル。TVドラマ『シカゴ・ファイア』でもよく映る
下／展望台の突起部「レッジ」からは真下が見える！

● 展望台 Skydeck　　　　　　P.44参照
URL theskydeck.com　**営** 毎日9:00～22:00（10～3月10:00～20:00）
休 無休　**料** $26、3～11歳$18（列に並ばない Fast Passは$75）

流れる青い巨大な滝のような

シティグループ・センター
Citigroup Center

メトラの鉄道駅のひとつであるオギルビー・トランスポーテーション・センターの上部にオフィスを合体させた40階建てのビル。青色のアルミ材のエナメル被覆塗装と青と白のガラスの織りなすパターンは滝を思い起こさせ、デザインはアールデコ時代の流線型機関車のイメージから発想を得たといわれている。このエリアの再開発に端を発したビルで、地上階と土地の高低差を利用して商業施設が設けられている。

MAP P.26-A1,2　**住** 500 W. Madison St.
竣工 1987
設計 Murphy/Jahn Architects

通勤列車の駅が商業施設兼、オフィスビルとなっている。奥の青い建物がセンター

時間の経過を感じさせないモダンなツインタワーだ

日系人設計のツインタワー

シカゴマーカンタイル取引所
Chicago Mercantile Exchange

40階建ての高層建築は、ロスアンゼルス生まれの日系の建築家ジョセフ・フジカワのチームによるもの。完成から30年以上を経過するが、スタイリッシュなデザインは今もなお若々しい印象を与えている。ツインタワーは下階でつながっており、それぞれ吹き抜けとなっている3〜4階の下層フロア（3700m²）と、7〜8階の上層フロア（2800m²）の2層のトレーディングフロアがある。柱など遮るものが一切ないこの空間を得るために、巨大なトラスで屋根を支えており、機能を重視した設計となっている。

MAP P.26-A2　**住** 20 S. Wacker Dr. at Madison
竣工 1987
設計 Fujikawa Johnson and Associates

頭部に冠をいただく

スリーイレブン・サウス・ワッカー
311 South Wacker

ウィリスタワーの南にそびえる65階建て、8角形のコンクリート造の建築。下層階には**ウインターガーデン Winter Garden**と呼ばれる植物園を思わせる公共スペースがあり、オフィスへは2階のエレベーターで。一見わかりにくいが、コンクリートの強度がとてつもないほど強い。最上階には1.2×1mを超える梁があり、直径21mもの巨大な王冠形の照明（蛍光灯2000本）が夜空を照らしている。

MAP P.26-AB-3,4
住 311 S. Wacker Dr. at Jackson
竣工 1990
設計 Kohn Pedersen Fox Associates

ウィリスタワー手前のビルで、最上部が冠のよう

85

ヘビのような造形美

リバーシティ
River City

　ヘビが川をはうような S 字型が4群2列つながった形のリバーシティ。1期工事の2列のうち、川側の1列は北から15階で始まり徐々に8階まで低くなり、もう1列は逆に南から16階で始まるといった造形的にも変化に富んでいる。2列のアパートの間は、10m幅のガラスブロックで覆われたアトリウムがあり、さらに上の屋上には屋外庭園もある。総世帯数は446、部屋のレイアウトも7種類とバラエティに富む。下層部2階は商用スペースとして、オフィス、ショップが入り、また、マリーナレベルにはボート62艇が停泊できる。マリーナシティ(→P.90)と同じ、ゴールドバーグの設計。

外観に特徴がある複合ビル

MAP P.22-A2　📍800 S. Wells St. at Polk
竣工 1984-86
設計 Bertrand Goldberg Associates

アールデコが美しい

シカゴ商品取引所 (CBOT)
Chicago Board of Trade　　**L⑪** (→ P.80地図)

　45階建てのアールデコの摩天楼。ビルの最上部に立つのは穀物と収穫をつかさどるローマの女神ケレス(Ceres)で、アルミニウム製9.5mの像は左手に小麦を、右手にはトウモロコシの袋を持ち、この町が農産物市場の中心であったことを象徴している。ビルの高さは184m(ケレス像を除くと175m)、完成から1965年まではシカゴでいちばん高いビルだった。南側の増築部は24階建て、12階に壮大な吹き抜けのロビーがあり、その中央にガラスのエレベーターが稼働する。

　取引所の設立は1848年。現在、シカゴマーカンタイル取引所グループのひとつとなっている。

MAP P.26-B3,4　📍141 W. Jackson Blvd. at LaSalle
竣工 1930／1980(南増築部)
設計 Holabird & Roche／Murphy/Jahn

『アンタッチャブル』『バットマン』など、さまざまな映画に登場してきた

ミース・ファン・デル・ローエの代表作

連邦政府センター
Federal Center　　**L⑧**

　20世紀4大建築家のひとりミース・ファン・デル・ローエ(→P.94)の徹底した建築哲学の粋を見ることができる建築群。マッキンレービルとクルズィンスキービルの2棟の超高層ビルがつくり出す都市空間は、連邦政府そのもののイメージにふさわしい一方、1階建ての郵便局のガラスの面の大き

さはそのふたつのビルの重量感に匹敵する感動を与えてくれる。1.4m間隔の垂直に空に向かって貫くモリオンと、広場の大きさ、ビルの高さ、ガラスの壁などが、完成した美を感じさせる。この緊張感を解き、快く迎えてくれるのが、**カルダーの彫像『フラミンゴFlamingo』**(→P.101)。

MAP P.27-C3　📍219 S. Dearborn St. at Jackson
竣工 1964-75
設計 Mies van der Rohe, Schmidt, Garden & Erikson, C. F. Murphy

プラザアートのひとつ、カルダーの「フラミンゴ」はミース設計の3つの建物に囲まれている

近代摩天楼建築の原本
ルッカリー
Rookery　　　**L⑩**（→ P.80地図）

シカゴの大火後（→P.114）に建てられた、近代摩天楼建築の原本ともいえる重要なビル。シカゴ派を代表するバーナムとルートの設計で、スケルトン構法による世界で最も古い高層建築だ。下層部は重量感にあふれているため、外観にはスケルトン構法らしさは見えない。しかし、組積構法で問題となっていた採光の量（高くなるほど採光が少なくなる）が、スケルトン構法を用いたことでうまく解決されている。

壮麗かつ重厚なアーチ形の装飾は、リチャードソンのロマネスク様式のもの。1905〜07年にかけてフランク・ロイド・ライトによって改装されたロビーは、ガラス屋根から十分なほどの太陽の光が差し込みあたたかい空間が広がる。ロビーの鉄細工をはじめとする装飾品もライトがデザインした。

MAP P.26-B3　**住**209 S. LaSalle St. at Adams
竣工 1885-88
設計 Burnham & Root

左／ラサールストリートに面するルッカリー
右／フランク・ロイド・ライト設計のロビーは一般に公開されている

シカゴ派初期の傑作
マーキットビル
Marquette Building

スケルトン構法による初期のビルのひとつで、シカゴ派の傑作。少し離れた場所から眺めるとより確認しやすいが、17階建てのオフィスビルは、建物を下層部、中層部、高層部の3つに分け、それぞれの部分を全体のなかでまとめていくという設計。これは典型的な古典建築のデザイン。中央部にスケルトンのフレームが真っすぐ走っている。フレームに挟まれた広い窓は"シカゴ窓"（リライアンスビル→P.89）だ。

MAP P.27-C3　**住**140 S. Dearborn St. at Adams
竣工 1895
設計 Holabird & Roche

中に入ってロビーのモザイクも見学したい

南側と北側ではまるで違うビル

壁が波打つ
モナドノックビル
Monadnock Building　　**L⑨**

シカゴ派建築を代表する「組積構造スカイスクレーパー」という、外壁にれんがを積み上げていく構造は、高くなるほど基礎部分に耐力が要求され、1階の壁の厚さは1.8mにも及ぶ。組積構造スカイスクレーパーとしては最高の高さ。一方、波のようにうねるベイウインドーを取り入れることにより窓の面積は広く、ビル内は明るく保たれている。南側はホラバード&ローチの設計で、北側との違いは組積構造でなくスケルトン構法が取られたこと。1〜3階にその違いが顕著に表れている。厚い外壁の組積構造と、内部の鉄骨構造は風の強いシカゴでも驚くほどの安定感をもつ。

MAP P.27-C3,4
住53 W. Jackson Blvd. around Dearborn, Federal and Van Buren
竣工 北側1891、南側1893
設計 北側Burnham & Root、南側Holabird & Roche

― マレーシアのペトロナス・ツインタワーの設計者の作 ―

ワンエイティワン・ウエスト・マディソン
181 West Madison

長い間世界一の高さを誇っていたシアーズタワー（現ウィリスタワー→P.84）が、1998年世界一の座を渡したのが、マレーシアのペトロナス・ツインタワーであった。その設計者であるシーザー・ペリが手がけた作品。外観にはフレーム処理されたイタリアの白御影石を用い、上層のクラウン部分と角の部分は季節ごとに照明の色を変えて、市民の目を楽しませている。

MAP P.26-B2
🏠 181 W. Madison St. at LaSalle
竣工 1990
設計 Cesar Pelli

世界的建築家の設計

末広がりの摩天楼

チェイスタワー
Chase Tower　　　　　　　　　　**L❼**　(→ P.80地図)

建設当時は銀行の本社ビル。

その頃支店での銀行業務は州法で禁じられており、1ヵ所に統括する必要があった。そのため、地上階には広い床面積が要求された。最上階の床面積は地上階の2分の1ほど。

地下1階は階段状に掘り下げられ、広場には噴水が設けられている。東端には**シャガール作『四季The Four Seasons』**がある(→P.101)。

MAP P.27-C2　🏠 10 S. Dearborn St. at Madison
竣工 1969
設計 C. F. Murphy Associates & Perkins & Will Partnership

西新宿の損保ジャパン日本興亜本社ビルはこのビルを手本にしているという

サリバン晩年の傑作

カーソン・ピリー・スコット　（現ターゲット）
Carson Pirie Scott　　　　　　　　　　　　　　　**L❻**

シカゴ派の建築家ルイス・サリバンの代表作。正面入口を飾るオーナメントはシカゴでは珍しい豪華な作品。鋳鉄に塗装を重ねて青銅のような感じを出している。サリバンは1〜2階のディスプレイウインドーのデザインにも力を入れ、窓枠に装飾を施し、中の商品を1枚の絵のように見せようとした。上層階にはシカゴ派の特徴である"シカゴ窓"（リライアンスビル→P.89）を配置。窓に入った格子と壁のアクセントが、ビル全体に水平のラインをつくり出した。

MAP P.27-C2
🏠 1 S. State St. bet. Madison & Monroe
竣工 1899-1900
設計 Louis Sullivan

第1期シカゴ派を代表するビル。入口上部の鉄細工をよく見たい

第1期シカゴ派 デザインの優れた

リライアンスビル
Reliance Building

L⑤ (→ P.80地図)

現在はホテルとして使われているリライアンスビルは「シカゴ窓」に注目

第1期シカゴ派建築の重要な建物。このビル以前の骨格構造の建物と比較した違いは、大きなガラスの開口部を取ったことにより、風圧に対する構造的な解決がなされ、デザインも高く評価されたこと。現在のビルは1895年に、竣工当初の3階建てから12階に増築されたもので、高さは60mに達する。特徴は、耐風のために鉄板と格子型横梁を用いて、テラコッタで化粧した**"シカゴ窓"**と呼ばれる3連窓。中央は開かず、両端の幅の狭い上げ下げ式の窓で換気する造りとなっている。さらにこの窓は、ふたつの柱間をまたぐ出窓であるため、横梁による水平線が出窓とかみ合い、壁面のうねりのデザインを生み出している。

[MAP] **P.27-C2** [住]1 W. Washington St. at State

[竣工] **1890(下層3階)、1895(上層12階)**

[設計] **Burnham & Root(1890)、Charles Atwood(1895)**

市役所のビルはピカソの像が目印。特殊な鋼が素材となっている

錆びているように見える鉄でできた

デイリーセンター
Daley Center

L②

市の裁判所やクック郡の事務所が入る31階建てのお役所ビル。建物は腐食したように見えるが、実はCor-Ten Steel（コルテン鋼）という特殊な素材の鋼が用いられている。当時、進行する錆自体が仕上げとなり、経済的な建築材料として考えられたが、これが後に公害の原因となり使用が禁止された。

ビルの南側には、ビルの鋼と同じ材質でできた高さ15mの彫像、**ピカソ作『無題Untitled』**が立っている(→P.101)。「ピカソ」前の広場でフリーマーケットや平日正午（12:00～）からは日替わりのパフォーマンスが行われ、大勢の人でにぎわう。

[MAP] **P.26,27-B,C1,2** [住]50 W. Washington St. at Clark

[竣工] **1966**

[設計] **C. F. Murphy Associates & Skidmore, Owings & Merrill**

内部の壁がない州政府のビル

ジェームス・R・トンプソン・センター
James R. Thompson Center

L①

イリノイ州政府役所の出張所。

老朽化にともない、取り壊しの案が出ている。正面に石造りの市庁舎、東隣にはデイリーセンターがあるなど官庁舎が多いことから、周囲への配慮がうかがえるユニークなデザインとなっている。正面の市庁舎に対しては半径49mの反り上がった曲面が位置し、広がりのある空間をつくっている。内部には17階分の大きな吹き抜けがあり、オフィスには壁がない。この大胆な空間と、最上階から見下ろす地階の大理石と花崗岩からなるモザイク模様は必見。

未来的な建築の代表だ

[MAP] **P.26-B1** [住]100 W. Randolph St. around Clark, LaSalle and Lake

[竣工] **1979-85** [設計] **C. F. Murphy / Jahn with Lester、B. Knight & Associates**

シカゴのベストビューといわれる
ウルフ・ポイント・イースト
Wolf Point East

　マーチャンダイズマートの通りを挟んだ西側、シカゴ川が南北に分岐する所に現れたシャープでスレンダーなビル。高さ201m、60階建てで、プールやスポーツクラブ、ドッグラン、スカイラウンジ、アウトドアキッチンなどの充実した約700戸から構成される高級アパートだ。2019年7月に亡くなったアルゼンチン出身の建築家シーザー・ペリの会社の設計で、ペリはマレーシアのペトロナスツインタワー（旧シアーズタワーを抜いて世界一の高さになったビル）やあべのハルカスの設計でも知られる。シカゴ川に面した部屋からの眺めはシカゴでも屈指。

MAP P.30-A4　**住** 313 W. Wolf Point Plaza Dr.
竣工 2020年春　**設計** Pelli Clarke Pelli Architects

2020年中に完成予定の住居用の高層建築

現在夏の夜にプロジェクションマッピングが行われていて、注目を集めている

どっしり構えた重厚かつ巨大な姿
マーチャンダイズマート
Merchandise Mart

　リバーノースの南西に位置する世界最大の卸売センター。2ブロックを占めるアールデコ調のビルは、床面積37万9629m²（約738ヘクタール）。廊下の総延長は12kmにも達する。これはワシントンDCにペンタゴン（国防総省）ができるまでは、世界最大のスペースだった。デパートのマーシャル・フィールズの卸売部門として建てられたが、現在は家具や家庭用品、衣料品などの見本市会場として使われることが多い。インテリア、建材、室内装飾関係の600のショールームがあり、国内外から多くのメーカーが出展している。

MAP P.30-A4、P.22-A1
住 300 N. Wells St. at Chicago River
竣工 1921-29
設計 Graham, Anderson,Probst and White

シカゴが舞台の映画によく登場するマリーナシティ

シカゴを代表する双子のトウモロコシビル
マリーナシティ
Marina City　**M④**（→ P.81地図）

　高さ168m、65階建てのトウモロコシ形をした双子のビル。複合機能をもつ初の建築で、オフィスだけでなく住居（計896世帯）や駐車場もあり、このビルの出現は、新しい都市計画の思想を打ち出す役目となった。下層部18階がらせん形駐車場、その上がランドリーと居住者用の収納室、その上の40階ぶんがアパートになっている。

　ミース派の"鉄とガラス"の建築が多いシカゴではユニークで、設計者はゴールドバーグ。彼は、バウハウス思想の産業合理性の追求を、コンクリート構法に見いだし、成功したまれな建築家。

MAP P.30-B4、P.22-A1
住 300 N. State St. at Chicago River
竣工 1964-67
設計 Bertrand Goldberg Associates

ミース最後の作品

スリーサーティ・ノース・ワバッシュ
330 North Wabash M[5]

ビル名は新しくなったが、シカゴっ子にはIBMビルのほうが通じる

スリムな黒の52階建てビルは、ミース(→P.94)のシカゴで最後の高層建築。アルミニウムとカーテンウォールの端正な姿は、連邦政府センターにも劣らない均整が取れている。これはミースの最も得意とするデザインであり、860-880レイクショア・ドライブ・アパート(→P.93)から20年を経て、鉄とガラスの遍歴の美を極めた感がある。

[MAP] P.29-A3,4 [住]330 N. Wabash Ave. at State
[竣工] 1971 [設計] Mies van der RoheとC. F. Murphy Associates

周囲のビルに配慮したデザイン

エクイタブルビル
Equitable Building

トリビューン社の所有地だった所に、1909年のシカゴ都市計画(→P.41)に基づき建てられたビル。隣のトリビューン社の建物を隠さないよう、広場の設置とセットバックの条件付きで設計が認可された。対面のリグレービルとの景観を重視し、また、建材にはミースの建築を参考にするなど、周囲のビルへの配慮が見られる。

[MAP] P.29-B3 [住]410 N. Michigan Ave. at Chicago River
[竣工] 1965 [設計] Skidmore, Owing & Merrill

ミースを思わせる中央の濃茶のビルがエクイタブルビル。シンプルだが重厚さも感じさせる

シカゴのスカイラインを一新させたスカイスクレーパー

トランプ・インターナショナル・ホテル&タワー
Trump International Hotel & Tower M[6]

スタイリッシュな姿で、上層階からの眺望もいいと好評

45代大統領ドナルド・トランプが建てた92階建ての複合ビル。シカゴではウィリスタワー(443m)に次ぐ2番目の高さ(415m)で、シャープな銀色のステンレス鋼が青ガラスを引き立たせる。最高峰のウィリスタワーを踏襲しているかのように、円形のカーブをもつ縦長の立方体がセットバック式に組み合わさり、見る角度によって姿を変える。ビルは周囲とのバランスが取れるようおもに3つの長方形でデザインされている。南側はマリーナシティ、西側はスリーサーティ・ノース・ワバッシュ、東側は向かいのトリビューンタワーと同じ高さとなっている。3～12階が駐車フロア、14～27階がホテル(客室339室)、29～85階がコンドミニアム(486世帯)、86～89階がペントハウスから構成されている。

[MAP] P.29-A3,4 [住]401 N. Wabash Ave. at Rush
[竣工] 2009 [設計] Skidmore, Owing & Merrill

マグマイルの入口に立つリグレービル（左）とトリビューンタワー（右）。どちらも建築の歴史を感じさせてくれる

白いルネッサンス様式のビル

リグレービル
Wrigley Building M**7** （→ P.81地図）

チューインガムで知られるリグレーの本社ビルは、白いテラコッタの外壁で覆われたルネッサンス調の明るい建物。ゴシック調のトリビューンタワーと好対照を見せている。北側のノースタワー完成は1922年、南側のサウスタワーは1924年、両者は3階のブリッジで結ばれ、中央の典雅な時計塔はスペイン・セビリヤのヒラルダの塔に似ているとか。

夜になると対岸からの照明に白壁が浮かび上がって美しい。ライトアップはビルができた当初から行われており、白いテラコッタがまだ珍しかって連日見物客が絶えなかったという。

MAP P.29-B3、P.22-B1
住 400-410 N. Michigan Ave. at Chicago River
竣工 1922（ノースタワー）、1925（サウスタワー）
設計 Graham, Anderson, Probst and White

ゴシック様式が印象的な

トリビューンタワー
Tribune Tower M**8**

シカゴの地方紙シカゴ・トリビューンの本社。ミシガンアベニュー橋の北側から始まり、北のジョン・ハンコック・センター付近まで続く"魅惑の1マイル（Magnificent Mile）"の南入口に位置するのが、向かいのリグレービルと、このゴシック様式の建物だ。

デザインは1922年、国際建築コンペティションとして公募され、最優秀賞には、レイモンド・フッドとジョン・ハウエルの作品が輝いた。ビルのあちこちには、ピラミッド、万里の長城、ノートルダム寺院、パルテノン神殿、ホワイトハウス、ベルリンの壁など、世界中の有名な建造物の破片が埋め込まれている。

MAP P.29-B3、P.22-B1
住 435 N. Michigan Ave. at Chicago River
竣工 1922-25 **設計** Hood & Howells

奇抜なデザインのビルはアパートビル

レイク・ポイント・タワー
Lake Point Tower

ミシガン湖岸に位置する高層アパート。70階建て、高さは196mにも及ぶ。三角形のエレベーター群からなるコアを中心に、Y字型の形状と、黒いアルミニウムと湾曲したガラス面で覆われたデザインが特徴。ミースが提案した「1921年ベルリン」プロジェクトは、ガラスで曲面を表現するという画期的なデザインであったが、ほぼ半世紀を経てこのビルによって実現された。下層部はれんが壁で、騒音の遮断と外来者コントロールのために閉鎖的だが、その上部には居住者用に屋上庭園が設けられている。

MAP P.25-B2 **住** 505 N. Lake Shore Dr. at Grand
竣工 1968 **設計** George Schipporeit

いちばん湖に近い高層マンション。老朽化が問題になっている

---台形の形が特徴的---

ジョン・ハンコック・センター
John Hancock Center　　M⓫（→ P.81地図）

　X字に組まれた黒い鉄骨が象徴的な超高層ビル。100階建て、高さ343mと、シカゴでは現在5番目の高さ。43階までがショップやオフィス、44〜92階がアパート（603世帯）、94階が展望台、95、96階がレストランとラウンジ、その上をテレビ局やFMラジオ局の送信機材室が占める。

　台形のデザインは実にユニークで、1階の大きさは80m×50m、最上階は48m×30m。台形の形だけでなく、X字型の構造補強は鉄骨の量を3分の1に軽減した。シカゴ名物の強風に十分耐えうる構造だが、屋上部では水平に25〜38cmは動くという。

シカゴの観光名所、360シカゴ

　展望台へは、地下1階のプラザのチケット売場奥にあるエレベーターでわずか39秒。まさに、絶景が広がる。特に夕暮れ時は町が徐々にライトアップされ、光の洪水が押し寄せてくるよう。景色はウィリスタワーよりジョン・ハンコック・センターのほうがいいと評判だ。

ティルト Tiltは、ガラスの壁面がそのまま斜め下に傾く、高さとスリルを体感するアトラクション。悲鳴が恐怖感を倍増させる。96階のラウンジでドリンク片手にシカゴの絶景を楽しむのもいい。

CityPASS P.44参照

左／ジョン・ハンコック・センターの展望台はシカゴのマスト。都会の美しさを伝えてくれる　右／超高層ビルのガラスの壁面が傾くスリルを味わおう　©City of Chicago

MAP P.28-B2　　**住**875 N. Michigan Ave. at Delaware
竣工 1964-70　　**設計** Skidmore, Owings and Merrill
●展望台 360 Chicago　　**URL**www.360chicago.com
営毎日9:00〜23:00　　**料**$22、3〜11歳$15

---4大建築家のひとり、シカゴ初期の作品---

エイトシックスティ・エイトエイティ・ レイクショア・ドライブ・アパート
860-880 Lake Shore Drive Apartments

　ドイツから亡命したミースが手がけた、シカゴ時代の初期の作品。鉄とガラスの高層住宅建築として画期的な構法で、ミースの名を国際的に高めた代表作でもある。

　ミシガン湖を望むように建つ2棟の建造物は、外観はガラスと鉄からなるシンプルな造り。最大の特徴は "カーテンウォール" と呼ばれる構法が使われていること。これは建物の荷重を柱だけでなく梁でも支えるが、外壁では支えない。そして、その外壁は取り外しが可能という活気的なもの。

MAP P.25-A1
住860-880 Lake Shore Dr. at Chestnut
竣工 1952
設計 Mies van der Rohe

ミースらしいデザイン。湖岸からビルを眺めるのがおすすめ

Mies van der Rohe

シカゴで観る近代建築4大巨匠のひとり

ミース・ファン・デル・ローエ

20世紀を代表する建築家であり「近代建築の父」といわれるミース・ファン・デル・ローエ（以下ミース）はナチスの弾圧から逃れ、母国ドイツからアメリカに亡命し、イリノイ工科大学の教授に招聘されてシカゴへ移住した。シカゴにはミースが手がけた建築がいくつも残る。世界に影響を与えたミースの建築スタイルを見てみよう。

ストリータービルの北側にミースの名前をつけた通りがある

クラウンホールの1階部は壁がない。静かに内部を見学したい

ミースの建築が集中する
イリノイ工科大学
Illinois Institute of Technology
（略称 IIT、イリノイテック）

　自らが教鞭を執ったイリノイ工科大学は、ミースが設計した10以上の建物が残る世界最大のコレクション。大学はダウンタウンから高架鉄道でわずか15分ほどの所にあり、ミースの建物がよく見えるよう、すっきりしたキャンパスとなっている。

🔗www.iit.edu 🗺️P.21-D4
🚃グリーンライン 35th-Bronzeville-IIT 駅、またはレッドライン Sox-35th 駅下車

ミースが設計したキャンパス内のおもな建物

クラウンホール S.R. Crown Hall
竣工：1956
🏠3360 S. State St.

　必見は国の史跡にも指定されているクラウンホール。鉄とガラスで覆われ、シンプルながらも機能美にあふれたデザインは、ミースのなかにあった"Less is more"（→P.95「ミースとシカゴ」参照）が見て取れるような造りとなっている。1階に建築の教室と地下に図書館が入っているが、1階の教室は間仕切り壁はあるものの移動が容易で、ガラスの外の景観と相まって、開放的。外に突き出た黒の梁が安定感を与えている。

内部に入ることもできる。静かにのぞいてみよう

パールスタインホール
Perlstein Hall
竣工：1945
🏠10 W. 33rd St.

ふたつの教室とオーディトリアム（講堂）

シーグルホール
Siegel Hall
竣工：1956
🏠3301 S. Dearborn St.

3つの教室、コンピューター実験室、オーディトリアム（講堂）

ウィッシュニックホール
Wishnick Hall
竣工：1945
🏠3255 S. Dearborn St.

キャンパスでミースが手がけた5番目の建物。化学の実験室や教室とオーディトリアム（講堂）

アルムナイ記念ホール
Alumni Memorial Hall
竣工：1945
🏠3201 S. Dearborn St.

コンピューター実験室と教室

ちょっと足を延ばして

ファンズワース邸
Farnsworth House

まるで芸術作品のようなファンズワース邸。建築センターからのバスツアーが便利 ©Chicago Architecture Foundation

シカゴ西部郊外、プレイノ市の森の中にひっそりとたたずむ "白亜のガラスの家" ファンズワース邸は、20世紀のモダニズム建築を代表するドイツ出身の巨匠、ミース・ファン・デル・ローエの代表作のひとつ。周囲はガラスの壁で囲われ、キッチン、バス、トイレが建物のセンターコア部分にまとめられた間仕切りのない完全ワンルーム。玄関もなくミースの標語である "Less is more" を具現化した建築としても名高い。竣工は1951年、シカゴの女医エディス・ファンズワースの週末別荘として、2年の歳月をかけて建てられた。2003年よりナショナルトラストが管理しており、現在はミュージアムとして一般に公開されガイドツアーも行われている。シカゴ建築センターがシカゴからのツアーを行っているので、事前にウェブサイトから予約するのがおすすめ。ツアーに参加しない場合は、レンタカーを利用するか、メトラのBNSF線で終点のAuroraまで行き、そこからタクシー（交渉で片道 $50〜）を利用。ツアー以外の行き方の詳細はこちらを参照（URL farnsworthhouse.org/getting）。内観の写真撮影は有料で（$10）許可が必要。

●ファンズワース邸

住 14520 River Rd., Plano, IL 60545（シカゴから車で片道2時間 ※交通渋滞状況による）
☎ (630)552-0052 MAP P.18-B2 URL www.farnsworthhouse.org ツアー：4〜11月の火〜金 10:00〜14:00、土日 10:00〜15:00（所要約90分）休 月、イースターサンデイ、7/4 料 $20（オンライン購入手数料別途 $2.50）、現地でのチケット購入の際は追加 $5。事前のチケット購入がおすすめ。

ミースとシカゴ

ル・コルビュジエ、フランク・ロイド・ライト、ヴァルター・グロピウスと並び近代建築の4大巨匠のひとりとされるミースことルートヴィヒ・ミース・ファン・デル・ローエ。「より少ないことは、より豊かなこと Less is more」、「神は細部に宿る God is in the detail」という信念に基づき、鉄鋼や板ガラスを素材に使い、装飾的な要素を省いた最小限の設計で、美しく機能的、かつ空間を最大限に生かす構造を生み出した。

ミースがデザインしたバルセロナチェア。バルセロナ万博の開会式の際スペイン国王のために作られた。X形が特徴

1886年にドイツで生まれたミースは1920年代に建築家としてヨーロッパで高い評価を得て、名門美術学校バウハウスの校長に就任した。だがナチスの弾圧を受けて同校は1933年に閉鎖、ミースはバウハウスで学んだシカゴの建築家たちの支援を受けて1938年にイリノイ工科大学 Illinois Institute of Technology（略称 IIT）の建築学部長に任命され、アメリカに亡命した。

1969年に83歳で没するまでミースはシカゴを拠点に精力的に活動し、第2シカゴ派建築を牽引した。

連邦政府センター（→P.86）と 860-880 レイクショア・ドライブ・アパート（→P.93）は代表作だ。敷地の基本計画を20年にわたり監修したIITにはミースが設計した建物が多く、なかでもクラウンホール S.R. Crown Hall とカー記念教会 Robert F. Carr Memorial Chapel には多くの見学者が訪れる。IITにはミースの建築を管理・研究する団体ミース・ファン・デル・ローエ協会があり、公式サイトには建築物の詳しい情報が載っている。

● Mies van der Rohe Society
URL miessociety.org

シカゴ大学の南にもミース設計のビルがある

こちらもミース設計です

● 連邦政府センター →P.86
● 330ノース・ワバッシュ →P.91
● 860-880レイクショア・ドライブ・アパート →P.93
● プロモントリーアパート Promontory Apartment
  MAP P.31-B4 住 ハイドパーク 住 5530 S. Shore Dr.
● スクール・オブ・ソーシャル・アドミニストレーション・ビル School of Social Administration（左写真）
  MAP P.31-A1 住 シカゴ大学キャンパス 住 969 E. 60th St.

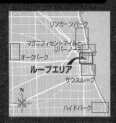

シカゴの心臓部

ループエリア
Loop Area

シカゴでは、ダウンタウンの中心部を「ループ」という。これは高架鉄道の前身だった市電が、中心部を輪（ループ）のように囲む形で走っていたことから、こう呼ばれる。ループエリアは、シカゴ行政の中枢部であり、ビジネス街でもあり、ショッピング街でもある。南北に走るステート通り State St. はその中心。一時は廃れていたものの、デパート、劇場、ホテル、人気のショップなどが軒を連ね、とても活気づいている。ひしめき合う摩天楼、轟音を立てて走る高架鉄道……シカゴを感じるならこのエリアがベストだ。

摩天楼群 P.82～89　　ミュージアム P.142～158、P.161

アクセス

シカゴの中心部だけあって、CTA の高架鉄道、地下鉄とも郊外を除きすべての路線が乗り入れている。また、バスも主要路線が走っている。

CTA トレイン イエローラインを除く、すべての路線がループエリア内を通っている。いちばん便利なのが、State St. の地下を南北に走るレッドライン（地下）。

CTA バス ループの State St. か Michigan Ave. をほとんどのバスが走っている。Clark St. または Dearborn St. を南北に走る# 22 と、Michigan Ave. または State St. を走る# 146、147、151 が、ループとマグマイル、リバーノースを結ぶ。

歩き方

ループエリアは意外に広いが、十分歩ける。ただし、観光ポイントが多いので、時間に応じて的を絞ることが大切だ。シカゴが初めてなら、アメリカ 3 大美術館のひとつであるシカゴ美術館（→ P.142）、ループエリアの建築見学（→ P.82～89）、全米 No.2 の高さを誇るウィリスタワーの展望台（→ P.84）には行っておきたい。また、Michigan Ave. 東側、市民の憩いの場所であるミレニアムパークはシカゴ No.1 の見どころだ。

エリア内モデルコース

ミレニアムパーク	**30 分**	(→ P.97)
↓ 徒歩約 5 分		
ステート通りと観光案内所	**45 分**	(→ P.41)
↓ 徒歩約 8 分		
カーソン・ピリー・スコット & リライアンスビル	**10 分**	(→ P.88、89)
↓ 徒歩約 7 分		
連邦政府センター & ルッカリー	**20 分**	(→ P.86、87)
↓ 徒歩約 8 分		
ウィリスタワー	**1 時間**	(→ P.84)
↓ 高架鉄道ブラウンライン約 10 分		
シカゴ美術館	**2 時間**	(→ P.142)
	TOTAL 約 5 時間	

摩天楼と並ぶ見どころがプラザアート（→P.101）。写真はカルダー

新旧の摩天楼が林立し、シカゴらしさが感じられる所

CHICAGO INFORMATION 建築センターをプラスして　建築に興味があるのなら、上記のモデルコースの最初にシカゴ建築センター（→P.78）に寄ることをすすめる。2階の展示室にはシカゴの建築模型があり、位置関係や大きさがわかる。

ミレニアムパーク
Millennium Park

シカゴで人気No.1の見どころ　**MAP** P.27-D2　**必見POINT**

シカゴは公園が美しい。そのNo.1がミレニアムパークだ。野外劇場、植物園、ギャラリーなどをもつ大きな公園で、ミシガンアベニュー沿い、グラントパークの北西側にある。シカゴ市民の豊かな表情が噴水に映し出されるクラウンファウンテン

6～9月には無料の野外コンサートも開催され、多くの人でにぎわう。また、冬には屋外のアイススケートリンクも誕生する、まさに市民の憩いの場だ。

ミレニアムパークができるまで

1804年、欧州からの移住者がネイティブアメリカンとの戦いに備えて建てたディアボーン砦（→P.333）の一部が現在のグラントパークの敷地。1909年に建築家バーナムが公園を南北に延びるシカゴ市の中心点にするよう提案（→P.41）、1920年代にグラントパークが建設された。1997年当時の市長R.デイリーが市民のための新しい公共エリアをつくりたいと考えたのがミレニアムパークだ。既存のグラントパークの一画を使い2000年の完成を目指したが、資金難から工事が遅れ2005年夏の完成となった。

パーク案内

●**ハリスシアター　Harris Theater for Music and Dance**
　地下劇場で、シカゴ交響楽団やダンスなどを上演。

●**ジェイ・プリツカー・パビリオンとグレートローン**
　Jay Pritzker Pavilion & Great Lawn
　アメリカ人建築家**フランク・ゲーリー Frank Gehry**が手がけた野外音楽堂。曲がりくねったリボンのようなステンレス板が大胆にステージを覆い、客席頭上には網目状に銀色のパイプが張り巡らされている。劇場内は4000席だが、後部にはグレートローン（芝生席）があり、計1万1000人の収容が可能。

●**BPブリッジ　BP Bridge**
　パークの東とマギー・デイリー・パークを結ぶ遊歩道橋。ジェイ・プリツカー・パビリオン同様、フランク・ゲーリーの設計。

●**ラリーガーデン　Lurie Garden**
　パーク内南東にある植物園。220種以上の植物が育てられ、そのうち25%以上がシカゴのあるイリノイ州自生の植物だ。

●**クラウンファウンテン　Crown Fountain**
　高さ15mの長方形のふたつのタワーがあり、水がタワーの上から表面全体を覆うように流れ落ちる。タワーの表面には約1000人のシカゴ市民の顔まで映し出され、口の部分からは水も飛び出す。バルセロナ出身の美術家**ジャウメ・プレンサJaume Plensa**によるデザイン。

ミレニアムパーク
🏠 Randolph St.、Michigan Ave.、Monroe Dr.、Columbus Dr. に囲まれたエリア
☎ (1-312) 742-1168
URL www.millenniumpark.org
⌚ 毎日 6:00 ～ 23:00
行き方 CTA グリーン、ピンク、オレンジ、ブラウンライン Washington／Wabash 駅下車

ミレニアムパーク・ウェルカムセンター
🏠 201 E. Randolph St.
⌚ 毎日 9:00～17:00
ツアー： 5 月下旬～ 10 月上旬の毎日、公園向かいのカルチュラル・センター（→ P.99）のロビーから無料のツアーが出ている。約 45 分。予約は不要だが、いつ行われるかウェブサイトで確認を（**URL** chicagogreeter.com）。
ラリーガーデンのツアーも 5 月中旬～ 9 月下旬の木金 11:00 ～ 13:15、日 10:00 ～ 13:15 の間、15 ～ 20 分おきに行われる。約 25 分。出発はガーデンの白いテントから。
自由に歩きたいのなら、ウェブサイトからオーディオツアーを聞くこともできる。

公園の北側にあるウエルカムセンター。資料が揃う

ハリスシアター
URL www.harristheaterchicago.org

ラリーガーデン
URL www.luriegarden.org

グラントパーク音楽祭をはじめさまざまなコンサートが行われるプリツカー・パビリオン

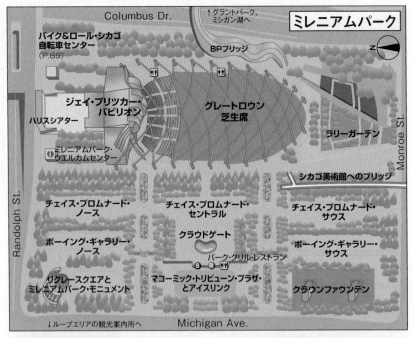

ミレニアムパーク

Columbus Dr.

↑グラントパーク、ミシガン湖へ

バイク&ロール・シカゴ
自転車センター
(P.69)

BPブリッジ

ジェイ・プリツカー・パビリオン

ハリスシアター

ミレニアムパーク・ウエルカムセンター

グレートロウン
芝生席

ラリーガーデン

シカゴ美術館へのブリッジ

チェイス・プロムナード・ノース

チェイス・プロムナード・セントラル

チェイス・プロムナード・サウス

ボーイング・ギャラリー・ノース

クラウドゲート

パーク・グリル・レストラン

ボーイング・ギャラリー・サウス

リグレースクエアと
ミレニアムパーク・モニュメント

マコーミック・トリビューン・プラザ・とアイスリンク

クラウンファウンテン

Randolph St.

Monroe St.

↓ループエリアの観光案内所へ

Michigan Ave.

夏の"無料"イベント情報
★グラントパーク音楽祭
Grant Park Music Festival
(→ P.199)

　毎年6月中旬～8月中旬までの水金土曜の夜、ミレニアムパーク内のジェイ・プリツカー・パビリオン Jay Pritzker Pavilion などでクラシックやブルースなどのコンサートが行われる。料金はほとんど無料、詳しくは下記ウェブサイト参照。
URL www.grantparkmusicfestival.com

シカゴのマストになった
「ビーン」

●クラウドゲート　Cloud Gate

　ミレニアムパークのほぼ中央のプラザに作られた巨大オブジェ。通称「ビーン」。英国在住の美術家**アニッシュ・カプーア Anish Kapoor**によるデザインで、高さ10m、長さ20m、重さ110トン。銀色のステンレス製で、訪れる人々と周辺の景色を

ラリーガーデンの横に水路があり、夏はここで足を冷やすのが人気

反射させ、曲がった鏡のように幻想的な景色をつくり出している。

●マコーミック・トリビューン・プラザとアイスリンク　McCormick Tribune Plaza and Ice Rink

　11月中旬から3月上旬までは入場無料の屋外アイススケートリンク（→P.216、貸スケート靴$13～15）、それ以外の期間は併設されたパーク・グリル・レストランの屋外席となる。

●リグレースクエアとミレニアムモニュメント　Wrigley Square and Millennium Monument

　ギリシア式の円柱群はシカゴ出身の建築家エドワード・ベネットEdward Benettによるデザイン。1917年に建てられ取り壊された作品を、もとの立地に完全な形で復元した。素材は大理石。円柱前の噴水は、スポンサーであるリグレー社の本社ビル頂上にある装飾部分を、ブロンズで型取りし複製したもの。11月中旬～1月初旬はこのあたりにクリスマスツリーが飾られる。

CHICAGO INFORMATION　マネーミュージアムMoney Museum　1620年頃からの銀行と貨幣の歴史、偽札の見分け方など。写真スポットは100万ドル分の$20札。**住**230 S. LaSalle　**圏**月～金8:30～17:00。無料だが要ID

グラントパーク
Grant Park

バッキンガム噴水の夜景が美しい　MAP P.22-B2,27-D2〜4　必見POINT

夏の夜のライトアップとショーは必見　©Choose Chicago Photo Courtesy of Choose Chicago

ミシガン湖畔に面して広がる南北に長い公園。北西の一角を占めるミレニアムパークをはじめシカゴ美術館などの文化施設とスポーツ施設、豊かな緑を求めて多くの市民が集まる所だ。面積126万7000m²は東京ドーム27個分の広さに相当する。公園にはシカゴ美術館以外の建物を建ててはならないという決まりがあり、都心の一等地ながら広々とした緑地が今も保たれている。公園のほぼ中央にある**バッキンガム噴水Buckingham Fountain**は5〜10月に稼働し、最高45mの高さまで水を噴き上げる。毎時20分間の噴水ショーがあり、日没後はライトアップと音楽で楽しませてくれる。

シカゴ・カルチュラル・センター
Chicago Cultural Center

ティファニー製のドームは必見　MAP P.27-C1,2

1897年、シカゴの第1号の中央図書館としてオープン。ギリシアとイタリア・ルネッサンスが調和したクラシックな建造物で、3階の北側にある5万のガラス片（モザイク）からなる直径12mのふたつの**ティファニー製ドーム**は、ガラスのドームとして世界最大を誇る。ワシントン通り側1階のロビーもイタリアの宮殿を思わせる造りとモザイクの装飾が見事だ。

ティファニー製のドームとモザイクはまるで別世界　©City of Chicago Photo Courtesy of Choose Chicago

カルチュラル・センターは、市民の文化・教育の向上のため、年間1000を超える**無料**のプログラムを開催している。毎週水曜12:15から3階南ホールのコンサートやパフォーマンス、同ホール同時刻の第1・4月曜の室内楽コンサート、また毎週水〜日曜13:15センターの建築ツアー、第1・3木曜12:15キュレーターによるツアーなどバラエティに富んでいる。

アメリカ作家博物館
The American Writers Museum

マーク・トゥエイン、ヘミングウェイら作家と名著を知る　MAP P.27-C1

米国の歴史を振り返りながら作家にとどまらず、政治家、ジャーナリスト、活動家などの著作や名言などをタッチスクリーンやビデオなどで紹介する小さな博物館。J・F・ケネディなど時のリーダーのビデオやスピーチも見聞でき、これらの人々がアメリカ社会に与えた影響の大きさを知ることができる。ほかにも原稿から書籍になるまでの過程を見せたり、シカゴの作家についても解説。子供たちに人気がTVゲーム。テーマを選んで単語などを組み合わせて文章を作成すると、スコアも出る。作家のトークショーなども行われ、世界共通の読書離れの歯止めにも尽力している。

作家たちの名言と名所が映し出される

グラントパーク
住 Columbus Dr. 沿い
☎ (1-312) 742-3918
（Chicago Park District）
URL www.chicagoparkdistrict.com/parks/grant-park
時 毎日 6:00 〜 23:00
噴水の稼働：5 〜 10月の9:00 〜 23:00
行き方 CTA グリーン、ピンク、オレンジ、ブラウンライン Washington/Wabash 駅、Adams/Wabash 駅下車

シカゴ・カルチュラル・センター
住 78 E. Washington St.
☎ (1-312) 744-3316
URL chicagoculturalcenter.org
時 月〜金10:00 〜 19:00、土 〜 17:00
休 祝日など
料 無料
行き方 CTA グリーン、オレンジラインなど Washington/Wabash 駅下車

ツアー
水〜土 13:15 よりランドルフストリート側のロビーから。所要 45 〜 60分。無料

アメリカ作家博物館
住 180 N. Michigan Ave., 2F
☎ (1-312) 374-8790
URL americanwritersmuseum.org
時 毎日 10:00 〜 17:00
休 11 月第 4 木曜、12/25
料 $14、65 歳以上・学生 $9、12 歳以下無料
行き方 CTA グリーン、オレンジラインなど State/Lake 駅

CHICAGO INFORMATION ダウンタウンのファーマーズマーケット　火曜はフェデラルプラザ（Adams & Dearborn）、木曜はデイリープラザ（Washington & Dearborn）で開催。いずれも5月中旬〜10月の7:00〜14:00。

99

シカゴ劇場

住 175 N. State St.
☎ (1-312) 462-6300
URL www.msg.com/the-chicago-theatre
行き方 CTA グリーン、オレンジライン State/Lake 駅下車

ツアー
URL www.msg.com/venue-tours/the-chicago-theatre
上演のない毎日 12:00。所要約 1 時間。$18
竣工 1921 年
設計 Cornelius& George L. Rapp

シカゴテンプル

住 77 W. Washington St.
☎ (1-312) 236-4548
URL www.chicagotemple.org
行き方 CTA ブルーライン Washington 駅下車

ツアー
火〜土14:00
竣工 1923 年
設計 Holabird & Roche

シカゴテンプルのスカイチャペルの内部。眺めもよい

リバーウオーク

住 Chicago River, bet. Lake Michigan & Franklin St.
URL www.chicagoriverwalk.us
開 毎日 6:00 〜 23:00
行き方 CTA、グリーン State/Lake 駅など

マコーミックブリッジハウス＆シカゴ川博物館
住 99 Chicago Riverwalk
☎ (1-312) 977-0227
URL www.bridgehousemuseum.org **MAP** P.29-B4
営 5 〜 10 月の金〜月 10:00 〜 17:00。ツアーは金土 11:00 と 14:30
料 $6、62 歳以上と 6 〜 12 歳 $5。日曜は無料・ツアー $8

暖かい季節はシカゴ市民お気に入りの散策コース

🏛 国の史跡にも指定されている劇場　　　　**MAP** P.27-C1

シカゴ劇場
Chicago Theatre

　オレンジ色の看板とネオンが華やかなシカゴ劇場は、もとは映画館として 1921 年にオープンした。オフホワイトのテラコッタの彫刻が見事な外観はバロック調、内装はフランス第2帝政時代に流行したスタイルにならっている。

　栄華を極めた劇場も、一時取り壊しの危機に遭うが、1986 年に大改装。現在は、ブロードウエイの引っ越し公演をはじめ、各種コンサートも行われている。建物内の見どころやバックステージを見学するツアーも行われている。

シカゴ劇場はシカゴのランドマーク。ツアーで見学するのがおすすめ

🏛 摩天楼の教会　　　　**MAP** P.26-B2

シカゴテンプル
Chicago Temple

　1831 年に創設されたアメリカ初のメソジスト派の教会。1924 年に現在のような高層建築となり、1952 年にはゴシックスタイルの屋上のチャペルを増築して高さ 173mとなった。地上 122mの高さにある最上階のチャペル "スカイチャペル" はアースカラーに包まれたこぢんまりとしたスペースで、ステンドグラスが印象的。この天空のチャペルはツアーに参加しないと入れないが、1 階のチャペルは日中なら入場できる。

見上げて歩かないと見落としそうなシカゴテンプル

🏛 川沿いの舗道はシカゴの新名所　　**MAP** P.26,27-A 〜 C1、P.29-A,B4

リバーウオーク
Riverwalk

　ダウンタウンを東西に貫くシカゴ川沿いの約2kmが整備され、観光名所のひとつになった。舗道沿いにはレストランが軒を連ね、楽しいオブジェも点在、広場ではライブなどのイベントも行われ、暖かい季節には多くの市民でにぎわう。

　シカゴ川に架かる跳ね橋のなかで、最大のものがミシガンアベニューに架かるミシガンアベニュー橋。この南側付け根にある構造物が、小さな**博物館 McCormick Bridgehouse & Chicago River Museum**になっており、川から始まったシカゴの歴史や橋の変遷などが写真やイラストで紹介されている。ツアー（約75分）に参加をすれば跳ね橋の内部を見学でき、2 層構造の橋の仕組みなども聞ける。

CHICAGO INFORMATION 世界最大級のプロジェクションマッピング　リバーウオークの西にあるマーチャンダイズマート（→P.90）では5月中旬〜9月末の毎日、日没30分後にプロジェクションマッピングが楽しめる。**URL** www.artonthemart.com

Plaza Art of Chicago

シカゴの野外ギャラリー

ループエリア内の多くの高層ビルには、"プラザPlaza" と呼ばれる公共スペースが設けられている。ビルが建設されるだけでは町が殺伐としてしまうと考えたシカゴ市は、高層ビルを建設する際、ビルの前に野外彫像や公園を置くよう決めた。それらの彫像はプラザに鎮座していることから、総称して "プラザアートPlaza Art" と呼ばれ、シカゴの名物になっている。
→ⒶⒷなどは巻頭の折り込みマップ表面左下参照

無 題 Ⓑ Untitled
by ピカソ Pabro Picasso

おちゃめな印象のピカソの像。天気のいい日は子供たちの遊び場

🏛 Richard J. Daley Center, Dearborn & Washington Sts.
ピカソがシカゴ市に贈った彫像。この彫像は女性に見えたり、犬に見えたり、納税者を食いものにする政治家に見えたりと、いろいろな説を生み出している。さあ、あなたはどう見る？

起立した野獣へのモニュメント Ⓐ
Monument with Standing Beast
by デュビュッフェ Jean Dubuffet

トンプソン・センターの取り壊し案が出ている。デュビュッフェの像の行方は…

🏛 James R. Thompson Center, Randolph & Clark Sts.
ジェームス・R・トンプソン・センター（イリノイ州政府の役所）にある複雑な造りのデュビュッフェ作のモニュメントは、近未来的な建物とのコントラストがおもしろい。

フラミンゴ Ⓔ Flamingo
by カルダー Alexander Calder

🏛 Federal Center Plaza, Adams & Dearborn Sts.
デイリーセンターからDearborn St.を南下した連邦政府センタープラザにどっしり構えているのが、カルダー作の『フラミンゴ』赤いスチールは重さ50トン、高さは53フィート（約16m）ある。

ミース・ファン・デル・ローエの黒い建築に囲まれている

ミロのシカゴ Ⓒ Miro's Chicago by ミロ Joan Miro

🏛 Brunswick Plaza, 69 W. Washington St., bet. Clark & Dearborn Sts.
デイリーセンターのピカソ作『無題』の向かい、ブランズウィックプラザには『ミロのシカゴ』がある。1981年にプラザアートの一員に加わった39フィート（約12m）のブロンズ、コンクリート、陶器からなる女性像。彼女のプロポーションは最高とシカゴでも評判。

ビルの谷間の一輪の花のようなミロの像

四季 Ⓓ The Four Seasons by シャガール Marc Chagall

🏛 Chase Tower Plaza, Monroe & Dearborn Sts.
チェイスタワーのプラザには、シャガール作の大モザイク壁画『四季』がある。ガラス、大理石、花崗岩などのモザイクは、実際に人間の手によって細かく砕かれたもの。

モザイクでできたシャガールの大作

Sightseeing

マグニフィセントマイルとリバーノース

Magnificent Mile & River North

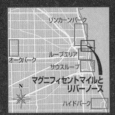

シカゴ川の北はギャラリー、レストラン、ホテル、ショップがひしめき合う、シカゴの華やかな一面を見せるエリア。南北に走る State St. を境に、東には別名「マグニフィセントマイル（略称 "マグマイル"）」と呼ばれる華やかなミシガンアベニューがある。西のリバーノースはレストランやナイトスポットが集中して、夕方から活気づくところ。近年ホテルも急増し、ここを拠点にするのもよい。

▶ 摩天楼群 P.90～93　　ミュージアム P.159～160

アクセス

🚆 **CTA トレイン**　レッドラインが State St. の下を走っている。北側は Chicago 駅、南側は Grand 駅で下車するのが便利。

🚌 **CTA バス**　Michigan Ave. を走る、# 3、146、147、151、Clark St. を南北に走る# 22、ほかにも LaSalle St. を走る# 156 が便利。

ネイビーピアへは、Chicago Ave. を東西に走る# 65 など。

歩き方

「観光より買い物！」という人は、マグマイルから歩き始めよう。ニューヨークの五番街に勝るとも劣らない華やかなシカゴの名物通りだ。ここでは、マグマイル北のジョン・ハンコック・センターの展望台（→ P.93）へ上ることを忘れずに。ミシガン湖と摩天楼の眺望はすばらしく、特に夕暮れ時がおすすめ。

リバーノースは、グルメスポットとして夜もにぎわっている。名物のホットドッグやディープディッシュ・ピザの有名店も多いので、レストランを探すのに苦労することはない。

> リバーノースはレストラン街

エリア内モデルコース

ジョン・ハンコック・センター	1時間
	（→ P.93）
🚶 徒歩約 5 分	
ウオータータワー	10 分
	（→ P.103）
🚶 徒歩すぐ	
マグニフィセントマイル	1時間
	（→ P.103）
🚶 徒歩約 15 分	
リグレービル、トリビューンタワーなど	10 分
	（→ P.92 など）
🚶 徒歩約 20 分	
ネイビーピア	1時間 30 分
	（→ P.105）
	TOTAL　約 4 時間 30 分

※マグニフィセントマイルでショッピングをする場合は時間に余裕をもって。

> ハウス・オブ・ブルースもこのエリア

> シカゴ川越しに見るリバーノースのマリーナシティ（左）と 330 ノース・ワバッシュ（右）

歩くだけで楽しいシカゴの名物通り　MAP P.28-B1～4、P.29-B1～3

必見POINT ▼

マグニフィセントマイル
Magnificent Mile

　ミシガンアベニュー Michigan Ave.のシカゴ川から北側オークストリートOak St.までの間は通称"マグニフィセントマイル（魅惑の1マイル）"と呼ばれる、ニューヨークの五番街、東京の銀座通りに匹敵する大通り。買い物好きでなくても気持ちが高揚する、大都会シカゴのもつ華やかな名所のひとつだ。高級ホテル、世界のハイエンドブランド、デパートが立ち並び、実際には1マイル（約1.6km）にも満たない距離ながら、その豪華さはまさにMagnificent。近年は省略して"**マグマイルMag Mile**"と呼ばれる。

　1920年5月シカゴ川に架かるミシガンアベニュー橋が完成したとき、それまでのPine St.がMichigan Avenueに改名。1947年不動産業界の大立者アーサー・ラブロックが"Magnificent Mile"として発展させる計画を発表以降、現在の呼び名が定着した。

　この名物通りで注目を集めているのが2019年11月に開業した**スターバックス・リザーブ・ロースタリー**（→P.274）。世界最大のスターバックスで、希少な豆や焙煎したてのコーヒーやオリジナルのサンドイッチやスイーツも味わえるなど、話題のスポットとなっている。

ハイエンドブランドからファストファッションまでさまざまな店が連なる大通り

マグニフィセントマイル
URL www.themagnificentmile.com
行き方 CTAレッドラインGrand駅とChicago駅下車。CTAバス #3、146、147、151で

ウインドーショッピングだけでも見応えがある

シカゴ大火の生き証人　MAP P.28-B3、P.25-A1

必見POINT ▼

ウオータータワーと給水場
Water Tower & Water Works

シカゴ市民が大切にしている
ウオータータワー

　町の大半を焼き尽くした1871年のシカゴの大火（→P.114）で、唯一焼け残った公共の建造物がこのウオータータワーだ。その名のとおり、町の給水塔としてミシガン湖の水を汲み上げ、市内の各世帯に供給していた。その機能が幸いし、大火の際に延焼を免れたのだ。シカゴ大火の生き証人であるこのウオータータワーは長年にわたり、町のシンボルとして愛されてきた。

　落成は1869年、ゴシック調を模した建築物として町で初めてできたもの。高さ42mの給水塔は、Michigan Ave.の向かいのポンプ局から水を汲み上げていた。昔、市当局からMichigan Ave.拡張のため、ウオータータワーの取り壊し案が出されたことがあった。しかし、市民の猛反対に遭い、結局Michigan Ave.がここでカーブするはめになったという。現在タワーには小さな**ギャラリー City Gallery in the Historic Water Tower**が、また向かいの給水場Water Worksには図書館やシアターが入っている。

ウオータータワー
住 806 N. Michigan Ave.
☎ (1-312) 744-2400
URL www.choosechicago.com/listing/historic-water-tower
行き方 CTAレッドラインChicago 駅下車。CTAバス #3、146、147、151で
竣工　1869年
設計　W. W. Boyington

ギャラリー
開 毎日 10:00～19:00
（土日～17:00）
休 祝日
料 無料
※季節ごとに展示が変わる

内部はギャラリーになっていて季節ごとの展示が楽しめる

ニューベリーライブラリー

住 60 W. Walton St.
☎ (1-312) 943-9090
URL newberry.org
開 展示室：月～土 8:15～17:00（火～木は 19:30 まで）
休 日、祝日
料 無料
行き方 CTA レッドライン Chicago 駅下車。CTA バス #22 で

ツアー
火木 15:00、土 10:30

大学教授など専門家が調査にやってくる

総計650万点を超える貴重なコレクション　　　MAP P.23-B3

ニューベリーライブラリー
Newberry Library

1887年に地元の銀行家で土地投機で名をはせたウォルター・ニューベリー Walter L. Newberryが設立した個人の図書館。ルネッサンス期、地図、人類学、ネイティブアメリカンの貴重なコレクションを所蔵し、大学教授や作家が調査のためによく訪れるほど。約150万点に及ぶ貴重な書籍（一般に流通しなかったものが多い）、約30万点の古地図、約500万点の原稿や写本などが収められている。

館内の展示ギャラリーでは、コレクションを交替で一般公開している。特に充実しているのは16～17世紀のアメリカ史、ネイティブアメリカンの絵画や写真、アメリカ文学とその原稿や論文、イタリアのルネッサンス期（ミケランジェロの書簡もある）の資料など。

放送通信博物館

住 360 N. State St.
☎ (1-312) 245-8200
URL museum.tv
開 火～日 10:00～18:00（木～20:00）
休 月、11月第4木曜、12/24、12/25、1/1
料 $15、65歳・学生 $12

ケネディとニクソンのディベートの様子が展示されている

全米のラジオ&テレビの歴史を伝える　　　MAP P.30-B4

放送通信博物館
Museum of Broadcast Communications

現代社会においてインターネットと並んで最も影響力の強いマスメディアといえば、ラジオやテレビ放送だろう。博物館では、アメリカのラジオ&テレビ業界の変遷をかつての番組や放送機材、スポンサー、影響力のあった人物などのコーナーに分けて紹介している。テレビ部門ではコメディ、音楽、当時の実況中継などかつての人気番組の映像に加えて、目を引くのが1960年大統領選のケネディ対ニクソンの初のテレビ討論の際に使われたCBSのカメラ。人気長寿コメディ番組『サタデイ・ナイト・ライブ』のセットや歴代出演者などのコーナーが好評を博している。ラジオの殿堂もあり、ニュース部門ではラリー・キング、スポーツ部門ではハリー・ケリー（→P.257）らがたたえられている。また、昔のテレビモニターや基盤などから作られたメディアタワーは放送界へのモニュメントのようで興味深い。

COLUMN

今、ウエストループがアツイ

シカゴでは、これまで治安の悪かったエリアが再開発され、次々と新しいコミュニティが誕生している。そのひとつが西のI-90を越えたウエストループ West Loop だ。ランドルフ通りを中心に地ビールのブリュワリー、おしゃれなカフェ、手軽なフレンチや日本料理店などが集まり、深夜までにぎわう。いちばんの特徴は20代の若者の多さ。パブによってはすし詰めになるほどの混雑ぶりだ。マクドナルドの本社（**住** 1035 W. Randolph St.）もここ。シカゴの

流行を体感したいならウエストループへ。
行き方 CTA グリーン、ピンクライン Morgan 駅下車　MAP P.21-D3

シカゴのパワーがムンムンする所だ

シカゴの "最初" その1　世界で初披露された観覧車。観覧車は1893年のシカゴのコロンビア万博で世界で初めて披露された。「フェリスホイール」といい、現在各地で見られる観覧車の原型。

🏛 家族連れに大人気のスポット　MAP P.25-B2

🏛 ネイビーピア
Navy Pier

Grand Ave.を東へ向かうと、ミシガン湖畔から1km近く突き出した桟橋がある。市民に人気のスポット、ネイビーピアだ。桟橋はシカゴ都市計画の一部として1916年に造られ、その後アメリカ海軍の訓練場として利用されたことに名前は由来している。

1995年に生まれ変わったピアには、**コンベンション**も開催される大ホール、大観覧車のある**遊園地**や温室庭園、**シカゴ子供博物館Chicago Children's Museum**、3Dも楽しめる**IMAXシアター**などに加え、シェークスピア作品が上演される**シェークスピアシアター Chicago Shakespeare Theater**など見どころが満載。クルーズ船も発着する。屋外にはパフォーマーやミュージシャンが現れたり、夏期には花火大会やイベントが行われるなど、あまりお金をかけずにたっぷり遊べる場所だ。ほかにもビリー・ゴート・タバーンやジオダーノスのレストラン、

ギャレットポップコーンなどシカゴの名物店をはじめとして、約40のテナントもあり、寒い季節はアイススケート場も現れる。

遊園地や劇場、フードコートなどあってあらゆる年齢層の人に人気 © Ranvestel Photographic Photo Courtesy of Choose Chicago

ネイビーピア
🏠 600 E. Grand Ave.
Free (1-800) 595-7437
URL navypier.org
🕐 日～木 10:00～20:00、金土～22:00（夏は延長、冬は短縮）
🚫 11月第4木曜、12/25
💰 無料
🚌 CTAバス #29、65、66、124で
5月下旬～9月上旬の間、ネイビーピアまで行く無料トロリーが運行されている。ルートは Grand Ave. → State St→Illinois St→ネイビーピア。

花火
メモリアルデイ～レイバーデイの水 21:30と土 22:15から約10分間花火が打ち上がる

IMAX シアター
URL www.imax.com/theatres/navy-pier-imax-amc
🕐 ウェブサイトで確認
💰 $16～22

シカゴ子供博物館
☎ (1-312) 527-1000
URL www.chicagochildrensmuseum.org
🕐 毎日 10:00～17:00（木～20:00
💰 $18、1歳未満無料

シェークスピアシアター
☎ (1-312) 595-5600
URL www.chicagoshakes.com

COLUMN
ヴィクの街シカゴ

12年間のシカゴ赴任を終え、9年がたちました。「シカゴ恋しい病」が悪化するのは決まって夏で、澄んだ青空と陽気な仲間たちに無性に会いたくなるのです。

とりわけ2017年夏のシカゴ訪問は特別でした。シカゴが舞台の私立探偵小説『V.I. ウォーショースキーシリーズ』の著者、サラ・パレツキーさんにお会いする機会を得たのです。20年前に主人公ヴィク（V.I. の愛称）のファンクラブに入会してからの、長年の夢でした。サラさんと雑談しているうちに、この小説に出合ったときの衝撃と感動がよみがえってきました。ヴィクは著者同様に知的で美人、意志が強くて空手の達人である一方、感情的で人情に弱い。そんな人間味あふれる正義の味方に憧れないはずがありません。文中に登場する実在の街や建物を訪れヴィクを追いかけ回したのは、今では懐かしい思い出です。

そんなV.I. シリーズもデビュー作から30年以上たち、『DEAD LAND』（原題、2020年刊）で20冊目。日本語訳最新刊『フォールアウト』でも事件に巻き込まれ、愛犬ペピーの活躍や隣人のミスター・コントレーラスとの掛け合いも健在です。これだから、いつまでたってもヴィクから目が離せません。
（ヴィク・ファン・クラブ会員 中野和子）
★ヴィク・ファン・クラブのホームページ
URL www.sgy2.com/vic/

シカゴを代表する作家サラ・パレツキー氏の著書『カウンター・ポイント』と、小説で大活躍する女性探偵の、日本のファンクラブの会報誌「Vic Fan Club News」

素顔のシカゴに出合える所

リンカーンパーク
Lincoln Park

マグニフィセントマイルを北上すると、やがてミシガン湖畔に開けたリンカーンパークに行き着く。休日になるとたくさんの家族連れや仲間同士が、園内の動物園や植物園を散策したり、湖沿いの施設でスポーツを楽しむ姿が見受けられる。広大な公園の西側には、若者文化の発信基地ともいえるオールドタウンや、LGBTの人が住むレイクビュー、リグレーフィールドを中心に発展著しいリグレービルといったネイバーフッド（近郊のエリア）もあり、公園散策の帰り道に町歩きも楽しめる。素顔のシカゴに出合える場所だ。

▶ ミュージアム P.174

アクセス

リンカーンパークのエリアはかなり広域。どこを歩くかによって交通機関も異なってくる。

🚃 **CTAトレイン**　ゴールドコーストはレッドラインのClark/Division駅、レイクビューはレッド＆ブラウンラインのBelmont駅で下車。

🚌 **CTAバス**　リンカーンパークへは、Michigan Ave.を北上する#151が便利。リンカーンパークの西端Stockton Dr.を北上するので、動物園、温室植物園、自然博物館などの近くを通る。
オールドタウン、レイクビュー／リグレービル方面へは、Clark St.を北上する#22が便利。

歩き方

観光ポイントが集中しているのは、リンカーンパーク内。シカゴ歴史博物館、動物園、温室植物園、ペギー・ノートバート自然博物館などがあり、これらをしっかり見るなら1日かかる。
オールドタウンやレイクビュー／リグレービルあたりでは、ユニークな店やしゃれたレストランの連なる通りを散策するのが楽しい。特に週末は大勢のシカゴっ子でにぎわい、ナイトスポットも多い。全米で最も美しい野球場といわれるリグレーフィールドもこのエリアにある。一度は熱狂的なカブスファンの応援ぶりも見てみたい。

エリア内モデルコース

ペギー・ノートバート自然博物館　**1時間**
（→ P.108）
🚶 徒歩約5分

リンカーンパーク温室植物園　**30分**
（→ P.107）
🚶 徒歩約10分

リンカーンパーク動物園　**1時間30分**
（→ P.108）
🚶 徒歩約15分

シカゴ歴史博物館　**1時間30分**
（→ P.109）
🚶 徒歩約10分

オールドタウン＆ゴールドコースト散策　**1時間**
（→ P.110、111）

TOTAL　約6時間10分

※リンカーンパーク南にある国際外科医学博物館（→ P.174）も人気がある。

野球ファン憧れのリグレーフィールド

リンカーンパーク地区ではライブハウスのハシゴがおすすめ

ミシガン湖沿いに広がるリンカーンパークにはビーチもある
©Adam Alexander Photography Photo Courtesy of Choose Chicago

リンカーンパーク
Lincoln Park

広大な公園は市民の憩いの場　MAP P.23-B1,2、24-B1,2

必見POINT

シカゴ市の北東、ミシガン湖沿いに細長く位置する広大な公園。その広さは、南はNorth Ave.から北はArdmore Ave.までの約9kmにわたり、総面積は1189エーカー（約481万m²）になる。この面積は、ニューヨークのセントラルパークの843エーカーをはるかに超える、想像しがたい広さだ。その公園も墓地から始まったというのだから、意外。

園内には動物園、植物園、博物館、野球場、サッカー場、ゴルフコース、ビーチが6ヵ所、サイクリングコースなどの施設がある。夏の週末にはそれらに興じたり、のんびりと散歩をするシカゴ市民で驚くほどにぎわっている。おそらく、冬が長いため、暖かくなると皆こぞって外へ出るのだ。

公園内を歩いて回るのは容易ではないが、見るべきポイントは公園の南側に集中している。公園の南北の移動は、バスまたは車がいい。

リンカーンパークからのダウンタウンのスカイラインも美しい　©Photo Courtesy of Choose Chicago

リンカーンパーク
- 500-5700 N. Lake Shore Dr.
- ☎ (1-312) 742-7726
- URL www.chicagoparkdistrict.com → Search の欄に Lincoln Park を入力
- 開 毎日 6:00 ～ 23:00
- 行き方 CTA バス #151 で、公園が見えたら好きな所で下車するとよい

いろいろレンタルできます

夏期は 4 人乗りのレンタルボートやレンタサイクルなどもある。

公園のビーチ側から望むシカゴのスカイラインは見逃せない。

注意

公園は暗くなってからは絶対に歩かないように。

リンカーンパーク温室植物園
Lincoln Park Conservatory

夏は屋外の花壇が見事　MAP P.23-B1

125年以上の歴史をもつ温室植物園。熱帯の色彩豊かな花からシカゴ周辺の植物まで、さまざまな地域の草花が育ち、コイが泳ぐ池もある。設計はライトの師シルスビーによるもの。

植物園にはガラスに覆われた4つの温室と増殖室、温床などがある。4つの温室のうち、ひとつは**パームハウスPalm House**。27℃に保たれた室内には、アフリカなど熱帯の植物であるココナッツ、バナナ、珍種のランなどが茂り、ヤシだけでも約25種類にも及ぶ。**ファーンルームFern Room**はシダ園。シダやコケなどは地味な植物ではあるが、シダは2億5000万年前の化石が発見されるなど、その生命力の強さには驚かされる。植物園最古の植物であるソテツもここにある。**ショーハウスShow House**は季節を追った草花が展示される人気の温室。クリスマスにはポインセチア、イースターはユリ、春先はツツジ、晩秋はキクなどがお目見えする。また、**オーキッドハウスOrchid House**ではさまざまな種類の高価なランの花が美しい。暖かい季節なら、温室前の花壇もお見逃しなく。色とりどりの花が植えられて、周囲の針葉樹は150を超える。

リンカーンパーク温室植物園
- 2391 N. Stockton Dr.
- ☎ (1-773) 883-7275
- URL lincolnparkconservancy.org
- 開 毎日 9:00 ～ 17:00
- 休 無休
- 料 無料
- 行き方 CTA バス #151、156 で、Stockton & Webster 下車

フラワーショーもお見逃しなく

植物園では、年に4回、各シーズンごとにフラワーショーも行っている。スケジュールは ☎ (1-312) 742-7736 で確認を。

寒い季節におすすめなのがリンカーンパークの温室植物園

リンカーンパーク動物園

住 2001 N. Clark St.
☎ (1-312) 742-2000
URL www.lpzoo.org
開 毎日 10:00～17:00（メモリアルデイ～レイバーデイの土日祝日は～18:30、11～3月は～16:30）
休 無休
料 無料。ただし、展示室によっては入場料がかかる
行き方 CTAバス#151、156でStockton & Webster下車

リンカーンパークの人気者ニホンザル

ニホンザルが人気！

リンカーンパーク動物園
Lincoln Park Zoo

必見 POINT

リンカーンパークのなかでも子供たちに人気なのがこの動物園。1868年ニューヨークのセントラルパークから2羽の白鳥が贈られたのが始まり。現在は約200種、約1100もの動物たちが飼育され、規模、内容ともに非常に充実している。しかも入場料は無料だ。園内の飼育舎はアフリカや北極などの地域と、鳥類、は虫類と小型哺乳類などの種類によって分かれるが、注目を浴びるのが "Snow Monkey" と呼ばれるニホンザル。サルは北米では珍しい哺乳類で、なかでもニホンザルは霊長類のなかでも最も北限に住む。サルがシカゴに来たのもこのへんに理由がありそうだ。また、子供が動物に至近距離で接することができる**チルドレンズズー Children's Zoo**も人気。寒い季節は多くの動物たちが屋内の飼育舎で過ごしている。

11月下旬から12月下旬までの水～日曜に行われる**ズーライトZoo Lights**では、夕方16:30～21:00まで動物をかたどった25万のLEDのイルミネーションショーが楽しめる。

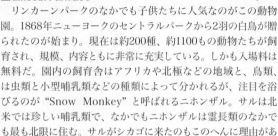

年末はズーライトをぜひ見てほしい
© Adam Alexander Photography
Photo Courtesy of Choose
Chicago

ペギー・ノートバート自然博物館

住 2430 N. Cannon Dr.
☎ (1-773) 755-5100
URL naturemuseum.org
開 月～金 9:00～17:00、土日 10:00～
休 5月第1金曜、11月第4木曜、12/25
料 $9、学生と60歳以上 $7、3～12歳 $6
行き方 CTAバス#151、156でStockton & Arlington下車。Diversey駅前を走る#76の終点が博物館

鮮やかな色のチョウが蜜を求めて飛び交う

シカゴとイリノイの自然についての展示が充実
© Adam Alexander Photography Photo Courtesy of Choose Chicago

---

チョウが自由に舞う

ペギー・ノートバート自然博物館
Peggy Notebaert Nature Museum

1857年開館のシカゴ最古の博物館。大都市の人間と動物や植物との共存について考えさせてくれるところだ。

リバーワークスRiverworksはシカゴ周辺の水の循環システムを模型のダムや水路を使って解説。澄んだ川と汚染された川の生物を比較するなど、地球に優しい洗剤などの重要性を教えている。**沼のミステリー Mysteries of the Marsh**はシカゴを7つの湿地帯に分け、どんな生物がいるかを見せている。ワニ、スッポン、カメ、カエルなどのは虫類や両生類、コケや水草などの植物など、イリノイ州の絶滅危惧種の3分の2が湿地帯に生息しているという。**ウィルダネスウオークWilderness Walk**は大平原や森など、イリノイ州の再現だ。バイソンやコヨーテの剥製を見ながらその鳴き声を聞けるが、特に鳥類は2000種を数え、タッチパネルで鳴き声と生体の動画も見せている。必見は**バタフライヘブンButterfly Haven**。約250m²の温室に約40種類、1000匹以上のチョウが放し飼いにされ、人懐っこいチョウが歓迎する。隣のショーケースではさなぎの羽化を見学でき、毎日14:00には羽化したチョウを放っている。

シカゴの町を知りたいなら　**MAP** P.23-B2

必見 POINT

シカゴ歴史博物館
Chicago History Museum

シカゴについて知りたいのならおすすめの博物館

シカゴ歴史博物館
🏠1601 N. Clark St.
☎(1-312) 642-4600
URL www.chicagohs.org
🕐月〜土 9:30〜16:30（火〜21:00）、日 12:00〜17:00
休おもな祝日など
料$19、19〜22歳の学生と65歳以上 $17、18歳以下は無料
行き方CTAバス#22、36でClark & North下車

2300万点を超える膨大な資料のなかから、シカゴの歴史、文化、スポーツ、ブルースやジャズなどのショービジネス、そして市民が触れたくないマフィアまで余すところなく網羅している。

博物館では、シカゴの名前を一躍高めた1893年のシカゴ・コロンビア万国博覧会（→P.167）、イリノイ州が誇る大統領リンカーン、シカゴ初期のジオラマ、シカゴ市の歴史などのコーナーに分かれている。ぜひ、見ておきたいのが、今日の大都会シカゴをつくり上げた起因のひとつである大火の燃焼マップ、イリノイ州が誇る大統領リンカーンのライフマスク（暗殺の5日前に取ったもの）、1893年シカゴで初めて走った"L"の列車（昔は高架ではなく、路面を走っていた）、シカゴ初の蒸気機関車パイオニア号など。また、シカゴを代表する著名人であり、シカゴいちの嫌われ者であるアル・カポネとギャングのコーナーも見逃せない。カポネが指図したといわれる聖バレンタインデイの虐殺の事故現場の写真など生々しい展示などが目を引く。

「自由」のコーナーでは、黒人、先住民、女性、労働者たちの権利を勝ち取るための200年にわたる苦労を知ることができる。第2次世界大戦時の日系人収容にも焦点を当て、有刺鉄線で囲われたワイオミング州の強制キャンプや日系人と中国系の見分け方の解説もある。また、人種差別を訴えた授業のボイコット運動やイリノイ州で女性が参政権を勝ち得るまでの歴史も紹介している。

こんなものも

3階にある調査室はシカゴで最も古いものといわれている。シカゴ市の公文書から写真、ポスター、フィルムなど閲覧できる資料もどっさり。1839年から現在までの電話帳も揃っている。

2016年シカゴ・カブス優勝時の人気選手のユニホームも

本物のシカゴの市電にも乗れる
© Clayton Hauck Photo
Courtesy of Choose Chicago

リンカーンパーク

COLUMN

シカゴを有名にした第一人者

マフィアの帝王として名高いアル・カポネ。シカゴをギャングの町として有名にした人物は、シカゴいちの嫌われ者でもある。そのカポネ、1899年のニューヨーク生まれ。子供の頃は優秀といわれていたが、思春期の頃にはぐれ始め、20歳前にはマフィアの世界に足を踏み入れた。殺人事件の起訴から逃れるため、シカゴへ逃亡。その後すぐに頭角を現し、20代後半にはシカゴの頂点に立っていた。時代は折しも禁酒法の時代。密造酒の製造で巨万の富を得ると、シカゴの政治家や役人を次々と買収していった。敵対するものを虐殺し尽くした残忍なやり方は周知

のとおり。しかし、羽振りのいい時代は長くは続かず、脱税容疑で逮捕され、刑務所行きとなる。アトランタ、アルカトラズの刑務所を経て、1947年1月、47歳で死亡。死因は梅毒であった。

現在のシカゴの町を歩けば、ギャングの気配はみじんも感じられない。ちなみに英語では「アル・カポーン」と発音する。

シカゴ市民にカポネについて聞くと、皆揃ってイヤな顔をする

ゴールドコースト

行き方 レッドライン Clark/Division 駅下車。CTA バス #22、36 で Clark & Goethe 下車。

まるで建築の博覧会！

Astor St. にはクイーンアン調、ビクトリア調、ロマネスク調、アールデコ調、ギリシア復古調などさまざまな様式の家が並ぶ。

シカゴの高級住宅街にあるアーチビショップスレジデンス

シカゴ市公園局

URL www.cpdbeaches.com
☎ (1-312) 742-3224

ノース・アベニュー・ビーチ
住 1600 N. Lake Shore Dr. 付近
行き方 CTA バス #151 で Michigan & Oak で下車。地下道を通る

オーク・ストリート・ビーチ
住 1000 N. Lake Shore Dr.
行き方 マグニフィセントマイルの北東。Drake Hotel の先にある地下道を通る
※両ビーチとも Wi-Fi

🏛 シカゴのお金持ちはここに住む　　　MAP P.23-B3

ゴールドコースト
Gold Coast

　マグニフィセントマイルからリンカーンパークまでのレイク・ショア・ドライブを中心に、南は Oak St. から北は North Ave. に囲まれたエリアはゴールドコーストと呼ばれる高級住宅街で、1882年に実業家のポッター・パーマー Potter Palmer によって開発された。この頃の邸宅はコップ H. I. Cobb とフロスト C. S. Frost のデザインによるものが多いが、その後1895〜1930年にかけてマーシャル B. Marshall らの設計による高級アパートが数多く造られた。現在でもレイク・ショア・ドライブ沿いに高級アパートが建ち並んでいる。

　湖より1ブロック内側を南北に走る Astor St. 界隈（Division St. から North St. まで）は、**アスターストリート地区 Astor Street District** と呼ばれ、19世紀に建てられた、異なる建築様式の邸宅が約300軒もある。北から歩くなら、まずは**アーチビショップスレジデンス Archbishops Residence（Cardinal's Mansion 住 1555 N. State Pkwy.）**へ。1885年ローマ・カトリック教会の大司教のために造られた邸宅だ。もう1軒見逃せないのが**チャーンリー・パースキー邸 Charnley-Persky House** で、サリバンがライトのアシストを得て設計した家（住 1365 N. Astor St.）。1892年竣工。南の Rush St. はシカゴの歓楽街で、特に State St. と Dearborn St. 間の Division St. 沿いにはクラブとパブが並び、週末の夜は若者で遅くまでにぎわっている。

🏖 シカゴならではの湖水浴を楽しもう　　　MAP P.23-B2,3

ノース・アベニュー・ビーチとオーク・ストリート・ビーチ
North Ave. Beach & Oak St. Beach

　ミシガン湖はまるで海のようだ。この広い湖を初めて見る人はそう思うに違いない。晴れた日の湖はエメラルドグリーンとマリンブルーを混ぜたような色で、しかも波が打ち寄せる。湖岸の砂浜は、まさにビーチ。地元の人々は夏になると海水浴ならぬ湖水浴を楽しむ。マグニフィセントマイルのノース・アベニュー・ビーチとオーク・ストリート・ビーチはダウンタウンから近く、家族連れを中心に老いも若きもシカゴの短い夏をエンジョイしている。仮設の更衣室とロッカー、トイレ、売店もあり便利（オーク・ストリート・ビーチはトイレのみ）。ノース・アベニュー・ビーチではビーチバレーやカヤックに興じる人々の姿も見受けられる。湖水浴のビーチはほかにもミシガン湖の北方面に、**Montrose Beach（4400 N.）、Foster Beach（5200 N.）**などがあるが、ミシガン湖沿いには20を超えるビーチがあり、管轄はシカゴ市公園局。シーズンは5月末から9月初めまで。もちろん、使用料は無料。

ミシガン湖では夏の間海のアクティビティが盛ん　©Adam Alexander Photography Photo Courtesy of Choose Chicago

かつてのドイツ人街
オールドタウン
Old Town

MAP P.23-A2

　町のおこりは、1852年にドイツ系の**セントマイケルズ教会 St. Michael's Catholic Church**（住1633 N. Cleveland Ave.）ができたことによる。その後ダウンタウンからカトリックのドイツ系移民が大量に流入し、19世紀末にはシカゴ最大のドイツ人街となった。20世紀に入ると、今度はロシア人やハンガリー人が住むようになり、第2次世界大戦後はラテン系移民が増え、やがて、家賃の安さに目をつけたアーティストが集まる町へと変貌していった。その頃はボヘミアンやヒッピー、詩人や芸術家が多く住み、市民運動の発信地でもあったため、シカゴのグリニッチビレッジと呼ばれた。しかし、1980年代初頭からの地価高騰で高額所得者層しか住めなくなり、以前ほどの刺激はなくなってしまったが、今でも石畳のしゃれた散歩道としてシカゴの人々に愛され続けている。

オールドタウンの始まりはドイツ系移民のコミュニティ。教会もドイツ系

ゲイフレンドリーでおもしろいエリア
レイクビュー／リグレービル
Lake View / Wrigleyville

MAP P.24

　活気があり、若者の町のひとつといわれているのが、レイクビュー／リグレービルと呼ばれるエリア。ファンキーなショップ、バー、ライブハウス、エスニックレストランなどが並び、中心部とはまったく異なる雰囲気。一般的にはシカゴ・カブスの本拠地、リグレーフィールドを中心とした一帯が**リグレービル Wrigleyville**、その周辺が**レイクビュー Lake View**と呼ばれる。

　このエリアの始まりは1980年代初頭、地価高騰のためオールドタウンから多くの芸術家、音楽家、作家が越してきたのがきっかけだ。現在多くのゲイの人々が住み、Halsted St.のBelmont Ave.からSheridan Rd.のあたりは現在**ボーイズタウン Boystown**と呼ばれ、その専門店はもちろん、おしゃれなバーやレストランが増えてきた。レインボーカラーのポールはその象徴だ。また、Belmont Ave.とClark St.が交差する近辺は中西部いちパンクが多いといわれ、別名"**パンクアベニュー Punk Avenue**"と呼ばれている。

カブスファンは熱狂的で、球場に身を置くだけでも楽しい

オールドタウン
住 リンカーンパークの南西、Division St. からArmitage Ave. まで、東はLaSalle Blvd. から西はHalsted St. に囲まれたエリア
行き方 CTA レッドライン Clark/Division 駅、またはブラウンライン Sedgwick 駅下車。CTA バス #22、36 で Clark & North で下車

有名なコメディクラブ
　シカゴは数多くのコメディアンを輩出してきた町。かつてのシカゴのニックネームを劇団名にした「セカンド シティ The Second City」はオールドタウンに拠点がある。ダン・エイクロイド、ジョン・ベルーシ、ビル・マーレイ、マイク・マイヤーズはここの出身。

レイクビュー／リグレービル
住 レイクビューはDiversey Pkwy.〜Irving Park Rd. のあたり、リグレービルはリグレーフィールド（シカゴ・カブスの本拠地）の周辺で近年ではリグレービルがレイクビューに含まれることもある
行き方 CTA レッドライン Diversey、Belmont、Addison Sheridan 駅のいずれかで下車。CTA バス #22、36 が Clark St. や Broadway を #8 が Halsted など町の中心を通る

シカゴのゲイの人たちが集まるボーイズタウン。庶民的な店が多い

シカゴ市ご自慢の
ミュージアムが並ぶ

サウスループ
South Loop

近年、シカゴで最も発展著しいエリアがサウスループだ。かつては閑散としていたが、ここ数年で驚くほどの変貌を遂げた。新しいコンドミニアムやアパート、人気のスーパーマーケット、ホテルなどが続々と誕生している。

サウスループではミュージアムキャンパス Museum Campus と呼ばれるエリアがシカゴ屈指の見どころだ。博物館、水族館、プラネタリウムがあり、じっくり見学すると1日では足りない。時間に余裕があれば安くておいしいチャイナタウンでの食事がおすすめ。

▶ **ミュージアム P.168〜173**

アクセス

🚃 CTA トレイン チャイナタウンはレッドライン Cermak-Chinatown 駅、イリノイ工科大学はグリーンライン 35th-Bronzeville-IIT 駅下車。ミュージアムキャンパスは駅から遠いので CTA バスの利用をすすめる。

🚌 CTA バス ミュージアムキャンパスに向かうには #146 が便利。また、プレーリーアベニュー歴史地区へは Michigan Ave. を南下する# 3、4で。

歩き方

サウスループは意外に広く、見どころもそれぞれ離れている。時間がないのならミュージアムキャンパスに的を絞るべき。夏休みの期間中は、ミュージアム群は混雑するため朝早めに行って早めに帰るのがポイント。建築に興味があるなら、イリノイ工科大学やプレーリーアベニュー歴史地区へ。ミュージアムキャンパスの南西側には新しい高層住宅が増えており、建築に興味があるのなら注目は Sky 55（住1255 S. Michigan Ave.）や The Grand Luxury Condos（住1201 S. Prairie Ave.）などシカゴの勢いを感じさせる建物が林立している。

エリア内モデルコース

フィールド博物館	**2 時間 30 分**
	（→ P.168）

↓ 🚶 徒歩約 7 分

シェッド水族館	**2 時間**
	（→ P.171）

↓ 🚶 徒歩約 10 分

アドラープラネタリウム	**1 時間**
	（→ P.173）

TOTAL 約 5 時間 45 分

※時間があればチャイナタウンへ。#146 のバスで Roosevelt & State で降り、レッドラインで1駅。

サウスループの夜はシカゴ・ホワイトソックスのホームグラウンド、U.S.セルラー・フィールド球場へ。ホームランが出ると風車が回る

シャトーのような歴史的な建物も残る

東側には博物館が集中する。写真は自然史博物館の「スー」

シカゴのコンベンションセンターはサウスループにある

シカゴ初期の建物が残る

プレーリーアベニュー歴史地区
Prairie Avenue Historic District

MAP P.22-B3,4

1871年のシカゴ大火をきっかけに、多くの大物実業家たちが、ダウンタウンを脱出して南へやってきた。彼らはプレーリーアベニュー周辺に新たな居を構え、それぞれ異なる建築様式の個性的な邸宅を次々と建てた。20世紀に入るとこの地域は工業地帯となり、やがて町は住宅地としては廃れ、邸宅もほとんど壊されてしまった。わずかに生き残った邸宅の歴史的、建築学的価値が見直されて、歴史地区に指定された。

現在、それらのうちの2軒が一般公開され、ツアーで内部を見学できる。1885年建造の**グレスナー邸Glessner House**は、典型的なビクトリア様式でありながらもシャトーのような重厚な造り。内部は外観とは対照的にとても明るく、カタツムリのモチーフが随所で見られる。もうひとつの**クラーク邸Clarke House**は1836

年完成と、現存するシカゴの邸宅では最古といわれ、南北戦争前の生活様式を知ることができる。19世紀初めに人気のあったギリシア復古調の典型的なデザインが印象的だ。

エレガントな家並みが見どころのプレーリーアベニュー歴史地区 © City of Chicago Photo Courtesy of Choose Chicago

食事もよし、ショッピングもよし

チャイナタウン
Chinatown

MAP P.22-A4、25-A3,4

ループエリアから地下鉄が地上に出ると、右側前方に金と赤と緑が鮮やかな大きなゲートが見えてくる。ここがシカゴのチャイナタウンだ。中心はCermak Rd. & Wentworth Ave.あたりで、サンフランシスコやニューヨークに比べると小さいが、約10ブロックの広さは中西部ではナンバーワンの大きさ。北京語や広東語しか聞こえてこない町は、多民族国家を象徴するアメリカの大都市らしい光景だ。お手頃値段のレストランやカフェ、パン屋、スーパーマーケットが並び、日本人にはほっとひと息できる所。

Cermak Rd.とArcher Ave.が交差する北西に**チャイナタウンスクエア**というショッピング街があり、週末は中国系以外の人でもかなりにぎわっている。ランチは飲茶をやっているレストランだけでなく、どこのレストランも混雑している。中心部に比べて物価も安いため、食材を探すのも楽しい。ただし、夜は土地勘のある人と一緒か、または複数で行くのが望ましい。

左／日本の味に近いケーキがあるのもうれしい
右／シカゴのチャイナタウンはコンベンションセンターからも近い

プレーリーアベニュー歴史地区
🏠1600〜2000 S. Prairie Ave. bet. 16th & Cullerton
🚌CTA バス #3、4 で 18th & Michigan 下車

グレスナー邸
🏠1800 S. Prairie Ave.
☎(1-312) 326-1480
🔗www.glessnerhouse.org
🕐水〜日 11:00 〜 16:00

ツアー
水〜日 11:30、13:00、14:30 発
💲$18、学生・60 歳以上 $15、5 〜 12 歳 $10

クラーク邸
🏠1827 S. Indiana Ave.
🔗www.clarkehousemuseum.org

ツアー
水金土 13:00、14:30 発
💲無料

チャイナタウン
●チャイナタウン商工会議所 Chinatown Chamber of Commerce
🏠2169 B S. China Place
☎(1-312) 326-5320
🔗www.chicagochinatown.org
🚌CTA レッドライン Cermak-Chinatown 駅下車。CTA バス #24 で Wentworth & Cermak 下車。コンベンションセンター（マコーミックプレイス）から #21 のバスで 10 分程度

R&B の伝説的録音スタジオ
リトル・ウォルター、ココ・テイラー、ハウリン・ウルフ、ウィリー・ディクソンなど、R&B やブルースを代表する歌手がレコーディングを行ったスタジオ「チェスレコード」がマコーミックプレイスの近くにある。ツアーに参加すれば内部を見学できる（→ P.349）。MAP P.22-B4

イリノイ工科大学
住 10 W. 35th St.
☎ (1-312) 567-3000
URL www.iit.edu
行き方 グリーンライン35th-Bronzeville-IIT駅下車。State St.を走るCTAバス#29で35th & State下車
夏期は建築財団によるツアーも行われている。できれば予約を
● Mies and Modernism: The ITT Campus Tour

左／イリノイ工科大学はミース・ファン・デル・ローエの建築博物館だ
右／大学の構内にも気軽に入れる

ミース・ファン・デル・ローエの建築が集結した　MAP P.21-D4

イリノイ工科大学
Illinois Institute of Technology

　地元では「アイ・アイ・ティ IIT」、「イリノイテックIllinois Tech」と呼ばれている工科系の名門私立大学。学生数は約7000人、大学院生の割合が高く、これまでに4人のノーベル賞受賞者を輩出している。

　サウスループにあるキャンパスは、近代建築の4大巨匠のひとり、ミース・ファン・デル・ローエの設計した建物の世界最高のコレクションとして有名で、シカゴの見どころのひとつにもなっている。**クラウンホールCrown Hall**をはじめとするミース設計のビルが10以上も建ち並んでいるが、それ以外のビルも個性的で一見の価値がある。高架鉄道の駅もトンネルのようでおもしろい。インフォメーションでマップをもらい、キャンパスを散策しながら建築観賞を楽しみたい（→P.94）。

COLUMN

シカゴの大火

　シカゴが運河、鉄道の開通で交通の要所としての地位を確立し、南北戦争をきっかけに穀物取引、食肉加工、農業機械産業も発展し始めた頃、大惨事が起こった。1871年10月8日のシカゴの大火 Great Fire of Chicago である。市南西部500 W. De Koven St.のパトリック＆キャサリン・オリアリーの家畜小屋が火元といわれているが、原因は不明のまま。乾燥した気候とシカゴ名物の強風にあおられて、火はまたたく間に広がった。当時は木造建築が多く、ミシガン湖からシカゴ川周辺には穀物倉庫が並んでいた。火は現在のループエリアから北、オールドタウン、ゴールドコーストまで達し、南は South 12th St. から北は Fullerton Ave. の範囲という町の中心を焼き尽くし、町は焦土と化した。被害は死者250人以上、9万4000人以上（人口の約3分の1）が焼け出され、焼失した建物は約1万7450棟、焼失面積約2200エーカー、被害金額は2億ドルにも達した。

　しかし、シカゴの回復は早かった。1週間後には5000棟の仮設住宅が建ち、200以上ものビルの建設もスタート、3年後には完全な復興を遂げたのである。シカゴ名物の摩天楼群は、この火災を機に急速に発展したもののひとつといえる。唯一焼け残った公共の建造物が、北ミシガンアベニューに町のランドマークとして姿を残しているウオータータワー（→ P.103）。ミシガン湖の水を汲み上げ、一般家庭に供給していた機能が幸いしたのだ。現在、火災が起こった地点にはシカゴ消防トレーニング局（住558 W. De Koven St.）が

建っており、ウィーナーのブロンズ製の彫刻「炎の柱 Pillar of Fire」がある。シカゴのプロサッカーチームの名は大火にちなんで「シカゴ・ファイアーFC（→ P. 211）」という。

大火の記念碑 © Eric Allix Roger & Photo Courtesy of Choose Chicago

シカゴ大学とライトの世界遺産のある ハイドパーク
Hyde Park

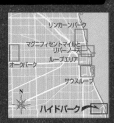

シカゴのサウスサイドは犯罪発生率の高いエリアだが、このハイドパークはまるで浮き島のように安全なエリアで、オバマ一家も大統領就任前に住んでいた。閑静な住宅地であり、大学の町でもある。

見どころは、ライト設計のロビー邸と科学産業博物館（通称「MSI」）。MSIの南に広がるジャクソンパークは1893年のコロンビア万博の会場だったところ。パーク内には日米友好を記念したガーデン・オブ・フェニックス（日本庭園）があり、オバマ大統領ライブラリーも誕生する予定だ。

➤ ミュージアム P.161、163〜167

科学産業博物館ではヒヨコの孵化を毎日見られる

初めて臨界に達した原子炉を記念したムーアの『核エネルギー』

アクセス

ハイドパークは、ダウンタウンから南へ約13km。飛び地のように位置するので、CTAバスやメトラで一気に行くことをすすめる。

CTAバス ループエリアのState St.から#6 "Jackson Park Express" 南行きに乗り、約30分。夏期は#10 "Museum of Science and Industry" も科学産業博物館へ行く。科学産業博物館前のバス停で下車し、56th St.を西に歩けば15分ほどでシカゴ大学のキャンパスに入る。

メトラME線 ミレニアム駅からME線で約15分、55th-56th-57th St.駅下車。$4.25。

歩き方

このエリアのナンバーワンのポイントである科学産業博物館は、じっくり見ようと思ったら、1日は必要。特に夏休みは混雑するので、早めに行って人気展示の見学を済ませよう。博物館見学後は、南のジャクソンパークの日本庭園の散策を。ロビー邸もあるシカゴ大学キャンパスのポイントは1日あれば十分に回れる。ロビー邸は少し早めに閉館するので、注意したい。

エリア内モデルコース

科学産業博物館	**3時間** (→ P.163)	
🚶 徒歩約10分		
ガーデン・オブ・フェニックス	**30分** (→ P.119)	
🚶 徒歩約20分		
ロビー邸	**1時間** (→ P.119)	
🚶 徒歩約5分		
ロックフェラー・メモリアル・チャペル	**20分** (→ P.118)	
🚶 徒歩約5分		
シカゴ大学キャンパス	**1時間** (→ P.116)	
TOTAL 約6時間50分		

※科学産業博物館はジャクソンパークの北にあるが、博物館より南は歩く人もまばら。気をつけたい。

日本人研究者も在籍しているシカゴ大学 © Choose Chicago Photo Courtesy of Choose Chicago

シカゴ大学
The University of Chicago

ヨーロッパ調の建物が連なるシカゴ大学のメインクアドラングル

　シカゴの南、ハイドパークに位置するシカゴ大学は世界でもトップレベルの大学だ。この大学から誕生したノーベル賞受賞者の公式な数は2020年現在92名。2000年以降の集計でも、プリンストン大学、スタンフォード大学に次ぐ数字だ。

　シカゴ大学は、1890年ジョン・D・ロックフェラー John D. Rockefellerの尽力によって創設した。日本の一般的な大学とは異なり、調査研究を目的とした大学院大学となっている。大学生約6300人、大学院生約1万人、大学職員の数は2400人にも及ぶ。

キャンパス案内

　メインキャンパスの面積217エーカーのうち215エーカーが緑に覆われている。大学の校舎群の中心は**メインクアドラングルMain Quadrangle**と呼ばれているところで、建造物は石灰岩からなるゴシックスタイルに統一されている。初期の校舎の設計をしたのはヘンリー・I・コッブHenry I. Cobb。ホールやゲートには彼の名がついている。

　58th St.とEllis Ave.が交差する東側の角のコッブ・レクチャー・ホールの中には、**ルネッサンス協会The Renaissance Society**が運営するアートギャラリーがある。年に5〜7の企画展があり、現代美術を展示している。企画展の前後約2週間はギャラリーが閉館になるから気をつけよう。

　ルネッサンス協会前のEllis Ave.を北へ向かい、58th St.を渡った左側にあるのが、**シカゴ大学ブックストアUniversity of Chicago Bookstore**だ。カフェがあるほか、子供向けの本から医学の専門書まで、広範囲に及ぶ本が並び、Tシャツ、トレーナーなどシカゴ大学のオリジナルグッズも販売されている。

　書店の少し北に位置するのが、**ジョン・クレラー図書館John Crerar Library**。7つあるシカゴ大学のライブラリーのうちのひとつ。総収蔵図書数は約140万。全米屈指の規模だ。

シカゴ大学
●インフォメーションセンター
🏠5801 S. Ellis Ave., Edward H. Levi Hall, 1階
☎(1-773)702-1234
URLwww.uchicago.edu
※イベント情報も上記のウェブサイトからアクセスできる。
行き方 ハイドパーク地区の南東
CTAバス#6で57th & Stony Island下車。徒歩で57th St.を西へ約10分

ルネッサンス協会
🏠5811 S. Ellis Ave., Cobb Hall、4階
☎(1-773)702-8670
URLrenaissancesociety.org
🕐火〜金10:00〜17:00(木〜20:00)、土日12:00〜
🚫月など
💲無料

シカゴ大学ブックストア
🏠970 E. 58th St.
URLuchicago.bncollege.com
🕐月〜金8:00〜18:00、土9:00〜17:00　🚫日

マンスエート図書館とレーゲンスタイン図書館
🏠1100 E. 57th St
URLwww.lib.uchicago.edu

おみやげにいい大学グッズはブックストアに揃う

卵を半分にしたようなガラスに覆われた建物はマンスエート図書館（設計ヘルムート・ヤーン）、奥がレーゲンスタイン図書館（設計SOM）

Ellis Ave.を北へ向かうと右側にガラスに覆われた、卵を半分にカットしたような建物が見えてくる。2011年に完成した**マンスェート図書館The Joe and Rika Mansueto Library**だ。設計はドイツ人建築家ヘルムート・ヤーンで、太陽光が差し込む閲覧室は180座席を有する。大学のメインライブラリーである**レーゲンスタイン図書館Regenstein Library**は東側にあり、通路でつながっている。通称「レグReg.」の設計はスキッドモア、オーイング、メリルらで、完成は1970年。蔵書数は450万を超える。ふたつの図書館の北東側にあるブロンズの彫像が、**ヘンリー・ムーアHenry Moore作『核エネルギーNuclear Energy』**。世界で初めて原子炉の運転を開始したシカゴ大学を記念して制作されたものだ。

女性建築家ジーン・ギャング設計の新しい学生寮

レイノルズクラブ
🏠5706 S. University Ave.
イベントなどのチケットは、下記のローガンセンターのボックスオフィスで購入可。

57th St.とUniversity Ave.が交差する角にあるのが**レイノルズクラブReynolds Club**。低い塔をもつゴシック調の建物の中に講演会、芝居、音楽コンサートなどが行われる**マンデルホールMandel Hall**（客席数約900）があり、シカゴ交響楽団によるアンサンブル演奏などプロによる演奏も聴ける。

ローガンセンター
🏠915 E. 60th St.
☎ (1-773) 702-2787
ボックスオフィス：火〜土
12:00 〜 18:00

シカゴ大学のロースクールはサーリネンの設計

新しい建物が次々と建てられるなかで最新の建物が、スマート美術館の東側に立つ**キャンパス・ノース・レジデンシャル・コモンCampus North Residential Commons**。アクアを設計した女性建築家のジーン・ギャングによる。2013年完成の約800人を収容できる学生寮だ。

新しい芸術施設の**ローガンセンター Reva and David Logan Center for the Arts**では頻繁に展示会、コンサート、リサイタルなどが行われているから要チェック。

COLUMN

シカゴ大学第1号の博士
浅田栄次

シカゴ大学初の博士号取得者は日本人、浅田栄次だった。

浅田栄次は明治の黎明期に英語学者として、日本の英語教育の普及と向上に粉骨砕身した人物だ。1865（慶応元）年5月、山口県徳山町（現在は周南市）に生まれ、山口中学、広島中学、京都中学で中学課程を修了後、上京。東京英和学校（現青山学院）など数校で学んだ後、1887（明治20）年帝国大学（現東京大学）に入学するが、西洋の学問に対する浅田の向上意欲は満たされず、翌年神学を学ぶため渡米した。ノースウエスタン大学神学科に籍をおき、古代ヘブライ語やアラビア語を学んだ。卒業後、コロンビア大学大学院を経て、1892（明治25）年シカゴ大学のハーパー学長に迎えられてシカゴ大学大学院言語学科に入学。500ドルの奨学金を受け、翌年6月26日、浅田は博士号を取得、この取得はシカゴ大学初の快挙として大学の記念日になった。

6年余りのシカゴ滞在のなかで浅田は神学のみならず、英語教育者としての道を模索する。帰国後、明治学院、青山学院で神学の教鞭を執った。1897（明治30）年8月には東京高等商業学校にて教授となり、1899（明治32）年7月外国語学校が独立すると、神田乃武校長の下で教頭として迎えられる。文部省視学委員、文官高等試験委員など各種委員を歴任するかたわら、英語教育の発展・向上にも努めた。1914（大正3）年11月11日、図書館で読書中、脳溢血で亡くなる。49歳の若さだった。

今でもシカゴ大学のカレンダーの6月26日に"Asada"の名前が掲載されている。

オリエンタルインスティテュート
Oriental Institute

オリエンタルインスティテュート博物館
住 1155 E. 58th St.
☎ (1-773) 702-9514
URL oi.uchicago.edu
開 火～日 10:00～17:00 (水～20:00)
休 月・祝日
料 $10、12歳以下 $5の寄付
行き方 CTAバス #6 で 59th & Stoney Island 下車。58th St. を西へ徒歩約15分。58th St. と University Ave. が交差する南東側の角

歴史的にも貴重な中近東の美術品を収蔵する

古代オリエント文明の充実したコレクションで知られるシカゴ大学付属の博物館。1919年エジプトの考古学者ブレステッド博士によって設立され、博物館のスタッフもエジプトや中近東へ赴き、発掘調査に当たった。

収蔵品は、紀元前9000年から紀元100年までの間、中近東に興ったほとんどの文明をカバーしている。ナイル川流域の古代エジプト文明から、チグリス&ユーフラテス川のメソポタミア文明、地域を見ればアッシリア、ペルシャなど、現在のイラン、イラク、イスラエル、シリアやアナトリア半島をもつトルコまで、古代オリエントのコレクションは文献や美術品など膨大な数に上る。葬式などの儀式に使われたものや、墳墓に埋葬されたものも多く、なかでもツタンカーメンの像は、希少価値の高いものだ。紀元前8世紀にアッシリアの王サルゴン2世が創ったドゥル・シャルキン (Khorsabad) の人間の頭をもつバサルアル牛のレリーフも圧巻。

ロックフェラー・メモリアル・チャペル
Rockefeller Memorial Chapel

ロックフェラー・メモリアル・チャペル
住 5850 S. Woodlawn Ave.
☎ (1-773) 702-2667
URL rockefeller.uchicago.edu
開 火～金 11:00～18:00、日 10:00～15:00
行き方 CTAバス #6 で 59th & Stony Island 下車。59th St. 沿い、Woodlane Ave. と University Ave. の間
竣工　1928年
設計　Bertram G. Goodhue

カリヨンのツアーと演奏
火～金 11:30、16:30。タワーの 271 段の階段を登りながら内部を見学後、演奏が始まる。$5

コロンビア万博の際に造られた緑地帯Midway Plaisanceに面して建つゴシック復古調の巨大な建造物。このチャペルは、シカゴ大学の創設者ジョン・D・ロックフェラーの寄付金を基に建築された。完成当初は "University Chapel" と呼ばれたが、ロックフェラーの死後、彼の偉業をたたえて1937年にロックフェラー・メモリアル・チャペルと改名された。

チャペルは高さ63m、幅31m、長さ80m。内部には、ヨーロッパの大聖堂を思わせる荘厳な空気が漂う。高窓の鮮やかなステンドグラスやタイル細工の天井も必見！ また、72の鐘が時を知らせる、カリヨンの美しいメロディも聴き逃せない。さらに全米に4つしか現存しない、アメリカのオルガン名職人E. M. スキナーによるパイプオルガンのひとつがこのチャペルにある。リサイタルやコンサート、聖歌隊によるパフォーマンスなど、イベントも多様に開催されており、スケジュールはウェブサイトで確認できる。なかでも毎週火曜15:45から行われる紅茶をいただいたあとにパイプオルガンの音色を楽しむ**ティー&パイプTea & Pipes**（無料）も好評を博している(学期中のみ)。

キャンパス内のロックフェラー・メモリアル・チャペル
© Robert Kozloff / University of Chicago

オバマ元大統領の資料館&博物館は…… ジャクソンパークの北西、ガーデン・オブ・フェニックスの西側に、オバマ大統領センター Obama Presidential Centerの建設が計画されているが、立地のジャ↗

世界遺産に登録されたプレーリースタイルの家 MAP P.31-A2

ロビー邸
Robie House

必見 POINT

2019年「フランク・ロイド・ライトの20世紀建築作品群」のひとつとしてユネスコの世界遺産に登録されたのが、シカゴ大学の南に位置するロビー邸。シカゴの実業家であり投資家のフレデリック・C・ロビーからの注文は「見通しがよく、しかもプライベートを重視する。曲線と安っぽいものを避け、部屋はひとつずつ隔離しない」といった細かいもの。完成した邸宅は「現代建築の基礎」ともいえる邸宅になったが、ロビー自身はあまり気に入らなかったらしく、1年半しかこの邸宅に住まなかった。

外観は、ライトが確立したプレーリースタイル建築の特徴である、水平方向に伸びやかなデザインが見て取れる。建物は低く見えるが、実は3階建てで、2階部分がメインフロア。いちばん広いリビングルームは、中央の暖炉を境にダイニングルームと分かれ、ふたつの部屋はガラス窓に囲まれて、見通しがよく太陽の光が十分入ってくる。

木目が落ち着いた印象の内装に仕上げられ、椅子やカーペット、テーブルなどの家具調度品もライトがデザインしたが、多くが散逸し、現在展示されているもののほとんどがレプリカ。

2019年に世界遺産に登録されたロビー邸

ロビー邸
🏠 5757 S. Woodlawn Ave.
☎ (1-312) 994-4000
URL flwright.org
🕐 木〜月 10:30〜15:00のツアーでの見学となる
🚫 火水、11月第4木曜、12/24、12/25、1/1
💰 $20、65歳以上・11〜18歳 $17。人気が高いのでウェブサイトからの予約をすすめる
行き方 CTA バス #6 で 59th & Stony Island 下車。58th St.を西へ。58th St.と Woodlane Ave. が交差する北東の角

竣工　1910年
設計　Frank Lloyd Wright

ライトのお気に入り
　ライトが自分の設計したもののなかでのお気に入りは、ユニティテンプル（オークパーク）、旧帝国ホテル（東京）、そして、このロビー邸だという。建物にとどまらず、インテリアなど各所で日本家屋の影響が反映されていて、とても興味深い。

COLUMN

シカゴの日本庭園「ガーデン・オブ・フェニックス（鳳凰）」

　シカゴのダウンタウンの南にあるジャクソンパーク内に、125年以上の歴史を誇る日本庭園がひっそりとたたずんでいる。これは、1893年にシカゴで開催されたコロンビア万博に参加するために日本が寄贈したシカゴ市内唯一の日本庭園。宇治の平等院を模して造った鳳凰殿や池を配した回廊式の豪華な日本庭園を有し、当時は大変な話題となった。

　その後、火災で大部分を焼失し、庭園部分を残すのみだったが、シカゴ市と大阪市が姉妹都市を提携した記念に、焼失していた門や日本庭園の整備を大阪市が行った。1993年には、姉妹都市提携20周年を機に "大阪ガーデン" と命名。その後、庭園は大がかりな改修が行われ、2016年夏「ガーデン・オブ・フェニックス Garden of Phoenix（鳳凰）」と万博時をしのばせる名前に改めて再オープンした。10月にはオノ・ヨーコ氏によるハスの花びらをモチーフにしたステンレスのオブジェ、**スカイランディング Sky Landing** もお披露目

され、公開日には本人のスピーチと地元アーティストであるタツ・青木氏のミュミプロジェクトによる演奏がセレモニーに花を添えた。

シカゴと大阪
　姉妹都市関係にある両都市は、ともに商売、金融の町としての機能をもつ。1957年から大阪市はシカゴに事務所を開設し、シカゴ市と共同で経済交流、1973年には姉妹都市提携を結び、文化交流を大きな柱にさまざまなイベントを行っている。
MAP P.31-A3

"スカイランディング"。落成には制作者のオノ・ヨーコ氏も招かれ盛大に祝われた

ピルセン・メキシコ人街のイベント
シカゴにはメキシコ人街もある。毎週のように各民族のイベントが開催される

ETHNIC TOWNS IN CHICAGO
シカゴの　　　　エスニックタウン

シカゴは実にふところの深い町。第2次世界大戦中の日系人をはじめとして世界からの多くの移民を受け入れてきた。民族の多さは全米一ともいわれ、コミュニティによってはシカゴにいるとは思えないほど、その民族だけで町が成り立っている。なかでも、ポーランド系の人口は18万人近く、ポーランド国外では最大のコミュニティといわれている。シカゴに来たら各民族の文化に触れ、名物料理を食べながら、「移民の国アメリカ」を体験してみてはどうだろう。

シカゴのエスニックタウン・マップ

ギリシア人街 Greek

グリークタウン Greektown

　ループエリアから西へ向かい、フリーウエイを越えたあたり。Halsted St. 沿いのMadisonとVan Burenの間、ギリシア神殿を模した小さな建物に挟まれた大通りに、多くのギリシア料理店が軒を並べる。町を興したのはギリシアの独立戦争（1821～29年）で困窮し、安定した生活を求めてシカゴへ移住した人々。それから約200年、ギリシア系市民の多くは郊外に住むが、町にはギリシア系アメリカ人の歴史と工芸品を紹介するヘレニック博物館もある。

ギリシア人街はループエリアのすぐ西にあり、ギリシア料理店が軒を連ねる

行き方 CTAブルーラインUIC-Halsted駅下車

ギリシアの代表的な軽食がギロス。牛と羊を合わせた挽肉Gyroをピザ生地のような丸いパンPitaで包んだもの。ミスターグリーク・ギロスMr. Greek Gyros（住234 S. Halsted St.）ならサイズが大きく$12で満腹になる。ギリシア料理のレストランは→P.266参照。

ヘレニック博物館National Hellenic Museum（住333 S. Halsted St. URL www.nationalhellenicmuseum.org 料$10）では、ギリシアからアメリカに渡ってきた経緯、当時の生活用品、ギリシア系アーティストの展示会などを行っている。

リバーノースにある
アイリッシュパブのファド

アイルランド人街 Irish

ブリッジポート Bridgeport
シカゴ市内 Chicago Downtown

　イリノイ・ミシガン運河を切削するために、1836年にやってきたのがアイルランド系の移民だ。ブリッジポートには元シカゴ市長リチャード・デイリーはじめ、今でも多くのアイルランド系の住民がいるが、住宅地の趣が強く観光には適さない。アイルランド系の人々はシカゴ市北部にもおり、こちらに見どころが多い。

行き方 CTAオレンジラインHalsted駅、またはAshland駅下車
マグマイル近くにあるのがホーリーネーム・カテドラルHoly Name Cathedral（値730 N. Wabash Ave. **MAP**
P.30-B1 **URL**holynamecathedral.org）。1875年完成のゴシックリバイバル建築の教会だ。
ファド・アイリッシュパブFado Irish Pub（値100 W. Grand Ave. **URL**fadoirishpub.com/chicago **MAP**
P.30-B3）では、Corned Beef、Shepherd's Pieなどアイルランドの伝統料理が味わえる。

スウェーデン人街 Swedish

アンダーソンビル Andersonville

　Clark St.を北上し、ニューチャイナタウンのArgyle St.を越え、FosterとVictoriaの通りに挟まれた5200〜5800番台にスウェーデン系の瀟洒なショップやレストランが並ぶ。

スウェーデン人街は
シカゴ市の北に位置する

行き方 CTAバス#22でFoster下車
スウェーデン系アメリカ人博物館Swedish American Museum（値5211 N. Clark St. **URL**swedishamericanmuseum.org **料**$6）は18世紀末にシカゴに来た多くのスウェーデン移民の様子が展示されている。スヴェイレストランSvea Restaurant（値5236 N. Clark St.）はコケモモLingonberryのジャム付きのRice Puddingやゴロゴロ感たっぷりのSwedish Sausageが人気。トレクロノー Tre Kronor（値3258 W. Foster Ave.**URL** wswedishbistro.com）では、Pannekaker（スウェディッシュパンケーキ）をお試しあれ。$5.25〜。

シカゴの少数民族を
代表するのがポーランド

ポーランド人街 Poland

アボンデール Avondale

　シカゴに住む移民のなかで、特に多いのがポーランド系。19世紀末が移民のピークで、アボンデールには現在も多くのポーランド人が住む。Milwaukee Ave.を中心にFullerton Ave.からAddison St.まで範囲は広く、特にCentral ParkとBelmont Ave.の間にマーケットやレストランが連なる。　※町歩きは日中に訪れることをすすめる

行き方 ループエリアからCTAバス#56で約30分、Belmontあたりで下車　セント・ジョン・カンティアス教会St. John Cantius Parish（**URL**825 N. Carpenter St. **URL**www.cantius.org）は、1898年に建てられた荘厳なカトリック教会。1時間ごとに鐘の音が町に響き渡る。ポーランド博物館The Polish Museum of America（値984 N. Milwaukee Ave. ☎(1-773)384-3352 **料**$10）は、18世紀以降のポーランド系美術家による絵画や彫刻のほか、民族衣装や伝統工芸を常設展示。

ドイツ人街 German

リンカーンスクエア Lincoln Square

リンカーンスクエアは
かわいらしい町並みが特徴

　ダウンタウンの北、Lincoln、Lawrence、Westernの通りに囲まれたエリア。第1次世界大戦後に多くのドイツ人が移住、その後東欧からの移民が続いた。"Little Europe" の名にふさわしく、粋なカフェやブティックがあり、週末は観光客でにぎわう。

行き方 CTAブラウンラインWestern駅下車
問い合わせ先：Lincoln Square Ravenswood Chamber of Commerce **URL**www.lincolnsquare.org　ジーン・ソーセージ・ショップGene Sausage Shop（値4750 N. Lincoln Ave. **URL**www.genessausage.com）は自家製ソーセージやハムがおいしい精肉店。ビール好きならギディアン・ウェルズGideon Wells（値4500 N. Lincoln Ave. **URL**gideonchicago.com）へ。

©Photo Courtesy of Choose Chicago

121

インドとパキスタン人街のデボン。シカゴでは共存している。女性の色彩やかな民族衣装

インド・パキスタン人街
Indian&Pakistani

デボン Devon

南北に走る Western Ave.を北上し、Devon Ave.と交差するあたりがインド・パキスタン人街の中心。両国からの移民の増加にともない、町もDevon Ave.沿いに東は Hoyne Ave.から西はCalifornia Ave.まで広がり、今後も東西に延びていく見込みだ。
※夜はあまり治安がよくないので要注意

行き方 CTAレッドラインLoyola駅からCTAバス#155でWesternあたりで下車
インドのスイーツ専門のティーハウス、タホーラTahoora Sweets & Bakery（住2345 W. Devon Ave. URLtahoora.com）の人気スイーツは、ヤギのミルクが原料のKalakand、揚げドーナツのようなBalushahiなど。1ポンド（約450g）$8〜10、1個売りあり。インドとパキスタンの串焼きKababレストラン、J.K.ケバブJ.K. Kabab（住6412 N. Rockwell）は、チキンやラム（羊）など各種Kababは$7.99〜12.99、焼きたての円形パンChappatiは1枚$1で絶品。

ウクライナ人街 Ukrainian

ウクライナビレッジ Ukrainian Village

リバーノースを横断するChicago Ave.を西へ。Damen St.を過ぎたあたりからWestern Ave.あたりまでがウクライナビレッジで、約5万の人々が生活している。ウクライナからの移住は1870年代から始まり、第2次世界大戦直後がピーク。メインのChicago Ave.にはレストランよりデリが目につく。Chicago Ave.からOakley Blvd.を2ブロック入るとモザイクが美しいウクライナのカトリック教会（住835 N. Oakley Blvd.URLstnicholaschicago.com）、西には現代美術のギャラリーもある。

ウクライナ人街のセントニコラス・ウクライニアン・カトリック教会

©Adam Alexander Photography

行き方 マグマイルのChicago Ave.からCTAバス#66で約30分。Westernあたりで下車

韓国人街 Korean

ローレンスアベニュー Lawrence Avenue

レッドラインLawrence駅から#81のバスで西へ向かうと、ハングルがどんどん増えてくる。Lawrence Ave.沿いのKimballからPulaskiあたりは、別名"Seoul Drive"。韓国系のコミュニティが形成され始めたのは、1970年代後半で、現在は韓国系住民よりもヒスパニック系のほうがはるかに多い。
※近年治安が悪化している。特に夜は注意が必要

行き方 CTAブラウンラインKimball駅下車。Lawrence Ave.を西へ

ベトナム人街 Vietnam

アーガイルストリート Argyle Street

ニューチャイナタウンNew Chinatownと呼ばれて久しいアーガイルは、古くからある南のチャイナタウンに対してこう呼ばれる。シカゴ市北のArgyle St.沿いのSheridan Rd.からBroadwayまでという狭いエリアだ。コミュニティが形成され始めたのは、1970年代の半ばで、現在は中国系よりベトナム系の人々が多い。
※夜はあまり治安がよくないので要注意

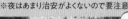

ベトナム系の人が多く住むアーガイル

©Adam Alexander Photography Photo Courtesy of Choose Chicago

行き方 CTAレッドラインArgyle駅下車

メキシコ人街 Mexican

ピルセン Pilsen

ダウンタウンの西、シカゴの大火後、ポーランド、ボヘミア（チェコの西部地方）からの移民が数多く住んでいたが、現在は住民の約95％がメキシコ系。Damen St.、16th St.、Halsted St.、Cermak Rd.の18th & Ashland Sts.が中心部で"Little Village"と呼ばれている。全米最大のメキシコ美術館National Museum of Mexican Arts（住1852 W. 19th St. URLnationalmuseumofmexicanart.org. 無料）もある。

メキシコ人街にも移民の博物館がある

©Graham Chapman

行き方 CTAピンクライン18th駅下車

Suburbs

近郊の町

Suburbs

ライト設計の住宅が世界で最も集中する町

オークパーク
Oak Park

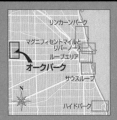

リンカーンパーク
マグニフィセントマイルと
リバーノース
ループエリア
オークパーク
サウスループ
ハイドパーク

ダウンタウンの西、約 18km に位置するオークパークは、シカゴ郊外の閑静で優美な高級住宅街。この町はアメリカを代表するふたりの著名文化人が出たことで知られている。ひとりは 20 世紀の 4 大建築家であり、日本では旧帝国ホテルの設計者として知られるフランク・ロイド・ライト。もうひとりは『老人と海』、『誰がために鐘は鳴る』などの著者であり、1954 年にノーベル文学賞を受賞した作家アーネスト・ヘミングウェイだ。ふたりに関する見どころは周囲の住宅のなかに溶け込んでいる。

アクセス

オークパークへは CTA のグリーンラインとメトラでアクセスすることができる。

🚋 CTA トレイン シカゴ中心部からグリーンラインの Harlem/Lake 行きで、終点 Harlem/Lake 駅下車。約 25〜30 分。運行の本数もメトラに比べて多いので使いやすい。暗くなってからは乗車しないこと。片道 $2.50。

🚉 メトラ オギルビー・トランスポーテーション・センター駅発の UP-W 線で 17 分。Oak Park (Marion St.) 駅下車。ただし、メトラは通勤時間帯を除く平日でも1時間に1本程度しか運行されず、週末は 2 時間に 1 本ほどなので、運行時間の確認を。料金は片道 $4.25。

歩き方

オークパークの見どころは、フランク・ロイド・ライトが壮年期に設計したすばらしい個人住宅の数々と、彼の自宅兼スタジオ。これら約 25 の建築がオークパークの町並みに実に見事に調和し、ライトにとって世界最大のコレクションとなっている。時間があれば、西隣の町であるリバーフォレストにもライト設計の住宅があるので見ておきたい。

また、町にはヘミングウェイの生家や少年時代の家、通った学校も残っている。

エリア内モデルコース

フランク・ロイド・ライト邸とスタジオ	1 時間 15 分 (→ P.126)
🚶 徒歩すぐ	
ライト設計の住宅見学	1 時間 30 分 (→ P.128〜133)
🚶 徒歩すぐ	
ヘミングウェイ生誕の地	30 分 (→ P.134)
🚶 徒歩約 5 分	
ユニティテンプル	30 分 (→ P.131)
🚶 徒歩約 10 分	
プレザントホーム	30 分 (→ P.134)
TOTAL 約 4 時間 45 分	

※ライト設計の住宅見学のモデルコースは P.125。

オークパークからリバーフォレストへはPaceバス #309、313で

町の中心は駅周辺とLake St.。食事をするならこのあたりで

オークパークは典型的な郊外の住宅街。Lake St.の北側にライトの建築が集中する

バスツアーで見学 ダウンタウンのシカゴ建築センター（→P.78）からオークパーク・ライトゆかりの建築を見学するツアーが出ている。Frank Lloyd Wright in Oak Park 運行／5〜10月の水金9:30発。約4時間 $55

歩き方

　オークパークのポイントは固まっているので歩いて観光できるが、じっくり歩くなら1日予定しておきたい。

　必見のポイントは、フランク・ロイド・ライト邸とスタジオ、ユニティテンプルのふたつ。ライト邸はツアーに参加をしなければ、内部を見学できない（約1時間）。このツアーはたいへん人気が高いので、ウェブサイトで事前に予約をしておこう。ユニティテンプルの入場券もウェブサイトから予約できる。オークパークにはライト設計の家が約25軒あり、これらの一部を**オーディオ・ウオーキングツアー**Historic Neighborhood Walking Tourで見学するのもおすすめ。日本語もある。また、下記に歩くモデルコースを紹介するので、こちらも参考にしてほしい。

　オークパークに着いたら最初にライト邸とスタジオへ行こう。ここではライト邸とスタジオツアーの申し込み、オーディオツアーのレンタルを行っているほか、オークパークのマップや資料も置いている。ショップではライトや建築にちなんだしゃれたグッズも販売していて、おみやげを探すにも便利。

　食事は高架鉄道のOak Park駅かHarlem駅のあたりにレストランが集中している。

ライト邸とスタジオツアーの予約
URL flwright.org/visit/homeandstudio
問い合わせ：☎(1-312)994-4000
注意：ライト邸見学の際は、貴重品を除き荷物を預ける

ヒストリック・ネイバーフッド・ウオーキングツアー（オーディオ）
営毎日9:00〜16:15（1、2月は〜15:15）
料$15、学生・65歳以上$12、3歳以下無料
　当日、ライト邸横のショップでも申し込みができる。各邸宅を音声を聞きながら見学すると45〜60分ほどかかる

ライト邸の装飾。ひとつずつ意味がある

オークパーク・モデルコース2　※移動時間は徒歩の目安

ライト邸とスタジオ周辺　約3時間

ライト邸とスタジオ＊（→ P.126、ツアー参加）
↓🚶3分
ロバート・P・パーカー邸　（→ P.128）
↓🚶1分
トーマス・H・ゲイル邸　（→ P.128）
↓🚶1分
ウォルター・H・ゲイル邸　（→ P.133）
↓🚶3分
フランシス・J・ウーレイ邸　（→ P.133）
↓🚶3分
ウィリアム・H＆コープランド邸　（→ P.133）
↓🚶2分
ネイサン・G・ムーア邸＊　（→ P.128）
↓🚶2分
アーサー・B・ヒュートレイ邸＊　（→ P.130）
↓🚶2分
エドワード・R・ヒルズ・ディケイロ邸＊（→ P.129）
↓🚶5分
トーマス・H・ゲイル夫人邸＊　（→ P.130）
↓🚶3分
ピーター・A・ビーチィ邸＊
↓🚶1分
フランク・W・トーマス邸＊　（→ P.129）
↓🚶7分
ユニティテンプル　（→ P.131）

＊：オーディオ・ウオーキングツアーで解説あり（上記）

リバーフォレスト　約1時間30分

ウィリアム・H・ウィンズロー邸　（→ P.132）
↓🚶5分
チャウンシー・ウィリアムズ邸　（→ P.132）
↓🚶1分
イザベル・ロバーツ邸　（→ P.132）
↓🚶8分
J・キベン・インガルズ邸
↓🚶12分
アーサー・ダベンポート邸
（住559 N. Ashland Ave.）
↓🚶5分
リバーフォレスト・テニス・クラブ
（住615 N. Lathrop Ave.）

※時間は徒歩の目安

ライトの建築の住宅は隣接するリバーフォレストの町にもある

CHICAGO INFORMATION 日本語解説あり　ライト邸とスタジオには日本語解説の文書がある。ツアー開始の前に「Japanese, please」と言うと出してくれる。

フランク・ロイド・ライト邸とスタジオ

Frank Lloyd Wright Home & Studio

フランク・ロイド・ライト邸とスタジオ
🏠951 Chicago Ave., Oak Park
☎(1-312)994-4000
🌐flwright.org
内部の見学はツアー参加が必要、60分。荷物を預ける
🎫ツアー：毎日10:00～16:00。季節に応じてツアーの催行回数は増減する
※日本語の解説シートあり
ショップ：毎日9:00～17:00（1、2月～16:00）
🈺11月第4木曜、12/24、12/25、1/1など
💰$18、学生・65歳以上$15、3歳以下無料
📍グリーンライン終点のHarlem/Lake駅からHarlem Ave.を北上、右折してLake St.、Forest Ave.を左折。Chicago Ave.に突き当たった右がライト邸

アメリカ中西部の大自然と調和し、効率的な空間のセッティングをもつ建築を作りあげたライト。「プレーリースタイル」として知られるライトの設計の始発点がここにある。ライトはこの自宅を自分の仕事のスタイルや家族構成の変化に合わせ、多くの改装を行い、ある意味、自分のアイデアの実験室としても利用していた。

1889年、サリバンの設計事務所に籍をおいていた22歳のライトは、彼の花嫁となるキャサリンのために大きな切妻屋根をもつ2階建ての家を建てた。建築後、6人の子供が次々に生まれると家が手狭になり、1895年に2階の子供の遊び部屋、学習室や食堂などの増築を行い、独立とともに彼の理想とする「家庭と仕事場の密接」を実行に移した。1898年には事務所、制作室を設け、1909年までの20年間をここで過ごした。

ライト邸

ライト邸では、デザイン全体に注目してほしい。木目を基調とした内観はあたたかさを感じさせ、家具調度品にもライトのきめ細かなデザインが施されている。玄関は広く、当時としては珍しい開放的な感じを受ける。また、日本を好んだライトの趣味が家の随所で見受けられて、食堂の照明の透かし彫りや椅子のデザインなどは、まるで日本の障子や襖のよう。

日本でも有名な建築家の自宅兼事務所で、ツアーに参加することで見学できる

竣工 1889年／1898年（増築）
設計 Frank Lloyd Wright

意外なほどスペースの小さい部屋のなかで、1895年に増築された子供の遊び部屋だけは広々としている。グランドピアノが壁の中に収納されるというユニークな設計となっており、高めの天井のアーチはサリバン設計のオーディトリアムビルからヒントを得たという。ペンダント型の照明が印象的な夫妻の寝室、自然光が穏やかに差し込む夫人のデイルームなども随所にライトらしいデザインが見られ、それを探すのも一興。

スタジオ

ライトは、ビジネス関連の施設をChicago Ave.沿いに集中させた。事務所用の玄関、応接室、製図室、図書室、事務室などはすべて1898年に増築した部分。受付のあるレセプションルームは非常に効率的な設計で、外から内部はよく見えないが、内部からは外がよく見える構造となっている。1898～1909年の12年間にライトは140以上の建物の図面をここで引くなど「プレーリースタイル」はここで確立されたといっても過言ではない。隣接する図書室は、製図室とともに八角形をしていてとても独創的。天窓はライト財団のロゴマークの形で、本棚にはライトが収集した浮世絵の数々が並び、ダイヤ型をあしらった窓ガラスもお見逃しなく。

製図室は天光が降り注ぐ見事なデザイン

オークパーク

フランク・ロイド・ライト
Frank Lloyd Wright（1867-1959）

フランク・ロイド・ライトは、ル・コルビュジエ、ミース・ファン・デル・ローエ、ヴァルター・グロピウスと並ぶ20世紀の4大建築家のひとり。日本では旧帝国ホテルや自由学園明日館の設計者として広く知られている。

1867年6月8日、ライトはイリノイ州の北隣にあるウィスコンシン州のリッチランドセンター Richland Center で生まれた。父親は牧師、母親は教師であり教育熱心な家庭だったという。少年時代は、多くの書籍や音楽、絵画、そして豊かな田園風景に囲まれて育った。19歳のとき建築家を目指し、シカゴを訪れたライトは、当時人気を集めていた"シングルスタイル（屋根板）Shingle Style"の建築家のひとりジョセフ・L・シルスビーに師事したが、1年弱でルイス・サリバンとダンクマール・アドラーの事務所に移る。ライトはしだいに、その豊かな才能を開花させ、特に住宅設計を任せられた。シカゴ・ゴールドコーストの James Charnley House （1365 N. Astor St.）は、初期の代表作だ。

オークパークのライト

1889年にキャサリン・トビンと結婚し、オークパークに新居を構えたライトは、1892年にオークパークでロバート・P・パーカー邸 Robert P. Parker （→ P.128）などをサリバンの事務所を通さずに設計、翌年、これを理由にサリバンの事務所を解雇される。

ライトは独立して、設計事務所を開設。5年後の1898年、自宅の隣に事務所兼制作室を完成させる。独立後最初に手がけた住宅は、オークパークの隣町、リバーフォレストに建つウィンズロー邸*（→ P.132）であった。独立してからオークパークを離れるまでの約20年間は、ライトにとっての"前期黄金時代"であり、この間にライトは自然との融合を目指した"プレーリースタイル（大平原の地平線が強調された様式）Prairie Style"を確立させている。

日本文化との出合い

1905年には、ライトの施主だったウィリッツ夫妻からの贈り物として日本へ招待された。そもそも、ライトは、シルスビーの事務所にいた頃、彼らから紹介された日本文化、特に浮世絵に感銘し、その後、1893年シカゴで開催されたコロンビア万国博覧会での日本館（鳳凰殿）との出合いが日本行きを決定づけた。

ライトの日本への思いは自宅のあちこちに見て取れる。

オークパークとの別れ

1909年、施主だったチェニー夫人と恋に落ち、仕事と自分の人生における転機を悟ったライトは、突然家族と離れてのヨーロッパ行きを断行する。2年後に帰国するものの不倫の影響から仕事が激減、生活の基盤をウィスコンシン州スプリンググリーン Spring Green におくことにした。1912年には設計工房タリアセン Taliesin（→ P.322）を完成させ、弟子たちと共同生活を始めた。しかし、そこでは家族や弟子が惨殺されるという不幸にも見舞われる。1913年帝国ホテルの設計の契約を結び来日するが、予算オーバーのため建設途中で日本を離れることを余儀なくされた。1923年9月1日落成祝いのパーティが開催される直前に関東大震災が発生するものの、帝国ホテルがほとんど無傷であったことは現在も語り継がれている。

教育にも目覚めたライトは1932年には、自らの手でタリアセン・フェローシップを設立。建築家志望の若者たちの指導に当たった。教鞭を執ったライトは、1930年代後半から"後期黄金時代"を迎え、ペンシルバニア州西部の落水荘、ニューヨークのグッゲンハイム美術館、ウィスコンシン州のジョンソン・ワックス本社など、空間を重視した建築を造り出している。1959年、享年91歳でアリゾナ州フェニックスで死去。

ライトがアメリカで引いた設計図は600点以上、そのうちの約400が実際の建築物となっている。20世紀が生んだ偉大な建築家、ライト。現代の建築界においての功績は実に大きい。

*ほぼ正方形に近い大きな窓を左右対称に取り、入口の扉の高さを抑え、かつ幅は標準のサイズより大きく取った。そして軒下の2階の壁は、黒く施した壁の装飾を水平にして、屋根の大きさを強調した画期的なデザイン手法を取った。

2019年にライトの8つの建築が世界遺産になった。天国で本人も喜んでいるだろう

ロバート・P・パーカー邸とトーマス・H・ゲイル邸（非公開）

住 1019 & 1027 Chicago Ave.
竣工 1892年
設計 Frank Lloyd Wright

ライト初期の建築を代表するトーマス・H・ゲイル邸（上）とロバート・P・パーカー邸（下）。窓ガラスの装飾は後のライトが多用した

八角形が特徴の

ロバート・P・パーカー邸とトーマス・H・ゲイル邸
Robert P. Parker House & Thomas H. Gale House

MAP P.32-A2

　2軒の家はともに1892年に建てられ、色こそ違うが外観は非常によく似ている。ライト初期の作品で、ビクトリア調の造りだ。八角形の棟と急勾配の屋根、それをつなぐ長方形の低い棟。これらはライトの最初の師匠であるシルスビーの影響を受けたもの。家屋の随所に見られる幾何学模様は第2のライトの師匠であるルイス・サリバンの建築にもしばしば現れるもので、サリバンの事務所から独立する前にライトが設計した。

　しかし、ライトはこれら邸宅の設計を、サリバンの事務所を通さずに受けてしまった。契約違反となり、事務所から解雇されてしまうという、ありがたくないオマケまで付いてきた。

ネイサン・G・ムーア邸（非公開）

住 333 N. Forest Ave.
竣工 1895年
改築 1923年
設計 Frank Lloyd Wright

左／急勾配の屋根とプレーリースタイルのコラボというべき建築　右／向かいのヒルズ・デケイロ邸の庭にある東屋のような建物はシカゴ博鳳凰殿のチケット売り場を移築したもの

ライトには珍しいチューダー様式

ネイサン・G・ムーア邸
Nathan G. Moore House

MAP P.32-A2

　ライトが独立して間もなく、仕事での低迷期を迎えた。そんなライトを見かね、わりのいいコミッションの付いた高級住宅建設（自宅の新築）の話をもってきたのが、彼の友人であり隣人であったネイサン・G・ムーアであった。

　1895年に新築された当時は、施主であるムーアの希望であった、イギリス・チューダー王家のスタイルで建てられたため、後のプレーリースタイルにつながるようなライトらしいデザインは見受けられない。

　2、3階部は木造で、この部分は1922年に焼失してしまう。しかし、1923年には1階部分を残したまま建て直された。建て直しには、再度ライト自らが設計を務めた。その部分には、ムーアのためにゴシック様式を取り入れながらも、れんがの壁を残したまま、屋根の勾配の長さを長くし、ひさしを追加するなどした。マヤ文明の建築を思わせる装飾的なブロックが使われ、旧帝国ホテルにも見られるライトらしさが表現されている。この邸宅の改築でライトの評価は一気に高まった。

ネイサン・G・ムーア邸ここに注目　南側と北側では同じ家とは思えないほど、デザインが異なる。ぜひ見比べてほしい。北側はオフィスとして使われていた。

家の向きを回転させた

エドワード・R・ヒルズ・デケイロ邸

Edward R. Hills-DeCaro House

MAP P.32-A2

エドワード・R・ヒルズ・
デケイロ邸（非公開）
住313 N. Forest Ave.
竣工　1906年
設計　Frank Lloyd Wright

　1906年、ネイサン・G・ムーアは、ムーア邸に隣接するグレイ邸Gray House（1874年築）を娘夫婦のために改築しようと、その設計をライトに依頼した。ライトは改築に当たり、家の位置を90度回転させ、ムーア邸に面するようにするという、とても人件を必要とする方法を取った。当時、建材費よりも人件費が安かったからだ。そのため、もとからある建物の一部を残し、その周りに木造部分を建てるという、ほとんど新築に近い改築が頻繁に行われていたが、この邸宅もそのような事情のもとに改築用の設計がされた。

ライトらしさと向かいのチューダー様式がコラボしたような外観が特徴

　邸宅にはライトお得意の地平線が強調されるような窓枠、ステンドグラス調の飾り窓などが随所にちりばめられている。屋根が2段のスロープからなるというデザインだが、これは1890年代半ばによく使われた設計手法。デザインはシカゴ博の鳳凰殿からヒントを得たといわれている。

　1976年火災に遭いそのほとんどを失ったが、デケイロ家DeCaro Familyによって再建された。

ライト第1号のプレーリースタイル

フランク・W・トーマス邸

Frank W. Thomas House

MAP P.32-A2

必見POINT

フランク・W・トーマス
邸（非公開）
住 210 N. Forest Ave.
竣工　1901年
設計　Frank Lloyd Wright

　ライトのオークパークでのプレーリースタイル第1号の邸宅。材質がすべてしっくいでできた家でもある。

　上から見ると "L" 字型をしていて、採光と敷地の狭さをカバーしている。城郭のような回り道式の入口も特徴的。家族のプライバシーを守るために、外界からの遮断を目的として、道に面した壁には入口のドアを造らなかったという。そのため、入口を入ってから一度左に曲がり、階段を上がって右へ。さらに右に曲がると、やっとドアにたどり着くようになっている。このように、入口は極めて閉鎖的な感のある造りだが、邸内に入ると、ガラスの壁が続く開けたダイニングルームになっている。入口の狭さとのコントラストによって、本来の広さよりも、より広い空間に感じるように意図されているという。1階部はユーティリティで、2、3階部が人間の居住空間になる。玄関部はアーチ型になっているが、これはライトが1901〜03年頃好んで取り入れた手法。

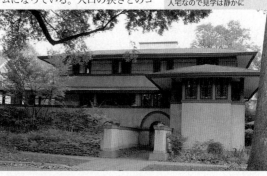

通りに面してダイニングがあるフランク・W・トーマス邸。個人宅なので見学は静かに

CHICAGO INFORMATION **オークパークの情報源**　オークパークはとてもかわいらしい町で、町歩きも楽しい。オークパークの情報ならURL www.downtownoakpark.netが便利。

129

ライト・プレーリースタイル初期の代表作 MAP P.32-A2 必見POINT

アーサー・B・ヒュートレイ邸
Arthur B. Heurtley House

アーサー・B・ヒュートレイ邸（非公開）
住318 N. Forest Ave.
竣工　1902年
設計　Frank Lloyd Wright

プレーリースタイルがどんなものかが実感できる邸宅だ

ライトが確立したプレーリースタイルの初期の代表的な家屋。初代の持ち主は銀行家のヒュートレイ。彼の要望に応え、ライトは見事な芸術品を造り上げた。どっしりと構えた背の低い建物、地平線が強調された幅の広いはね出し梁（キャンティレバー→P.132）と緩やかな屋根のカーブ、落ち着いた色のれんがの壁……周囲の景観ともよく調和している。プレーリースタイルの典型的な家屋でありながら際立って特色づけられている点は玄関、入口にある。アーチ型の門構えは、入り組んだ塀に遮られ、プライバシーが尊重されている。

ヒュートレイ邸の居住部は2階になっている。左側に食堂、中央に居間が位置し、これらの部屋から望むフォレストアベニューの景色はたいへん見晴らしがいい。また、絶え間なく続くステンドグラス調の窓も特徴的。

トーマス・H・ゲイル夫人邸（非公開）
住6 Elizabeth Ct.
竣工　1909年
設計　Frank Lloyd Wright

ライトの過渡期的な作品 MAP P.32-B2 必見POINT

トーマス・H・ゲイル夫人邸
Mrs. Thomas H. Gale House（Laura Gale House）

オークパーク時代のライトの最後の家屋。プレーリースタイルにも変化が見られ始め、次の段階への過渡的な作品でもある。ライトの傑作中の傑作である、1935年の "**落水荘 Fallingwater（ペンシルバニア州）**" に見られる、せり出した地平線を強調するバルコニーの工法（キャンティレバー）が用いられている。特にこれ以降、ライトは幾何学的な形を好むが、ゲイル夫人邸の窓ガラスも幾何学模様のステンドグラス調になっている。

トーマス・H・ゲイル夫人邸は腐食が進みつつある。この建築に限らずライト設計のいくつかの建物は補修が必要になっている

ジョージ・W・スミス邸（非公開）
住404 S. Home Ave.
竣工　1898年
設計　Frank Lloyd Wright

ダイヤ状の模様に注目 MAP P.32-A4 マップ外

ジョージ・W・スミス邸
George W. Smith House

デパートのマーシャル・フィールズ（現メイシーズ）に勤務するセールスマン、ジョージ・スミスのために建てられた家。グリーンラインのOak Park駅を挟んだ逆側にある。

ライト初期の作で、1895年頃低コストの住居をいくつか設計したが、スミス邸はそのなかのひとつ。プレーリースタイルではないが、2段の勾配をもつ屋根のダイヤ状の模様がライトらしい。

オークパークの町の北東にある、同じライト作の**ハリー・C・グッドリッチ邸Harry C. Goodrich House**（住534 N. East Ave.）にも似ている。

ライト設計宅のオープンハウス　毎年5月中旬の土曜に、ライト設計の家が一般公開される。普段は個人所有で内部に入ることができないだけに貴重。興味のある人はウェブをチェック。2020年は$90〜110。

ライト自身が "私の小さな宝石箱" と呼んだ　**MAP P.32-B3**

必見POINT▼

ユニティテンプル
Unity Temple

左／ユニティテンプルの内装もライトが設計した。繊細なデザインの窓からはやわらかい光が入る　右／夜のユニティテンプル。ライトが呼んだ「宝石箱」のよう

　1968年に帝国ホテルが解体されたため、現存する唯一のライト設計の公共造物となってしまったユニティテンプル。2019年には、ペンシルバニア州の落水荘、ニューヨークのグッゲンハイム美術館、シカゴのロビー邸などライト設計の7つの建築とともに**ユネスコの世界遺産に登録**された。このライト初期の画期的な建築物の完成は、後の建築界に大きな影響を与えた。サリバンの設計事務所から独立後、ライトの初の公共建築の仕事となった作品でもある。

　ライトは教会という建造物の概念を打ち破った"キュービック（箱）型"という斬新なデザインを用いている。教会らしい大きな屋根や尖塔を省いているにもかかわらず威厳に満ちた建築だ。

　計算された窓や天窓の配置によって自然な採光が得られ、キャンティレバーの構造がつくり出した開放感など、彼の建築の特徴がちりばめられている。ライト自身が行った直線的な装飾、クリーム色や淡い緑色などの内装の彩色なども、後のライトの建築に多用された手法。また、ライトは、まずコンクリートという新素材に着目した。コンクリートは当時、どの建築材料よりもコストが安く上がり、総建築工費も4万5000ドルと、当時の一般的な教会建築の半額以下という、革命的な結果をもたらした。

教会建築としてのユニティテンプル

　説教壇を取り囲むよう三方に席（約400）が置かれ、どの位置からも牧師や講師がよく見えるように配慮がされている。また、大通りからの騒音を遮断するために、低い位置に窓を造らず、プライバシーを確保するために入口を大通りから離れた位置に配したりと、教会建築としても考え抜かれている。

　壁の代わりに装飾が美しいガラスのドアや窓を用い、開放感も出している。この光のスクリーンは説教壇を取り囲むようになり、明るい。こういった開放感の演出もライトお得意のもの。

　ライト自身も、このユニティテンプルはお気に入りで、晩年まで**"私の小さな宝石箱My Little Jewel Box"**と呼んでいた。

ユニティテンプル
🏠875 Lake St., Oak Park
☎(1-312)944-4000
🌐flwright.org
🕐月〜木 9:00 〜 16:00、金〜15:00、土〜11:00（ガイドツアーは10:00以降1時間おき。所要約45分）
🚫日、11月 第4木 曜、12/24、12/25、1/1
💰ガイドツアー $18、65歳以上・学生 $15。セルフガイドツアー（日本語あり）$12、65歳以上・シニア $9
🚶行き方Lake St. と Kenilworth Ave. の交差する南東の角

竣工　1905 〜 08 年
設計　Frank Lloyd Wright

テンプルの入口部。回って入る造り

First United Church
　ユニティテンプル向かいの Grace Episcopal Church はヘミングウェイの両親が結婚式を挙げた教会。彼自身も1899年ここで洗礼を受けた。同じ教会でもユニティテンプルとは実に対照的だから、ぜひ見比べてみよう。

CHICAGO INFORMATION　シカゴの "最初" その3　心臓の手術で初めて成功したのはシカゴの病院。
シカゴの "最初" その4　チャック、ファスナーともいわれるジッパー Zipperはシカゴで生まれた。

131

ウィリアム・H・ウィンズロー邸
William H. Winslow House

ウィリアム・H・ウィンズ
ロー邸（非公開）
住 515 Auvergne, River Forest
竣工 1893年
設計 Frank Lloyd
Wright

ライト初期の作品は
リバーフォレストの町
にある。オークパーク
から歩くこともできる

▲ライトの記念すべきデビュー作　　　　　　　　**MAP** P.32-A4 **必見POINT▼**

　ライトがサリバンの事務所を辞めて、初めて受注した邸宅。独立後の、まさにデビュー作といえる作品で、これをきっかけにライトは建築家としての知名度を一気に高めた。サリバンが好んだ四角の窓は、サリバンへの敬意を表したもの。

▲中西部の大平原を意識　　　　　　　　**MAP** P.32-A4

チャウンシー・ウィリアムズ邸
Chauncey Williams House

チャウンシー・ウィリアム
ズ邸（非公開）
住 530 Edgewood Pl., River
Forest
竣工 1895年
設計 Frank Lloyd Wright

　サリバンの影響を受けた時代からプレーリースタイルへと移行する過渡期的作品で、急勾配で高さのある屋根と対照的にひさしまでの壁の低さが大きなインパクトを与えている。しっくいと下部のローマ風のれんがはライトが好んで使った素材。

▲ライトの新しい試みが見られる　　　　　　　　**MAP** P.32-A4

イザベル・ロバーツ邸
Isabel Roberts House

イザベル・ロバーツ邸
（非公開）
住 603 Edgewood Pl., River
Forest
竣工 1908年
設計 Frank Lloyd Wright

緑の中に溶け込むイザベル・ロバーツ邸。茶色の窓枠や梁が落ち着きを与えている

　オークパーク時代後期の設計。地平線を強調する梁と緩やかな屋根からは、プレーリースタイルの典型とも見られるが、実はライトが新たな境地を開こうと葛藤した作品。家はライトの事務所で監督と簿記を任されていたイザベル・ロバーツのために建てられたもので、吹き抜けの広い居間と1階と2階を貫く八角形のバルコニーがある。1955年にはライトが1階の寝室や入口部の改築を行った。

COLUMN

キャンティレバー Cantilever （はね出し梁）の構造

　ライトが得意とする工法のひとつで、キャンティレバーとは、はね出し梁、または片持ち梁を意味する。

　例えば箱型の構造物は、四方の壁にその建物の重量がかかるため、高さが高くなり、同じ建材を使うと壁は厚くなる。しかし、シカゴの摩天楼建築にも革命的な材質として用いられた鉄骨は、非常に強靭性に富み、これを使えば、それまでのれんがを積んでいく工法に比べ、壁などを薄くすることも可能となる。

　鉄骨を用いながら、重量の支点を4隅から少し内側に移動させれば外側に間（梁）ができる。家でいえば箱型の建物の支点が内側に

動くことによって、屋根のひさし部分ができることになる。プレーリースタイルの設計によく見られる長いひさしは、このはね出し梁の考え方なのである。これによって、地平線が強調され、アメリカ中西部の自然に調和する建築のあり方が浮き彫りにされてくる。

　ライトの建築の特徴となっているキャンティレバーだが、問題もある。築後100年以上たった現在、水平に延びていたはずのひさしが、たわんできているのだ。これは、建設当時の建材の耐久性のためだが、ライトは自分の設計した邸宅が100年以上も使われ続けるとは考えていなかったようだ。

COLUMN

オークパークにあるそのほかの 見ておきたい邸宅

オークパークには、ほかにも美しく古い邸宅が数多く残っている。すべて非公開。

チャールズ・E・マシューズ邸
Charles E. Matthews House

初代の所有者は、薬品業界で成功を収めた人物。設計はジョージ・マハーの影響を強く受けたトールマッジとワトソンの共同作業によるもの。箱型の家はすべてしっくいで造られ、安定感と安心感を与えている。玄関部が1階半の高さになっているのもおもしろい。

🏠432 N. Kenilworth Ave.
MAP P.32-B2
竣工　1909 年
設計　Tallmadge & Watson

ウォルター・H・ゲイル邸
Walter H. Gale House

ダイヤモンドのようにキラキラ輝く窓が印象的な家。クイーンアン調のこの邸宅は、ライトが独立後すぐに手がけた邸宅。ロバート・P・パーカー邸、トーマス・H・ゲイル邸の2軒に似た雰囲気をもっているが、円筒形の棟と広い屋根の部分が異なっている。ライト自身の独創性を発見するべく模索する過渡的な設計。

🏠1031 W. Chicago Ave.
MAP P.32-A2
竣工　1893 年
設計　Frank Lloyd Wright

フランシス・J・ウーレイ邸
Francis J. Woolley House

ゲイル邸同様、1893 年のライト設計の邸宅。ライトが早期の頃に手がけた低コストの典型的な家でもある。急勾配の屋根、多角形

のひさしなどのライトらしさはあまり見受けられないが、当時ダウンタウンのビルの構法に取り入れられた、波を打つベイウインドーが見られる。

🏠1030 W. Superior St.
MAP P.32-A2
竣工　1893 年
設計　Frank Lloyd Wright

H・P・ヤング邸（改築）
H. P. Young House （Remodeling）

急勾配の大きな屋根と屋根裏部屋の小さな窓がかわいらしい。1895 年のネイサン・G・ムーア邸に続き、中世イギリスの面影が残ったデザインとなっている。ライトはこの家の正面約3分の2の部分を改築し、ライトが手をつけなかった約3分の1は南側に残っている。ダイヤモンドの模様の窓ガラスはライトらしい作品。

🏠334 N. Kenilworth Ave.
MAP P.32-B2
竣工　1895 年
設計　Frank Lloyd Wright

ウィリアム・H & フランシス・コープランド邸
William H. & Francis Copeland House

もとは、1875 年ウィリアム・H・ハーマンのために建てられたイタリア風の低い屋根の家。1908 年、ライトは駐車場を増築、翌1909 年には再度コープランドの依頼を受け改築の設計を手がけた。2階部の屋根はタイルに、ポーチと呼ばれるアメリカ家屋の縁側部を加え、玄関の位置を変えるなどしている。中に入れないのは残念だが、居間、仕切り窓、サイドボード、椅子やテーブルなど家具や内装もライト自らがデザインしている。

🏠400 N. Forest Ave.　MAP P.32-A2
竣工　1909 年
設計　Frank Lloyd Wright

左／ウォルター・H・ゲイル邸。3軒少しずつ異なるライト・デザインの家が並ぶ　右／H・P・ヤング邸は家の南側にも注目したい

プレザントホーム

住 217 Home Ave., Oak Park
☎ (1-708)383-2654
URL pleasanthome.org
開 ツアー：木～日 12:00 と 13:00（土は除く）。セルフガイドツアー 14:00 ～ 16:00
料 $10、65 歳以上・学生 $8、18 歳以下 $5、5 歳以下無料。セルフガイドツアーは $5。木 14:00 ～ 16:00 は無料
行き方 CTA グリーンライン Oak Park 駅から South Ave. を西へ

竣工 1897 ～ 99 年
設計 George W. Maher

🏠 ライトではないプレーリースタイル　　　　　　**MAP** P.32-A4

プレザントホーム
Pleasant Home

別名ファーソン・ミルズ邸。ジョージ・W・マハー設計によるプレーリースタイル初期の典型的な邸宅で、マハーは5軒の邸宅をこのオークパークに残した。同時期のライトに比べるとより直線的で窓なども小さくスッキリとまとめられている。30部屋ある大邸宅だが、決して華美でなく、シンプルな機能美が表れた近代アメリカらしい建築だ。

内部はツアーで見学可能。マハーは家具や内装の装飾に、植物のスイカズラ（友情の意味）と幾何学的な形（長方形のトレイは歓待の意味）をミックスした模様を円（初めと終わり、永遠を意味）で囲んだモチーフを随所にちりばめている。

Mills Parkにあるプレザント邸。ツアーで見学できる

ヘミングウェイ生誕の地

住 339 N. Oak Park Ave.
☎ (1-708)445-3071
URL www.ehfop.org
開 水～日 13:00 ～ 17:00（土 10:00 ～）。冬期は金～日の開園
休 月、火とおもな祝日
料 $15、11 ～ 18・65 歳以上 $13、10 歳以下無料
※ヘミングウェイ博物館は閉館したが、財団では新しい形での公開を模索中

🏠 ノーベル賞作家の生まれた家　　　　　　**MAP** P.32-B2

ヘミングウェイ生誕の地
Hemingway's Birthplace

必見 POINT

1899年7月21日、アーネスト・ヘミングウェイは6人兄弟の2番目としてこの家で生まれた。1890年代そのままの薄いピンクのクイーンアン調の2階建てで、ヘミングウェイは6歳までここで過ごした。

下階には、母グレースの趣味でバラの花の壁紙が張り巡らされ、ヘミングウェイのベビー服やグレースが残しておいた思い出の品々が展示されている。奥にキッチンがあるのだが、当時アッパークラスの女性は家事をしなかったという。壁にはヘミングウェイが4歳のときに描いた絵、おばあさんのお月様の話を聞いて描いた月の絵やヨットなどが貼られているが……ちょっと絵の才能はなかったようだ。2階には父親エドのベッドルームがあり、この部屋にアーネストのベッドが置かれている。興味深いことに当時、健康のためとして、夫婦は別々の寝室に寝ることが一般的だった。通りの向かいには、祖父母が住んでいた。おじいさんは船乗りで、アーネストは海の向こうの話をたっぷり聞いて育った。それらは、彼のイマジネーションをおおいに成長させたという。

左／ヘミングウェイの生家はツアーで見学できる　右／小学校はライト邸のすぐそばにあり、子供たちの遊び場ともなっている

ヘミングウェイの少年時代の家
多感な少年時代を過ごした家
Hemingway's Boyhood Home MAP P.32-B1

ヘミングウェイの祖父が亡くなると、一家は新築の家へと引っ越した。Kenilworth Ave.にIowa St.がぶつかる北東の角に建つ、灰色がかったブルーの家は、ヘミングウェイが多感な少年時代を過ごした家だ。3階建てのしっくい材からなる建物は1905〜06年に造られ、設計に際してはヘミングウェイの母親であるグレースの案も生かされたという。アーネストの部屋はIowa St.に面した3階の中央部。北側には9m×9mの音楽部屋があり、そこで母は音楽を教授し、アーネストはボクシングの練習に励んだ。ヘミングウェイ家は1936年、隣町のリバーフォレストに引っ越すまでこの家に住んだ。

ヘミングウェイの少年時代の家（非公開）
🏠600 N. Kenilworth Ave.
※この家は現在も一般の住宅として利用されているため、一般公開されていない。静かに外から見学しよう

少年時代の家の前には碑が埋め込まれている

COLUMN

アーネスト・ヘミングウェイ
Ernest Hemingway（1899-1961）

20世紀アメリカが生んだ偉大な作家、アーネスト・ヘミングウェイ Ernest Hemingwayは、シカゴ郊外の町オークパークで生まれ、高校卒業までをこの地で過ごした。

ヘミングウェイは1899年7月21日、産科医だった父クラレンス Clarence "Ed"と統一組合教会の歌手の経歴をもつ母グレース Grace夫婦の長男、6人兄弟の2番目として誕生した。彼が生まれた頃のオークパークは、発展途上のシカゴ郊外の典型的な中産階級の町であった。母グレースは宗教的に厳格な人で、兄弟は厳しい戒律のなかで育った。また、自らが歌手であった母は、子供たちの音楽を含めた芸術的な才能を伸ばすことに躍起になった教育ママ的存在であった。その母の支配的な環境に反抗し、2度も家出を企てたことがあるという。

それと同時に、アーネストはアウトドア派の父から狩り、釣りなど、自然の中でのアクティビティを学んだ。家族は夏の間、ネイティブアメリカンの住む北部ミシガンのワルーン湖 Walloon Lakeにある別荘で過ごしている。アーネストは父とともに狩りや釣りに興じたという。後に、ここでの数々の体験は、彼のいくつかの小説の源になっている。

アーネストの通ったオークパーク＆リバーフォレスト高校 Oak Park and River Forest High Schoolはアカデミックな学校で、作家としての基盤をここで形成した。彼は高校の1年目から学校新聞の記者を、最終学年には編集者も務めた。また学校が発行する雑誌にも寄稿し、彼の最初の作品は12歳のときに

印刷された。文学的な面とは裏腹に、アーネストはスポーツ好きな少年でもあり、特にボクシングとアメリカンフットボールが得意であった。これら少年時代の体験は、彼の短編小説にその片鱗をのぞかせている。

1917年春に高校を卒業後、アーネストは故郷を離れ、カンザスシティの新聞 Kansas City Starの新聞記者となる。翌年、第1次世界大戦が勃発すると義勇兵として赤十字の野戦衛生隊に参加、イタリアで救急車を運転中にオーストリア軍の砲撃により負傷。ミラノの野戦病院で療養を受け、休戦まで戦場にとどまった。

戦後、パリで外国特派員として働きながら1923年に処女作を発表。1926年に発表した、第1次世界大戦によって傷つけられた"失われた世代 Lost Generation"の実態を描いた『日はまた昇る』は、特に若い読者に愛読され、初期代表作として評価されている。

その後、従軍中の体験を基にした1929年の『武器よさらば』で作家として確固たる地位を築いた。1952年に発表した『老人と海』ではピュリッツアー賞とノーベル文学賞も受賞。晩年は体力の減退と双極性障害に悩み、1961年7月2日、銃で自らの生涯に終止符を打った。

ヘミングウェイの両親が結婚式を挙げた教会はユニティテンプルの向かい

ノースウエスタン大学の ある穏やかな町

エバストン
Evanston

エバンストンは全米屈指の大学であるノースウエスタン大学の町

シカゴ市のすぐ北隣、シカゴのダウンタウンから約22kmの所に位置するエバンストン。学府をおくノースウエスタン大学の創設者のひとり、ジョン・エバンス John Evans にちなんで名づけられた町だ。アッパーミドルクラスの人々が多く住むシカゴでも環境のよい郊外都市であり、人口は約7万5000、高架鉄道なら中心部から1時間強ほどの距離。ノースウエスタン大学などハイレベルな大学がある学園都市でもある。また、ロータリーの世界本部や壮麗なバハイ寺院（ウィルメット市）があることでも知られている。

アクセス

🚃 **CTA トレイン**　パープルラインが利用できるが、ダウンタウンとの間を運行しているのは、平日の通勤時間帯のみ。上記以外の時間は、レッドラインで北方面の終点、Howard 駅まで行き、パープルラインに乗り換える。エバンストンの中心 Davis 駅で下車。片道 $2.50。ダウンタウンから約1時間。

🚃 **メトラ**　オギルビー・トランスポーテーション・センター駅発の UP-N 線で約20分。Davis St./Evanston 駅で下車。メトラは基本的に通勤列車なので、時間帯によっては運行本数が極端に少ない。料金は片道 $4。

🚗 **車**　ダウンタウンから Lake Shore Dr. を終点まで北上し、あとはひたすら Sheridan Rd. を北に向かって走れば、サウスキャンパスの入口が見える。20～30分。

歩き方

昔から続くシカゴ市に隣接する典型的な郊外の町。ダウンタウンから来る場合、バハイ寺院を見学するならパープルライン終点のLinden駅、エバンストンの中心部とノースウエスタン大学に行くなら4つ手前 Davis 駅で下車しよう。Davis 駅を中心にエバンストンの小さな繁華街があり、Davis St. 沿いにショップやレストラン、カフェなどが軒を連ねている。ロータリー世界本部もここだ。Clark St. を東に進めば、ノースウエスタン大学のキャンパスの入口が見えてくる。

エリア内モデルコース

バハイ寺院	**45分**	(→ P.139)
↓ 🚶 徒歩約20分		
グロスポイント灯台	**30分**	(→ P.138)
↓ 🚶 徒歩15分		
ノースウエスタン大学	**2時間**	(→ P.137)
	TOTAL 約4時間	

※ノースウエスタン大学の中にも現代美術館や庭園がある。

夏は湖水浴を楽しむ市民の姿も

観光名所になっている壮麗なバハイ寺院。実は隣接するウィルメット市にある

全米に知られる名門校
ノースウエスタン大学
Northwestern University

ノースウエスタン大学はクラシックな建物と近代的な建物から構成されており、対比しながら散策するといい

湖岸に沿ってシェリダンロードに囲まれるような形で広がっているのが、ノースウエスタン大学のキャンパスだ。南北の長さは1マイル（約1.6km）にもなり、キャンパスも歩きがいがある。ノースウエスタン大学（NU）は1851年に設立され、経営、ジャーナリズム、法律、医学部門のレベルの高さは全米のトップ10以内にランキングされ、また多くの優れた俳優を送り出していることでも有名だ。現在の学生数は大学生、大学院生を合わせると約2万1000人、そのうち海外からの学生は1割を超える。教授陣は約3400人。卒業生として、作家のギリアン・フリン、俳優のセス・マイヤーズ、NBAシカゴ・ブルズとMLBホワイトソックスのオーナーのジェリー・ラインズドルフらがいる。

キャンパス案内

キャンパス内を散策する前に、まずは地図を入手すること。係員もいる**シーガル・ビジターセンターSegal Visitor Center**へ行こう。キャンパスの南東、Sheridan Rd.とCampus Dr.が交差する北東の角に位置している。近代的な姿のガラス張りの建物からはミシガン湖も見渡せる。大学の概要を紹介するWelcome Videoを見ることもできるし、Alumni Hallでは著名卒業生の写真パネルもある。地図を入手したら、ビジターセンター前のCampus Dr.を北へ向かい、キャンパスを歩き始めたい。Campus Dr.を挟んで湖岸沿いの東側には近代的な建物が、西側にはゴシック調のクラシックな建物が集中し、そのコントラストを眺めてみるのもおもしろい。

湖の方向へ進むと、突き当たりの小高い丘の所に、入口部がガラス張りになった**ピック・スタイガー・コンサートホールPick-Staiger Concert Hall**が見えてくる。音響効果がすばらしいホールとして知られ、教室として活用されているだけでなく、クラシックからポップスまで世界的なアーティストたちの公演が週末には必ず催されている。スケジュールは要チェックだ。座席は989。

ビジターセンターのあるシーガルビル。ここで地図をもらおう

ノースウエスタン大学
- 633 Clark St., Evanston
- ☎ (1-847)491-3741
- URL www.northwestern.edu
- 行き方 パープルライン Davis駅下車。駅前の Church St.を東へ行き、Chicago Ave.を北上する

シーガル・ビジターセンター
- 1841 Sheridan Rd.
- 開 月〜金8:30〜17:00
- ※夏期など大学の夏休みの間は美術館や生協、フードコートなどの施設の営業時間が短縮または休業するので注意。

FROM READERS **スカイラインが美しい**

ノースウエスタン大学キャンパスのミシガン湖に面した南側へ行ってみて。天気のいい日はここから見えるシカゴのスカイラインが美しい。ちょっと遠いけど。（福岡県 R.E. '19）

ピック・スタイガー・コンサートホール
- 50 Arts Circle Dr.
- ☎ (1-847)491-5441（オフィス）、467-4000（チケット）
- URL www.music.northwestern.edu/events

ブロック美術館
- 40 Arts Circle Dr.
- ☎ (1-847)491-4000
- URL blockmuseum.northwestern.edu
- 営 火〜日 10:00〜17:00（水〜金 20:00）
- 休 月
- 料 基本的に無料だが展示によっては必要となることも

彫刻彫像もお見逃しなく

ブロック美術館の西側にある彫刻庭園を中心に、ヘンリー・ムーアやジャン・アルプなど著名なアーティストの彫像が点在する。美術館にマップもあるので、散策がてら鑑賞してみよう。

CHICAGO INFORMATION エバンストンには観光案内所はないが、管轄はシカゴ・ノースショア観光局 Chicago's North Shore CVB。8833 Gross Point Rd., #307. Skokie, IL 60077 URL www.visitchicagonorthshore.com

137

ブロック美術館The Block Museum of Artでは、大学所蔵の約6000点のコレクションや、イリノイ州のアーティスト、現代アートといった型にはまらないユニークな企画展を開いている。

ノースウエスタン大学のブックストアやフードコートが入っている建物が**ノリス大学センターNorris University Center**だ。みやげの物色や腹ごしらえのためだけでなく、学生たちの情報収集ボードなどから、彼らの生活ぶりを知ることもできる。フードコートからはミシガン湖を見渡すことができ、ひと休みにもいい。

キャンパス内をさらに北に進むと、ドームを頂く**ディアボーン天文台Dearborn Observatory**が見えてくる。毎週金曜の夜は一般公開され、18.5インチの屈折望遠鏡をのぞかせてもらえる。天文台に隣接する**シェークスピアガーデンShakespeare Garden**にも寄りたい。約30種類の花やハーブが植えられており、これらはすべてシェークスピア劇にちなんだものだ。

多くの海難事故を防いできた

MAP P.33-B1

グロスポイント灯台
Grosse Point Lighthouse

昔から、深い霧や嵐に見舞われるミシガン湖に船乗りたちは頭を悩ませてきた。19世紀から20世紀の初めにかけては湖上交通が重要な位置を占めていたため、なおさらのこと。そして、ついに1860年、嵐で300人以上の死者を出す大惨事が起こり、これが灯台設置のきっかけとなった。灯台は1935年にその役目を終え、今は使用されていないが、ツアーに参加すれば展望台まで上ることができる。141段の階段を上った展望台から見る湖は、シカゴからとはまったく異なり、興味深い景観が楽しめる(8歳未満は安全のため参加不可)。

海のようなミシガン湖の安全を見守った灯台

ノリス大学センター
住 1999 Campus Dr.
☎ (1-847)491-2300
URL www.northwestern.edu/norris
開 月～土 8:00～24:00、日 10:00～(施設、季節により変動あり)

ディアボーン天文台
住 2131 Tech Dr.
開 金 20:00～22:00 だが 21:00 までは予約をした人のみ入場可。21:00 は予約なしでも入れるが、混雑時は望遠鏡を見ることが難しい

キャンパスの中心部にあるシェークスピアガーデン。春は特に美しい

グロスポイント灯台
住 2601 Sheridan Rd.
☎ (1-847)328-6961
URL www.grossepointlighthouse.net
開 ツアーによる見学
6～9月の土日 14:00、15:00、16:00。ツアーに参加したければ事前に電話を入れ、確認すること
料 $6、8～12歳 $4
行き方 ノースウエスタン大学の北隣。Sheridan Rd. と Central St. が交わった角の東

COLUMN

ロータリー世界本部のある「エバンストン」
Rotary International World Headquarters

ロータリークラブは社会奉仕を目的とする国際的な親睦団体で、この世界本部が、シカゴ北のエバンストン市にある。

発祥は 1905 年のシカゴ。弁護士ポール・ハリスが、当時の行き過ぎた商業主義的な風潮を憂い、もっと信頼のできる公正な取引を行い、それによってお互いの親睦を深め、さらに助け合える関係を築きたいと、3 人の仲間と誕生させたのが、ロータリークラブの始まり。メンバーが順番に（輪番＝ロータリー）会場を受けもったことから、この名がついた。政治や信仰に関係なく、現在、世界に約 120 万人、日本でも 9 万人近くが会員となっている。クラブは、ポリオの撲滅といった世界的なものから、地域運動の後援や支援といった、多岐にわたる活動を行っている。

本部 1 階の展示室では活動状況がパネルで紹介され、ツアーも行っているので興味のある人は参加してみるといい。予約が必要。

Rotary International
住 1560 Sherman Ave., Evanston
MAP P.33-A4　URL www.rotary.org
ロータリークラブのツアー：月～金 9:30～11:30、13:30～16:00。所要約 30 分。無料。5 営業日前までに URL rotary.org/tours から申し込む。日本語でも催行

CHICAGO INFORMATION 泳げる湖「グリーンウッドビーチGreenwood Beach」 Davis St.を東に行った突き当たりに5月下旬から9月上旬までオープンするビーチがある。夏場は意外なほど混雑する。1日$8の入場券が必要。

誰もが自由に瞑想できる礼拝堂

バハイ寺院

The Bahai House of Worship

MAP P.33-A1 マップ外

必見 POINT ▼

バハイ寺院は出入りが自由。中でひと休みするのがおすすめ。リフレッシュできる

「バハイ」。耳にしたことのない人も多いと思うが、1817年ペルシャ（現在のイラン）に生まれたバハオラの教えをもとに、どの宗派にも属さず宗派をもたない独立した一神教である。神はひとつ、宗教はひとつ、人類はひとつという思想のもと、世界約190ヵ国600万人から構成され、「バハーイー教」とも呼ばれる。非常に寛容的な立場をとっており、世界7ヵ所の寺院はあらゆる宗教の人が自由に出入り可能で、祈りや瞑想にふけることができる。

ミシガン湖に面して立つ寺院は1953年建立の、実に壮麗な建築物。繊細なレースに覆われたような白いドームは高さ42m、直径27.5m、内部では1192人の収容が可能だ。壁にはガラスが多用され、とても明るく開放的。祭壇もなく、聖職者もおらず、儀式も行われない。ここに身を置くとその静寂と荘厳さからか、まさに心が洗われるよう。地下では建物についてのビデオ解説があるほか、バハイの活動をパネルで紹介している。

バハイ寺院
🏠110 Linden Ave., Wilmette
☎(1-847)853-2300
URL www.bahai.us/bahai-temple/
🕐毎日6:00〜22:00。ウエルカムセンター10:00〜17:00（夏期は20:00まで）
料無料 行き方 パープルラインLinden駅よりLinden Ave.を東へ徒歩7分
※日本語のパンフレットあり

COLUMN

エバンストンのおすすめレストランetc.

バッファロージョーズ Buffalo Joe's

ノースサイドでは珍しいBBQチキンウイングの食べられる店で、持ち帰り客が多い。からっと揚げられた小ぶりの手羽に、濃厚なソースがからみつくレギュラーのBBQウイングがおすすめ。駅から近く、深夜まで営業。
🏠812 Clark St. MAP P.33-A3
☎(1-847)328-5525
URL www.buffalojoesevanston.com
🕐毎日11:00〜24:00 カード 不可

ペッパーコーンズ・キッチン Peppercorns Kitchen

四川料理を中心としたモダン中華。「老四川」や「Koi」などの有名中華系レストランがひしめくダウンタウンにあって、地元の人が一番にすすめる店。シェフズスペシャルの海老マヨ「ウォルナットシュリンプ」が人気。Davis駅から徒歩5分。
🏠620 Davis St. MAP P.33-A4
☎(1-847)563-8461
URL peppercornskitchen.com
🕐毎日11:00〜21:30（金土〜22:30）
カード AMV

シー・ランチ・スシ Sea Ranch Sushi

寿司の持ち帰りがおもで、握りのネタは20種類ほどある。目の前で握ってくれるためスーパーのパック寿司より新鮮でおいしく、値段も手頃。イートイン可。
🏠518 Dempster St. MAP P.33-A4 マップ外
☎(1-847)492-8340
URL searanchsushi.com
🕐月〜土11:00〜19:50（金土〜20:50）、日12:00〜19:50 カード MV

ベルギー・チョコレート・ピロン Belgian Chocolatier Piron

正統派ベルギーチョコの専門店。店内には美智子皇太子妃（1984年当時）の感謝を伝える、皇室関係者からの手紙が飾られている。ヨーロッパから厳選された材料を取り寄せながら、値段はリーズナブル。Main駅より徒歩約1分。
🏠509-A Main St. MAP P.33-A4 マップ外
☎(1-847)864-5504
URL belgchocpiron.com
🕐月〜金10:00〜18:00、土〜17:00
休日 カード AMV

CHICAGO INFORMATION **1920年代ビクトリア様式の大邸宅** エバンストンの南に第30代大統領の副大統領を務めたチャールズ・ゲイツ・ダウズ邸があり一般公開されている。●Charles Gates Dawes House URL www.evanstonhistorycenter.org

139

シカゴ郊外のテーマパーク&動物園

シックス・フラッグス・グレート・アメリカ
Six Flags Great America

シカゴとミルウォーキーとの中間のガーニー Gurnee という町に 40 年以上の歴史をもち、絶叫マシンが揃う人気のテーマパークがある。夏休みや週末はたいへん混雑するので、園内の状況をウェブサイトなどで確認のうえ、計画を立てよう。また、絶対に乗りたい人気ライドがある人は優先乗車できる The Flash Pass の購入をすすめる。

まずは、入場口にあるパンフレット（ショーやパレードのスケジュールも記載されている）をもらい、お目当てのライドへ。なお、乗り物によっては身長制限がある。すべてをクリアするのは 54 インチ（約 135cm）以上。

ジョーカー・フリー・フライ・コースター
The Jorker Free Fly Coaster

2019 年の大ヒット映画『ジョーカー』が絶叫コースターとして登場！ うねったレールの両側にライドがつき、足が宙ぶらりんの状態でライド自体がくるくると回る、かなり過激なコースター。その高さは 12 階建てで、タイミングによってはフリーフォール感もある。

エックスフライト X Flight

全長約 910m のレールを時速 89km でツイストしながら走行するウイングコースター。重力に逆らうフライトを体験してみよう。

ワンダーウーマンやバットマンなどアメリカンヒーローが大活躍する 4D シミュレーターライド、ジャスティスリーグ Justice League も好評で、毎年新ライドが開業するなど、進化し続けるのも人気の理由だ。

DATA

🏠 542 N. Route 21, Gurnee, IL

MAP P.18-B1　※おもな情報は→脚注参照

行き方

車：シカゴのダウンタウンから I-94 を West 方面に約 50 分。Exit Grand Ave. を出てすぐ

メトラ：Ogilvie Transportation Center 駅発のメトラ UP-N 線に乗り、Waukegan 駅下車。所要約 75 分。$8.25。駅前の Sheridan Rd. から PACE バス #565 の College of Lake County 行き（所要約 35 分、$2.25）またはタクシー（所要約 20 分、$30）を利用。6 〜 9 月初旬の金 〜 日 Northwest Transportation Center（9:30 発）と CTA ブルーライン Rosemont 駅（9:50 発）から直通バス（# 284）が運行。帰りは閉園 15 分後に出発。片道 $4。詳細と最新情報はウェブサイトで。

URL www.pacebus.com

ブルックフィールド動物園
Brookfield Zoo

シカゴ西の郊外にあり、年間の来訪者数も 230 万人を超え、規模（87 万 4000m²）、見せ方、生態に関する教育など、質の高さは有名。飼育されている動物は約 500 種、4900 匹を超える。ワシントン条約の対象になるような保護を受けている珍しい動物や、絶滅の危機のおそれのある動物も飼育している。

広大な園内の移動に便利なモーターサファリ Motor Safari が、1 周約 45 分を解説付きで回り、園内の 4 ヵ所にストップする（1 日大人 $6、子供 $3。春〜秋のみ）。

おもなアトラクション
グレートベア・ウィルダネス
Great Bear Wilderness

3 万種以上を植樹して再現した大草原地帯に、アメリカバイソン American Bison、ハクトウワシ Bald Eagle、グリズリーベア Grizzly Bear、メキシコオオカミ Mexican Gray Wolf、特別棟にはホッキョクグマ Polar Bear など、北米の象徴とされる希少種の動物が飼育されている。

近年は動物を見学するだけでなく、触れ合ったり、飼育に参加したり、キャンプをするプログラム（有料）が人気。詳しくはウェブサイトで。

DATA

🏠 8400 31st St. & 1st Ave., Brookfield, IL

MAP P.20-B4　☎ (1-708) 688-8000

URL www.czs.org

🕐 毎日 10:00 〜 17:00（無休。夏期や週末は延長）

💰 $24.95、3 〜 11 歳 $17.95、65 歳以上 $19.95、駐車料金 $15

行き方

車：シカゴのダウンタウンから、I-290 を West へ。Exit 20 を下りて 1st Ave. を南下すれば動物園までの案内標識が出ている。約 25 分。

メトラ：Union 駅発の BNSF 線 Aurora 行き、Hollywood（Zoo Stop）駅下車、Golf Rd. を北へ大きく 2 ブロック歩く。所要約 45 分、$5.50。時刻表や駅周辺地図はメトラのウェブサイトで。

URL metrarail.com

絶滅のおそれのある動物も飼育されている
©Brookfield Zoo

Museums & Galleries
ミュージアムとギャラリー

シカゴ美術館

The Art Institute of Chicago

MAP P.27-D3
ループエリア

CityPASS P.44参照

シカゴ美術館
🏠 111 S. Michigan Ave.
☎ (1-312)443-3600
（テープ案内）
URL www.artic.edu
🕐 毎日 10:30 ～ 17:00（水木金～ 20:00）
🚫 11 月 第 4 木曜、12/25、1/1
💴 $25、学生・子供・シニア（65 歳以上）$19、14 歳未満の子供は入場無料
🚃 CTA オレンジ、ブラウン、グリーン、ピンクライン Adams/Wabash 駅、またはレッドライン Monroe 駅下車 CTA バス #3、145、147 ほか

監修：斉藤博子
シカゴ美術館 公共教育部門 講師
Text by Hiroko Saito, Lecturer, Public Programs, the Art Institute of Chicago

シカゴ美術館の展示ミニ案内
（★＝おすすめ）
★ヨーロッパ絵画
　（中世から 19 世紀まで）
★アメリカ美術
★東洋美術
★近代・現代美術
　（20 世紀の絵画と彫刻）
▶ヨーロッパ装飾美術と彫刻
▶版画と素描
▶写真
▶建築とデザイン
▶テキスタイル
▶アフリカとアメリカインディアン美術
▶古代とビザンティン美術

日本語のパンフレットも用意されている

旅の口コミサイトで全米No.1美術館に選ばれたシカゴ美術館

　メトロポリタン美術館、ボストン美術館と並ぶアメリカ3大美術館のひとつがシカゴ美術館である。印象派と20世紀アメリカ美術のコレクションで特に有名だが、11部門、30万点以上の収蔵品（実際展示されているのは2000点ほど、残りは収蔵庫に保管）からなるコレクションはたいへんに質が高く、見どころが多い。その規模の大きさから、1日ですべてをゆっくり鑑賞するのは難しいため、あらかじめ興味を絞ったうえで訪れることをおすすめする。

　美術館はループエリアの東側、グラントパーク内にあり、S. Michigan Ave.とMonroe St.、Jackson Dr.に囲まれた一画に位置している。正面入口はS. Michigan Ave.に面しており、美術館のシンボルである2頭のライオンに守られているかのようだ。

　階段を上り、建物の中に入ると広々としたホールがある。右側にあるミュージアムショップを通り過ぎ、正面のインフォメーションデスクで館内見取図（Floor Plan）を手に入れよう。館内見取図は英語のみ。

　写真撮影は許可されているが、フラッシュの使用は禁止。ビデオカメラと三脚の持ち込みも禁止されている。

◆**チェックルーム**

　館内に入るには、大きなバッグやバックパック、ビデオカメラ、長い傘などをチケットカウンター近くのチェックルーム Check Roomに預ける必要がある。荷物1個につき$1。**飲食物の持込みは禁止**されており、預けることはできない。

◆**ツアー**

　常設展に関する無料ツアー（45分、英語のみ）がある。火14:00、水12:00、土13:00は印象派を中心に解説。集合場所は Gallery 100、東洋美術手前のガラスドア付近。正面玄関（Michigan Ave.側）右側から入り、2階への大階段は上らずに奥に進むとよい。

　月土12:00、金14:00は20世紀美術を近代棟で説明。集合場所は Griffin Court、近代棟1階のGallery 184の前。

日本語のポケットガイドもある。これがあれば安心（$7）

シティパスCityPassがお得！（→P.44）シカゴ美術館（ファストパス）またはアドラープラネタリウム、シェッド水族館、フィールド博物館流、科学産業博物館またはジョン・ハンコック・センター、ウィ↗

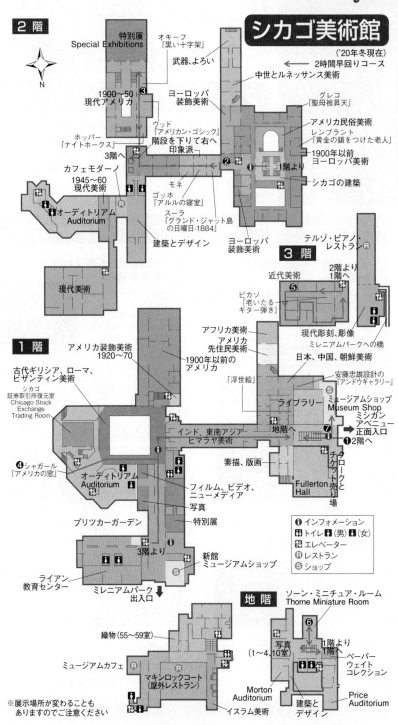

ミュージアムとギャラリー

シカゴ美術館

シカゴ美術館

('20年冬現在)

2階

特別展
Special Exhibitions

オキーフ
『黒い十字架』

← 2時間早回りコース

武器、よろい

中世とルネッサンス美術

1900～50
現代アメリカ

ヨーロッパ
装飾美術

グレコ
『聖母被昇天』

ウッド
『アメリカン・ゴシック』
階段を下りて右へ
印象派

アメリカ民俗美術
レンブラント
『黄金の鎖をつけた老人』

1900年以前
ヨーロッパ美術

ホッパー
『ナイトホークス』

3階へ

1階より

シカゴの建築

カフェモダーノ
1945～60
現代美術

モネ

ゴッホ
『アルルの寝室』

スーラ
『グランド・ジャット島
の日曜日-1884』

オーディトリアム
Auditorium

建築とデザイン

ヨーロッパ
装飾美術

3階

テルゾ・ピアノ・
レストラン

2階より
1階へ

近代美術

現代美術

ピカソ
『老いたる
ギター弾き』

現代彫刻、彫像
ミレニアムパークへの橋

アフリカ美術
アメリカ
先住民美術

日本、中国、朝鮮美術

1900年以前の
アメリカ

安藤忠雄設計の
『アンドウギャラリー』

1階

アメリカ装飾美術
1920～70

「浮世絵」

ライブラリー

ミュージアムショップ
Museum Shop

古代ギリシア、ローマ、
ビザンティン美術

ミシガン
アベニュー
正面入口
2階へ

シカゴ
証券取引所復元室
Chicago Stock
Exchange
Trading Room

インド、東南アジア
ヒマラヤ美術

地階へ

クロークと
チケット
売り場

❹シャガール
『アメリカの窓』

素描、版画

オーディトリアム
Auditorium

Fullerton
Hall

フィルム、ビデオ、
ニューメディア

写真

プリツカーガーデン

特別展

3階より

新館
ミュージアムショップ

ライアン
教育センター

ミレニアムパーク
出入口

❶ インフォメーション
🚻 トイレ 🚹(男) 🚺(女)
🛗 エレベーター
Ⓡ レストラン
Ⓢ ショップ

地階

ソーン・ミニチュア・ルーム
Thorne Miniature Room

織物(55～59室)

写真
(1～4、10室)

1階より

ペーパー
ウェイト
コレクション

ミュージアムカフェ

マキンロックコート
(屋外レストラン)

Morton
Auditorium

Price
Auditorium

※展示場所が変わることも
ありますのでご注意ください

イスラム美術

建築と
デザイン

リスタワー展望台など、シカゴの人気アトラクションがセットになったパス。個別に入場料を払うよりも50%以
上もお得。シティパスは前記のミュージアムの窓口で販売されている。12歳以上 $108、3～11歳影$89。

143

人気No.1の見どころを効率よく見学

シカゴ美術館

2時間早回り or **4時間しっかり**

旅の口コミサイト、トリップアドバイザーの全米No.1美術館に選ばれたシカゴ美術館。目にしたことのある絵画や画家が勢揃いで、まるで美術全集をめくるよう。時間のない人とじっくり見学したい人のためにふたつのコースをご紹介!

美術館正面のライオン像前はシカゴ随一のインスタスポット
©Adam Alexander Photography Photo Courtesy of Choose Chicago

シカゴ美術館 ● 早回り2時間コース
※数字は展示室番号

1 正面玄関ライオン像前で記念撮影

ニューヨークの自由の女神と並ぶシカゴの記念撮影の名所

大階段を上り2階へ

2 まず201を観て直進、240から249に進む

印象派と後期印象派の作品が集中。カイユボット、ルノワール、モネ、スーラ、ドガ、ゴッホ、ゴーギャン、ロートレックなどヨーロッパ絵画の傑作が揃う

『パリの通り、雨の日』は美術館の代表作

249から階段を下りて右へ

3 262から265を観る

ホッパー、ウッド、オキーフなどアメリカ美術の代表作がある

アメリカで最も有名な絵画といわれる『アメリカン・ゴシック』

262に戻り、階段を下りて直進、モダンウイング（近代棟）手前で右に曲がり、中庭を右側に眺めつつ古代ギリシア美術を通り抜けて直進

4 150と151を通り抜けて144を観る

ピカソ、カルダー、ミロ、デュビュッフェなど野外彫刻のモデルの奥にシャガールのステンドグラスが広がる

シャガールの大きなステンドグラスは必見

もとの順路をたどり、中庭を左手に直進、モダンウイング（近代棟）へ。エレベーターで3階まで昇る

5 391から398を回る

ピカソ、マティス、マグリットなどの重要な作品が展示されている。窓からミレニアムパークも一望できる

マチスの大作も見逃せない

エレベーターで1階まで下りる。下りたら左に進み、東南アジア美術のある通路（142から140）を正面玄関方面に引き返す
＊＊＊
さらに140、130、101と通り抜け、100で地下への大階段を下りる

6 地下11のゾーン・ミニチュア・ルームを見る

大階段を上る

7 正面玄関手前のミュージアムショップ

30分しか時間がない場合でも、2と3は外せない

FROM READERS 美術館とウィリスタワーのセットチケット　シカゴ美術館に行ったら、ウィリスタワーのスカイデッキとセットのチケットが$49であった。5つのアトラクションがセットのシティパスはお得だが、シカゴ美術館だけでなく、科学産↗

シカゴ美術館 ● 通常4時間コース

※数字は展示室番号

1 正面玄関ライオン像前で記念撮影

ニューヨークの自由の女神と並ぶシカゴの記念撮影の名所

大階段を上り2階へ

2 201手前から通路を右に曲がり、202から204、さらに211から213を経て220へ、そのまま通路に沿って222から226に進み、美術館の2階を一巡したかたちで201に戻る

中世から近代まで西洋美術史をたどるかたちでパオロ、グレコ、レンブラント、ゴヤなどがある

3 201を観て直進、240から249に進む

印象派と後期印象派の作品が集中。カイユボット、ルノワール、モネ、スーラ、ドガ、ゴッホ、ゴーギャン、ロートレックなどヨーロッパ絵画の傑作が揃う

249から階段を下りて右へ

4 273から入り、271を経て265から262へ

カサット、オキーフ、ホッパー、ウッドなどアメリカ美術の代表作がある

262から階段を下りて直進、モダンウイング（近代棟）手前で右に曲がり、中庭を右側に眺めつつ古代ギリシア美術を通り抜けて直進

5 150と151を通り抜けて144を観る

ピカソ、カルダー、ミロ、デュビュッフェなど野外彫刻のモデルの奥にシャガールのステンドグラスが広がる

6 144から右へ進み、階段を下りてミュージアムカフェで休憩

旬のオーガニック食材を使ったカフェも美術館の人気スポット

もとの順路をたどり、中庭を左手に直進、モダンウイング（近代棟）へ。 エレベーターで3階まで上る

7 391から398を回る

ピカソ、マティス、マグリットなどの重要な作品が展示されている。窓からミレニアムパークも一望できる

階段で2階に下りる

8 291から297へ

現代美術のさまざまな形。ポロック、ウォーホル、ケリー、リヒター、クーンズほか村上隆など日本人も多い

階段で1階まで下りたら直進し、東南アジア美術のある通路（142から140）を正面玄関方面に引き返す

＊＊＊

さらに140、130と通り抜け、101で左へ曲がる

9 102から106を通り、107を観て109へ

埴輪から始まる日本美術。仏像や浮世絵ほか安藤忠雄の設計した展示室109は必見

もとの順路をたどり、101の左側ガラス扉を通り、100で地下への大階段を下りる

10 地下11のソーン・ミニチュア・ルームを見る

大階段を上る

11 正面玄関手前のミュージアムショップ

6 のミュージアムカフェは30分滞在として計算

2009年にオープンした近代棟モダンウイングModern Wingはイタリア人建築家レンゾ・ピアノ Renzo Pianoの設計。ピアノはビルの骨格を見せる機能的なデザインで知られ、これまでパリのポンピドーセンターや関西国際空港を手がけている。

近代棟3階からは幅9フィート（約2.7m)、長さ900フィート(約274m)の歩道橋ニコルスブリッジウエイ Nichols Bridgewayがミレニアムパークへ延び、美術館から屋外劇場のプリツカー・パビリオンへ行くことが可能だ。

歩道橋の入口はMonroe St.に面した近代棟1階正面すぐ横にあり、無料で入場できる。まずエレベーターで3階に上り、そこから公園に向かおう。

この3階には景色のよい高級イタリア料理店テルゾピアノ Terzo Pianoがある。

↘業博物館かジョン・ハンコック・センターの展望台のどちらを選ぶことになり、両方行きたい人には向かない。有効期限も7日間あり、同日に行く必要もない。（大阪府 匿名）['20]

ヨーロッパ絵画 (中世から19世紀まで)
European Paintings

初めに正面中央から2階へ行き、202室のギャラリーから右側に曲がり、中世美術を一巡して201室の印象派展示に戻ると、西洋美術史をたどりながら能率よく鑑賞できる。時間が限られている場合は201室から直進しよう。

ストーリー展開されているジョバンニ・ディ・パオロの『見よ神の子羊』

◆202室

15世紀フランドルの画家、**ボウツ**の『**嘆きの聖母 Mater Dolorosa**』。平面的で色の数も少ないが、充血した瞳と真珠のような涙に、息子イエスを失った聖母の悲しみが痛ましいほどに表現されている。

◆204室

15世紀の巨匠**ジョバンニ・ディ・パオロ**の6連作『**見よ神の子羊 Esse Angus Dei (Behold the Lamb of God)**』は必見。ヨルダン川で洗礼を授けるヨハネが、サロメの願いで首をはねられるまでの伝記物語。幾何学的な背景と摩訶不思議な遠近法に注目してほしい。

◆211室

エル・グレコの『**聖母被昇天 The Assumption of the Virgin**』。16世紀スペインでグレコが完成させた7連作のひとつ。上下に2分割された大胆な構図、劇的な動作は、制作後400年以上たった現在でも新鮮な感動を呼び起こす。

◆213室

光の魔術師**レンブラント**の『**黄金の鎖をつけた老人 Old Man with a Gold Chain**』。初期の作品で、独特の光と影の描写法を用い、生きいきとした高い緊張感を与えている。

レンブラント『黄金の鎖をつけた老人』

◆216室

レンブラントと並び17世紀最大の画家といわれる**プッサン**の『**聖ヨハネのいるパトモスの風景 Landscape with Saint John on Patmos**』。黙示録執筆中の福音者・聖ヨハネが主題だ。遠景の隅々まで計算された構成と色彩には、静かな喜びがあふれている。

◆220室

ゴヤの6連作『**ペドロ僧のマラガート逮捕**

エル・グレコ『聖母被昇天』

プッサン『聖ヨハネのいるパトモスの風景』

伝達方法のひとつのような
ゴヤの6連作『ペドロ僧のマ
ラガート逮捕』

ドガ『ふたりの踊り子』

The Capture of the Bandit El Maragato by Friar Pedro』。1806年、修道僧ペドロが強盗のマラガートに襲われたが、逆に賊を縛りあげ、逮捕してしまった事件に基づいている。当時、この武勇伝は国中でもてはやされ、流行歌や芝居の題材となった。

『**仲買行商人を乗せた漁船 Fishing Boats with Hucksters Bargaining for Fish**』は19世紀イギリスを代表する風景画家・ターナーによるもの。果てしなく広がる空、荒れ狂う海、大自然のなかで人間は無力な存在でしかないことを抒情的に描いている。

◆222室

『**兵士たちの嘲りを受けるイエス Jesus Mocked by Soldiers**』はマネの作品には珍しく宗教を主題としたものだ。不思議な光をともなった人物の描写は、生々しい迫力をもって見る者に訴えかけてくる。

◆224室

コローの『**読書に疲れて Interrupted Reading**』。婦人画はコローの得意とする主題であり、固いポーズで地味な色使いながら、浪漫的な詩情をたたえている。

◆226室

ドガの『**ふたりの踊り子 Two Dancers**』。バレリーナはドガの一貫したテーマのひとつ。ここではふたりの緊張した表情、重たげな衣装の質感を通して、動的な瞬間が鋭くとらえられている。優雅に流れるようなパステルの力強いタッチにも注目。

◆201室

まず初期印象派、カイユボットの『**パリの通り、雨の日 Paris Street, Rainy Day**』が目に入る。日本人にはなじみが薄いが人気の高い作品だ。緻密に計算された構図と遠近法にもかかわらず、この作品は19世紀パリに確かに存在したであろう日常の瞬間、そして雰囲気を確実にとらえて

カイユボットの大
きな作品は引き込
まれていくような
不思議さがある

コロー
『読書に疲れて』

201室および240室から246室までにシカゴ美術館でも目玉の印象派コレクションが集中している。

シカゴ美術館のマスト中のマスト、スーラ
『グランド・ジャット島の日曜日-1884』

ルノワール『姉妹（テラスにて）』。
明るい色使いと優しい笑顔で日本人に人気

いる。雨にぬれた石畳の光に、ひんやりと
した空気が伝わってくるようだ。

その左側にモネの『ベンヌクールの
セーヌ河畔にて on the Bank of the
Seine, Bennecourt』。大胆な筆使いで、
細部を描写することなく穏やかな昼下がり
の空気を見事に伝え、明るい光があふれ
ている。

続いて右側にルノワールの『姉妹（テラ
スにて）Two Sisters（On the Terrace）』。
華やかな色彩に囲まれ、テラスの前から見
る人にほほ笑みかける貴婦人は、100年以
上前に描かれたとは信じ難いほどあでや
かで、不思議な魅力を放っている。日本
人に特に人気のある作品。

広場を挟んだ向かいに、同じくルノワー
ルの『フェルナンド・サーカスの曲芸師
たち Acrobats at the Cirque Fernando』。
明るい色で描かれた前面の少女ふたりと、
黒い服でまとめられた観衆が対照的だ。

◆240室

いよいよバートレットコレクションに入
る。まず目に入るのが、この美術館で最
も重要な作品、スーラの『グランド・ジ
ャット島の日曜日-1884 A Sunday on La
Grande Jatte -1884』である。スーラの代
表作のみならず、後期印象派の最高傑作
のひとつだ。スーラは物の形を単色の点で
構成することにより、見る人の視覚のなか
で色が混じり、実際に光が生み出すよう
な純度の高い色彩効果を上げるよう実験

を重ねていた。その努力の成果が本作で、
完成まで2年以上を要した。それから5年
後にスーラは31歳の若さで亡くなってい
る。この作品の緻密さを鑑賞するため、一
度絵に近づいて筆のタッチを確認してから
再び後ろに下がって、絵を見つめ直してほ
しい。

◆241室

ゴッホの『アルルの寝室 Bedroom at
Arles』。ゴッホを天才たらしめたのは、そ
の筆使いや配色はもちろん、普通ではな
い物の見方を通した表現力だった。『自画
像 Self-Portrait』は小品ながらインパク
トが強く、スーラに多大な影響を受けて点
描法で制作されている。スーラが純粋科
学に基づくとすれば、ゴッホの点描は激し
い感情と、やり場のないいら立ちの表現手
段だった。目に優しく落ち着きのあるスー
ラの作品とは対照的に、赤と緑の反対色を
意図的にちりばめて、不快感すら起こさせ
るゴッホの自画像。比較して鑑賞すること
をおすすめする。

ゴッホ『自画像』（左）と
『アルルの寝室』（右）

スーラのこの作品 日本で『グランド・ジャット島の日曜日の午後』として知られるスーラのこの作品は寄贈者の遺言により、門外不出。シカゴ美術館でしか見られない。なお美術館は近年、題名を『グランド・ジャット島の日曜日-1884』としている。

ロートレック『ムーラン・ルージュにて』

ゴーギャン『神の日』

ミュージアムとギャラリー

シカゴ美術館

◆242室

健康的で、屋外や自然に題材を求めた印象派の作家群とは対照的なのが**ロートレック**。パリはモンマルトルの酒場やダンスホールに足しげく通い、夜の世界から作品を生み出していった。『**ムーラン・ルージュにて At the Moulin Rouge**』は代表作のひとつ。仮面のように無表情な人々、人工的で不気味な光に彼の作品の本質が表れている。真ん中後方の、めがねをかけた小さな男はロートレック自身である。

◆243室

ここでは**モネ**の『**積み藁 Stack of Wheat**』にぜひ注目してほしい。モネは同じ対象を同じ位置から季節と時間を変えて描き続けることで、大気と光、そして時間の概念を表現した画家である。この6点の『積み藁』は、1891年に完成した25点のシリーズの一部で、その試みを十分に伝えている。『**睡蓮 Water Lilies**』、『**ロンドンのウォータールー橋 Waterloo Bridge, London**』の連作も注目。

◆247室

小さいながら鮮やかなのは**ゴーギャン**の『**神の日（マ・ハナノ・アトゥア）Day of the Gods**』。南太平洋のタヒチへ移って13年後に制作された。原始美術の影響を受けつつ、きっちりとした構図に印象派の明るい色彩を交えた秀作である。原始生活に入ることで悟りに近い境地に達したわけだが、この作品にも生と死を暗示するような象徴性が表れている。

◆248室

『**リンゴの籠 The Basket of Apples**』は数多い**セザンヌ**の静物のなかでも傑作のひとつ。セザンヌは後のキュビスム（立体派）に多大な影響を与えるが、この絵画でも静物は自然な物体というよりも、円筒・球・円錐といった幾何学的な形として描かれている。

セザンヌ『リンゴの籠』

モネは同じ題材を時間を変えて描き続けた画家。比較してみるとおもしろい。『睡蓮』（上）、『積み藁』（右）

マキンロックコート　McKinlock Court

249室を出て、壁面の**オキーフによる大作**『雲の上の空4 Sky above Clouds IV』を眺めつつ、本館2階の階段を下りる順路が効率的だ。

階下は左右2方向に分かれている。中庭マキンロックコートMcKinlock Courtを向かいに左に進むと通路を経てシカゴの野外彫刻のモデル群 Public Art in Chicago、144室のステンドグラス『**アメリカの窓 America Windows**』、カフェテリア、**シカゴ証券取引所復元室 Chicago Stock Exchange Trading Room**、およびシカゴ美術館附属美術大学へ行くことになる。

彫刻モデルはピカソ、カルダー、ミロ、デュビュッフェなどシカゴ市内で実際に建

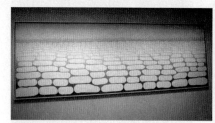

階段の壁に展示されているオキーフ『雲の上の空4』

てられた作品の原型だ。

幻想的な青いステンドグラスはシャガールによるもので高い人気を誇り、ショップの傘や小物などのモチーフになっている。

証券取引所復元室はルイス・サリバン設計のオリジナルが1972年に壊されたとき、そのまま移転して復元した明治村のようなもの。

また、中庭を向かいに右側の階段を進むとライスビルの入口があり、その左側150～154室には古代ギリシア・ローマ・ビザンティンの工芸が展示されている。

上／シャガール『アメリカの窓』。3つのパーツから構成されている
右／『アメリカの窓』にはシカゴの町がある

◆**ミュージアムカフェ Museum Cafe**

美術館1階を通り抜けたColumbus Dr.側地下にある。ランチタイムには混雑するがメニューが豊富で、セルフサービスのためチップは不要。5～9月は屋外でも食事ができる。

ライスビル　Rice Bldg.

アメリカ美術　American Art

中庭に面した階段が1989年に増築されたライスビルの入口だ。1階は18～20世紀初頭の絵画・彫刻・工芸、2階は20世紀の絵画を展示している。『ナイトホークス』、『アメリカン・ゴシック』、一連のオキーフ絵画など美術館の代表作が並び、多くの人が訪れる。

1 階

◆**163室**

西部開拓を写実的に表した**レミントン Remington**の彫刻と絵画が多い。

◆**170室**

19世紀に、アメリカ大陸の雄大な自然を描いたハドソンリバー派による風景画が多い。**イネス Inness**のコレクションは世界有数。**ギフォードの『ハンター山、黎明 Hunter Mountain, Twilight』**の美しさは幻想的ですらある。

◆**171室**

1866年に制作された**ホーマーの『クロッケーの情景 Croquet Scene』**。当時、イギリスから紹介されたばかりの新しい球技を優雅に楽しむ人々の姿が、夏の午後の強い日差しとともに描かれている。

アメリカ印象派の画家**ハッサムの『小さ**

展示室に注意　大きな特別展がある期間はオキーフの絵画をはじめ『アメリカン・ゴシック』、『ナイトホークス』、『子供の入浴』などがライスビル1階の171～179室に展示されることがあるので要確認。

ハッサム
『小さな池、アップルドア』

オキーフ『黒い十字架』は代表作のひとつ。オキーフはニューメキシコの大自然から鼓舞されて描いた

ホーマー『クロッケーの情景』

な池、アップルドア Little Pond, Appledore』も人気のある作品。

◆179室

　注目すべきは木製のフランク・ロイド・ライト『机 Desk』。ライトが建築した邸宅用に特注で作られた。ライトの水平なデザインと見事に調和している。

　縦型の美しいステンドグラス『ユリ Lilies』はティファニー社が制作し、シカゴの教会に飾られていたもの。

2 階

◆273室

　後期印象派に属する女流画家カサットの『子供の入浴 The Child's Bath』がある。上から見下ろすような特異な構図と、あちらこちらに描かれた文様に、浮世絵の強い影響が表れている。

◆271室

　オキーフ O'Keefe、ダヴ Dove、デムース Demuth、マリンMarin、ハートレー Hartley、ステラ Stellaら初期アメリカ抽象絵画を代表する作品の展示。デムースの『私たちの街へようこそ Welcome to Our City』は、古めかしい丸屋根に近代的な四角い建物が大胆に交差し、この時代の雰囲気を伝えている。

カサット
『子供の入浴』

◆265室

　『黄色い葉とデイジー Yellow Hickory Leaves with Daisy』など、アメリカの国民的な女流画家オキーフの作品が中心。『黒い十字架、ニューメキシコ Black Cross, New Mexico』は代表作のひとつで、ニューメキシコ州の大地が十字架のかなたに描かれている。シカゴ美術館にはニューヨーク近代美術館に次いでオキーフの作品が多い。これはオキーフがシカゴ美術館附属美大で学んだことで、シカゴ美術館に優先権を与えていたからだ。

　天井近くに展示されている灰色の人形は、日米2ヵ国の血を引く彫刻家イサム・ノグチの『拡がる宇宙 Expanding Universe』。シカゴ出身の現代舞踏家ルース・ペイジの舞台美術用習作である。

◆263室

　ウッドの『アメリカン・ゴシック American Gothic』を見ないで帰るわけにはいかない。アメリカでいちばんパロディに使われていることからも、その人気がうかがえる。農夫とその娘の表情は理性、簡素な衣装は質素な生活の表れであり、鋭い視線はアメリカを見据えると同時にその排他性をも意味している。モトリー・ジュニアの鮮やかな『ナイトライフ Nightlife』も注目に値する。オキーフ同様、ウッド、モトリー・ジュニアともにシカゴ美術館附属美大の卒業生だ。

モトリー・ジュニア『ナイトライフ』

アメリカ人なら誰でも知っているウッド『アメリカン・ゴシック』

◆262室

　ホッパーの『ナイトホークス Nighthawks』をお見逃しなく。 ホッパーは光と影の強いコントラストを用い、アメリカ生活の確かな瞬間を描き続けた画家。この1枚にも都会の孤独が見事に切り取られている。人気の高い作品だ。

見たことがある人も多いはず。
ホッパー『ナイトホークス』

モダンウイング（近代棟）
Modern Wing

近代と現代（20世紀の絵画・彫刻）
Modern and Contemporary

館の北、Monroe St.側にモダンウイングがあり、こちら側にも入口がある。混雑時に覚えておきたい
© Adam Alexander Photography Photo Courtesy Choose Chicago

ミレニアムパークと美術館を結ぶ歩道橋があり、アクセスが便利
© City of Chicago Photo Courtesy Choose Chicago

　イタリアの建築家レンゾ・ピアノ Renzo Pianoが設計した3階建ての新館は2009年にオープン。シカゴ美術館の総面積の約3分の1を占め、独立したミュージアムといった趣がある。

　3階は1900〜1950年のヨーロッパ絵画・彫刻、2階は1945年以降の現代美術、建築とデザイン、1階はビデオ、現代写真を展示、特別展も行う。

　また、2階には美術書籍を扱う店とコーヒースタンドを兼ねたカフェモダーノ Caffe Moderno、1階には子供用図工教室などを行うライアン教育センター Ryan Education Centerがあり、同じく1階のショップでは本館とは異なる品揃えのミュージアムグッズを数多く置いている。

　近代棟の正面玄関はミレニアムパークの向かい、Monroe St. 沿いにある。美術館本館からはインドとヒマラヤの石像群を陳列した長い廊下（アルズドーフギャラリー Alsdorf Galleries）を通り、左手にあるガラスドアから入る。

　本館2階で印象派絵画、ライスビルでアメリカ美術を観たあとに近代棟へ行くとよい。近代棟では、まずエレベーターで3階へ、そこから2階、1階と鑑賞する順路を取る。

3 階
1900〜1950年の ヨーロッパ絵画・彫刻

　エレベーターの前にはムーアの『ユネスコUNESCO』が展示されている。これは1956年にパリのユネスコ本部に設置された彫刻の習作だ。

◆391室

　ここはキュビスム（立体派）Cubism の作品で占められている。キュビスムと

ピカソ、マティス、デュシャン、ブランクーシの作品をアメリカで最初に展示したミュージアムはシカゴ美術館だ。1913年、当時のヨーロッパの最新美術を紹介する展覧会『アーモリーショー Armory Show』の公式会場だったためである。

ドローネ『赤い塔』。
エッフェル塔だ

ピカソ
『老いたるギター弾き』

マティス
『川辺の水浴者たち』

は20世紀初頭、ピカソとブラックを中心にフランスで起こった美術運動。従来の画家がキャンバス上で画像を再生してきたことに対し、キュビスムの画家たちは対象を多角的に眺め、キャンバス上に多くの空間をつくり出すことによって物質のリアリティ、つまり存在そのものに迫った。観る側中心の絵画からつくる側中心の絵画へ、近代美術の幕明けであり、抽象表現の出発である。ピカソの『**ダニエル=ヘンリー・カーンワイラー Daniel-Henry Kahnweiler**』、ブラックの『**ノルマンディの小さな港 Little Harbor in Normandy**』、ドローネの『**赤い塔（エッフェルタワー）The Red Tower**』などがある。

　見どころは『**老いたるギター弾き The Old Guitarist**』。1903年、ピカソの『青の時代』に制作された作品。パリに出たピカソは社会的に受け入れられない貧しい人々を青を基調とした暗い色彩で描いた。本作は最初にパリで惨めな冬を過ごしたあとに仕方なく帰った郷里（スペイン）で制作されたもの。この作品、よく見ると老人の頭の上に女性の顔が浮かび上がる。当時、耐乏生活を送っていたピカソは新しいキャンバスを買うことができずに、女性の肖像画の上に本作を重ねて描いたためだ。

マティスの大作『川辺の水浴者たち Bathers by a River』も目を引く。自然と裸婦という伝統的な主題であるが、形はことごとく単純化され、長方形で仕切られた背景にはキュビスムの影響が明らかだ。

　見落とせないのが独学の天才**ルソーの『滝 The Waterfall**』。純朴にして独特な作風は、時代を超えて幻想的な魅力を放っている。

◆392室

　ほとんどは初期**カンディンスキー**の作品群。彼もまたキュビスムに影響を受け、マルク **Marc** とともに抽象絵画を追求した。『**即興30番（大砲）Improvisation No.30（Cannons）**』では、明るい色彩と自由な形のなかに大砲や傾いたビル、馬と騎手を読み取ることができる。

抽象画の父といわれるカンディンスキーの『即興30番（大砲）』

（縦書き右欄）ミュージアムとギャラリー　シカゴ美術館

◆393室

クレーの『踊る少女 Dancing Girl』はコミカルな動きが楽しく、詩情にあふれている。モンドリアン『対角線のコンポジション Diagonal Composition』のほか、マティスの絵画を多数展示。

◆394室

ピカソの『母と子 Mother and Child』に注目してほしい。この絵、元来は左側に父親がおり、親子3人の家族像になるはずだった。だがピカソは気に入らずに、これを切り取り、残りは手直しして現在の形にした。

ピカソ『母と子』。本来は父がいるはずだった

◆395室

シャガールの『白い十字架 White Crucifixion』が印象的。フランスに移住したものの、故郷ロシアへの想いは断ちがたく、それがシャガール独特の哀愁を帯びた幻想的な画面に発展したという。

天井からぶら下がっているのはデュシャンの『帽子掛け Hat Rack』。窓辺にはブランクーシの細長い彫刻『黄金の鳥 Golden Bird』。象徴的なタイトルと、これ以上単純化しようのない形には強烈なインパクトがある。

シルエットを見ても楽しいデュシャン『帽子掛け』

●396室

マグリット『貫かれた時間 Time Transfixed』、バルテュス『ソリテール（トランプゲーム）Solitaire』、デルボー『人魚たちの村 The Village of the Mermaids』、

ブランクーシ『黄金の鳥』。人を引きつける何かがある

ダリ『永遠の光景 Visions of Eternity』など写実的で幻想的な作品が集中している。

◆397室

1940年代に制作された、一連のコーネル Cornellの作品が中心。コーネルは、ダリやエルンストに影響を受けたアメリカのシュルレアリスト。オブジェを小さな舞台状の箱の中に配し、詩的な小宇宙を追求し続けた。

◆398室

ミロの作品多数。『警察官 The Policeman』では大胆で単純な形にヒゲの警察官と馬の姿がユーモラスに描かれている。

注目すべきはジャコメッティの『イサク・ヤナイハラの肖像 Isaku Yanaihara』。のちに美術評論家となった矢内原伊作がモデルである。中央には同じくジャコメッティの彫刻『背の高い人物 Tall Figure』。人間を必要最低限の形で表している。

ジャコメッティ『イサク・ヤナイハラの肖像』。矢内原伊作と画家は親しかった

シカゴ美術館もうひとつの入口　西側の正門以外にも、「Modern Wing Entrance」という入口が、美術館北側のE. Monroe St.沿いにあります。正門に比べて混雑しておらず、圧倒的に早く入場できます。こ↗

2 階
1945年以降の現代美術

◆291室

　ポロック、デ・クーニングをはじめロスコ、ニューマン、ミッチェルなど抽象表現主義（**アブストラクト・エクスプレッショニズム Abstract Expressionism**）を代表する画家が揃っている。抽象表現主義とは第2次世界大戦後間もなく、シュルレアリスムの影響を受けてニューヨークで起こった美術運動。無意識のなかから出てくる形を大キャンバスに再生し、見る者を包み込むような環境をつくり出した。**デ・クーニング**

ウォーホル『リズ』。
人気作品でみやげ物も充実

ニューヨークで起こった抽象表現主義の代表的アーティストがポロック。『曇った虹』

の『**発掘 Excavation**』とポロックの『**曇った虹 Greyed Rainbow**』をお見逃しなく。

◆292室

　広告やイラストに発想を得て、1960年代にアメリカを中心に世界に拡がったポップアート。先駆者ジョーンズ、ラウシェンバーグから始まり、リキテンシュタイン、ウォーホル、ルシェ、カッツ、ホックニーまで幅広く展示。数多いウォーホル作品のなかでも目を引くのは写真から転写する版画の技法を使った女優エリザベス・テーラーの肖像画『**リズ No. 3 Liz #3**』。**ウォーホル**は映画スターや有名政治家を大衆文化の象徴として好んで描いた。

COLUMN 世界で唯一、シカゴ美術館の名作複製画が大阪に

　店舗の種類と総合面積で日本でも有数の規模を誇る大阪市中央区の地下街『なんばウォーク』には、シカゴ美術館の印象派の名作が60点、無料で常設展示されている。もちろん正式な許可を得た複製だが、タイルに特殊な技術でオリジナルの画像を転写した陶版画は色が美しく、すべて原寸大で額もシカゴ美術館に合わせているため、複製とは信じがたいほど。

　これは大阪市とシカゴ市の姉妹都市提携30周年を記念して造られたもので、2004年10月に完成し、両市の関係者が出席した式典で一般公開された。当時の關淳一（せき じゅんいち）大阪市長とリチャード・デイリー Richard Daley シカゴ市長の署名は両都市の徽章とともに『アートパーク』に展示されている。

　各作品には1～60の番号が付けられ、タイトルや制作者名を日本語と英語で記したプレートが添えられている。案内所では、この『シカゴギャラリー』の無料パンフレットがあり、こちらもバイリンガル表記だ。

★おもな見どころ

1：グランド・ジャット島の日曜日 -1884（スーラ）
34：テラスにて（ルノワール）
48：テハマナの祖先たち（ゴーギャン）
52：自画像（ゴッホ）
55：パリ、雨の日（カイユボット）

大阪地下街なんばウォーク内アートパーク シカゴギャラリー
🏠 大阪市中央区難波2丁目虹のまち 1-1
☎ (06)6643-1641（なんばウォーク営業所）
URL walk.osaka-chikagai.jp/facility
🕐 毎日 5:00 ～ 24:00 　無料

なんばの地下街で実物大の複製が見られる

ちらにも荷物預かりやギフトショップなど、正門と同じサービスがあります。旅行者の方は少しでも時間を節約されたいとお考えだと思いますので、ご参考になれば幸いです。

（在米 竹中伸一 '19）['20]

クーンズ『浴槽の女』。とてもインパクトのある作品

　必見は21世紀初頭のポップアートの巨人**クーンズ**による立体作品。『浴槽の女 Woman in Tub』の女性には顔がなく、セクシーな雰囲気のみが漂う。

　壁にかけられた『**とんがり君 Mr. Pointy**』は今や日本を代表するアーティスト**村上隆**が制作したもの。3mを超えるアクリル絵画は光沢がある。アニメのキャラクターを描いたセル画のようだが、細部に洗練された装飾性があり、多くの来館者を魅了している。

村上隆『とんがり君』

◆294室
　白髪一雄、村上三郎、田中敦子による鮮やかで力強い筆致で描かれた抽象画群に注目。三者とも1950年代に『GUTAI』として国際的に高い評価を得た日本の前衛美術グループ『**具体美術協会**』のメンバーであり、50年代から60年代にかけて制作された絵画は当時の勢いを今も伝えている。

熱い注目を浴びている『GUTAI』の展示室

◆296室
　架空の映画の主人公を自身が演じて写真に収めた『**無題 Untitled**』シリーズで**知られるシャーマン**、ぶれた写真を絵画で忠実に再現して記憶と視覚の曖昧さを問いかける**リヒター**の作品が多い。

◆297室
　奥の一室は**シカゴイマジストChicago Imagists**の展示。代表格の**ブラウン Brown**、**パシュキ Paschke**をはじめ**ヨシダ Yoshida**、**ウィルサム Wirsum**、**ロッシ Rossi**、**ハンソン Hanson**、**ランバーグ Ramburg**、**ナット Nuttt**、**ニルソン Nilson**など。かわいらしく繊細かつ不気味な作品が並ぶ。
　　　　（→P.162「シカゴアートの流れ」）

◆289室
　『**OCT. 31, 1978**』と書かれただけの作品に注目しよう。日本人アーティスト（アメリカ国籍を取得）の**河原温の日付絵画 Date Painting** である。簡素な表題で時間の概念に迫っている。

河原温の日付をアートにした作品

建築とデザイン
Architecture and Design

◆283-286室
　建築関連のデザイン画、モデル、ビデオを展示。**サリバン、ライト、フラー**などのほか、**スタンリー・タイガーマン Stanley Tigerman、ジニー・ギャング Jeanne Gang**ら現在シカゴで注目を集める建築家の作品がある。

　デザインでは変わった素材の椅子のコレクションがすばらしく、**吉岡徳仁による紙製の『ハニーポップ・アームチェア Honey-Pop Armchair』**に注目。

近代棟2階のデザインの展示。斬新な作品に出会える

1万点の浮世絵　シカゴ美術館には浮世絵が約1万点収蔵されている。ほとんどが富豪バッキンガムBuckinghamが収集し、1920〜60年代に寄贈したものだ。歌舞伎を題材にした役者絵の傑作が多く

ミシガンアベニュービル地階　Michigan Avenue Bldg. Lower Level

　インド、東南アジア、ヒマラヤの石像を陳列した長い廊下を通って正面玄関に向かう。地階は離れて2ヵ所に分かれており、テキスタイルは中庭近くの143室の階段から、写真とミニチュアルームは玄関そばの100室から入る。

　特筆すべきは**ソーン・ミニチュア・ルームズ Thorne Miniature Rooms**だ。ソーン夫人が寄贈した68個の展示は、1200年から1940年までの欧米室内装飾の歴史を、1フィート（約30cm）を1インチ（約2.5cm）に見立て、実物の12分の1の大きさで精巧に再現したもの。18世紀がおもだが、中国式、日本式家屋もある。

　地階には大富豪ルブロフが収集し、没後に寄贈された**ペーパーウェイト・コレクション Paperweight Collection**も展示されている。その数は1400個に上り、息をのむほど美しい。

ミニチュアの精巧な作り。16世紀フランスの寝室

ペーパーウェイトのコレクションはうっとりするほどきれいで、精巧

ミシガンアベニュービル1階　Michigan Avenue Bldg. First Level

　正面玄関そばには東洋美術セクション（101-135室）がある。ここでは中国・韓国・日本の美術を時代の流れとともに鑑賞できる。見どころは131室の商代の器・玉類（紀元前12 〜 11世紀）、132室の高麗期の青磁（12世紀）、105室の**唐代の陶器**（8世紀）、106室の奈良時代の『**菩薩座像 Seated Bodhisattva**』、107室では懐月堂安知の『**美人画 Beauty**』ほか写楽、広重、北斎、春信、芳年、清信などによる一連の浮世絵。

　108室では**高村光雲の『鳳凰殿欄間 Carved Transom from the Phoenix Hall**』に注目。1893年のコロンビア万博（→P.167）に出品されたものを修復し2011年に約70年ぶりに公開した。

　人気があるのは109室。この部屋は**安藤忠雄がデザイン**しており、『楓屏風』（土佐光起、17世紀）を中心とした薄暗い空間がひとつの展示品となっている。

奈良時代の『菩薩座像』など日本の国宝級の作品も

安藤忠雄がつくり出した異空間が109室

高村光雲の『鳳凰殿欄間』も展示

く含まれ、紙、印刷ともに保存状態がよい。これが世界有数の浮世絵コレクションと呼ばれる由縁だ。

シカゴ美術館の成り立ち

シカゴ美術館成立のユニークな点は、前身が美術学校だったこと、印象派を中心とした有名なコレクションが個人からの寄贈であることが挙げられる。

1866年、シカゴ・アカデミー・オブ・デザインという名で出発した美術学校は、1882年にアート・インスティテュート・オブ・シカゴという現在の名称となり、美術史・デザインも含めた幅広い教育を行う総合美術大学となった。学校の規模の拡張にともない、附属美術館に寄贈が増え始めたのは、この頃からである。

1893年、シカゴのコロンビア万国博覧会の終了と同時に美術館は独立し、現在の建物で一般に公開された。設計はシャプリー、ルターン、クーリッジの3名。アメリカでは初めての立派な古典的美術館建築といえる。この当時の中心コレクションはミレー、コロー、ドラクロワなどバルビゾン派の巨匠たちで、館内はまだがらんとしたものだった。

シカゴ美術館に劇的な変化をもたらしたのは、1890年から1933年に登場した地元の4人のコレクターである。まず、ポッター・パーマー夫人。現在もパーマー・ハウス・ヒルトンに名を残す、19世紀シカゴの大不動産業者である。彼女は莫大な資産を元手に、当時まだ評価の定まっていなかった印象派の作品を買い漁り、美術市場に影響を与えた。現在のモネ、ルノワールのコレクションは、彼女の死後、1922年に遺贈されたものである。

情熱的なパーマー夫人と対照的だったのが、1933年に死去したマーティン・ライヤソンである。ライヤソンは熟考の結果、慎重に美術品を購入した。その選択は中世の宗教画から後期印象派、家具、磁器、書籍と幅広く、寄贈されたコレクションは美術館の基盤となった。

量こそパーマー夫人とライヤソンに劣るものの、1933年に遺贈されたアニー・コバーン夫人のコレクションも質が高い。現在、美術館が所有するセザンヌ、マネ、ドガの主要作品はこれに含まれている。

特筆すべきは、1957年に死去したフレドリック・バートレットである。彼

ルノワール『フェルナンド・サーカスの曲芸師たち』は多大な貢献者パーマー夫人のお気に入りだった

美術全集でもおなじみのスーラの『グランド・ジャット島の日曜日-1884』。シカゴ美術館門外不出の作品だ

は1927年に、妻の早過ぎる死を悼んで手持ちの美術品を寄贈した。このなかにはスーラの『グランド・ジャット島の日曜日ー1884』が含まれている。建築家兼インテリアデザイナーであったバートレットは、展示の際に細かい指示を与えた。作品のよさを引き出すために過度の装飾を避け、額はシンプルなオフホワイトに、壁は卵の殻と同じような白に塗るように、という具合だ。結果、展示室は驚異的なほどモダンになり、当時スーラ、ピカソ、マティス、ゴーギャンの代表作を見ることのできる唯一の場所としてたいへん重要になった。

この後のシカゴ美術館の歴史は、収集の増加と機構の拡大、建物の増築の繰り返しである。1893年以来16ヵ所（美大も含む）が加えられ、2009年には美術館の東側にレンゾ・ピアノ設計の新館が完成。ここには建築部門と2004年に新設された現代美術部門が移り、ミレニアムパークとの連絡通路も建設された。その結果、シカゴ美術館の総面積は100万平方フィートとなり、メトロポリタン美術館に次いで全米第2位の規模をもつ大きさとなった。

2018年には公式サイトのリニューアルにともない、5万点以上の所蔵作品の画像を高画質で一般公開。「CC0（クリエイティブ・コモンズ・ゼロ）」表記がされている作品はパブリック・ドメインとなり、誰もが自由にダウンロードできるようになった。シカゴ美術館を代表する作品が多く含まれていることから、この公開は国際的に大きく報道された。

シカゴ美術館　コレクション（所蔵作品）
🔗www.artic.edu/collection

斉藤博子：シカゴ美術館 公共教育部門 講師
Text by Hiroko Saito, Lecturer,
Public Programs, the Art Institute of Chicago

若手アーティストの登竜門

シカゴ現代美術館（MCA） The Museum of Contemporary Art, Chicago

斬新なアートの宝庫。前でファーマーズマーケットが行われる日もある

シカゴ現代美術館は、マグニフィセントマイルとして知られるミシガンアベニューとシカゴアベニューの交差点から、湖側に1ブロック歩いた所にある。1967年の創立以来、シカゴ市民に "MCA" と呼ばれ親しまれてきた現代美術専門の美術館で、常設展（収蔵作品の展示）、特別展（独自の企画展あるいは、他機関からの巡回展）、若手芸術家の小規模な個展という三本柱からなる質の高い展覧会を行う。絵画、彫刻、写真のほかビデオなど映像やパフォーマンスに力を入れ、1945年以降に制作された作品のみ収蔵（現在およそ7000点）。世界で最初に音だけの作品を買ったことで有名だが、その企画展はしばしば論争の的になり、かなり斬新である。

●美術館の成り立ち

1967年、国際的に通用する現代美術の殿堂をシカゴにも、という目的で囲237 E. Ontario St.に設立された。MCAを世界に印象づけたのは1979年の新館建築に先立って、クラークClarkが行った個展だった。彼は旧館の壁と床を切り刻み、建物自体を1個の彫刻にしてしまったのである。

この改築後に展示空間は拡大したもののコレクションの数が増え続け、1996年に移転・開館したのが彫刻庭園を含む現在の建物だ。建築家はコンテストの結果、**ドイツのヨーゼフ・パウル・クライフスJosef Paul Kleihues**が選ばれている（日本の安藤忠雄も最終選考まで残った）。ベルリンに本拠をおくクライフスは、1940～50年代のシカゴの高層建築に影響を受け、この美術館設計に関してもミース・ファン・デル・ローエの作品群を参考にしたという。外観は幾何学的で、正方形のコンクリートブロックが強調されており、冷たい感じを与えるが、内部は天井が高く天然光が余すところなく取り入れられ、展示にも鑑賞にも適した、あたたかくゆとりのある空間づくりがなされている。館内でところどころ（天窓、ドア、エレベーターなど）に見られる木の葉の形は自然との調和を表したもの。MCAはクライフスによるアメリカで最初の建築プロジェクトである。

●2階 2nd Floor

Chicago Ave.から大階段を上って中に入ると、すぐ右が入館デスク、正面が2階の展示ギャラリー、奥がイベント空間**ザ・コモンThe Common**と彫刻庭園、右側がギフトショップ "MCAストア（→P.160左側注）" となる。

MAP P.25-A1

マグマイル北

シカゴ現代美術館
囲220 E. Chicago Ave.
☎(1-312)280-2660（テープ案内）
URL www.mcachicago.org
開 水木土日 10:00～17:00、火金～21:00
休 月、11月第4木曜、12/25、1/1
料 $15、学生・教員・シニア $8、18歳以下無料
行き方 CTAレッドライン Chicago 駅下車。CTAバス #3、66、146、147、151、157 で Chicago Ave. 下車

監修=斉藤博子
シカゴ美術館
公共教育部門 講師
Text by Hiroko Saito, Lecturer, Public Programs, the Art Institute of Chicago

マリソル Marisol
　美術館のカフェ兼レストランバー。入館料を払わなくても入れる。
開 火～金 9:00～22:00、土 10:00～、日 10:00～17:00
休 月
URL marisolchicago.com

ツアー
火土日 13:00、14:00、水木 13:00、金 13:00、18:00

1945年以降の現代美術の流れ
　1950年代の抽象表現主義 Abstract Expressionism から始まり、1960年代のポップアート Pop Art、1970年代のミニマルアート Minimal Art を経て、1980年代以降のコンセプチュアルアート Conceptual Art、1990年代の多文化主義 Multiculturalism までが続いている。女性彫刻家リー・ボンテクーの『無題 1966』。立体的な作品で迫力がある

©The Museum of Contemporary Art, Chicago

3階 Chicago Works

2011年から始まった『Chicago Works』は地元の中堅アーティストを紹介する企画。4ヵ月ごとに替わり、1年を通して3名の作品が3階で展示される。

MCAストア

🕙 水木土日 10:00 ～ 18:00、火金 ～ 21:00 🚫 祝日

MCAの展示には関係なく買い物に来る人も多いため、ショップには入館料を払わずに入ることができる。2階と1階に分かれ、2階は展覧会のカタログ、書籍、CD、映像。1階はアクセサリー、文房具、雑貨類。遊び心のある品揃えは以前から定評がある。

デイリーツアー Daily Tours

現在の展覧会を中心に、解説員が異なったテーマをわかりやすく説明してくれる45分のツアー。先着順。集合場所は2階の入館デスクAdmissions Desk。

ツアーの予定は下記ウェブサイトで確認できる。

🔗 mcachicago.org/Visit/Tours

収蔵品を展示するコレクションギャラリーがあり、半年ごとに展示替えが行われる。1945年以降のおもな美術運動の流れに沿って、わかりやすく展示されている。

ゴラブGolub、**ウォーホルWarhol**、**ルウィットLe Witt**、**ナウマンNauman**、**シャーマンSherman**など著名作家のほか、シカゴイマジストを代表する**ウェスターマンWesterman**、**パシュキPaschke**、**ブラウンBrown**の作品がある。

彫刻庭園Sculpture GardenにはクラッグCragg、ナウマンNauman、ハイスタインHighsteinなどの作品がある。

チケットを発券する**入館デスク Admissions Desk**は、デイリーツアー（解説員による美術館案内）の集合場所でもある。

●4階　4th Floor

4階展示ギャラリーは巡回展や特別展に充てられている。1996年に行われた"Art in Chicago 1945 ～ 1995"という企画展は、シカゴアートの流れ（→P.162）を美術史のなかで初めて整理し、本格的に位置づけた展覧会として重要な役割を果たした。2019年に開かれた "Virgil Abloh: Figures of Speech" はシカゴ出身の黒人ファッション・デザイナー、**ヴァージル・アブロー**による美術館での初個展で国際的に注目を集めた。

彫刻庭園とミシガン湖を一望するセクションに**カルダーCalder**の一連のモビールが展示されることが多い。この階にはビデオやフィルムを流す映像ギャラリーもある。

●その他　Others

3階は小規模な特別展示室と教育センター、1階は小劇場とレストランのマリソルMarisolがある。

MCAストアは自分へのみやげや、プレゼントにいいものが見つかる

COLUMN

世界で注目されるMCAの展覧会

MCAは蛍光灯彫刻のフレイビン、巨大オブジェでおなじみのオルデンバーグが最初に個展を開いた美術館としても知られている。クリストは1969年に美術館を丸ごと梱包し、MCAの名を世界に知らしめた。建物自体を包んだこの最初の経験が、その後のより大きなプロジェクトに向かわせたという。

アメリカ現代美術界の方向を占う意味で常に注目されているのがMCAの確かな企画力だ。2003年、MCAのキュレーター（学芸員）だったフランチェスコ・ボナミ Francesco Bonami が第50回ヴェネツィア・ビエンナーレの総合ディレクターに任命された。2年ごとにイタリアで開催される同展は、最も権威ある国際美術展のひとつである。

2014年、MCAはアメリカの美術館で唯一、イギリスの伝説的ロック歌手デビッド・ボウ

イの半世紀にわたる活動を振り返った大回顧展『David Bowie Is』をロンドンから誘致することに成功した。

MCAは日本人アーティストを高く評価しており、1996年に森万里子の作品を常設展に入れた。2000年にはアメリカの美術館として初めて奈良美智の作品を紹介し、2004年は杉本博司の大規模な個展を開催。2017年に企画した村上隆の回顧展は4ヵ月弱の開催期間で21万人もの観客を集め、MCAの動員記録を打ち立てて日本のメディアでも報道された。

斉藤博子：シカゴ美術館 公共教育部門 講師
Text by Hiroko Saito, Lecturer, Public Programs, the Art Institute of Chicago

中西部唯一の写真専門のミュージアム

現代写真美術館（MoCP） Museum of Contemporary Photography

　1979年以降に収集したアメリカの写真家が撮影した写真とそれに関する作品を1万5000点以上所蔵する。創設は1976年。アンセル・アダムスAnsel Adams、ダイアン・アーバスDiane Arbus、石元泰博、ナン・ゴールディンNan Goldin、シンディ・シャーマンCindy Sherman、ウィリアム・ウェグマンWilliam Wegmanなど写真史に残る大物からパティ・キャロルPatty Carroll、バーバラ・クレインBarbara Craneらシカゴで活動する中堅まで網羅する貴重なコレクションだ。

　MoCPは美術大学であるコロンビアカレッジColumbia Collegeの運営で1976年に誕生した。同大学はドキュメンタリー写真の指導で名高く、展示も戦争や環境破壊など報道写真に関連する特別展が多い。近年では北朝鮮に視点をおいた特別展も行われた。

　美術館ではイベント、討論会、レクチャーなどが精力的に開催されている。詳細はウェブサイトで確認を。

サウス・ミシガンアベニュー沿いにあり、多種多様な作品が無料で楽しめる

MAP P.22-B2
ループエリア

現代写真美術館
🏠600 S. Michigan Ave.
☎(1-312)663-5554
URLwww.mocp.org
🕙月～土 10:00 ～ 17:00
（木～ 20:00）、日 12:00 ～
🈳祝日など
💴無料（寄付歓迎）
行き方CTA レッドライン
Harrison 駅下車

シカゴ大学の美術部門が美術館に

スマート美術館 Smart Museum of Art

　シカゴ大学のキャンパス内にあるスマート美術館は、約5000年にわたる幅広い優れた収蔵品が自慢。その数は1万5000点を超える。1974年の開館以来、シカゴ大学の付属美術館として、美術部門の調査研究にもおおいに貢献している。

　洋の東西を問わず収集された美術品は、中国新石器時代のボウルから始まり、紀元前13～前11世紀の青銅器、唐の時代の兵馬俑、12～13世紀の朝鮮の青磁器、イタリア・ルネッサンス期の宗教画やブロンズ像、日本の浮世絵、現代美術、彫刻彫像など。特にドイツ表現主義の作品が出色だ。シカゴ派の建築を代表するサリバンやライトのデザインした家具調度品などもある。

　企画展の評判もいい。広重、国貞、西川祐信など日本でも国宝級の浮世絵を展示したり、また、ブランケットの企画展では、色鮮やかな作品をずらりと並べて一部は手に取ってみることもできるなど、小規模ながらも館の自由な感性と古いものを大切にする姿勢が伝わってくる。訪れるたびに新しい発見ができる美術館だ。

MAP P.31-B1
ハイドパーク

スマート美術館
🏠5550 S. Greenwood Ave.
☎(1-773)702-0200
URLsmartmuseum.uchicago.edu
🕙火～日 10:00 ～ 17:00（木～ 20:00）
🈳月、祝日
💴無料
行き方CTA バス #6 に乗り55th St. で下車。入口はEllis Ave. 側

日本の浮世絵も多数所蔵し、よく展示される

シカゴ大学の美術館。無料とは思えないほど幅広い作品が鑑賞できる

シカゴアートの流れ
Art in Chicago

アメリカの現代美術というとニューヨークのみを連想しがちだが、その歴史のなかでシカゴは独自の役割を果たしてきた。

1. リージョニスト Regionist（地方主義者）

1776年にイギリスから独立して以来、経済的には発展したアメリカだが、20世紀に入ってもその美術はヨーロッパの影響から逃れられなかった。特に1913年のアーモリーショーが原因となり、ピカソやブラックに代表されるキュビスム（立体派）やカンディンスキーの抽象絵画など、ヨーロッパから起こったモダニズムが若い芸術家に衝撃を与えた。

1920年代、ニューヨークでオキーフやハートレーがモダニズムに影響を受けて抽象的な作品を発表する一方、アメリカの伝統である写実主義をもって地方の現実を描いたのが、トマス・ハート・ベントン Benton、グラント・ウッド Wood などのリージョニストである。彼らは、ニューヨークの国際派が見失っている地方の価値観と生活様式こそがアメリカ人の本質を表すとの信念を得、主題を生まれ故郷の中西部に広がる大地と、そこに住む人々の実直さや活気に求めた。モダニズム運動の国際性と機械時代に流されて画一化し、退廃していく都会の人間への非難も含んでいた。

このリージョニズムを最も代表する作品が、シカゴ美術館の『アメリカン・ゴシック American Gothic』（グラント・ウッド作、1930年）である。農夫とその娘の研ぎ澄まされた表情は理性の表れであり、簡素な衣装は質素な生活を連想させる。しかし、その鋭い視線はアメリカを見誤ると同時にその排他性をも意味し、これが作品の人気、不人気の分け目となっている。

2. シカゴイマジスト Chicago Imagist

1930～40年代にかけて、シュルレアリスム（超現実派）のダリをはじめ、多くの芸術家が戦乱を逃れてニューヨークに移り住み、現地の芸術家に影響を与えた。これが戦後、ポロック、デ・クーニングなど抽象表現主義をニューヨークから生み出す結果となり、1950年代以降アメリカは現代美術の世界的中心となった。その間、レオン・ゴラブ Golub、H・C・ウェスターマン Westerman、アイヴァン・オルブライト Albright、テッド・ホールキン Halkin らがシカゴを拠点に個性的な人物画を発表し、注目を集めた。

さらに新しい芸術の発信地としてシカゴを位置づけたのは、1960年代後半に起こったシカゴイマジストだった。シュルレアリスムに影響を受け、当時のポップアートを独自に消化したこの芸術運動は、ロジャー・ブラウン Brown、エド・パシュキ Paschke、ジム・ナット Nutt、カール・ウィルサム Wirsum など個性的な画家たちで構成されていた。狂気をともなう漫画的世界が彼らの特徴で、ユーモラスかつエロティックな作風はかなり刺激の強さがある。

ていねいだが毒気のある作品群を語るときに大切なのが、アウトサイダーアート Outsider Art である。アウトサイダーとは精神を病んでいたり、正式な美術教育を受けていない特異な才能のことであり、なかでもジョゼフ・ヨアキム Yoakum がシカゴイマジストたちに与えた影響は大きかった。

シカゴイマジストは1973年サンパウロ・ビエンナーレにアメリカ代表として選ばれ、国際的な評価を得ると同時に商業的な成功とシカゴという新しい市場をつくった。それはニューヨーク一辺倒だったアメリカ現代美術界に、それ以外でも質的に劣らない芸術運動が起こせることを実証した。

3. シカゴアブストラクト Chicago Abstract

しかし1970年代中頃になると、シカゴイマジストへの反動が起こった。そのひとつがシカゴアブストラクトである。こちらはリチャード・ラビング Loving、ウィリアム・コンガー Conger、フランク・パイアテック Piatek などを中心とした、文字どおりの抽象絵画運動である。荒削りで力強いニューヨークの抽象や、色鮮やかなロスアンゼルスの抽象に比べて、ドイツのバウハウスに影響を受けたきっちりとした構成のうえに、微妙な色を重ねた穏やかな抽象がシカゴアブストラクトの特徴である。

この時期から若い芸術家たちは商業的な画廊街から離れ、実験的なスペースで発表を行うようになる。内容は絵画に限らず、彫刻、写真、映像、パフォーマンスとさまざまだ。加えて1960年代から女性の参加が増え、2000年代に黒人クリエーターが躍進することでシカゴのアートシーンはより活気あるものになった。

最後に、シカゴの芸術を語るうえで不可欠なのが The School of the Art Institute of Chicago（シカゴ美術館附属美術大学。英語での通称 SAIC）である。1866年の創立以来、ウォルト・ディズニー、ジョージア・オキーフ、クレス・オルデンバーグ、リチャード・エステス、レッド・グルームス、ドナルド・スルタン、ローリー・アンダーソン、ジェフ・クーンズなど数多くの有名芸術家をニューヨークに送り出す一方で、リージョニスト、シカゴイマジストをも生み出したからである。イマジストのなかにはフィル・ハンソン Hanson、バーバラ・ロッシ Rossi など同大学で今も教鞭を執る者がいる。特筆すべきは、ハワイ生まれで日系2世の画家レイ・ヨシダ Yoshida と美術史家のデニス・エイドリアン Adrian だ。ともに生前は有能な教授であり、このふたりなくしてシカゴイマジストは誕生しなかったからだ。

斉藤博子：
シカゴ美術館 公共教育部門 講師
Text by Hiroko Saito, Lecturer, Public
Programs, the Art Institute of Chicago

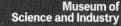

科学産業博物館

潜水艦も旅客機もあるミュージアム

科学産業博物館（MSI）

Museum of Science and Industry

シカゴで来館客数が最も多い科学産業博物館。バラエティに富んだ展示で巨大な鉄道模型もある。

MAP P.31-A3

ハイドパーク

CHICAGO CityPASS　P.44参照

科学産業博物館
🏠5700 S. Lake Shore Dr. & 57th St.
☎(1-773)684-1414
URL www.msichicago.org
🕐毎日9:30 ～ 16:00（季節によって変更あり）
🚫11月第4木曜、12/25
💰基本の入館料は$21.95、3 ～ 11歳$12.95。見学するアトラクションの数に応じて大人$12 ～ 36、3 ～ 11歳$9 ～ 27の加算となる。シティパス（→ P.44）は1アトラクションが含まれている。またウェブサイトからチケットを購入すれば、人気アトラクションの時刻予約もできる
🚃ハイドパーク地区の南東、ジャクソンパークの北。CTAバス#10のバスは、メモリアルデイ～レイバーデイの毎日運行され、科学産業博物館前まで行くが、# 6のバスは博物館から1ブロック離れたバス停に停まる。館の入口には、常時タクシーも待機している

1933年の開館以来、総計1900万もの来館者を数える、**シカゴで最も人気のあるミュージアム**。総床面積約3万7200m²の展示フロアには、約3万5000点の展示品が並ぶ。子供にもわかりやすく、実物や体験、デモンストレーションをとおして科学や産業を習得してもらおうという趣旨だ。アメリカの科学技術が、基礎知識、人間の体、自然現象、アメリカでの生活（商業と文化）、21世紀のエネルギー源、伝達手段、交通機関などのセクションに分けられて紹介されている。大人が見ても楽しめる展示の数々で、すべてを見るには、1日ではとても足りない。以下に紹介するのは展示の一部。

地下レベル1
Lower Level 1

●ドイツ潜水艦U-505号　U-505 Submarine

第2次世界大戦中の1944年6月4日、西アフリカ沖でアメリカ海軍サットン号に拿捕（だほ）された**ドイツの主力潜水艦**。最初にその大きさに圧倒されるはず。

1815年以後アメリカ海軍によって公海で拿捕された最初の潜水艦で、重量は1000トン。ニューハンプシャー州のポーツマスに係留されていたが1954年6月26日、ほかの船にロープで引かれてセントローレンス川を上り、オンタリオ、エリー、ヒューロンの3つの湖を渡り、ミシガン湖畔のシカゴに到着。博物館までは特製のローラー上を転がしながら、約20時間かけて運ばれた。

有料となるが、潜水艦の内部を見学する**ツアー On-Board Tour**（約25分）を行っている。スペースの限られている潜水艦内のエンジン室、コックピット、管制室、船長室、寝室など、細い通路をガイドに案内されて見学していく。ツアーの最中には、音声と照明で演出した約100mの深さを潜水する迫力満点の疑似体験もできて、これも好評だ。多くの見学者が見入っているのがU-505号が博物館に収まるまでの早回しビデオだ。館に到着したのは1954年9月2日のことだった。

ジョリーボール
ピンボールがレールを落ちながら、付随した飛行機やケーブルカー、ホテルなどさまざまな仕掛けを動かせている。1988年のギネスブックに「世界で最も大きな Flipper Machine」と称され、まさにエンターテインメント級の楽しさだ！　大きさはヨコ4.5 ×タテ2.1mのスイス製。

潜水艦内を見るには
潜水艦内に入る唯一の方法は On-Board Tour（追加料金$18、子供$14）に参加すること。潜水艦の入口にチケット販売機がある。

ドイツのUボートは本物。内部はツアーで見学できる

科学産業博物館

（'20年冬現在）

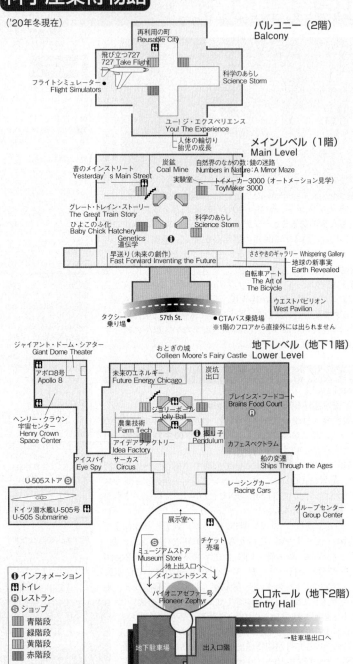

バルコニー（2階）
Balcony

再利用の町
Reusable City

飛び立つ727
727 Take Flight

フライトシミュレーター
Flight Simulators

科学のあらし
Science Storm

ユー! ジ・エクスペリエンス
You! The Experience

一人体の輪切り
胎児の成長

メインレベル（1階）
Main Level

昔のメインストリート
Yesterday's Main Street

炭鉱
Coal Mine

自然界のなかの数:鏡の迷路
Numbers in Nature: A Mirror Maze

実験室
トイメーカー3000（オートメーション見学）
ToyMaker 3000

グレート・トレイン・ストーリー
The Great Train Story

ひよこのふ化
Baby Chick Hatchery

Genetics
遺伝学

科学のあらし
Science Storm

早送り（未来の創作）
Fast Forward Inventing the Future

ささやきのギャラリー Whispering Gallery

地球の新事実
Earth Revealed

自転車アート
The Art of
The Bicycle

ウエストパビリオン
West Pavilion

タクシー
乗り場

57th St.

CTAバス乗降場
※1階のフロアから直接外には出られません

地下レベル（地下1階）
Lower Level

ジャイアント・ドーム・シアター
Giant Dome Theater

おとぎの城
Colleen Moore's Fairy Castle

アポロ8号
Apollo 8

未来のエネルギー
Future Energy Chicago

炭坑
出口

ブレインズ・フードコート
Brains Food Court

ヘンリー・クラウン
宇宙センター
Henry Crown
Space Center

ジョリーボール
Jolly Ball

農業技術
Farm Tech

アイデアファクトリー
Idea Factory

振り子
Pendulum

カフェスペクトラム

アイスパイ
Eye Spy

サーカス
Circus

船の変遷
Ships Through the Ages

U-505ストア

レーシングカー
Racing Cars

ドイツ潜水艦U-505号
U-505 Submarine

グループセンター
Group Center

展示室へ

ミュージアムストア
Museum Store

チケット
売場

地上出入口
メインエントランス

パイオニアゼファー号
Pioneer Zephyr

入口ホール（地下2階）
Entry Hall

→駐車場出口へ

地下駐車場

出入口階

- インフォメーション
- トイレ
- レストラン
- ショップ
- 青階段
- 緑階段
- 黄階段
- 赤階段

有料アトラクションの効率的な回り方　チケットはアトラクションの数で料金が異なるが、別料金が必要なアトラクションには近くにチケット販売機があり、入場の際に悩む必要はなかった。事前 ↗

● **おとぎの城　Colleen Moore's Fairy Castle**

サイレントムービーの女優コリーン・ムーアから寄贈された "Fairy Castle" は、子供たちの夢のなかに出てくる "おとぎの城" そのもの。世界中から集められた**約1500点の家具調度品**のミニチュアが、中世ヨーロッパのミニチュアの城郭の中に息づいている。電気や水道の設備も整っているという、その精巧な造りにはただ驚くのみ。

ミニチュアの精巧さを目の当たりにできる

おとぎの城
見学路は城を取り囲むように2列になっている。繊細な芸術品をじっくり鑑賞したい人は混んだほうの列に並ぶといい。コリーン・ムーアは1930年代に活躍した女優。

● **ヘンリー・クラウン宇宙センター**
　Henry Crown Space Center

アメリカの宇宙開発の成果と歴史が紹介されている。宇宙開発ではソ連に先を越されたアメリカが、有人宇宙飛行計画（マーキュリー計画）を立て1962年5月に打ち上げられた**有人宇宙船オーロラ7号Aurora 7**の実物や、月の軌道に初めて乗った**アポロ8号司令船Apollo 8 Spacecraft**の実物、乗組員の宇宙服、宇宙食の数々、司令船が博物館に運ばれた際のパネ

宇宙を飛行したアポロ8号の司令船。周りが傷んだところを見ていると、現物であることが実感できる

ルなどが陳列されている。ちなみに、アポロ8号司令船が初めて月の軌道に乗ったのは1968年12月21〜27日のこと。乗組員はフランク・ボーマン、ジェームス・A・ラベル・ジュニア、ウィリアム・アンダーの3人。司令船の直径は3.9m。センターの中央に陣取る**アポロ11号のルナ・モジュール・シミュレーター**は、実際にトレーニング用として使われたものだ。

鏡の迷路 Numbers in Nature: A Mirror Maze
自然界に存在する規則的な模様や図形を紹介するコーナーだが、ここでの人気が鏡の迷路。鏡にぶつかってしまう人が続出で、大人でもおそるおそる試している。

● **ジャイアント・ドーム・シアター　Giant Dome Theater**

72個のスピーカーと高さ76フィート（約23m）のオムニマックスの半円形のドームスクリーンで観る映像は臨場感たっぷり。上映される映画は季節によって変わるが、常時2〜3種類が上映されている。入場する際、シアターの裏からすべてがコンピューター化されたオムニマックスのプロジェクターの稼働が見られる。

炭鉱を見学するには別のチケットが必要

メインレベル2
Main Level 2
● **炭鉱　Coal Mine**

博物館中央のスペースを1階から3階まで突き抜けている巨大な展示物は、イリノイ州南部の炭鉱で石炭を掘り続けた石炭採掘機の実物大の複製だ。1923年のOld Ben Coal社のこの採掘機は、実は現在も稼働している。真っ暗なエレベーターに乗って、再現された石炭の採掘場へと向かう。貨車に乗って採掘場で稼働していた各種機械の迫力あるデモンストレーションや、酸素が少ない状態での光の実験などを見学していく。

↘ 購入すると、ツアーの時間を指定しなくてはならないので、時間に拘束されたくない人や空き具合で判断したい人におすすめ。いちばん割安なのは3アトラクション付きの入場券。

（Joe　東京都）['20]

●ひよこのふ化
Baby Chick Hatchery

目の前で生命の誕生を見ることができる

　生命誕生の感動的な瞬間を目の当たりにできる所。約32℃に保たれたプラスチックケースの中で、卵の殻を破ってひよこが次々と誕生していく。毎日、ふ化寸前の卵をケースの中に入れるので、常時といっていいほど、ふ化するところが見られる。フラッシュ撮影は控えよう。

博物館の中で雷や津波、なだれなどを作って体感させる

●科学のあらし　Science Storm

　竜巻、津波、なだれといった自然現象を再現するコーナー。加速度的に勢力を増す竜巻、振動とごう音に襲われるようななだれ、水の破壊力の怖さを見せる津波など、自然界が造り出すパワーを体験できる。特に人工発生させる12mの雷の電気は150万ボルト。大人でも恐怖感を覚えるほどすさまじい。

●グレート・トレイン・ストーリー
Great Train Story

ニューヨークの999型蒸気機関車。1893年のシカゴ万博にも展示された

　シカゴからシアトルまで約2200マイル（約3550km）の鉄道の旅が再現されている巨大な鉄道模型。40人が12ヵ月かけて作り上げたもので、実に精巧にできている。

　シカゴでは林立する摩天楼とその隙間を高架鉄道が走り、列車は大平原の穀倉地帯を抜け、ロッキー山脈を登っていく。スペースニードルを有するシアトルの港も再現されているが、模型は日常生活における鉄道の重要性を表現しているという。レールの総延長約430m、20の列車、その面積は約217m²、建物の数は190にも及ぶ。

本物の列車にも注目
　館の入口には1934年、デンバー～シカゴ間を走ったパイオニアゼファー号 Pioneer Zephyr が鎮座する。ゼファー号はアメリカ初の流線型列車で、車両の中に入って見学することもできる。

バルコニー レベル 3
Balcony Level 3

●飛び立つ727　727 Take Flight

　1964～91年の間約4500万kmを飛び、約300万人を運んだユナイテッド航空のボーイング727型機が、空と陸を渡って博物館に寄贈された。B-727の内部へ入ってシートに座りながら、飛行についての科学的な原理が学べるようになっている。もとパイロットがボランティアとして説明をしてくれる。

ここに展示されているのは実際に空を飛んだユナイテッド機。操縦席ものぞける

●歴史的な航空機　Historic Aircraft

　博物館の吹き抜けにつり下がっている数機の航空機は希少価値の高いものばかりだ。1920年代のボーイング40B型、ドイツの攻撃からイギリスを救ったスーパーマリン・スピットファイア号などの本物や模型が、博物館の狭い空を泳いでいる。

 科学産業博物館のひと休みスポット　Yesterday's Main Streetの入口にレトロなティールームFinnigan's Ice Cream Parlorがある。周りの雰囲気を味わいながらお茶をするのもよい。　　　　　　　　(Joe 東京都)『20』

●ユー！　ジ・エクスペリエンス
You！The Experience

世界でも珍しい人体の輪切り

人間の心と体を探求するための、50以上の体験型展示が揃う、興味深いコーナー。自分の未来の顔が現れるコンピューターや、3Dで体験する巨大心臓、普段目にすることのない義手の操作、病院の手術室の再現など、珍しい展示が並ぶ。

なかでもユニークなのは、復活した**人体の輪切りSliced Body**。この輪切りは、イリノイ大学クック郡病院で学生の教育のため、献体に同意し自然死した男女の遺体。凍らせてカットしたもの。

もうひとつ、見学者が絶えないのが、**胎児の成長Prenatal Development**。受精してから37週と5日目までの胎児が24の段階に分けて順を追って展示されている。驚いたことに、胎児は模型ではなく、事故などで亡くなった本物。35日目には人間の形がはっきりとわかるようになり、11週目には男女の区別もつくようになり、やがて出産。生命の不思議を実感できる。

胎児の成長する様子が段階ごとにわかる

再利用の町
Reusable City

気候変動による自然災害が深刻化する現在、その要因の一部である大気汚染、プラスチック製品の弊害などを取り上げ、削減、リサイクルの取り組みについて解説する。

そのほかの展示

農業大国アメリカを支える巨大なトラクターや耕作機が展示されている農業技術 Farm Tech、芸術作品のような自転車やサドルが見られる自転車美術 The Art of the Bicycle、コマのようなおもちゃがオートメーションで製作される工程が見られるトイメーカー ToyMaker 3000 などがある。

COLUMN
1893年のシカゴの「コロンビア万国博覧会」

今でもシカゴ市民の誇りであり、シカゴの名を一躍世界に広めたのが、1893年に開催された**シカゴ万博（正式名：世界コロンビア万国博覧会 World's Columbian Exposition)**である。コロンブスによる新大陸発見400周年を記念したもので、当時のアメリカ国民の半分に相当する約2750万人が訪れた。

会場となったのは、現在のハイドパークにあるジャクソンパーク。オルムステッドとコッドマンを中心に、シカゴの都市計画者としても知られるバーナム、そしてルートも加わって、博覧会が計画された。敷地には新古典主義調の白く美しい建築物が次々に造られ、その建築群は**ホワイトシティ White City** と呼ばれた。そのひとつが、後に科学産業博物館が入ることになった Palace of Fine Arts である。

ジャクソンパークへはダウンタウンから鉄道が走り、会場には電力で動くボートや噴水など、それまで少なかった電力を活用したものが多く披露された。それは新たな時代の幕開けでもあった。開国から40年経過した日

本も、国の文化や産業を世界に宣伝するべく、博覧会に出展。その展示館が宇治平等院を模した鳳凰殿である。ヨーロッパの古典主義調の建物が多いなか、鳳凰殿は評判を呼び、建築家フランク・ロイド・ライトに影響を与えたのは周知のとおり。ほかにもフェリスの大観覧車が来場者の人気を集めた。

1894年、博覧会終了の数ヵ月後、ホワイトシティは火災に遭い、建物のほとんどを焼失したが、幸いにも Palace of Fine Arts ビルは焼け残った。シカゴ万博を伝える唯一の建物が科学産業博物館なのである。

日本庭園のあるジャクソンパークはシカゴ万博の会場だった所。奥のドームが科学産業博物館

FROM READERS You！The Experienceのリラックス度対決　ヘアバンドを装着するだけで、よりリラックスしているほうへボールが転がり勝負が決まる。脳波(？)が折れ線グラフで表示されておもしろい。 （Joe　東京都）['20]

167

フィールド博物館　The Field Museum

新しく世界最大の恐竜といわれるマキシモもお目見えしたフィールド博物館

MAP P.22-B3
サウスループ

CHICAGO
CityPASS　P.44参照

フィールド博物館
🏠1400 S. Lake Shore Dr.
☎(1-312)922-9410
URL www.fieldmuseum.org
🕐 毎日9:00～17:00（入場は16:00まで）。季節によって変更あり）
📅12/25
💰基本の入館料は $26、3～11歳 $19、学生・65歳以上 $23。見学するアトラクションによって変わるが、すべてのアクセスパスは順に $40、$29、$35。一部のチケットはウェブサイトから買うことができる
🚌CTA バス #146 で博物館が見えてきたら下車。バス停は Soldier Field & Field Museum

ツアー
ハイライトツアーが毎日1回行われている。時間は日によって異なる。ウェブサイトで確認を。

グラントパークの南に位置する全米屈指の自然史博物館。1893年に開催された、コロンビア万博へ出品された展示品を核に、収蔵品総数は3000万点にも及ぶ。その分野は、人類学Anthropology、植物学Botany、地質学Geology、動物学Zoologyなど多岐にわたり、地球の誕生から現代にいたるさまざまな自然遺産や文化遺産を網羅している。なかでも、恐竜とネイティブアメリカンのコレクションは群を抜いてすばらしい。2018年には世界最大の恐竜も登場してさらに注目を集めている。

●**スタンレー・フィールド・ホール Stanley Field Hall**
　1階吹き抜けのロビーが**スタンレー・フィールド・ホールStanley Field Hall**だ。中央ホールに立つ恐竜は体長約37m、身長8.5mのティタノサウルス「**マキシモMaximo**」。マキシモはスペイン語の「最大の」「最高の」という意味で、重さは70トン、約1億年前に生息していた。アルゼンチンのパタゴニアで発掘されたもので、史上最大の恐竜といわれている。

　高さ6m、力強さを感じさせるトーテムポールは、カナダ・ブリティッシュコロンビア州のハイダ族の村に、家の守護神として建てられていたもの。アフリカゾウは20世紀の初めにケニアで捕獲されたもので、体重は4トン以上もあった。

●**メインレベル東館　Main Level East Wing**
　ネイティブアメリカンの充実したコレクション。約1万3000年前から現代の北米大陸の先住民Native North Americaをエリアの種族ごとに、ジオラマで生活様式を再現する。普段着や儀式用の衣装や装飾品、籠やスプーンなどの台所用品、農耕具、漁業や狩猟道具、楽器、陶器、カチナドールのような信仰の対象物などが陳列され、ネイティブアメリカンとひと口にいっても多様な生活様式があったことがわかる。なかでも、復元された**パウニー・アース・ロッジ Pownee Earth Lodge**は必見。現在のネブラスカを中心とした中西部平原に暮らすパウニー族の子孫が1977年にハコヤナギやヘイゲンヤナギを用いて作ったもので直径12mの大きさだ。パウニー族の宇宙観が伝わってくるような、とても落ち着く空間で、一角には神事用スペースも設けられている。また極北に暮らすイヌイットのボートや狩りの道具が展示されたコーナーも興味深い。トーテムポールのコレクションは圧感だ。

マオリ族の集会場も忠実に復元されている

虫Bugのコーナーがおもしろい　トンボやバッタのスローモーション動画や、虫がどこに隠れているかの大きな花の模型、ミツバチを襲うクマンバチと食べるときの生々しい音、世界のカメラマンが捉えた虫や✎

●メインレベル西館　Main Level West Wing

　アジアとアフリカの哺乳類、は虫類、鳥類がどのような環境下で生息していたかをジオラマで再現している。展示されているアジアの哺乳類は、約70％が絶滅の危機に瀕しているという。

　さらにアフリカAfricaのコーナーでは、奴隷としてアメリカへ強制連行されたアフリカ系の人々の歴史や文化、暮らしを紹介し、アフリカ系アメリカ人への理解を深める展示構成になっている。奴隷市場を体感できるコーナーもある。

昆虫にも焦点を当てた展示が始まった。かなり興味深い

効率よく回るには
　広いということを頭に入れ、的を絞るようにしたい。的を絞りきれない人は、少なくとも古代エジプトの内部、惑星の進化、恐竜のコーナーだけは見学しておこう。

そのほかにも
　マヤ文明の装飾品、インカ帝国の出土品、モチェ文化の人間や猿、鳥をかたどった陶器なども展示されている。

アフリカなど世界中のさまざまな地域を解説

フィールド博物館
('20年冬現在)

❶ インフォメーション	🚻 トイレ
🍴 レストラン	🛍 ショップ

アッパーレベル（3階）　Upper Level

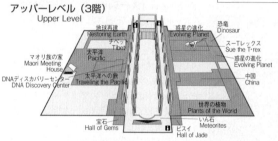

地球再建 Restoring Earth
チベット Tibet
マオリ族の家 Maori Meeting House
DNAディスカバリーセンター DNA Discovery Center
太平洋 Pacific
太平洋への旅 Traveling the Pacific
宝石 Hall of Gems
惑星の進化 Evolving Planet
恐竜 Dinosaur
スーＴ.レックス Sue the T･rex
惑星の進化 Evolving Planet
中国 China
世界の植物 Plants of the World
いん石 Meteorites
ヒスイ Hall of Jade

メインレベル（2階）　Main Level

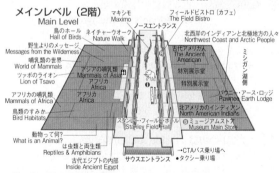

マキシモ Maximo
フィールドビストロ（カフェ）The Field Bistro
鳥のホール Hall of Birds
ネイチャーウオーク Nature Walk
ノースエントランス
北西岸のインディアンと北極地方の人々 Northwest Coast and Arctic People
野鳥よりのメッセージ Messages from the Wilderness
哺乳類の世界 World of Mammals
ツァボのライオン Lion of Tsavo
アジアの哺乳類 Mammals of Asia
アフリカ Africa
アフリカの哺乳類 Mammals of Africa
アフリカ Africa
鳥類のすみか Bird Habitats
動物って何？ What is an Animal?
は虫類と両生類 Reptiles & Amphibians
古代エジプトの内部 Inside Ancient Egypt
サウスエントランス
スタンレー・フィールド・ホール Stanley Field Hall
古代アメリカ The Ancient American
特別展示室
特別展示室
ミシガン湖側
パウニー・アース・ロッジ Pawnee Earth Lodge
北アメリカのインディアン North American Indians
ミュージアムストア Museum Main Store
→CTAバス乗り場へ　●タクシー乗り場

グラウンドレベル（1階）　Ground Level

エデュケーショナルセンター Educational Center
ジェームス・シンプソン・シアター James Simpson Theatre
シラグーサセンター The Siragusa Center
レイクショア・ドライブ側
ウエストエントランス
昆虫 Insects
古代エジプトの内部 Inside Ancient Egypt
エクスプローラーカフェ Explorer Cafe
海の哺乳類 Sea Mammals
イーストエントランス
Crown Family Playlab
ブッシュマン Bushman
アンダーグラウンドアドベンチャー Underground Adventure

人食いライオン
　アジアの哺乳類の隣には、東アフリカで恐れられている2頭のサーボライオン Lions of Tsavo（人食いライオン）の展示がある。2頭は1898年の9ヵ月間に鉄道建設に従事する労働者を襲い、135人を殺害したという。その後の研究で実際に食べられていたのは35人といわれている。

＼　動物たちの一瞬など、普段気にかけないぶんとても楽しめた。昆虫に触れさせてもくれる。

●中国 Cyrus Tang Hall of China

入口でこま犬が歓迎する展示室は中国のホール。中国の地理や気候、中国史の各王朝の勢力図の変化などを動画で紹介したあとは、5000年にわたる歴史のなかから貴重な石碑、織物、青銅品、陶器など約350点が公開されている。紀元前3000年前の壺はギリシアの同時代のものによく似ているのがおもしろい。東周Eastern Zhouや秦Qinのコイン、唐Tangの兵馬俑、宋Songの韻文、清Qingの皇帝の礼服なども見られる。

●惑星の進化 Envolving Planet

約46億年前に誕生したといわれる地球の歴史を、化石を中心にタッチスクリーンやビデオなどを使いながらたどる。必見は、約21億年前の化石**ユーカリオテEukaryote**。ミシガン州で発掘された世界最古の化石のひとつだ。恐竜の誕生は約2億900万年前といわれているが、小さかった恐竜がやがて巨大化し、鳥類で最大のプテロダウストロやトリケラトプス、ティラノサウルスなどへと進化した。コーナーの必見は、ティラノサウルス・レックスTyrannosaurus Rexの化石「**スー Sue**」。彼女は博物館のマスコットで、現在発掘されているT-レックスのなかで、最大かつ最も完全に近い形で発掘されたもの。骨格の90%が本物というたいへん貴重なものだ。T-レックスは、今から約6700万年前の白亜紀後期に生きた肉食恐竜で、スーは1990年サウスダコタ州で発掘された。長さ12.3m、高さ4m、体重は7トンあったと推測されている。

世界の植物体系の集大成ともいうべき**世界の植物Plants of the World**や、ポリネシア、ミクロネシアなどの太平洋の島々で儀式や戦いに使われた道具や美術品を紹介した**太平洋の精神と太平洋への旅Pacific Spirits & Traveling the Pacific**、目がくらむようなダイヤモンドやコハク、ターコイズなど700種以上の宝石と原石、中国のヒスイ芸術のすばらしさを堪能できる**宝石とヒスイHall of Gems、Hall of Jades**などのコーナーもある。

●古代エジプトの内部　Inside Ancient Egypt

3階建てのエジプトの墓は、1908年エジプトで発掘された王家の墓マスタバMastabaが、そのまま再現されたもの。墓は紀元前2400年の第5代ファラオ（古代エジプトの王のこと）の息子ユニス・アンカのものといわれ、ほかにも23体のミイラと30体の動物のミイラが永遠の眠りについている。1階のギャラリー入口から入り、墓の中に造られた階段を下りながら内部を見学していく。ふたつの寝室のほの暗い空間にユニス・アンカの石棺がひっそりと横たわっている。ミイラは、日が沈む西向きに埋葬され、一緒に埋葬されていた指輪などの装飾品の多さは、埋葬された人物の身分の高さを表している。3700年前の木製大型葬儀船Funerary Boatもお見逃しなく。

中国のおもな王朝と年代

東周：BC770～256年頃
秦：BC770頃～206年
唐：AD618～906年
宋：AD960～1126年
清：AD1616～1911年

東周時代の壺。今から5000年近く前のものだ

3Dシアターもある

博物館には3Dシアターがあり、季節に応じた映画が上映されている。鑑賞したいならチケット購入時に3D映画の予約をするといい。2020年は「マキシモ」にちなんだ『ティタノサウルス』が上映されている。

博物館の人気者「スー」がよみがえった

現在のものと見比べてみよう

恐竜以外にも興味を引くのが、バラエティに富んだ地球初期の水中生物。見慣れない姿ではあるが、現在の海中生物の器官と同じようなものが備わっている。

エジプトのコーナーは幅広い展示で見応えがある

アンダーアドベンチャー　人間が100分の1の大きさになると、周りの昆虫はどのくらい大きいのか。子供向けのコーナーだが、巨大なカタツムリやカブトムシの幼虫などを見ているとこちらが捕食されそうだ。

完成時は世界最大の屋内水族館

シェッド水族館

Shedd Aquarium

MAP P.22-B3
サウスループ

　毎年200万人が訪れる人気の水族館。八角形の建物は世界各地の海からなる5つのギャラリーと、中央のカリビアンリーフ、ワイルドリーフ、オーシャナリウムなどから構成されている。ここで飼育されている海と周辺の生物は約1500種、3万2000匹。熱帯魚、海水魚、淡水魚などの魚類に加え、タツノオトシゴから電気ウナギ、アマゾンのピラニアなどの珍種の魚類、海洋植物、両生類、は虫類、昆虫、海の哺乳類、癒やしの生物クラゲなど、単なる水族館にとどまらない幅の広さが自慢。1970年代まで海水をはるばるフロリダから運んだが、現在水はミシガン湖とシカゴ市からまかなっている。近年ではサンゴを生育して海に返す運動にも力を入れている。海の生きものをいつくしみ、生態系を壊さないことも水族館の使命なのである。

夏休みは驚くほど混雑するシェッド水族館。ウェブサイトからチケットを購入するのが賢明

 CHICAGO CityPASS　P.44参照

シェッド水族館
🏠1200 S. Lake Shore Dr.
☎(1-312)939-2438
URL www.sheddaquarium.org
🕐月〜金 9:00 〜 17:00、土日〜 18:00
休12/25
料$39.95、3 〜 11歳 $29.95 入場 +4D$4.95
行き方CTA バス #146 で Solidarity Dr. & Aquarium 下車

●カリビアンリーフ　Caribbean Reef

　直径40フィート（約12m）、高さ12フィート（約3.7m）の円筒形の大水槽。容量は、9万ガロン（約34万ℓ）にも達する。珊瑚礁を気持ちよさそうに泳ぐ魚は500匹以上、ほとんどがカリブ海に生息する熱帯魚だ。**ダイバーによる餌づけCaribbean Reef Dive**が1日3回行われており、どうして大きな魚は小さいものを食べないのかなどの魚の習性を説明する。アオウミガメのニッケルがまとわりつく姿はなんともかわいらしい。

カリビアンリーフ餌づけの時間
毎日 12:00、14:00、15:00

●アマゾンライジング　Amazon Rising

　アマゾン川と熱帯雨林の世界には巨大ヘビのアナコンダをはじめ、水面から約90cmも飛び跳ねて虫や鳥にまでも食いつくアロワナという魚、タランチュラ、猛毒をもつカエル、電気ナマズ、どう猛な魚として有名なピラニアPiranhaなどがいる。アマゾンを感じてもらうため、ここでは降雨があり、気温もアマゾンの森に近いものになっている。

カリビアンリーフの餌づけタイムはなんとも癒やされる

●世界各地の水域

　生息するエリア別に分かれた水槽が並んでおり、魚類、両生類、は虫類、水中植物などが見学できる。**イリノイ州周辺の五大湖At Home on the Great Lakes**は、ミシガン湖をはじめとした北米大陸北東部の五大湖などと、イリノイ州の川にすむ生物のコーナー。代表格は、やはりマスTroutやサケSalmonなど。ミシガン湖の魚として、チョウザメSturgeon、白マスWhite Fish、パーチPerch（スズキ類の淡水魚）が顔を揃える。

　夏期になると屋外にアカエイのタッチプールも設営されて、人間の手をうまくすり抜けるアカエイを見ることができる。

水族館での写真撮影
　基本的に写真撮影は自由だが、フラッシュの使用は禁止されている。

●ワイルドリーフ　Wild Reef

　57.5万ガロン（約217万ℓ）の容量をもつビッグな水槽の展

歩き方

世界各地の水域、アマゾンライジング、ワイルドリーフの見学だけなら1時間ぐらいで済むが、オーシャナリウム、ワイルドリーフ、カリビアンリーフの餌づけも含めると最低半日は時間をかけたい。

カリビアンリーフの餌づけタイムの時間を確認し、余った時間を世界各地の水域、アマゾンライジング、ワイルドリーフの見学に充てるとよい。ただし、カリビアンリーフの餌づけは少し早めに見学場所を確保しておかないと、人の頭ばかり見ることになる。

オーシャナリウムにはイルカやシロイルカもいて、愛嬌を振りまいている

海の生き物たちの解説 Animal Chat

カリビアンリーフの餌づけ以外にも海の生き物たちの解説を行っている。
●ワイルドリーフ
　11:15、15:30
●オーシャナリウム
　9:45、15:50
●ポラー・プレイ・ゾーン
　13:00

4D エクスペリエンス

オーシャナリウムの隣のハイテクシアター。画面から飛び出す3D映像に加えて、各座席に備え付けられた装置から匂いが漂ってきたり、シャボン玉が飛び出したり、足をくすぐられたりと、さまざまな仕掛けで楽しませてくれる。上映作品は季節によって異なるが2～3種類のフィルムを交互に上映している。

水族館ではサンゴを育てて海に戻している

示エリアを、ダイバーになったように探検する。特筆すべきはフィリピン近海の生きた珊瑚礁。すみかとする魚のなかでも目を引くのがサメやエイの巨大な海の仲間。メジロザメ、ウチワシュモクザメ、ゼブラシャークなどサメは20匹以上いる。

●オーシャナリウム　Oceanarium

海の哺乳類のためのパビリオン、オーシャナリウムは300万ガロン（約1140万ℓ）の飼育水槽があり、アメリカ北西部の太平洋岸が再現されている。ベルーガクジラBeluga Whale、イルカDolphin、アラスカラッコAlaskan Sea Otterなど、下の水槽から泳ぎっぷりを見ることができる。ペンギンの保温の仕組み、クジラやラッコの食料供給方法を解説したり、かつてアラスカ沖で座礁したタンカーがもたらした海洋汚染のせい惨さを訴えた展示があるなど、単に飼育や研究にとどまらない、水族館のミッションが感じられる。オーシャナリウムでは**水のプレゼンテーションAquatic Presentation**と題し、海の哺乳類を見せながらの生態系や飼育法などを解説する。その下の階にはペンギンやパフィンの飼育室もあり、なんとも愛くるしい。

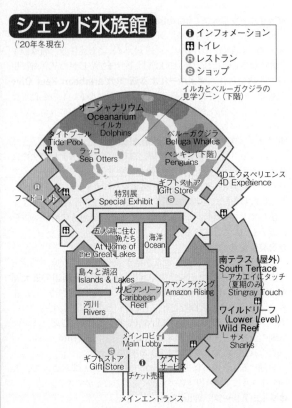

シェッド水族館

('20年冬現在)

❶ インフォメーション
🚻 トイレ
Ⓡ レストラン
Ⓢ ショップ

イルカとベルーガクジラの見学ゾーン（下階）

オーシャナリウム Oceanarium
└イルカ Dolphins

タイドプール Tide Pool

ラッコ Sea Otters

ベルーガクジラ Beluga Whales

ペンギン（下階）Penguins

4Dエクスペリエンス 4D Experience

ギフトストア Gift Store

フードコート

特別展 Special Exhibit

五大湖に住む魚たち At Home of the Great Lakes

海洋 Ocean

島々と湖沼 Islands & Lakes

アマゾンライジング Amazon Rising

カリビアンリーフ Caribbean Reef

河川 Rivers

南テラス（屋外）South Terrace
└アカエイにタッチ（夏期のみ）Stingray Touch

ワイルドリーフ（Lower Level）Wild Reef
└サメ Sharks

メインロビー Main Lobby

ギフトストア Gift Store

ゲストサービス

チケット売場

メインエントランス

シカゴの夜空を眺めてみよう

アドラープラネタリウム

Adler Planetarium

3つのシアター＆博物館があるプラネタリウム＆博物館

世界屈指の最新機器を備えたプラネタリウム。世界最大といわれる望遠鏡のコレクション、月への有人宇宙飛行の展示、宇宙科学の最新情報を教えてくれるレクチャーなど、いろいろな角度から宇宙への理解を深めることができ、博物館としても評価が高い。

シアーズ・ローバック社の副社長であったアドラー M. Adler の発明されたばかりのプラネタリウムをドイツで見た感激が、1930年、西半球で初のプラネタリウム誕生となった。建物はピンク色の御影石で、12面の壁は黄道12宮を表している。入口近くの**ヘンリー・ムーア**Henry Moore作のブロンズの日時計**Sundial**が、宇宙への夢を誘っている。

●ご自慢の3つのシアター

グレインジャー・スカイシアター Grainger Sky Theaterはドーム型のプラネタリウムで、星の投影を眺めながら映像ショーが楽しめる。季節ごとに常時2種類を上映。太陽系の兄弟星たちの素顔といったショーには最新ニュースも織り込まれ、難しい理論も一目瞭然だ。**デフィニティ・スペース・シアター Definiti Space Theater**はコンピューターグラフィックとバーチャルリアリティの技術を使ったシミュレーション。**ジョンソンファミリー・スター・シアター Johnson Family Star Theater**では、宇宙が迫力の3Dで上映される。

●天文博物館

宇宙をさまざまな角度から解説する約10の展示コーナー。

月へのミッションMission Moonでは1969年アポロ11号の人類初の月面着陸成功を中心に、月への有人宇宙飛行の歴史を、宇宙船（ジェミニ12号の実物）、宇宙服、写真、動画などで紹介。

アトウッド・スフィア Historic Atwood Sphereとは、1913年製のシカゴ最古のプラネタリウム設備のこと。もとは大学や海軍などで天文学の講義に使われていたもので、かつてアメリカ海軍ではこのプラネタリウムで、天体の動きや方位の見方などを学んだ。現在は体験型のアトラクションとなっている。

望遠鏡をのぞいてTelescope : Through the Looking Glassでは、観測機器を中心に、12世紀以後につくられた天文学のコレクションを公開している。なかでも1864年製ディアボーンの巨大な望遠鏡をお見逃しなく。

約137億年前のビッグバンから現在までの宇宙と地球の歴史を紹介する**宇宙：宇宙空間と時間を歩く**The Universe : A Walk Through Space and Timeのコーナーもある。星や星雲、惑星はどのように生まれ変化してきたかは、人類の永遠の研究対象。かつての観測器具などと合わせて見学しよう。

MAP P.22-B3
サウスループ

CHICAGO CityPASS P.44参照

アドラープラネタリウム
🏠1300 S. Lake Shore Dr.
☎(1-312)922-7827
URL www.adlerplanetari
um.org
🕐毎日 9:30 ～ 16:00（季節により延長）
🚫11月第4木曜、12/25
💰基本の入館料は $19、3 ～ 11 歳 $8。プラス1（入場＋ひとつのショー）$28、3 ～ 11 歳 $17、プラス2（入場＋ふたつのショー）$35、3 ～ 11 歳 $24
行き方CTAバス #146 の終点

第3木曜のナイトイベント
Adler After Dark
時間：毎月第3木曜の18:00 ～ 22:00（5 ～ 8 月は18:30 ～ 22:30）。カクテルと軽食を楽しみながら、専門家による解説を聞いたり、望遠鏡で夜空を眺めたりすることができる。21歳以上。
💰前売り$25、当日売り$30

そのほかの展示コーナー
太陽系 Our Solar System では、太陽系の中心である太陽と惑星の位置関係や、飛来する彗星や小惑星帯などを、模型や探査機が捉えた各惑星の表面の様子の写真、ジオラマなどで紹介している。

博物館では実際に宇宙を飛行したジェミニ12号も公開している

CHICAGO INFORMATION アドラープラネタリウムは、アメリカ初のプラネタリウムで、3つのプラネタリウム用のシアターが入っている。なかでもグレインジャー・スカイシアターは世界最新技術を誇る。

昔の外科手術はどんなもの?

国際外科医学博物館 International Museum of Surgical Science

MAP P.23-B2
リンカーンパーク

リンカーンパーク南にある人気の博物館

国際外科医学博物館
🏠 1524 N. Lake Shore Dr.
☎ (1-312)642-6502
URL www.imss.org
🕐 月〜金 9:30 〜 17:00、土日 10:00 〜
🚫 おもな祝日
💰 $17、学生・65 歳以上 $13、4 〜 13 歳 $9、3 歳以下無料
🚌 CTA バス #151 で Lake Shore Dr. & North Blvd. 下車、Burton Pl. に向かい南へ歩く

手術の様子を伝える絵画はかなり衝撃的

ツアー：木 14:00 〜。約 45 分

19世紀のドラッグストアが再現されている ©Courtesy of IMSS

リンカーンパークの少し南側、ゴールドコーストにある、外科専門医大の付属施設として建てられた博物館。小規模な博物館だが、過去4000年に及ぶ外科手術を中心に世界の医療技術の進歩の歴史を、医療器具や絵画の豊富な7000点以上のコレクションで学ぶことができる。館には日本のコーナーもあり、必見。

●外科医学の歴史と穴開き頭蓋骨

博物館の入っている4階建ての邸宅は、ベルサイユのプチ・トリアノンをモチーフに設計されたもの。4つのフロアにコレクションが展示してある。博物館は1954年にオープン。

視覚に訴える展示が多いので、医療についての知識がなくても見学しやすい。麻酔のない時代の患者の手足を押さえつけての手術、帝王切開、死体を解剖しての学習など、かつての外科手術の様子を描いた絵から外科医たちの苦労がうかがえる。

珍しいものでは、ポリオの治療に用いた「鉄の肺The Iron Lug」と呼ばれるトンネル状の医療器具、ゆがんだ足を正常にするためのギプス、19世紀末のX線撮影機、古代ローマの医療器具などが展示されている。展示には穴の開いた頭蓋骨がいくつかあるが、紀元前2000年にペルーで発見されたものもある。トリフェーンというドリルで開けられたといわれ、手術後に生きていた患者もいたという。また、ここは外科医学の殿堂でもあり、放射線研究のキュリー夫人、X線発見者のレントゲン、イギリスの解剖学者ハーヴェイ、名産科医センメルワイスらがたたえられている。

●日本の殿堂 Japan Hall of Fame

麻酔のパイオニアともいえるのが、江戸時代後期の医学者、華岡青洲だ。外科手術を施すにあたって麻酔を独自で研究し、その人体実験に協力した母と妻の確執のストーリーが日本では有名だが、ここでは、青洲が全身麻酔を用い、世界初の乳ガンの手術を行ったことが紹介されている。また、1949年日本の順天堂大学の医師たちが超音波によるガンの早期発見に大きく貢献した展示もある。必見は食道ガンの世界的権威であった中山恒明をはじめとする10名以上の日本を代表する外科医が殿堂に名を連ねているもの。

ほかにも、昔アイオワにあったドラッグストアを再現した部屋もある。手書きの処方箋や、ずいぶんオーバーな効能をうたった薬箱やボトルも並び、薬の作り方の解説もあってなかなか興味深い。

日本の外科医学はひとつのコーナーとなっていて、功労者をたたえている

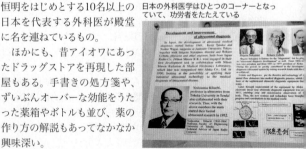

FROM READERS ◁ スーパーの便利なイートイン　国際外科医学博物館から歩いて15分くらいの所にシカゴの食材を数多く扱うプラムマーケット (→P.298) があり、ここはイートインも便利。
(岡山県　S.S. '19) ['20]

シカゴのギャラリー街 — Gallery Districts in Chicago

建築・屋外彫刻でも有名なシカゴ。現代美術への関心も高く、現在進行形のユニークな芸術を生み出す町として知られている。それを支えているのは多彩なミュージアムと100軒にも及ぶ豊富なギャラリー群。ギャラリーで生の芸術に触れ、シカゴを再発見してみよう。

ギャラリーの多いエリア

シカゴにはいくつかのギャラリー街が点在しているが、なかでも、リバーノース、ミシガンアベニュー、ウエストサイドの3つのエリアに、ギャラリーディストリクトと呼ばれるエリアが形成されている。

●リバーノース・ギャラリー・ディストリクト
River North Gallery District

Chicago Ave.、Erie St.、Sedgwick St.、Wells St.に囲まれた一画。アメリカではニューヨークのSOHOに次いで2番目に画廊が密集していたエリアで現在でも20軒ほどある。

シカゴを代表する老舗ギャラリーが集中しており、質が高く見応えのある作品が多い。これらのギャラリーを登竜門として、ニューヨークで活躍したり、アートフェアに進出し、有名になるアーティストも少なくない。

●ミシガンアベニュー・ギャラリー・ディストリクト
Michigan Avenue Gallery District

華やかなMichigan Ave.の中心部、Ontario St.とFairbanks Ct.が交差する3～4ブロック周辺に有名アーティスト、またはインテリア用の版画を専門に扱うギャラリーが20軒ほど集中している。

●ウエストサイド・ギャラリー・ディストリクト
West Side Gallery District

Lake St.の北、Chicago Ave.とAshland Ave.が交差するあたりを中心に40軒以上のギャラリーが点在している。リバーノースの地価が高騰したため、1990年代の終わりに移転してきた名門画廊が多く、その数は増えるばかり。

ギャラリーは日、月曜が休みのところが多い。注意しよう

シカゴのギャラリーは中心部の西側やマグマイル周辺に多い

監修：斉藤博子（シカゴ美術館 公共教育部門 講師）
Text by Hiroko Saito, Lecturer, Public Programs, the Art Institute of Chicago

ギャラリーニュース
ギャラリーに置かれている無料年間誌「シカゴ・ギャラリーニュース・アーツガイド CGN Arts Guido」が便利。地図とスケジュールが写真入りで載っている。URL www.chicagogallerynews.com
また、無料週刊紙「リーダー Reader」（→P.333）にも詳しい情報が網羅されている。URL www.chicagoreader.com

行き方
リバーノース
CTAレッドライン、ブラウンラインChicago駅下車
CTAバス#66でOrleans、#37でChicago下車
ミシガンアベニュー
CTAバス#3、146、147、151でOntario St.付近下車
ウエストサイド
CTAピンクライン、グリーンラインAshland駅下車
CTAバス#65、66でAshland下車
ウエストサイドエリアの一部は観光地化していないので、人通りの少ない道はできるだけ避けるように

シカゴのギャラリー街

G 20世紀の貴重な写真がいっぱい 　　　　　　**MAP** P.30-A1 ／リバーノース中心部

スティーブン・デイター・ギャラリー　　　Stephen Daiter Gallery

欧米のドキュメンタリーやバウハウスなどの実験写真が専門。アダムス Adamsが撮影した山岳風景やキャラハンCallahanによる抽象的な作品のほか、第2次世界大戦後に高い評価を得たアメリカ生まれの写真家、石元泰博の稀有な作品がある。

🏠230 W. Superior St., 4F 　☎(1-312)787-3350
URLwww.stephendaitergallery.com 　🕐水〜土11:00〜17:00

G シカゴの中堅アーティストを幅広く紹介 　　　　　**MAP** P.30-A2 ／リバーノース中心部

ゾーラ／リーバーマン・ギャラリー　　　Zolla/Lieberman Gallery

シカゴ在住のアーティストが中心。木の枝やブロンズで馬の彫刻を作るバターフィールドButterfield、女性らしい艶やかな色彩で夢のように不思議な世界を描くブラムソンBramson、彫刻の素材としての本にこだわるスペクター Spectorなど、見応えある作品が多い。

🏠325 W. Huron St. 　☎(1-312)944-1990
URLwww.zollaliebermangallery.com 　🕐火〜金10:30〜17:30、土11:00〜

G アウトサイダーアートの老舗 　　　　　　　　**MAP** P.30-A1 ／リバーノース中心部

カール・ハマー・ギャラリー　　　　　　Carl Hammer Gallery

瓶の王冠を素材に使う彫刻家、ミスターイマジネーションMr. Imagination、少女たちを主人公に架空の戦争物語を描いたダーガー Darger、かわいらしくユーモラスな黒人像で知られるトレイラー Traylor など、正式な美術教育を受けたことのないアウトサイダーアーティスト専門。

🏠740 N. Wells St. 　☎(1-312)266-8512 　**URL**www.carlhammergallery.com
🕐火〜金11:00〜17:30、土〜17:00

G シカゴイマジストを見られる 　　　　　　　　**MAP** P.30-A2 ／リバーノース中心部

ジーン・アルベーノ・ギャラリー　　　　Jean Albano Gallery

絵画と彫刻を展示。シカゴイマジストの作品を扱う。極彩色でキテレツな人物像を描くウィルサムWirsum、穏やかさと狂気が同居するニルソン Nilssonなどが見どころ。

🏠215 W. Superior St. 　☎(1-312)440-0770 　**URL**jeanalbanogallery.com
🕐火〜土11:00〜17:00

G 3階建ての広い展示空間 　　　　　　　　　　**MAP** P.30-A1 ／リバーノース中心部

グルーンギャラリーズ　　　　　　　　　Gruen Galleries

リバーノースにある画廊では最大の展示スペースをもつ。3階建てで、アフリカの素朴な彫刻やアメリカの現代的な絵画がバランスよく並ぶ。トリックアートのようなロスRothの室内画は人気がある。

🏠226 W. Superior St. 　☎(1-312)337-6262 　**URL**www.gruengalleries.com
🕐月〜土11:00〜18:00、日〜17:00

G 色鮮やかな工芸品 　　　　　　　　　　　　**MAP** P.30-A1 ／リバーノース中心部

ヴェイル・クラフト・ギャラリー　　　　　Vale Craft Gallery

木工、彫金、陶芸、染織、宝飾など幅広い分野を扱う。イリノイ、ウィスコンシンなど地元のアーティストによる鮮やかな色の工芸品が多く、一点物の個性的なアクセサリーが豊富。

🏠230 W. Superior St. 　☎(1-312)337-3525 　**URL**www.valecraftgallery.com
🕐火〜金10:30〜17:30、土11:00〜17:00

シカゴのギャラリー街

G 穏やかな韓流作品
MAP P.30-A1 ／リバーノース中心部

アンドリュー・ベイ・ギャラリー
Andrew Bae Gallery

アメリカ在住の韓国人アーティストによる穏やかな作風の絵画、写真、オブジェをおもに扱う。野田哲也、浜西勝則など日本人の版画も展示する。

🏠300 W. Superior St.　☎(1-312)335-8601　🔗www.andrewbaegallery.com
🕐火～土10:00～18:00

G シカゴで一番の名門画廊
MAP P.28-B2 ／マグマイル北

リチャード・グレイ・ギャラリー
Richard Gray Gallery

ミロ、カルダー、ウォーホルなど20世紀を代表する芸術家の美術館級の作品が揃う。絵画と彫刻が多く、ニューヨークに支店がある。注目すべきはミレニアムパークの巨大作品で有名なプレンサ Plensa。日本人では宮島達男が定期的に作品を発表している。

🏠John Hancock Center, 38F, 875 N. Michigan Ave.　☎(1-312)642-8877
🔗www.richardgraygallery.com　🕐月～金10:00～17:30、土 予約のみ

G 壁に広がる巨匠の版画
MAP P.29-B1 ／マグマイル南

R.S. ジョンソン・ファインアート
R.S. Johnson Fine Art

15世紀から現代まで、デューラー、ブリューゲル、レンブラント、ティエポロ、ロートレック、ピカソ、デュビュッフェなどヨーロッパの巨匠による版画、素描、絵画を扱う。

🏠645 N. Michigan Ave., 9F　☎(1-312)943-1661
🔗www.rsjohnsonfineart.com　🕐月～金9:00～17:30

G ギャラリーというより無料ミュージアム
MAP P.25-A2 ／ストリータービル

アーツクラブ・オブ・シカゴ
The Arts Club of Chicago

1916年の創立以来、質の高い前衛美術を紹介している。シャガール、ダリ、カルダー、ポロックの作品をシカゴで最初に展示したことで知られ、近年は草間彌生の回顧展をMoMAに先んじて行っている。

🏠201 E. Ontario St.　☎(1-312)787-3997
🔗www.artsclubchicago.org　🕐火～金11:00～18:00、土～15:00

G 考える美術を展示
MAP P.21-D3 ／ウエストループ

ローナ・ホフマン・ギャラリー
Rhona Hoffman Gallery

ミニマルの画家ルウィットLewitt、文字をLEDで表現して作品にしたホルツァー Holzer、糸や髪の毛を布に縫い込むウィルソンWilsonなど国際的に有名なコンセプチュアルアーティストの個展専門だ。

🏠1711 W. Chicago Ave.　☎(1-312)455-1990
🔗www.rhoffmangallery.com　🕐火～金10:00～17:30、土11:00～

G 才能ある若いアーティストが発表
MAP P.21-D3 ／ウエストループ

カヴィ・グプタ・ギャラリー
Kavi Gupta Gallery

直径10mの巨大地球オブジェで知られるタセットTassetなど、一筋縄ではいかない才能が集まる。映像作品も扱い、若い世代を対象にした2号店を近所の🏠219 N. Elizabeth St.に開いた。

🏠835 W. Washington St.　☎(1-312)432-0708　🔗kavigupta.com
🕐火～金10:00～18:00、土11:00～17:00

シカゴのギャラリー街

G シカゴで最も注目されるギャラリー
MAP P.21-D3／ウエストループ

モニク・メロシュ・ギャラリー
Monique Meloche Gallery

シカゴ現代美術館のキュレーターだったメロシュ女史が運営しているため、質が高くインパクトの強い作品が目立つ。日本でも人気の抽象画家ディーザインDZINEは、最初にここで認められ、紹介された。

🏠451 N. Paulina St.　☎(1-312)243-2129
URL moniquemeloche.com　営火〜土11:00〜18:00

G 安藤忠雄が内観を設計
MAP P.24-B4／レイクビュー

ライトウッド 659
Wrightwood 659

リンカーンパーク地区の集合住宅を改築したギャラリー。内観は安藤忠雄が設計。年3回、大型の企画展を行う。石田徹也の回顧展を北米で初めて開き、話題になった。完全予約制で有料($16)だが予約の時間帯によっては無料になることも。予約は公式サイトのRESERVATIONSで。
🏠659 W. Wrightwood Ave.　☎(1-773)437-6601
URL www.wrightwood659.org　営木金12:00〜18:00、土10:00〜17:00

COLUMN

もっともっと専門的なギャラリー紹介
Other Galleries

写真

キャサリン・イデルマン・ギャラリー
Catherine Edelman Gallery

現代写真および写真を母体にしたコラージュやイラストレーションを展示。
🏠1637 W. Chicago Ave.　MAP P.21-D3
☎(1-312)266-2350
URL www.edelman
gallery.com　営火〜土
10:00〜17:30

今、シカゴの若者が最も注目するウエストタウンにある

版画

シカゴ・プリントメーカーズ・コラボレイティブ
Chicago Printmakers Collaborative

版画工房内のギャラリー。シカゴの美術家による作品が多い。ヨーロッパ、アジア(特に日本)の版画もある。
🏠4912 N. Western Ave.　MAP P.21-C2
☎(1-773)293-2070
URL www.chicagoprintmakers.com
営金土 12:00〜17:00
行き方 ブラウンライン Western 駅下車

工芸

エクトギャラリー　Echt Gallery

現代ガラス・陶芸専門。複雑な形に鮮やかな色彩を併せもつチフーリ Chihuly など。
🏠210 W. Superior St.　MAP P.30-A1
☎(1-312)440-0288
URL www.echtgallery.com
営 火〜土 11:00〜17:00

アンティーク

ザ・ゴールデン・トライアングル
The Golden Triangle

東南アジアと中国の骨董がメインだが欧米の家具とオブジェもある。
🏠330 N. Clark St.　MAP P.30-B4
☎(1-312)755-1266
URL www.goldentriangle.biz
営 月〜金 10:00〜18:00、土〜17:00

ポップアート

ロトフジギャラリー　Rotofugi Gallery

デザイナーものだけを集めたトイショップ、ロトフジ内のギャラリー。かわいくポップで風変わりなイラストやオブジェを展示。なかでもケトナー Ketner は注目。
🏠2780 N. Lincoln Ave.　MAP P.24-A4
☎(1-773)868-3308
URL www.rotofugi.com
営 月〜金 11:00〜19:00、土日 10:00〜18:00
行き方 ブラウンライン Diversey 駅下車

Entertainment & Sports
エンターテインメント & スポーツ

ライブハウス＝Music Venue ＆ ラウンジの入り方と過ごし方

手軽な金額で、気軽に生演奏が楽しめて、摩天楼のゴージャスな夜景が楽しめる町、シカゴ夜のエンタメスポットの入り方、注文の仕方、支払い方法など、日本とちょっと異なるハウツーがある。覚えてから出かければ、楽しい夜になること間違いなし。ちなみに「ライブハウス」は和製英語で、生演奏が聴ける所をアメリカでは総称して「ミュージックベニュー Music Venue」という。

©Ranvestel Photographic

MUSIC VENUE ミュージックベニュー編

店によって多少異なるが基本的な入り方は次のとおり。なお、アルコールを提供するので年齢確認があり、パスポートなどのIDは必携。

① カバーチャージを支払う

入口にいる係員か、窓口で払う。クレジットカードを受け付けない店もあるので現金がベター。ここで年齢を確認するので、パスポートなどのIDを用意しておこう

入口に窓口がある店も。ここでカバーチャージを払うか、係員が現金を徴集する

カバーチャージを払うと、スタンプを押してくれる。このスタンプは再入場の際に必要だ。手を洗っても簡単には消えない

年齢確認が必ず行われる。パスポートなどの写真付きの身分証明書＝IDを持っていくこと

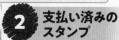

② 支払い済みのスタンプ

カバーチャージの支払いと年齢確認を終えた客には、店にもよるが入場時に手の甲にスタンプを押す。再入場の際に必要で、係員にこれを見せて再入場する。たばこを吸いたい人はマスト。今、シカゴでは屋内は全面禁煙だ

窓口をもつ店はたいていクレジットカードを受け付ける。係員が徴収する場合は現金が多い

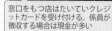

シカゴのミュージックベニューの傾向　専門ジャンルのみを演奏する場所が減り、さまざまなジャンルを扱う店が増えている。曜日によってジャンルを変える店も多く、日によってはDJを呼んだり、ダンスフロアとなる所も。

❸ 入店 & 着席

シカゴのミュージックベニューはとてもカジュアル。空いた席ならどこに座ってもいいが、座る前にバーカウンターで飲み物を注文するのが一般的。注文したら代金とチップは飲み物と引き換えにその場で払う。チップは1杯$1～5。飲み物を手にしたら、空いた席に座ればよい。テーブル席の場合、ウエーター、ウエートレスが注文を取りにくる。好きな飲み物などを注文し、持ってきてくれたら代金とチップを渡す。

バーカウンターがある店はここで先に飲み物を注文する

© Adam Alexander Photography

一般的なドリンク
● ビール 銘柄を聞かれる。お気に入りを見つけておきたい
● ワイン グラスか、ボトルか、赤、白、銘柄を聞かれる。無難なのが House Wine
● 飲めなければ、コーラ Coke かトニックウオーター Tonic Water がおすすめ

入口は現金払いでも、バーカウンターはクレジットカードを受け付ける店が多い

周囲はかなり騒々しいので大きな声で注文を

演奏が始まったら着席したい

❹ 生演奏を楽しむ

ライブはオーディオとはまったくの別物。なかには踊り出す人もいる（小さなスペースがある店も）。適当なところで帰ってよいが、できれば演奏が終わった休みのときに帰るのがいい。
演奏がよかったら、休憩時間の際にミュージシャンに話しかけてみれば、彼らも喜ぶ。また、店内ではミュージシャンのCDを販売していることが多いので、気に入ったら旅のみやげに購入してみよう

リラックスして生演奏を楽しもう

❺ ブレイクタイム & 再入場

演奏が終わるとたばこを吸いに外へ出る人も。再入場の際は②のスタンプを見せよう。30分以上の休憩があると、近くの店へ食事に行く人もいる

店の入口には係員兼セキュリティが常駐している。再入場のときは彼らに手の甲のスタンプを見せること

チキンウイングなどの料理を出す店もあり、ドリンク同様カウンターで注文する

BAR & LOUNGE バー & ラウンジ編

基本はレストランと同じ。入店→注文→飲む＆くつろぐ→精算→退店の順となる。もちろん、酒類をサーブする所だけにパスポートなどのIDは必携。

1 人気の店は予約を

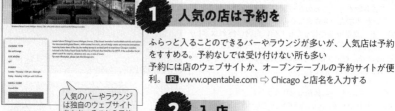

ふらっと入ることのできるバーやラウンジが多いが、人気店は予約をすすめる。予約なしでは受け付けない所も多い
予約には店のウェブサイトか、オープンテーブルの予約サイトが便利。URL www.opentable.com ⇨ Chicago と店名を入力する

> 人気のバーやラウンジは独自のウェブサイトをもち、そこから予約できる

2 入店

予約をしてある場合はその旨を伝え、ない場合は案内人に人数を告げる。スマートフォンの予約の画面を見せるのもいい。すぐに入れないときは、隣接するバーカウンターで待つことになる。このときは飲み物の注文をするのが基本。もちろん1杯につき$1〜5（値段による）のチップを渡すこと

3 注文

席に通され、しばらくするとサーバーが注文を取りにくるので、飲み物やおつまみを頼む。すでに飲み物を注文して飲んでいるのであれば、そのまま飲み物を持っていけばよい。バーカウンターに座った場合は、直接バーテンダーに飲み物を頼む（チップはまとめて支払ってもいい）。カウンターの場合、2、3杯以上飲むときはクレジットカードをホールドする（店で精算するまで預かる）所もある

> バーカウンターに座ったときはバーテンダーに注文を。ここではチップを忘れずに

> ひとりで飲みたいときはバーカウンターがベター

> テーブルに座ったときは担当のサーバーに注文を

4 ひと時を楽しむ

アメリカのバーのいいところは、せかされないこと。ただし、グラスが空になるとサーバーが注文を取りにくるので、意外に早いペースになる

©Adam Alexander Photography

> バーやラウンジはひとりでなければ会話を楽しむところ

> ノンアルコールのカクテルも豊富。食事にもなるおつまみのある店も

5 支払い

「Check, please」と言って勘定書きを持ってきてもらう。クレジットカードで支払う際は勘定書きと一緒にクレジットカードを渡す。すると2枚のレシートを持ってきてくれるので金額を確認し、チップ（税金を入れない飲食代合計の20%）を記入し、自分で合計額も計算して書き込む。そして Customer's Copy のレシートを持って店を出ればよい。現金で払う場合は、チップを含めた金額を置き、そのまま出ればよい。おつりが必要なときはサーバーらに現金を渡し、おつりをもらう

> "Check, please" と声をかけ、精算は席に着いたままで

> 支払いをクレジットカードでする場合、クレジットカードを渡すとそのレシートが2枚セットでくる。下にTIPとTOTALの空欄があるので、ここにチップの金額を書き込み、チップと飲食代（税を含めた分）を自分で合計してサインをする。Customer's Copyは自分の控えだから、こちらを持ち帰る

グループで入る場合は注意 ミュージックベニューの入口でカバーチャージを人数分まとめて払うとき、店のスタッフがわざと間違えて「たりない」ということがある。目の前で1枚ずつお札を渡すのがベター。

♪ ミュージックベニュー（ライブハウス）　Music Venue

南部で生まれたブルースやジャズはシカゴで開花した。シカゴでは、ほかにもロック、ヒップホップ、オルタナティブなどさまざまなジャンルの演奏が比較的安価な料金で楽しめる。なお、アメリカではライブハウスのことをミュージックベニューと言う。クレジットカードを受け付けない店も多いので、現金を用意しよう。

ブルース

♪ E ブルースの大御所バディ・ガイの店

MAP P.22-A2 ／サウスループ

バディ・ガイズ・レジェンズ　Buddy Guy's Legends

世界的に有名なブルースマン、バディ・ガイの店。2階にプールバーとパーティ用の部屋があり、ウーファーをステージ脇の壁に埋め込むなど、音響に凝っている。平日は若手ミュージシャンの起用が多く、ときにバディ・ガイが顔を出し、突然ステージへ上がり歌うことも。ケイジャン系の南部料理は評判がよく、夏にはパティオが設けられる。パーマー・ハウスまで歩いて12分ほど。20:00までは子供同伴可。

🏠700 S. Wabash Ave.　☎(1-312) 427-1190　URLbuddyguy.com　營営火17:00〜翌2:00、水〜金11:00〜、土日12:00〜翌3:00（日〜翌2:00）。ライブ毎日21:30（月金は21:00、水は19:30）　料カバー平日$10〜（週末$20〜（出演者によって異なる）　カードAMV　行き方CTAレッドラインHarrison駅下車

♪ E ふたつのステージが楽しめる

MAP P.24-B4 ／レイクビュー

キングストンマインズ　Kingston Mines

ふたつのステージで2バンドが交互に休みなく演奏するため、明け方近くまで音が絶えることはない。マイク・ウイラーや、女性ギタリストのジョアンナ・コナーなどがレギュラー出演。午前4:00（土曜は5:00）まで開いているので、遅い時間にほかの店で仕事を終えたミュージシャンたちのたまり場にもなる。キッチンがあり、カリッと揚げられたピリ辛ハニーBBQウイングは美味。

🏠2548 N. Halsted St.　☎(1-773)477-4646　URLkingstonmines.com　營営月〜木19:30〜翌4:00、金19:00〜、土19:00〜翌5:00、日18:00〜翌4:00。ライブは20:00〜（土19:30〜、日18:30〜）1時間ごとに交互のステージで始まる　料カバー$12（金土$15）　カードAMV　行き方CTAレッドラインFullerton駅下車

♪ E シカゴでいちばんフレンドリー

MAP P.21-C3 ／ノースウエスト

ローザスラウンジ　Rosa's Lounge

"Friendliest Blues Lounge"とうたう、ママ・ローザ、トニーのイタリア人母子があたたかく迎える家庭的なクラブ。毎週水曜はアコースティックのセット、木曜はリル・エドとアリヨ（有吉須美人氏）らがホストのジャムセッションも行われている。週末にはグラミー賞ノミネートのビリー・ブランチ、ルリー・ベルほか、ジョン・プライマー、バンス・ケリーらが出演している。店内にデリバリー用のフード注文機あり。

🏠3420 W. Armitage Ave.　☎(1-773)342-0452　URLrosaslounge.com　營営火〜土20:00〜翌2:00（水〜翌1:00、土〜翌3:00）。ライブ21:00〜（日によって変更あり）　休日月　料カバー$10〜20　カードAMV　行き方タクシーで

CHICAGO INFORMATION ジャンル分けについて　近年ミュージックベニュー（ライブハウス）はひとつの音楽ジャンルにこだわらず、曜日などによってさまざまな音楽を演奏する店が増えている。音楽のジャンルについては→P.185脚注参照。　**183**

E シカゴらしい雰囲気が漂う

ブルース

MAP P.24-B4 ／レイクビュー

B.L.U.E.S.

細長く狭い造りだが、道を隔てた斜め向かいにあるキングストンマインズとともに、'70年代からシカゴブルースを支えてきた。来日経験もあるベテランやデビューしたばかりの新人など、バラエティに富んだミュージシャンたちが連日出演する。オーナー変更による営業形態などの引継ぎが未定なため、訪れる際にはウェブなどでスケジュール確認を。

🏠2519 N. Halsted St. ☎(1-773) 528-1012 URLwww.chicagobluesbar.com
🕐水〜日20:00〜翌2:00(土〜翌3:00)。ライブ21:30〜　🈲月火
💴カバー$5〜10　カードAJMV
行き方CTAレッド、ブラウンラインFullerton駅下車

E 女性ボーカルが中心の、気軽に入れる店

ブルーシカゴ

MAP P.30-B3 ／リバーノース中心部

Blue Chicago

リバーノースの繁華街に位置し、ダウンタウン宿泊の観光客には徒歩で寄りやすい。小さいお店がすぐに客で埋まり、女性ボーカルを中心にしたベーシックなブルースが堪能できる。毎週水曜には、キーボードの丹羽久美子氏がJ.W.ウィリアムスのバンドで定期演奏する。

🏠536 N. Clark St. ☎(1-312) 661-0100 URLwww.bluechicago.com 🕐日〜金20:00〜翌1:30、土〜翌2:30。ライブ21:00〜カバー日〜木$10、金土$12　カードAMV　行き方CTAレッドラインGrand駅下車

COLUMN

シカゴで音楽、ダンスが学べる
オールドタウン・スクール・オブ・フォークミュージック
Old Town School of Folk Music

　1957年にオールドタウンで開校した小さなフォークスクールも、今では週平均の有料受講者数が6600人に迫り、郊外も含めた8校に700以上のクラス、ワークショップなどを開設するにいたった。地域住民のための音楽学校としては全米最大で、レッスンは生ギターから楽器全般に、ジャンルもフォークからロック、ジャズ、ワールドミュージックまで広がった。近年は、ブレイクダンス、ヒップホップを含めた多様なダンスやヨガのクラスを新設。毎年開催される400回を超えるコンサートに各種イベントなど、市民に開かれたコミュニティセンターとしての役割ももつ。クラスは個人とグループに分かれ、実践的なアンサンブルのバンド形式が人気。講師陣は現役ミュージシャンが多く、有名クラブでの発表会や記念録音が行われる。来日公演もしたエディ・クリアウォーターバンドの内藤昌士氏(URLwww.oldtownschool.org/teachers/Shoji-Naito/)がハーモニカとギターを教えているので、日本語の受講も可能。また生徒の半数は18歳以下の子供で、幼児用音楽教育プログラムがあるため家族で参加しやすい。各プログラムは8週間単位が基本となり、オンラインで申し込み海外から来る受講生もいるが、

ワークショップやジャムセッション(水〜金曜)など、短期旅行者でも自由に参加できるイベントが充実している。詳しくは下記参照のこと。

● **Lincoln Square 校**
West Building 🏠4544 N. Lincoln Ave., Chicago, IL 60625 ☎(1-773)728-6000
East Building 🏠4545 N. Lincoln Ave.
行き方CTA ブラウンライン Western 駅下車

● **Lincoln Park 校**
🏠909 W. Armitage Ave., Chicago, IL 60614
☎(1-773)525-3655
URLwww.oldtownschool.org
🕐月〜木9:00〜22:00、金〜日9:00〜17:00(週末はイベントにより閉校時間が異なる)
行き方CTA ブラウンライン Armitage 駅下車

● **South Loop 校**
🏠1312 S. Michigan Ave., Chicago, IL 60605
ほか、郊外に5校

ハーモニカを教える内藤昌士氏。現役のミュージシャンが教壇に立つのが魅力

日曜日はお得　日曜日はキングストンマインズ(→P.183)とブルース(→上記)のどちらかの入場料を払えば、もう1軒に無料で入場できる。両店とも歩いてすぐの距離なので、簡単にハシゴができる。

ブルース、その他

E 中心部にあって気軽に演奏が楽しめる　　　　　**MAP** P.30-B4／リバーノース中心部

ハウス・オブ・ブルース（1階レストランバー）　House of Blues（Back Porch Stage）

全米で有名なフランチャイズ店。メジャーなツアーバンドしか出演しない階上のホールとは違い、1階では食事をしながらブルースのライブが気軽に楽しめる。観光客向けのバンドが多いものの、演奏の質は高い。みやげ物屋も併設。貸切になることもあるのでウェブで確認を。日曜10:00と12:30からのゴスペルブランチ（\$42.50〜47.50）が人気。ノリノリのステージを楽しみながら南部料理を。

住 329 N. Dearborn St.　**☎** (1-312) 923-2007　**URL** www.houseofblues.com
営 月〜土11:30〜、日16:00〜。夕方はアコースティック演奏
料 カバー\$10（食事客や21:00前の入店は無料）　**カード** A J M V
行き方 CTAレッドラインGrand駅下車

E 手軽な料金でコンサート気分　　　　　**MAP** P.33-A4マップ外／エバンストン

エバンストンスペース　　Evanston Space

シカゴに隣接するエバンストン市に2008年開業。レストラン、クラブ、録音スタジオの3つの空間に分かれる。トミー・カストロやオーティス・テイラーをはじめ、全米に名の知れたツアーミュージシャンが揃うため、ジャンルを超えたライブホールとなっている。れんが造りの窯で焼かれたピザが美味。CTAパープルラインDempster駅より半ブロック。

住 1245 Chicago Ave., Evanston　**URL** evanstonspace.com
営 ショーの開始45分前にオープン。ライブは19:30〜23:30
（日によって異なる）　**料** \$10〜75　**カード** A M V
行き方 CTAパープルラインDempster駅下車

COLUMN

シカゴブルースの歴史

　ブルースの本場であるシカゴでは、郊外を含めたあらゆる地域にブルースクラブが点在し、気軽にブルースを楽しむことができる。

　近代音楽のルーツといわれるブルースは、20世紀初頭のミシシッピ川を中心にしたデルタ地域で誕生した。奴隷解放後も変わらぬアフリカ系アメリカ人の境遇を背景に、魂にしみ込んだ憂鬱を、貧しさや失恋の苦悩として生々しく詞に織り込む。独特のリズムと節回しで歌われるブルースは、感情を共有する黒人社会に定着していった。

　1930〜50年代にかけて、北部工業地帯の発展による黒人労働者たちの移動にともない、ブルースマンと呼ばれるミュージシャンの多くもシカゴに移住してきた。そのひとりであるマディ・ウォーターズは、ブルース・ハープ（ハーモニカ）を加えた、生ギターの弾き語りが多かったスタイルにエレキギターを持ち込み、バンド（ギター、ハープ、ピアノ、ベース、ドラム）を編成する。当時の様相はビヨンセ主演の映画『キャデラック・レコーズ』に垣間見られるが、マディは人気を博し、南部の泥臭さを押し出したバンドサウンドとともに、「シカゴブルースの黄金時代」（50年代）は形成されていった。

　その後、楽器の発達やマジック・サム、オーティス・ラッシュ、バディ・ガイらの登場で、よりギター中心となっていったシカゴブルースは、ローリング・ストーンズやエリック・クラプトンらによって、ヨーロッパなどの非アフリカ系社会にも広まっていった。

　ソウル、ファンク、ラップミュージックと、変遷していく黒人音楽のなかで、ブルースが商業的成功を収めたこ

BS朝日TV番組で町山氏（左）のインタビューを受けるシカゴ在住ブルースピアニストの有吉須美人氏（右）。本書のブルース欄を担当

とは少ないが、古いスタイルから新しいものまで、今でもシカゴにはリビングブルースが存在している。

ブ ブルース　**ジ** ジャズ　**ソ** ソウル　**ロ** ロック　**カ** カントリー　**ア** アコースティック　**オ** オルタナティブ
レ レゲエ　**ノ** ノンジャンル　**ダ** ダンスクラブ　**ヒ** ヒップホップ　**ラ** ラウンジ＆バー　**他** その他

185

ジャンル他 E 昔からのラウンジの雰囲気も味わえる　　　　　　　MAP P.21-C3 ／ウエストタウン

カリフォルニアクリッパー　　　　　　　　　　　　*California Clipper*

ノリのよいジャズを中心に、ブルース、ポップスまで扱う音楽ラウンジで、1930年代から引き継がれたクラシカルな内装に立派なステージが備わる。週末のドアチャージが$5ということもあり、移動するのが困難なほど混み合う、ハンボルトパークHumboldt Parkでは人気スポットとなった。駅から遠いので、行きはバスでもいいが、帰りはタクシーで。

🏠1002 N. California Ave.　☎(1-773)384-2547　URLcaliforniaclipper.com
🕐毎日20:00〜翌1:30(土〜翌2:00)。ライブは平日21:00、週末22:30
💰無料〜$10　カードAMV　行き方CTAバス#52でAugusta Blvd.下車

ジ（ア） E BBQリブとブルースで一石二鳥　　　　　　　MAP P.23-A3マップ外／ノースウエスト

スモークダディBBQ（1号店とリグレービル店）　　*Smoke Daddy BBQ*

ウィッカーパークにあるバーベキューの人気店。香ばしい匂いとともに、3畳ほどの狭いステージに、日替わりで出演するバンドの熱気があふれる。2号店がシカゴ・カブスの球場前にオープン。ゲームなどの進行状況によって演奏時間は変わるが、カバーなしなので気軽に立ち寄れる。平日はデュオやソロ、週末はバンドがオーソドックスなシカゴブルースを演奏。

🏠1804 W. Division St.　URLwww.thesmokedaddy.com　🕐月〜木11:00〜23:00、金〜24:00、土日10:00〜24:00(日〜22:00)。ライブ火〜木19:30、金土21:00、日月は不定期　💰カバーなし　カードAMV　行き方CTAブルーラインDivision駅下車
●Wrigleyville店🏠3636 N. Clark St.　🕐月〜木11:00〜22:00、金〜23:00、土日10:00〜23:00(日〜21:00)。ほとんど毎日ライブはあるが次を目安にウェブでチェックを。平日18:00、週末20:00　行き方CTAレッドラインAddison駅下車

COLUMN

ブルースフェスティバル情報
Blues Festivals in Chicago

シカゴ・ブルースフェスティバル
"Blues Capital of the World"（世界のブルースの首都）のシカゴ市が提供する、世界最大の無料ブルースフェスティバル。
開催日：6月の第1週、または2週の金曜日から日曜日の3日間（年によって5月末）
＊2020年は6/5〜7の11:00〜21:30
会場：ミレニアムパーク
名実ともに「ブルースのメッカ」であるシカゴの、市長室特別イベント課が主催する「シカゴ・ブルースフェスティバル」。シカゴブルースの父と呼ばれたマディ・ウォーターズが逝去したのを契機に、夏のフェスティバル・シーズンの幕開けとして1984年に始まった。以後、伝説のブルースマンの名を毎年のテーマに掲げ、約70組が出演し、3日間で世界中から延べ50万人以上が集まる。
過去のおもな出演者：アルバート・キング、B.B.キング、バディ・ガイ、チャック・ベリー、ボニー・レイット、ボ・ディドリー、エタ・ジェー

ムズ、キース・リチャード、レイ・チャールズ、スティーヴィー・レイ・ヴォーンほか
2017年から会場をミレニアムパークに移し、ジェイ・プリツカー・パビリオンをメインに特設された大小5つのステージの一部には、テントなどの屋根付き客席もできた。近年では無名ミュージシャンに門戸を開いたオーディションが始まり、生きのいい新人バンドが続々登場。オープンジャムでは、ヨーロッパや中南米、日本などからの飛び入りが目立つ。まずはパビリオン西側の案内所などでパンフレットを手に入れ、スケジュールを確かめよう。これまでフードチケット制だった飲食屋台の決済が現金とカードに変更され、購入しやすくなった。しかし、天候によってはかなり気温も上がるので、多めの水を持参したほうがよい。酒類の販売はビールとワイン。折り畳み椅子やビーチシートにバスケットを抱え、ブルースを聴きながらピクニック気分を満喫する家族も多い。公園内無料Wi-Fiあり。

シカゴジャズの情報源　シカゴのジャズやイベント情報はウェブサイトで見つけることができる。キーワードはEntertainment、Music、Jazzなど。● シカゴジャズ協会 URLjazzinchicago.org↗

大人の雰囲気も満喫できるジャズクラブ

MAP P.25-A2 ／ストリータービル

ウインターズ・ジャズ・クラブ
Winter's Jazz Club

ネイビーピアの西にあり、ミシガンアベニューも近いので観光客にも便利なロケーションだ。堅苦しい雰囲気はなく、バーエリアとライブエリアに分かれ、カウンター席もあることからひとりでも入りやすいのがうれしい。こぢんまりとした店内は大人の雰囲気で、洗練されたジャズがクールと評判。店のサービス、料金もリーズナブルと高評価を受けている。

住 465 N. McClurg Ct.　**☎** (1-312)344-1270　**URL** www.wintersjazzclub.com
営 火～日18:00～23:30（日16:00～）。ライブ19:30～、21:30～、19:30）
休 月（2月は火も）　**料** 日～木$15、金土$20、VIP席：日～木$20、金土$25
カード A M V　**行き方** CTAバス#29、65、66、124

地下鉄駅が近く、観光客の立ち寄りやすいハウス

MAP P.29-A3 ／リバーノース

アンディーズ
Andy's Jazz Club & Restaurant

©Choose Chicago

シカゴを訪れる観光客が多いスポット。シカゴのローカルプレイヤーたちが常時出演しており、夕方5時から午前1時までシカゴのローカルジャズを楽しむことができる。レストランも兼ねていて食事もなかなかおいしい。スタートが17:00と夜遅くなるのが気になる人にもおすすめ。メインストリーム、ビバップ、スイングジャズなども聴くことができる。

住 11 E. Hubbard St.　**☎** (1-312)642-6805
URL www.andysjazzclub.com
営 毎日16:00～翌1:30。ライブは19:30と21:30（金土17:00と19:00。冬季は変更あり）　**料** カバー$10～15　**カード** A M V　**行き方** CTAレッドラインGrand駅下車

ジャズの人気店

MAP P.22-A2 ／サウスループ

ジャズショーケース
Jazz Showcase

©Jazz Showcase

創業70年以上の実績をもつシカゴジャズの老舗。これまでに幾度もベストジャズの店として選ばれている。シカゴでメインストリームのスターたちを鑑賞するにはここ！　ロケーションもよく、ヒルトン・シカゴなどからは歩いていける距離。食べ物のサーブはないので、入場前に食事は済ませよう。1日2回のライブが行われるが、空いていればそのまま座って2回目のライブも聴くことができる。

住 Dearborn Station, 806 S. Plymouth Ct.　**☎** (1-312)360-0234
URL www.jazzshowcase.com　**営** 毎日19:00～24:00（日15:00～）。ライブ月～土20:00と22:00、日16:00、20:00、22:00　**料** カバー$10～55　**カード** 現金のみ（バーはM V）　**行き方** CTAレッドラインHarrison駅下車

アル・カポネゆかりのジャズクラブ

MAP P.21-D2、P.24-A1マップ外／ノースエリア

グリーンミル
Green Mill Jazz Club

©Adam Alexander Photography

1907年からの歴史をもつシカゴで最も古いナイトクラブのひとつ。今でも当時のイメージを守り続けて色濃いノースサイド・シカゴジャズを提供している。連日早朝4:00、週末は早朝5:00まで白熱のライブが楽しめる。クレジットカードが使えないので現金を用意しておくこと。食べ物のサーブもないので、食事は済ませておこう。

住 4802 N. Broadway Ave.　**☎** (1-773)878-5552　**URL** greenmilljazz.com
営 月～金12:00～翌4:00、土～翌5:00、日11:00～翌4:00。ライブ21:00（日によって多少異なる）　**料** カバー$4～15　**カード** 不可。現金のみ
行き方 CTAレッドラインLawrence駅下車

E オークパークの帰りに

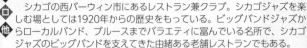

MAP P.21-C3／ウエスト

フィッツジェラルズ

Fitzgerald's

シカゴの西バーウィン市にあるレストラン兼クラブ。シカゴジャズを楽しむ場としては1920年からの歴史をもっている。ビッグバンドジャズからローカルバンド、ブルースまでバラエティに富んでいる名所で、シカゴジャズのビッグバンドを支えてきた由緒ある老舗レストランでもある。

住6615 Roosevelt Rd., Berwyn URLwww.fitzgeraldsnightclub.com 営火〜日19:00〜翌2:00、金土〜翌3:00。ライブは火〜木20:00、金土21:00、日18:00など 休月 料カバー$5〜30 カードAMV 行き方タクシーで

E シカゴジャズの神髄が生きる

MAP P.21-C3／レイクビューウエスト

コンステレーション

Constellation

今はなき伝説のベニュー、ベルベットラウンジの志を継承して、シカゴのパフォーマンスアートやアート系ジャズ、エクスペリメンタル音楽を常時公演している。すでにキッチュな音楽ファンには人気。また、コアなジャズ信者にもおすすめのスポット。駅から遠いので、タクシーでのアクセスが便利。

住3111 N. Western Ave. URLwww.constellation-chicago.com 営開場は不定期だがライブは日によって20:00〜21:00 料カバー$10〜30 カードAMV 行き方タクシーで

E シャンパンを傾けながらジャズのライブを

MAP P.29-A1／リバーノース

ポップス・フォー・シャンパン

Pops for Champagne

約250種の世界のシャンパンとスパークリングワインが自慢の店。レイクビューにあった人気店が中心部に移転し、ジャズの生演奏も楽しめる。おしゃれな店内には常連も多く、バーカウンターでシャンパン片手に、演奏に耳を傾ける姿が見られる。チーズなどのおつまみ類も美味。

住601 N. State St. ☎(1-312) 266-7677 URLpopsforchampagne.com 営日〜金15:00〜翌2:00、土13:00〜。ライブ日〜火21:00 料カバー無料 カードAMV 行き方CTAレッドラインGrand駅下車

COLUMN

地元ならではのジャズ「シカゴ節」

シカゴジャズはユニークな発展を続け、世界の音楽評論家たちの注目を集めている。伝統的なサウンド、シカゴ節。地元で生まれた特有のスタイルを「音楽ルーツ」として誇っている都市、世界最大規模の無料ブルース、ジャズフェスティバルを開催しているのはアメリカではシカゴぐらいである。ニューオリンズのディキシーやラグタイム同様、シカゴにはブルース、ビバップそして前衛派フリージャズが根強く生きて躍動している。

1920年代シカゴジャズ誕生の初期からシカゴのジャズ界はノースとサウスの2地域に区分され競合し、互いの影響を受けながら発展を続けていった。現在のジャズシーンでも、サウスサイドはブルースを基本概念にして発展したサウンドが中心となり、ノースサイドは東海岸、西海岸そしてヨーロッパの影響が強いが、近来にはさらに中和反応が新しいジャズを生み出すひとつの重要な要素となり市内全域にわたりその繁栄を見せている。またワールドミュージックや民族音楽などの分野との融合も多々ある。

現在のシカゴジャズは、サウスサイドで生まれた管楽器中心の「シカゴバップ系」、形式にとらわれない「シカゴ派フリージャズ系」、市の北寄りの音質を代表するのがスムーズな「ノースサイドジャズ系」そして、近年では、ヨーロッパの影響を受ける新しいジャズ・イデオロギーが芽を出し始めている。短時間の滞在でシカゴジャズを網羅するのは難しいが、南から北へクラブを数軒渡り歩いてみるのもおもしろい。

パワフルなシカゴ節ボーカリスト、ディー・アレキサンダー Dee Alexander Photo by Ken Carl

🎷ブルース 🎷ジャズ 🎷ソウル 🎹ロック 🎸カントリー 🎵アコースティック 🎵オルタナティブ
🎵レゲエ 🎵ノンジャンル 🎵ダンスクラブ 🎵ヒップホップ 🎵ラウンジ＆バー 他その他

シ **E** コアなジャズファンのために　　　　　**MAP** P.21-C3、P.24-A4マップ外／ウィッカーパーク

エラスティックアーツ　　　　　　　　　　　　　　　　Elastics Arts

アートギャラリー・スタイルのスポット。スタンダードなジャズの店で
は聴けないローカルジャズなどが楽しめる。アートと音楽のコラボが鑑賞
できて、一石二鳥。食事やドリンクのサービスはないので、行く前に済ま
せておきたい。誰が出演するはウェブサイトで。飲み物持ち込み可。

🏠3429 W. Diversey Ave., #208 ☎(1-773)772-3616 **URL**elasticarts.org 🕐演奏に合わせて
オープンするが、ライブは21:00くらいに始まる。要確認 🏷カバー$10〜 **行き方**タクシーで

シ **E** シーフードとジャズをダウンタウンで　　　　　**MAP** P.27-C1 ／ループエリア

キャッチ・サーティファイブ　　　　　　　　　　　　　　Catch 35

基本はシーフードのレストラン（→P.262）であるが、意外や意外、シ
カゴのローカルスターのライブが楽しめる。Eric Hochbergトリオや彼ら
の仲間たちのライブでは、シカゴの著名ジャズボーカリストのディー・ア
レキサンダー（→P.188コラム）が出演することも。

🏠35 W. Wacker Dr. ☎(1-312) 346-3500 🕐月〜金11:30〜21:30（金〜22:00）、土日16:00〜22:00（日〜21:00）。
ライブ火〜土18:00〜 🏷カバーなし **カード**A D J M V **行き方**CTAブラウンラインState/Lake駅下車

COLUMN

シカゴジャズの歴史とその移り変わり
History of Chicago's Jazz

南部の黒人の流入

シカゴジャズは、南部の黒人たちが鉄鋼業の
あるシカゴ周辺に新しい職と生活を求めて移住
したことでその基盤がつくられた。その結果、
1920年代には市内にジャズクラブが開かれ、
ジャズ文化が発生。黒人の音楽として出発した
文化は、後にジャズ史上初の白人ジャズバンド
をリードしたトム・ブラウンらの活躍により、し
だいに白人社会でも人気を呼ぶようになった。
第1次世界大戦により、さらに多くの黒人がシ
カゴに集まってきたこともジャズ文化発展の要
因となった。そして1922年にルイ・アームス
トロングがシカゴ駅に到着し、師匠キング・オ
リバーとの演奏活動を始め、シカゴジャズは確
固たるスタイルを築き上げた。もちろん後のシ
カゴブルースの多大な発展と影響も、シカゴ独
自のジャズが形成されるにあたって忘れてはな
らない要因である。

**ギャングスターの1920年代と大恐慌によ
る衰退**

その当時、ほとんどの黒人の住居は State
St. の南、16th St. から 35th St. に密集し、特に
35th St. 付近がブラックエンターテインメント
の中核となる。これが「ローリングトゥエンティ
ズ Roaring Twenties」と呼ばれる、酒とダン
スとギャングスターの 1920 年代である。この
時期はジャズの目覚ましい発展にちなんで「ジャ
ズエイジ Jazz Age」とも呼ばれている。後に、
クラブのメッカは 47th St. へと移動し、シカゴ

ジャズは次の世代へと移行し始める。しかし、
1930 年代の大恐慌の際には、多くのクラブが
閉鎖し、ジャズの主導権はニューヨークへ移る。

1960 年代、シカゴジャズが息を吹き返す

シカゴではすでにブルースが定着し、ジャズ・
ブルースの基盤が生まれた。1940 年代から
1950 年代にかけて、ジャズはビバップの時代
を迎え、サウスサイド、ダウンタウンにもその
音楽的影響が見られるようになった。1960 年
代初期にはビバップもシカゴに定着し、シカゴ
独自のシカゴビバップがスタイルとして確立さ
れ、シカゴジャズは新たな革命の本拠地となる。
1960 年代中期から、従来とまったく異なる即
興演奏の表現が生まれ、1970 年代にはジャズ
のあらゆるスタイルが合体し、ユニークなサウ
ンドが生まれた。小規模レコード会社などの結
成もこの時期の特徴である。

新たなシカゴジャズ・シーンの始まり

1980 年代、1990 年代には、シカゴバップ、
モダンジャズ、シカゴジャズ・ブルース、シカ
ゴ前衛派／フリージャズなどさまざまなジャズ
のスタイルが発展し、その後これらがそれ以上
多方面へ流出しないよう、アーティストたちが
保守的な活動を試みた。音楽における政治的活
動の展開、レコード会社、プロデューサーなど
の対立も目立つようになり、これもまたシカゴ
的なジャズシーンの特徴のひとつとなった。

URLjazzinchicago.org

アンタイトルド　Untitled

大人の空間が、今、人気　MAP P.30-B4 ／リバーノース中心部

アメリカ創作料理中心のおしゃれなサパークラブ。狭い入口から階段で下りる構造になっているが、店内は奥に広がっており、裏通りにも面しているので地下ではない。大きなステージではブルース、ジャズ、ソウル、R&Bなど、黒人音楽系の大人向けのバンドが演奏し、毎週木曜の21:00からと週末のショーの合間には、セクシーダンスやアクロバットが繰り広げられる。毎週火曜はプリフィックスのコース（3種）が＄35。

住111 W. Kinzie St.　☎(1-312) 880-1511　URLuntitledsupperclub.com
営月16:30〜24:00、火水〜翌1:00、木金〜翌2:00、土〜翌3:00。ライブは水19:30〜22:30、金土20:00〜23:00　料カバー無料　カードAMV
行き方CTAブラウンラインMerchandise Mart駅下車

プロモントリー　The Promontory

ハイドパークの帰りに　MAP P.31-B3 ／ハイドパーク

シカゴ大学の町、ハイドパークのダウンタウンにあるレストラン兼ミュージックホール。おしゃれなロフト空間でジャズが楽しめる。いろいろなジャンルのコンサートがあるのでカレンダーを見ていくこと。R&B、DJナイトも人気で、ジャズの日は落ち着いた雰囲気。

住5311 S. Lake Park Ave. W.　☎(1-312)801-2100　URLpromontorychicago.com　営月〜木17:00〜23:00、金土16:00〜翌1:00、土日9:00〜翌1:00(日〜23:00)。ライブは水金土日　料＄5〜100　カードAMV　行き方CTAバス#6で53rd St.下車

リンカーンホール　Lincoln Hall

シカゴの人気ベニューのひとつ　MAP P.24-B4 ／レイクビュー

リンカーンパークの元映画館がしゃれたベニューになった。インディ、オルタナティブロック系を主に、フォーク、R&B、ブルーグラス等とジャンルも幅広い。シカゴ出身のフォール・アウト・ボーイも凱旋ライブをここでした。立ち席のみの場合が多い。

住2424 N. Lincoln Ave.　☎(1-773)525-2501　URLlh-st.com　営ライブは18:30〜22:00(日によって異なる)　料＄10〜20　カードMV　行き方CTAレッドラインFullerton駅下車

COLUMN

ジャズフェスティバル情報

シカゴ・ジャズフェスティバル
Chicago Jazz Festival
開催日：例年8月最後の週末から9月初旬の4日間
場所：ミレニアムパーク、カルチュラル・センター
URLwww.chicagojazzfestival.us
　シカゴ市が世界に誇る超大型無料ジャズフェスティバル。開催期間中の夜には、市内のジャズクラブで必ずジャムセッションが行われる。トップスターとローカルミュージシャンのジャムセッションをお見逃しなく！

ハイドパーク・ジャズフェスティバル
Hyde Park Jazz Festival
開催日：9月下旬の週末2日間
URLhydeparkjazzfestival.org
　シカゴ大学のあるハイドパークで開催されるジャズフェスティバル。ローカルジャズ・アーティストをフィーチャーしたプログラムが多数。大物も出演する。

現代美術館：チューズデイ・オン・ザ・テラス・シリーズ
MCA Tuesday on the Terrace Series
URLmcachicago.org
☎(1-312) 280-2660　MAP P.25-A1
　6〜9月までの毎週火曜 17:30〜20:00の間コンサートが行われる。テラス内の入場は無料だが、食事をしたい場合は予約が必要。

シカゴ・アジアン・アメリカン・ジャズフェスティバル
Chicago Asian American Jazz Festival
開催日：10〜11月
場所：Elastic Arts、Hairpin Arts Center、ローカルクラブなど数ヵ所
URLaajazz.org

ジャズクラブ・ツアー Jazz Club Tour　ジャズフェスティバル前の水曜、市内10軒以上のクラブが参加し、シカゴジャズをひと晩で鑑賞できるというユニークなツアー。バスチケットを購入して各クラブを巡回。18:00〜深夜。

E シカゴを代表するロック系ライブハウス　　　　　　　MAP P.24-A2 ／リグレービル

メトロ

Metro

有名なロック系ライブハウスで、最新の音楽を聴かせる。週末は英米の人気ミュージシャンのほかチープ・トリック、スマッシング・パンプキンズ、フォール・アウト・ボーイなどシカゴを拠点に活躍するバンドが特別公演を行うことも。日本のバンドの紹介にも熱心で、少年ナイフ、ボアダムス、ブンブンサテライツ、ディル・アン・グレイなどが出演してきた。

🏠3730 N. Clark St.　☎(1-773)549-4140
URLmetrochicago.com
🕐ライブ演奏は日によって異なる
行き方CTAバス#22でWaveland下車

E 築100年の食物倉庫を改装したワイナリー＆ホール　　　MAP P.21-D3 ／ウエストループ

シティワイナリー

City Winery

全国に展開するシティワイナリーのシカゴ店。アメリカ料理のレストランと、食事とワインを楽しめるミュージックベニューがあり、クオリティの高い世界中からのアーティストの演奏をジャンル問わず堪能できる。大御所チック・コリアやスタンリー・クラーク、日本の上原ひろみも演奏している。人気のあるチケットは早めの予約が必要。

🏠1200 W. Randolph St.　☎(1-312)733-9463
URLcitywinery.com/chicago
🕐毎日11:00～22:00(金土～24:00)。ライブ20:00(日によって異なる)
料$15～100　カードAMV　行き方CTAグリーンラインMorgan駅下車

E 隠れ家のような一軒家のライブハウス　　　MAP P.23-A2マップ外／ウィッカーパーク

ハイドアウト

The Hideout

倉庫、工場街にポツンとあるが、ロック、パンク、アコースティック、ヒップホップ、カントリー、ソウル、ジャズなど夜な夜なさまざまなアーティストたちが熱いライブを届ける。ツーリスティックではないシカゴのローカル音楽シーンが見られる。どのジャンルも質が高いと評判で、毎週通う人もいるほど。スタッフもフレンドリーで安心。

©Adam Alexander Photography
Photo Courtesy of Choose Chicago

🏠1354 W. Wabansia Ave.　☎(1-773)227-4433　URLwww.hideoutchicago.com　🕐月～金16:00～翌2:00、土18:00～翌3:00。ライブは日によって異なる
休日　料カバー$5～25
カードAMV　行き方タクシーで

E シカゴらしい音楽を気軽に体験したかったらここへ　　　MAP P.25-B3 ／サウスループ

レジース・シカゴ

Reggies Chicago

サウスループで人気のふたつのホールがある店。Music Jointはレストランも兼ねている。日中はスポーツバー、夜はロック、ブルースなどのバンド演奏がある。Rock Clubは大きめのホールで夜のみの営業。レゲエ、ヘビーメタル、ジャズなどさまざまなミュージシャンが毎晩演奏する。各ホール入口は別。

🏠2105 S. State St.　☎(1-312)949-0120　URLwww.reggieslive.com
🕐毎日11:00～翌2:00(土～翌3:00)。ライブは日によって異なる　料カバー$5～50　カードAMV　行き方CTAグリーンラインCermak-McCormick Place駅下車。CTAバス#29でCermak下車

中規模のコンサートホール兼ライブハウス

MAP P.23-A2 ／リンカーンパーク

ジ
ロ
カ
ア
ヒ
他

パークウエスト

Park West

ロック以外にもジャズ、フュージョン、レゲエなどを落ち着いて聴ける、雰囲気のよい大人の店。750席と中規模だが、バーカウンターやコートチェックのサービスはスムーズ。過去にジミー・クリフ、ケニーG、渡辺貞夫が出演している。場所はOrleansとの角。

©Adam Alexander Photography
Photo Courtesy of Choose Chicago

322 W. Armitage Ave. ☎(1-773) 929-5959 **URL**www.parkwestchicago.com 営ライブの1時間前にオープン 料カバー$20～80 カードAMV 行き方CTAバス#22, 36でArmitage下車

レゲエ専門の老舗ライブハウス

MAP P.24-B4 ／レイクビュー

レ

ワイルドヘア

Wild Hare

カリブ系の住民たちも常連で、日本では味わえないホットなレゲエムードを味わえる。The Wailers Bandのような大物が演奏したことも。週末はダンスホールが熱気に包まれる。レストランではジャークチキンなどのカリブ料理が手頃な値段で味わえる。

2610 N. Halsted St. ☎(1-773) 770-3511 **URL**wildharemusic.com 営日～±18:00～翌2:00 (±～翌3:00) 休月 料カバー$5～10 カードAMV 行き方CTAレッドラインDiversey駅下車

常に若者でにぎわう人気店

MAP P.24-A3 ／レイクビュー

ロ
ア
オ
カ
ン
ラ
他

シューバスタバーン

Schubas Tavern

ロック、フォーク、ヒップホップ、ジャズと、いろいろなジャンルのミュージシャンたちが毎晩登場するので、スケジュールを確かめてから行こう。シカゴのミュージックシーンを身近に感じたい人におすすめ。バーとレストランも併設されているので食事もできる。

3159 N. Southport Ave. ☎(1-773) 525-2508 **URL**lh-st.com 営月～金17:00～翌2:00 (金14:00～)、±日10:00～翌3:00(日～翌2:00) 料カバー$7～65 カードAMV 行き方CTAブラウンラインSouthport駅

古典ロックやジャズ、クラシックの企画も開催

MAP P.21-C,D2、P.24-A1マップ外／リグレービル北

ジ
ロ
ア
他

マーターズ

Martyrs'

クラブというよりは日本のホール系ライブハウスに近い。ガヴァメント・ミュール、スプーンなどのインディロックの大物たちが出演する若者向けロックが中心だが、ジャズの大物アーティスト、カントリーや企画公演も多い。

3855 N. Lincoln Ave. ☎(1-773) 404-9494 **URL**martyrslive.com 営月～金18:00～翌2:00、±～翌3:00 (キッチンは±曜のみ翌1:00まで)。ライブは20:00(日によって異なる) 料カバー$10～25 カードMV 行き方CTAブラウンラインIrving Park駅下車

実験的な音楽のほか各種イベントも

MAP P.21-C3 ／ノースウエスト

ロ
オ
ジ
ア
ン

エンプティボトル

Empty Bottle

最先端の音楽が楽しめるライブハウス。シカゴ音響系のトータスやザ・シー・アンド・ケイクが出演するほか、欧米や日本のインディーズ系ロックバンドも演奏する。詩の朗読会やモダンダンスの公演、工芸品のマーケットなどイベントも開かれている。

1035 N. Western Ave. ☎(1-773) 276-3600 **URL**emptybottle.com 営月～水17:00～翌2:00、木金15:00～、±日11:00～翌3:00(日～翌2:00) 料カバー$10～30 行き方CTAバス#70、72でWestern下車、帰りはタクシーで

建物も一見の価値あり

MAP P.21-D3 ／ピルセン

ジ
ロ
カ
ア
ヒ
他

タリアホール

Thalia Hall

ピルセンにある1300人収容のホール。カントリー、ロックからメタルまで幅は広いがロックがメイン。カナダ、オーストラリア、欧州等の海外アーティストを積極的に招いている。ロマネスク復古調の建物も荘厳だが、内装もゴージャスなので贅沢なライブを楽しめる。

1807 S. Allport St. ☎(1-312)526-3851 **URL**www.thaliahallchicago.com 営ライブ19:00～21:00に開始 料カバー$15～80 カードAMV 行き方CTAピンクライン18th駅下車。帰りはタクシーで

ダンスクラブは服装に注意 ダンスクラブは店によって、服装がきちんとしていない、またその店に合った服装でないと、門前払いを食うことがある。

ダンスクラブ

Dance Club

シカゴでは、クラブで踊るのは若い人たちばかりではなく、幅広い年齢層の人々が楽しんでいる。どんな客層にも対応できる趣向を凝らしたお店が増えてきているのも、近年の特徴。有名DJが登場することもあるので、ウェブサイトのチェックを忘れずに。

ダンスクラブ、ロック、その他

E タ ラ シカゴでは話題のクラブ、服装チェックに御用心
MAP P.30-B3／リバーノース中心部

アンダーグラウンド
The Underground

シカゴで現在いちばん勢いのあるクラブ。ドレスコードがあり、服装チェックが厳しいことで知られる。ジーンズ、スニーカー、野球帽などラフな格好は不向き。陸軍の地下基地にヒントを得た内装で、壁面には巨大な世界地図が広がる。シカゴでコンサートを行ったミュージシャンが演奏後に寄ることも多い。これまでジョン・メイヤー、メイシー・グレイ、カニエ・ウェストなどが来ており、深夜に有名人が突然現れることも。ダンスフロアはふたつ、音楽もハウス、エレクトロ系など流行のもの。

住56 W. Illinois St. ☎(1-312)644-7600
URLwww.theundergroundchicago.com
営水〜金日22:00〜翌4:00、土〜翌5:00 料カバー$20〜 カードAMV
行き方CTAレッドラインGrand駅、CTAバス#22、29、36でGrand下車

E タ ヒ ラ 巨大なダンスフロアと最先端サウンド
MAP P.30-A2／リバーノース中心部

サウンド バー
Sound Bar

凝った照明とシンプルかつハイテクな内装で評判のクラブ。1階はダンスフロア、地階がラウンジ。店内だけでもバーが9ヵ所あり、地階ではワインやシャンパンなど値段の高い酒類を扱う。音楽は1階がハウス、地階がヒップホップ中心。夏場は入場に並ぶことが多い。ラフ過ぎない服装で。

住226 W. Ontario St. ☎(1-312)787-4480 URLwww.sound-bar.com 営金日22:00〜翌4:00、土〜翌5:00
料カバー$10〜20 カードADMV 行き方CTAブラウンラインChicago駅、CTAバス#65でOrleans下車

E タ ロ 大合唱が起こるロック系ピアノバー
MAP P.30-B3／リバーノース中心部

ハウル・アット・ザ・ムーン
Howl at the Moon

'50年代以降のトップ40やスタンダードを中心にバンドが生演奏を行う。ロック系のノリのよい曲が多く、バラードもある。カジュアルな雰囲気で客層は幅広く、仕事帰りのビジネスパーソンや観光客も多い。週末はダンスフロアに人があふれ、ボーカリストに合わせて大合唱が起こる。

住26 W. Hubbard St. ☎(1-312)863-7427 URLwww.howlatthemoon.com 営月〜水18:00〜翌2:00、木〜土17:00〜、日19:00〜 料カバー$10〜 カードADMV 行き方CTAレッドラインGrand駅下車

E タ ラ 高級アジアレストラン兼クラブ
MAP P.30-B2／リバーノース中心部

タオ・シカゴ
TAO Chicago

ニューヨーク、ラスベガスに続いてオープンした高級中華・寿司レストラン兼ダンスクラブ。仏教をコンセプトにした豪華な内装と本格的な料理で人気。キリスト教会を改装した建物は広く、客席数が多いが週末は混み合うため予約が望ましい。レストランはカバー不要。料理 $10〜。

住632 N. Dearborn St. ☎(1-224)888-0388 URLwww.taochicago.com 営金土18:00〜翌4:00、レストラン日〜木17:00〜23:00、金土〜24:00 料カバー$20〜 カードAMV 行き方CTAレッドラインGrand駅下車

ブブルース ジジャズ ソソウル ロロック カカントリー アアコースティック オオルタナティブ レレゲエ ノノンジャンル ダダンスクラブ ヒヒップホップ ララウンジ＆バー 他その他

'70年代のフィーバーを今風に

タ **E**

MAP P.30-B3 ／リバーノース中心部

ディスコ
DISCO

1970年代のディスコをモチーフにしたダンスクラブ。店内には巨大なミラーボールと極彩色のダンスフロア、音楽もファンク、ソウル、ポップなど'70年代のものが中心。幅広い年齢層に支持されており、夏場は入場に時間がかかる。レストランバー Celesteの2階にある。

住 111 W. Hubbard St. **☎** (1-312) 828-9000 **URL** www.discochicago.com **営** 木金22:00～翌4:00、土～翌5:00 **料** カバー$20～ **カード** A M V **行き方** CTAレッドラインGrand駅下車

何が飛び出すかわからないイベントに注目

タ **E**

MAP P.24-A3 ／レイクビュー

ベルリン
Berlin

1983年の開店以来、地元で根強い人気を保つ老舗ゲイクラブ。気取ったところがなく、あらゆる層を対象にしているためいろいろな服装の人が集まる。ドラァグクイーンも多く、ダンスフロアで強烈な個性を放つ。マドンナやレディガガをテーマにした企画なども目が離せない。

住 954 W. Belmont Ave. **☎** (1-773) 348-4975 **URL** www.berlinchicago.com **営** 水木日22:00～翌4:00、火金20:00～、土～翌5:00 **休** 月 **料** カバー$5～ **行き方** CTAレッドラインBelmont駅下車

音楽ファンに人気の老舗クラブ

タ **E**

MAP P.24-A2 ／リグレービル

スマートバー
Smart Bar

有名なライブハウス Metroの地階にある。音楽ファンの支持を集めてきたダンスクラブでテクノ、ハウス、インダストリアルに定評がある。トップクラスのDJが金・土曜の夜にプレイすることもあり、週末はたいへん混雑する。レトロなロゴの入ったグッズ類も人気。

住 3730 N. Clark St. **☎** (1-773) 549-4140 **URL** smartbarchicago.com **営** 木～日22:00～翌4:00(土～翌5:00) **料** カバー$10～ **カード** M V **行き方** CTAバス#22でWaveland下車

パンクひと筋、ロゴ入りグッズも有名

タ **オ** **E**

MAP P.23-A2マップ外／ノースウエスト

エグジット
Exit

1981年に開店、シカゴでいちばん古いパンククラブ。黒の革ジャンに身を包んだ常連客が多い。刺青大会、SM風のボンデージナイト、ストリップのようなバーレスクなど危なげなイベントが人気で、ハロウィーンの盛り上がりは群を抜く。1年365日、営業している。

住 1315 W. North Ave. **☎** (1-312) 788-7040 **URL** www.exit-chicago.com **営** 日～金21:00～翌4:00、土～翌5:00 **料** カバー$5～ **行き方** CTAバス#72でElston下車

多様なジャンルの社交場

タ **E**

MAP P.23-A2マップ外／ノースウエスト

デボネア・ソーシャル・クラブ
Debonair Social Club

斬新なブティックやレストランが並ぶウィッカーパーク地区の中心部にある。外観、内装ともレトロな雰囲気でイベントは日替わり。閉店した老舗ダンスクラブ NEO から引き継いだ木曜日の80年代ニューウェーブ特集 "Neo Thursday: 80's New Wave" は特に人気がある。

住 1575 N. Milwaukee Ave. **☎** (1-773) 227-7990 **URL** debonairsocialclub.com **営** 水21:00～翌2:00、木22:00～、金20:00～、土20:00～翌3:00 **休** 日～火 **料** カバー$10～ **行き方** CTAブルーラインDamen駅下車

ネイルサロンとバーが合体

タ **E**

MAP P.23-A4マップ外／リバーノース西

ビューティーバー
The Beauty Bar

中南米系の人々や学生が多く住むウエストタウン地区にあるラウンジ。木金土は23:00までネイリスト2名が店内に待機しており、カバーを払えばマニキュアを無料で受けられる (要チップ)。発祥はニューヨークでダラスなどにも店舗がある。イベントは日替わり、音楽の傾向も変わる。

住 1444 W. Chicago Ave. **☎** (1-312) 226-8828 **URL** thebeautybar.com/home-chicago **営** 火～金19:00～翌2:00、土～翌3:00、日21:00～ **休** 月 **料** カバー$10～ **行き方** CTAバス#66でNoble下車

ラウンジ & バー

Lounge & Bar

アメリカでは手軽な料金で、1杯傾けることのできるバーがたくさんある。じっくりカウンターに腰かけて静かなひとときを過ごすバーから、ビジネスにもいいラウンジ、シカゴの摩天楼を酒の肴に楽しめるバー、TVモニターを見ながらお気に入りのチームに声援を送るスポーツバーまでバラエティに富んでいる。

ラウンジ&バー

E 最高のシカゴの夜景を1日の締めくくりに　　　　MAP P.29-A3／マグマイル南

テラス・シックスティーン
Terrace 16

トランプタワー（→P.91）の16階にある、シカゴで屈指の人気のラウンジ。目の前には典雅なリグレービルがそびえ、向こうにはネイビーピア、下にはシカゴ川を航行するボートやクルーズ船が見えるなど、まるで名画を鑑賞しているよう。夜景スポットは数あれど、ここはシカゴベストの絶景だ。おしゃれなカクテルも美味で、客層も女性が多い。テラス席は夏期のみ営業。週末は予約を。

🏠Trump International, 16th Floor, 401 N. Wabash Ave.
☎(1-312)588-8030　URLwww.trumphotels.com/chicago
營毎日11:00～23:00（テラス席は冬閉鎖）　翔1杯当たり$8～
カードAMV　行き方CTAバス#3、146、151でWrigley Bldg前下車

E ループエリアのど真ん中にある静かなバー　　　　MAP P.27-C3／ループエリア

ポターズ
Potter's

パーマー・ハウス（→P.228）にあるバー。ショッピング街やシカゴ美術館、シアターディストリクトから近く、老舗らしく落ち着いた雰囲気で静かにくつろげる。昼間も営業、ピザ、サラダなど軽食メニューもあり、ちょっとした腹ごしらえもできる。なかでもハンバーガーはシカゴ近郊の地名がつけられたものが9種類あり、アレンジも可能。歴史あるホテルの中にありながら入りやすい雰囲気がある。

🏠Palmer House（ロビー階）17 E. Monroe St.　☎(1-312)917-4933
URLwww.potterschicago.com　營毎日11:00～23:00
翔1杯当たり5～15　カードADJMV
行き方CTAレッドラインMonroe駅下車

E ビッグなホテルのビッグなバー　　　　MAP P.25-A2／ループエリア

ビッグバー
Big Bar

2000室を超える市内でも有数の巨大ホテル、ハイアット（→P.230）にあるバーはゆうに200人は入ることができる広さ。出されるカクテルやおつまみが巨大なことでも有名だ。飲み物のメニューもビール50種、カクテル30種以上に達する。日本語の「バー」の意味が一変してしまうはず。コンベンション開催時はコンベンションセンター以上ににぎやかになる。ハウスメイドサングリア（$14）が人気。

🏠Hyatt Regency Chicago, 151 E. Wacker Dr.　☎(1-312)565-1234
URLchicago.regency.hyatt.com
營毎日17:00～翌1:00（月～木～22:00）　翔1杯当たり$6.50～51　カードAMV
行き方CTAバス#3、146、151などでWacker下車

ブルース　ジャズ　ソウル　ロック　カントリー　アコースティック　オルタナティブ
レゲエ　ノンジャンル　ダンスクラブ　ヒップホップ　ラウンジ＆バー　その他

ラ E ジョン・ハンコック・センターとミシガンアベニューの夜景は絶景　MAP P.28-B3／マグマイル北

ズィーバー　Z Bar

世界的な経済誌『フォーブス』の旅行ガイド部門で2019年世界のホテル・ベストバーに選ばれた店。自慢は黄昏時からの夜景。目の前に台形のジョン・ハンコック・センターがそびえ、それをたたえるかのような高層ビル群の明かりの共演が美しい。カジュアルな雰囲気もいい。

🏠108 E. Superior St.　☎(1-312) 573-6888　URL www.zbarchicago.com　🕐日〜木17:00〜24:00、金土16:00〜翌1:00　💰1杯当たり$14〜　カード A D J M V　行き方CTAレッドラインChicago駅下車

ラ E 摩天楼の夜景を楽しむならここ　MAP P.28-B2／マグマイル北

シグネチャーラウンジ・アット・ザ・ナインティシックス　Signature Lounge at the 96th

ジョン・ハンコック・センター（→P.93）の96階にあるバーラウンジ。新旧さまざまな摩天楼が、夜は光の演出とともに面目を一新する。見飽きることのない都会ならではの美しさだ。同ビル展望台の入場料（$26）を考えると、飲み物付きのこちらの値段のほうがずっとお得。

©Ranvestel Photographic

🏠875 N. Michigan Ave., 96F　☎(1-312) 787-9596　URL www.signatureroom.com/lounge　🕐日〜木11:00〜翌0:30、金土〜翌1:30　💰1杯当たり$10〜　カード A M V　行き方CTAレッドラインChicago駅下車

ラ E カクテルメニューが豊富で料理もおいしい　MAP P.29-A2／リバーノース

セイブル・キッチン&バー　Sable Kitchen & Bar

バーやレストランの多いリバーノースにある、おしゃれなキッチン&バー。特にカクテルのメニューは豊富で、自分好みのカクテルが必ず見つかるはず。併設のレストランは、新鮮な魚や肉や野菜などの素材を生かしたメニューが大人気。

🏠505 N. State St.　URL sablechicago.com　🕐バーは月〜金16:00〜24:00（木金〜翌2:00）、土日10:00〜翌2:00（日〜24:00）　💰1杯当たり$7〜24　カード A M V　行き方CTAレッドラインGrand駅下車

ラ E 英語から解放されて日本語でリラックス　MAP P.25-A2／ストリータービル

紫酒ラウンジ　Murasaki Sake Lounge

日本人の店員さんが感じよく切り盛りするバー。日本酒、日本のウイスキーなどを含めたアルコールは100種類以上。おつまみのシュウマイやから揚げ、お握りはホッとする味。ダウンタウンいちといわれるラーメン（$10〜12）がおすすめだ。カラオケルームも利用でき、毎月第1金曜、第1〜4土曜22:30〜翌1:30はDJの演奏があり、特に第3土曜のシティポップのDJナイトが好評。

🏠211 E. Ontario St.　☎(1-312) 286-2280　URL www.murasakichicago.com　🕐ランチ月〜金11:00〜14:30、ラウンジ日〜金18:00〜翌2:00、土19:00〜翌3:00（キッチンは翌0:30、週末は1:00まで）　💰1杯当たり$7〜27、カラオケ1部屋1時間$35〜45　カード A D J M V　行き方ミシガンアベニューからオンタリオを東に1.5ブロック

シ ラ E クールな家具に囲まれて自宅気分で過ごすお忍びカクテルバー　MAP P.21-D3／ウエストループ

ジ・アリス　The Allis

若い社会人たちが集うシカゴで特にクールなエリア、ウエストループで人気のカフェバー。1907年築のビルの1〜2階部分にあり、店内はスタイリッシュな家具が並び落ち着いた雰囲気。毎週火曜の18:00から21:00には無料のジャズライブが行われる。オリジナルカクテル（$14）がおすすめ。日本料理店「寿司ドック」のすぐ南にある。

🏠113-125 N. Green St.　☎(1-312) 521-8000　URL www.theallis.com　🕐月〜土7:00〜24:00（水木〜翌1:00）、金土〜翌2:00）、日8:00〜23:00、アフタヌーンティー毎日14:00〜16:00　💰1杯当たり$7〜22　カード A M V　行き方CTAグリーンラインMorgan駅下車徒歩5分

深夜の営業がうれしい　便利な場所にあり、深夜遅くまでオープンしているバービストロ。遅い時間でも食事やお酒が欲しいときにはとても便利。店内は落ち着いた雰囲気だが、大型スクリーンもあり、

E 音楽を聴くもよし、ダンスフロアで踊るもよし
MAP P.30-A3／リバーノース中心部

ベースメント
The Bassment

毎晩ライブのある人気のスタイリッシュなラウンジ。音楽はファンク、ソウル、ジャズが多くダンスフロアもある。ドレスコードはビジネスカジュアル。ジーンズでも構わないが、おしゃれな客が多いのでバックパックや男性のサンダルは入店お断りの場合もあるので気をつけたい。

住353 W. Hubbard St. 地下 ☎(1-312) 386-5778 URL www.thebassmentchicago.com 営水〜金20:00〜翌2:00、土〜翌3:00 料1杯あたり$8〜 カードAMV 行き方CTAブラウンラインMerchandise Mart駅下車

E 名建築家設計の建物でグラスを傾ける
MAP P.29-A4／リバーノース

トラベル
Travelle

ミース・ファン・デル・ローエ建築の330 N. Wabash（元IBMビル）の中にあるランガム・シカゴ（→P.231）。2階にあるホテルのバーは穴場的存在。シカゴリバー沿いの夜景を眺める1杯は贅沢な旅の思い出に。カクテルメニューはクラシックなものからユニークなシカゴ的なものまで豊富。

住330 N. Wabash Ave., 2F ☎(1-312) 923-7705 URL www.travellechicago.com 営毎日6:30〜23:00（土日7:00〜）料1杯当たり$6〜 カードAMV 行き方CTAレッドラインLake駅下車

E サウスループの隠れ家バー
MAP P.22-A3／サウスループ

エムラウンジ
M Lounge

サウスループにあるラウンジバー。毎週火・水曜日の19:00〜22:00には無料のジャズやブルースのライブがあり、たまにシカゴの大物ミュージシャンがこっそり出演することもある。カバーはなし。飲み物と軽いつまみのみ。あまり観光客が行かない場所にあるので、タクシーの利用を。

住1520 S. Wabash Ave. ☎(1-312) 447-0201 URL mloungechicago.com 営火〜木18:00〜翌1:00、金17:00〜翌2:00、土19:00〜翌3:00 休日月 料1杯当たり$10〜15 カードAMV

E 話題のエリアにある「カクテルのレストラン」
MAP P.21-D3／ウエストループ

エイビアリー
Aviary

ダウンタウン西側、注目の美食街、フルトンマーケット地区にあるカクテル専門店。コンセプトは「カクテルのレストラン」。シェフ（バーテンダーのこと）を中心に、あらゆるエキスパートがチームとしてひとつのカクテルをまるでコース料理のひと皿のように作っていく。

住955 W. Fulton Market & Morgan St. URL theaviary.com 営日〜木17:00〜24:00、金土〜翌1:15 料1杯当たり$17〜 ※ウェブサイトから予約を。飛び込みもOK カードAMV

E 楽しく盛り上がるパーティミュージックが中心のスポーツバー
MAP P.24-A2／リグレービル

カビーベアー
Cubby Bear

昼はカブスファンが集うレストラン、週末の夜は地元のバンドが演奏するスポーツバーだ。ロック、フォーク、ポップス、ラテンなどジャンルはさまざまで、明るくノリのよい音楽が多い。カブスの試合開催日は熱狂的ファンが押し寄せる。リグレーフィールドの向かい。

住1059 W. Addison St. ☎(1-773) 327-1662 URL cubbybear.com カードAMV 営水〜金15:00〜翌2:00、土日11:00〜翌3:00（日〜翌2:00）休月火 行き方CTAバス#22でAddison下車

E 女性同士で訪れたい（男性もウエルカム）
MAP P.24-B2／リグレービル

キットカット・ラウンジ
Kit Kat Lounge

シカゴのLGBTが集まるエリアにある、ドラァグクイーンのショーで有名なラウンジ。女性が独身最後の夜を祝うパーティ（Bachelorette Party）の場としても人気があり、ディーバたちが歌い踊って、とても盛り上がる。ネーミングの凝ったドリンクと料理もお試しあれ。

住3700 N. Halsted St. ☎(1-773)525-1111 URL kitkatchicago.com 営月〜木17:30〜翌2:00、日11:00〜 料1杯当たり$13〜 カードAMV 行き方CTAレッドラインAddison駅下車

©Adam Alexander Photography

＼スポーツ観戦も楽しめる。★ビジャンBijans MAP P.30-B2 住663 N. State St. ☎(1-312) 202-1904 URL bijanschicago.com 営日〜金9:00〜翌3:00（日8:00〜）、土8:00〜翌4:00 カードAMV

シカゴはクラシック音楽、オペラ、演劇、ミュージカル、コメディ、コンサート、映画などのエンターテインメントが1年中楽しめる。全米No.1の実力をもつオーケストラ、シカゴ交響楽団、世界中のオペラファン憧れのリリック・オペラなど芸術のポテンシャルが高く、また、有名アーティストのコンサートも多い。

一度はこのホールで音楽鑑賞を
©Todd Rosenberg
Photography

シカゴ交響楽団
本拠地：シンフォニーセンター Symphony Center
住 220 S. Michigan Ave., Chicago, IL 60604
MAP P.27-C3
☎ (1-312)294-3000
URL cso.org
営 電話：月～土 10:00 ～ 17:00、日 11:00 ～ 15:00、ボックスオフィス：月～土 12:00～18:00、日～16:00（夏期は火～土 12:00～18:00）
コンサートのある日はコンサートの開始時間まで営業している。（ＡＭＶ）

行き方 CTA ブラウンラインなどの Adams/Wabash 駅 CTA バス #3、4、6、7 で Jackson 下車

定期演奏会
木金土日曜で3～4回同じプログラムが繰り返される。CSO以外の演奏会も予定されており、ほぼ毎日演奏会がある。スケジュールの確認を。

チケットの料金
シーズンは9月下旬から6月。コンサートの内容や、曜日によって料金は異なる。定期演奏会$39 ～ 284。ウェブでの手数料$7。

クラシック音楽
Classic

シカゴ交響楽団
Chicago Symphony Orchestra（CSO）

約130年の歴史を誇り、全米No.1の実力をもち、世界3大オーケストラのひとつにも数えられている。CSOを現在の揺るぎない位置に導いたのは、音楽監督の**故サー・ゲオルグ・ショルテイ Sir Georg Solti**。個性あふれるプレイヤーをまとめ上げ、エネルギッシュにタクトを振り、多彩なプログラムを組んできた彼の功績は、本当に大きなものであった。2010年9月からは世界的にも有名な**リッカルド・ムーティ Riccardo Muti**が10代目の音楽監督を務め、精力的な活動を行っている。2019年新春には3年ぶりの日本公演を果たし、これまでにも朝比奈隆、井上道義ら日本人指揮者もタクトを振ってきた。

シンフォニーセンターは、舞台後方にテラス席を設置、演奏会をますます楽しいものにしている。ホール全体が縦長のドーム型をしているため、座席の位置により音響の点ではかなりの違いがあるので注意を。おすすめはギャラリー(3階)の前列、あるいはアッパーバルコニー(2階)の前列。値段は上がるが、ロウアーバルコニー(2階)の前列が音響的、視覚的には一番といわれる。

チケット入手方法

日本でチケットを手配するなら、インターネットが便利。ウェブサイトのフロントページから "Tickets & Events" をクリック。日程から選ぶ場合は "Calendar"、演目から選ぶ場合は "List" をクリック。席を選んで購入の手順に進んでいく。クレジットカードが必要だ。なお、ムーティは人気が高いので彼の公演の日は売り切れのこともある。現在当日売りは行っていない。

学生なら $15の割引料金で聴けるコンサートがある。シカゴ交響楽団のウェブサイトから "Student Tickets" をクリックしてみるといい。

音楽監督であるムーティがタクトを振る日に行ってみたい
©Todd Rosenberg Photography

ラビニア音楽祭
Ravinia Festival

　毎年6〜9月の初めの期間、シカゴ郊外のハイランドパーク Highland Parkという町で行われる野外音楽祭。シカゴ交響楽団をはじめ、著名な指揮者、世界的なソリストが多数出演し、ポップス、ジャズ、ダンスなど、さまざまなステージが安く楽しめる。芝生に座り、ピクニック気分で演奏を聴くユニークなスタイル。前のほうは普通のコンサート会場のように椅子席と屋根もある。メトラもダウンタウンから臨時便を運行させていてアクセスも簡単。夜の公演では厚手のセーターもお忘れなく。

オペラ
Opera

リリック・オペラ・オブ・シカゴ
Lyric Opera of Chicago

　芸術に対する関心が高いシカゴでは、オペラも例外ではない。アメリカ3大オペラのひとつであるシカゴのリリック・オペラは、かつてチケット入手が非常に困難なことで有名だったが、近年は席さえ問わなければ、たいてい入手できるようになった。

　1954年創立。一人ひとりの歌手の技術が高いことはもちろん、大道具、衣装などの演出も非常に画期的で、観る側にオペラの醍醐味を堪能させてくれる。オペラを1回でも観ればきっとその偉大さを痛感するだろう。アメリカ的な明るくラフな雰囲気で、開演1時間前には観客のために30分の無料演目解説もある。

　ホームシアターは、ループエリアの**シビック・オペラ・ビルディングCivic Opera Building**（3563席）。複合ビルの中に劇場がある。場内は実に豪華な造りで、観客も一部の人々はかなり着飾って来ている。旅行中でもちょっとおしゃれして行ってみよう。

ラビニア音楽祭
住 418 Sheridan Rd., Highland Park（会場とチケット売り場）
MAP P.18-B2
☎ (1-847)266-5100
URL www.ravinia.org
料 芝生席：$10〜60（当日券＋$5）、椅子席：$25〜180　※ウェブサイト、または電話予約のときはクレジットカード（A M V）が必要で、手数料は1回$16
●メトラ　Metra（→ P.61）
"Ravinia Park Special" 月〜金17:50 発、土日17:35 発オギルビー・トランスポーテーション・センター発 UP-N線／Kenosha方面で所要約45分 Ravinia Park 駅下車（駅はハイランドパーク西側の入口）。帰りはコンサート終了の約15分後に出発。往復券 $10

リリック・オペラ・オブ・シカゴ（シビック・オペラ・ビルディング）
住 20 N. Wacker Dr., Chicago, IL 60606
MAP P.26-A2
☎ (1-312)827-5600
URL www.lyricopera.org
行き方 CTAブラウンラインなどWashington/Wells駅下車

チケットボックス
営 9〜4、6月の毎日12:00〜18:00（11:30〜）、公演のある日はインターミッションまで
料 $39〜299。ウェブサイトの手数料は$14　カード A M V

定期公演
　9〜4、6月。夜は19:30、マチネは14:00開演

COLUMN
無料で楽しむ音楽いろいろ

★グラントパーク音楽祭
Grant Park Music Festival
　2020年で86回目のシーズンを迎える、歴史ある音楽祭。毎年6月中旬〜8月中旬の水金曜は18:30、土曜は19:30の開演。会場のミレニアムパーク（MAP P.27-D2）は仕事を終えたあとのひとときを楽しむ市民でにぎわう。クラシック、シェークスピア、ブルースなど多彩な演目。夜のスカイラインを眺めながらの芸術鑑賞は格別。
URL www.grantparkmusicfestival.com

★教会の荘厳な聖歌
　ジョン・ハンコック・センターの前にあるフォースプレスビタリアン教会（住 126 E. Chestnut St. MAP P.25-A1）では、毎週金曜12:10から45分間、無料のNoonday Concert Seriesが行われている。美しく荘厳な聖堂で聴く音楽は心に響く。
URL www.fourthchurch.org/concerts

★ドームが有名なセンターで
　シカゴ・カルチュラル・センター（住 78 E. Washington St. MAP P.27-C1,2）3階のPreston Bradly Hallでは、毎週水曜12:15からDame Myra Hess Concert Seriesという、若い音楽家たちを育てるプログラムの演奏がある。1977年から続いていて、ハイレベルだ。FM98.7（WFMT）で生放送している。
URL www.imfchicago.org

コンサート情報はここから!
Time Out や Reader
→ P.332 ～ 333 などの情報
紙やウェブサイトから

チケット業者
●チケットマスター
Ticketmaster
Free (1-800)982-2787
URL www.ticketmaster.com
　チケットの購入は上記、もしくは直接各会場のボックスオフィスまで。

マコーミックプレイスに近い所にあるウィントラストアリーナ

コンサート会場
Concerts Halls & Theaters

　アメリカのロック、ポップス、ジャズなどあらゆるジャンルのミュージシャンたちが全米ツアーを行う際は、必ずと言っていいほどシカゴが公演都市に含まれている。ミュージシャン、コンサート規模によって異なるが、ダウンタウンを中心にシカゴ周辺に点在するさまざまなコンサート会場で開催され、一部は大きなライブハウスで行われることもある。

コンサート会場までの交通
　会場は中心部を離れていることが多い。昼はCTAのトレインかバス、夜ならばタクシーで。場所によっては車のみが足となるので、タクシー代を用意しておくこと。

ノリのいいアメリカの観客に混ざってのコンサートはおもしろい体験。写真はハウス・オブ・ブルースのサンデイ・ゴスペルブランチ

シカゴ市内のコンサート会場

会場名	MAP & 住所 & 電話番号 & URL & 行き方
シカゴ劇場 Chicago Theatre	MAP P.27-C1　住175 N. State St.　Free (1-844)848-1296 URL www.thechicagotheatre.com 行き方CTA レッドラインなどの State/Lake 駅
ユナイテッドセンター United Center	MAP P.21-C3　住1901 W. Madison St. ☎(1-312)455-4500　URL www.unitedcenter.com 行き方CTA バス #20 で Madison & United Center 下車
コンコード・ミュージック・ホール Concord Music Hall	MAP P.23-A2 マップ外　住2047 N. Milwaukee Ave. ☎(1-773)570-4000　URL concordmusichall.com 行き方CTA バス #56 で Milwaukee & Armitage 下車
ハウス・オブ・ブルース（2階） House of Blues	MAP P.30-B4　住329 N. Dearborn St.　☎(1-312)923-2000 URL houseofblues.com　行き方CTA バス #22、36 で Marina City 下車
ヴィックシアター The Vic Theatre	MAP P.24-A3　住3145 N. Sheffield Ave. ☎(1-773)472-0449　URL www.victheatre.com 行き方CTA レッドラインなどで Belmont 駅下車
リビエラシアター The Riviera Theatre	MAP P.21-D2　住4746 N. Racine Ave.　☎(1-773)275-6800　URL www.rivieratheatre.com　行き方CTAレッドライン Lawrence 駅下車。タクシーがベター
ハンティントンバンク・パビリオン Huntington Bank Pavilion	MAP P.22-B3　住1300 S. Linn White Dr. ☎(1-312) 540-2668　URL www.pavilionnortherlyisland.com 行き方CTA バス #146 で Adler Planetarium 下車
ウィントラストアリーナ Wintrust Arena	MAP P.22-B4　住200 E. Cermak Rd.　☎(1-312) 791-6900 URL wintrustarena.com　行き方CTA バス #4 で Michigan & Cermak 下車

シカゴ郊外のコンサート会場

会場名	MAP & 住所 & 電話番号 & URL & 行き方
オールステートアリーナ Allstate Arena	MAP P.20-B2　住6920 N. Mannheim Rd., Rosemont ☎(1-847)635-6601　URL www.rosemont.com/allstate 行き方CTA ブルーライン Rosemont 駅よりペースバス #221 で。またはタクシーで
ローズモント劇場 Rosemont Theatre	MAP P.20-A4　住5400 N. River Rd., Rosemont ☎(1-847)671-5100　URL www.rosemont.com/theatre 行き方CTA ブルーライン Rosemont 駅より、バラ印の無料のシャトルバスで Fashion Outlets 下車。アウトレットの向かい

FROM READERS　ハイドパークの劇場　シカゴ大学の敷地内にあるCourt Theatreはシカゴでも話題のミュージカルを上演している。URL www.courttheatre.org
（シカゴ在住　中村聡明）['20]

演劇とミュージカル
Play & Musical

　現在、シカゴではニューヨークに追いつくかと思われるほど、ミュージカルや演劇の上演が盛ん。特にループエリアには古い劇場が次々と復活、**シアターディストリクト**と呼ばれるエリアが誕生した。アンティークな建物が放つ独特の雰囲気も抜群。新作ミュージカルがロンドンからすぐにシカゴで上演されることもある。

Broadway in Chicago
URL www.broadwayinchicago.com
　シカゴのエンターテインメントシーンを盛り上げる中心的存在であり、シーズンごとに有名なミュージカルや、演劇を上演する。トニー賞受賞、またはノミネート作品がほとんどを占める。

ミュージカル系（Broadway in Chicago）

シアター名	MAP & 住所 & 電話番号 & URL & 行き方
キャディラック・パレス・シアター　Cadillac Palace Theatre　著名な建築デザイナー、ラップ兄弟設計。1926年完成。大理石の壁にクリスタルのシャンデリアが輝き、ゴールドの模様が劇場全体に広がるビンテージ風	MAP P.26-B1　住151 W. Randolph St.　☎(1-312)384-1502　URL cadillacpalacetheatre.com　行き方CTAブラウンラインなど Washington/Wells 駅
シーアイビーシー・シアター　CIBC Theatre　19世紀の大劇場の典型。ブロードウエイミュージカルやバレエなどが多い	MAP P.27-C2　住18 W. Monroe St.　☎(1-312)977-1700　URL www.broadwaychicago.com　行き方CTA レッドライン Monroe 駅
ジェームズ・M・ネダーランダー・シアター　James M. Nederlander Theatre　ラップ兄弟設計で1926年完成。ゾウをデザインした椅子など、豪華でユニークなオリエンタル調の内装がおもしろい。過去にデューク・エリントンも出演	MAP P.27-C1　住24 W. Randolph St.　☎(1-312)977-1700　URL www.broadwayinchicago.com　行き方CTA レッドラインなど Lake 駅
オーディトリアムシアター　Auditorium Theatre　ルイス・サリバン設計の壮麗な劇場。見学ツアー（$12）も行われている	MAP P.27-C4　住50 E. Ida B. Wells Dr.　☎(1-312)341-2310　URL www.auditoriumtheatre.org　行き方CTA ブラウンラインなど Library 駅

中心部のおもなシアター

シアター名	MAP & 住所 & 電話番号 & URL & 行き方
シカゴ・シェークスピア・シアター　Chicago Shakespeare Theater　ネイビーピア内にあるシアター。ステージの中央が客席側に張り出しているため、パフォーマーと観客との一体感がいっそう強く感じられる	MAP P.25-B2　住800 E. Grand Ave.（ネイビーピア内）　☎(1-312)595-5600　URL www.chicagoshakes.com　行き方CTA バス #29、65、66、124 で Navy Pier 下車
グッドマンシアター　Goodman Theatre　劇場街のなかで最も目立つ劇場。1925年創設、2000年に新しい劇場に生まれ変わった。850席と400席のふたつのシアターがあり、いずれも大理石の壁にオーク材のバルコニーボックスがある荘厳な内装	MAP P.27-C1　住170 N. Dearborn St.　☎(1-312)443-3800　URL www.goodmantheatre.org　行き方CTA ブラウンラインなど Clark/Lake 駅
ルッキンググラス・シアター・カンパニー　Lookingglass Theatre Company　シカゴでとても評判の高い劇団。2011年トニー賞を受賞。新作への挑戦にも意欲的	MAP P.28-B3　住821 N. Michigan Ave.　☎(1-312)337-0665　URL lookingglasstheatre.org　行き方CTAバス#146、147、151でChicago下車
アリー・クラウン・シアター（マコーミックプレイス）　Arie Crown Theater (McCormick Place)	MAP P.22-B4　住2301 S. Lake Shore Dr.　☎(1-312)791-6900　URL ariecrown.com　行き方CTAバス#3でマコーミックプレイス下車。夜はタクシーで

リンカーンパーク地区のシアター

シアター名	MAP & 住所 & 電話番号 & URL & 行き方
ブライアストリート・シアター　Briar Street Theatre　ブロードウエイのヒット作品が、地元の演劇人によって行われる。現在ロングランを続けているのは、必見の『BLUE MAN』！	MAP P.24-B3　住3133 N. Halsted St.　☎(1-773)348-4000　URL www.blueman.com　行き方CTA ブラウン＆レッドライン Belmont 駅
セカンドシティ The Second City　1959年設立のアメリカでも有数のコメディクラブ。『ブルース・ブラザーズ』でおなじみの、ジョン・ベルーシ、ダン・エイクロイドが輩出した知名度抜群	MAP P.23-A2　住1616 N. Wells St.　☎(1-312)337-3992　URL www.secondcity.com　行き方CTA ブラウンライン Sedgwick 駅
ステッペンウルフシアター　Steppenwolf Theatre　トニー賞をはじめ各賞を獲得しているステッペンウルフカンパニーの劇場	MAP P.23-A2　住1650 N. Halsted St.　☎(1-312)335-1650　URL www.steppenwolf.org　行き方CTA レッドライン North/Clybourn 駅
ロイヤル・ジョージ・シアター　Royal George Theatre　50～450席の4つの劇場があるシアターコンプレックス。ニューヨークの Liberty Theatres に属している	MAP P.23-A2　住1641 N. Halsted St.　☎(1-312)988-9000　URL theroyalgeorgetheatre.com　行き方CTA レッドライン North/Clybourn 駅

※シカゴ劇場については P.200 参照

ループエリアにある有名なジーン・シスケル・フィルム・センターの映画館

映画
Film

シカゴでは最新の設備をもつ大型映画館から映画の黄金時代を支えた壮麗な建築装飾の劇場、リバイバル作品、映像パフォーマンスを見せるインディペンデント系劇場まで、ありとあらゆるアメリカの映像文化を堪能できる。

さらにシカゴでは数多くの映画祭も開催され、映画ファンには絶好の環境といえる。また、シカゴ市が撮影誘致に力を入れているため、町角でテレビや映画の撮影に出くわすこともしばしば。

シカゴの映画祭
●シカゴ国際映画祭 Chicago International Film Festival

2020年で56回目を迎える大型国際映画祭。毎年10月中旬より約2週間にわたり市内の劇場で開催される。世界各国のプレミアショーから新人監督の短編までバラエティに富んだ映画を楽しめる。オープニングナイトは有名監督や俳優の舞台あいさつもあるので、大スターを目の前で見るチャンス。ほかの国の映画祭同様、近年、日本映画に対する注目が高まっている。

映画情報はここから！
Time Out や Reader → P.332 ～ 333、トリビューン紙、サンタイムズ紙のムービー欄などで確認を。

シカゴ国際映画祭
住212 W. Van Buren St. #400
☎(1-312)683-0121
URL www.chicagofilmfestival.com

シカゴのおもな映画館　Movie Theaters

映画館名 ループエリア&マグマイル	MAP & 住所 & 電話番号 & URL& 行き方
ジーン・シスケル・フィルム・センター Gene Siskel Film Center インディペンデント映画やクラシックムービー、日本映画も上映。シカゴ美術大学の卒業作品展もここで開かれる	MAP P.27-C1　住164 N. State St. ☎(1-312)846-2800 URL www.siskelfilmcenter.org 行き方CTA ブラウンラインなど State/Lake 駅
AMC シックスハンドレッド・ノースミシガン 9 AMC 600 North Michigan 9 ミシガンアベニュー沿い。ロードショー。全 9 スクリーン	MAP P.29-B1　住600 N. Michigan Ave. ☎(1-312)255-9347　URL www.amctheatres.com 行き方CTA バス #3、146、147、157 で Michigan & Ohio 下車

その他の映画館

映画館名	MAP& 住所 & 電話番号 & URL & 行き方
AMC ネイビーピア・アイマックス・シアター AMC Navy Pier IMAX Theatre 世界最高級の超大型スクリーンとデジタル画像&サウンドシステムで映画とは思えない臨場感を体験できる	MAP P.25-B2　住700 E. Grand Ave.（ネイビーピア内）☎(1-312)281-7095　URL www.imax.com/theatres/navy-pier-imax-amc 行き方CTA バス #29、65、66、124 で Navy Pier 下車
シカゴフィルムメーカーズ　Chicago Filmmakers シカゴを中心に活躍するインディペンデント映画が上映される	MAP P.24-A1 マップ外　住5720 N. Ridge Ave. ☎(1-773)293-1447　URL chicagofilmmakers.org 行き方CTA バス #36 で Broadway & Hollywood 下車
ミュージックボックス　Music Box Theatre　若者たちにいちばん人気のある映画館。上映中は天井に雲の映像が投影されているなど、おしゃれ。カルト、リバイバルのほか、週末は、B 級ポルノ映画大会など、ディスコティックな劇場	MAP P.24-A2　住3733 N. Southport Ave. ☎(1-773)871-6604 URL musicboxtheatre.com 行き方CTA バス #22 で Clark & Grace 下車
ファセッツ　Facets 長編、中編中心にアートムービーを上映するアーカイブ。映画史に重要なクラシック作品に強いほか、バラエティ豊かなセレクションによるビデオ店の経営、シカゴ国際児童映画祭の主催など、その意欲のある展開に注目が集まる	MAP P.23-A1 マップ外　住1517 W. Fullerton Ave. ☎(1-773)281-9075　URL www.facets.org 行き方CTA レッドライン Fullerton 駅より CTA バス #74 で Ashland 下車
ランドマーク・センチュリー・センター・シネマ Landmark Century Centre Cinema インディペンデント映画、外国映画、クラシックムービー、ドキュメンタリーなどを上映する、全米最大規模の映画館	MAP P.24-B3　住2828 N. Clark St. at Diversey ☎(1-773)248-7759 URL www.landmarktheatres.com 行き方CTA バス #22 で Clark & Diversey 下車

シカゴそのほかの映画祭　シカゴ・LGBTQ国際映画祭 11月 URL reelingfilmfestival.org　シカゴ・ラティーノ映画祭 4月 URL chicagolatinofilmfestival.org　ポーランド映画祭 10月 URL www.pffamerica.com　アジア

COLUMN

エンターテインメント&プロスポーツ情報の集め方、チケットの買い方

情報の集め方

インターネットが最も便利な方法。プロスポーツやクラシックなどの各団体や各ミュージックベニュー（会場やライブハウスなど）のウェブサイトにアクセスしよう。球場や会場のチケットオフィスに置いてある年間スケジュール表も便利だ。スケジュール表やパンフレットは観光局に置かれていることもある。

そのほかの方法としては、シカゴ・トリビューンなど地方紙のエンターテインメント＆スポーツ欄や、"Reader"、"Where" など（→ P.333）情報誌・紙の活用。ウェブサイトではシカゴのエンタメ情報で信頼度の高いリーダー URLwww.chicagoreader.com が便利。

チケットの買い方

各球場やホールのチケット窓口（Box Office）に直接買いに行くのがいちばん確実な方法で、席も選べるうえに手数料がかからない場合もある。最も一般的なのはウェブサイトからの購入だ。各団体や会場にアクセスし "Tickets" の項目から、希望日時、席の場所などを選んでいく。支払いにはクレジットカードが必要だ。購入の手続きが終わると、最後にチケットの入手方法を選ぶことになる。現在は自宅で印刷するのが一般的。なお、購入するにあたっては Important Notification の注意書きをよく読んでおくこと。自宅でプリントする場合は、バーコードを汚さないように持っていくように。自宅で印刷ができない場合は "Will Call" で。これは当日各会場の窓口でチケットを受け取る方法で、受け取りに際してパスポートなどの身分証明書とクレジットカードが必要。なお、ウェブサイトからの購入は手数料がかかるので、意外に高くつく。チケットマスターやスタブハブなどのチケット業者のウェブサイトや電話予約で買う方法もある。

チケットマスター Ticketmaster

Free(1-800)982-2787
URLwww.ticketmaster.com　カードAMV

スタブハブ StubHub

URLwww.stubhub.com　公式チケットブローカー・サイトで、行けなくなったり、余ったチケットも販売されている。定価より低いものが出ることもある。チケットの受け渡し方法（ダウンロードが多い）を確認すること。

当日売りのチケット　Hot Tix

シカゴ・カルチュラル・センター（→ P.99）

そばとブロック37の1階のホットティックスは、当日分の半額チケットの売り場。売れ残ったチケットのみを販売するため、その日によって扱うチケットの内容が変わるが、オープン前に扱うチケットがボードやモニターに表示される。支払いはクレジットカードが利用できるが、手数料（$5.25 ～）が加算される。半額チケットはウェブサイトから購入することもできる。ホットティックスはチケットマスターの窓口も兼ねている。

ホットティックス　Hot Tix

住72 E. Randolph St.　MAPP.27-C1
営火～土 10:00 ～ 18:00、日 11:00 ～ 16:00
URLwww.hottix.org
カードAMV およ

び現金
住Block 37, 108 N. State St.
MAPP.27 -C1,2
営月～土 10:00 ～ 18:00、日 11:00 ～ 17:00

ミレニアムパークに近い所にある半額チケット売り場

チケット入手奥の手

●ホテルのコンシェルジュならどのチケットブローカーが有利かを見極め、よほど難しいものでない限り入手してくれるはず。ただし、ブローカーを通して買うので、当然料金は高い。チケットが手に入できたらチップを忘れずに。

●日本から申し込める、日本語 OK のブローカー

それでもチケットを入手できなかった場合、最後の手段がチケットブローカーだ。入手困難といわれても、ほとんどのものが取れるからすごい。下記のチケットブローカーなら日本語が通じ、全米どこのチケットでも取ってくれる。クレジットカードが必要で、All American Tickets Inc. はチケットをアメリカ国内の希望の場所にも届けてくれる。人気のフィギュアスケートも扱う。

All American Tickets Inc. (ロスアンゼルス)

住340 E. 2nd St., Little Tokyo Plaza #305, Los Angeles, CA 90012
☎(213)217-5130　Free(1-888)507-3287
URL www.allamerican-tkt.com
カードAJMV

チープトラベルズ・チケット（日本）

URL ctz.jp

シカゴが舞台の 映画 & TVドラマ紹介

シカゴで撮影された映画やTVドラマは、とても多い。それはなぜか？シカゴはアメリカ人にとって最も親しみやすい、普通の町だから。昼間はビジネス街で働き、夜は住宅街にあるわが家に帰る。友人とスポーツ観戦に行ったり、行きつけのパブで飲んだり……シカゴには普通のアメリカ人の生活がある。シカゴが舞台の映画やTVドラマを観てから行けば、シカゴの町がいっそう身近に感じられるはずだ。

※映画 & TVドラマのロケーション巡りのコース→ P.45

シカゴが舞台の映画やドラマに必ずといっていいほど登場するマリーナシティ

アル・カポネと財務省捜査官の戦いを描いた
アンタッチャブル The Untouchables

アンタッチャブル
スペシャル・コレクターズ・
エディション
発売元：NBC ユニバーサル・
エンターテイメント
価格：Blu-ray
1866円+税

1987年/監督：ブライアン・
デ・パルマ/主演：ケビン・
コスナー、ロバート・デ・
ニーロ/アカデミー賞助演男優
賞＝ショーン・コネリー

シカゴいちの嫌われ者であり、シカゴいちの有名人といえばアル・カポネ。そのカポネをはじめとするマフィアが牛耳っていた禁酒法時代のシカゴが舞台。酒の密造、密売を続け勢力拡大を狙うカポネと、カポネ率いるマフィアを成敗すべくシカゴに送り込まれたのが、財務省の若き捜査官エリオット・ネス。脅迫や仲間の殺戮にも負けず毅然と悪に立ち向かうネスは、実にカッコイイ。現代人が失いかけている正義の意味を教えてくれる。市内の随所で撮影された。ユニオン駅のシーンは→ P.52。

左／ネスたちの事務所はこの商品取引所の前にある設定　右／映画のクライマックスは実際のユニオン駅で撮影。そのときの階段もある

シカゴといえばこのふたり
ブルース・ブラザース The Blues Brothers

ブルース・ブラザース
発売元：NBC ユニバーサル・
エンターテイメント
価格：Blu-ray
1886円+税

1980年/監督：ジョン・ランディス/主演：ジョン・ベルーシ、ダン・エイクロイド

左／映画の冒頭の刑務所はジョリエット刑務所。ここからふたりのハチャメチャな旅が始まる　右／クライマックスがデイリーセンターのピカソ前を車で突っ切るシーン

黒の帽子に黒のサングラス、黒いスーツの、でこぼこコンビが繰り広げるコメディ&ミュージカル映画。ふたりが育った孤児院が経営難に瀕し、これを救うべくバンドを結成する。巡業するうちに、トラブルに巻き込まれて……。高架鉄道の下で繰り広げられるカーチェイスのあと、ふたりがたどり着くのがデイリーセンター。警察・軍隊がふたりを追跡してビル内に突入するシーンを撮影するため、ビル1階の窓ガラスが張り替えられたという。映画は刑務所から出所するところから始まるが、その刑務所は郊外のジョリエット Joliet という町にあり、同刑務所はテレビドラマ『プリズンブレイク』のロケ地でもある。

CHICAGO INFORMATION **ローリングトゥエンティズとは？** 狂乱の'20年代とも呼ばれる。第1次世界大戦後のアメリカでは、大量生産時代に突入するが、世界恐慌も始まった。一方で、ジャズが開花し、摩天楼が競い合って建ち、アールデコ↗

使命はひとつ **シカゴ・シリーズ**

TVドラマ『シカゴ・ファイア』の「超」の付く大ヒットを受けて誕生した『シカゴ P.D.』と『シカゴ・メッド』。3シリーズの総称が「シカゴ・シリーズ」だ。どのドラマも一度見ると止まらなくなるおもしろさで、各ドラマの人物がほかのシリーズに登場するなどクロスオーバーも満載。ドラマのなかでシカゴの町が随所に登場し、登場人物たちのシカゴでの日常が描かれていることも人気の理由。シカゴの町でサイレンの音を聞くと、きっと彼らの顔が頭に浮かんでしまうはず！

わが身をかけて人命救助にあたる
消防士＆救命士たちのドラマ
シカゴ・ファイア
Chicago Fire

アメリカではシーズン8が終了したシカゴ・シリーズのファーストランナー。シカゴ51分署の消防チーム、救助チーム、救急チームが三位一体となり、自らの命を顧みず過酷な火災現場や事故に挑む。極限状態に追い込まれる仕事をもつ彼らも、仕事を離れれば普通の人。登場人物が抱えるさまざまな問題と苦悩が、視聴者の共感を呼ぶ。

手段をいとわず
悪に挑む警官たちのドラマ
シカゴ P.D.
Chicago P.D.

アメリカではシリーズ7を数える。凶悪犯罪に立ち向かうシカゴ警察21分署特捜班。シカゴで生まれ育ち、シカゴを愛するリーダーのボイトは自ら悪に染まることもいとわずに、信頼するチームとともに型破りな捜査方法で挑む。主人公のボイトが正義の味方のみならず、悪役とも思わせる演出が新鮮。P.D. とは Police Department（警察部）の略。

緊迫した医療現場で闘う
医師のストーリー
シカゴ・メッド
Chicago Med

アメリカではシーズン5が終了。シカゴ・メディカルセンターの救急外来で、想像もつかない事故や原因不明の症状で運ばれてくる患者を全力で救おうとする医師たちのドラマ。外科医だけでなく、精神科医、病院の管理部長などさまざまな立場の人物が絡み合い、アメリカ社会の一面を見せてくれる。舞台の病院は CTA ブルーライン Illinois Medical District 駅に近い Rush University Medical Center。

シカゴ・ファイア
シーズン6
DVD-BOX
発売・販売元：
NBC ユニバーサル・エンターテイメント
発売日：
2020年4月8日
価格：9500円+税
©2018 Universal Studios. All Rights Reserved.
シーズン6 VOL.1～6 レンタル中
VOL.7～12 4月8日レンタル開始
※シーズン1～5発売中

シカゴ P.D.
シーズン5
DVD-BOX
発売・販売元：
NBC ユニバーサル・エンターテイメント
発売日：
2020年5月8日
価格：9500円+税
©2018 Universal Television, LLC. All Rights Reserved.
シーズン5 VOL.1～6 4月8日レンタル開始
VOL.7～11 5月8日レンタル開始
※シーズン1～4発売中

シカゴ・メッド
シーズン2
DVD-BOX
発売・販売元：
NBC ユニバーサル・エンターテイメント
発売日：
2020年6月3日
価格：9500円+税
©2020 Universal Studios. All Rights Reserved.
シーズン2 VOL.1～6 5月8日レンタル開始 VOL.7～12 6月3日レンタル開始
※シーズン1 発売中

『シカゴ・ファイア』聖地巡礼

ドラマのシカゴ51分署は、シカゴの南にある実際の18分署。ドラマの大ヒットを受けて、この分署を訪れる人が驚くほど多いそうだ。いそがしくなければ消防士さんたちが署内を案内してくれるが、緊急時は遠慮すること。行き方は→ P.45 参照

シカゴ・ファイアのファンで中を見たいといえば、快く案内してくれる

実際のドラマでも使われる消防服収納部屋。ここで消防士たちが会話をしていた

このカウチにセブライトが……
えっ、オーティスの碑が……!?

ドラマを見た人はここだけでも感激！ 51分署だ。通常シャッターは閉まっているので、勇気を出して裏口のブザーを押そう

ドラマのスチル写真も展示

なんとみやげ物も売っている。Engine 18のTシャツはいいおみやげになる

分署から見たウィリスタワー。ドラマと重なる

観戦するスポーツ　Spectator Sports

「最も アメリカらしい体験ができる所」。それはプロスポーツの本拠地だ。アメリカではスポーツもエンターテインメントのひとつで、お客さんを徹底的に楽しませてくれる趣向がいろいろ。シカゴには６つのプロチームがあり、１年中観戦が楽しめる。特にシカゴは応援がア・ツ・イ！　ぜひアメリカらしさを全身で味わってみよう。

©Choose Chicago Photo Courtesy of Ranvestel Photographic

2016年のワールドシリーズを制したカブスの優勝報告会。グラントパークにて

シーズン：
4月上旬～9月
プレイオフは10月から

本拠地：
リグレーフィールド
Wrigley Field
住1060 W. Addison St.
MAP P.24-A2
☎(1-773)404-2827
URL www.mlb.com/cubs
料$13～279
行き方CTAレッドラインのHoward行きAddison駅下車。CTAバス#22でAddison下車

カブスの本拠地リグレーフィールドは国の史跡にも指定されている
©Choose Chicago Photo Courtesy of Choose Chicago

シカゴのプロスポーツチーム

シカゴを本拠地とするプロチームはMLBの**シカゴ・カブスChicago Cubs**（ナショナルリーグ）と**シカゴ・ホワイトソックスChicago White Sox**（アメリカンリーグ）、NFLの**シカゴ・ベアーズChicago Bears**、NBAの**シカゴ・ブルズChicago Bulls**、NHLの**シカゴ・ブラックホークスChicago Blackhawks**、メジャーリーグ・サッカーの**シカゴ・ファイアー FC Chicago Fire FC**の6つ。すべての会場はシカゴ市内にあり、アクセスも容易。

メジャーリーグ
Major League Baseball（MLB）

シカゴ・カブス
Chicago Cubs

2016年11月、シカゴはついに、歴史的快挙を成し遂げた。強力な投手陣を武器にワールドチャンピオンの栄冠を手にしたのだ。市民の誰もが美酒に酔い、町中が喜びを分かちあった。返り咲くまで108年。そう、カブスは大リーグで最も優勝から遠ざかっていたチームであった。

創設は1871年、最初のプロ野球リーグ、ナショナルアソシエーションとともに生まれ、1976年ナショナルリーグ誕生時に加盟した。1800年代は6回のリーグ優勝、1906年からは3年連続してワールドシリーズに出場を果たすなど、実に輝かしい歴史をもつが、1908年を最後に100年以上ワールドチャンピオンから遠ざかっていた。それには深いわけがある。ボストン・レッドソックスが「バンビーノの呪い（ベーブ・ルースの呪い）」で85年間優勝できなかったように、カブスにも**「ヤギの呪い」**があったのだ。

ペットのヤギとカブス観戦を楽しみにしていた居酒屋のオーナーが、1945年対デトロイト・タイガースとのワールドシリーズの際、いつもと同じように入場しようとした。しかし、ヤギの入場が拒否されてしまったのだ。それに激怒したオーナーが「2度とこの球場でワールドシリーズをさせない」と言い放ち、呪いをかけたというものだ。その呪いがついに解けたのである。

2017年は地区優勝するものの、2019年はついにプレイオフ進出を逃した。これを打開すべく2020年新監督に就任したのがデビッド・ロスDavid Ross③。ロスは2016年優勝時の立役者であった捕手だ。先発陣はキンターナQuintana㊷とレスターLester㉞、

FROM READERS　名物ホットドッグ　ケチャップをかけないシカゴスタイルのホットドッグはリグレーフィールドでも販売されている。ホワイトソックスの球場のホットドッグは玉ねぎが炒めてあって、なかなかおいしかった。　（岐阜県　Y. B.）['20]

けがから復帰し好調を続けるダルビッシュ Darvish⑪が加わる。打撃陣は史上3番目の早さで200本塁打を達成したリゾー Rizzo ㊹、38本塁打のシュワーバー Schwarber⑫らが中心となり、王座奪回に挑む。

　そんなカブスの自慢が、**大リーグで最も美しいといわれる球場**、リグレーフィールドである。ボストンのフェンウェイパーク（1912年）に次いで古く、外野にはツタが絡まるアンティークな球場は、2014年に100周年を迎えた。リグレーフィールドはかつてのオーナーの「野球は太陽の下で行うもの」の方針のもと、ナイター設備はなかった。しかし、ナイターを切望する声には勝てず、1988年8月、ついにナイター開催となった。

リーグ：
ナショナルリーグ中地区

老若男女に愛されているカブス

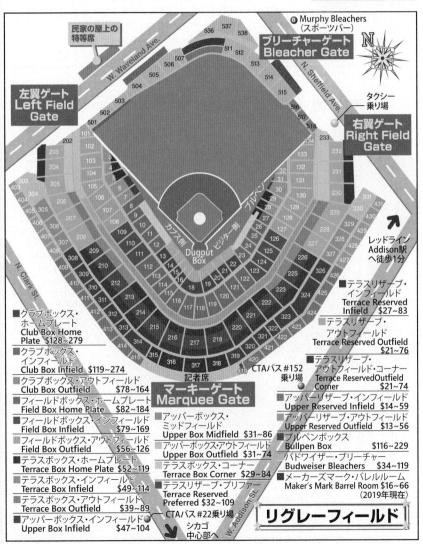

■クラブボックス・ホームプレート
Club Box Home Plate　$128~279
■クラブボックス・インフィールド
Club Box Infield　$119~274
■クラブボックス・アウトフィールド
Club Box Outfield　$78~164
■フィールドボックス・ホームプレート
Field Box Home Plate　$82~184
■フィールドボックス・インフィールド
Field Box Infield　$79~169
■フィールドボックス・アウトフィールド
Field Box Outfield　$56~126
■テラスボックス・ホームプレート
Terrace Box Home Plate　$52~119
■テラスボックス・インフィールド
Terrace Box Infield　$49~114
■テラスボックス・アウトフィールド
Terrace Box Outfield　$39~89
■アッパーボックス・インフィールド
Upper Box Infield　$47~104

■アッパーボックス・ミッドフィールド
Upper Box Midfield　$31~86
■アッパーボックス・アウトフィールド
Upper Box Outfield　$31~74
■テラスボックス・コーナー
Terrace Box Corner　$29~84
■テラスリザーブ・プリファー
Terrace Reserved Preferred　$32~109

■テラスリザーブ・インフィールド
Terrace Reserved Infield　$27~83
■テラスリザーブ・アウトフィールド
Terrace Reserved Outfield　$21~76
■テラスリザーブ・アウトフィールド・コーナー
Terrace Reserved Outfield Corner　$21~74
■アッパーリザーブ・インフィールド
Upper Reserved Infield　$14~59
■アッパーリザーブ・アウトフィールド
Upper Reserved Outfield　$13~56
■ブルペンボックス
Bullpen Box　$116~229
■バドワイザー・ブリーチャー
Budweiser Bleachers　$34~119
■メーカーズマーク・バレルルーム
Maker's Mark Barrel Room　$16~66
（2019年現在）

リグレーフィールド

本拠地：
ギャランティード・レート・フィールド
Guaranteed Rate Field
住333 W. 35th St.
MAP P.21-D4
☎(1-312)674-1000
URL www.mlb.com/whitesox
料$5～79
行き方CTA レッドライン 95th/Dan Ryan 方面 Sox-35th 駅下車。
タクシーは、ダウンタウンから $17～40。試合終了後はホームベース裏の正面にタクシーが待機している

シカゴ・ホワイトソックス

Chicago White Sox

シカゴ市民は、ダウンタウンを境に北がカブス、南がホワイトソックスのファンに大きく分かれる。オバマ元大統領はホワイトソックス・ファン。在任中ワシントンDCでの始球式をホワイトソックスのキャップをかぶって行い、周囲の苦笑を誘ったほど。

ホワイトソックスの創設は1901年と、こちらも伝統あるチームで、リーグ優勝6回、ワールドシリーズ制覇3回を達成している。直近の**ワールドシリーズ優勝は2005年**、監督オジー・ギーエンが小刻みにつなぐ野球「スモールベースボール」を提唱したときで、これに貢献したのが日本の**井口資仁内野手**だった。2013年から連続して5割にも満たない勝率で、情けないかぎり。大黒柱は2017年にノーヒットノーラン、2019年のオールスターにも初選出されたジオリトGiolito㉗。バッターの注目は2019年リーグの打点王に輝いたアブレイユAbreu(79)と.315とリーグ3位の打率

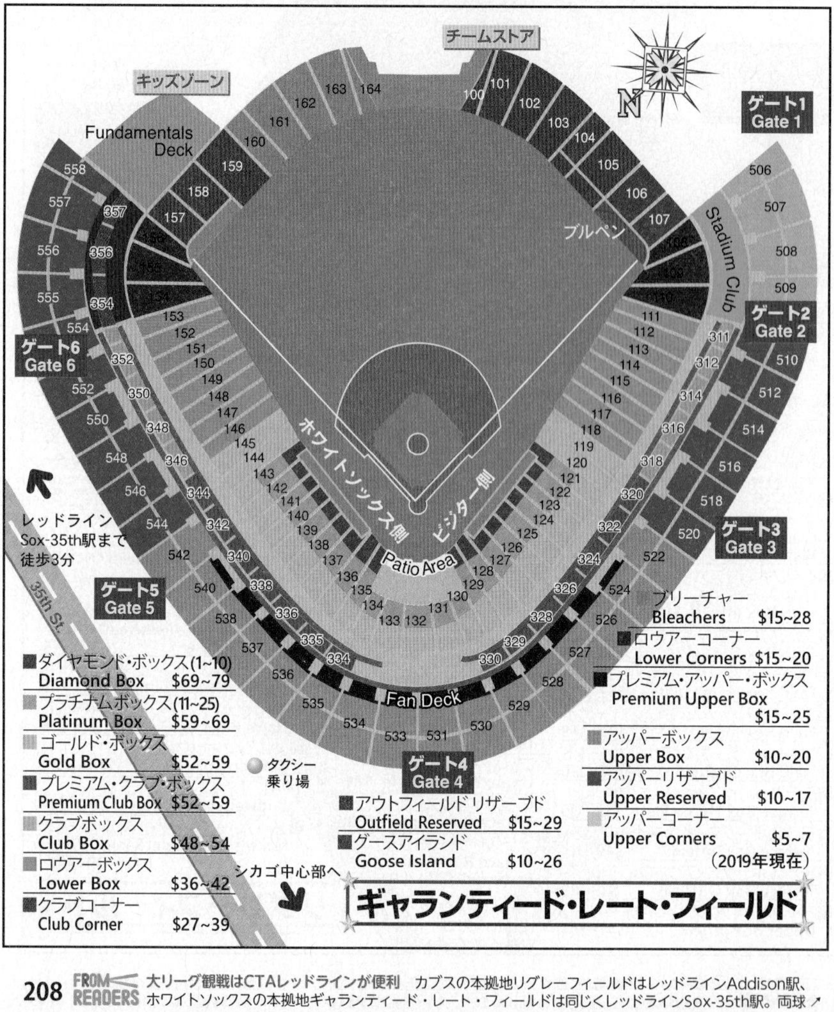

チームストア
キッズゾーン
Fundamentals Deck
ゲート1 Gate 1
ゲート2 Gate 2
ゲート3 Gate 3
ゲート4 Gate 4
ゲート5 Gate 5
ゲート6 Gate 6
Stadium Club
ブルペン
ホワイトソックス側
ビジター側
Patio Area
Fan Deck
レッドライン Sox-35th駅まで徒歩3分
35th St.
タクシー乗り場
シカゴ中心部へ
ブリーチャー Bleachers $15~28
ロウアーコーナー Lower Corners $15~20
プレミアム・アッパー・ボックス Premium Upper Box $15~25
アッパーボックス Upper Box $10~20
アッパーリザーブド Upper Reserved $10~17
アッパーコーナー Upper Corners $5~7
(2019年現在)
ダイヤモンド・ボックス(1~10) Diamond Box $69~79
プラチナムボックス(11~25) Platinum Box $59~69
ゴールド・ボックス Gold Box $52~59
プレミアム・クラブ・ボックス Premium Club Box $52~59
クラブボックス Club Box $48~54
ロウアーボックス Lower Box $36~42
クラブコーナー Club Corner $27~39
アウトフィールドリザーブド Outfield Reserved $15~29
グースアイランド Goose Island $10~26
ギャランティード・レート・フィールド

FROM READERS **大リーグ観戦はCTAレッドラインが便利** カブスの本拠地リグレーフィールドはレッドラインAddison駅、ホワイトソックスの本拠地ギャランティード・レート・フィールドは同じくレッドラインSox-35th駅。両球↗

を記録したモンカダMoncada⑩。個性的な選手をまとめるレンテリア監督Renteria⑰の手腕に期待したい。

　ところで、ホワイトソックスは「**ブラックソックス事件**」でも知られている。1919年のワールドシリーズで、ホワイトソックスはおおかたの予想を裏切ってシンシナティ・レッズに敗れた。翌年チームのメンバー8人が八百長試合を演じたとして裁判にかけられるが、物的証拠が盗まれたため無罪の判決が下りる。しかし、初代コミッショナーの怒りを買い、8人は永久追放となる。その8人がトウモロコシ畑から出てきてプレイをするというストーリーが、**映画『フィールド・オブ・ドリームス』**（→P.325）なのである。

　ギャランティード・レート・フィールドは、旧球場であるコミスキーパークの伝統を引き継ぎ、ホワイトソックスにホームランが出ると花火があがり、スコアボードの電動風車がくるくる回る仕掛けとなっている。また、向かいの駐車場には、コミスキーパークのホームプレートが残されており、記念撮影のスポットとなっている。

ホワイトソックスの本拠地はダウンタウンの南、CTAトレイン駅のすぐそば

前球場コミスキーパークのホームプレートが駐車場の中に残る

♪ アメリカンフットボール
National Football League

シカゴ・ベアーズ
Chicago Bears

　シカゴで最も過激、かつ熱い応援ぶりで有名なのがベアーズのファンだ。試合開始前はテールゲートパーティで盛り上がり、ミシガン湖から吹き付ける寒風もなんのその。チームの勝利を信じて試合中は皆で雄叫びをあげ続ける（寒さ対策？）。

　創設はNFL（ナショナル・フットボール・リーグ）発足の前年、デカーター・ステイラーズとして始動、2年後の1921年にこの町に居を移し、翌年、愛称を改めた。MLBのカブス（子グマの意味）に対し、アメフト選手が大きいことからベアーズ（大グマ）と名乗った。名将ジョージ・ハラスを擁し、NFLチャンピオンシップを8度制覇した古豪だが、スーパーボウルには縁遠く、1985年にようやく初の制覇を遂げた。個性的なマイク・ディトカ指揮下でプレイオフ常連の座を占めたが、彼の去った1992年以降は低迷期に。ようやく2005年に11勝、翌年に13勝を積み上げ、2度目のスーパーへ。しかしQBマニング擁するコルツに退けられている。再び低迷期に陥るが、2018年は12勝を挙げ、久々のプレイオフへ。2019年も5割で踏みとどまり、希望の明かりを絶やさずにいる。

ベアーズの本拠地ソルジャーフィールドはMLSファイアーと共用している
©City of Chicago Photo Courtesy of Choose Chicago

シーズン：9〜12月
プレーオフは12〜1月
優勝決定戦は2月第1日曜日のスーパーボウル

本拠地：
ソルジャーフィールド
Soldier Field
🏠1410 S. Museum Campus Dr.
MAP P.22-B3
☎(1-847)615-2327
URL www.chicagobears.com
💲$85〜582
行き方
CTA臨時バス #128
Soldier Field Express
試合開始の2時間前からオギルビー・トランスポーテーション・センターとユニオン駅からソルジャーフィールド行きの直行バスが運行される。試合終了30分後から両駅行きのバスも出る。往復$5

リーグ：
ナショナル・フットボール・カンファレンス
北地区

本拠地：
ユナイテッドセンター
United Center
🏠1901 W. Madison St.
MAP P.21-C3
☎(1-312)455-4000
（ボックスオフィス）
URL www.nba.com/bulls
料$40 〜 210（定価）（対戦
相手によって大きく異なる）
行き方CTA 臨時バス# 19
United Center Express
ブルズとブラックホークス
の試合が行われる前後に運
行される臨時バス。メトラ
Millennium 駅前の Michigan
Ave. と Randolph St. の角か
ら発車。運行は試合開始 90
分前から、試合終了 1 時間
後まで数分おき。または #
20 で

♪ バスケットボール
National Basketball Association

シカゴ・ブルズ
Chicago Bulls

「名門」の名が泣いている。ブルズの代名詞であり、NBAの伝説的プレイヤー**マイケル・ジョーダン**率いるブルズはスリーピート（3連覇）の偉業を2回達成。1998年のジョーダン引退後、チームは低迷期を迎える。しかし、2003年ジョン・パクソンがジェネラルマネージャーに就任すると、見違えるように好成績を収めるようになり、2005年以降はプレイオフの常連となった。しかし、プレイオフ連続出場も2015年に途絶え、地元シカゴ出身の人気選手デリック・ローズを放出後の2016年はかろうじてプレイオフ進出したものの、勝率が5割にも満たない状態が続いている。若いチームの注目は、得点力の高いラヴィーンLaVine⑧とフィンランド出身のマルカネンMarkkanen㉔、リバウンドのカーターCarter㉞ら。

1966年創設。それまでシカゴのプロバスケットボールチームはなかなか定着せず、ブルズの試合も創設当初は閑古鳥が鳴いていた。転機は1984年のジョーダン獲得。1990年代に黄金時代を築いたのは周知のとおりだ。

ブルズの試合開催日には中心部からユナイテッドセンターへ臨時バスが運行される

↑Madison St.

📍ダウンタウン行きバス停　　チケット売場↗

ゲート2Gate 2　　ゲート3Gate 3

**ユナイテッド
センター**

331　332　333　334　301　302　303　304　305
330　　232　233　234　201　202　203　204　306
329　231　　　　　　　　　　　205　307
バー　230　120　　121　122　101　102　103　206　バー　308
328　229　記者席　　　　　　　　　　207
227　228　119　　　　　　　104　　208
327　118　　118　　118（A-K列）　105　105　209　309
Damen Ave.　226　117　117（A-K列）　106（A-M列）　106　210
325　225　116　116（A-K列）　記者席　107（A-M列）　107　211　310
324　224　115　　113　112　111　110　108　212　311
223　114　記者席　　　　　　　109　213　312
バー　222　221　220　218　217　216　215　214　バー
323　322　　　　　　　　　　313
321　320　319　318　317　316　315　314

↑マイケル・ジョーダンの像、ショップへ
↑Wood St.

N

1階：A-M、1-19列
2階：1-8列
3階：1-17列

※NBAブルズ戦での座席位置
シートと料金はイベントにより異なる

記者席　　テレビ局など　　記者席

ゲート7Gate 7　　Adams St.　　ゲート6Gate 6

ジョーダンの像が屋内に　ブルズの試合に数年ぶりで行ったところ、ユナイテッドセンターの東側に建物が加わり、中にはチームストアができた。アリーナとショップの間にジョーダンの像があった。（東京都　Y.N.）['20]

♪ アイスホッケー
National Hockey League

■ シカゴ・ブラックホークス
Chicago Blackhawks

　常勝チームかと思われたブラックホークス。2010年、2013年に続き、2015年もスタンレーカップ（アイスホッケーの優勝杯）を獲得し、通算優勝数は6回を数えたが、2017–18シーズンに前年1位から一気に最下位へ転落。以降低迷を続けている。しかし、人気は高くアリーナは常に満席で、チームカラーの赤一色に染まる。

　1926年創設の歴史あるチームで、カナダ・ナショナルホッケー協会のアメリカ進出の第一歩として加盟、「オリジナル6」のひとつでもある。ロゴのネイティブアメリカンの横顔は、ソーク族の酋長ブラックホークのもので、それがチーム名にもなった。1994年までスタンレーカップ3回、地区優勝13回を誇っていたが、1995年から長い低迷期を迎えた。しかし、2010年に名門フィラデルフィア・フライヤーズを破って約50年ぶりの戴冠となり、2013年と2015年も優勝するなど輝かしい歴史をもつ。

　スケートの盛んなシカゴではホッケーの人気がとても高く、チケットはほとんどが売り切れ状態。スター選手は、小柄なフォワードのパトリック・ケイン⑱。ゴール、アシスト、得点はチームNo.1。

♪ サッカー
Major League Soccer

■ シカゴ・ファイアー FC
Chicago Fire FC

　1996年に発足したメジャーリーグ・サッカー（MLS）に、2年後の1998年から参加。いきなりMLSカップ（リーグ優勝）とUSオープンカップ（アメリカにおける天皇杯）を獲得して、アメリカのサッカーファンを驚かせた。その後リーグ決勝進出を2回、USオープンカップ優勝を3回達成。しかし、2010年以降は2012年、2017年の2回プレイオフに出るも、いずれも初戦で敗退した。アメリカ代表の若手ミッドフィルダーであるミハイロビッチ、ストライカーのC.J.サポンらを中心に、新監督のもとチームの大改造が行われている。

　チームの名は1871年に起きた「シカゴの大火」に由来している。チーム結成の発表も大火の記念日である10月8日に行われた。2020年からチーム創設当時のホームグラウンドであったソルジャーフィールドに本拠地を戻し、ファンベースの拡大を狙う。最も活動的なサポーターグループの名称は「セクション8シカゴ」。サポーター席のセクション番号に由来する。

シーズン：
10月上旬〜 4月

本拠地：
ユナイテッドセンター
United Center
🏠 1901 W. Madison St.
MAP P.21-C3
☎ (1-312)455-7000
Free (1-800)745-3000
（チケットマスター）
URL www.nhl.com/blackhawks
💰 $40 〜 295（対戦相手によって大きく異なる）
行き方 ブルズと同じ（→ P.210）

リーグ：
中部地区

ユナイテッドセンター前に立つブラックホークスの名プレイヤー「ボビー・ハル」の像

シーズン：3 〜 10月下旬
10月下旬から12月上旬にかけてプレイオフ
本拠地：
ソルジャーフィールド
Soldier Field
🏠 1410 S. Museum Campus Dr.
MAP P.22-B3
☎ (1-708)469-6800
URL www.chicagofirefc.com
💰 $15 〜 64
行き方 ベアーズと同じ
（→ P.209）

アメリカでも子供たちを中心にサッカーは人気が高い

CHICAGO INFORMATION ソルジャーフィールドでの試合に持ち込めないもの　傘、バックパック、缶、瓶、笛、ベビーカー、ビデオカメラ、長さ15.2cm以上のレンズ、アルコール、レーザーペン、攻撃的な言葉を印刷したシャツなど。

211

シカゴで観戦！ プロレスと格闘技
Professional Wrestling & Mixed Material Arts

プロレス大手の WWE や総合格闘技の UFC などのメジャー興行はダウンタウンから車で1時間圏内の大会場で年に4、5回開催されている。アメリカ大手の WWE はマンデイ・ナイト・ロウ Monday Night Raw やホリデイライブを年数回開催する。最近発足した第2のメジャーリーグを目指す AEW はシカゴ郊外での中型興行を行っている。

また、小さいインディ団体の自主興行によって、さまざまなプロレス、総合格闘技の試合を観ることができる。マイナー団体のプロレスや総合格闘技 (MMA) のイベントは、エルクグローブ Elk Grove、エルムハースト Elmhurst、ビラパーク Villa Park、ジョリエット Joliet、バーウィン Berwyn などのシカゴ近郊などで月に4、5回のペースで行われているので、コアなファンの方々はよ〜く探せば、かなりおもしろい体験ができる。シカゴが本拠地のマイナーリーグもある。この際、少し足を延ばして日本では絶対に見られない超マイナーなプロレス団体やメキシカンスタイルのプロレス「ルチャリブレ」、女子プロを観戦するのもいいのでは？ 日本のレスラーもよく参加している。

メジャープロレス & 総合格闘技団体情報
● WWE 　URL www.wwe.com （日本語あり）
● AEW 　URL www.allelitewrestling.com
● UFC 　URL www.ufc.com （日本語あり）

シカゴのマイナー団体
シカゴにも20年ぶりにインディプロレスブーム復活の兆しが……。
● AAW プロレス
URL aawpro.com
シカゴのインディリーグでは最も権威ある団体。日本でもおなじみのレスラーも多数。
● SHIMMER 女子プロレス
URL www.shimmerwrestling.com
● フリーランスレスリング
URL www.freelancewrestling.com
● ブリューシティ・レスリング
URL www.brewcitywrestling1.com

ローカルプロレス団体興行情報
URL chicagoprowrestling.com
シカゴ総合格闘技情報
URL chicagosmma.com

シカゴのおもな会場
WWE や UFC などのメジャーリーグの会場はほとんどがオールステートアリーナ。
● オールステートアリーナ　Allstate Arena
住 6920 N. Mannheim Rd., Rosemont, IL 60018
MAP P.20-B2
URL www.allstate.com
● フラタ―ナル・オーダー・オブ・イーグル
　Fraternal Order of Eagle （インディ）
住 6309 26th St., Berwyn, IL 60402
MAP P.21-C4
● ローガンスクエア・オーディトリアム
　Logan Square Auditorium （インディ）
住 2539 N. Kedzie Blvd., Chicago, IL 60647
MAP P.21-C3
URL logansquareauditorium.com
● ワンフィフティーン・バーボンストリート
　115 Bourbon Street （インディ）
住 3359 W. 115th St., Merrionette Park, IL 60803
MAP P.21-C4 外
URL www.115bourbonstreet.com
● スパーク・レクリエーション・センター
　Spark Recreation Center （インディ）
住 5700 S. Archer Ave., Summit, IL 60501
MAP P.21-C4

ショーアップされてはいるものの、その迫力につい真剣になってしまうインディのプロレス。一度生で観てみたい!!

楽しむスポーツ　Do Sports!

シカゴでは体を動かすあらゆるアクティビティが盛ん。ビジネスパーソンに人気のゴルフをはじめとして、土地柄スケート熱もとても高く、フィギュア、アイスホッケーなど各リンクは冬の季節は特ににぎわう。スポーツ施設の多くはシカゴ公園管理局が運営しており、ここにアクセスするとどんなスポーツが楽しめるかがわかる。

Chicago Park District [URL]www.chicagoparkdistrict.com

ゴルフ　Golf

アメリカには1万5500以上、世界の40%のゴルフコースがある。シカゴ周辺にも200以上があり、ゴルフはとてもポピュラー。料金も安いコースでは$20と、日本では考えられないような金額だ。インターネットで予約でき、その際クレジットカードが必要。以下の料金は2019年8月のもの。シカゴは冬期休業するコースが多い。

料金などの表記
料金は季節や時間によって細かく分かれている場合もあるので、行く前にウェブサイトなどで確認してから行きたい。
★日本人におすすめのコース

郊外・南西部

ゴルフコース名	コース案内	住所・電話・期間	料金
コグヒル・ゴルフ・アンド・カントリークラブ★ Cog Hill Golf & Country Club	中西部のゴルファーたちの憧れの的、コグヒル。ここには4つのコースがあるが、やはり名物はディック・ウィルソン&ジョー・リーがデザインした4番コース。全米でも屈指の難コースといわれている。これに挑戦するには相当の自信と覚悟が必要だ。週末はフォアサムのみ。コース1：6277ヤード、パー 71、2：6877ヤード、3：6394ヤード、4：7554ヤード、パー各72。No.1～3のコースは6日前までの要予約（14～90日前からの予約可）	[住]12294 Archer Ave., Lemont, IL 60439 [Free](1-866) 264-4455 [URL]www.coghillgolf.com [営]年中オープン（4番コース以外） ① [MAP]P.18-B2	[料]$18～73、カート代$17 コース4のみ$95～180（カート代込み）
ラッフル・フェザー・ゴルフクラブ Ruffled Feathers Golf Club	シカゴでただひとつのピート・ダイ設計のコースで、池とバンカーの配置がすばらしく、非常に美しいセミプライベート（スタート時間が空いていれば何時でもプレー可）はかなりチャレンジングなコース。コース：6898 ヤード、パー 72	[住]1 Pete Dye Dr., Lemont, IL 60439 ☎(1-630) 257-1000 [URL]www.ruffledfeathersgc.com [営]4～10月 ② [MAP]P.18-B2	[料]$50～90（カート代込み）

郊外・南部

ゴルフコース名	コース案内	住所・電話・期間	料金
グレンウッディー・ゴルフクラブ Glenwoodie Golf Club	ダウンタウンから車で30分ほどで行けるクラブで、前半はフラット、後半はアップダウンのある18ホール。フェアウエイではボールが走らないので注意。パッティンググリーン、ドライビングレンジあり。コース：6902ヤード、パー 72	[住]19301 State St., Glenwood, IL 60425 ☎(1-708) 758-1212 [URL]www.glenwoodiegolf.com [営]年中オープン（短縮あり） ③ [MAP]P.18-B2	[料]$22～58、カート代$9～12
ハーバーサイド・インターナショナル・ゴルフセンター★ Harborside International Golf Center	ダウンタウンから車で20分くらいの近場で、仕事後の午後からでも十分プレイが可能。埋立地を利用した広大なコースで、上級者からアベレージゴルファーまで幅広い層が楽しめるコース。ポートコースとスターボートコースの36ホール。ポートコース：7123ヤード、スターボードコース：7104ヤード、パー各72	[住]11001 S. Doty Ave. E. Chicago, IL 60628 ☎(1-312) 782-7837 [URL]www.harborsidegolf.com [営]3～11月中旬 ④ [MAP]P.19-C2	[料]$55～100（カート代込み）
ボーリングブルック・ゴルフクラブ★ Bolingbrook Golf Club	5段階のティーグラウンド、多くの池越え、アイランドグリーンなどスリリングなコース。オープンして時間もたつがメンテナンスも良好。一度はお試しを！　コース：7104ヤード、パー72	[住]2001 Rodeo Dr., Bolingbrook, IL 60490 ☎(1-630) 771-9400 [URL]www.bolingbrookgolfclub.com [営]4～11月 ⑤ [MAP]P.18-B2	[料]$35～89（カート代込み）

CHICAGO INFORMATION　シカゴでゴルフ　ゴルフを楽しみたいけれど、どのようにしたらいいのかわからない……人もいるだろう。そんな人は現地の旅行会社（→P.368）に相談したい。クラブやボール、衣類などは現地で揃うが、シューズは持参したい。

郊外・北西部

ゴルフコース名	コース案内	住所・電話・期間	料金
チェビー・チェイス・カントリークラブ Chevy Chase Country Club	地元っ子でにぎわう人気のゴルフ場。深いバンカーや池越えなど、レイアウトもおもしろく、あらゆるレベルのゴルファーが楽しめるコース。コース：6610ヤード、パー72	🏠1000 N. Milwaukee Ave., Wheeling, IL 60090 ☎ (1-847) 465-2300 URL chevychasecountryclub.com 🗓年中オープン ⑥ MAP P.18-B2	💰$30～77（カート代込み）
クリスタル・ウッズ・ゴルフクラブ Crystal Woods Golf Club	チャレンジ精神をかき立てられるコースレイアウトで、上級プレイヤーでも満足できるだろう。フェアウェイは細く、グリーンはミディアムサイズ。バンカーも非常に数多くあるが、特に5番ホール右側に注意。コース中、最も難しいとされるのは8、12番ホール。ドライビングレンジやパッティンググリーン、レストランあり。コース：6403ヤード、パー72	🏠5915 S. Rt. 47 bet. Rt.14 & 62, Woodstock, IL 60098 ☎ (1-815) 338-3111 URL www.crystalwoodsgc.com 🗓3～11月 ⑦ MAP P.18-B2	💰$35～58（カート代込み）
ヒルデール・ゴルフクラブ Hilldale Golf Club	ペブルビーチをデザインしたロバート・T・ジョーンズが造ったコースで、狭いフェアウェイに沿ってコンドミニアムが建ち並んでいる。ベントグラスの砲台グリーンは斜度がかなりあり、経験も技術も頭脳も必要とされる！ ドライビングレンジやパッティンググリーンでウォーミングアップをしてから挑戦しよう。コース／チャンピオンシップ：6432ヤード、パー71	🏠1625 Ardwick Dr. near Higgins Rd., Hoffman Estates, IL 60169 ☎ (1-847) 310-1100 URL www.hilldalegolf.com 🗓4～10月 ⑧ MAP P.18-B2	💰$26～67（カート代込み）
シャンバーグ・ゴルフクラブ＆アカデミー Schaumburg Golf Club & Academy	27ホールをもつパブリックコースで、USオープンの予選にも使われる、穴場的コースだ。起伏は緩やかな、典型的なシカゴのコースであり、日本人が多く住むエリアからも近い。池が多い。クラブハウスが、フランク・ロイド・ライトを思わせるプレーリースタイルの建物で、パティオ付きのレストランが人気。メニューのサンドイッチも好評だ。ゴルフアカデミーも行っており、1時間から20時間、子供用のパッケージまで、バラエティに富んでいる。9ホールコースあり。コース（レギュラー）：6435ヤード、パー71	🏠401 N. Roselle Rd., Schaumburg, IL 60194 ☎ (1-847) 885-9000 URL www.schaumburggolf.com 🗓3～11月 ⑨ MAP P.20-A1	💰$36～75、カート代$12～19
ブロークン・アロー・ゴルフクラブ Broken Arrow Golf Club	起伏も少なく距離も長くないのに、スコアがまとまりにくいが楽しめるコース。East、North、Southと9ホールずつ、27ホールあり、ドライビングレンジ、パッティンググリーン、バンカーと練習場の設備も整っている	🏠16325 W. Broken Arrow Dr., Lockport, IL 60441 ☎ (1-815) 836-8858 URL www.golfbrokenarrow.com 🗓年中オープン ⑩ MAP P.18-B2	💰$25～67（カート代込み）、カートなし$15～48 カート代$10～19
レイク・パーク・ゴルフコース Lake Park Golf Course	ダウンタウンから約20マイル。オヘア空港の北側、高速I-90の出口から2～3分の所にある、パー3のショートコース。18ホールのコースは全体にフラットだがフェアウェイには適度に起伏があるので、子供やビギナーの練習ラウンドや、またベテランでもショートゲームの練習に最適。パッティンググリーンあり。コース：1515ヤード、パー54	🏠1015 Howard Ave. & Lee St., Des Plaines, IL 60018 ☎ (1-847) 391-5730 URL www.dpparks.org/parks-facilities/lake-park-golf-course 🗓4～11月頃 ⑪ MAP P.20-B2	💰$14～15。$7（歩き、プルカートのみ）
エリン・ヒルズ・ゴルフコース Erin Hills Golf Course	ダウンタウンから車で約2時間。ウィスコンシン州にある2006年オープンのベスト・パブリックコース。2017年のUSオープン開催地でもあった。一度はプレイしたいコースのひとつだがオープンカートの使用不可。7735ヤード、パー72	🏠7169 County Rd. O, Erin, WI 53027 Free (1-866) 772-4769 URL www.erinhills.com 🗓5～10月 ⑫ MAP P.18-B1	💰$295、キャディフィー（1プレーヤー）$55、キャディチップ（1バッグ）$65～、レンタルクラブ$80
パラタイン・ヒルズ・ゴルフコース Palatine Hills Golf Course	ロジャー・パッカードの設計で造られたコースは起伏が多くバラエティに富んだ18ホール。グリーンは大きめで、比較的狙いやすい素直なコースが多い。バックティーは6800ヤード。パッティンググリーン、ドライビングレンジ、レッスンあり。コース／チャンピオンシップ：6820ヤード、パー72、ミドル：6543ヤード、パー72	🏠512 W. Northwest Hwy., Palatine, IL 60067 ☎ (1-847) 359-4020 URL www.palatinehills.org 🗓4～11月 ⑬ MAP P.18-B2	💰$35～47、カート代$15～19
ウィスパー・クリーク・ゴルフクラブ★ Whisper Creek Golf Club	ダウンタウンから1時間以上かかるがメンテナンスも行き届き、常によいコンデションでプレイできる。池も絶妙に配置されており、特に8番パー5、600ヤードは打ち、2打ともにボールの落とし所が狭く気の抜けないホール。中西部でもトップクラスのコース。コース／チャンピオン：7103ヤード、ミドル：6623ヤード、パー72	🏠12840 Del Webb Blvd., Huntley, IL 60142 ☎ (1-847) 515-7682 URL www.whispercreekgolf.com 🗓年中オープン（天候による） ⑭ MAP P.18-B2	💰$49～62、カート代$10（カート代は時期により変更あり）

アメリカでゴルフをするときの注意点 ジーンズはNG。スタートは指示された10分前には集まる。ティーグラウンドは自分で選べるが、無理をしないように。目土でディボット跡は直しておくこと。

郊外・西部

ゴルフコース名	コース案内	住所・電話・期間	料金
カンティグニイ・ゴルフクラブ★ Cantigny Golf Club	ダウンタウンから車で約1時間の9ホールが3つの27ホール、Woodside/Lakeside/Hillsideとそれぞれ特徴のある3つで、シカゴでも人気が高く、池、バンカーも数多く非常に美しいゴルフ場。コース／ミドル(9ホール)はWoodside：3618ヤード、Lakeside：3437ヤード、Hillside：3394ヤード、パー36	🏠27W270 Mack Rd., Wheaton, IL 60189 ☎ (1-630) 668-8463 URL www.cantignygolf.com 営4月中旬～10月 ⑮ MAP P.18-B2	料$81～100、カート代$20(プルカート $7)
アローヘッド・ゴルフクラブ Arrowhead Golf Club	9ホールコースが3つあり、イースト＆サウスコースは小さな砲台グリーンが特徴。ウエストコースはフェアウエイが狭い。予約をしたほうがいい。パッティンググリーン、ドライビングレンジあり。コース:ウエスト、9ホール、3279ヤード、パー36、サウス、9ホール、3343ヤード、パー36、イースト、9ホール、3364ヤード、パー36	🏠26W151 Butterfield Rd., Wheaton, IL 60189 ☎ (1-630) 653-5800 URL www.arrowheadgolfclub.org 営4～12月中旬 ⑯ MAP P.18-B2	料$55～65、カート代$15～19(プルカート $6)
ダウナーズ・グローブ・ゴルフクラブ Downers Grove Golf Club	約130年も前からあるという古いゴルフ場。打ち下ろしを含む広々とした中級者向け。シカゴから西へ約25マイルの所にある。コース：3280ヤード、パー36	🏠2420 Haddow Ave., Downers Grove, IL 60515 ☎ (1-630) 963-1306 URL www.downersgrovegolfclub.org 営3月中旬～11月中旬 ⑰ MAP P.20-A4マップ外	料$23～25、カート代$11(プルカート $3)
フレッシュ・メドウ・ゴルフクラブ Fresh Meadow Golf Club	特に初級から中級程度のゴルファーにはプレイしやすいコースレイアウト。ダウンタウンからハイウエイを飛ばして約30分で着く。週末の午前中はフォアサムのみ。コース：18ホール、6283ヤード、パー70	🏠2144 S. Wolf Rd., Hillside, IL 60162 ☎ (1-708) 449-3434 URL www.freshmeadowgc.com 営年中オープン ⑱ MAP P.20-B4	料月～金$20～33、土日祝$20～50(カート代込み)
プレーリー・ランディング・ゴルフクラブ★ Prairie Landing Golf Club	木のほとんどないスコティッシュスタイルのコース。池の数は少ないが コース、グリーンともに起伏がきつく、風が強いとスコアメイクに苦労するコース／チャンピオン：6950ヤード、ミドル：6580ヤード、パー72	🏠2325 Longest Dr., West Chicago, IL 60185 ☎(1-630) 208-7600 URL www.prairielanding.com 営4～11月（天候によって変更あり）⑲ MAP P.18-B2	料$59～92(カート代込み)
ウィーロー・クレスト・ゴルフクラブ★ Willow Crest Golf Club (Hilton Oak Brook Hills)	ダウンタウンから西へ約25マイル離れた総合リゾート"オークブルック・ヒルズ・ヒルトン・リゾート"内にある。ホテル、テニスコート、フィットネスクラブなども併設されているゴルフコースは1986年のオープン以来、BMWゴルフクラシックなどの大会も開催されている。木も多く、起伏にも富んだコースなので、見た目よりも難しい。リゾートカントリークラブのため、貸しクラブ、靴も揃っているのが旅行者にはうれしい。フェアウエイはベントグラス。コースはチャンピオン：6433ヤード、ミドル：6058ヤード、パー70	🏠3500 Midwest Rd., Oak Brook, IL 60523 ☎ (1-630) 242-5700 URL www.oakbrookhillsresort chicago.com 営4～11月中旬 ⑳ MAP P.20-A4	料$35～75(カート代込み)
セントアンドリュース・ゴルフ&カントリークラブ St. Andrews Golf & Country Club	1926年創設の中西部を代表する伝統あるコース。コグヒルと同じ経営でメンテナンスもよく、寒さの厳しいシカゴでも1年中オープンしている数少ないゴルフ場のひとつ。#1コースと#2コースの36ホール。広いドライビングレンジもあり、練習にはもってこいのコース。コースはチャンピオンで、#1：6920ヤード、#2：6770ヤード	🏠2241 Route 59, West Chicago, IL 60185 ☎ (1-630) 231-3100 URL www.standrewsgc.com 営年中オープン ㉑ MAP P.18-B2	料$13～49、カート代$10.50～17
ビレッジ・リンクス・オブ・グレン・エリン Village Links of Glen Ellyn	美しいゴルフ場。パッティンググリーンなど練習用の施設が数も種類も多く充実しているので、スタート前にぜひ利用してみよう。コース：7208ヤード、パー72、9ホール、3615ヤード、パー36	🏠485 Winchell Way, Glen Ellyn, IL 60137 ☎ (1-630) 469-8180 URL villagelinksgolf.com 営4月中旬～11月中旬 ㉒ MAP P.20-A4マップ外	料$26～65、カート代$20

郊外・北部

ゴルフコース名	コース案内	住所・電話・期間	料金
スティープル・チェイス・ゴルフクラブ Steeple Chase Golf Club	シカゴのパブリックコースでもトップ10に選ばれるコースだが、最も良心的な値段といわれる。メンテナンスも良好で、樹木の少ない平坦なコースだが、なかなかチャレンジング。コース：6863ヤード、パー72	🏠200 N. La Vista Dr., Mundelein, IL 60060 ☎ (1-847) 949-8900 URL www.steeplechasegolf.com 営3月中旬～11月 ㉓ MAP P.18-B2	料$46～74(カート代込み)

CHICAGO INFORMATION 寒い季節も酒盛りしながらゴルフを　全米各地でゴルファーの熱い視線を集めているのが「トップゴルフTopgolf」。打ちっ放しの設備に居酒屋がプラスされたような施設で、天候を気にせずに仲間とお酒を飲みながらゴルフが楽しめる。打ちっ放しだけでなく、ゴルフゲームもでき、飲み物や料理も本格的。女性はもちろん、子供にも楽しめる。郊外のSchaumburg、Napervilleに支店がある。 URL topgolf.com

ゴルフコース名	コース案内	住所・電話・期間	料金
カントリーサイド・ゴルフコース Countryside Golf Course	明るく開けたフェアウェイは起伏が緩やかで初級〜中級者向け。樹木や池の配置などもオーソドックスだが、グリーンの周囲はさまざまなワナが仕掛けられているので、アプローチショットには意外に手こずる。パッティンググリーンやドライビングレンジもある。コース／トラディショナルコース：6397ヤード、パー72、プレーリーコース：6757ヤード、パー72	📍20800 W. Hawley St., Mundelein, IL 60060 ☎(1-847) 968-3466 URL www.countrysidegolfclub.org 🕐4〜11月初旬（天候により変更あり） ㉔MAP P.18-B1,2	💰$35〜58（カート込み）、カートなし$23〜44
ディアパス・パーク・ゴルフコース Deerpath Park Golf Course	ダウンタウンからミシガン湖岸沿いに北へ約30マイル。市営のパブリックコースだ。フラットなコースが多く樹木は少ないが、フェアウェイが狭いことと風が強いことが初心者に選ばれるところ。ある程度経験を積んだプレイヤーでないととんでもないスコアになるかも。パッティンググリーン、ドライビングレンジ、レッスン、プロショップ、レストランや設備やサービスも充実している。コース：6255ヤード、パー70	📍500 W. Deerpath Rd., Lake Forest, IL 60045 ☎(1-847) 810-3888 URL www.deerpathgolf.com 🕐3〜12月 ㉕MAP P.18-B1	💰$38〜61、電動カート代$20、プルカート$8
ビタースイート・ゴルフクラブ Bittersweet Golf Club	レイアウトが難しくシカゴ屈指の難易度が高いコース。ほとんどのホールで池が絡んでおり、トリッキーなホールが多い。ティーマークは4段階あるのでアベレージゴルファーでも十分楽しめるが、ボールは必ず多めに用意することをすすめる。コース／チャンピオン：6751ヤード、ミドル：6345ヤード、パー72	📍875 Almond Rd., Gurnee, IL 60031 ☎(1-847) 855-9031 URL www.bittersweetgolf.com 🕐3月中旬〜11月中旬 ㉖MAP P.18-B1	💰$45〜59（カート代込み）
パイン・メドウ・ゴルフクラブ★ Pine Meadow Golf Club	『ゴルフ・ダイジェスト』誌のベスト・ニュー・パブリックコースに選ばれたこともある有名なゴルフコース。3つの湖に沿って広がるコースは美しさでも定評があるが、長くて手ごわいコースばかり。大木やバンカーが行く手を遮り、フェアウェイの両側には深々と茂ったラフが待ち構えている。ベテランプレイヤーなら腕が鳴る。コース／トーナメント：7218ヤード、ゴールド：6960ヤード、ブルー：6505ヤード、ホワイト：6151ヤード、レッド：5184ヤード、パー72	📍1 Pine Meadow Ln., Mundelein, IL 60060 ☎(1-847) 566-4653 URL www.pinemeadowgc.com 🕐3〜11月 ㉗MAP P.18-B1	💰$59〜76（カート代込み）
スポーツマン・カントリークラブ Sportsman's Country Club	とても景色がよいことで知られるゴルフ場で、ダウンタウンから車で30分以内で行ける。林沿いにレイアウトされたフェアウェイはフラットと少々起伏がある程度。すべてのフェアウェイがベントグラスで、砲台グリーンもある。パッティンググリーン、ドライビングレンジ、レッスン、プロショップがある。コース／チャンピオンシップ：6278ヤード、パー70、ミドル：6010ヤード、パー70、ゴールド：5133ヤード、パー71	📍3535 Dundee Rd., Northbrook, IL 60062 ☎(1-847) 291-2351 🕐3月中旬〜11月中旬 URL www.sportsmansgolf.com ㉘MAP P.18-B2	💰$27〜55、カート代$11〜19
グレンクラブ★ The Glen Club	有名なトム・ファジオによる設計。ゴルフマガジンやその他メディアでも最高の評価を得ているコース。池も随所に多く、またアンジュレーションもきついがコンディションは常に最高の状態を維持している。値段はシカゴパブリックではいちばん高いが、一度は試してみたいコース。コースレイアウトはウェブサイトで確認を。コース：7170ヤード、パー72	📍2901 W. Lake Ave., Glenview, IL 60026 ☎(1-847) 724-7272 🕐4〜11月（天候により変更あり） URL www.theglenclub.com ㉙MAP P.20-B1	💰$100〜195、カート代$25

ミレニアムパーク
(Ice Skate Rink)
📍Michigan Ave., bet. Washington & Madison Sts.
MAP P.27-D2
URL www.millenniumpark.org
🕐11月中旬〜3月上旬／月〜金 12:00〜20:00（金〜22:00）、土日 10:00〜21:00（変更あり）
💰入場無料、スケート靴のレンタル $13〜15

🎵 アイススケート
Ice Skating

冬のシカゴで最も手軽に楽しめるスポーツがアイススケート。スケートに興じる市民は驚くほど多い。ミレニアムパークには毎年11月中旬〜3月上旬にアイスリンクがオープンする。ループエリアのスカイラインが見える絶好のロケーションだ。また、市の北西にあるカリフォルニア公園など市内数ヵ所でもアイススケートが楽しめる。詳しくは公園局のウェブサイトで確認を。

シカゴはスケートの盛んな町
©Choose Chicago Photo Courtesy of Ranvestel Photographic

シカゴ近郊のスキー場　見渡す限り大平原が続くイリノイ州にあって、起伏があり、ふたつのスキー場があるのがガリーナGalena（→P.324）の町だ。ガリーナのチェスナット・マウンテン・リゾート↗

COLUMN

シカゴマラソン
Chicago Marathon

世界5大マラソンのひとつがシカゴマラソン ©Choose Chicago

シカゴはランナー人口が非常に多い。ミシガン湖岸の広大な緑地、南北に延びるジョギングコースにはランニングする人が絶えず、平地という条件も手伝って1年をとおしてさまざまなレースが開催される。

最も有名なのが10月上旬に開催されるシカゴマラソンだ。

シカゴマラソン
Chicago Marathon
URL www.chicagomarathon.com

シカゴの秋の最大イベント。ボストン、ロンドン、ベルリン、ニューヨークと並ぶ世界5大マラソンのひとつだ。世界100ヵ国以上、トッププランナーや市民ランナー4万5000人が参加する大きな大会。平坦なコースなので記録が出やすく、ランナーたちが自己ベストを狙ってやってくる。

スタートとゴールはループエリア東のグラントパーク。市内の見どころ、エスニックタウンなどをくまなく走るコースだ。大会前の2日間、大規模なエキスポがマコーミックプレイスで開かれる。180を超えるスポーツ関係業者のブースが並び、最新デザインのシューズやウエア、ジェルなどの補給食が手に入る。ゼッケン受け取りカウンターは混んでいるがとても手際がよい。Tシャツのサイズが合わなければ交換もしてくれる。なるべく早めに手続きを済ませよう。

●参加資格：16歳以上（18歳以下は親権者の承諾が必要）
●参加方法：2月よりオンラインで受付開始。1ヵ月くらいで満員締め切りになるので早めに。資格タイム（年齢・性別によって異なる）保持者や公式チャリティ参加など以外は、抽選。定員4万5000人
●参加費：外国人は$230（Tシャツ、バッグなど景品込み）
●開催日時：10月初旬（コロンバスデイ・ウイークエンド）の日曜7：30より順次スタート

●制限時間：6時間30分
●開催時期の気温：5～18℃
●メモ：気温の変化が激しい季節。スタート前は冷えても日中かなり上がったりもする。冬用スタイルがベターではあるが、出発前から週間天気予報を見て調整しよう

シカゴマラソン以外のレースは当日現地登録が可能なものが多い。月別にいろいろなシカゴのレースが紹介されているサイト（URL www.runguides.com/chicago/runs）で日程や距離に合ったものを探し、気軽に参加してみよう。汗をかいたイベントは、忘れられない旅の思い出になること間違いなし！

（文・写真：高山マミ）

シカゴマラソン・コース

Hotels List

ホテルリスト

©Adam Alexander Photography

Staing in Chicago

快適な宿泊のために

　シカゴは世界屈指のコンベンションシティだ。大規模なコンベンション開催時には、どのホテルも軒並み満室となり、宿泊費も一気に上がる。初めにコンベンションカレンダー（→ P.344）をチェックし、宿の確保から始めよう。シカゴは宿泊費が高いことも、頭に入れておきたい。

●シカゴ市のホテルタックス　シカゴ市は17.4%。郊外は少し安くなる。精算時にはタックスが加算される。

ホテルの多いエリア

　ホテルが多いエリアは、ダウンタウン、オヘア国際空港周辺（ローズモントなど）になるが、利便性がいいのは、やはりダウンタウン。コンベンション、観光など、どんな目的で来ていても万全だ。特にマグニフィセントマイルとループエリアにホテルが集中する。

　ただし、ダウンタウンは宿泊料金も高いので、予算が合わない人はオヘア空港周辺やオークパークなど郊外の町も一考の価値がある。

ホテルのカテゴリー

　シカゴの宿泊施設もエコノミーから最高級クラスまで揃っている。料金はエコノミー $90〜、中級$150〜、高級$220〜、最高級$300〜といった具合。グレードやロケーション、ホテルの規模、季節により大きく異なるので、決して金額だけを見るのではなく、ホテル周囲の治安もしっかり比較して選ぶように。安いホテルに泊まって「応対が悪い」と言っても仕方ない。料金が安ければ安いほど、治安とサービス、清潔度は悪くなるのが当たり前と考えること。

部屋の種類

●シングルとダブル Single Room & Double Room

　アメリカのホテルでシングルサイズのベッドを置いているところは、エコノミーホテルを除き、ほとんどない。ベッドの大きさはダブルのクイーンサイズかキングサイズで、どちらもふたり用。ひとりで行ってもふたり用ベッドの部屋に通される。

●ツイン Twin Beded Room

　ベッドがふたつある部屋で、多くの場合それぞれがダブルベッドであることが多い。

●スイート Suite

　寝室と居間が分かれているタイプの部屋で、中級以上のホテルに多い。

1部屋単位の宿泊料金

　一般的にアメリカのホテル料金は1部屋単位が基本。シングル、ダブル、ツイン、スイートなどの種類で表記され、同一料金で部屋の定員数まで泊まることができる。つまり、ひとつの部屋にひとり、または、ふたりで泊まるのでは、ひとり当たりの負担額が違ってくる。

激しく変動する料金

　料金は季節や繁忙期などによって大きく上下する。基本的には、宿泊者が多いときには料金は高く、少ないときには安い。

　シカゴの宿泊料金に影響が出るのは、3万人以上が集まるような大規模なコンベンションが集中する4月中頃から11月の、ハイシーズンと呼ばれる時期。それ以外の時期は料金の安いローシーズンとなる。ローシーズンには2〜4割ほど料金が安くなる。

　ハイシーズンでも7月から8月の初めはコンベンションも少ない。観光なら気候的にもベストシーズン。12月から2月の厳寒の季節も料金が一気に下がる。

●コンベンションの前後も混雑

　前述のとおり、シカゴのホテルの混雑状況は、コンベンションの開催時期と連動して、宿の予約が取りにくくなる。また、シカゴを訪れる人のなかには企業視察を目的とする人々も多く、コンベンション後を企業視察に充てるビジネスパーソンも少なくない。その

　エクスプレスチェックアウト Express Check-Out　急いでいる人に便利。チェックアウト当日、早朝に客室に投げ込まれる精算書を確認し、問題がなければここにサインをし、ルームキーと一緒に専／

ため、コンベンション終了直後でも、満室という日がある。注意しよう。

●**芸術鑑賞に
　おすすめの冬の閑散期**

ホテルにとっての閑散期の冬の間は、旅行者にとってはメリットが多い。

シカゴ美術館では毎年のように、冬に特別展が開かれるし、何よりもすいている。世界的にも有名なシカゴ交響楽団やリリック・オペラ・オブ・シカゴも冬が本格的なシーズン。激安パッケージを出しているホテルも多い。

コンベンション期間中の注意点

コンベンション期間中にシカゴへ行かなければならない場合には、1日も早くホテルの手配を始めること。しかし、コンファメーション番号をもらえても、安心はできない。

ホテル側は多少のオーバーソールド（定員よりも多く予約を入れる）で予約を受け、当日、オーバーソールドした部屋数だけ市内の別のホテルへ振り替えるのだ。

市内に振り替えられればラッキーだが、オヘア空港近辺や郊外へ振り替えられる場合も多い。当然、本来泊まれるはずのホテルから別のホテルまでの交通費や、お詫びの夕食代などは出してくれるが、振り替え先のホテルからの交通費や時間のロスも多くなる。

そんな事態にならないためには、予約の再確認と、当日はなるべく早めにチェックインを済ませるのがコツ。万一遅くなりそうなときには、その旨を必ずホテル側に伝え、そのときの担当者の名前まで確認しておこう。

近年のホテルの傾向

1. ファクスがない？

インターネットの普及で、海外にもパソコンを持ち歩く人が増えた。そのため、ファクスのサービスを中止するホテルが増加している。

2. 全館禁煙ホテル Smoke Free Hotel

シカゴのホテルのほとんどが全館禁煙。喫煙可能な客室が極端なまでに減っている。愛煙家はできるだけ早く喫煙室の予約をすすめる。全館禁煙ホテルでの喫煙は、建物の外のみ許される。どうせ客室のトイレならわからないだろうと油断して喫煙すると、ハウスキーピングが発見して、罰金を課せられる。罰金は$250くらい。

3. シャワーのみのホテルが増加中

流行のブティックホテルは、バスタブがなく、シャワーのみのところがとても多い。一流ホテルもシャワーのみの部屋が増えている。予約時にバスタブの確認は忘れずに。

4. さまざまな加算料金

客室料金とは別に、さまざまな料金をプラスするホテルが増加中。Urban Fee、Facility Fee、Amenity Feeなど、Wi-Fi料金はこれに含まれるが、意外に高い。

日本では、経費削減の関係から出張のビジネスマンが同性の同僚と同じ部屋に泊まることはよくあるが、アメリカではこれはない。出張の場合は、必ずひとり1部屋があてがわれる。もし、同じ部屋に男性がふたり泊まるなら、これはカップルと見なされる。気の効いたフロントなら、ツインで予約を入れていても、ひとつのベッドに変えてしまうことすらある。アメリカではツインの部屋は意外に少ない。ツインに泊まるときは、しつこいくらい確認を入れておいたほうがいいだろう。

予約が取りやすいとき、取りにくいとき

1〜2月	▶2月中旬の「オートショー」以外は簡単。
3〜4月	▶3月上旬に「コミックエキスポ」、3月中旬に「ホーム&ハウスウエアショー」、4月中旬に「ビューティーショー」が開催される。
5月	▶20日前後に規模の大きい「レストランショー」が開催される。
6月	▶毎週のようにコンベンションが開催される。できれば、6月は避けたほうが無難。
7〜8月	▶コンベンションも夏休み。いろいろなフェスティバルが開催される時期でもあるので、観光で訪れるならおすすめ。
9〜10月	▶6月に次いでコンベンションが多い月。同時に企業視察も多い。この月に行く人は、より早めにホテルに連絡する必要がある。
11〜12月	▶11月下旬の「放射線学会」が終わると、本格的にクリスマスシーズンとなる。基本的にクリスマスショッピングが始まるのは、感謝祭（11月第4木曜）直後の金曜日から。

用の箱Drop Boxに入れればチェックアウトが完了するシステム。高級ホテルなら、テレビ画面でチェックアウトをすることもできる。ただし、問題があった場合はキャッシャーに並ぶことになる。

🛏 ホテルの設備案内

バスルームとバスタブ
Bath Room

シャワー＆バスタブ、トイレ、洗面所がたいていひとつのユニットになっている。バスタブのお湯を出すときは、ノブ式とハンドル式があり、シャワーに切り替えるときは蛇口付近の金具を引いたり、レバーを逆にしたりと、さまざま。バスタブがなくシャワーのみのホテルも多い。予約時に確認を

客　室 Guest Room

シカゴのホテルの客室はたいてい広く、クイーンサイズのベッドがふたつか、キングサイズのベッドひとつがほとんど。ほかに机や小さいテーブルセットなどがある。なお、ふたり連れでツインに泊まるときは、その旨を予約時にリクエストすること

アメニティ
Amenity

無料で用意されている石鹸、シャンプー、リンス（アメリカではコンディショナー）など。これらは持ち帰ってもいいが、タオルやバスローブは無断で持ち帰るとクレジットカードにチャージされるので注意

テレビ
Television

アメリカはケーブルTVが主流で、数十チャンネルあるホテルもある。インターネットができるものや、TV画面でチェックアウトできるものもある。日本語チャンネルがあるホテルもあるが課金されることも

電　話
Telephone

電話の利用方法は、説明書を読もう。外線につなぐときは"8"か"9"を最初に押す。手数料が高いこともあるので注意。インターネット電話でなく、普通の電話を使いたい人はプリペイドカード（→P.359）が便利

プラグ＆USBコンセント
Plug & USB Plug

モバイルが普及するとホテルでもプラグのコンセントとUSBのコンセントがついた機器が増えてきた。プラグとUSBが4つずつついているものもあり、かなり便利。なお、ケーブルは持参すること

コーヒーメーカー
Coffee Maker

客室にあると好きな時間にコーヒーを飲めるのがうれしい。日本茶を持ってきて飲むのもいい。高級ホテルでは専用のコーヒーマシンが増え、お湯が作りづらくなっている

冷蔵庫／ミニバー
Refrigerator/ Mini Bar

アメリカでも冷蔵庫のあるホテルが増えてきた。ミニバーがあるホテルは少数派。ミニバーの精算は自己申告制で、利用をしたらミニバー上の精算書にチェックして、ホテルのチェックアウトの際に提出する

そのほかのホテルの設備　ホテルにもよるが、炭酸飲料などの自動販売機、製氷機が備えられていることが多い。しかし、高級ホテルや最高級ホテルはほとんどといっていいほど、このふたつがない。要するに、↗

室内金庫
In Room Safe

ノート型パソコンを持ち歩く人が増えてきたため、中級クラス以上なら備えられている。暗証番号式で"CLEAR"ボタンを押してから4ケタの暗証番号を押してセットするタイプが多い。暗証番号を忘れずに

アイロンとアイロン台
Iron & Iron Board

安いモーテルでもアイロンとアイロン台が備え付けられている。アイロン台の高さに初めは驚くかもしれないが、これが実は使いやすい

Wi-FiとLAN
Wi-Fi & Wired Internet Connection WiFi

ほとんどのホテルは、Wi-Fi環境が整っている。ただ、セキュリティの観点からWi-Fiの利用を好まず、有線LANでの接続を望む人も多い。そのため高級ホテルのほとんどではLANコードを用意している。料金は、高級ホテルは有料で、安いホテルのほうが無料が多い。また、高級ホテルでは、ロビーなどのパブリックエリアはほとんど無料Wi-Fi

客室の鍵
Room Key

客室の鍵は、カードキーが一般的。差し込み口に入れるものに加え、タッチするだけで開錠するものも増えている。点滅するランプの緑は開錠の意味。ノブを回して入室する。赤はエラーだ

同日クリーニング
Same Day Laundry Service

クローゼットのハンガーに掛けられているひも付きのビニール袋などに洗濯物を入れ、洗濯なのかプレスなのかなどを用紙にチェックして、外側のノブに掛けておく。夜に掛けておけば、翌日の夕方くらいに仕上がる。モーテルや長期滞在向けのホテルには、コインランドリーがある

ルームサービス
Room Service

忙しい人にはありがたいルームサービス。いいホテルなら24時間営業だ。持ってきてくれた人には15～20%ほどのチップを忘れずに。ルームサービスで朝食を取りたいときは、専用の依頼書（たいていベッドに置かれている）に時間、食べ物、飲み物などをチェックし、深夜までにドアのノブの外側に掛けておけばOK

レセプション（フロント）
Reception

まずはレセプションでチェックイン手続きをする。巨大ホテルならキャッシャー（両替＆精算）やチェックアウト用のカウンターもある。レセプションはホテルの何でも屋的な存在だから、地図をもらうこともできるし、困ったときには相談することもできる

ロビー
Lobby

ホテルのロビーは癒やしのスペース。天気を気にしなくても済むので、待ち合わせ場所にもぴったり。宿泊客でなくても利用できる。ソファに腰掛けてゆったりと待とう。トイレも利用できる

ラウンジ／バー
Lounge/Bar

ホテルのラウンジはバーでもあり、社交場でもある。ほとんどのビジネスパーソンが仕事のあとの1杯は滞在先のホテルのラウンジで済ませるようだ。なかにはスポーツバーのようなラウンジもある

ホテルのバーやレストランでお金を落としてほしいということ。コーヒーメーカーも同様。ホテルによっては電子レンジ（Microwave）も設置されている。高級ホテルのなかにはタブレット端末やスマホ用のケーブルも用意されている。

レストラン
Restaurant 🍴

朝食はホテルのレストランが便利。バフェスタイルが多いが、個々の注文もOK。客室料に合算したいときは"Charge to the Room"と言えばいい。チップは精算書に書き込む

売店
Gift Shop

ないホテルもあるが、朝7:00～22:00くらいまで営業しており、水などの飲み物や軽食、新聞、雑誌、日用品、みやげ物などを販売している。市中より割高。ビールは対面販売のみ

フィットネスセンター
Fitness Center 🏋

時差ボケの体をリフレッシュさせたいときなどに利用したい。宿泊客は無料で使えるホテルがほとんど。プールがあるホテルもある。フィットネスセンターのアクセスにはルームキーが必要

ビジネスセンター
Business Center

PC、コピー機、プリンターを揃え、宅配の手配など、スタッフを配するビジネスセンターは激減した。替わりにPCとプリンターのみで無人のビジネスセンターが一般的になっている。コピーや宅配はフロントに頼むことになる

コンシェルジュ
Concierge 🛎

おいしいレストランを教えてほしいなど、宿泊客の質問、要望に応えてくれる接客係。ロビーにデスクを構える。難易度によってチップが必要。入手困難なNBAなどのチケットを入手してもらったときは$20～50程度のチップを

アメリカのホテルにないもの

日本のホテルにはあって当然のものが、アメリカのそれにはないものがある。その代表がスリッパとゆかた、歯磨きのセットだ。日本から持っていくようにしたい。ひげ剃りや裁縫セットはリクエストすれば出してくれる。ほかにも違う点は、バスルームのシャワーが固定式なので使いにくいこと。また、バスタブがとても浅いため、ゆったりつかることはできない。客室にはエアコンの調節スイッチがあるので各自調節を。加湿器はないので覚えておこう。

ホテルをうまく利用するコツ

ホテルでは各種サービスが提供されている。フルに利用しよう。

●宿泊時間外に荷物を預ける

チェックインタイム前に到着し、荷物を置いて外出したい場合や、チェックアウト後に手ぶらで市内観光したいときは荷物を預けることができる。荷物を預けると半券をくれるので、必ず保管しておくこと。預けるとき、または荷物を受け取るときにはチップも忘れずに。

●タクシーをひろう

シカゴやニューヨークは町なかでもタクシーがひろえるが、ひろえない所は近くのホテルへ行くのがいちばん。ドアマンに"I need a taxi"と告げ、呼んでもらおう。呼んでもらったときはチップ（$1～2）を渡すこと。

●無料の朝食

「ホテル」と呼ばれる宿泊施設には、レストランがあるのが基本。「イン」や「モーテル」にはないことが多い。その替わりに、ペストリーやジュース、フルーツ、コーヒーといった簡単な朝食（コンチネンタルブレックファスト）をサービスで出しているところもある。予約のときに確認してみよう。

安い宿は無料の朝食が付いていることもある。シカゴで朝食付きは大きい

ベッドのサイズ　キングサイズ幅約193×長さ約203cm、クイーンサイズ幅約152×長さ約203cm。ダブルベッドの部屋は、たいていキングサイズのベッドがひとつある。

ホテルのチェックイン&チェックアウトの手順

●チェックイン

チェックイン時刻はだいたい15:00だが、ほとんどのホテルは部屋が空いていれば、すぐにチェックインさせてくれる。空いていなくても、フロントに荷物を預けて身軽になろう。

注意：予約をした場合18:00くらいまでは部屋を確保してくれるが、到着がそれ以降になる場合、ホテルに電話を入れ、部屋を確保（hold）してもらうこと。また、予約をしたにもかかわらず、無断でキャンセルをした場合は1泊分の料金がクレジットカードから引き落とされることもある。

ホテルに到着	いいホテルならドアマンがドアを開け、チェックイン客だとわかると今度はベルマンが荷物を客室まで運んでくれる。レセプションへ。
レセプションで	予約済みの場合は、名前と予約番号Confirmation Numberを告げ、クレジットカードを差し出す。クレジットカードがないと電話が使えない、デポジット（保証金）を要求されるなどの不便がある。本人確認のため、パスポートなど身分証明書の提示を求められる。なお、外出の際、部屋のキーをフロントに預ける必要はない。
客室へ	チェックイン手続きを終えると、ベルマンが客室まで案内してくれる。荷物を置いて、部屋の設備を説明してもらったあとにチップを渡そう（荷物ひとつにつき最低$2〜3）。ホテルによっては、あとから荷物を運んでくれるところもある。その際は荷物のタグが渡されるから、なくさないように。そして、リラックスする前にドアの内側からチェーンをかけておこう。

ホテルでいちばん初めに迎えてくれるのがベルマン。荷物を運んでもらったら荷物1個につき最低でも$2〜3のチップを
©Choose Chicago

●チェックアウト

チェックアウトの朝、精算書が部屋に投げ込まれている。急ぐ場合、その精算書に間違いがなければサインをし"Express Check Out"の箱にキーを入れてチェックアウトすることもできる（→P.220脚注）。荷物の量が多くて人手が必要なら、ベルマンに頼もう。

レセプションで	"I'm checking out. My room number ○○○"と言って、キーを差し出す。ミニバーを使ったら、そのチェック用紙も一緒に提出を。そして、精算書が出されたら必ず内容を確認すること。時々身に覚えのない電話料金がチャージされていることがあるので注意。OKならサインを。ホテルによっては「クレジットカードの支払いでいいですか」とひと言聞かれてサインを求められないこともある。手続き終了後、荷物を預けたいときは、ベルマンかレセプションに頼むといい。

ホテルを予約するには

●インターネットから予約

インターネットが普及した現在、ホテルはインターネットで予約をするのが一般的。

予約に際してはクレジットカードが必要。希望の日にちを間違えないよう入力し、金額も必ず確認すること。予約が取れると予約番号Comfirmation Numberの入った、予約確認書が発行されるから、これを印刷して持参しよう。

●インターネット予約時の注意

ホテル予約専用のウェブサイトを利用したときは注意したい。これらのウェブサイトからの予約は、たまにホテルに連絡とクレジットカード番号が届いておらず、予約番号を持っていても、宿泊を拒否されることもある。これは、各ホテルの予約サイトと予約専用サイトのシステムが異なるために起こる。できれば、各ホテルの予約サイトから予約を入れたい。ホテルはクレジットカード番号を預かった客を優先させる。

また、予約専用のウェブサイトの中には情報更新が頻繁ではないものもあり、つぶれてしまったホテルや、経営者の変更とともにホテル名が変わっていても古いままのホテル名が出ていることがあるので注意。

●日本の予約窓口で

国際的な高級ホテルチェーン（ハイアット、マリオット、ヒルトン、シェラトンなど）は日本に予約窓口となる事務所があるので、空室状況を調べたり、予約をすることができる。予約にはやはりクレジットカードが必要。

●観光局のホテル予約ウェブサイト

URL www.choosechicago.com→Book Your Trip

CHICAGO INFORMATION ドライヤーについて 近年エコノミーホテル、ユースホステルでもドライヤーが備えられている。ない場合はフロントに行けば無料で貸し出している。

最高級ホテル

[H] [最高級] 真のホテルライフが体験できる　　[MAP] P.28-B3／マグマイル北

ペニンシュラシカゴ
The Peninsula Chicago

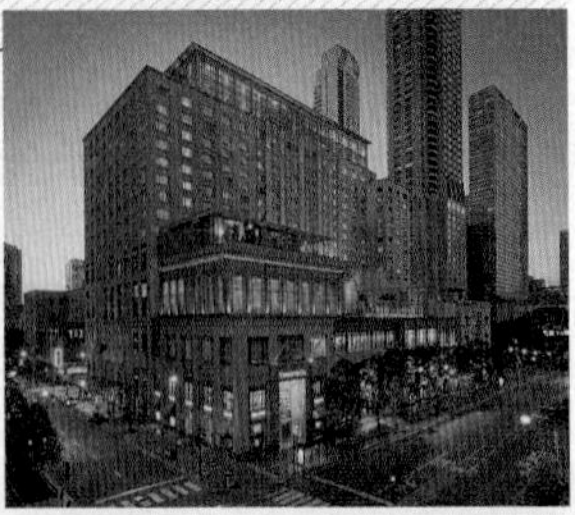

マグマイルの中心にあり、観光にもショッピングにも抜群のロケーション。アジア系の高級ホテルらしい、さりげないサービスが出色だ。喧騒を避けたシックなエントランス、明るく開放的なロビー、静かでくつろげる客室、夜景の美しいバー、機材の充実したフィットネスセンター……ベストな滞在を楽しむためのものがここには揃っているのだ。日本人には深いバスタブもありがたい。客室によってはジョン・ハンコック・センターの夜景も楽しめる。また、エアコンをはじめとして室温や照明を調整できるタッチパネルは日本語を選択することもでき、ラジオは日本語放送もある。文房具やさまざまなデバイスのチャージ用コードが揃うなど、その快適さにリピーターが多いのにも納得がいく。

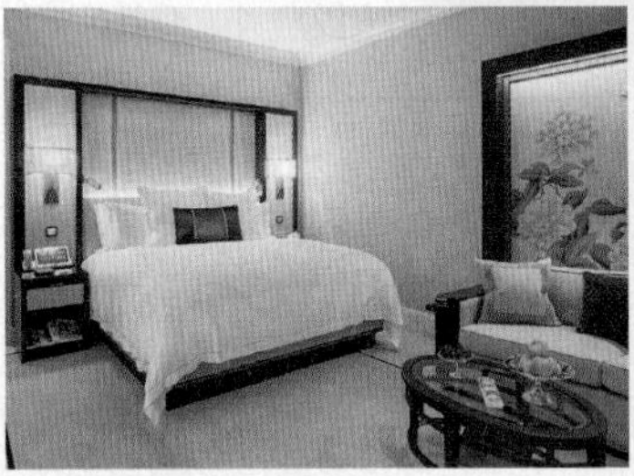

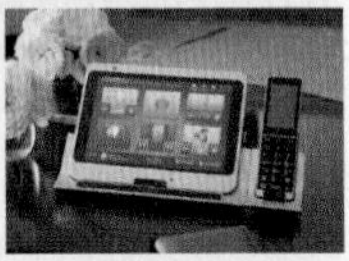

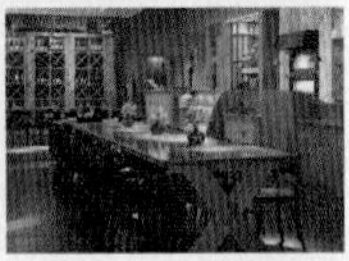

上／ミシガンアベニューに面しハイエンドブランドや人気のレストランに囲まれている　左下／あたたかい雰囲気の内装はリラックスに最適　右中／調整用のタッチパネルは日本語表示もある　右下／人気のカフェ「ピエログルメ(→P.275)」がペニンシュラにある

[住]108 E. Superior St., Chicago, IL 60611　☎(1-312)337-2888
[Free](1-866)288-8889　■日本の予約先：[無料]0120-348-288　[FAX](1-312)751-2888
[URL]www.peninsula.com　[客室数]339　■ルームサービス24時間
[料]ⓈⒹⓉ$395～895、スイート$600～1875　[カード][A][D][J][M][V]

WiFi 無料

[H] [最高級] シカゴらしさと最新のサービス　　[MAP] P.26-B3／ループエリア

ジェイ・ダブル・マリオット・シカゴ
JW Marriott Chicago

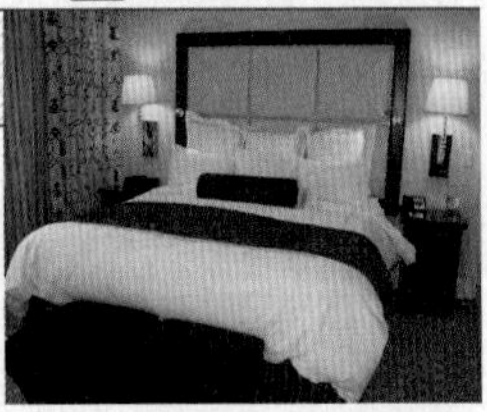

バーナム設計の歴史的建造物をホテルとして再利用。内部はクラシックな余韻を残しながらも実にスタイリッシュ。サービスもすばらしく、てきぱきと仕事をこなすスタッフ、PCやUSBなどの複合的なチャージャーを完備するなど、一歩ぬきんでている。寒い季節はスパの利用がおすすめだ。

[住]151 W. Adams St., Chicago, IL 60603　☎(1-312)660-8200　[Free](1-888)236-2427
■日本の予約先：[無料]0120-142-890　[FAX](1-312)660-8201　[URL]www.marriott.com
[客室数]610　■ルームサービス24時間
[料]ⓈⒹⓉ$149～669、スイート$384～759　[カード][A][D][J][M][V]

WiFi $14.95

[H] [最高級] ウオータータワーの向かいに建つ　　[MAP] P.28-B3／マグマイル北

パークハイアット・シカゴ
Park Hyatt Chicago

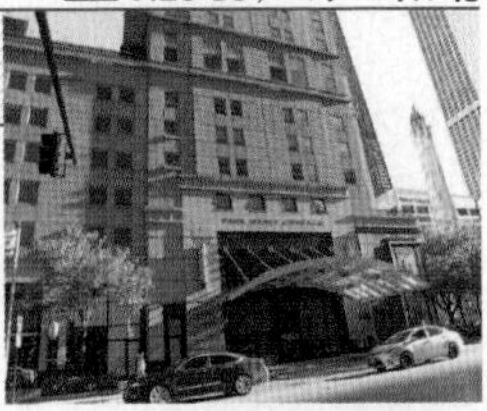

67階建てのビルの中に入り隠れ家的な存在だが、ミシガンアベニューを見下ろす好立地。インテリアはヨーロッパ調のデザインで、モダンかつエレガントな雰囲気でとても美しい。また、レストランは、ミシガンアベニューの眺めも抜群で、しかもシンプルで繊細な料理を味わえる。ホテル内の設備サービスも万全。

[住]800 N. Michigan Ave., Chicago, IL 60611
☎(1-312)335-1234　[FAX](1-312)239-4000
[URL]parkchicago.hyatt.com　[客室数]198　■ルームサービス24時間
[料]ⓈⒹⓉ$335～680、スイート$535～1895　[カード][A][D][J][M][V]

WiFi 無料

車椅子用設備｜全館禁煙｜コーヒーメーカー｜室内金庫｜ミニバー／冷蔵庫｜バスタブ｜フィットネスセンターまたはプール｜洗濯機｜同日仕上げのクリーニング

最高級ホテル

[H] [最高級] シカゴの天空と快適を満喫する　[MAP] P.29-A3,4 ／マグマイル南

トランプ・インターナショナル・ホテル & タワー・シカゴ
Trump International Hotel & Tower Chicago

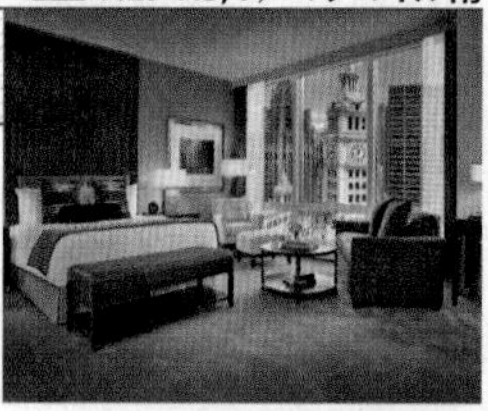

トランプ大総領がオーナーを務めていたホテルは、真のホテルの快適さを実感できる所だ。客室は18階以上にあり、夜景は実に美しい。客室は広くスタイリッシュ。バスルームはバスタブとシャワーが分かれている。シカゴで人気No.1のラウンジのテラスからの景色はまるで絵はがきのよう。

[住]401 N. Wabash Ave., Chicago, IL 60611　☎(1-312)588-8000 [Free](1-877)458-7867　■日本の予約先：ジェイバ☎(03)5695-1770　[FAX](1-312)588-8001　[URL]www.trumphotels.com/chicago　[客室数]339　■ルームサービス24時間　[料]ⓈⒹⓉ$325～850、スイート$575～1950　[カード][A][D][J][M][V]

[WiFi] 無料

[H] [最高級] ウオータータワー・プレイスに隣接する格調高いホテル　[MAP] P.28-B2 ／マグマイル北

リッツカールトン・シカゴ
The Ritz-Carlton, Chicago

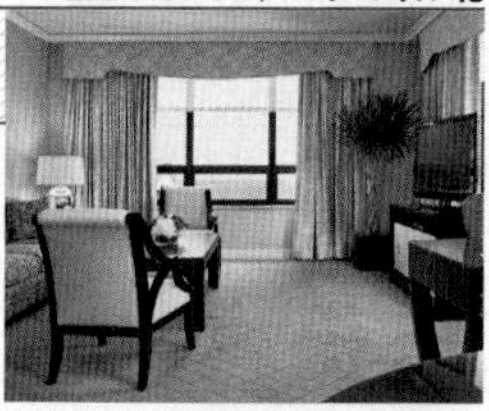

ミシガンアベニューから通りを半ブロック入った所にあり、ショッピングにも便利。12階にあるロビーは近代的なシカゴの町とは一転してとてもシックだ。ホテルのダイニングルームは、シカゴの上流階級の人がよく利用する所。リッチなディナーをお望みの人にすすめたい。心地よいサービスでリピーターも多い。

[住]160 E. Pearson St., Chicago, IL 60611　☎(1-312)266-1000　■日本の予約先：[無料]0120-853-201　[FAX](1-312)266-1194　■ルームサービス24時間　[URL]www.ritzcarlton.com　[客室数]450　[料]ⓈⒹⓉ$279～949、スイート$404～2899　[カード][A][D][M][V]

[WiFi] $14.95

[H] [最高級] ここは洗練された別世界　[MAP] P.28-B1,2 ／マグマイル北

フォーシーズンズ・ホテル・シカゴ
Four Seasons Hotel Chicago

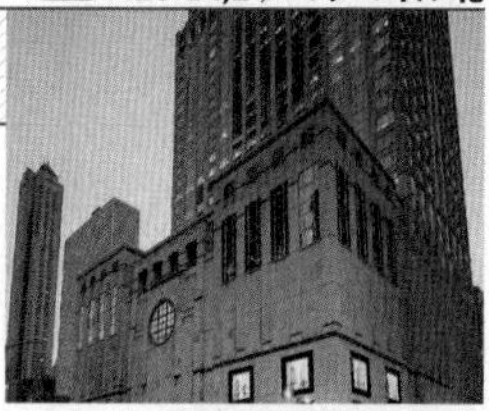

ブルーミングデールズなどが入る900ノース・ミシガン・ショップスに隣接し、買い物には最適。近代的な外観とは裏腹に、ホテル内はフォーシーズンズならではといえる上品でリッチな内装でまとめられている。室内プールはヨーロッパの貴族宅を訪れているように豪華な雰囲気。

[住]120 E. Delaware Pl., Chicago, IL 60611　☎(1-312)280-8800　■日本の予約先：[無料]0120-024-754　[FAX](1-312)280-1748　[URL]www.fourseasons.com/chicagofs　[客室数]345　■ルームサービス24時間　[料]ⓈⒹⓉ$336～798、スイート$400～4500　[カード][A][D][J][M][V]

[WiFi] 無料

[H] [高級] ユニークな三角の外観が特徴　[MAP] P.28-A2 ／マグマイル北

ソフィテル・シカゴ・マグマイル
Sofitel Chicago Magnificent Mile

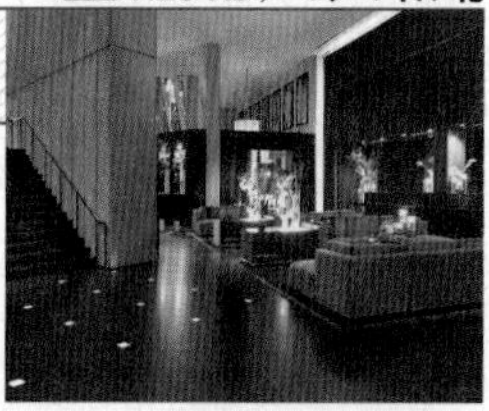

全米建築家協会によって「Best new building in Chicago in the last ten years」と評価された建物。客室はシャワールームがバスタブから独立した造りになっている部屋もあるなど、設備が充実している。2ブロック南には地下鉄レッドラインのChicago駅もあるので便利。

[住]20 E. Chestnut St., Chicago, IL 60611　☎(1-312)324-4000　[Free](1-855)799-6633　■日本の予約先：☎(03)4455-6404　[FAX](1-312)324-4026　[URL]www.sofitel-chicago.com　[客室数]415　■ルームサービス24時間　[料]ⓈⒹⓉ$149～489、スイート$229～569＋アメニティ料金$23.48　[カード][A][M][V]

[WiFi] アメニティ料金に含む

🍴 レストラン ｜ ルームサービス ｜ コンシェルジュ ｜ 日本語の話せるスタッフ ｜ [WiFi] $00.00 ←インターネット1日当たり使用料 Wi-Fi

高級ホテル

H 高級 すべての歴代大統領が宿泊したシカゴを代表するホテル

パーマー・ハウス・ヒルトン
Palmer House A Hilton Hotel

　町の歴史を見つめてきた「シカゴの顔」ともいえる大ホテル。オープンからわずか13日後にシカゴの大火で焼失するが、1875年に再建。ギリシャの神々の「愛とロマンス」に満ちた天井画をもつ豪華絢爛な2階ロビーは必見。客室はとてもモダンなのが新鮮だ。実は、パーマー・ハウスはブラウニー発祥の地（→P.254）。

住17 E. Monroe St., Chicago, IL 60603　**☎**(1-312)726-7500　■日本の予約先：無料
0120-489-852(23区外)　**☎**(03)6864-1633　**FAX**(1-312)917-1707
URLwww.palmerhousehiltonhotel.com　客室数1641
料ⓈⒹⓉ$99～650、スイート$264～1152　**カード**ＡＤＪＭＶ
WiFi $12.95

H 高級 人気のショッピングモールに直結した

グウェン
The Gwen

　スターウッズ系の最高級ホテル。サービス、豪華さはいうまでもなく、シカゴで人気のショッピングモール「ショップス・アット・ノース・ブリッジ」と同じ建物にあり、利便性は抜群。羽毛の寝具、人間工学を考えた椅子など、快適な宿泊を追求している。客室への新聞のサービスあり。カーリングの設備が整うのは珍しい。

住521 N. Rush St., Chicago, IL 60611　**☎**(1-312)645-1500　**Free**(1-866)716-8136
■日本の予約先：無料0120-92-5659　**☎**(03)5423-6062　**FAX**(1-312)645-1550
URLwww.thegwenchicago.com　客室数311　■ルームサービス24時間
料ⓈⒹⓉ$169～734、スイート$589～734　**カード**ＡＤＪＭＶ
WiFi 無料

H 高級 シカゴ屈指の歴史をもつ近代的で快適なホテル

ブラックストーン
Blackstone

　史跡にも指定され、1910年の開業以来多くのスポーツ選手、映画スターや大統領らが滞在。禁酒法時代には酒を隠匿したり、アル・カポネが毎日ヒゲを剃りに来ていたり、映画『アンタッチャブル』のワンシーンがここのボールルーム（宴会場）で撮影された。そんなホテルもクラシックなロビーを除けば、スタイリッシュでクール。

住636 S. Michigan Ave. at E. Balboa Ave., Chicago, IL 60605　**☎**(1-312)447-0955
Free(1-866)508-0261　■日本の予約先：無料0120-142-890　**FAX**(1-312)765-0545
URLwww.theblackstonehotel.com　客室数335
料ⓈⒹⓉ$159～589、スイート$1259～1459　**カード**ＡＤＪＭＶ
WiFi $14.95

H 高級 シカゴで最も映画撮影に使われるホテル

ヒルトン・シカゴ
Hilton Chicago

　グラントパークに面した大規模なホテルで日本人の宿泊も多い。ミシガンアベニュー沿いの部屋からは、グラントパークと湖の眺めが壮観だ。これまで世界のVIPや芸能人をもてなしてきた。映画『ベスト・フレンズ・ウェディング』や『ホームアローン2』、『逃亡者』などの撮影にも使われた。

住720 S. Michigan Ave., Chicago, IL 60605　**☎**(1-312)922-4400　**Free**(1-855)760-0869
■日本の予約先：無料0120-489-852(23区外)　**☎**(03)6864-1633　**FAX**(1-312)294-6891
URLwww.hilton.com　客室数1544
料ⓈⒹⓉ$99～582、スイート$149～1750　**カード**ＡＤＪＭＶ
WiFi $12.95

喫煙者は要注意　シカゴのホテルは全館禁煙化が進んでいる。もし、禁煙の客室でたばこを吸うとそれがお客であっても$250の罰金が科せられる。たばこは建物の外や所定の場所で。

高級ホテル

[H] [高級] シカゴを代表する歴史的建造物がホテルに　　MAP P.27-C2 ／ループエリア

ステイパインアップル・ループ
Staypineapple the Loop

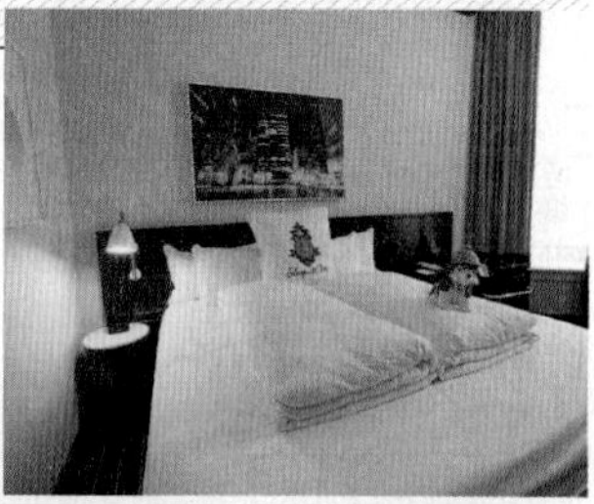

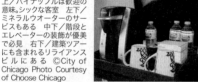

第1期シカゴ派を代表するリライアンスビル（→P.89）が、現在人気のホテルとなっている。外観はもちろん、建築ツアーでも訪れる内装にも注目を。エレベーターや手すりなどの装飾は美術品のようで、客室階のロビーもオフィスビルの名残が随所に見られる。客室で印象的なのがシカゴ窓からの採光。高層ビルに囲まれているが明るい。まさにシカゴ建築を体感できるホテルなのだ。設備も整い、リネン類はとてもクリーン。1階には気軽に食事やアルコールを楽しめるアットウッドAtwood（→P.247）があり、ここからステートストリートを行き交う人を眺めるのも楽しい。ロケーションもよく、シカゴ美術館も徒歩圏内で斜め向かいはメイシーズだ。

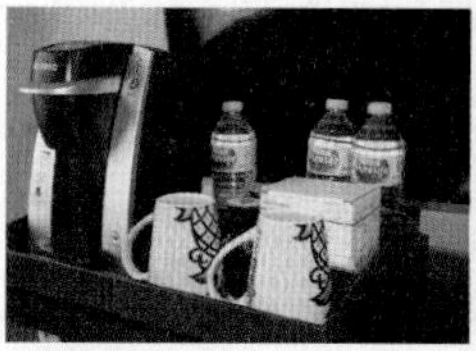

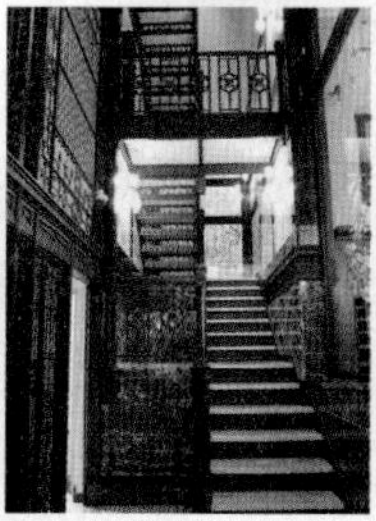

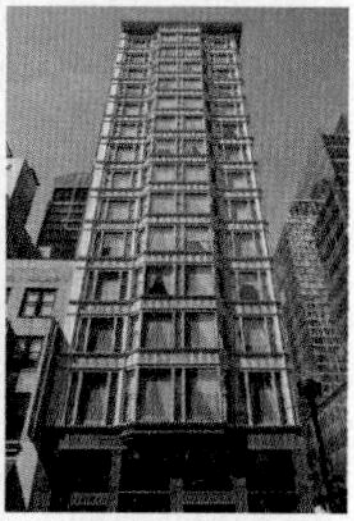

上／パイナップルは歓迎の意味。シックな客室　左下／ミネラルウオーターのサービスもある　中下／階段とエレベーターの装飾が優美で必見　右下／建築ツアーにも含まれるリライアンスビルにある　©City of Chicago Photo Courtesy of Choose Chicago

[住]1 W. Washington St., Chicago, IL 60602　☎(1-312)940-7997
[Free](1-866)866-7977　[URL]www.staypineapple.com/the-loop-chicago
[客室数]122　■ルームサービス24時間
[料]ⓈⒹⓉ$109～498、スイート$169～558＋アメニティ料金$15　[カード][A][M][V]
WiFi アメニティ料金に含む

[H] [高級] 発展中のエリアにある　　MAP P.27-C4 ／ループエリア

ホテルブレイク　Hotel Blake

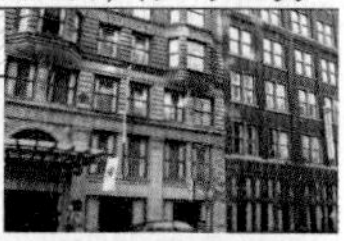

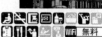

ループエリア南のプリンターズロウにある歴史的建築を生かしたエレガントなホテル。建物はこぢんまりとしているが、客室の窓は大きく、スタッフもフレンドリー。設備も最新のものを揃え、使い勝手もよい。

[住]500 S. Dearborn St., Chicago, IL 60605　☎(1-312)986-1234
[FAX](1-312)939-2468　[URL]www.hotelblake.com
[客室数]162　[料]ⓈⒹⓉ$109～838、スイート$599～　[カード][A][D][J][M][V]
WiFi 無料

[H] [高級] スタイリッシュで洗練された　　MAP P.26-B1 ／ループエリア

キンプトン・ホテル・シカゴ・アレグロ　Kimpton Hotel Chicago Allegro

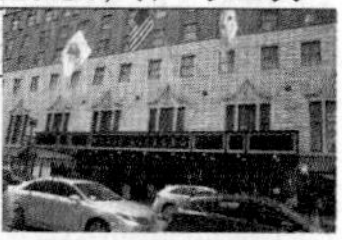

ループエリア内ならほとんどの場所へ歩いて10分以内で行ける。2階にあるロビーはソファが並べられ、落ち着いた雰囲気。近くには劇場も多くあるので、ミュージカルなどを鑑賞するときにもおすすめだ。

[住]171 W. Randolph St., Chicago, IL 60601　☎(1-312)236-0123
[Free](1-800)643-1500　[FAX](1-833)256-5861　[URL]www.allegrochicago.com
[客室数]483　[料]ⓈⒹⓉ$109～604、スイート$179～729　[カード][A][M][V]
WiFi $16

[H] [高級] シカゴらしい建物に滞在　　MAP P.27-C2 ／ループエリア

シルバースミス　The Silversmith

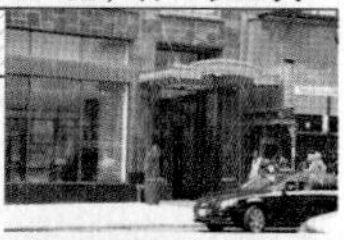

1897年建築の歴史ある建物。インテリアはフランク・ロイド・ライトのプレーリー派にならったという。天井が高いのも、中心部のホテルでは貴重で、この空間はくつろぎを与えてくれる。客室数は144と少ないが、その分、落ち着く。

[住]10 S. Wabash Ave., Chicago, IL 60603　☎(1-312)372-7696　[Free](1-855)695-6668　[FAX](1-312)372-7320　[URL]www.silversmithchicagohotel.com
[客室数]144　[料]ⓈⒹ$135～439　[カード][A][D][M][V]
WiFi 無料

CHICAGO INFORMATION　会員になればWi-Fiが無料に　チェーン系のホテルは顧客獲得のために、一般客のWi-Fiが有料でも、その場で会員になれば大抵無料になる。メールアドレスを登録すれば、すぐに会員になることができる。

高級ホテル

MAP P.27-C1／ループエリア

H 高級 | ビジネスパーソンのファンが多い
ルネッサンス・シカゴ・ダウンタウン　Renaissance Chicago Downtown

ロビーや客室も高級感にあふれ、優雅な気分に浸れる。バスルームのアメニティも充実。宿泊客は屋内温水プールなどが無料。レストラン街であり、ナイトスポットも集まるリバーノース地区へもシカゴ川を渡ればすぐ。

住 1 W. Wacker Dr., Chicago, IL 60601　**☎** (1-312)372-7200　**Free** (1-800)468-3571
■日本の予約先：無料 0120-142-890　**FAX** (1-312) 372-0093　**URL** renaissance-hotels.
marriott.com　客室数560　料⑤①⑦$171〜579、スイート381〜794　カード A D J M V　WiFi $14.95

MAP P.26-B3／ループエリア

H 高級 | ビジネス客の多いブティックホテル
ダブル・シカゴ・シティセンター　W Chicago-City Center

ブティックホテルとしておなじみ。場所はビジネス街の中心地にあり、そのためほかのWホテルより少し落ち着いたインテリアとなっている。うれしいのは "Heavenly Bed（天国のベッド）" と呼ばれるベッドの心地よさ。

住 172 W. Adams St., Chicago, IL 60603　**☎** (1-312)332-1200　**FAX** (1-312)917-5791
URL www.wchicagocitycenter.com　客室数403　■ルームサービス24時間
料⑤①⑦$169〜629、スイート$279〜1029　カード A D J M V

MAP P.22-B4／サウスループ

H 高級 | コンベンション参加には絶好
ハイアット・リージェンシー・マコーミックプレイス　Hyatt Regency McCormick Place

コンベンションセンターと棟続きのハイアット。寝心地のよさを追求するベッドやリネンは一度は試してみたい。客室によってはダウンタウンの夜景も美しい。ロビーやレストランなどは無料のWi-Fiで、スターバックスもある。

住 2233 S. Martin Luther King Dr., Chicago, IL 60616　**☎** (1-312) 567-1234　■日本
の予約先：無料 0800-222-0608　**FAX** (1-312) 528-4000　**URL** mccormickplace.hyatt.
com　客室数1258　料⑤①⑦$139〜464、スイート$264〜474　カード A D J M V　WiFi 無料

MAP P.22-B4／サウスループ

H 高級 | コンベンションセンターに隣接、フードホールも好評
マリオット・マーキス・シカゴ　Marriott Marquis Chicago

シカゴのマーキスは建築の町シカゴらしいモダンなタワー。マコーミックプレイスへはスカイブリッジを渡るだけ。客室は広くて機能的で、位置によってはシカゴのスカイラインを楽しめる。設備も整い、フードホールが好評。

住 2121 S. Prairie Ave., Chicago, IL 60616　**☎** (1-312) 824-0500　**Free** (1-844) 202-
8535　**FAX** (1-312) 824-0501　■ルームサービス24時間　**URL** www.marriott.com
客室数1205　料⑤①⑦$154〜759、スイート$304〜1079　カード A D J M V　WiFi $14.95

MAP P.25-A2／ループエリア

H 高級 | 本拠地にあるハイアット
ハイアット・リージェンシー・シカゴ
Hyatt Regency Chicago

ハイアットグループの本拠地はシカゴ。その中心ともいえるホテルで、客室数2032はシカゴ最大。レストランもバーも設備はすべてがビッグで圧倒されるかも。コンベンション開催時は多くの宿泊客で混雑するものの、優秀なスタッフのおかげでストレスは感じない。客室は広く、清潔で使いやすい。シカゴ川に面しているので、夜は都会ならではの夜景が美しい。建築センターは隣。

住 151 E. Wacker Dr., Chicago, IL 60601　**☎** (1-312)565-1234　■日本の予約先：
無料 0800-222-0608　**FAX** (1-312)239-4795　**URL** chicago.regency.hyatt.com
客室数2032　料⑤①⑦$159〜379、スイート$219〜479　カード A D J M V

　WiFi 無料

高級ホテル

[H] [高級] リバーノースもループも徒歩圏内　[MAP] P.29-A4／ループエリア

ロイヤル・ソネスタ・シカゴ・リバーフロント　Royal Sonesta Chicago Riverfront

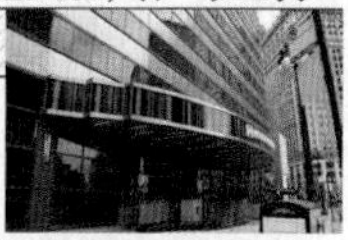

一見オフィスビルのようだが、スタッフの笑顔がくつろぎの空間を演出してくれる。シカゴ川を挟んだ向かいは、マリーナシティとトランプタワー。客室によって夜景が美しい。客室の広さも自慢で､ゆったり感を求める人に最適。

[住]71 E. Wacker Dr., Chicago, IL 60601　☎(1-312) 346-7100　[FAX](1-312) 346-1740　[URL]www.sonesta.com　[客室数]334
[料]ⓈⒹⓉ$129～562、スイート$274～657　[カード][A][D][J][M][V]
WiFi 無料

[H] [高級] 女性建築家初の高層ビル内のホテル　[MAP] P.27-D1／ループエリア

ラディソン・ブルー・アクア・ホテル・シカゴ　Radisson Blu Aqua Hotel, Chicago

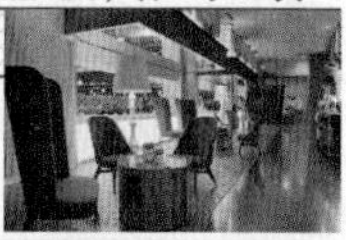

波打つ姿の超高層ビルのアクア（→P.82）。一部が334室のホテルとなっている。多くの客室の床が板張りで、アレルギーが気になる人に好評。家具のセンスもいい。客室によるが、眺めも抜群。

[住]221 N. Columbus Dr., Chicago, IL 60601　☎(1-312)565-5258　[FAX](1-312)540-3878　[URL]www.radissonblu.com　[客室数]334　■ルームサービス24時間
[料]ⓈⒹⓉ$179～944、スイート$289～1254+アーバン料金$25　[カード][A][D][J][M][V]
WiFi アーバン料金に含む

[H] [高級] 豪華な客室が自慢　[MAP] P.27-D1／ループエリア

フェアモント・シカゴ・ミレニアムパーク　Fairmont Chicago, Millennium Park

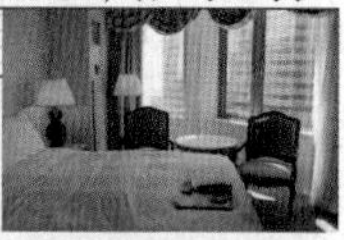

AONセンターの隣にあり、42階建て。多くの部屋から見えるミシガン湖やミレニアムパークの景色は、仕事で疲れた体もリフレッシュしてくれる。設備、アメニティ、従業員の応対など、どれを取っても満足できるはず。

[住]200 N. Columbus Dr., Chicago, IL 60601　☎(1-312) 565-8000　[Free](1-800) 257-7544　[FAX](1-312) 565-1143　[URL]www.fairmont.com/chicago　[客室数]687
[料]ⓈⒹⓉ$169～822、スイート$299～1699+アーバン料金$20　[カード][A][D][J][M][V]
WiFi アーバン料金に含む

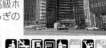

[H] [高級] シカゴ随一のレイクビュー　[MAP] P.27-D1／ループエリア

スイソテル・シカゴ　Swissotel Chicago

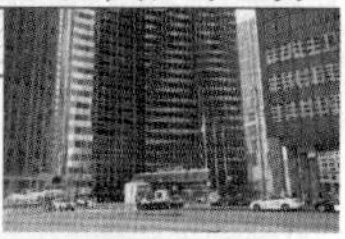

ヨーロッパ系にもかかわらずシンプルなデザインのロビーが新鮮な高級ホテル。斬新な外観とは対照的に、客室はヨーロッパのホテルらしい安らぎの空間が演出されている。建築センターは歩いてすぐの距離。

[住]323 E. Wacker Dr., Chicago, IL 60601　☎(1-312)565-0565　[Free](1-800) 637-9477　■日本の予約先：[無料]0120-951-096　[FAX](1-312)268-8252　[URL]www.swissotel.com　[客室数]661　■ルームサービス24時間　[料]ⓈⒹⓉ$169～587、スイート$294～639+アメニティ料金$20　[カード][A][J][M][V]
WiFi $14.95

[H] [高級] 高級チェーンのブティック系ホテル　[MAP] P.26-B2／ループエリア

ハイアット・セントリック・ループ　Hyatt Centric the Loop

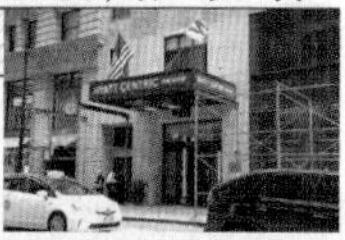

ループエリアのど真ん中、シャガールのモザイクの向かいにできた新しいコンセプトのホテル。まるで現代美術のギャラリーのようだが、ビジネスに必要なものはすべて揃い、Cornerでは飲み物とスナックのサービスもある。

[住]100 W. Monroe St., Chicago, IL 60603　☎(1-312) 236-1234
[URL]theloopchicago.centric.hyatt.com　[客室数]257　[料]ⓈⒹⓉ$129～539、スイート$379～1998　[カード][A][D][J][M][V]
WiFi 無料

[H] [高級] ミース・ファン・デル・ローエの設計したビルにある　[MAP] P.29-A4／リバーノース

ランガム・シカゴ　The Langham Chicago

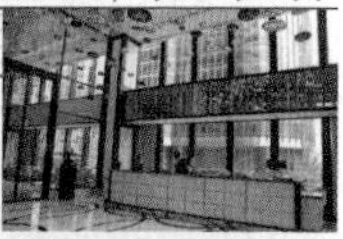

建築に興味をもつ人におすすめ。近代建築の4大巨匠のひとりであるミースが設計したビルだ。インテリアや客室のデザインは異なるが、ミースの要素があちこちにちりばめられて、それを探すのも楽しい。フォーブスの5つ星も獲得。

[住]330 N. Wabash Ave., Chicago, IL 60611　☎(1-312)923-9988
[FAX](1-312) 923-7020　[URL]www.langhamhotels.com　[客室数]316　■ルームサービス24時間　[料]ⓈⒹⓉ$395～800、スイート$595～1600　[カード][A][M][D][J][V]
WiFi 無料

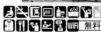

↘レーダージョーズがあり、ロケーションの便利さ、料金が市内中心部では手頃。シングル・ダブル$99～509。
[URL]achotels.marriott.com/→Location→Chicagoを入力
（東京都　匿名）['20]

高級ホテル

[H] [高級] サービス充実で大満足　　MAP P.29-B2／マグマイル南

シカゴ・マリオット・ダウンタウン・マグマイル
Chicago Marriott Downtown Magnificent Mile

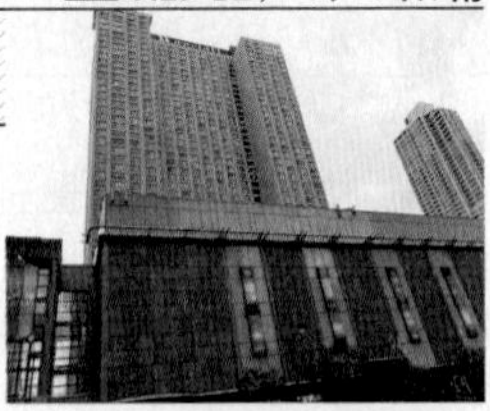

買い物に便利なミシガンアベニューに面する大規模なホテル。レクリエーションやスポーツ施設も充実していて、サービスもよく、旅や仕事の疲れをリフレッシュするには十分な環境が整っている。日本からの利用者も多く、スーツ姿のビジネスパーソンを多く見かける所でもある。

[住]540 N. Michigan Ave., Chicago, IL 60611　☎(1-312)836-0100
[FAX](1-312)836-6139　■日本の予約先：[無料]0120-142-890　[Free](1-888)236-2427
[URL]www.marriott.com　[客室数]1200　■ルームサービス24時間
[料]ⓈⒹⓉ$142～567、スイート$172～772　[カード][A][D][J][M][V]

WiFi $14.95

[H] [高級] ミシガンアベニューに面した高級ホテル　　MAP P.29-B2／マグマイル南

インターコンチネンタル・シカゴ・マグマイル
InterContinental Chicago Magnificent Mile

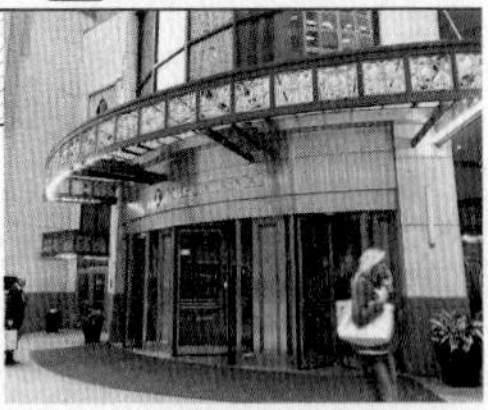

ホテル内にはマイケル・ジョーダンのレストランもあり、レストランも集中していっそうにぎやかなリバーノース地区にも徒歩圏内だ。このホテルはエジプト、ギリシア、オリエンタル調といったさまざまな内装が施され、画一的なホテルとはひと味異なる雰囲気がある。日本人ビジネス客の利用も多い。

[住]505 N. Michigan Ave., Chicago, IL 60611　☎(1-312)944-4100
[Free](1-800)628-2112　■日本の予約先：[無料]0120-455-655　[FAX](1-312)944-1320
[URL]www.icchicagohotel.com　[客室数]792　■ルームサービス24時間
[料]ⓈⒹⓉ$144～559、スイート$184～1049　[カード][A][D][J][M][V]

WiFi 無料

[H] [高級] 飲食店の施設が充実　　MAP P.25-A2／ストリータービル

シェラトン・グランド・シカゴ
Sheraton Grand Chicago

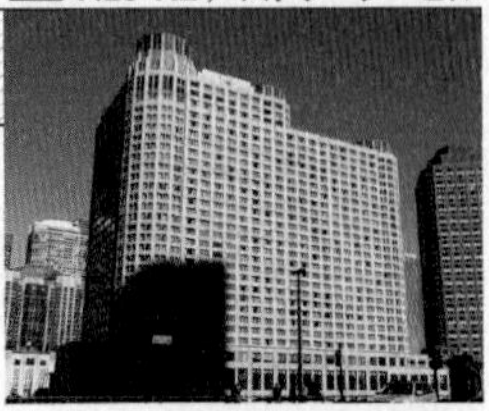

客室数が多いことから、コンベンション時によく使われるホテル。ネイビーピアにも、ミレニアムパークにも比較的近く、ウオーターフロントの景色のよいロケーション。客室には2回線の電話、広い机などがあり、ビジネス客が愛用する理由がわかる。ペットの滞在可能。

[住]301 E. North Water St., Chicago, IL 60611　☎(1-312)464-1000
[Free](1-888)627-7106　■日本の予約先：[無料]0120-003535　[FAX](1-312)464-9140
[URL]www.sheratonchicago.com　[客室数]1218
[料]ⓈⒹⓉ$124～555、スイート$204～759　[カード][A][D][J][M][V]

WiFi $14.95

[H] [高級] 大リーガーがよく宿泊する　　MAP P.28-B2／マグマイル北

ウェスティン・ミシガンアベニュー・シカゴ
The Westin Michigan Avenue Chicago

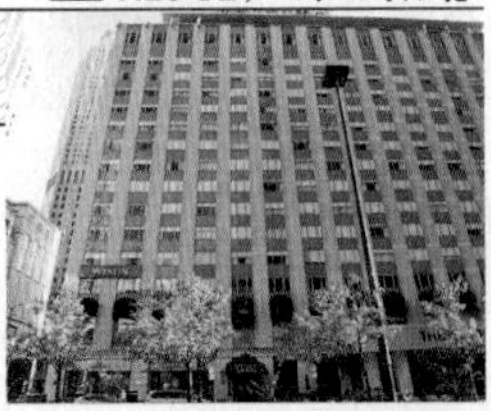

ジョン・ハンコック・センターの向かいに位置し、ショッピングには最高のロケーション。外観はグレー系で目立たず高級ホテルらしくないが、部屋はいい。完璧な防音設備、適切な設定温度のエアコン、大きな窓と、基本的な居住性の快適度が極めて高く、ベッド周りやリネン類も充実している。笑顔のスタッフが多い。

[住]909 N. Michigan Ave., Chicago, IL 60611　☎(1-312)943-7200
■日本の予約先：[無料]0120-003535　☎(03)5423-4811　[FAX](1-312)649-7584
[URL]www.thewestinmichiganavenue.com　[客室数]752　■ルームサービス24時間
[料]ⓈⒹⓉ$119～599、スイート$219～999　[カード][A][D][J][M][V]

WiFi $19.95

FROM READERS 長期滞在時の洗濯について　ウェスティン・ミシガンアベニューに3週間滞在。コインランドリーが見つからず、向かいのビルのジョン・ハンコック・センターのクリーニングを利用したが、高くついた。そこで、↗

高級ホテル

[H] [高級] ショッピング派が満足 [MAP] P.28-B4 ／マグマイル北

オムニ・シカゴ Omni Chicago

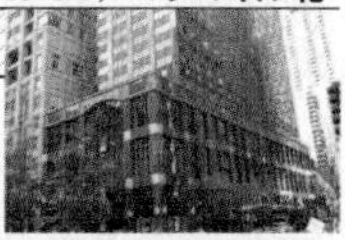

全室スイートなので、ゆったりとした空間が心地よい。客室の内装は洗練されていて、宿泊客に好評だ。ミシガンアベニューに面し、ロケーションも抜群。ショッピング街の中心にあるので夜までにぎやか。

[住]676 N. Michigan Ave., Chicago, IL 60611 ☎(1-312)944-6664 [Free](1-800)843-6664 [FAX](1-312)266-3015 [URL]www.omnichicago.com [客室数]347 ■ルームサービス24時間 [料]スイート$149～746 [カード][A][D][J][M][V]

WiFi $9.95

[H] [高級] 便利なロケーションで、コストパフォーマンスの高い [MAP] P.28-B3 ／マグマイル北

カンブリア・シカゴ・マグマイル Cambria Chicago Magnificent Mile

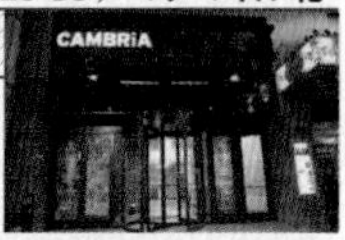

ミシガンアベニューから1ブロック。隣はシカゴ名物のピザレストラン、その隣は最高級デパートが並ぶ。ロビーも客室もモダンな装いで、使い勝手もいい。カジュアルなダイニングに売店が併設されていて便利。

[住]166 E. Superior St., Chicago, IL 60611 ☎(1-312)787-6000 [FAX](1-312)787-4331 [URL]www.cambriachicago.com [客室数]215 [料]ⓈⒹⓉ$91～619、スイート$99～＋アーバン料金$9.95 [カード][A][D][J][M][V]

WiFi アーバン料金に含む

[H] [高級] ミシガン湖のほとりに建つ [MAP] P.25-B1 ／ストリータービル

ダブル・シカゴ・レイクショア W Chicago-Lakeshore

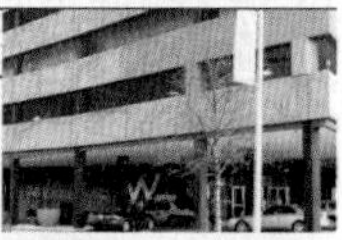

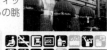

ミシガン湖に沿って走るレイクショア・ドライブに面するおしゃれなブティックホテル。屋上ラウンジWisky Skyからはミシガン湖が見渡せる。部屋によってはシャワーのみなので確認したい。バスルームのアメニティはボディブリス。

[住]644 N. Lake Shore Dr., Chicago, IL 60611 ☎(1-312)943-9200 [Free](1-888)627-8280 ■日本の予約先：[無料]0120-92-5262 ☎(03) 5423-6547 [FAX](1-312) 255-4411 [URL]www.wchicago-lakeshore.com [客室数]520 [料]ⓈⒹⓉ$134～664、スイート$384～1800 [カード][A][D][M][V]

WiFi $14.95

[H] [高級] 全室スイートの高級ホテル [MAP] P.23-B3 ／マグマイル北

ヒルトン・シカゴ／マグマイル・スイート Hilton Chicago/Magnificent Mile Suites

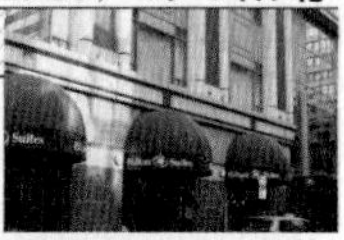

広い客室内はリビングと寝室に分かれ、Wi-Fiも完備。屋上にはフィットネスセンター、プール、サウナ、ジャクージなどがあり、そこからの眺めもよい。ゆったり過ごすことができるのもうれしい。

[住]198 E. Delaware Pl., Chicago, IL 60611 ☎(1-312)664-1100 ■日本の予約先：[無料]0120-489-852（23区外） ☎(03)6864-1633 [FAX](1-312)664-9881 [URL]www.hilton.com [客室数]345 [料]スイート$99～1040 [カード][A][D][M][V]

WiFi $12.95

[H] [高級] 現代美術館のすぐそば [MAP] P.25-A1 ／マグマイル北

ラファエロ Raffaello

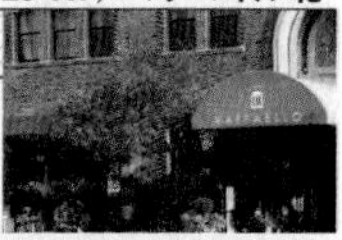

ミシガンアベニューに近いが、閑静なエリアにあるヨーロッパスタイルのホテル。客室は広めで、家具調度品は現代的だ。電子レンジもあるので便利。建物は古いが、改装をしていて清潔に保たれている。

[住]201 E. Delaware Pl., Chicago, IL 60611 ☎(1-312)943-5000 [FAX](1-312)924-9158 [URL]www.chicagoraffaello.com [客室数]173 [料]ⓈⒹⓉ$114～349、スイート$129～364 [カード][A][M][V]

WiFi 無料

[H] [高級] ジョン・ハンコック・センターから徒歩約5分 [MAP] P.28-A2 ／マグマイル北

タルボット The Talbott

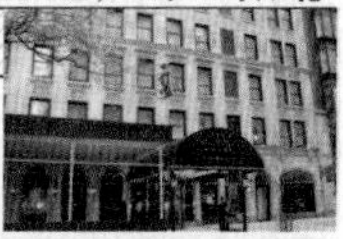

クラシックな外観ながらも、館内にはあたたかい空気が流れるブティックホテル。従業員は宿泊客一人ひとりに目を配り、きめ細かな部分まで、お客に合わせて対応してくれる。観光にもショッピングにも最適のロケーションだ。

[住]20 E. Delaware Pl., Chicago, IL 60611 ☎(1-312)944-4970 [Free](1-800)825-2688 [FAX](1-312)944-7241 [URL]www.talbotthotel.com [客室数]176 [料]ⓈⒹⓉ$109～589、スイート$159～609 [カード][A][M][V]

WiFi 無料

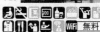

↘近くのレジデンスイン（→P.239）にコインランドリーを発見。宿泊客以外も利用でき、洗濯機、乾燥機それぞれ$3で手頃に洗濯できた。 （東京都 S.H）['20]

高級／中級ホテル

[H] [高級] シカゴを代表するホテル　[MAP] P.28-B1／マグマイル北

ドレイク　The Drake

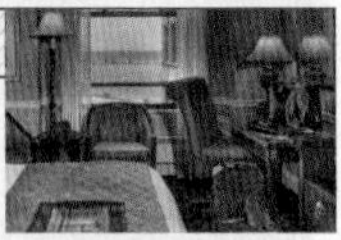

1920年創業とシカゴのホテルでは長い歴史をもち、昭和天皇をはじめとして世界の著名人が宿泊してきた。このホテルが単なる一流ホテルとは異なることの証だ。レストランの食事やパンもおいしく、シカゴっ子に好評。

[住]140 E. Walton Pl., Chicago, IL 60611　☎(1-312) 787-2200　[Free](1-800) 553-7253　■日本の予約先：[無料]0120-489-852（23区外）　☎(03) 6864-1633　[FAX](1-312) 787-1431　[URL]www.thedrakehotel.com　[客室数]535　[料]ⓈⒹⓉ$109～464、スイート$174～499　[カード][A][D][J][M][V]

WiFi $12.95

[H] [高級] 心あたたまるサービスがうれしい　[MAP] P.28-B1／マグマイル北

ミレニアム・ニッカーボッカー・シカゴ　Millennium Knickerbocker Chicago

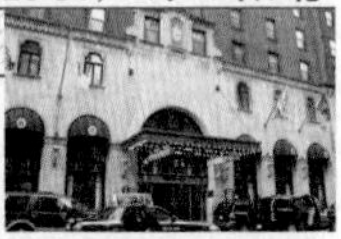

客室内はアジア調の伝統あるデザイン。ミニバーがあり、電話が2回線引かれているのも便利。マグニフィセントマイルでのショッピングも徒歩で行ける。時おり安い料金が出ることもあるので、要チェックだ。

[住]163 E. Walton Pl., Chicago, IL 60611　☎(1-312)751-8100　[Free](1-866)866-8086　[FAX](1-312)751-9205　[URL]www.millenniumhotels.com　[客室数]306　[料]ⓈⒹⓉ$99～419、スイート$139～899+ファシリティ料金$15　[カード][A][D][J][M][V]

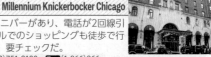

WiFi ファシリティ料金に含む

[H] [高級] ビジネスによし、家族で泊まってもよし　[MAP] P.30-B2／リバーノース中心部

エンバシー・スイート・シカゴ・ダウンタウン　Embassy Suites Chicago Downtown

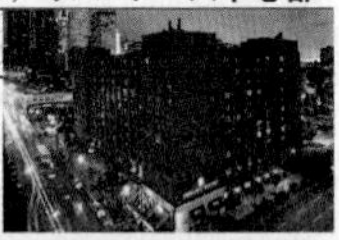

リバーノースにあり、地下鉄レッドラインのGrand駅のすぐ上という絶好のロケーション。朝食とカクテルの無料サービスあり。バラエティに富んだ内容の朝食は、一品ずつ注文を受けてから作られる。

[住]600 N. State St., Chicago, IL 60654　☎(1-312)943-3800　[Free](1-800)445-8667　■日本の予約先：[無料]0120-489-852（23区外）　☎(03) 6864-1633　[FAX](1-312) 943-7629　[URL]www.embassysuiteschicago.com　[客室数]368　[料]スイート$95～536　[カード][A][D][J][M][V]

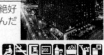

WiFi $9.95

[H] [中級] バスターミナルから2ブロック目　[MAP] P.26-A4／ウエストループ

ホリデイイン・ホテル&スイート・シカゴ・ダウンタウン　Holiday Inn Hotel & Suites Chicago-Downtown

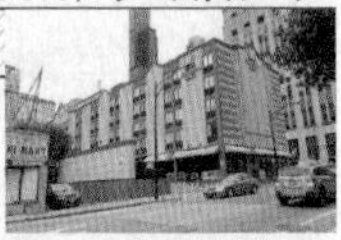

シカゴ川を越えてすぐの西側にあり、中央郵便局の隣。ビジネスエリアなら徒歩圏内だ。客室も広めなのがうれしい。グレイハウンドの利用者には抜群に便利なロケーション。

[住]506 W. Harrison St., Chicago, IL 60607　☎(1-312) 324-7400　■日本の予約先：[無料]0120-677-651　[FAX](1-312) 957-0474　[URL]www.hidowntown.com　[客室数]145　[料]ⓈⒹⓉ$104～379、スイート$149～379　[カード][A][D][J][M][V]

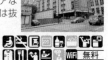

WiFi 無料

[H] [中級] シアター巡りに便利な　[MAP] P.27-C2／ループエリア

ハンプトンイン・マジェスティック・シアターディストリクト　Hampton Inn Majestic Theatre District

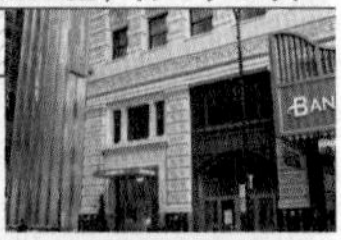

劇場街に位置するボザール様式の建物で、細かい装飾を施した外観が目を引く。下階はミュージカルなどを上演するCIBC Theatreになっている。温かい朝食付き。

[住]22 W. Monroe, Chicago, IL 60603　☎(1-312)332-5052　[Free](1-800)426-7866　■日本の予約先：[無料]0120-489-852(23区外)　☎(03)6864-1633　[FAX](1-312)332-5051　[URL]hamptoninn3.hilton.com　[客室数]135　[料]ⓈⒹⓉ$99～319　[カード][A][M][V]

WiFi 無料

[H] [中級] 郊外のモーテルが都会の真ん中に　[MAP] P.26-B2／ループエリア

ラキンタイン＆スイート・シカゴ・ダウンタウン　La Quinta Inn & Suites Chicago Downtown

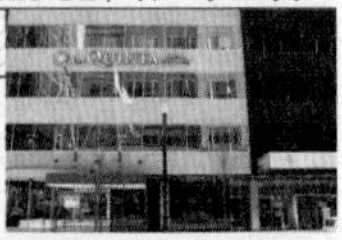

清潔、リーズナブルなモーテルとして、幹線道沿いにある人気のチェーンが、都会仕様となってループエリアに登場。ほとんどの部屋に冷蔵庫や電子レンジを備えつつ、ビジネスにもいい机がうれしい。狭いが、朝食と市内通話が無料。

[住]1 S. Franklin St., Chicago, IL 60606　☎(1-312)558-1020　[Free](1-800)753-3757　[FAX](1-312)558-1014　[URL]www.laquintachicagodowntown.com　[客室数]238　[料]ⓈⒹⓉ$109～429、スイート$144～429　[カード][A][D][M][V]

WiFi 無料

車椅子用設備｜全館禁煙｜コーヒーメーカー｜室内金庫｜ミニバー／冷蔵庫｜バスタブ｜フィットネスセンターまたはプール｜洗濯機｜同日仕上げのクリーニング

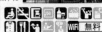

中級ホテル

[H] [中級] リーズナブルで快適な滞在を　[MAP] P.22-B2 ／サウスループ

ホテル・エセックス・シカゴ
Hotel Essex Chicago

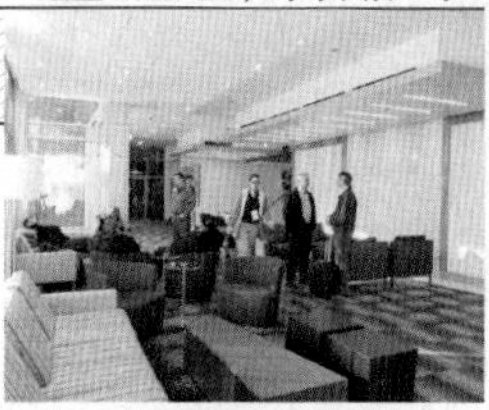

サウスループのミシガンアベニュー沿いに建ち、上階からはグラントパークとミシガン湖、ミュージアムキャンパスが一望できる。客室はシンプルな造りだが、清潔感があり、設備も整っているので、ビジネスにも、観光にもいい。ロビーのPCは自由に使うこともできる。

[住]800 S. Michigan Ave., Chicago, IL 60605
☎(1-312)939-2800 [Free](1-877)736-4311
[URL]www.hotelessexchicago.com [客室数]274
[料]ⓈⒹⓉ$89〜649＋アーバン料金$15 [カード][A][J][M][V]

[WiFi]アーバン料金に含む

[H] [中級] メイン通りに面した快適ホテル　[MAP] P.29-B4 ／ループエリア

コンフォートスイート・ミシガンアベニュー
Comfort Suites Michigan Ave.

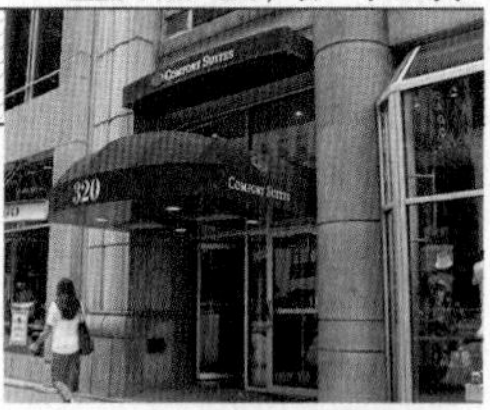

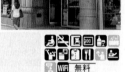

ミシガンアベニューに面し、ステートストリートとミレニアムパークまで2ブロック、シカゴ川までわずか1ブロックと、ループエリアでも1、2を争うロケーション。客室はシンプルだが清潔、朝食と新聞、Wi-Fiは無料とコスパも高い。2ベッドルームのスイートは家族連れによい。

[住]320 N. Michigan Ave., Chicago, IL 60601 ☎(1-312)776-2509
[Free](1-800)424-6423 [FAX](1-312)204-6910
[URL]www.choicehotels.com [客室数]190
[料]スイート$94〜729 [カード][A][M][V]

[WiFi]無料

[H] [中級] 中心部の穴場的ホテル　[MAP] P.26-B3 ／ループエリア

セントラルループ・ホテル　Central Loop Hotel

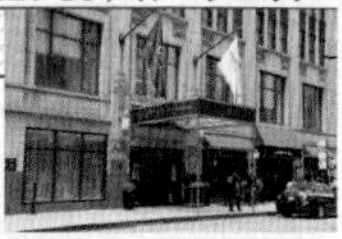

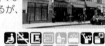

ルッカリー（→P.87）のすぐそばという、ビジネスエリア。客室は広くないが、清潔。料金はコンベンションの有無などによって大きく変化するが、比較的リーズナブル。バスタブのない客室もあるので確認を。

[住]111 W. Adams St., Chicago, IL 60603 ☎(1-312)601-3525 [FAX](1-312)601-3300 [URL]www.centralloophotel.com [客室数]429 [料]ⓈⒹⓉ$109〜499、スイート$159〜519 [カード][A][M][V]

[WiFi]無料

[H] [中級] エコなビルのお手頃ハイアット　[MAP] P.26-B2 ／ループエリア

ハイアットプレイス・シカゴ／ダウンタウン・ループ　Hyatt Place Chicago-Downtown-the Loop

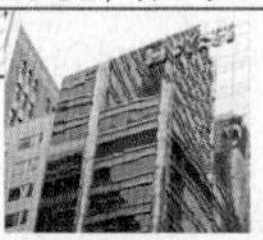

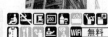

高層ビルが隙間なく林立するオフィス街に誕生したハイアットプレイス。ホテルには見えないが18階建ての現代的なビルはリード認証を受けた省エネビル。スタンダードでも小さなリビングがあり、広い。

[住]28 N. Franklin St., Chicago, IL 60606 ☎(1-312)955-0950 [FAX](1-312)955-0951 [URL]chicagodowntowntheloop.place.hyatt.com [客室数]206
[料]ⓈⒹⓉ$125〜489 [カード][A][M][V]

[WiFi]無料

[H] [中級] 隠れ家的な新しいホテル　[MAP] P.27-C1 ／ループエリア

ハンプトンイン・シカゴ・ダウンタウン／ノースループ　Hampton Inn Chicago Downtown/N. Loop

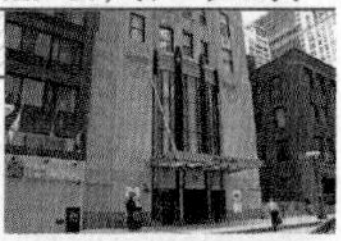

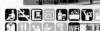

ホテルは小さいが、比較的新しいのできれい。客室の机は大きく、ビジネスに便利。もちろん清潔で、寝具もここちよい。ロビーには常時コーヒーと紅茶が用意されていて、無料の朝食はバフェスタイル。

[住]68 E. Wacker Pl., Chicago, IL 60601 ☎(1-312)419-9014
[Free](1-800)426-7866 [FAX](1-312)419-9015 [URL]hamptoninn3.hilton.com
[客室数]143 [料]ⓈⒹⓉ$89〜429 [カード][A][D][M][V]

[WiFi]無料

🍴 レストラン｜ルームサービス｜コンシェルジュ｜日本語の話せるスタッフ｜[WiFi]$00.00←インターネット1日当たり使用料 Wi-Fi

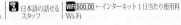

中級ホテル

[H][中級] 安く泊まりたい人向けのチェーンホテル　[MAP] P.29-A4／ループエリア

クラブ・クオーターズ・ワッカー・アット・ミシガン
Club Quarters, Wacker at Michigan

　イギリスとアメリカに支店をもつ比較的リーズナブルなホテルチェーンのひとつで、ループエリアのシカゴ川に近い所にある。客室は狭いが、テレビ、電話、机などが整い、一部の部屋はキチネット付きで長期滞在向け。同じ建物に**リバーホテルThe River Hotel**も入っており、さらに安い料金を出すこともある。

[住]75 E. Wacker Dr., Chicago, IL 60601　☎(1-312)357-6400
[FAX](1-312)357-9900　[URL]www.clubquarters.com　[客室数]350
[料]ⓈⒹⓉ$99〜480、スイート$199〜610　[カード][A][M][V]
WiFi 無料

[H][中級] 知られざるツウ好みの　[MAP] P.27-C1／ループエリア

ヒルトン・ガーデンイン・シカゴ／リバーウオーク
Hilton Garden Inn Chicago/Riverwalk

　ビジネスパーソンにファンの多いチェーンが、ダウンタウンのほぼ中心という便利な場所に誕生した。こぢんまりとしたロビーはセンスがいい。客室はあまり広くはないものの清潔で、寝具も快適。部屋によっては町とシカゴ川の夜景がきれいだ。シャワーしかない部屋が多いので注意したい。

[住]66 E. Wacker Pl., Chicago, IL 60601　☎(1-312)920-6666　[Free](1-877)782-9444
[FAX](1-312)920-6667　[URL]hiltongardeninn3.hilton.com　[客室数]191
[料]ⓈⒹⓉ$89〜576　[カード][A][D][M][V]
WiFi 無料

[H][中級] CTA駅とつながり、意外に便利な　[MAP] P.30-A4、P.22-A1／リバーノース中心部

ホリデイイン・シカゴ・マートプラザ・リバーノース
Holiday Inn Chicago Mart Plaza River North

　マーチャンダイズマートと直結し、省エネが評価されシカゴ初のエコフレンドリーの栄誉（LEED認証）を受けた地球に優しいホテル。CTA Merchandise Mart駅へは屋外へ出ずにアクセスも可能だ。客室は広くて機能的。喧騒からちょっと離れているぶん、リラックスできる。客室によって夜景がすばらしい。

[住]350 W. Mart Center Dr., Chicago, IL 60654　☎(1-312)836-5000
■日本の予約先：[無料]0120-677-651　[FAX](1-312)222-9508
[URL]www.martplaza.com　[客室数]521
[料]ⓈⒹⓉ$117〜450、スイート$167〜800　[カード][A][D][J][M][V]
WiFi 無料

[H][中級] 家族連れやグループでの利用に便利　[MAP] P.30-B3／リバーノース中心部

ハンプトンイン&スイート・シカゴ・ダウンタウン
Hampton Inn & Suites Chicago-Downtown

　夜遅くまでリバーノースのレストランやバーで楽しんだあとでも、安心してホテルまで歩いて戻ることができるロケーションだ。キッチン付きの部屋が60室あり、電子レンジも付いている。ランドリーがあるので長期滞在にも便利でCTAレッドラインGrand駅へも近い。温かい無料の朝食付き。

[住]33 W. Illinois St., Chicago IL, 60654　☎(1-312)832-0330
[FAX](1-312)832-0333
[URL]www.hamptoninn.com　[客室数]230
[料]ⓈⒹⓉ$89〜314、スイート$115〜409　[カード][A][M][V]
WiFi 無料

 CHICAGO INFORMATION **バスルームはシャワーだけ?**　近年の傾向として、バスルームはシャワーだけというホテルが多い。特に若者に人気のおしゃれなブティックホテルはその傾向が顕著。シカゴの高級ホテルは、ほとんどの客↗

中級ホテル

[H] [中級] 周囲はレストランやライブハウス [MAP] P.29-A3／リバーノース中心部

コートヤード・シカゴ・ダウンタウン／リバーノース Courtyard Chicago Downtown/River North

客室にはキングサイズのベッドに広めの机、LANコード、コンセントやUSBコンセントも多く、コーヒーメーカーも用意されている。シンプルだが機能的な設備と造り、さりげないサービスで使いやすいと評判だ。

[住]30 E. Hubbard St., Chicago, IL 60611 ☎(1-312)329-2500 ■日本の予約先：[無料]0120-142-890 ☎(03)6832-2020 [FAX](1-312)329-0293 [URL]www.marriott.com CHIWB [客室数]337 [料]ⓈⒹⓉ$109～454、スイート$144～489 [カード][A][D][J][M][V]

WiFi 無料

[H] [中級] ハイアット系のシンプルなビジネス向けホテル [MAP] P.30-B3／リバーノース中心部

ハイアットプレイス・シカゴ／リバーノース Hyatt Place Chicago/River North

エコなハイアットは、インテリアのセンスもよく、また使いやすいのも特徴。会員になれば無料の朝食付き。部屋によってはトランプタワーを見渡せる。バスルームのシャワーが固定式でないのもうれしい。

[住]66 W. Illinois St., Chicago, IL 60654 ☎(1-312)755-1600 [FAX](1-312)755-1601 [URL]chicagorivernorth.place.hyatt.com [客室数]212 [料]ⓈⒹⓉ$109～439 [カード][A][D][J][M][V]

WiFi 無料

[H] [中級] デザインはおしゃれな若者に人気 [MAP] P.30-B3／リバーノース中心部

アロフト・シカゴ・ダウンタウン・リバーノース Aloft Chicago Downtown River North

リーズナブルなブティックホテルとして増えてきたヒルトン系列のホテル。客室は、窓の大きい開放感あふれる造り。1階には地元で人気のレストランもあり。シャワーのみの部屋が多いので注意。アメニティはボディブリス。

[住]515 N. Clark St., Chicago, IL 60654 ☎(1-312)661-1000 [FAX](1-312)661-0002 [URL]aloft-hotels.marriott.com [客室数]272 [料]ⓈⒹⓉ$99～504 [カード][A][D][J][M][V]

WiFi 無料

[H] [中級] ミシガンアベニューから1.5ブロック東 [MAP] P.25-A1／ストリータービル

フェアフィールド・イン&スイート・シカゴ・ダウンタウン Fairfield Inn & Suites Chicago Downtown

15階建て184部屋と大きなホテルではないが、アットホームな雰囲気で快適に滞在できる。毎朝、シリアルやマフィン、フルーツなどの無料の朝食サービスもある。長期滞在にも適したホテルで、料金もお手頃。

[住]216 E. Ontario St., Chicago, IL 60611 ☎(1-312) 787-3777 [Free](1-855) 476-6661 [FAX](1-312) 787-8714 [URL] www.fairfieldsuiteschicago.com [客室数]184 [料]ⓈⒹⓉ$99～409、スイート$129～439 [カード][A][D][J][M][V]

WiFi 無料

[H] [中級] 部屋はキッチン完備 [MAP] P.29-A2／マグマイル南

ホームウッド・スイート・シカゴ・ダウンタウン Homewood Suites Chicago-Downtown

長期滞在におすすめのホテル。客室は、寝室とリビングスペースに分かれたスイートタイプで、全室キッチン付きは中心部では珍しい。ステートストリート沿いにスーパーマーケットがあるので自炊も可能だが、無料の朝食付き。

[住]40 E. Grand Ave., Chicago, IL 60611 ☎(1-312)644-2222 [Free](1-800)445-8667 [FAX](1-312)644-7777 [URL]www.hilton.com [客室数]233 [料]スイート$99～514 [カード][A][J][M][V]

WiFi 無料

[H] [中級] 地下鉄レッドラインGrand駅出口の前 [MAP] P.29-A2／マグマイル南

ヒルトン・ガーデンイン・シカゴ・ダウンタウン／マグマイル Hilton Garden Inn Chicago Downtown/Magnificent Mile

ショッピングセンター「ショップス・アット・ノース・ブリッジ」へ2ブロック。客室には冷蔵庫、電子レンジ、コーヒーメーカーが完備され、ホテルの1階にあるレストランは、観光客や地元の人々でいつもにぎわっている。

[住]10 E. Grand Ave., Chicago., IL 60611 ☎(1-312)595-0000 [Free](1-800)445-8667 [FAX] (1-312) 595-0955 [URL] www.chicagodowntownnorth.gardeninn.com [客室数]361 [料]ⓈⒹⓉ$85～429、スイート$135～449 [カード][A][M][V]

WiFi 無料

↘室がバスタブ付きとなっているが、シャワーだけの部屋もある。本書では、すべての客室にバスタブがある場合のみ、アイコンを黒で表示している。実際には一部の客室にバスタブがあるところも多いので、予約時にぜひ確認してほしい。

中級／エコノミーホテル

[H] [中級] 心のこもったサービスが伝統　[MAP] P.28-A,B2 ／マグマイル北

トレモント・シカゴ・ホテル　Tremont Chicago Hotel

内装も木目を基調としたシックな造りのヨーロピアンスタイル。夜もにぎやかなラッシュストリートやミシガンアベニューにも1ブロック弱。ショッピングもナイトライフも充実したものになりそうだ。

[住]100 E. Chestnut St., Chicago, IL 60611　☎(1-312)751-1900
[URL]www.tremontchicago.com　[客室数]135
[料]ⓈⒹⓉ$76～999＋アメニティ料金$15　[カード][A][M][V]

WiFi アメニティ料金に含む

[H] [中級] マグマイルのリーズナブルホテル　[MAP] P.28-B4 ／マグマイル北

ワーウィック・アラートン・シカゴ　Warwick Allerton Chicago

ローリングトゥエンティズの頃からあるホテル。古いせいか、マグマイルに面しているわりにはリーズナブル。部屋はシカゴとしては狭いが、改装を重ねているので、清潔に保たれている。周囲にはレストランやスーパーもある。

[住]701 N. Michigan Ave., Chicago, IL 60611　☎(1-312)440-1500　[Free](1-877)701-8111　[FAX](1-312)274-6437　[URL]warwickhotels.com/allerton-hotel-chicago/
[客室数]443　[料]ⓈⒹⓉ$95～705＋リゾート料金$15　[カード][A][D][J][M][V]

WiFi リゾート料金に含む

[H] [中級] マコーミックセンターの1ブロック西　[MAP] P.22-B4 ／サウスループ

ハンプトンイン・シカゴ・マコーミックプレイス　Hampton Inn Chicago McCormick Place

ヒルトン・ガーデンインと同居しロビーは共有だが、エレベーターは別。ハンプトンインのよさは、客室はシンプルながらも清潔で使いやすく、種類の豊富な無料の朝食が付いていること。ウィントラストアリーナも斜め前で便利。

[住]123 E. Cermak Rd., Chicago, IL 60616　☎(1-312)791-1121
[Free](1-800)426-7866　[URL]www.hamptoninn.com　[客室数]187
[料]ⓈⒹⓉ$109～498、スイート$169～558＋アメニティ料金$15　[カード][A][D][M][V]

WiFi アメニティ料金に含む

[H] [中級] 素顔のシカゴに出合えて、コスパの高い　[MAP] P.24-B2 ／レイクビュー

ベストウエスタン・プラス・ホーソン・テラス　Best Western Plus Hawthorne Terrace

シカゴ・カブスの本拠地リグレーフィールドに近く、ゲイフレンドリーなレイクビューにある快適な宿。ちょっとおしゃれなシカゴっ子が住むエリアで、朝はパンやシリアル、飲み物の豊富な朝食も用意されている。

[住]3434 N. Broadway, Chicago, IL 60657　☎(1-773) 244-3434　[Free](1-888) 860-3400　[FAX](1-773) 244-3435　[URL]www.hawthorneterrace.com　[客室数]83　[料]ⓈⒹⓉ$90～580、スイート$149～　[カード][A][D][J][M][V]

WiFi 無料

[H] [エコノミー] ミシガン湖の景色が美しい　[MAP] P.27-C4 ／ループエリア

コングレスプラザ・ホテル　Congress Plaza Hotel

シカゴで万国博覧会が開催された1893年にオープンした由緒あるホテル。ミシガンアベニュー沿いに建ち、部屋によってはバッキンガム噴水が正面に位置する。このあたりでは安いホテルのひとつ。

[住]520 S. Michigan Ave., Chicago, IL 60605　☎(1-312)427-3800
[FAX](1-312)427-2919　[URL]www.congressplazahotel.com　[客室数]871
[料]ⓈⒹⓉ$88～339、スイート$199～399　[カード][A][D][M][V]

WiFi 無料

[H] [ユースホテル] ホテル並みに便利なユース　[MAP] P.27-C4 ／ループエリア

ホステリング・インターナショナル・シカゴ　Hostelling International-Chicago

立地のよさと、清潔さはもちろん、24時間オープンでもセキュリティは万全という設備がすばらしい。専用のカードを持つ者しかホステル内に入れない。2段ベッドが4つ入る部屋はそれぞれシャワーとトイレ付き。

[住]24 E. Congress Pkwy., Chicago, IL 60605　☎(1-312)360-0300
[FAX](1-312)360-0313　[URL]www.hiusa.org　■430ベッド
[料]ドミトリー$46～82、個室$138～362　[カード][A][M][V]

WiFi 無料

「○○ Fee」って何？　近年ホテルでは宿泊料金とは別にAmenity Fee、Facility Fee、Urban Fee、Resort Feeと称し、追加料金を徴収するところが増えている。Wi-Fiの料金などがこれに含まれるが、しっかり確認しておきたい。

エコノミーホテル

[H] [エコノミー] ミュージアムキャンパスも徒歩圏内　[MAP] P.22-A,B3／サウスループ

ベストウエスタン・グラントパーク　Best Western Grant Park

ループエリアの中心部から少し遠いが、近年にぎやかになってきたエリア。フィールド博物館やシェッド水族館へも歩いていける距離だ。ホテルは古いが、清潔。値段を考えれば、設備がいまひとつなのは仕方ない。

[住]1100 S. Michigan Ave., Chicago, IL 60605　☎(1-312)922-2900
[FAX](1-312)922-8812　[URL]www.bwgrantparkhotel.com
[客室数]172　[料]ⓈⒹⓉ$89～417、スイート$124～452　[カード][A][D][J][M][V]

WiFi 無料

[H] [エコノミー] 安さを求める人に　[MAP] P.27-C4／サウスループ

トラベロッジ・ダウンタウン・シカゴ　Travelodge Downtown Chicago

目の前はグラントパーク、ミュージアムキャンパスは徒歩圏内と、高架鉄道の駅にはちょっと遠いものの、意外に便利。比較的中心部にありながら料金の安さは特筆もの。夜は寝るだけ、サービスは気にしない人におすすめ。

[住]65 E. Harrison St., Chicago, IL 60605　☎(1-312)574-3335
[FAX](1-312)427-8261　[URL]www.travelodgechicago.com　[客室数]240
[料]ⓈⒹⓉ$99～299　[カード][A][D][J][M][V]

WiFi 無料

[H] [エコノミー] Grand駅から1ブロック　[MAP] P.29-A2／リバーノース中心部

アクメホテル　Acme Hotel

客室はふたつの部屋からなるスイートタイプが中心。若者に人気で、ロケーションのよさが評判。地下にはコインランドリーが設置されている。従業員も若く、ヒップな雰囲気。

[住]15 E. Ohio St., Chicago, IL 60611　☎(1-312) 894-0800　[FAX](1-312) 894-0999　[URL]www.acmehotelcompany.com　[客室数]130　[料]ⓈⒹⓉ$99～539、スイート$209～599　[カード][A][D][J][M][V]

WiFi 無料

[H] [エコノミー] お得で、隠れ家のようなホテル　[MAP] P.29-A1／マグマイル南

ホリデイイン・エクスプレス・アット・マグマイル　Holiday Inn Express at Magnificent Mile

バックパッカーの定宿として知られていた安ホテルが、都会的に大変身。ビジネスパーソンにも人気のチェーンホテルとなった。清潔。温かい無料の朝食付き。ロケーションもいい。ロビーにコーヒー、紅茶が常時用意されている。

[住]640 N. Wabash Ave., Chicago, IL 60611　☎(1-312)787-4030　[Free](1-800)799-4030　■日本の予約先：[無料]0120-677-651　[FAX](1-312) 787-8544　[URL]www.casshotel.com　[客室数]174　[料]ⓈⒹⓉ$89～589、スイート$299～759　[カード][A][D][J][M][V]

WiFi 無料

[H] [エコノミー] ナイトスポット、レストランへ行くのに便利　[MAP] P.30-B3／リバーノース中心部

ベストウエスタン・リバーノース　Best Western River North

マーチャンダイズマートに4ブロックという便利なロケーション。フィットネスセンターは無料。屋内プールもあり、リフレッシュするには最適だ。場所を考えるとリーズナブル。

[住]125 W. Ohio St., Chicago, IL 60654　☎(1-312)467-0800
[Free](1-800)727-0800　[FAX](1-312)467-1665　[URL]www.rivernorthhotel.com
[客室数]150　[料]ⓈⒹⓉ$89～309、スイート$109～379　[カード][A][D][J][M][V]

WiFi 無料

[H] [エコノミー] キッチン付きで長期滞在向け　[MAP] P.23-B3／マグマイル北

レジデンスイン・シカゴ・ダウンタウン／マグマイル　Residence Inn Chicago Downtown／Mag Mile

マグニフィセントマイルの北側、ミシガンアベニューと湖の間にある。コンドミニアムを改装した建物で全室フルキッチン付きスイート。温かい朝食付き。シカゴ中心部としては客室も広い。

[住]201 E. Walton Pl., Chicago, IL 60611　☎(1-312)943-9800　[Free](1-866)596-7890　■日本の予約先：[無料]0120-142-890　[FAX](1-312) 943-8579　[URL]www.marriott.com　[客室数]221　[料]スイート$139～599　[カード][A][D][J][M][V]

WiFi 無料

FROM READERS トラベロッジ・ダウンタウン・シカゴ　オヘア空港からブルーラインで45分。レッドラインの駅も近くて使いやすいホテルでした。コーヒーメーカーなどサービスも充実していました。（徳島県　匿名　'18）['20]

エコノミーホテル

[H] [エコノミー] エリア内ではリーズナブル　[MAP] P.29-B1／マグマイル南

イン・オブ・シカゴ　Inn of Chicago

マグマイルへ半ブロック、ネイビーピアも徒歩圏内。歴史的な建物に反して、ロビーはスタイリッシュ。最大の特徴はコスパのよさ。連泊すれば割引があるなど、長めの宿泊の人はぜひチェックしてみて。

[住]162 E. Ohio St., Chicago, IL 60611　☎(1-312)787-3100
[FAX](1-312)573-3136　[URL]www.theinnofchicago.com　[客室数]359　[料]ⓈⒹⓉ$68～657、スイート$154～779＋アーバン料金$10　[カード][A][M][V]

WiFi アーバン料金に含む

[H] [エコノミー] リバーノースのクラシックなモーテル　[MAP] P.30-A2／リバーノース中心部

オハイオ・ハウス・モーテル　Ohio House Motel

国道沿いの古いモーテルが、なぜか大都会にある、そんなノスタルジックな雰囲気がする宿。事務所と宿泊棟が分かれ、チェックインは事務所で。モーテルだけに駐車場代はなんと無料。客室はとてもシンプル。

[住]600 N. LaSalle St., Chicago, IL 60654　☎(1-312) 943-6000　[Free](1-866) 601-6446　[FAX](1-312)943-6063　[URL]www.ohiohousemotel.com　[客室数]50
[料]ⓈⒹⓉ$89～429　[カード][A][M][V]

WiFi 無料

[H] [エコノミー] シカゴの住民気分で　[MAP] P.24-A3／レイクビュー

シティ・スイート・シカゴ　City Suites Chicago

レイクビュー地区のBelmont駅から徒歩約1分。夜遅くまでにぎやかな通りに面した小さなホテルで、朝食が無料。周囲にはファッションの店やカフェ、人気のレストランがずらりと並び、ナイトライフも楽しめる。

[住]933 W. Belmont, Chicago, IL 60657　☎(1-773) 404-3400　[Free](1-800) 248-9108　[FAX](1-773) 404-3405　[URL]chicagocitysuites.com　[客室数]45
[料]ⓈⒹⓉ$89～379、スイート$109～409　[カード][A][M][V]

WiFi 無料

[H] [ユースホテル] ブルース三昧したい、宿泊費を安くしたい人向けの　[MAP] P.23-A1、P.24-B4／リンカーンパーク

シカゴ・ゲッタウエイ・ホステル
Chicago Getaway Hostel

キングストンマインズ（→P.183）やブルース（→P.184）にも近い場所にあり、ブルースのライブを堪能したい人向け。ユースらしくにぎやかで、Wi-Fiが無料、ペストリーなどの簡単な朝食も付く。清潔度などはダウンタウンのユースほどではないが、値段も安いのでそれも納得。ブラウンラインのFullerton駅下車、徒歩約8分。

[住]616 W. Arlington Pl., Chicago, IL 60614
☎(1-773)929-5380　[URL]www.getawayhostel.com
■約120ベッド　[料]ドミトリー$18～28、個室$159～269、個室バス・トイレ共同$35～89　[カード][A][M][V]

WiFi 無料

[H] [エコノミー] 若者の町にある　[MAP] P.24-B4／レイクビュー

ホテルバーセイ
Hotel Versey

評判のよかったデイズインが大変身。若者でにぎわうレイクビューらしい奇抜でヒップなホテルとなり、ユニークなインテリアを見るのも楽しい。設備は少し新しくなった程度だが、サービス精神旺盛なスタッフは健在。客室はやや狭いが、シカゴらしい内装で滞在を盛り上げてくれる。周囲はレストランやクラブも多く便利。

[住]644 W. Diversey Pkwy., Chicago, IL 60614　☎(1-773)525-7010
[FAX](1-773)525-6998
[URL]www.hotelversey.com　[客室数]137
[料]ⓈⒹⓉ$99～499、スイート$209～559　[カード][A][D][J][M][V]

WiFi 無料

CHICAGO INFORMATION　**ホテルを選ぶときは料金だけで選ばない**　インターネットでホテルを検索し、予約していく人も多いと思うが、ひとつ注意してほしい。シカゴに限らず、アメリカでホテルを選ぶときは料金だけで決め↗

オヘア国際空港周辺／ローズモント

[H] [高級] 空港ビルの真ん前に構えている [MAP] P.20-B2／オヘア国際空港周辺

ヒルトン・シカゴ・オヘア空港 Hilton Chicago O'Hare Airport

空港の中にある唯一のホテル。ターミナル2の目の前にある。ホテルの中にはビジネスセンターもあり、空港にいながらにして仕事を処理することも可能。全客室に防音装置が施されているので、離発着数世界有数のノイズも気にならない。アレルギーの人に優しい客室もあるので遠慮なく頼んでみよう。

[住]O'Hare International Airport, Chicago, IL 60666 ☎(1-773)686-8000
■日本の予約先：[無料]0120-489-852(23区外) ☎(03)6864-1633
[FAX](1-773)601-2873 [URL]www.hilton.com [客室数]860
[料]ⓈⒹⓉ$115～304、スイート$225～676 [カード][A][D][J][M][V]
[WiFi]$14.95

[H] [高級] ブルーライン駅の目の前 [MAP] P.20-A4／ローズモント

ハイアット・リージェンシー・オヘア Hyatt Regency O'Hare

CTAブルーラインRosemont駅の目の前にあるので、わかりやすい。ローズモントでのコンベンションの利用客が多い大型ホテルだ。ハイアットらしい広く快適な客室で、ゆったりしたステイが楽しめる。ダウンタウンに行くときもCTAトレインの利用で便利。オヘア空港へ無料シャトルあり。

[住]9300 Bryn Mawr Ave., Rosemont, IL 60018
☎(1-847)696-1234 ■日本の予約先：[無料]0800-222-0608
[FAX](1-847)698-0139 [URL]ohare.regency.hyatt.com [客室数]1095
[料]ⓈⒹⓉ$174～259、スイート$204～ [カード][A][D][J][M][V]
[WiFi]無料

[H] [高級] ホテルからCTAの駅へも近い [MAP] P.20-A4／ローズモント

エンバシースイート・シカゴ・オヘア／ローズモント Embassy Suites Chicago-O'Hare/Rosemont

客室はスイートタイプ。ミニシンク付きバーカウンターや冷蔵庫、電子レンジもあるので、ゆったり滞在できる。無料の新聞（フロントにあり）、温かい無料の朝食サービスあり。空港へ無料シャトルあり。

[住]5500 N. River Rd., Rosemont, IL 60018 ☎(1-847)678-4000
[FAX](1-847)928-7659 [URL]www.hilton.com/en/embassy/
[客室数]294 [料]スイート$115～334 [カード][A][D][J][M][V]
[WiFi]$10.95

[H] [高級] コンベンションも行われるホテル [MAP] P.20-A4／ローズモント

クラウンプラザ・シカゴ・オヘア Crowne Plaza Chicago O'Hare

ローズモントではいちばん新しく、エコを意識した大型ホテル。広い机やコードレスの電話など、ビジネス客向けのホテルではあるが、部屋は広いのでファミリーで泊まるのもいい。空港への無料シャトルあり（24時間）。

[住]5440 N. River Rd., Rosemont, IL 60018 ☎(1-847)671-6350 [Free](1-800)227-6963
■日本の予約先：[無料]0120-730-743 [FAX](1-847)671-5406 [URL]www.crowneplazaohare.com [客室数]500 [料]ⓈⒹⓉ$129～229、スイート$179～304 [カード][A][D][J][M][V]
[WiFi]無料

[H] [高級] おいしいクッキーが好評な [MAP] P.20-A4／ローズモント

ダブルツリー・シカゴ・オヘア空港・ローズモント DoubleTree Chicago O'Hare Airport-Rosemont

チェックイン時にもらえる、分厚いチョコチップクッキーが人気。向かいはコンベンションセンターで、敷地内には人気のステーキ店ギブソンズがあり、接待に使われることも。深夜1:00まで空港への無料シャトルあり。

[住]5460 N. River Rd., Rosemont, IL 60018 ☎(1-847)292-9100 [Free](1-800)445-8667
■日本の予約先：[無料]0120-489-852(23区外)、☎(03)6864-1633 [FAX](1-847)292-9295
[URL]www.doubletreeohare.com [客室数]369 [料]ⓈⒹⓉ$119～319 [カード][A][D][J][M][V]
[WiFi]無料

↘てはいけない。アメリカでは、安全もお金で買うという暗黙の了解があり、安い宿は周囲の治安が悪かったり、交通の便も悪かったりする。口コミも参考になるが、必ずロケーションも確認して選ぶようにしたい。

ローズモント／オヘア国際空港周辺

[H] [高級] ブルーラインRosemont駅から徒歩約5分　[MAP] P.20-A4／ローズモント

ヒルトン・ローズモント／シカゴ・オヘア　Hilton Rosemont/Chicago O'Hare

コンベンションセンターは通りの向かい。CTA駅に近く、温水プール、プリント無料のビジネスセンターもあり、ビジネスパーソンに好評。足元から天井まである窓は開放感がいっぱい。空港まで無料のシャトルあり。

[住]5550 N. River Rd., Rosemont, IL 60018　☎(1-847)678-4488　[FAX](1-847)678-9756
■日本の予約先：[無料]0120-489-852(23区外)　☎(03)6864-1633(23区内)　[URL]www.hilton.com
[客室数]300　[料]ⓈⒹⓉ$105～275、スイート$140～330　[カード][A][D][M][V]

WiFi $9.95

[H] [中級] モダンなデザインは若者に人気　[MAP] P.20-A4／ローズモント

アロフト・シカゴ・オヘア　Aloft Chicago O'Hare

人気のアウトレット（Fashion Outlets）に最も近いホテル。近代的な内装と、比較的リーズナブルな料金で若者に人気のホテルブランドだ。設備は整うが、バスタブがない部屋も。アメニティは人気のボディブリス。

[住]9700 Balmoral Ave., Rosemont, IL 60018　☎(1-847)671-4444
[FAX](1-847)671-2955　[URL]www.aloftchicagoohare.com　[客室数]247
[料]ⓈⒹⓉ$121～359　[カード][A][D][J][M][V]

WiFi 無料

[H] [高級] 安心感がビジネスパーソンを癒やす　[MAP] P.20-B2／ローズモント

ロウズ・シカゴ・オヘア　Loews Chicago O'Hare

オヘア空港へは無料シャトルで約5分。アートが飾られ、エレガントかつスタイリッシュ。アメリカで人気のブティックホテルのチェーンだ。シーフードの有名店と、ライブやコメディが楽しめるシアターもある。

[住]5300 N. River Rd., Rosemont, IL 60018　☎(1-847)544-5300　[Free](1-844)237-1175　[FAX](1-847)447-4281　[URL]www.loewshotels.com/chicago-ohare
[客室数]616　[料]ⓈⒹⓉ$129～349、スイート$199～389　[カード][A][D][J][M][V]

WiFi 無料

[H] [中級] オヘア国際空港から1.6km　[MAP] P.20-B2／オヘア国際空港周辺

ホリデイイン＆スイート・シカゴ・オヘア・ローズモント　Holiday Inn & Suites Chicago O'Hare-Rosemont

オヘア国際空港への無料シャトルが24時間運行されている。客室はシンプルだが、使いやすく清潔。1階にはハリー・ケリーのステーキハウスがあり、朝食からオープンしている。ギフトショップもある。

[住]10233 W. Higgins Rd., Rosemont, IL 60018　☎(1-847)954-8600
[FAX](1-847)954-8800　[URL]www.hirosemont.com　[客室数]300
[料]ⓈⒹⓉ$119～209、スイート$139～299　[カード][A][D][J][M][V]

WiFi 無料

[H] [エコノミー] 24時間オヘアへのシャトルあり　[MAP] P.20-B2／オヘア国際空港周辺

ベストウエスタン・アット・オヘア　Best Western at O'Hare

オヘア国際空港へのシャトルサービスは24時間運行。Wi-Fi、新聞、朝食は無料。隣にはレストランもある。客室のベッドはほどよいボリュームでゆっくり休める。

[住]10300 W. Higgins Rd., Rosemont, IL 60018　☎(1-847)296-4471
[Free](1-800)780-7234　[FAX](1-847)296-4958　[URL]www.bestwestern.com
[客室数]141　[料]ⓈⒹⓉ$130～170　[カード][A][D][J][M][V]

WiFi 無料

[H] [エコノミー] 長期滞在向けホテル　[MAP] P.20-B2／オヘア国際空港周辺

エクステンディッドステイ・アメリカ・シカゴ・オヘア　Extended Stay America-Chicago-O'Hare

オヘア空港から車で10分ほどの場所にある長期滞在向けのホテル。部屋は小さめだが、全室に電子レンジと冷蔵庫付きのキッチンが備えられているので便利。フロントは24時間オープン。毎日の掃除を希望する場合は+$10、リネンの交換は+$5かかる。

[住]1201 E. Touhy Ave., Des Plaines, IL 60018　☎(1-847)294-9693
[Free](1-800)804-3724　[FAX](1-847)294-9684　[URL]www.extendedstayamerica.com　[客室数]122　[料]スイート$68～189　[カード][A][D][J][M][V]

WiFi 無料

CHICAGO INFORMATION　オヘア空港周辺のホテルへ行くには　オヘア空港からの無料シャトルのある空港周辺のホテルへ向かう人は、ヒルトン・オヘア側にあるバス／シャトルセンター Bus/Shuttle Centerに行き、そこから各ホテル ↗

日本人村／エバンストン

[H] [高級] 日本人リピーターに人気　[MAP] P.20-A3 ／アーリントンハイツ（日本人村）

ダブルツリー・シカゴ - アーリントンハイツ　DoubleTree Chicago-Arlington Heights

オヘア国際空港から北西へ車で約15分、空港無料送迎あり。日系企業が集まるアーリントンハイツにあり、日本食材が揃うスーパーマーケットMitsuwaまで徒歩約3分。周辺には大型スーパーや日本食レストランも多い。

[住]75 W. Algonquin Rd., Arlington Heights, IL 60005　☎(1-847)364-7600　■日本の予約先：[無料]0120-489-852（23区外）　[FAX]（1-847）427-4298　[URL]www.doubletree.com　[客室数]241　[料]ⓈⒹⓉ$94～329、スイート$159～469　[カード][A][D][J][M][V]

WiFi 無料

[H] [中級] マリオット系ならではの安心感　[MAP] P.20-A3 ／アーリントンハイツ（日本人村）

コートヤード・シカゴ・アーリントンハイツ／サウス　Courtyard Chicago Arlington Heights/South

日本人が多いアーリントンハイツで、上記のダブルツリー・ホテルの正面。併設のカフェは朝食時のみうれしい和食メニューもある。広い机や無料Wi-Fiなど、日本人ビジネスマンに好評。全館禁煙。

[住]100 W. Algonquin Rd., Arlington Heights, IL 60005　☎（1-847）437-3344　■日本の予約先：[無料]0120-142-890　[FAX]（1-847）437-3367　[URL]www.marriott.com　[客室数]147　[料]ⓈⒹⓉ$99～169、スイート$109～189　[カード][A][D][J][M][V]

WiFi 無料

[H] [エコノミー] ミツワスーパーの前にある　[MAP] P.20-A3 ／アーリントンハイツ（日本人村）

ホリデイイン・エクスプレス・シカゴNW-アーリントンハイツ　Holiday Inn Express Chicago NW-Arlington Heights

アーリントンハイツのホテルエリアにあり、日系のスーパーマーケットMitsuwaはすぐ横。オヘア国際空港とメトラの駅など5km以内まで無料送迎してくれる（7:00～22:30）。ペットもOK。ご飯と味噌汁の朝食の評判がよい。

[住]2111 S. Arlington Heights Rd., Arlington Heights, IL 60005　☎（1-847）956-1400　■日本の予約先：[無料]0120-677-651　[FAX]（1-847）956-0804　[URL]www.hiexpress.com　[客室数]111　[料]ⓈⒹⓉ$96～259　[カード][A][D][J][M][V]

WiFi 無料

[H] [高級] 白いご飯の朝食付き　[MAP] P.20-A3 ／アーリントンハイツ近郊（日本人村）

シェラトン・スイート・シカゴ・エルクグローブ　Sheraton Suites Chicago Elk Grove

オヘア空港から北西へ車で約12分。アーリントンハイツの南側、I-90沿いにある。広大な森林保護地域に面していて敷地内も緑豊か。客室も全室スイートでゆったりと過ごせる。家族連れにおすすめ。

[住]121 Northwest Point Blvd., Elk Grove Village, IL 60007　☎（1-847）290-1600　■日本の予約先：[無料]0120-003535　[FAX]（1-847）290-1129　[URL]www.sheratonsuiteselkgrove.com　[客室数]253　[料]スイート$109～329　[カード][A][D][J][M][V]

WiFi $9.99

[H] [中級] ビジネス客にも便利な設備が揃う　[MAP] P.33-A3 ／エバンストン

ヒルトン・ガーデンイン・シカゴ・ノースショア／エバンストン　Hilton Garden Inn Chicago North Shore / Evanston

エバンストンの中心、Maple Ave.沿いにあるシンプルだが快適なホテル。全室に電話回線がふたつ、冷蔵庫、電子レンジ、アイロン、ビジネスセンターは24時間オープン。平日は新聞のサービスあり。

[住]1818 Maple Ave., Evanston, IL 60201　☎(1-847)475-6400　[FAX](1-847)475-6460　[客室数]178　[URL]www.hiltongardeninn.com　[料]ⓈⒹⓉ$109～349、スイート$164～384　[カード][A][D][J][M][V]

WiFi 無料

[H] [高級] 95年の歴史をもつ　[MAP] P.33-A3 ／エバンストン

ヒルトン・オリントン／エバンストン　Hilton Orrington / Evanston

1923年オープンのホテルで、ヒルトン系列になった。ホテル内には大小さまざまなミーティングルームがあり、ビジネスユースにも対応している。高架鉄道パープルラインのDavis駅から北東へ徒歩約5分。

[住]1710 Orrington Ave., Evanston, IL 60201　☎(1-847)866-8700　[FAX](1-847)866-8724　[URL]www.hilton.com　[客室数]269　[料]ⓈⒹⓉ$109～525、スイート$209～749　[カード][A][D][J][M][V]

WiFi 無料

↘のピックアップバンに乗ることになる。ターミナルのカーブサイド（車両乗降場）ではないので注意。バス／シャトルセンターへはターミナルから一度地下にもぐってから行く。センターからはマディソンなど近郊の町へのバスも発着する。

エバンストン／ミッドウエイ空港周辺／オークパーク

[H] [中級] パープルラインDavis駅から2ブロック [MAP] P.33-A4マップ外／エバンストン

マルガリータ・ヨーロピアンイン Margarita European Inn

Davis駅の西側になるが、ロータリーの本部まで徒歩6分、周囲にレストランも多く、高級住宅街の雰囲気もある。客室はちょっと狭いが、名前のとおりヨーロッパ風のエレガントさを持ち合わせてゴージャスな装い。アメニティはオーガニックで、朝食が付く。市内通話も無料だ。

[住]1566 Oak Ave., Evanston, IL 60201 ☎(1-847)869-2273 [FAX](1-847)869-2353 [URL]www.margaritainn.com [客室数]46 [料]ⓈⒹⓉ$89～304(バスなしの部屋あり) [カード][A][D][J][M][V]

WiFi 無料

[H] [エコノミー] ロータリー本部から1ブロック [MAP] P.33-A4 ／エバンストン

ホリデイイン・シカゴ・ノース・エバンストン Holiday Inn Chicago North-Evanston

エバンストンの少し南にある。周囲にはレストランなども多く、CTAパープルラインとメトラの駅も徒歩圏内。清潔で、シンプルな客室だが、最低限のものは整っている。エバンストンではコストパフォーマンスも高い。

[住]1501 Sherman Ave., Evanston, IL 60201 ☎(1-847) 491-6400 ■日本の予約先：[無料]0120-677-651 [FAX](1-847) 328-3090 [URL] www.ihg.com/holidayinn [客室数]159 [料]ⓈⒹⓉ$99～409 [カード][A][D][J][M][V]

WiFi 無料

[H] [エコノミー] ミッドウエイ空港へシャトルが運行 [MAP] P.21-C4 ／ミッドウエイ空港周辺

ホリデイイン・エクスプレス＆スイート - ミッドウエイ空港 Holiday Inn Express & Suites-Midway Airport

ミッドウエイ空港からわずか南へ2ブロックととても近いが、空港まで24時間シャトルを運行させている。シンプルだがWi-Fiなどの設備も整い、使いやすい。無料の朝食付き。周囲にはレストランも多い。

[住]6500 S. Cicero Ave., Chicago, IL 60638 ☎(1-708) 458-0202 [FAX](1-708) 458-0994 [URL]www.hiexpress.com [客室数]104 [料]ⓈⒹⓉ$122～330、スイート$137～340 [カード][A][D][J][M][V]

WiFi 無料

[H] [中級] 1890年代に建てられた建物を使用した [MAP] P.32-A4 ／オークパーク

カールトン・オブ・オークパーク Carleton of Oak Park

Oak Park駅の南側にあり、ライト邸なども徒歩圏内。オークパークの繁華街なので、かわいらしい町を歩くのも楽しい。ホテル自体はエレガントで厳かな雰囲気ながらも、オークパークらしいアットホーム感も漂わせている。静かなトーンの客室は、とても落ち着く。シカゴの喧騒から離れたいときには最適。

[住]1110 Pleasant St., Oak Park, IL 60302 ☎(1-708)848-5000 [Free](1-888)227-5386 [FAX](1-708)848-0537 [URL]www.carletonhotel.com [客室数]154 [料]ⓈⒹⓉ$134～202、スイート$232～242 [カード][A][M][V]

WiFi 無料

[H] [中級] オークパークを起点にするなら [MAP] P.32-B2 ／オークパーク

ライトイン The Write Inn

緑豊かな閑静な住宅街にあり、オークパークのライト設計の邸宅群も歩いて5～10分の距離。周囲の町並みにとけ込んだこぢんまりとした宿で、わが家に帰ってきたよう。客室はシンプルだが、宿にはおいしいレストランもあって、散策のひと休みにも使える。オークパークを起点にするのならおすすめのホテルだ。

[住]211 N. Oak Park Ave., Oak Park, IL 60302 ☎(1-708)383-4800 [FAX](1-708)383-4875 [URL]www.writeinn.com [客室数]65 [料]ⓈⒹⓉ$119～245、スイート$169～272 [カード][A][D][J][M][V]

WiFi 無料

空港周辺ホテルの無料シャトル 空港周辺のホテルは無料で空港への送迎を行っているが、定期的に運行されているものと、リクエストベースのものと2種類ある。空港で待っても来ないことがあるので、確認を。

Restaurants List

レストランリスト

シカゴでランチに ビール & ワインを楽しめる店

RIVER ROAST
\ ウオーターフロントの特等席 /

リバーロースト

シカゴ川に面し、眺望のよさが自慢。人気No.1はローストチキンRoast Chickenで、周りはカリカリ、中は驚くほどジューシー！付け合わせのポテトはビールが進むおいしさだ。肉の味が生きるグルメバーガーも試してみたい一品。ビールはシカゴをはじめイリノイ、インディアナ、ミシガン州産を15種揃える。

ジューシーです！

ローストした料理がウリ。リンゴの木で燻したチキンは絶品

チキンを1羽頼むと目の前で切り分けてくれる。いい香りで幸せ気分に

上／ブッラータはさわやかな酸味がピーチの甘みとよく合う
下／頻繁に往来するクルーズ船を眺めることのできるテラス席が人気

MAP P.30-B4 ／リバーノース中心部
315 N. LaSalle St. ☎ (1-312) 822-0100 営月〜金11:30〜22:00（金〜23:00）、土日11:00〜23:00（日〜21:00）
カード AMV URL www.riverroastchicago.com 予算 $$

Strasserhofのイタリア白ワインとサンドイッチのマッチングはまさに美味

NICO OSTERIA
\ パンのおいしさがワインを引き立てる /

ニコ・オステリア

生ガキなどシーフードが自慢のイタリア料理店。実はこの店、あるものが大好評なのだ。それは自家製パン。サンドイッチ、オリーブ入りのパンなど、どれもあとを引くおいしさだ。料理の味つけも上品で、香り高いワインとサンドイッチでちょうどいい量。もう1品というときはパオロズブッラータPaolo's Burrataを。

左／レストラン街のラッシュストリートにあり、天気のいい日はテラス席がおすすめ
右／パオロズブッラータはフレッシュチーズの塩味とバルサミコの酸味、ピーチの甘味が絶妙のハーモニーを奏でる

MAP P.23-B3 ／マグマイル北
トンプソンホテル1階。1015 Rush St. ☎ (1-312) 994-7100 営朝・ランチ月〜金7:00〜15:00、ディナー毎日17:00〜22:00（日〜21:00）。ブランチ土日8:00〜14:00
カード AMV URL www.nicoosteria.com 予算 $$

シカゴは姉妹都市の大阪と同じく「食い倒れの町」。市内のレストランは7300を超え、ミシュランガイドの3つ星レストランは26軒にも上る。これはアメリカではニューヨーク、サンフランシスコに次ぐ数字。シカゴにはおかたい雰囲気のレストランは少なく、ステーキハウスでさえカジュアル。昼はビジネスパーソンで満席という店もザラ。しかも、ランチは夜より2～3割ほど安く食べることができて、お得。アルコールの注文もしやすい。軽く1杯飲みながら名物料理に舌鼓を打ち、午後からの鋭気を養おう。

左／アメリカ料理とビールの相性はとてもいい。お試しあれ　右／従業員に笑顔のあるレストランは料理もいける!!

＼特製フライドチキンが予想外のおいしさ／
THE DEARBORN
ディアボーン

シアターディストリクトにある質の高いアメリカ料理の店。自慢のフライドチキンは店の名物。18時間ビネガーでマリネし、メープルマスタードでグレーズしてからオーブンで焼き、最後にフライ。照り焼きに近い甘辛さは日本人の口にも合う。シーフードやステーキも充実しており、雰囲気やサービスも気持ちよい。

上／一番のおすすめがフライドチキン。脂っこくなく、日本人好みの味つけ　中／サーモンなどのシーフードもビールによく合う　下／ループエリアにあることからビジネスパーソンの利用が多い店。ロケーションもいい

MAP P.27-C1／ループエリア
住145 N. Dearborn St. ☎ (1-312) 384-1242　営月～金11:00～23:00(月～22:00、金～24:00)、土日10:00～24:00(日～22:00)　カードＡＭＶ　URL www.thedearborntavern.com　予算ＳＳ

ラグニタスとハンバーガーの相性もバツグン。日本人にはちょうどいい量

＼シカゴらしい建築で新しいアメリカン／
ATWOOD
アットウッド

ループエリアの目抜き通りState Streetに面した歴史的ビルの1階にあり、シンプルながらも素材の味が生きた料理が楽しめる。クリスピーサーモンは皮の部分がカリカリでうま味が凝縮されている逸品。ビールは地元で人気のラグニタス(→P.269)を。料理はグルテンフリーなのもうれしい。週末の夜はピアノの生演奏もある。

左／明るい店内。建築ツアーで回る歴史的なリライアンスビルの中。2階の個室での食事も可能　右／チーズの盛り合わせでビールも進む。チーズとジャムやフルーツは新しい味でGood。ハッピーアワーも実施

MAP P.27-C2／ループエリア
住パインアップルホテル1階。1 W. Washington St. ☎ (1-312) 368-1900　営月～金7:00～21:00 (金～22:00)、土日8:00～22:00(日～21:00)　カードＡＭＶ　URLatwoodrestaurant.com　予算ＳＳ

Dine in Chicago

シカゴでおいしい食事を楽しむために

日本人にはピンとこないかもしれないが、シカゴは「食」の町。その証拠にミシュランガイドが発行されている数少ないアメリカの都市のひとつである。シカゴ料理の特徴は量の多さ。もうひとつの特徴は、エスニックタウンの多さに代表される、バラエティに富んだ民族料理。日本ではお目にかかれない料理にチャレンジするのも、いいシカゴ体験だ。

シカゴのレストランはどこにある？

人気のある場所は、マグニフィセントマイルとリバーノースのあたり。ウエストループ（→P.104）もレストラン街だ。レストランの数があまりに多過ぎるので、どんなものを食べたいか、予算はどのくらいかなどを、あらかじめ考えておきたい。
★レストラン情報は、値段や地図などが揃っている次のサイトが便利。
URL www.chicagoreader.com
URL www.yelp.com/chicago

シカゴ市の飲食税とチップ

シカゴでは外食するとタックスがかかる。北はDiversey Pkwy.、西はAshland St.、南はStevenson Expwy.に囲まれたエリアは11.75%、そのほかのシカゴ市内は10.75%。セールスタックスとも異なるので、注意して。

●チップの相場と注意点

チップは全米では15〜20%といわれるが、シカゴでの計算方法として、税金を抜いた飲食費の合計の20%が一般的。15%ではかなりせこいと思われる。日本からのグループによく見られるのが、例えば食事の合計金額が$400なのに、ひとりで給仕してくれたのだから$50で十分だろうと、チップの額を勝手に決めること。あくまでも食事の合計額に対する20%だから、$400なら$80は払う必要がある。勝手にチップの額を決めないこと。

レストランで食事をするときの注意点

●予約は必要か？

お目当てのレストランがあるのなら、予約を入れたほうがいい。レストランの予約は、電話だけでなく、店の予約サイトや、下記のレストランの予約専用サイトからもできる。メールアドレスや携帯電話の番号が必要。
URL www.opentable.com
なお、シカゴ名物の分厚いピザは、焼くのに時間がかかる。

●ドレスコードについて

アメリカはどこへ行っても、その場の雰囲気を壊さないことが大切。高級レストランなら、少なくともジャケットに革靴。ジーンズはどんなに高級なものであっても避けよう。

●飲酒年齢について

21歳未満は飲酒禁止。店でお酒を頼むとき

> **おひとり様の強い味方「イートイン」**
>
> 日本でもコンビニを中心に増えてきたイートイン。ひとりでも気軽に利用できるのがメリット。アメリカではスーパーマーケットにあることが多く、店によってサラダバー、スープバー、寿司やピザなどの惣菜の種類も多く、バラエティが楽しめる。市内ではホール・フーズ・マーケット（→P.299）、プラムマーケット（→P.298）が使いやすい。
>
>
>
> 左／カウンター式のイートインコーナー。ここで食事をする人はかなり多い　右／大きなスーパーならサラダバーや惣菜バー、スープバーなどの量り売りが豊富

選んでね！　ドレッシング編　個人主義が浸透しているアメリカでは、サラダのドレッシングや卵の焼き方などいちいち指示しなければならないものがいくつかある。覚えておくと、いざというときに便利だ。↗

に写真付きのID（身分証明書）を求められることがあるので、忘れずに。

●グループで訪れた際はチップに注意

グループで食事した際は、チップやサービスチャージが自動的に請求書に課金されていないかを必ず確認したい。TIP、Service Chargeという項目で金額がすでに記載されている場合でも、さらにTIPやService Charge、Gratuity欄があり、空欄になっていることがある。ダブルで払う必要はないので、空欄のままでいい。

●アルコール類を頼んだら

自分がオーダーしたアルコール類（特にワインボトル）の金額が正しいかも確認したい。しかし、大人数のお酒の入った会食で正確に覚えておくのも、実際難しい。だいたいでよいので覚えておこう。

●レシートについて

ファストフード、カフェ、サンドイッチ屋などの軽食店では、レシートをくれない店がほとんど。経費でレシートが必要な場合は、その場で「レシートください」と言うこと。

●子供連れは注意

ファミリー・ウエルカムのレストランを除いて、アメリカのレストランやカフェでは子供連れのお客は歓迎されない。アメリカでは大人と子供の場所が分かれており、大人の空間であるレストランやカフェの雰囲気を壊してほしくないのだ。本書の表示を参考に。

シカゴの日本食事情

シカゴでも日本食のレストランが増えてきたが、中心部には日本人シェフのいる店がとても少ない。そこで、視点を変えてみてはどうだろう。日本人シェフのいない日本料理店では創作巻き寿司を出す店が多く、これが意外にいける。カラフルな刺身や野菜、天ぷらやうなぎを使った創作寿司は、お米が主食の日本人にはうれしいもの。

アメリカのレストランで使われる用語

日本ではあまり知られていない用語が、アメリカのレストランでは頻繁に登場する。

●ジー・エム・オー GMO

GMOはGenetically Modified Organismsの略で、遺伝子組み換え作物のこと。アメリカでも日本同様、遺伝子組み換え作物に注意している人は多く、健康をうたい文句にするレストランや自然派食品のスーパーマーケットでは「NON-GMO」「Free GMO」と表示されている。

シカゴの**3**大名物料理

日本各地に名物料理があるように、シカゴにも名物料理がある。いかにもアメリカらしいものばかりだが、シカゴに来たからには一度はトライしてみて

1. ホットドッグ

シカゴスタイルのホットドッグはほかの町とちょっと違う。ケシ粒の付いたコッペパンに大きなピクルス、タマネギ、青トウガラシ、トマトなどを載せてマスタードをかけて食べる。ケチャップは邪道。炒めたタマネギを使う店もある。

2. ディープディッシュ・ピザ

シカゴは本場イタリアのピザをまったく別のものにしてしまった！特徴はタルト皿のような器にピザ生地を敷き、ソーセージやペパロニ（サラミ）、ピーマンやタマネギなどの具をたっぷり詰めてチーズをかけ、トマトソースをかけてじっくり焼き上げる。ボリューム超満点！

3. イタリアンビーフ

名前のごとくイタリア系移民が作り出したファストフード。例えば日本の牛丼のパン版。スライスしたビーフを肉汁とともにとろ火で煮込み、うま味を十分に染み込ませたうえで、イタリアンロールに挟み込む。さらに肉汁にひたす店も。

ドレッシングには次のような種類がある。オイル&ビネガー Oil & Vinegar…文字どおりサラダオイルとお酢が別々の容器に入って運ばれる。卓上の塩とコショウを合わせて自分で味付けする。イタリアンItalian…サラダオ

●ユー・エス・ディー・エー・オーガニック USDA Organic

USDAはアメリカ農務省のこと。農務省が認めた農法による農作物と畜産物には緑の丸に「USDA Organic」のロゴが表示されている。簡単にいえば、国が認めた食の安全マーク。合成肥料や遺伝子操作などがなく、家畜はオーガニックの飼料で育てられたなど、非常に厳しい基準があり、それをクリアしたものだけに与えられる。

●ファーム・トゥ・テーブル（農場から食卓へ） Farm to Table

アメリカでは、日本以上に食の安全に対する意識が強く、地産地消が浸透している。地元で取れた新鮮な野菜や肉は、素材の味が生きている。輸送に時間もかからないぶん、CO_2の削減にもなり、まさにエコロジー。

●プリフィックス Pri-Fix

前菜やメイン、デザートなどの料理を数種類のなかから選べるスタイル。基本的にコースになっていて、比較的手頃な値段だが、スープや前菜類は選べないこともある。

食品の対訳

食材	
肉類	
牛肉	beef
仔牛肉	veal
豚肉	pork
鶏肉	chicken
仔羊肉	lamb
カモ／アヒル	duck
七面鳥	turkey
魚介類	
アワビ	abalone
カニ	crab
エビ	shrimp
シタビラメ／カレイ	sole
ロブスター	lobster
車エビ	prawn
カキ	oyster
サケ	salmon
マス	trout
マグロ	tuna
スズキ	perch
ムール貝	mussel
ハマグリ	clam
ホタテ	scallop
野菜	
タマネギ	onion
ニンジン	carrot
ナス	eggplant
キャベツ	cabbage
キュウリ	cucumber
ホウレンソウ	spinach
タケノコ	bamboo shoots
カボチャ	pumpkin
トウモロコシ	corn
ピーマン	green pepper
キノコ類	mushroom

調理方法	
焼いた	baked
ゆでた	boiled
炒めて蒸した	braised
あぶり焼きした	broiled
揚げた	fried
直火焼きにした	grilled
燻製にした	smoked
蒸した	steamed
油で軽く炒めた	sauteed
オーブンで焼いた	roasted
つぶした	mashed
～を詰めた	stuffed
串焼き	brochette
とろ火で煮込んだ	stewed
ぶつ切りにした	chopped
冷やした	chilled
骨付きの	boned
風味付けした	flavored
添えた	garnished
ほんのり焦がした	doré
ムニエルした	meunière

●持ち帰りのための「ボックスBox」

シカゴのレストランの料理は量が多い。残すとサーバーが「Would you like a box?」と尋ねてくれる。これは「お持ち帰りしますか?」の意味だから、持ち帰りたいときは「Yes, please」と答えるとよい。Boxの代わりにContainerというときもある。

●ベジタリアンVegetarians

菜食主義者のこと。一般的には、肉類を食べない人のことを指すが、実は奥が深い。宗教上の問題もあり、肉のほかに魚も食べない人、卵、バター、チーズなどの乳製品も食べない人（ビーガンVegan）もいて、それらの人用のメニューを置いてあるのも、多民族国家アメリカならでは。日本に比べてメニューの種類も多いので、この機会に試してほしい。

●ローフード Raw Food

素材をあまり加工しない料理で、加熱しないことによって、ビタミン類の破壊を防ぐことができる。

●グルテンフリー Gluten Free

グルテンとは、小麦などに含まれるタンパク質（グルテン）の一種で、アメリカでは、このグルテンがアレルギーなどを引き起こす要因のひとつといわれている。日本でもこの健康法が広まっている。

●ジェームズ・ビアード賞 James Beard Award

アメリカ料理界のアカデミー賞といわれるもので、料理界の発展に寄与し、功績を残したシェフやレストランに授与される有名な賞。アメリカでは大変な栄誉。シカゴでは40の店とシェフが受賞。

マークの読み方

レストランリストでは料金の目安を$マークで表示しています。予算の基本は、ディナーの場合のメイン+1品にタックスが加算された料金です。飲み物とアルコールは含まれませんので、ご注意ください。

店の入口にどのカードが使えるか表示されていることも

$：25ドル以下
$$：25～60ドル
$$$：60ドル以上
👥：接待にも使える店
👤：ひとりでも入りやすい店
👪：家族連れにも入りやすい店
[安]：料金のリーズナブルな店
☎：予約、または予約をすすめる

↘イル、酢またはレモン汁に刻んだタマネギ、ピーマン、ニンニク、オレガノなどを加えたもの。フレンチFrench…トマト風味のどろっとした、甘酸っぱいもの。ランチ…サワークリームやマヨネーズに酢を合わせたもの。ブ↗

レストランでのハウツー

1 係員の案内で席に着く
どんな小さなレストランでも（ときにはコーヒーショップでさえ）、案内係の先導で席に着く。予約済みであればその旨を伝え、予約なしで混雑しているときは、ウエイティングリストに名前を入れてもらう。名前はアメリカの場合ファーストネームを入れることが多い。名前が呼ばれるまで、ウエイティングバーで待つことになる。シカゴのレストランは禁煙。お酒を飲むときはIDを携帯すること。

2 最初に飲み物をオーダーする
着席し、しばらくすると担当のサーバーが注文を取りにくる。そのとき本日のおすすめ料理などを教えてくれる。先に飲み物を頼み、それを運んでくる間にメインディッシュなどを考えておこう。なお、テーブルごとにサーバーが決まっている。

3 飲み物が来たら食事をオーダーする
メニューは、Appetizer（前菜）、Salad（サラダ）、Soup（スープ）、EntréeやDinner（メインディッシュ）、Dessert（デザート）などに分かれているから、おなかのすき具合と予算に合わせて注文するといい。

4 食事中にサーバーが加減を聞きにくる
メインディッシュが来たあと、サーバーが「食事はいかがですか」と尋ねてくる。おいしかったら"Good"とか"Fine"。とてもおいしいときは"Excellent！"と言うといい。逆に何かおかしかったら説明すること。まぁ、さほどおいしくもないが、特に悪くもないときは"OK"でいい。

5 デザートの注文を取りにくる
メインを食べ終わる頃に"Have you finished?"と聞きにくるが、まだだったら"I'm still working."と答えればよい。"Would you like some dessert?"とデザートをすすめにきて、もう食べたくないときは"I'm fine."と答えるのもよい。コーヒーが欲しければ"I'd like a coffee"と。

デザートも甘みを抑えたものが増えてきた

6 請求書をもらう
食事が終わったら請求書をもらう。このときの英語は"May I have a check, please?"でよい。じっくり見て間違いがないか調べる。席で支払う場合がほとんどで、キャッシュ、またはクレジットカードで支払う。チップはオーダーの20％が目安だが、もちろんサービスが悪かったらそれ以下でもかまわない。しかし、1¢硬貨（ペニー）がいっぱい残っているからといってそれでチップをあげようなんて考えないように。ペニーには侮辱の意味がある。

7 支払い
請求書が合っていたら、キャッシュ、またはクレジットカードを請求書と一緒に渡す。すると、キャッシュの場合はおつりを、クレジットカードの場合は総額が印刷された2枚つづりのレシートを持ってくる。

カードでの支払いのときはこのレシートが2枚来る。"Gratuity"の欄にチップの金額を記入して、自分で合計金額を書く

8 チップの払い方
キャッシュの場合、チップは請求書の運ばれてきたトレイに置く。細かい金額を持ち合わせていないときは、キャッシャーで崩してから席に戻って、チップを置くか、直接サーバーに手渡すとよい。
クレジットカードで支払うときは、先ほど渡された2枚つづりのレシートの"Gratuity"の欄にチップの金額を書き込み、食事代と合計した金額を計算して書き込む。そして、レシートの"Customer's Copy"、または署名したものでないコピーのレシートのほうをもらって、席を離れる。

番外 グルメバーガーの注文の仕方　グルメバーガーは、日本にもあるサンドイッチなどのファストフード店のサブウエイと同じシステムで、肉（ビーフ、ターキー、チキンなど）から、チーズ、ピクルス、野菜、ソースまで好みに応じて選んでいく。すべて「Yes！」と答えると、とても高くつくので要注意。わからなかったら「What do you recommend？」と聞いてみるのも手。

シカゴ名物料理（ディープディッシュ・ピザ）

R ディープディッシュ・ピザ　｜シカゴでNo.1のピッツァと賞賛される　**MAP** P.30-A3／リバーノース中心部

ル・マルナーティ・ピッツェリア
Lou Malnati's Pizzeria

カリカリのバタークラストの生地が評判で、他店のピザに比べ脂っこくないのが特徴だが、それでも量は多い。シカゴを実感するなら店名の付いたピザがGood。食べきれなかったら持ち帰ろう（Box）。Mサイズ$18.95～。

🏠439 N. Wells St.　☎(1-312) 828-9800　🕐日～木10:30～23:00、金土～24:00　カード A M V
URL www.loumalnatis.com　予算 Ⓢ Ⓢ Ⓢ　●ゴールドコースト店（写真）🏠1120 N. State St.　MAP P.23-B3

R ディープディッシュ・ピザ　｜地元人いわく、世界一のピザ!?　**MAP** P.28-B3／マグマイル北

ジノス・イースト
Gino's East

People誌のNo.1ピザに選ばれたこともある。食事時はいつも店の前に長蛇の列。値段はMサイズで$28～32。ピリッと香辛料の利いたソーセージとたっぷりのチーズ、ちょっと酸味の利いたトマトソースなど、シカゴらしい味だ。

🏠162 E. Superior St.　☎(1-312)266-3337　🕐日～木11:00～21:00、金土～22:00　カード A M V
URL www.ginoseast.com　予算 Ⓢ Ⓢ Ⓢ　●支店🏠500 N. LaSalle St.、🏠2801 N. Lincoln Ave.

R ディープディッシュ・ピザ　｜広い店内は着席までの時間も短い　**MAP** P.28-A3／マグマイル北

ジオダーノス
Giordano's

トマトソースのこってり感が特徴。おすすめは、ホウレンソウやブロッコリーなどのヘルシーなシカゴスタイル。スモール$19.45～、ミディアム$23.95～、ラージ$28.25～。薄いピザもある。待ちたくないならこの店。

🏠730 N. Rush St.　☎(1-312)951-0747　🕐日～木11:00～23:00、金土～24:00　カード A M V
URL giordanos.com　予算 Ⓢ Ⓢ Ⓢ

R ディープディッシュ・ピザ　｜1943年にシカゴピザを作った店　**MAP** P.29-A2／マグマイル南

ピッツェリアウノ
Pizzeria Uno

以前は別の町で営業していたが、シカゴへ進出してきてからその評判が高まった店。ピザとビールでひとり$25前後。Mサイズは$27ほどだが日本人なら2～3人で食べるのに十分な大きさなので気をつけて。また焼き時間が40分ほどかかる。すぐそばに姉妹店のピッツェリアドゥエPizzeria Due（🏠619 N. Wabash Ave. MAP P.29-A1）があるので、混雑していたらこちらへ。

🏠29 E. Ohio St.　☎(1-312)321-1000　🕐月～金11:00～翌1:00、土～翌2:00、日～23:00　カード A M V
URL www.unos.com　予算 Ⓢ Ⓢ Ⓢ

予算：予算はメイン料理と飲み物1杯を注文した場合のひとり当たりの合計料金の目安を、Ⓢの数で明記しています。
Ⓢ Ⓢ Ⓢ＝$25未満、Ⓢ Ⓢ Ⓢ＝$25～60未満、Ⓢ Ⓢ Ⓢ＝$60以上。

シカゴ名物料理 （ディープディッシュ・ピザ&ホットドッグ&イタリアンビーフ）

R ディープディッシュ・ピザ　評判のリブとグルメピザのあるパブ　　　　**MAP** P.27-C3 ／ループエリア

エクスチェッカーパブ
Exchequer Pub

普通のアメリカ料理店兼パブだが、"ディープパン・ピザのソーセージ、マッシュルーム、タマネギ、ピーマンなど4品入ったExchequer Deluxe（$19〜24.50）が有名。ベビー・バック・リブも人気。席数も多い。

🏠226 S. Wabash Ave.　☎(1-312)939-5633　🕐月〜木11:00〜24:00、金土〜翌1:00、日12:00〜23:00
カードAMV　URLexchequerpub.com　予算 S S S

R ホットドッグ　シカゴスタイル・ホットドッグの有名店　　　　**MAP** P.30-B2 ／リバーノース中心部

ポーティロズ・ホットドッグ
Portillo's Hot Dogs

家族が小さな屋台から始めて50年以上。炒めたタマネギとピクルスの付いた炭火焼の名物ホットドッグ（$3.29〜）、ハンバーガー（$5.49〜）が美味。イタリアンビーフ、BBQリブなどアメリカらしいメニューも揃う。リバーノースの中心部にある。

🏠100 W. Ontario St.　☎(1-312)587-8910　🕐毎日10:00〜翌1:00（日〜24:00）　　カードAMV
URLwww.portillos.com　予算 S S S

R イタリアンビーフ　イタリアンビーフ発祥の店　　　　**MAP** P.30-A2 ／リバーノース中心部

アルズビーフ
Al's Beef

シカゴ名物のイタリアンビーフを、1938年にリトルイタリーで誕生させた店。薄切りビーフを煮込んだジューシーさがウリ。サイズはLittleからBigまで3つ、$6.15〜9.75。ピーマンやレッドペッパーが入ったものもある。アツアツをどうぞ。

🏠169 W. Ontario St.　☎(1-312)943-3222　🕐月〜木10:00〜24:00、金土〜翌3:00　日11:00〜21:00
カードAMV　URLwww.alsbeef.com　予算 S S S

R ホットドッグ&イタリアンビーフ　老舗のホットドッグ店といえば　　　　**MAP** P.24-A1 ／リグレービル

バイロンズ
Byron's

ニューヨークとは違うシカゴのホットドッグ。「シカゴスタイル」をうたい文句にする店も増えたが、老舗はリグレーフィールドから徒歩約8分の「バイロンズ」。具が盛りだくさんのホットドッグにピリリと辛いペッパーを載せて、ガブッといこう！

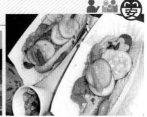

🏠1017 W. Irving Park Rd.　☎(1-773) 281-7474　🕐毎日10:30〜22:00（冬期月〜木〜21:00、金〜日〜22:00）　カードAMV　URLwww.byronschicago.com　予算 S S S

：接待に使える店（居酒屋風含）　：ひとりでも入りやすい店　：家族連れにも入りやすい店　安：料金のリーズナブルな店　：予約・予約をすすめる

シカゴ名物料理（イタリアンビーフ）／ステーキ

R ステーキ クオリティ、サービス、雰囲気、ビジネスにもよし　　🗺 MAP P.30-B3／リバーノース中心部

アールピーエム・ステーキ
RPM Steak

ビジネスマンが個人的にも接待にも使う極上ステーキ店。モダンな内装だが厳かな雰囲気で、堅苦しくないのもいい。ステーキは塩だけで肉のうま味が際立つ。Duke（$56）は赤身と脂が味わえる逸品。締めは名物の14金のチョコケーキを。

🏠66 W. Kinzie St.　☎(1-312)284-4990　🕐月〜金11:00〜24:00、土日16:00〜24:00　カード A M V
URL rpmrestaurants.com　予算 $$$

R イタリアンビーフ 人気爆発のイタリアンビーフ　　🗺 MAP P.30-A2／リバーノース中心部

ミスタービーフ　　　　　　　　　　　　　　　　　Mr. Beef

シカゴで一番人気のイタリアンビーフの店。クリスピーなパンの中に薄くスライスしたスモークビーフをどっさり贅沢に挟んでいる。ビーフにもパンにもこだわっており、アツアツを食べたい。アメリカ中からも客がやってくる。イタリアンビーフ$7.79。シカゴの味をカジュアルに楽しむのにいい。

🏠666 N. Orleans St.　☎(1-312) 337-8500　🕐月〜木10:00〜18:00、金10:00〜翌3:30、土10:30〜翌5:00　休日　カード A M V（手数料がかかる）　予算 $$$

R ホットドッグ シカゴの伝説的ホットドッグ　　🗺 MAP P.22-A3マップ外／サウスループ西

ジムズオリジナル　　　　　　　　　　　　　　　Jim's Original

ループエリア西、イリノイ大学近くにある。80年近くシカゴの歴史を見守ってきた、名物ホットドッグ屋。炒めたタマネギがたっぷり載っていて、ソーセージもボリューミー。地域の労働者たちに手軽で安いホットドッグを提供してきた姿勢は今も変わらず、ホットドッグ＄4.25。座る席はない。

🏠1250 S. Union Ave.　☎(1-312)733-7820　🕐24時間営業　カード A M V
URL www.jimsoriginal.com　予算 $$$

COLUMN

ブラウニーはシカゴ生まれ、
1893年発祥当時の味を提供するのはここだけ

チョコレートブラウニーの起源は1893年のシカゴ万国博覧会（→ P.167）に遡る。高級ホテル、パーマーハウスの創業者夫人だったバーサ・パーマー Bertha Palmer が万博に出席する上流階級の婦人たちのために、ランチボックスに収まり簡単に取り出せる小型のケーキを同ホテルのシェフに考案してもらったのだ。クルミが香ばしく、チョコレート風味が効いたブラウニーはホテルの公式サイトでレシピが公開されており、同ホテルのレストラン『ロックウッド』で発祥当時のものを味わえる。夏と冬では盛りつけが異なるがバニラアイスクリームが付いて$9（税抜き）、持ち帰りは→ P.74。

ザ・パーマー・ハウス・ブラウニー（起源とレシピへのリンク）
The Palmer House Brownie
URL www.palmerhousehiltonhotel.com/about-our-hotel/thebrownie/

ロックウッド（パーマー・ハウス・ヒルトンホテル2階）Lockwood (Palmer House Hilton)
🏠17 E. Monroe St.
🗺 MAP P.27-C3
☎(1-312)917-3404
🕐毎日6:30〜22:00
URL www.lockwoodrestaurant.com
カード A M V

トランス脂肪酸について　アメリカでは、マーガリンやショートニングといったトランス脂肪酸が安全と認められていない。規制があり、レストランでは使われなくなっている。商品にも明記が義務付けられている。

ステーキ

R ステーキ シカゴで人気No.1のステーキ店　　　　　　　MAP P.28-A1／マグマイル北

ギブソンズ バー & ステーキハウス
Gibsons Bar & Steakhouse

　「ステーキといえばギブソンズ」といわれる名店。最初に肉を見せながらそれぞれの部位や調理法を説明してくれるので、メニュー選びも楽しい。香ばしさとうま味が口いっぱいに広がり、まさにアメリカのステーキだ（$46.25〜115）。シェアもOK。予約を。

🏠1028 N. Rush St.　☎(1-312)266-8999　⏰毎日11:00〜24:00（バーは翌2:00まで）　カードADMV
URL www.gibsonssteakhouse.com　予算💲💲💲

R ステーキ & プライムリブ 5種類の厚さが選べるプライムリブ　　　MAP P.29-B1／マグマイル南

ロウリーズ・ザ・プライム・リブ
Lawry's The Prime Rib

　最高の肉質が自慢のプライムリブは特製スパイスで味つけされて抜群においしい。サラダの盛りつけのデモンストレーションは必見。プライムリブはカットにより$45〜72で、ポテトとタマネギのフライ付き。ラフな服装は避けよう。

🏠100 E. Ontario St.　☎(1-312)787-5000　⏰月〜金17:00〜21:00、土17:00〜21:30、日16:00〜20:00
カードAMV　URL www.lawrysonline.com　予算💲💲💲

R ステーキ シカゴの英雄のステーキレストラン　　　　　MAP P.29-B2／マグマイル南

マイケル・ジョーダンズ・ステーキハウス Michael Jordan's Steak House

　スタッフが直接牧場まで足を運び、厳選した牛が使われている。重厚な内装は一流のステーキハウスにふさわしい。シカゴで「マイケル・ジョーダン」の名前の付くレストランに行けば、話のネタになること間違いなし。ステーキは$48〜250。

🏠505 N. Michigan Ave.　☎(1-312)321-8823　⏰ランチ毎日11:00〜15:00、ディナー月〜木17:00〜22:00、金土〜23:00、日〜21:00（バーは延長）　カードAMV　URL mjshchicago.com　予算💲💲💲

©Choose Chicago

R ステーキ 昔のシカゴの雰囲気のなか、絶品ステーキを　　　MAP P.30-A3／リバーノース中心部

バベッツバー & ブッフ　　　　　　　Bavette's Bar & Boeuf

　ステーキにはウルサイ、シカゴ市民の支持を得ている店。誰もが絶賛するのがClassic Ribeye Chicago Cut（$58.95）。香ばしさのなかに肉のうま味が閉じ込められ、繊細な味わいとなっている。注文に迷ったら、専門知識豊富なウエーターに尋ねてみるといい。魚介類やサイドメニューも好評。

🏠218 W. Kinzie St.　☎(1-312)624-8154　⏰月〜木17:00〜23:00、金〜日16:15〜24:00（日〜22:00）　カードAMV　URL bavetteschicago.com　予算💲💲💲

R ステーキ フィレのステーキが絶品　　　　　　MAP P.30-B3／リバーノース中心部

ルース・クリス・ステーキハウス　　　Ruth's Chris Steak House

　ニューオリンズ生まれの、日本にも支店をもつステーキチェーン。ステーキの王道を行く店で、特に赤身のフィレは熟成された肉のうま味がしっかりと閉じ込められている。ジューシーな肉ならリブアイがおすすめ。接待に使われることが多い。

🏠431 N. Dearborn St.　☎(1-312)321-2725　⏰月〜金11:30〜21:00、土16:30〜、日16:00〜　カードADJMV　URL www.ruthschris.com　予算💲💲💲

FROM READERS 肉の説明もしてくれるステーキハウス　モートンズMorton's（🏠65 E. Wacker Pl.　☎(1-312)201-0410）は、テーブルまで実際のお肉を持ってきて、説明してくれる。味もよい（→P.256）。（神奈川県　トミー）['20]

ステーキ／リブ

[R] [ステーキ] マフィアになったつもりでステーキを　[MAP] P.30-A3／リバーノース中心部

ジーン・アンド・ジョーゲッティ　Gene and Georgetti

1941年創業と、シカゴっ子にステーキではこの店といわれる老舗中の老舗。老齢の渋いバーテンダーたちが出迎えてくれる店内は、ローリングトゥエンティズの雰囲気。ステーキは肉質のうま味を生かし、シンプルな味つけと盛りつけ。ステーキは$38～84。

[住]500 N. Franklin St.　☎(1-312)527-3718　[営]月～木11:00～23:00、金土～24:00
[休]日　[カード][A][M][V]　[URL]geneandgeorgetti.com　[予算] $$$

©Gene and Georgetti

[R] [ステーキ] 正統派ステーキのチェーン　[MAP] P.27-C1／ループエリア

モートンズ　Morton's the Steakhouse

出張中のビジネスパーソンが、一度は行くといわれる全米展開のステーキ店。実はシカゴ生まれ。重厚感のある店内は、接待に使われることが多い。驚きの厚さのフィレミニョン（$68）やUSDAプライム・エイジド・ビーフがおすすめ。ステーキ$48～。

[住]1050 N. State St.　☎(1-312)266-4820　[営]毎日17:00～22:00(金土～23:00)
[カード][A][D][M][V]　[URL]www.mortons.com　[予算] $$$

[R] [リブ] ブリスケットならここ　[MAP] P.23-B3／リンカーンパーク

シカゴキュー　Chicago q

ブリスケット（前足の内側にある肉で、脂肪分が少ない）のスライスや、スモークしてほぐしたプルドポーク、スモークチキン、BBQリブがおいしいコスパの高い店。サラダは野菜の種類が多く、見た目にも美しい。自家製ソースがほかにはまねできない味で、ファンも多い。

[住]1160 N. Dearborn St.　☎(1-312)642-1160　[営]月～金11:00～22:30(金～24:00)、土日10:00～24:00(日～22:30)　[カード][A][M][V]　[URL]chicagoqrestaurant.com　[予算] $$$

[R] [ステーキ&リブ] 薪で焼いたステーキはいかが　[MAP] P.30-A2／リバーノース中心部

ワイルドファイアー　Wildfire

全席からステーキを焼く薪の炎を眺めることができる。メインのリブ、ステーキは種類も豊富で、ソースを選べるのが楽しい。店内はカジュアルな雰囲気でリラックスしたなか食事が楽しめる。名物のプライムリブは$33～46。

[住]159 W. Erie St.　☎(1-312)787-9000　[営]月～金11:30～22:00、土16:00～、日16:00～21:00　[カード][A][M][V]　[URL]wildfirerestaurant.com　[予算] $$$

[R] [ステーキ] ステーキをバーゲンプライスで50年以上　[MAP] P.26-B1／ループエリア

ロニーズ・ステーキ・ハウス　Ronny's Steak House [安]

カフェテリア式で、昼食時はビジネス客でにぎわう。劇場街にあり、観劇の前に食事をする人も。ステーキ$8.99～24.99。ジェームス・R・トンプソン・センター（→P.89）にあり、観光客も入りやすい。入口はClark St.のLake St.寄り。

[住]James R. Thompson Center, 1F, 100 W. Randolph St.　☎(1-312)346-9488
[営]毎日7:00～22:00　[カード][M][V]　[URL]www.ronnyssteakhouse.com　[予算] $$$

[R] [ステーキ] アメフトファンならぜひ寄りたい　[MAP] P.28-A,B2／マグマイル北

ディトカズ　Ditka's

1986年のベアーズをスーパーボウル制覇させた名将、マイク・ディトカの店。アメフトに関する名前のメニューと内装にファンならきっとうれしくなるはず。ステーキ$32.95～49.95。

[住]100 E. Chestnut St.　☎(1-312)587-8989　[営]月～金11:00～22:00（金～23:00)、土日10:00～23:00(日～22:00)　[カード][A][M][V]　[URL]www.ditkasrestaurants.com　[予算] $$$

 FROM READERS 新鮮で種類の豊富なファストフード　ウオータータワー・プレイスの中2階にあるFOODeaseはシカゴエリアの人気のレストランやショップの品々が並ぶ人気の高いファストフード。スープ、サラダ、パスタ、ピ↗

ステーキ／リブ／アメリカ料理

R リブ リブなら絶対にこの店 　　　　MAP P.25-B2／ストリータービル

カーソンズ
Carson's

地味な外観の店だが、$28前後でおいしいリブが食べられる。肉のうま味、ケチャップベースのソースの風味、付け合わせのポテトやコールスローとどれをとっても大満足。地元のグルメガイドなどでも絶賛され、著名人も訪れる。混んでいる場合、入口のバーで飲みながら席が空くのを待とう。ベビーバックリブが$28だが、日本人ならハーフスラブ$19でちょうどいい。テイクアウトOK。

🏠465 E. Illinois St. ☎(1-312)280-9200 🕐日〜木11:30〜22:30、金土〜23:30 カード A M V
URL www.ribs.com 予算 🟢🟢🟢

R ステーキ&リブ シカゴ美術館近くでスペアリブがおいしい 　　MAP P.27-C3／ループエリア

ミラーズ パブ
Miller's Pub

スペアリブなど典型的なアメリカ料理の店で、クラシックな内装ながらも気取らないシカゴらしい雰囲気がいい。夜遅くまで営業していることから、芸能人やスポーツ選手の利用も多く、写真とサインが飾られている。BBQリブコンボ（$28.25）はハーフスラブ、エビフライとのコンボで、味もよいと好評だ。パンのお代わりは自由。パーマー・ハウス・ヒルトン（→P.228）の隣。

🏠134 S. Wabash Ave. ☎(1-312)263-4988 🕐毎日11:00〜翌2:00（日〜24:00）、バーは早朝4:00まで
カード A M V URL millerspub.com 予算 🟢🟢🟢 ※ステーキはあまりおいしくないとの投稿あり

R アメリカ料理 ハンバーガーからBBQリブまでアメリカンサイズで MAP P.30-B3／リバーノース中心部

バブシティ
Bub City

夜遅くまで営業しているため、バーでお酒だけの客も多い。週末の夜は並ぶことも覚悟の人気店。毎日のように夜はライブ演奏があり、これを目当てにやってくる人も多い。カロライナスタイルのBerkshire Pork Shoulder（$14.95）が名物。

🏠435 N. Clark St. ☎(1-312)610-4200 🕐毎日11:00〜翌2:00（土〜翌3:00、日〜24:00） カード A M V URL bub-city.com 予算 🟢🟢🟢

R アメリカ料理 ウェバーグリルを発明した会社の運営 　　MAP P.29-A2／リバーノース

ウェバーグリル
Weber Grill

自宅でBBQが楽しめるBBQコンロの店は、看板のコンロが目印。オープンキッチン設計で、調理しているところがのぞけるようになっている。本格的なアメリカンバーベキュー（ブリスケット$21）を楽しめる。アメリカ農務省お墨付きのアンガスビーフのハンバーガーも好評。

🏠539 N. State St. ☎(1-312)467-9696 🕐月〜金6:30〜10:00、11:00〜23:00（金〜24:00）、土日11:00、11:30〜24:00（日〜23:00） カード A D M V URL www.webergrillrestaurant.com 予算 🟢🟢🟢

R アメリカ料理 野球の殿堂レストラン 　　MAP P.30-B4／リバーノース中心部

ハリー・ケリーズ・イタリアン・ステーキハウス　**Harry Caray's Italian Steakhouse**

シカゴ・カブスの試合中継の「超」の付く名物アナウンサー、ハリー・ケリーがオーナーだった店。店内のスポーツバーではシーズン中は大スクリーンの野球中継を見ながら店内で人々が大騒ぎ。Holy Cow!バーガーが$15.95。Holy Cowは直訳すれば神聖な牛のことだが、「ありえない」の意味。

🏠33 W. Kinzie St. ☎(1-312)828-0966 🕐ランチ毎日11:30〜14:00、ディナー月〜木15:00〜22:30、金土〜23:00、日16:00〜22:00（バーは深夜まで） カード A M V URL www.harrycarays.com 予算 🟢🟢🟢

ザ、サンドイッチ、巻き寿司、デザートなどすべておいしいと好評。ワインもある。席数が少ないのが玉にきず。

R アメリカ料理　夜景を楽しみながら飲んで食べて
MAP P.27-C,D2／ループエリア

シンディズ
Cindy's

　紳士クラブだった建物がホテルとしてリニューアルし、最上階が人気のスポットとなっている。ミレニアムパークとミシガン湖を一望でき、夜景を楽しむ若者であふれる。料理はクオリティも高く、おつまみ風のものがメインでどれも美味。

住 12 S. Michigan Ave.　**☎** (1-312)792-3502　**営** 月～金11:00～翌1:00、土10:00～翌2:00、日10:00～24:00
カード A M V　**URL** www.cindysrooftop.com　**予算** $ $ $

R アメリカ料理　フォーブス誌の世界のベストバーにも選ばれ、料理も美味
MAP P.28-B3／マグマイル北

ズィーバー
Z Bar

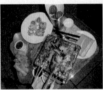

　ミシガンアベニューに面し、シカゴの夜景がすばらしい。ラウンジではあるが、ここはおつまみの質と量が日本人向け。巻き寿司、串焼き、ベトナム春巻き、揚げ大根などは箸が進むおいしさ。ペニンシュラホテルから専用エレベーターで。

住 108 E. Superior St.　**☎** (1-312)573-6888　**営** 日～木17:00～24:00、金土16:00～翌1:00　**カード** A M V
URL www.zbarchicago.com　**予算** $ $ $

R アメリカ料理　ジョン・ハンコック・センターの95階
MAP P.28-B2／マグマイル北

シグネチャールーム
The Signature Room

　景色はバツグン。料理はシーフードが中心で、メインは$29～54、場所とサービスを考えれば決して高くない。特別な日などの記念日によく使われるレストランで雰囲気もいい。男性は要ジャケット。ジーンズやスニーカーなどのラフな服装は避けること。
住 875 N. Michigan Ave., 95F　**☎** (1-312)787-9596　**営** ランチ月～金11:00～14:30、ディナー日～木17:00～22:00、金土～23:00、土日ブランチ10:00～14:30　**カード** A M V　**URL** www.signatureroom.com　**予算** $ $ $

R フードホール　コスパの高いシカゴのフードホールはここ
MAP P.26-B3／ループエリア

リバイバル・フードホール
Revival Food Hall

　ループのオフィス街にある大型フードホール。すべてシカゴローカルの店を集めており、全国フランチャイズ系はないのでシカゴの味のみを体験できるところも旅行客にはうれしい。しゃれた店の料理がファストフードスタイルで味わえるので、ランチタイムはオフィスの人々で混み合う。タコス、ピザ、サンドイッチ、インド料理から日本食までインターナショナルに揃っており、カフェバーではワインやカクテルなどアルコールも楽しめる。シカゴの歴史的建築ナショナルシカゴビル（1907年築）の1階にあり、この建築はバーナムによるもの。食事のついでに、シカゴらしい建築を外から眺めることもお忘れなく。

住 125 S. Clark St.　**☎** (1-773)999-9411　**営** 月～金7:00～19:00（バーは21:00まで）　**カード** A M V
URL www.revivalfoodhall.com　**予算** $ $ $

アメリカ料理

R アメリカ料理　シカゴアンにも観光客にも大人気のオールマイティレストラン＆バー　**MAP** P.27-C,D2／ループエリア

ゲイジ
The Gage

　ミレニアムパーク目の前という絶好のロケーションで、気軽に夕食が楽しめる。シーフード、肉料理、ハンバーガーとメニューも豊富。シカゴの地ビールやワインも豊富に取り揃えている。遅くまで営業しているので観劇帰りのディナーにも便利。
　住24 S. Michigan Ave. **☎**(1-312)372-4243 **営**月～金11:00～23:00（金～24:00）、土日10:00～24:00（日～22:00）**カード** A M V **URL**thegagechicago.com **予算** ⓢⓢⓢ

R アメリカ料理　ヤングエグゼクティブもお気に入り　**MAP** P.22-A3／サウスループ

イレブンシティ・ダイナー
Eleven City Diner

　店内はクラシックなスタイルを踏襲しながらも、かなりおしゃれなダイナー。客層もカッコいい人が多い。メニューは伝統的なコーシャー（ユダヤ料理）。ボリュームたっぷりの名物パストラミサンドイッチをはじめ、ハンバーガーからシェイクにいたるまで古きよきアメリカが味わえる。
　住1112 S. Wabash Ave. **☎**(1-312)212-1112 **営**月～木8:00～21:30、金土8:30～22:00（金8:00～）、日8:30～21:00 **カード** A M V **URL**www.elevencitydiner.com **予算** ⓢⓢⓢ

R アメリカ料理／軽食　革命的！ ヘルシーなハンバーガー　**MAP** P.27-C4／ループエリア

エピックバーガー
Epic Burger

　自然素材のヘルシーなハンバーガー店。保存料、トランス脂肪酸、合成着色料なし。成長ホルモン、冷凍なしの牛肉。手でこねたパテは新鮮でおいしい。木をふんだんに使った店内もおしゃれ。パンの種類も選択でき、カウンターでオーダー。クラシックバーガー $6.49。
　住517 S. State St. **☎**(1-312)913-1373 **営**月～木10:30～22:00、金土～23:00、日～21:00 **カード** A M V **URL**www.epicburger.com **予算** ⓢⓢⓢ

R ニューアメリカン　伝統的アメリカ料理がおしゃれに変身　**MAP** P.22-A1マップ外／ウエストループ

リトルゴート
Little Goat

　かわいいヤギが目印のウエストループにある店。メニューはオムレツからハンバーガーまでトラディショナルだが、見た目や味はトレンディ。こだわりのパンやコーヒーもおいしい。暖かい季節はルーフトップで食事をするのも気持ちいい。アメリカスタイルのお好み焼き$15など。
　住820 W. Randolph St. **☎**(1-312)888-3455 **営**日～木8:00～22:00（日7:00～）、金土7:00～23:00 **カード** A M V **URL**littlegoatchicago.com **予算** ⓢⓢⓢ

R アメリカ料理　シカゴで屈指の人気レストラン　**MAP** P.21-D3／ウエストループ

パブリカン
The Publican

　近所にデリとベーカリーをもつ、カジュアルで手頃なアメリカ料理の店。デリから運ばれる肉料理と新鮮なパンが目玉。シンプルなメニューでも味の質は確かなもの。職人たちの生み出すていねいな料理を味わいたいならここへ。ビールの種類も充実。人気店なので予約するのがおすすめ。
　住837 W. Fulton Market **☎**(1-312)733-9555 **営**月～金11:30～21:00（水木～22:00、金～23:00）、土10:00～14:00、15:30～23:00、日9:00～14:00、17:00～21:00 **カード** A M V **URL**www.thepublicanrestaurant.com **予算** ⓢⓢⓢ

R アメリカ料理　一度は食べたい名物チーズバーガー　**MAP** P.29-B3など／マグマイル南など

ビリー・ゴート・タバーン
Billy Goat Tavern

　人気コメディ番組『サタデー・ナイト・ライブ』でジョン・ベルーシがネタにもしていた伝説的な店。今でもカウンター内から威勢のいい"Cheezborger, Cheezborger"のかけ声は変わらず。ぜひチーズバーガー（$3.95）を。実はこの店には古い呪いが……（脚注参照）。
　住430 N. Michigan Ave. **☎**(1-312)222-1525 **営**月～木6:00～翌1:00、金～翌2:00、土～翌3:00、日9:00～翌2:00 **URL**www.billygoattavern.com **カード** A D J M V **予算** ⓢⓢⓢ

©Clayton Hauck Photo Courtesy of Choose Chicago

CHICAGO INFORMATION ヤギの呪いのレストラン シカゴ・カブスの有名な『ヤギの呪い』は、ビリー・ゴート・タバーンの主人が自分のヤギを球場に連れていき、入場拒否に遭ったことから始まったという。

アメリカ料理

R アメリカ料理　リバーウオーク沿いのかまくらでくつろぐ
MAP P.27-C1／ループエリア

シティワイナリー
City Winery at Riverwalk

シカゴ川沿いの遊歩道、リバーウオークにあり、少し肌寒い季節にはかまくらのようなビニールに覆われたドームが登場する。若い世代のグループに人気で、チーズの盛り合わせやタコス、チキンウイングなどシェアできる料理も豊富。ハウスワインはグラスで$12ほど。夏はオープテラス式。

©Ranvestel Photographic

🏠11 Chicago Riverwalk　☎(1-312)229-5593　🕐月〜木13:00〜21:00、金〜日11:00〜
🚫12〜3月中旬　カードAMV　URLcitywinery.com/chicago/Riverwalk　予算 $$$

R アメリカ料理　店内で造っているビールがウマイ
MAP P.30-B3／リバーノース中心部

ロックボトム
Rock Bottom

レストランの中にビール工房があり、新鮮なビールとともにアメリカ料理が楽しめる。トライしてほしいのがビールサンプラー（$2〜5）。苦味とコクのある"Chicago Gold"が人気。料理はバーガーからステーキ、バーベキュー、パスタまでとバラエティ豊富。できれば大人数で出かけたい。

🏠1 W. Grand Ave.　☎(1-312)755-9339　🕐月〜金11:00〜翌1:00（金〜翌2:00）、土日10:00〜
翌2:00（日〜翌1:00）　カードAMV　URLrockbottom.com/locations/chicago/　予算 $$$

R アメリカ料理　東京でも人気、男性はマスト？
MAP P.30-A2／リバーノース中心部

フーターズ
Hooters

店名になっている「Hooter」とはフクロウの意味だが、俗語で女性のバストを指す。ウエートレスのユニホームは、とても短いショートパンツにランニングシャツ。健康的な女の子たちがサービスしてくれる、アメリカらしいレストランだ。名物のチキンウイングは8ピース$11ほど。

🏠660 N. Wells St.　☎(1-312)944-8800　🕐日〜木11:00〜23:00、
金土〜24:00　カードAMV　URLwww.originalhooters.com　予算 $$$

R ニューアメリカン　とても斬新なニューアメリカ料理
MAP P.30-B3／リバーノース中心部

ベアトリックス
Beatrix

朝、昼、夜と、どれも洗練されたメニューが並び、「これがアメリカ料理？」と目を疑ってしまうこと間違いなし。インテリアはスタイリッシュでクールな雰囲気。週末のブランチは地元客でたいへん混み合うが、少し待ってもトライする価値あり。サンドイッチ類$15など。

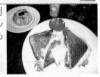

🏠519 N. Clark St.　☎(1-312)284-1377　🕐月〜木7:00〜22:00、金〜23:00、土日8:00〜23:00（日〜
21:00）。ベーカリーは毎日6:00〜　カードAMV　URLwww.beatrixrestaurants.com　予算 $$$

R アメリカ料理　ジャズが聴ける木造の居酒屋
MAP P.30-A2／リバーノース中心部

グリーン・ドア・タバーン
The Green Door Tavern

大火災以降、市内の木造建築の建設は禁止されたが、ここは禁止直前に建てられた中心地に唯一残る木造の店。1921年にバーに改装、禁酒法時代はスピークイージーだった。かつてのスピークイージーはドアが緑色で、店名はそれに由来する。ハンバーガー（$10.50〜）やステーキがポピュラー。

🏠678 N. Orleans St.　☎(1-312)664-5496　🕐月〜金11:30〜翌2:00、土日10:00
〜翌3:00（日〜24:00）　カードAMV　URLgreendoorchicago.com　予算 $$$

R アメリカ料理　ショッピングに疲れたら、ここでひと息
MAP P.28-B2／マグマイル北

マイティ・ナイス・グリル
Mity Nice Grill

ウオータータワー・プレイスの中にある、とても便利で落ち着いたレストラン。アメリカの定番料理のミートローフやポットローストはなかなか美味。前菜のカラマリが評判だ。ステーキハウスミートローフは$17。ショッピングのひと休みにもおすすめ。

🏠835 N. Michigan Ave.　☎(1-312)335-4745　🕐月〜金11:30〜20:30（金〜21:00）、土日
11:00〜21:00（日〜20:00）　カードAMV　URLwww.mitynicechicago.com　予算 $$$

予算：予算はメイン料理と飲み物1杯を注文した場合のひとり当たりの合計料金の目安を、$の数で明記しています。
$$$＝$25未満、$$$＝$25〜60未満、$$$＝$60以上。

260

アメリカ料理／フランス料理

R **アメリカ料理** ボリュームたっぷりのアメリカ料理　　　　MAP P.28-A4／マグマイル北

ジェイク・メルニックス・コーナー・タップ　　Jake Melnick's Corner Tap

チキンウイング、ハンバーガー、プルドポークにビールという典型的なアメリカ料理を食べることができる。メインの肉類ならなんでもおいしい。夜はスポーツバーにもなって、アメリカらしいにぎやかな雰囲気。ブリスケットやプルドポークが各$18.95とリーズナブル。

🏠41 E. Superior St.　☎(1-312) 266-0400　🕐月～金11:30～24:00(金～翌2:00)、土日11:00～翌2:00(日～23:00)　URL www.jakemelnicks.com　カード A M V　予算 ⑤⑤⑤

R **アメリカ料理** しゃれたファミリーレストラン兼バーとして大人気　　MAP P.28-B2／マグマイル北

チーズケーキファクトリー　　Cheesecake Factory

チーズケーキの専門店だったが現在はスープ、パスタから肉、魚料理まで250種以上のメニューを誇るカジュアルなレストランだ。どの料理も量が多く、人気のサラダ類はひと皿$16前後、名物の各種チーズケーキは$8～9。ジョン・ハンコック・センター地下1階にあり、週末は特に混む。

🏠John Hancock Center B1F, 875 Michigan Ave.　☎(1-312) 337-1101　🕐月～木11:00～23:00、金～24:00、土日10:00～24:00(日～23:00)　カード A D J M V　URL www.thecheesecakefactory.com　予算 ⑤⑤⑤

R **アメリカ料理** リンカーンパークでの昼食はここで　　　MAP P.23-A1／リンカーンパーク

R. J. グランツ　　R. J. Grunts

種類が豊富なサラダバーが有名で、その数は50以上あって目移りしてしまう。また、チーズバーガー($13.95)がおいしく、ボリュームたっぷり。ジューシーな味わいがシカゴを感じさせてくれる。オバマ前大統領のお気に入りの店でお手頃プライス。

🏠2056 N. Lincoln Park West　☎(1-773) 929-5363　🕐月～金11:30～22:00(金～22:30)、土日10:00～22:30(日～21:00)　カード A D J M V　URL www.rjgruntschicago.com　予算 ⑤⑤⑤

R **アメリカ料理** カブス球場前に新オープンした、肉も音楽もうまい！ライブ＆BBQレストラン　MAP P.24-A2／リグレービル

スモークダディBBQ リグレービル　　Smoke Daddy BBQ Wrigleyville

人気BBQ店の第2号店。リグレー球場前のホテルにあり、2階のテラスからは球場前の広場が見渡せる。ゲーム前に腹ごしらえをするもよし、ゲーム後に焼きたてのBBQにかぶりつきつつ飲みなおすもよし。地ビールの種類も豊富。日替わりで地元ブルースバンドによる生演奏が楽しめる。

🏠3636 N. Clark St.　☎(1-773) 227-2583　🕐月～木11:30～22:00、金11:00～23:00、土日10:00～23:00(日～21:00)。カブスの試合開催日は10:00の開店　カード A M V　URL www.thesmokedaddy.com　予算 ⑤⑤⑤

R **アメリカ料理** 全米に知られる地ビール工場のレストラン　　　MAP P.23-A2マップ外／リンカーンパーク西

グースアイランド・ブリューハウス　　Goose Island Brewhouse

シカゴの地ビール、グースアイランドの直営店。ブリュワリーにレストラン＆バーが併設。ビールの種類は季節ごとに変わり、常に15種類以上で$4～。一番人気は黄色いラベルの312。312とはシカゴの市外局番。ビール好きはぜひ訪れたい店。食事はハンバーガーなどのアメリカン。

🏠1800 N. Clybourn Ave.　☎(1-312) 915-0071　🕐毎日11:00～23:00
カード A M V　URL www.gooseisland.com　予算 ⑤⑤⑤　　©Choose Chicago

R **フランス料理** ワインリストが豊富な、カジュアル・フレンチレストラン　MAP P.23-A3,4／リンカーンパーク

キキズ・ビストロ　　Kiki's Bistro

フランスからシカゴに移り住み、有名フレンチなどでワインソムリエとして活躍したジョージ・"キキ"が1990年開業した本格フレンチ。地元の人気も高く、150席を有する店はイベントや記念日を祝うときなどに最適。テラス席で高層ビルを眺めながらワイングラスを傾けるのも一興。

🏠900 N. Franklin St.　☎(1-312) 335-5454　🕐月～木17:00～21:00、金土～22:00　休日　カード A M V　URL www.kikisbistro.com　予算 ⑤⑤⑤

：接待に使える店（居酒屋含む）　：ひとりでも入りやすい店　：家族連れにも入りやすい店　：料金のリーズナブルな店　：予約・予約をすすめる

シーフード

MAP P.27-C1 ／ループエリア

R シーフード フレッシュでゴージャスなシーフード

キャッチ・サーティファイブ
Catch 35

店内には大理石を使用し、豪華な雰囲気。新鮮でオリジナルなシーフードが$20〜、ロブスターテイル$35〜、キングクラブ$75。オイスターバーとオープンキッチンもあって、雰囲気もいい。料理の味つけには味噌なども用い、和のテイスト。

⌂35 W. Wacker Dr. ☎(1-312) 346-3500 営月〜金11:30〜21:30（金〜22:00)、土日16:00〜22:00（日〜21:00) カードADMV 予算$$$

R シーフード シーフードを中心にメニューが110以上

MAP P.27-C1 ／ループエリア

マコーミック＆シュミックス
McCormick & Schmick's

冷蔵庫をもたないというフレッシュさが自慢の店で、炭焼きサーモンがおすすめの一品。ハッピーアワー（毎日16:00〜18:30)にはチーズバーガーが$5.5など、とてもお得。大西洋のサーモン$33。

⌂1 E. Wacker Dr. ☎(1-312) 923-7226 営月〜木11:30〜22:00、金〜23:00、土日16:00〜23:00（日〜21:00) カードAJMV URLwww.mccormickandschmicks.com 予算$$$

R シーフード ワインを飲みながらシーフードに舌鼓

MAP P.30-A3 ／リバーノース中心部

GTフィッシュ＆オイスター
GT Fish & Oyster

ベストシェフ賞受賞のイタリア出身シェフによる、新鮮なシーフードが堪能できる人気店。シーフードのポレンタ、リゾットなどのほか、カスタマイズできるシーフードタワーは贅沢に過ごしたいときにおすすめ。カウンター席も広く、気軽にバーでムール貝や生ガキで飲む人たちも多い。

⌂531 N. Wells St. ☎(1-312) 929-3501 営日〜木17:00〜22:00、金土〜23:00 カードAMV URLwww.gtoyster.com 予算$$$

R シーフード シカゴを代表するシーフード

MAP P.29-A3 ／リバーノース

ショウズ・クラブ・ハウス
Shaw's Crab House

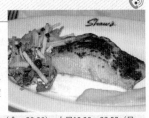

地元で抜群の人気を誇るシーフードレストラン。魚介類の素材の味を生かした料理が40種類以上。おすすめは9月からの生ガキ（半ダース$21)で、新鮮さに加えて甘味がある。地ビールのグースアイランドの種類も豊富。お手頃価格でお寿司も食べられる。店内は広いがいつも混雑しているので予約をしたい。難しいときは隣のオイスターバーなら座れる確率も高い。

⌂21 E. Hubbard St. ☎(1-312) 527-2722 営月〜金11:30〜22:00（金〜23:00)、土日10:00〜23:00（日〜14:00) 昼休みあり カードAMV URLwww.shawscrabhouse.com 予算$$$

R シーフード 個室のある新鮮なシーフード

MAP P.28-A1 ／マグマイル北

ヒューゴズ・フロッグ・バー＆フィッシュハウス
Hugo's Frog Bar & Fish House

ベスト・プライベートダイニングにも選ばれ、ローリングトゥエンティを感じさせる内観での食事はアメリカらしい体験。日本からも仕入れるという素材が店のウリで、調味料には味噌も使われる。店員のサービスもよく、特別な時間を過ごしたいときにいい。毎日15:00〜18:00はハッピーアワーで日〜木はワインが半額、カキが1個$1で食べられる。ギブソンズ（→P.255)と同じグループ。

⌂1024 N. Rush St. ☎(1-312)640-0999 営毎日15:00〜24:00（パティオは月〜金15:00〜、バーは翌2:00まで) カードAMV URLwww.hugosfrogbar.com 予算$$$

お酒はハッピーアワーがお得 レストランやバーが混雑する時間帯の前に、安い値段でアルコール類やおつまみを出す。一般的には平日の16:00〜18:00くらい。安く飲みたい人は要チェック！

メキシコ料理／ペルー料理／キューバ料理

[R] メキシコ料理 ショッピングのときにちょうどいい [MAP] P.27-C1,2 ／ループエリア

フロンテラフレスコ Frontera Fresco [安]

メイシーズにあるフロンテラグリル、ショーコと同じ系列のカジュアルスタイルの店。カフェテリア式で、上質でおいしいメキシコ料理が素早いサービスで食べられる。メニューはすべて$10.95以下とお財布にも優しい。ランチタイムは、買い物客やビジネスマンでとてもにぎわう。
[住]Macy's 7F, 111 N. State St. [営]月～土11:00～15:00
[カード][A][M][V] [URL]www.rickbayless.com/restaurant/frontera-fresco/ [予算]$$$

[R] メキシコ料理 トップシェフの手がけるメキシカン・ファストフード [MAP] P.30-B3 ／リバーノース中心部

ショーコ Xoco [安]

セレブシェフRick Baylessのグルメメキシカンのカジュアル店。メキシコ風サンドイッチ、トルタ（$8～30）がメインで種類が豊富。薪のオーブンで焼かれるトルタは香ばしく、美味。スープやシチュー、デザートどれも独創的。ショーコ製マルガリータが人気。並ぶ覚悟で。
[住]449 N. Clark St. ☎(1-312)723-2131 [営]火～木8:00～21:00、金土～22:00
[休]日月 [カード][A][M][V] [URL]www.rickbayless.com/restaurants/xoco [予算]$$$

[R] メキシコ料理 ランチは開店前から行列 [MAP] P.30-B3 ／リバーノース中心部

フロンテラグリル Frontera Grill

セレブシェフRick Baylessのコンテンポラリーメキシコ料理店。値段は高めだが、質、味、サービスのよさは期待できる。新鮮なシーフードを使った料理も豊富。月替わりメニューで地元客も絶えない。小規模な店なので予約を。ランチ$25、ディナーは$45の予算で。
[住]445 N. Clark St. ☎(1-312) 661-1434 [営]火～金11:30～14:30、火～木17:00～22:00(火17:20～)、金土～23:00、土ブランチ10:30～14:00 [休]日月 [カード][A][M][V] [URL]www.rickbayless.com [予算]$$$

[R] メキシコ料理 シカゴでは珍しいフィッシュタコスがおすすめ [MAP] P.28-A3 ／マグマイル北

フラコスタコス Flaco's Tacos [安]

ホームメイドのメキシカンの味が気軽に味わえる。カウンターでオーダーしてから作るので新鮮でおいしい。タコスやブリトーに、豆とライスが付いたコンボは約$7.95～11.95とお得。ラサールストリート駅の近く([住]725 S. Dearborn St.) にもある。
[住]46 E. Chicago Ave. ☎(1-312)266-8226 [営]月～土10:30～22:00、日～21:00
[カード][A][M][V] [URL]flacostacosonline.com [予算]$$$

[R] ペルー料理 新鮮な魚介をアレンジした日本人好みのペルー料理 [MAP] P.30-B3 ／リバーノース中心部

タンタ Tanta

2012年にオープンして大人気になったペルー料理の店。アジア料理に影響を受けたという、ペルー風刺し身「Tiraditos」や、握り「Niguiri」などが特に人気。アルコール42度のペルーの酒ピスコ（Pisco）もおすすめ。バーカウンターでひとりでも気軽に食べられる。
[住]118 W. Grand Ave. ☎(1-312)222-9700 [営]日月11:00～22:00、火～木～23：00、金土～24:00 [カード][A][M][V] [URL]www.tantachicago.com [予算]$$$

[R] キューバ料理 リーズナブルなキューバサンドイッチ [MAP] P.27-C4 ／ループエリア

カフェチート Cafecito [安]

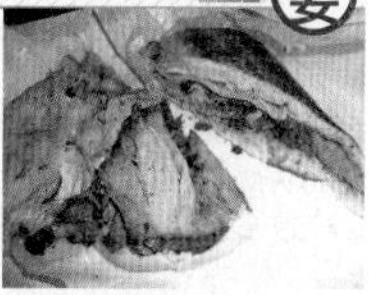

フロリダ生まれのキューバ風サンドイッチは全米で人気。ハム、ローストポーク、ピクルス、スイスチーズ、マスタードをバゲット風のパンに挟みプレスしたキュバーノ（$6.99）が定番でおすすめ。カフェコンレチェ（キューバ風ミルクコーヒー）と一緒に。[住]7 N. Wells St.に支店あり。
[住]26 E. Congress Pkwy. ☎(1-312)922-2233 [営]月～金7:00～21:00、土日10:00～18:00 [カード][A][M][V] [URL]www.cafecitochicago.com [予算]$$$

FROM READERS ビジネスマンでにぎわう南部料理　ガンボやジャンバラヤなどお米を使った南部料理は日本人の口にも合う。究極のデザートをお忘れなく。Heaven on Seven [住]111 N. Wabash Ave., 7F (茨城県 K.G.) ['20]

イタリア料理

[R] イタリア料理 席数も多く、さまざまなイタリア料理を　[MAP] P.27-C3／ループエリア

イタリアンビレッジ　Italian Village

ループのほぼ中央にあり、ひとつの建物に3つのイタリア料理店が集まっている。2階や地下にあるレストランは比較的カジュアルで、パスタなら$20以下で食事ができる。おすすめはThe Village。共通のワインセラーをもち、その規模はシカゴいちと言われている。

[住]71 W. Monroe St.　☎(1-312)332-7005　[営]月～木11:00～24:00、金土～翌1:00、日12:00～23:00(店によって変更あり)　[カード][A][M][V]　[URL]italianvillage-chicago.com　[予算]$$$

[R] イタリア料理 早くておいしい、都会で味わうイタリアン　[MAP] P.27-C2／ループエリア

ソプラフィーナ・マーケットカフェ　Sopraffina Marketcaffe

抗生物質無添加飼料の地元農家と契約。厳選素材のヘルシーなグルメサンドイッチやパスタが、手頃な値段で味わえる。カフェテリア形式のイタリアンは、オフィス街のなかにあり、ランチタイムはビジネスマンで混み合う。中心部に5店舗あり。サンドイッチ$4.49～8.99、ベーグル$2.29。

[住]10 N. Dearborn St.　☎(1-312)984-0044　[営]月～金11:00～16:00
[カード][A][M][V]　[URL]www.sopraffina.com　[予算]$$$

[R] イタリア料理 イタリア料理なら絶対ココ！　[MAP] P.30-A3／リバーノース中心部

ココ・パッツォ　CoCo Pazzo

開業25余年の伝統的なトスカーナ料理の店。高い評価は今でも変わらず、料理、サービスともに満足すること間違いなし。パスタが$17～21。もっとカジュアルに食事したいときは、姉妹店のCoco Pazzo Cafe ([住]212 E. Ohio St.) へ。できれば予約を。

[住]300 W. Hubbard St.　☎(1-312)836-0900　[営]ランチ月～金11:30～14:30、ディナー月～木17:00～22:00、金土～22:30、日17:00～21:30　[カード][A][M][V]　[URL]www.cocopazzochicago.com　[予算]$$$

[R] イタリア料理 買い物の合間にさくっとイタリアに行ってみよう　[MAP] P.29-A2／マグマイル南

イータリー　Eataly

"鉄人"マリオ・バターリがNYに続いてオープンした「イタリアンのテーマパーク」。ありとあらゆる食材や小物雑貨を販売。買った食材をその場でつまみにできる手軽さが人気。目の前で焼き上げてくれるもちもちのピザなど持ち帰ることもできる。4つのレストランも充実。

[住]43 E. Ohio St.　☎(1-312)521-8700　[営]マーケットは毎日7:30～23:00(レストラン11:00～)　[カード][A][M][V]　[URL]www.eataly.com　[予算]$$$～$$$

[R] イタリア料理 エレガントなのに手頃な値段のイタリアン　[MAP] P.25-A1／ストリータービル

フランセスカズ・オン・チェストナット　Francesca's on Chestnut

ジョン・ハンコック・センターからわずか1ブロックの穴場的なイタリアン。オーソドックスな調度品を見ると、ちょっとお高いイメージがあるが、さにあらず。ランチのパニーニ$14～17、ディナーのピザ$13.75～14.75、パスタ$18～27でボリュームもたっぷり、しかも美味。

[住]200 E. Chestnut St.　☎(1-312)482-8800　[営]月～木11:00～22:00、金～23:00、土10:00～23:00、日10:00～21:00　[カード][A][M][V]　[URL]www.miafrancesca.com　[予算]$$$

[R] イタリア料理 美術館のレストランで人気シェフの料理を　[MAP] P.27-D3／ループエリア

テルゾピアノ　Terzo Piano

料理界のアカデミー賞といわれるジェームズ・ビアード賞を受賞したトニー・マンターノによる洗練されたイタリア料理が美術館の中で堪能できる。料理もオーガニックで、とても健康的。人気が高いので予約を。美術館の入場料を払わずに入れる。

[住]159 E. Monroe St.　☎(1-312)443-8650　[営]ランチ毎日11:00～15:00、ディナー木17:00～20:00　[カード][A][M][V]　[URL]www.terzopianochicago.com　[予算]$$$

CHICAGO INFORMATION **寒い季節のドレスコード**　ドレスコードを求められる店でも、厳寒の季節はスカートを着用する必要はない。上がきちんとしていれば、下は多少カジュアルでもいい。ただし、デニム、スニーカーはNG。

イタリア料理

R イタリア料理 シカゴでも屈指の高級イタリアン
MAP P.28-B1／マグマイル北

スピアッジャ
Spiaggia 🚻

©City of Chicago

老舗の高級イタリアン。味、サービスともに最高級なので、特別なディナーに最適。オバマ元大統領がミシェル夫人と結婚記念日の食事にこの店を選んだことでも注目も浴びた。隣のカフェでは比較的リーズナブルに食事ができる。要ジャケット。ジーンズ不可。

🏠980 N. Michigan Ave., 2F ☎(1-312)280-2750 🕐月～木17:30～22:00、金17:00～23:00(カフェのみランチ月～土11:30～14:30) カードAMV URLspiaggiarestaurant.com 予算$$$

R イタリア料理 ワインとピザが魅力のカジュアルイタリアン
MAP P.30-B2／リバーノース中心部

オステリア・ヴィア・スタート
Osteria Via Stato 🚻

イタリアワインが約300種類揃い、前菜からデザートまで値段は手頃。グラスワインは$9～20。簡単においしく食事をしたいときに。大人数でシェアがおすすめ。併設するPizzeria Via Statoはピザの専門店で、薄生地ピザがウリ。10種類以上あり$10.95～17.95。

🏠620 N. State St. ☎(1-312)642-8450 🕐月～土11:30～22:00、日17:00～22:00 カードADJMV URLwww.osteriaviastato.com 予算$$$

R イタリア料理 質と量ともに申し分なしのイタリアン
MAP P.25-A2／ストリータービル

ヴォラーレ
Volare

リーズナブルで伝統的なイタリアンレストラン。料理はちょっとアメリカナイズされたメニューもあり、量も多い。しかし、前菜、パスタ、デザートなど、大勢でカジュアルに味わうにはもってこい。魚介類を使ったメニューも豊富で、味も日本人向け。

🏠201 E. Grand Ave. ☎(1-312)410-9900 🕐ランチ毎日11:00～15:00、ディナー毎日15:00～22:30 カードAMV URLwww.volarerestaurant.com 予算$$$

R イタリア料理 パスタは$14～20と手頃でおいしい
MAP P.30-B3／リバーノース中心部

アールピーエム・イタリアン
RPM Italian 🛵

おいしくて上品でトレンディなイタリアンを味わいたければこの店へ。独創的な前菜にハウスメイドのパスタ、リゾット、ステーキまで充実。インテリアはモダンで落ち着いていてクール。週末は地元のおしゃれな人たちでにぎわう。人気店なので予約したほうがよい。

🏠52 W. Illinois St. ☎(1-312)222-1888 🕐月～木16:00～23:00、金～24:00、土15:00～24:00、日12:00～23:00 カードAMV URLrpmrestaurants.com 予算$$$

R イタリア料理 日本人好みのイタリア料理
MAP P.30-A2／リバーノース中心部

プロセッコ
Prosecco 🚻

店名のプロセッコとは、イタリア・ヴェネト州で収穫されるブドウの品種で、スパークリングワインの原料。それだけに、店のスパークリングワインの品揃えはシカゴ随一だ。料理の味もよく、数々の雑誌や新聞でも称賛されている。リゾットやパスタは$14.50～27。

🏠710 N. Wells St. ☎(1-312)951-9500 🕐毎日17:00～22:00(金土～23:00、日～21:30) カードAMV URLproseccochicago.com 予算$$$

R イタリア料理 新聞や雑誌にも紹介されている
MAP P.23-A2／リンカーンパーク

トポ・ジージョ
Topo Gigio

マグマイルの北、オールドタウンにあり、新聞や雑誌にも紹介された有名店。落ち着いた内装で店内の雰囲気もよく、パスタは$15～27と比較的お手頃。フライパンから直接目の前にパスタが運ばれて、食欲をそそる。地元客が多いのはおいしさの証拠。

🏠1516 N. Wells St. ☎(1-312)266-9355 🕐月～土11:30～22:30、日16:00～21:30 カードAMV URLtopogigiochicago.com 予算$$$

FROM READERS ヴォラーレで大満足 シカゴで展示会があり行ってきた。食事にホテルの近くのイタリア料理ヴォラーレVolareに行き、とてもおいしく楽しい時間が過ごせた。 (宮城県 匿名)['20]

フランス料理／ドイツ料理／ギリシア料理

[R][フランス料理] 特別な日のためのとっておき（ミシュランガイド掲載）　[MAP] P.26-B4／ループエリア

エベレスト　Everest

シカゴに数あるフランス料理店のなかでも、その味とサービスは超一流。在米の日本人にも評判のいい店で、ミシュランガイドの1つ星を獲得した。コースはプリフィックスやおまかせなどがあり、$110～165。人気が高いので、要予約。ジャケット着用。

[住]425 S. Financial Pl., 40th Fl.（シカゴ証券取引所ビル内）　☎(1-312) 663-8920　[営]ディナー火～木17:30～21:00、金～21:30、土17:00～22:00　[カード][A][M][V]　[URL]www.everestrestaurant.com　[予算]$$$

©Courtesy of Everest

[R][フランス料理] ワインを傾けながら手軽なフレンチを　[MAP] P.23-A1／リンカーンパーク

モン・アミ・ガビ　Mon Ami Gabi

リンカーンパークの動物園や植物園、博物館見学後にちょうどいい、リンカーンパークに面したロケーション。フランスワインは80種類以上、料理は中心部に比べればフレンチとしては格安だ。ステーキは$24.95～、シーフード$23.95～、デザートもほどよい甘さで好評。

[住]2300 N. Lincoln Park West　☎(1-773) 348-8886　[営]月～木17:00～21:30、金土～22:30、日～20:30、ブランチ日10:00～14:00　[カード][A][M][V]　[URL]www.monamigabi.com　[予算]$$$

©Choose Chicago

[R][ドイツ料理] ドイツのビアホールの気さくな雰囲気　[MAP] P.27-C3／ループエリア

バーゴフ　Berghoff

1898年、ビール工場から始まった家族経営のドイツ料理店はシカゴのランドマーク的存在。ウィンナーシュニッツェル、デザートのアップルシュトゥルーデルはシカゴ随一と評判。禁酒法時代はルートビアを売って生き残った。Berghoffブランドのビールはここでしか味わえない。メイン$15.95～。

[住]17 W. Adams St.　☎(1-312) 427-3170　[営]月～金11:00～21:00、土11:30～21:00　[休]日　[カード][A][M][V]　[URL]www.theberghoff.com　[予算]$$$

[R][ギリシア料理] ギリシアの田舎料理　[MAP] P.22-A2マップ外／グリークタウン

サントリーニ　Santorini

店内はギリシアの民家を思わせる造りで雰囲気もいい。シーフードに加え、肉や鳥、野菜を取り入れた伝統的なギリシア料理が$20以下。ムサカ、タラモサラタなどボリュームたっぷり。

[住]800 W. Adams St.　☎(1-312) 829-8820　[営]日～木11:00～22:00、金土～24:00　[カード][A][M][V]　[URL]www.santorinichicago.com　[予算]$$$

[R][ギリシア料理] グリークコーヒーと自慢のペストリーを　[MAP] P.22-A2マップ外／グリークタウン

アートポリス　Artopolis [安]

ペストリーが評判の店で、持ち帰って翌日の朝食にするのもいい。ケーキ、クッキー類は見た目にもきれいで、どれも食欲をそそる。細かい粉を残したまま特濃のギリシアコーヒーとの相性も抜群。ギリシア風サンドイッチ($9前後）などの軽食も豊富。

[住]306 S. Halsted St.　☎(1-312) 559-9000　[営]月～木8:30～23:00、金～日9:00～24:00　[カード][M][V]　[URL]artopolischicago.com　[予算]$$$

[R][ギリシア料理] Opa！の炎があちこちで　[MAP] P.22-A2マップ外／グリークタウン

グリークアイランズ　Greek Islands

ギリシア料理初心者も安心。典型的なギリシア料理のコース（Family Style)を1人$24.95で食べられる。ただし2人以上からの注文。いつもチーズを焼く炎が見られる店だ。

[住]200 S. Halsted St.　☎(1-312) 782-9855　[営]日～木11:00～24:00、金土～翌1:00　[カード][A][M][V]　[URL]greekislands.net　[予算]$$$

[予算]：予算はメイン料理と飲み物1杯を注文した場合のひとり当たりの合計料金の目安を、$の数で明記しています。
$$$＝$25未満、$$$＝$25～60未満、$$$＝$60以上。

地中海料理／スペイン料理／ロシア料理ほか

レストランリスト

R 地中海 & 中近東料理　素材にこだわる健康志向のファストフード　**MAP** P.27-C2／ループエリア

ロティ
Roti

近年、野菜が豊富な中近東、地中海料理の店が増加中。ロティはユタ州のピンクソルト、アーミッシュ村の無農薬卵、有機栽培のひよこ豆などを使用。カウンターでサンドイッチかライスプレートかサラダかラップを選択し、次にチキンなど具を決め、最後にソースを。$8〜12。
🏠33 N. Dearborn St.　☎(1-312)263-9000　🕐月〜金10:30〜20:00、土日11:00〜20:00（日〜19:00）　カードAMV　URLroti.com　予算 SSS

R スペインフュージョン　スペイン料理の鉄人の店　**MAP** P.22-B2／サウスループ

メルカット
Mercat

米料理界の最高栄誉といわれるジェームズ・ビアード賞を2009年 "Best Chef Mid-Atlantic" 部門で受賞した名シェフの店で、夜は予約が必至。タパスを中西部風やメキシコ風にアレンジし、素材の味を生かし、見た目も美しく仕上げている。ガーリックシュリンプが美味。
🏠Blackstone Hotel, 638 S. Michigan Ave.　☎(1-312)765-0524　🕐月〜金16:00〜23:00（金〜24:00）、土日7:00〜24:00（日〜23:00）　カードAMV　URLmercatchicago.com　予算 SSS

R 地中海料理／タパス　マグマイル沿いにある、"チーズ・豚・ワイン" の店　**MAP** P.29-B2／マグマイル南

パープルピッグ
The Purple Pig

マグニフィセントマイル沿い、イリノイストリートの角にあるオフィスビルの中。豚肉料理が豊富で、ほかにも厳選した食材を用いたユニークなメニューに定評がある。ワインのコレクションも有名。2018年以降ミシュランガイドのビブグルマンに選ばれている。
🏠444 N. Michigan Ave.　☎(1-312)464-1744　🕐毎日11:30〜23:00
カードAMV　URLthepurplepigchicago.com　予算SSS

R スペイン料理　「安い！早い！おいしい！」と三拍子揃った　**MAP** P.30-B1／リバーノース中心部

カフェイベリコ
Cafe Iberico

便利な場所にあり、気軽にスペイン料理が楽しめる店。サングリアとともに、冷製、温製といろいろな種類のタパス（$7.95〜19.95）を頼んでみよう。メニューは写真付きなのでわかりやすい。グループで行ったらシーフードパエリアで締めるのもいい。
🏠737 N. LaSalle Blvd.　☎(1-312)573-1510　🕐日〜木11:00〜23:00、金土〜24:00　カードAMV　URLwww.cafeiberico.com　予算 SSS

R ロシア料理　シカゴ交響楽団御用達のレストラン　**MAP** P.27-C3／ループエリア

ロシアン・ティー・タイム
Russian Tea Time

開業25年を超えるシカゴでいちばん有名なロシア料理店。どれも本格的だが、アフタヌーンティー（14:30〜16:30）は特におすすめ。1人約$32.95で、紅茶、クッキー、スコーン、ジャムにいたるまで、手抜きしないていねいな手作りに感激する。できれば予約を。
🏠77 E. Adams St.　☎(1-312)360-0000　🕐日〜木11:00〜21:00、金土〜23:00
カードAMV　URLwww.russianteatime.com　予算 SSS

R アルメニア料理　日本人の口に合うアルメニアの民族料理　**MAP** P.29-B2／マグマイル南

サヤ・ノバ
Sayat Nova

日本ではなかなか味わうことのできない料理だが、実は日本人の口によく合う。ラム料理が中心ではあるが、ケバブ（ランチ$13.95〜22.95、ディナー$18.95〜23.95）はビーフやチキン、エビもある。小麦粉から作るクスクスもご飯のように食べやすい。平日のランチコンボは$12.95〜15.95。
🏠157 E. Ohio St.　☎(1-312)644-9159　🕐月〜土11:30〜22:00、日15:00〜21:00
カードAMV　URLsayatnovachicago.com　予算 SSS

：接待に使える店（居酒屋風含）　：ひとりでも入りやすい店　：家族連れにも入りやすい店　：料金のリーズナブルな店　：予約・予約をすすめる店

フランス料理／ドイツ料理／ギリシア料理／地中海料理／スペイン料理／ロシア料理ほか

インド料理／中近東料理ほか

R インド料理 ダウンタウンのインド料理なら
インディアハウス
MAP P.30-B3 ／リバーノース中心部
India House

ダウンタウンで手頃な値段で、おいしいインド料理が食べられる。メニュー数は150以上あり、どれも本格的と評判だ。$20もあればおなかいっぱいになれる店は、中心部では貴重だ。ランチなら日本では珍しいカレーの食べ比べもできる。ベジタリアンメニューも多い。

🏠59 W. Grand Ave. ☎(1-312) 645-9500 🕐ランチ月～金11:00～14:30、土日11:30～15:00、ディナー月～木17:30～22:00、金土～23:00、日17:00～22:00 URLwww.indiahousechicago.com カードAMV 予算●●●

R インド料理 ベジタリアンメニューも豊富なインド料理
ゲイロード
MAP P.28-B1 ／マグマイル北
Gaylord

ダウンタウンで店を構えるいちばん古いインド料理店。シカゴに上品で上質なインド料理を提供し続けて36年以上。今でもそのスタイルは変わらない。落ち着いた店内だが、子供連れもOK、という点がアジア系レストランのいいところ。ブルーミングデールズのそば。

🏠100 E. Walton St. ☎(1-312) 664-1700 🕐ランチ月～金11:30～14:30、土日12:00～15:00、ディナー月～木17:00～21:30、金土～22:00 カードAMV URLgaylordil.com 予算●●●

R インド＆ラテンフュージョン 見た目も美しいグローバルな味
ヴァーミリオン
MAP P.30-B3 ／リバーノース中心部
Vermilion

インドとラテン料理のフュージョンという、とても日本人には思いつかない発想の品々。インド生まれの女性カリスマシェフの独創的なアイデアに驚かされること間違いなし。インドとラテンの香辛料や素材が混じり合い、料理に国境はないのだと思わず感じてしまう。

🏠10 W. Hubbard St. ☎(1-312) 527-4060 🕐ランチ金～日11:00～14:00 (金12:00～)、ディナー日～木17:00～22:00、金土～23:00 カードAMV URLwww.thevermilionrestaurant.com 予算●●●

R 中近東料理 日本では珍しい中近東料理を手軽に
ベンジヤフダ
MAP P.26-B2 ／ループエリア
BenjYehuda

中近東料理のアーバンファストフード。メニューはファラフェル、チキン、ギロス、ステーキのみ。いずれもピタパン、ボックスから選べる。ファラフェルサンド$8～10と値段は安いのにとてもおいしいので、非常に混む。🏠145 N. Wells St.とオギルビー駅にも支店がある。

🏠10 S. LaSalle St. ☎(1-312)726-9653 🕐ランチのみ月～金10:30～15:30 カードAMV URLwww.benjyehuda.com 予算●●●

R タイ＆中国料理 アメリカンスタイルの中国&タイ料理
ビッグボウル
MAP P.29-A1 ／マグマイル南
Big Bowl

中国・タイ料理をアメリカ風の濃い味つけで提供。野菜に肉を入れ、好みのソースをかけて作ってもらう Stir Fry Bar はライスまたはヌードル込みで$14.95～。自家製の太麺はコシがあり、人気はランチのKung Pao Chicken Noodle は$12.95。カジュアルな店で夜はバーとしてもにぎわう。

🏠60 E. Ohio St. ☎(1-312)951-1888 🕐月～木11:30～22:00、金土～23:00、日～21:30 カードAMV URLbigbowl.com 予算●●●

R タイ料理 大人数もOK、店内はタイの雰囲気いっぱい
ダオタイ
MAP P.25-A2 ／ストリータービル
Dao Thai

メニューに餃子やシュウマイなどがあり中華っぽくもあるが、タイ料理のメニューも多数ある。ほとんどのメインが$11.25～16.95でアジアの味が楽しめる。ミシガンアベニューからすぐで使いやすい。

🏠230 E. Ohio St. ☎(1-312)337-0000 🕐日～木11:00～22:00、金土～23:00 カードADJMV URLdaothai.com 予算●●●

FROM READERS Honey Butter Fried Chicken 揚げたてのフライドチキンにとろりとからまった特製はちみつバターが激ウマで癖になる、と地元でも大人気。地ビールの種類も豊富。ランチもあり。CTAブルーライン↗

タイ料理／ベトナム料理

[R] [タイ料理] シカゴで人気のタイ料理レストラン　[MAP] P.29-A2 ／リバーノース

スター・オブ・サイアム　Star of Siam [安]

日本人の口にも合うタイ料理。この店は中心部にありながら、値段がとても安く、メイン料理も$10.75〜15.95。ピーナッツソースやココナッツミルクの味つけが絶妙。おすすめは、皮のやわらかい春巻（$6.50〜7.25）やパッタイ（$10.25）。お米の麺はほっとする味。

[住]11 E. Illinois St.　☎(1-312)670-0100　[営]日〜木11:00〜22:00、金土〜23:00
[カード][A][M][V]　[URL]www.starofsiamchicago.com　[予算]$$$

[R] [タイ料理] 店内にも注目の格安タイ料理店　[MAP] P.24-A2 ／リグレービル

コージー・ヌードル＆ライス　Cozy Noodle & Rice [安]

ヌードル、炒飯など1品がほとんど$10.50以下、デザートは1品$5.95以下、と安くておいしいと評判のタイ料理店。アルコール類はない。リグレーフィールドの近くにあり、トロピカルな装飾の店内はシカゴ・カブスのグッズで埋め尽くされている。ひとりでも気軽に入れる。

[住]3456 N. Sheffield Ave.　☎(1-773)327-0100　[営]日〜木11:00〜22:00、金土〜22:30　[カード]現金のみ　[URL]www.cozychicago.com　[予算]$$$

[R] [ベトナム料理] 鶏ガラスープにお米の麺がうれしい　[MAP] P.25-A4 ／チャイナタウン

ヌードル・ベトナミーズ・キュイジーヌ　The Noodle Vietnamese Cuisine [安]

フォーがメインの店。フォーは種類も多く大小サイズを選べ、$4.95〜6.95とても手頃。ほかにもベトナム風サンドイッチのバインミーなど軽食メニューもある。ベトナム風コーヒーもおいしい。ひとりでも入りやすいが、店内は広いのでグループで行くのもいい。

[住]2336 S. Wentworth Ave.　☎(1-312) 674-1168　[営]毎日10:00〜22:00
[カード][M][V]（$10以上）　[予算]$$$

[R] [ベトナム＆フランス料理] コロニアル風のベトナム・フレンチ　[MAP] P.28-A1 ／マグマイル北

ル・コロニアル　Le Colonial

アジアの素材にフランス料理が加わった洗練されたベトナム料理。メニューは贅沢な魚介類を使ったものも多いが、フォーなど素朴なものもある。店内はクラシックでロマンティックな雰囲気。テラス席は、夏は気持ちよく、いつもにぎわっている。$60くらいの予算で。

[住]57 E. Oak St.　☎(1-312)255-0088　[営]毎日11:00〜23:00（日〜22:00）
[カード][A][M][V]　[URL]www.lecolonialchicago.com　[予算]$$$

COLUMN

シカゴのおすすめ地ビール

アメリカではここ10年ほど地ビールブームが続いている。シカゴも「地ビール天国」。市内ならほとんどの飲食店で飲める人気の銘柄は……

①**グースアイランド・スリーワンツー Goose Island 312**　名称はシカゴの市外局番「312」から。すっきりしたレモン風味で飲みやすい。アルコール度数4.2%

②**グースアイランド・アイピーエー Goose Island IPA**　ホップが効いたまろやかでクセのない味わい。アルコール度数6.2%

③**ラグニタス・アイピーエー　Lagunitas IPA**

ラグニタスの看板ビール。ホップの苦味とモルトの香りがほどよいバランス。アルコール度数6.2%

前記のビールは市内にビアハウスもある。グースアイランドはP.261、ラグニタスは下記。

★ Lagunitas Brewery & Taproom

東京ドーム半分の広さで、映画のセットのようなビアハウス。ブルースのライブも行われる。

[住]2607 W. 17th St.　[MAP] P.22-A4 マップ外
[営]水〜日 12:00〜21:00（金土〜22:00）
[URL]lagunitas.com/taproom/chicago
[行き方]CTA ピンクライン California 駅下車、徒歩6分。夜はタクシーで

↘Belmont駅から徒歩約15分。[住]3361 N. Elston Ave.　[営]火〜金11:00〜21:00（金〜22:00）、土日10:00〜22:00（日〜21:00）　[URL]www.honeybutter.com　（シカゴ在住　S.N）['20]

中国料理ほか

R 中国料理 シカゴで一番人気の飲茶　MAP P.25-A3／チャイナタウン

フェニックスレストラン 萬壽宮酒樓
Phoenix Restaurant

種類が豊富でどれもおいしく、しかもリーズナブル。週末のランチタイムは混むが、平日は比較的すいている。ワゴンサービスは週末のみで、平日はメニューでオーダーを。1皿$4.15〜。飲茶以外のメニューもあり、一緒に頼める。窓の大きな店内は明るくいつもにぎやか。

住2131 S. Archer Ave. ☎(1-312)328-0848 営飲茶 毎日8:00〜16:00、月〜金9:00〜22:00、土日8:00〜23:00(日〜22:00) カードADJMV URLwww.chinatownphoenix.com 予算SSS

R 中国料理 日本人好みの麻婆豆腐　MAP P.25-A4／チャイナタウン

セブントレジャーズ
Seven Treasures Cantonese

大衆的な中国料理店で、夕方を過ぎるといつの間にか満席状態に。ぜひともトライしてほしいのが麻婆豆腐($9.50)。辛過ぎず、ご飯によく合う。ひとりならばワンタンなどのスープ麺($5〜)がほどよい大きさ。タピオカのジュースは女性に人気。チャーハンの種類も豊富。

住2312 S. Wentworth Ave. ☎(1-312)225-2668 営日〜木11:00〜翌2:00、金土〜翌2:30 カードAMV URLwww.seventreasurescantonese.com 予算SSS

R 中国料理 地元の口コミサイトで人気の高い　MAP P.25-A3／チャイナタウン

ミンヒン
MingHin

チャイナタウンにある、広東料理と飲茶のおいしいリーズナブルな店。飲茶メニューは豊富に揃っており、大人数で楽しむのもいいし、ひとりで軽く済ませたいときにも便利。なお、飲茶メニューは平日16:00、土日17:00まで。店内は広く明るく、地元客と旅行客でにぎわう。

住2168 S. Archer Ave. ☎(1-312)808-1999 営毎日8:00〜翌2:00 カードAMV URLwww.minghincuisine.com 予算SSS

R 中国料理 & パン & スイーツ ティーブレークにも、持ち帰りにもよい　MAP P.25-A3／チャイナタウン

セントアナ・ベーカリー
Saint Anna Bakery

アメリカでなかなか出合えないのがおいしいパン屋。ショーケースの中にはきれいにパンやケーキが並び、これらは日本のそれに近い味。持ち帰って夜食や朝食にするもよし、ここでケーキとお茶でひと休みもいい。卵タルトも甘過ぎずに美味。かた焼きそばやチャーハンなど、簡単な食事もOK。

住2158 S. Archer Ave. ☎(1-312)225-3168 営毎日8:00〜20:00 カード現金のみ 予算SSS

R 中国料理 こぎれいで、中国系市民でにぎわう　MAP P.25-A3／チャイナタウン

チーカフェ 旺角
Chi Cafe

若いウエーターがテキパキと働く、清潔感あふれる店。ポーク、ビーフ、チキン、シーフード、麺類、おかゆなどメニューは100種類をゆうに超えるが、ひと皿$16を超えるものがほとんどない。大きさもちょうどいいので、ひとりでも大人数でも楽しめる。営業時間が長くて便利。

住2160-A S. Archer Ave. ☎(1-312)842-9993 営日〜木8:00〜翌4:00、金土24時間 カードAMV(最低$10) URLwww.chicafeonline.com 予算SSS

R パン & スイーツ 日本のパンやスイーツでひと休み　MAP P.25-A3／チャイナタウン

トゥレジュー
Tous Les Jours

日本のパン屋さんのように棚に並ぶさまざまなパンのなかから選べる。イートインコーナーも広く、そこでコーヒーやお茶を買って食事することもできるし、パンは持ち帰って翌日の朝ごはんにするのもいい。アンパンやクリームパン、フルーツの載ったペストリー、ケーキ類もある。

住2144 S. Archer Ave. ☎(1-312)225-8488 営毎日9:00〜22:00 カードAMV URLwww.tljus.com 予算SSS

チャイナタウンへのアクセス　ウオータータクシーもおすすめ。チャイナタウン西のシカゴ川沿いに乗り場があり、中心部はミシガン橋などから乗船できる。Water Taxi URLwww.chicagowatertaxi.com 冬期は運休

中国料理／日本料理

中国料理／日本料理ほか

R 中国料理 チャイナタウンのベスト店が中心部に
ラオ・セチュアン 老四川　Lao Sze Chuan
MAP P.29-B2 ／マグマイル南

シカゴの中国料理セレブシェフTony Huの店。カジュアルだが、本格的な中華が堪能できる。メインが$20前後とリーズナブル。メニューの数が多いのでグループで行くのもいい。セレブがよく寄ることでも有名。四川料理だけでなく、中国各地の料理が食べられる。特にチャーハンが美味。

520 N. Michigan Ave., The Shops at North Bridge　(1-312)595-0888　毎日11:00〜22:00(金土〜23:00)　カード AMV　URL www.laoszechuanchicago.com　予算 ●●●

R 中国料理 & アジアンフュージョン 中国料理をメインとしたアジア全般
ヒンキー　Hing Kee
MAP P.25-A3 ／チャイナタウン 安

中国料理がメインだが、日本、タイ、ベトナムのテイストも加わり、アジアンフュージョンのメニューも目立つ。手打ちの麺類は$9前後。肉や魚のメインも$8.50〜15。巻き寿司の種類も豊富なので日本食目的で来てもいい。スムージー、タピオカティーもおいしい。

2140 S. Archer Ave.　(1-312)808-9538　毎日10:00〜23:00
カード MV　予算 ●●●

R 日本料理 創作シーフードと寿司は新しい発見
ロカ・アコア　Roka Akor
MAP P.30-B3 ／リバーノース中心部

サンフランシスコやヒューストンにも支店をもち、炉端焼きを楽しめることからアメリカ人にも評判がいい。魚の鮮度もよく、いつもの食材が新しい姿で登場。期待を裏切らない味とクオリティの高さだ。店もおしゃれな雰囲気で、ラーメン、そば、和牛の餃子、ランチは弁当もある。

456 N. Clark St.　(1-312)579-0834　ランチ月〜金11:30〜14:30、ディナー日〜水17:00〜23:00、木〜土〜24:00。バーは遅くまで　カード AMV　URL www.rokaakor.com/chicago/　予算 ●●●

R 日本料理 セレブ日系人シェフが監修する高級モダン和食
桃太郎　Momotaro
MAP P.22 A-1マップ外／ウエストループ

料理長は日本で修業した著名シェフ、ジーン・カトウ Gene Kato。ふたつのレストランがあり、1階はモダン和食、入口が離れた地階が居酒屋Izakaya。握り寿司は2個で$6〜、巻き寿司$10〜、丼$14〜、炉端焼き$8〜。日本酒のほか日本のビールとウイスキーもあり、予約が望ましい。

820 W. Lake St.　(1-312)733-4818　日〜木17:00〜22:30、金土16:30〜23:00(土〜24:00)　カード AMV　URL www.momotarochicago.com　予算 ●●●

R 日本料理 シカゴ美術館のすぐそば
オーサカ・スシ・エキスプレス　Osaka Sushi Express
MAP P.27-C4 ／ループエリア 安

安くて早くて日本の味を求めるならこの巻き寿司屋へ。種類が豊富でどれも新鮮。天気がよければここで弁当を買ってグラントパークのベンチでランチする人も多い。スムージーもおすすめ。

400 S. Michigan Ave.　(1-312)566-0118　月〜金11:00〜21:00、土12:00〜　休 日　カード AMV　URL osaka2go.com　予算 ●●●

R 日本料理 日本人シェフの居酒屋風レストラン
香々呂（こころ）　Cocoro Restaurant
MAP P.30-A2 ／リバーノース中心部 安

シカゴの中心部ではとても少なくなってしまった、日本人シェフが切り盛りする店。寿司、ラーメン、しゃぶしゃぶ、串揚げ、天ぷら、うどん、丼、枝豆や餃子、キンピラなどつまみも豊富で、メニューは多岐にわたり、手頃な値段（$3〜37）。テイクアウトもOK。

668 N. Wells St.　(1-312)943-2220　ランチ月〜金11:30〜14:15、ディナー月〜土17:30〜22:00　休 日　カード ADJMV　URL cocorosushi.squarespace.com　予算 ●●●

CHICAGO INFORMATION パンとスイーツのお持ち帰り チャイナタウンのChiu Quon Bakery超群餅家はパンとスイーツがおいしい店。食べる場所はないので、夜食や朝食用に持ち帰ろう。2253 S. Wentworth Ave.　MAP P.25-A4

日本料理／朝食

R 日本料理 若者の町の創作寿司　　　　　　　　　　　　　MAP P.22-A1マップ外／ウエストループ

寿司ドック　　　　　　　　　　　　　　　　　　　　Sushi Dokku

今、若者でにぎわうウエストループの中心にある日本食店。枝豆、ごまあえ、揚げ出し豆腐など、意外な形で出てくるが、味は悪くない。ゴジラロール、クリスピーマグロなどの創作寿司はアメリカならでは。日本のウイスキーと日本酒も揃う。おつまみ$4〜15、うどん$6〜16。

🏠823 W. Randolph St. ☎(1-312)455-8238 🕐火〜金12:00〜22:00（金〜23:00）、土17:00〜23:00 🈺日月 ［カード］A M V ［URL］sushidokku.com ［予算］S S S

R 日本料理 麺屋「空海」の味をシカゴでも　　　　　　　　MAP P.23-A2マップ外／ウィッカーパーク

輝月　　　　　　　　　　　　　　　　　　　　　　　Kizuki

シカゴの若者でにぎわうウィッカーパークに誕生したラーメン屋。シカゴでもラーメン人気はここ数年で高まり、輝月は手頃な値段でささっと食べられることから、在米の日本人にも評判がいい。日本の麺屋「空海」と提携。つけ麺もあり、トッピングも豊富。たこ焼きもある。ラーメン$13前後。

🏠1482 N. Milwaukee Ave. ☎(1-773)270-4150 🕐月〜木11:00〜14:30、17:00〜21:30、金〜日11:00〜22:00（日〜21:30） ［カード］A M V ［URL］www.kizuki.com ［予算］S S S

R 日本料理 ミシュランガイドもおすすめの寿司　　　　　　MAP P.30-A2／リバーノース中心部

ユニオンスシ＋BBQ バー　　　　　　　　Union Sushi + BBQ Bar

中心街で最もトレンディな日本食レストラン。ガラス張りのスタイリッシュな店内は、寿司カウンターもテーブル席も広い。握りはもちろん、個性的な巻き寿司もお試しあれ。ろばた焼きでカンガルーやラムの肉もあり。そばやうどん、日本酒の種類も多い。

🏠230 W. Erie St. ☎(1-312)662-4888 🕐ランチ月〜金11:30〜14:00、ディナー月〜木17:00〜22:00、金土〜23:00、日〜21:00 ［カード］A M V ［URL］eatatunion.com ［予算］S S S

R フュージョン アメリカの日本料理にトライしてみて　　　　MAP P.30-B3／リバーノース中心部

サンダ　　　　　　　　　　　　　　　　　　　　　Sunda

さまざまな素材を組み合わせた巻き寿司がメインで、アメリカ人はどんな寿司が好きなのか、試してみては？ MaguroやIkuraなど日本名のままの寿司も多いのでわかりやすくてありがたい。カクテルにも日本的な名前がついている。ロール類が$18〜25。

🏠110 W. Illinois St. ☎(1-312)644-0500 🕐月〜水11:30〜23:00、木金〜24:00、土10:30〜24:00、日10:30〜23:00（昼休みあり） ［カード］A D J M V ［URL］sundanewasian.com/chicago/ ［予算］S S S

R 日本料理 あの牛角がシカゴでも食べられる　　　　　　　MAP P.25-A2／ストリータービル

牛角　　　　　　　　　　　　　　　　　　　　　Gyu-Kaku

日本でおなじみの店。枝豆やタコわさ、キムチなどのおつまみから特上カルビ、ロースなど日本と変わらないメニューは、シカゴ在住の日本人にも大人気。ランチではビビンバやラーメンセットが$11〜とお手頃の値段なので、気軽に立ち寄れる。

🏠210 E. Ohio St. ☎(1-312)266-8929 🕐月〜木11:30〜23:00、金土〜24:00、日〜21:30 ［URL］www.gyu-kaku.com ［予算］S S S

R 朝食 ループの中心で朝食を　　　　　　　　　　　　　MAP P.26-B2／ループエリア

コション・ヴォラント　　　　　　　　　　　　Cochon Volant

平日は6:30から営業しているので朝食に便利だが、ランチ、夕食にも気軽に使えるフレンチビストロでもある。朝食はワッフル、パンケーキ、オムレツなどどれもボリューム満点。落ち着いた雰囲気の店内から、足早に歩くシカゴっ子たちを眺めるのもいい。

🏠100 W. Monroe St. ☎(1-312)754-6560 🕐朝食月〜金6:30〜10:15、ランチ月〜金11:00〜15:00、夕食毎日17:00〜23:00、ブランチ土日7:00〜15:00 ［カード］A M V ［URL］www.cochonvolantchicago.com ［予算］S S S

---

272 FROM READERS　牛角は予約を入れて 在住の日本人のみならず、シカゴっ子や観光客にもかなりの人気の様子。いつ行っても常に待っている人で入口はいっぱい。

（Joe　東京都）［'20]

朝食

[R] 朝食 ふわふわパンケーキで1日のスタートを　[MAP] P.25-A1／ストリータービル

ワイルドベリー・パンケーキ　Wildberry Pancakes & Cafe

朝8:00をすぎると出勤前のビジネスパーソンで満席。バラエティに富んだエッグベネディクトやオムレツ、フルーツたっぷりのパンケーキやワッフル、パニーニ、サラダなどメニューの多さに圧倒される。コーヒーはインテリジェンシアでお茶の種類も多い。ループエリアに支店あり。

[住]196 E. Pearson St.　☎(1-312) 470-0590　[営]毎日6:30～14:30　[カード][A][M][V]
[URL]www.wildberrycafe.com　[予算]$$$　●支店[住]130 E. Randolph St.　[MAP]P.27-D1

[R] 朝食 シカゴらしいボリュームで素材もフレッシュ　[MAP] P.27-C4／ループエリア

ビージー　BeeZzee

シカゴ美術館のすぐそばだが、観光客にあまり知られていない穴場の軽食屋。オムレツ、クレープなど朝昼メニューが揃う。おすすめはトルティーヤのラップサンドイッチ。特にサーモングリルは香ばしく、たっぷりの新鮮野菜との相性もよく一番人気。観光合間にスムージーで休憩するのもいい。

[住]424 S. Wabash Ave.　☎(1-312)588-4927　[営]毎日8:00～15:00　[カード][A][M][V]
[URL]beezzeefreshfood.com/multi　[予算]$$$

[R] 朝食 シカゴで人気拡大中の朝食レストラン　[MAP] P.25-A2など／ストリータービルなど

ヨーク　Yolk.

フルーツたっぷりのパンケーキ、ベリー類でパンが見えないフレンチトースト、定番のエッグベネディクトなど、どれをとっても美しく、ボリュームもあり、美味。いつの間にか満席で、支店も急増した（脚注参照）。メニューも豊富で迷うはず。パンケーキ$5～10で、生地に野菜などが練り込まれている。

[住]355 E. Ohio St.　☎(1-312) 822-9655　[営]月～金6:00～15:00、土日祝7:00～
[カード][A][M][V]　[URL]www.eatyolk.com　[予算]$$$

[R] 朝食 朝食メニューがとても豊富　[MAP] P.30-A3／リバーノース中心部

メリカフェ　Meli Cafe

ちょっとゆっくり朝食を取りたいときに最適な店。じっくり新聞に目を通すビジネスパーソンや、早朝の会話を楽しむ人など、シカゴっ子の生活の一面をのぞいているよう。オムレツ、ベネディクト、パンケーキ、フレンチトースト、クレープなど40種類以上。卵は町でいちばんおいしいと自慢。

[住]540 N. Wells St.　☎(1-312)527-1850　[営]毎日7:00～15:00　[カード][A][M][V]
[URL]www.melicafe.com　[予算]$$$

[R] 朝食 「アメリカでいちばんおいしい朝食」と評判　[MAP] P.22-A2／ウエストループ

ルー・ミッチェルズ　Lou Mitchell's

ユニオン駅より1ブロック西。20種類以上もあるオムレツは$9.95～。かつてのアメリカの大動脈ルート66沿いにあり、1923年から営業している。店の特徴は、新鮮な材料を吟味し、すべて手作りしていること。特に卵料理（スクランブルエッグやオムレツ）がおすすめ。余ったら持ち帰ろう。

[住]565 W. Jackson Blvd.　☎(1-312)939-3111　[営]月～金6:00～15:00、土日7:00～（日～15:00）　[カード][A][M][V]　[URL]wwwloumitchells.com　[予算]$$$

[R] 朝食 24時間営業のカフェ　[MAP] P.28-A2／マグマイル北

テンポカフェ　Tempo Cafe

早朝、町がまだ静まり返っている時間帯から1軒だけ活気づく店。朝食メニューがおすすめで、$15もあれば十分食べられる。オムレツの種類が多く、なかでもアスパラ&チェダーチーズ（$13.50）がおいしい。量もかなり多いので食べきれなかったら遠慮なく持ち帰ろう。各種オムレツ$11～13.50。

[住]6 E. Chestnut St.　☎(1-312)943-4373　[営]24時間営業　年中無休
[カード][A][M][V]　[URL]www.tempochicago.com　[予算]$$$

CHICAGO INFORMATION　ヨークの支店　サウスループ[住]1120 S. Michigan Ave. [MAP]P.22-A,B3　マリーナシティ[住]340 N. State St. [MAP]P.30-B4　リバーノース[住]744 N. Wells St. [MAP]P.30-A1

軽食

[R] [軽食] パニーニやピザでささっと　[MAP] P.29-B2 ／マグマイル南

ラブリオラ　Labriola

ミシガンアベニューから半ブロックの便利な場所にあり、レストランとバーエリアに分かれている。日中、バーエリアは気軽なカフェとなり、サンドイッチ、パニーニ、パスタ、ハンバーガーなどの軽食がいただける。なかでもピザは窯で焼く本格派。歩き疲れたらインテリジェンスチアのコーヒーを。

[住]535 N. Michigan Ave.　☎ (1-312) 955-3100　[営]月～金11:00～23:00 (月～22:00)、土日10:00～23:00 (日～22:00)　[カード][A][M][V]　[URL]labriolacafe.com　[予算] $$$

[R] [カフェ & スイーツ] シカゴらしい光景が楽しいカフェ　[MAP] P.27-C2 ／ループエリア

ゴッデス&ザ・ベイカー　Goddess & the Baker

ミレニアムパークの近くで休憩に最適。季節ごとに変わるペストリー類が豊富で、ローカルの焙煎豆使用のコーヒーもおいしい。ガラス張りの店内は明るく、L（高架鉄道）の下だが音は気にならず、むしろシカゴらしい光景も味わえる。カフェだがビールがあるのもうれしい。

[住]33 S. Wabash Ave.　☎ (1-312) 877-5176　[営]月～金7:00～18:00、土日8:00～17:00　[カード][A][M][V]　[URL]www.goddessandthebaker.com　[予算] $$$

[R] [ベーカリー & サンドイッチ] おいしいクロワッサンが食べたくなったら　[MAP] P.28-A1 ／マグマイル北

ヘンドリックス・ベルジアン・ブレッド・クラフター　Hendrickx Belgian Bread Crafter

ベルギーの本格的なパン屋で、店内で食事もできる。クロワッサン($3.50～6）やアップルターンオーバー（$3.75）がおすすめ。スープやスイーツもあり、スイーツは見た目にも美しい。店内のテーブルは少ないがテラス席もあり。ブルーミングデールズのそば。

[住]100 E. Walton St.　☎ (1-312) 649-6717　[営]月8:00～15:30、火～土～19:00、日9:00～15:00　[カード][A][M][V]　[URL]hendrickxbakery.com　[予算] $$$

COLUMN

シカゴの新名所はスターバックスの焙煎工場+カフェの博物館

コーヒーのテーマパークのようで、開業時は長蛇の列ができた

2019年11月、シカゴのマグニフィセントマイルに世界でいちばん大きなスタバがオープン。ルーフトップを含む全5階はまるでコーヒーの博物館。1階はロースタリー、量り売りの豆ショップ、立ち飲みコーヒーバーにおみやげショップ。2階はミラノのベーカリーPrinciの新鮮で種類豊富なパン、スイーツなどがおいしいコーヒーとともに味わえる、広くて気持ちのいいカフェ。家族連れでの軽食にも便利。3階はウイスキー樽で熟成した豆のコーヒーを飲めるカウンターバーと、各種アルコールが飲めるカクテルバーになっており落ち着いた大人の空間。カクテルバーに入るにはIDが必要。各階の大きなウインドーから眺めるミシガンアベニューは昼夜問わず人気があり、特にバーからの夜景はきれい。5階はルーフトップで春夏のシーズンのみオープン。コーヒー片手に贅沢なシカゴの摩天楼が眺められる。いつもと違うスタバ体験をしてみるのもいい。

★スターバックス・リザーブ・シカゴ・ロースタリー
Starbucks Reserve Chicago Roastery

[住]646 N. Michigan Ave.　[MAP] P.29-B1 ／マグマイル南　[営]月～金 7:00 ～ 23:00、土日 8:00 ～ 24:00（日～ 22:00）　[カード][A][M][V]　[URL]www.starbucksreserve.com/en-us/locations/chicago

おいしいパンとスイーツもコーヒーと一緒にいただける。日本よりは高め

FROM READERS こんぶ茶トニック!!　ゴッデス&ザ・ベイカーは朝食のボウルやクランチサラダがヘルシーでおいしい。飲み物もユニークで黒蜜のアーモンド抹茶ラテ、デトックス茶がある。　（岡山県　匿名）['20]

軽食／カフェ

[R] サンドイッチ 手作りホットサンドイッチが手軽で美味 [MAP] P.27-C1など／ループエリアなど

ポットベリー Potbelly [安]

今や全米規模でチェーン展開をしているシカゴ発のサンドイッチの店。人気の理由は、注文を受けてから作られる温かいサンドイッチ。種類もバラエティに富み、日替わりのスープもある。普通のファストフードに飽きた人も大満足すること間違いなし。

[住]190 N. State St.(ほかダウンタウンに20軒以上) ☎(1-312) 683-1234 [営]月～金6:30～22:00、土日11:00～ [カード][A][D][J][M][V] [URL]www.potbelly.com [予算]$$$

[R] 軽食 おいしいメキシカンのファストフード [MAP] P.29-B4など／ループエリアなど

チポトレ・メキシカングリル Chipotle Mexican Grill [安]

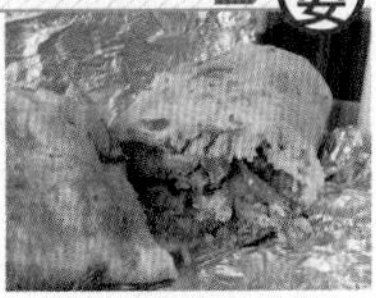

ボリューム満点でおいしいメキシコ料理のファストフード店。最初に店内か持ち帰りか、次にブリトーかタコスかボウルかを決め、次に米の種類を選ぶ。具は見えるので、指すだけでOKだ。野菜、肉、ワカモレ、サワーソースなどを入れていく。サルサソースの味は、甘口、ミディアム、ホットから選べる。

[住]316 N. Michigan Ave.など市内各所にある ☎(1-312)578-0950 [営]毎日10:30～22:00 [カード][A][M][V] [URL]www.chipotle.com [予算]$$$

[R] デリ＆サンドイッチ カロリー表示もあるヘルシーなサンドイッチ [MAP] P.27-C3／ループエリア

ハンナズブリッツェル Hannah's Bretzel

小麦粉からチーズ、野菜、卵、ハム、サーモンにいたるまでオーガニックにこだわる健康志向のサンドイッチ店。ドイツ人がシカゴで始めただけあり、パンはブリッツェルのBaguetteとWecken（ロール）から選べる。野菜は新鮮で、味もナチュラルで胃に優しい。

[住]131 S. Dearborn St. ☎(1-312) 621-1111 [営]月～金7:00～19:00 [休]土日 [カード][A][M][V] [URL]www.hannahsbretzel.com [予算]$$$

[R] カフェ＆スイーツ 上品な味の美しいスイーツ [MAP] P.29-A1／リバーノース

アライアンスパティスリー Alliance Patisserie

ヨーロッパのカフェを彷彿させるような、美しいケーキやマカロンが並ぶウインドーに目を奪われる。地下の厨房で作られる新鮮なスイーツの味はどれも上品。カップケーキ$4～4.50と少し高め。ガラス越しに見える中庭を眺めながら、家にいるようにくつろいでカフェタイムを楽しめる。

[住]615 N. State St. ☎(1-312) 374-4144 [営]日～木9:00～20:00、金土～22:00 [カード][A][M][V] [URL]www.alliancepatisserie.com [予算]$$$

[R] カフェ 観光の合間にスイーツとコーヒーでひと休み [MAP] P.27-C2／ループエリア

トニパティスリー＆カフェ Toni Patisserie & Café

ループエリアのビジネス街にあるおしゃれなカフェ。サンドイッチやスイーツも豊富で、ひと休みには最適。明るくフランスのカフェのような店内は、静かで落ち着く。観光に疲れたときに寄りたい。サンドイッチはホットもあって$11.50、スイーツ$10前後。

[住]65 E. Washington St. ☎(1-312) 726-2020 [営]月～金7:00～19:00、土8:00～、日9:00～17:00 [カード][A][M][V] [URL]www.tonipatisserie.com [予算]$$$

[R] カフェ 高級ホテルのカジュアルスイーツ [MAP] P.28-B3／マグマイル北

ピエログルメ Pierrot Gourmet

ペニンシュラホテルの1階にある穴場的なおしゃれなカフェ。高級ホテルにあるものの、値段は比較的リーズナブルでとても入りやすい。きれいで甘過ぎないケーキ$7～10、ふわふわのキッシュ $15、サンドイッチ$14～21、クロワッサン$4。マグマイルのひと休みや軽食に最適。

[住]The Peninsula 1F, 108 E. Superior St. ☎(1-312)573-6749 [営]毎日7:00～21:00 [カード][A][D][J][M][V] [URL]www.peninsula.com→Chicago→Dining [予算]$$$

CHICAGO INFORMATION **ポットベリーの支店** ダウンタウン随所にある。[住]200 S. Michigan Ave. [住]55 E. Jackson St. [住]55 W. Monroe St. [住]520 N. Michigan Ave. [住]277 E. Ontario St. [住]57 E. Chicago Ave.など

カフェ／スイーツ

R **カフェ** シカゴ中心部で唯一のスフレパンケーキ専門店   **MAP** P.27-C2 ／ループエリア

ハナブサカフェ・シカゴ   Hanabusa Cafe Chicago

2019年にオープン。トロントで話題になったスフレパンケーキのシカゴ店。ふわっとした食感でフルーツの盛りつけが美しい Original Pancake（$12）、チョコレートソースをかけた Chocolate Pancake（$13）が人気。抹茶パンケーキや日本風の牛丼や卵サンドイッチなど軽食もある。
🏠 29 E. Madison St. ☎ (1-312) 584-0455 🕐 月～金11:00～18:30、土日10:00～18:30 カード AMV URL www.hanabusacafechicago.com 予算 $$$

R **カフェ** 全米展開するシカゴ名物のコーヒー   **MAP** P.27-C1 ／ループエリア

インテリジェンシア   Intelligentsia

シカゴの焙煎工場には、全米やカナダからも同業者が視察に来るという。信頼のおけるコーヒー豆で、腕のいいバリスタが味わい深いコーヒーを入れる。香りの広がる店内はクールなインテリアで落ち着く。マドレーヌやクロワッサンなどもある。カフェラテ$5～。
🏠 53 E. Randolph St. ☎ (1-312) 920-9332 🕐 月～金6:30～20:00、土7:00～、日7:00～19:00 カード AMV URL www.intelligentsiacoffee.com 予算 $$$

R **カフェ** コーヒーの香りが心地よいスタイリッシュなカフェ   **MAP** P.25-A2 ／ストリータービル

ドロップコーヒー   Dollop Coffee

雰囲気のよいカフェに人が集まるのは自然なこと。ドロップコーヒーはシカゴの日常のひとコマを見せてくれるような所。メトロポリスのコーヒーの香りが漂う店内では、リラックスした市民がパソコンをいじったり、静かに会話を楽しんだり、自分もシカゴっ子になったような気分。Wi-Fi無料。
🏠 345 E. Ohio St. ☎ (1-312) 929-4007 🕐 毎日7:00～19:00 カード MV URL www.dollopcoffee.com 予算 $$$

R **カフェ** アメリカ人が子供の頃から親しんできた味のカフェ   **MAP** P.27-D1 ／ループエリア

ヌテラカフェ   Nutella Café

ミレニアムパークから1ブロック北に開業したカフェは、アメリカ人に大人気。それもそのはず、彼らが子供の頃からパンに塗っていたヌテラ（ヘーゼルナッツのチョコ風味のスプレッド）の第1号カフェだから。ヌテラは保存料などを使わないことでも有名で、ヘルシーなサンドイッチやスイーツがある。
🏠 189 N. Michigan Ave. **Free** (1-800) 861-4888 🕐 月～金7:00～22:00（金～23:00）、土日8:00～23:00（日～22:00） カード AMV URL www.nutella.com/us/en/nutella-cafe-chicago 予算 $$$

R **スイーツ** 冬でも大人気の高級アイスクリーム   **MAP** P.23-B3 ／リンカーンパーク

ジェニーズ・スプレンディッド・アイスクリーム   Jeni's Splendid Ice Cream

2002年にオハイオ州で誕生し、中西部と南部に店舗を展開するオーガニック・アイスクリーム店。シングルスクープで $6 前後と値段は高めだが新鮮なミルクを生かした味わいは絶品。季節のフレーバーやアルコール入りもあり、男性にもファンが多い。シカゴには合計6店舗。
🏠 1419 N. Wells St. ☎ (1-312) 877-5880 🕐 月～金13:00～23:00、土日12:00～ カード AMV URL jenis.com 予算 $$$

R **カフェ** オークパークでひと休みするなら   **MAP** P.32-A3 ／オークパーク

シュガー・フィクス・パティスリー   Sugar Fixe Patisserie

オークパークの市民に愛されているスイーツのおいしいカフェ。明るい店内は読書をする人やPCを扱う人などでにぎわい、暖かい季節はテラス席が人気。コーヒーや紅茶は＄2.50～3.50、スイーツは$3～5.75、翌日の朝食用にボリュームのあるクロワッサンもおすすめ。歩き疲れたときに便利。
🏠 119 N. Marion St., Oak Park ☎ (1-708) 948-7720 🕐 毎日8:00～18:00（木～19:00、金土～20:00） カード AMV URL www.sugarfixe.com 予算 $$$

オークパークエリア／郊外

R 多国籍料理 地ビールと一緒に世界のおつまみを
MAP P.32-A3／オークパーク

レイクストリート・キッチン＋バー
Lake Street Kitchen + Bar

観光案内所の近くの繁華街にあり、ショートブレッドまたはサンドイッチ（ハーフサイズ）、コールスローかポテトチップスが付いて$11～14とリーズナブル。ワインや地ビールに合うおつまみ的なものが多く、タコス、プレッツェル、ミートボールなど世界の食べ物が揃う。
🏠1101 Lake St., Oak Park ☎(1-708)383-5253 🕐月～金11:30～22:00（金～23:00）、土日11:00～23:00（日～21:00） カードAMV URLwww.lakestreetkitchenbar.com 予算SSS

R アメリカ料理 中南米アメリカ料理をおしゃれに
MAP P.32-A4／オークパーク

プア・フィルズ・バー＆グリル
Poor Phil's Bar & Grill

カールトンホテルの1階にあり、朝から深夜まで営業しているので便利。アメリカらしいカジュアルな雰囲気で、席に着くとポップコーンがサーブされる。ハンバーガーといった定番メニューからジャンバラヤ（$19.95）など魚介類を中心に南部料理のメニューもある。味はまあまあ。
🏠139 S. Marion St., Oak Park ☎(1-708)848-0871 🕐月～金7:00～翌1:00（金～翌2:00）、土日8:00～翌2:00（日～24:00） カードAMV URLwww.poorphils.com 予算SSS

R インド料理 建築散策のランチならここ
MAP P.32-A3／オークパーク

カイバルパス
Khyber Pass

オークパークのインド料理店で、ライト設計の家が集中するエリアからも徒歩3～5分の距離。ランチはバフェが平日$10.95とお手頃で、種類の豊富なカレーやチキンの煮込みや、ソースが選べる温野菜、豆の煮込みやサフランライスなど、辛過ぎない味つけ。しっかり食べて、午後の散策に繰り出そう。
🏠1031 Lake St., Oak Park ☎(1-708)445-9032 🕐日～木12:00～21:30、金土～22:00 カードAMV URLwww.khyberpassrestaurant.com 予算SSS

R 韓国料理 不動の人気を誇る和風炭火焼肉店
MAP P.21-C2／ノースウエスト

シカゴカルビ
Chicago Kalbi

韓国人街にある唯一の和風焼肉店。オーナーは日本人。名物の和州牛カルビ（1名$25)と和州牛ロース（1名$32)は2名以上の注文からで総菜7品、味噌汁、ご飯が付く。冷麺、ビビンバなどは$14前後。日本人スポーツ選手がよく訪れ、サインと写真が壁一面に飾られている。予約が望ましい。
🏠3752 W. Lawrence Ave. ☎(1-773)604-8183 🕐水～月17:00～24:00 休火
カードADJMV URLchicago-kalbi.com 予算SSS

R 中国料理 おなかも財布も大満足の中国料理
MAP P.20-A1／シャンバーグ

ホンコンカフェ　香港地
Hong Kong Cafe

日本人も多いシャンバーグにあり、少し遠いが行く価値は十二分にある店。シーフード、ビーフ、チキン、麺類、チャーハンなどすべて日本人の口に合う味でしかもボリュームたっぷり。メニューは写真付き。あんかけチャーハンFu Jian Fried Rice（$15.95)と自家製タピオカジュースは絶品。
🏠1608 Algonquin Rd., Schaumburg ☎(1-847)397-8208 🕐火～木11:30～21:30、金土～22:00、日～20:30（火～金昼休みあり） 休月 URLwww.hongkongcafeatschaumburg.com カードAMV 予算SSS

R ラーメン 本場喜多方ラーメンの老舗
MAP P.20-A1／ホフマンエステイツ

喜多方ラーメン 坂内
Kitakata Ramen Ban Nai

アメリカ4店舗目となる老舗ラーメン店。喜多方ラーメン($8.50)をはじめ、丼ものや、餃子など日本の懐かしいサイドメニューも充実。お店のおすすめはチャーシューラーメン（$12.99 写真）。つけ麺もあり、トッピングもバラエティに富んでいる。
🏠1129 N. Roselle Rd., Hoffman Estates ☎(1-847)744-6425 🕐毎日11:00～14:45、17:00～21:00（土日は22:00までで昼休みなし） カードAMV URLramenbannai.com 予算SSS

FROM READERS ベーグルサンドのおいしいカフェ　ハロルド・ワシントン図書館の近く、おしゃれなシカゴっ子でにぎわう。1杯ずつ入れるコーヒーも美味。Hero Coffee Bar 🏠439 S. Dearborn St. （埼玉県　S.H）['20]

R アメリカ料理 ワインが引き立つ、大人気のお手頃料理

クーパーズホーク
Cooper's Hawk

MAP P.20-A2 ／日本人村

イリノイ産のワインを揃え、それに合わせた世界のフュージョンが楽しめる。驚くのは、どれも素材のよさを引き出す味つけ。つい箸も進む。グラスワイン$7〜16、ボトルも$23〜。

🏠798 W. Algonquin Rd., Arlington Heights, IL
☎(1-847)981-0900 営月〜木11:00〜21:30、金土〜22:30、日〜21:00(バーは延長)
カード chwinery.com 予算 $$$
●オークパーク店 MAP P.32-A3

R シーフード 年間10万人が訪れる

ボブ・チンズ
Bob Chinn's(Crabhouse Restaurant)

MAP P.20-B1マップ外 ／ウィーリング

売上高全米No.4という人気の高いシーフード店。並ぶ価値はある。カニをはじめとするシーフードは新鮮で、クラムチャウダーは絶品。ディナーは$30〜60の予算で。

🏠393 S. Milwaulee Ave., Wheeling, IL
☎(1-847)520-3633
営日〜木11:00〜21:00、金土〜22:00 カード AMV
URL www.bobchinns.com
予算 $$$

R 日本料理 酒の肴の種類が豊富

車屋
Kurumaya

MAP P.20-B2 ／エルクグローブ

郊外にあるが、本格的な日本食が食べたかたら絶対にここ。だし巻き卵($8)、コロッケ(半月型4個$7)、味噌カツ($17)、サケや梅の茶漬け($6)などがおすすめ。どれもほっとする味。

🏠1201 E. Higgins, Elk Grove, IL
☎(1-847)437-2222
営ランチ 月〜金11:30〜14:00、ディナー月〜土17:30〜22:00
休日 カード AJMV 予算 $$$

R 日本料理 懐かしい味のラーメンなら

ラーメン しんちゃん
Ramen House Shinchan

MAP P.20-A1 ／パラタイン

名古屋出身のオーナーが作る本格的ラーメン店。とんこつ、台湾ラーメン、ベストコンディション(ベトコン$10.75)が人気。餃子、チャーハンやおつまみも充実。日曜も営業。ラストオーダー20分前。

🏠1939 S. Plum Grove Rd., Palatine, IL
☎(1-847)496-4189 営ランチ火〜日11:30〜14:15(混雑により早く閉店も)、ディナー火〜金18:00〜22:45、土17:00〜22:45、日17:00〜20:45 休月
URL www.ramen-shinchan.com カード ADJMV

R 中国料理 大人数で味わいたい、納得の中国料理

ユーズ
Yu's

MAP P.20-A1 ／シャンバーグ

オープンキッチンがおいしさの証。いつも多くの人でにぎわっている。料理はどれも外れがなく、日本人の口によく合う。シカゴのベストチャイニーズに選ばれたことも。ランチのスペシャルが$7.95〜9.75。

🏠200 E. Golf Rd., Schaumburg, IL
☎(1-847)882-5340 営ランチ月〜金11:30〜15:00、ディナー月〜木16:30〜22:00、金〜22:30、土11:30〜22:30、日11:30〜21:30 カード AMV
URL www.yusrestaurant.com 予算 $$$

R 日本料理 多くのアメリカ人でにぎわう郊外のおすすめ寿司店

寿司 串豊
Sushi Kushi Toyo

MAP P.21-C1マップ外 ／レイクフォレスト

メニューは「フグ皮ポン酢」、「トロ串」など種類も豊富でおいしい。日替わりランチは$9.99〜24.99(土曜は$19.99)。焼き魚や親子丼、ハマチのかま、焼き鳥、弁当などもある。

🏠825 S. Waukegan Rd., Lake Forest, IL
☎(1-847)234-9950
営月〜土11:30〜14:00、17:00〜22:00、日16:30〜21:00 カード AMV
URL www.sushikushitoyo.com 予算 $$$

R 日本料理 懐かしい味をセルフで

惣菜ばんざい
Sozai Banzai

安

MAP P.20-A1 ／日本人村

惣菜メニューの豊富さが自慢のセルフサービスの店。焼き魚やハンバーグ、カレーなど、昔ながらの定食屋を思わせる。丼物や麺類も種類豊富で酒類もあり。日替わり定食もおすすめ。

🏠1089 E. Golf Rd., Arlington Heights
☎(1-847)758-7328
営火〜日11:30〜15:00、17:00〜21:00、土日〜21:00
休月 カード AMV
URL www.sozaibanzai.com 予算 $$$

R ベトナム料理 フォーが日本人好みと評判のベトナム料理

ダンジャ
Dung Gia

安

MAP P.20-B1 ／デ・プレインズ

メトラDes Plaines駅のそば。メニューが豊富で、チャーハンとスープ付きのランチスペシャルは$7.95とお得。料理の辛さなども調節できる。ベトナム風オムレツや生春巻きを。

🏠1436 Miner St., Des Plaines, IL
☎(1-847)803-4402
営火〜木11:00〜21:00、金土〜21:30、日〜18:00
休月 カード MV($10以上から)
予算 $$$

パックマンのレストラン 一世を風靡したゲームのパックマン。アメリカでは日本以上に人気で、郊外のウッドフィールドモールにパックマンをテーマにしたレストランPAC-MAN(→P.300)がある。

Shops List

ショップリスト

Shopping in Chicago

🐾 楽しいショッピングのために

シカゴはアメリカを代表する大都市のひとつ。 さすがに、"世界中のものが何でも手に入る"というわけにはいかないが、 アメリカ、 ヨーロッパのハイエンドブランドからファストファッションのブランドまで、 ほとんど揃っている。 アメリカブランドなら日本で買うよりずっとお得で、 店舗数も多い。

まずは、 シカゴのどこでショッピングをすればいいか、 人気のスポットを紹介しよう。

シカゴのショッピングエリア

●マグニフィセントマイル
Magnificent Mile

ノース・ミシガンアベニューのシカゴ川からオークストリートまでは "マグニフィセントマイル（マグマイル）Magnificent Mile" と呼ばれる、 最も華やかでにぎやかなシカゴ最高のショッピング街。 ハイエンドブランド、 デパート、 レストランなどが1マイル（約1.6km）にも満たない道に軒を連ねている。 ブルガリ、 ティファニー、 ルイ・ヴィトンなどの有名ブランドだけでなく、 ビクトリアズシークレットなどのカジュアルブランドやショッピングモールなども並び、 バラエティも豊か。 まずはこの通りで品定めから。

オークストリートには世界のハイエンドブランドが軒を連ねる

●オークストリート
Oak Street

高級ブランド店が並ぶのがオークストリート。 マグマイルの北端を横切る名物通りだ。 流行の先端を行くブティックが並んでいる。 ミシガンアベニューからラッシュストリートまでのたった1ブロックだが、 ファッションに興味のある人は、 まずはここへ向かおう。

●ステートストリート
State Street

かつての繁華街だったステートストリート。

一時期廃れていたが、 近年一気に盛り返した。 マグマイルにあるようなアメリカンブランド店は、 たいていこちらにも出店している。 ターゲットなどのディスカウントデパートも登場してかなりにぎわっている。

時間のない人へおすすめスポット

●ショッピングモール
Shopping Mall

短時間で一度に買い物を済ませたい人にはショッピングモールがおすすめ。 ひとつの建物の中にデパートや有名ブランド、 レストランやフードコートが入っていて、 ひと休みにもいい。 モールによっては、 シネマコンプレックスなども入っていて、 郊外型の巨大ショッピングモールなら1日遊べる。

中心部で人気のショッピングモールは、 ウォータータワー・プレイスとショップス・アット・ノース・ブリッジ、 ブロック・サーティセブンの3ヵ所（すべて→P.289）。

やはり行きたいアウトレット

ブランドものが激安価格で販売されているアウトレット。 日本にもアウトレットはあるが、 当日さらに割り引くなどディスカウントぶりは日本の比ではない。 オヘア国際空港の近くのアウトレットはCTAブルーラインRosemont駅から無料のシャトルバスで行くことができ、 とても便利。 車があれば、 郊外のアウトレットへも行ってみたい（すべて→P.300）。
※ショッピングモール、アウトレットに入るブランドの一覧表→P.283

かしこいショッピングのために

●営業時間

ショップの営業時間は、 平日は10:00〜20:00、 土曜10:00〜19:00、 日曜は11:00

買い物時に覚えておきたい英語　BOGO: Buy One Get One〜 ひとつ買うともうひとつが付くか安くなる。Doorbusters 超特価品。近年ブラックフライデイの前の木曜の夜から開けている店もある

シカゴにしかない店で買うのもいい。写真はM・ジョーダンの店

～ 18:00が一般的。ショッピングモールの営業時間は長めで、夏の間などは延長する。

● "Hi!" のひと言を忘れずに

アメリカでは、人と人が会ったとき、他人でも "Hi！" と必ずあいさつをする。店に入って、店員さんに声をかけられたら、必ず "Hi！" とあいさつしよう。"May I help you?（何かお探しですか）" と聞かれて、まずは見たいのなら "Let me have a look first." と答えるといい。

● 支払い方法

アメリカではちょっとした金額のものでもクレジットカードで支払うのが一般的。自分のクレジットカードが使えるかどうか知りたいときは、"Do you take ○○card?" と尋ねるとよい。もちろん、現金で払うこともできるが、＄100札などは本物かどうか確かめ、拒否されることもある。

● 試着する際は3サイズを

日本人はアメリカ人に比べて細身。女性は "P" と表示されたPetiteのほうが合う。サイズ表（→P.282）から目星をつけ、その前後3サイズほどを試着してみよう。その際、ほころび、キズなどがないか要チェック。製品の素材もよく確かめて。

● アメリカのバーゲン時期

アメリカはよくバーゲンをやっている。際立って安くなるのがサンクスギビング（11月第4木曜）翌日の**ブラックフライデイ**からクリスマスにかけて。特にバーゲン初日は早朝から店もオープンし、皆いっせいに買い物に繰り出す。クリスマスプレゼントを買うためだ。

● バーゲン時期でなくても

アパレル関係のショップでは、半端物などをバーゲン品として常に販売している。それらを置いてあるのは、店のいちばん奥の目につきにくい場所。日本人の小さいサイズなどはよく売れ残っている。

シカゴ市のセールスタックス

10.25％。日本の消費税に相当する金額がプラスされる。 生鮮食料品などのフード＆薬品タックスが2.25％。

シカゴのファーマーズマーケット

安心安全産地直送であることから人気の高まっているファーマーズマーケット

暖かい季節には、あちこちでファーマーズマーケットが開催される。シカゴもほかのアメリカの都市同様「地産地消」が浸透して、なるべく近くで生産された新鮮で、安全なものをおいしくいただこうという動きがみられるようになった。売られているものは決して安くはないが、生産者の顔が見え、直接買って生産者を支えることに価値を見出している人が増えているのだ。「食の安全」に関しては一般のスーパーマーケットにも浸透し、スーパーでもオーガニックやホルモン剤を使わない肉などが販売されるようになった。翻って、日本の食の安全について考えさせられる、いい機会を与えてくれる。

野菜などは自炊をしない限り買わないかもしれないが、パンや果物は持ち帰って部屋で食べるのもいいし、ジャムやクッキーなどはおみやげにもできる。ファーマーズマーケットで販売している人たちはみんな話好きだから、ぜひファーマーズマーケットに寄って今のシカゴらしさを体験してみてほしい。

以下は中心部のファーマーズマーケット

デイリープラザ
📍Washington & Clark Sts.
5月中旬～ 10月の毎週木曜
7:00 ～ 15:00

連邦政府プラザ
📍Dearborn & Adams Sts.
5月中旬～ 10月の毎週火曜
7:00 ～ 15:00

プリンターズロウ
📍700 S. Dearborn St.
6月中旬～ 10月の毎週土曜
7:00 ～ 13:00

現代美術館前
📍Chicago Ave. & Mies Van Der Rohe Way
5 ～ 10月の毎週火曜 7:00 ～ 14:00

身長

フィート／インチ (ft)	4' 8"	4' 10"	5' 0"	5' 2"	5' 4"	5' 6"	5' 8"	5' 10"	6' 0"	6' 2"	6' 4"	6' 6"
センチメートル (cm)	142.2	147.3	152.4	157.5	162.6	167.6	172.7	177.8	182.9	188.0	193.0	198.1

体重

ポンド (lbs)	80	90	100	110	120	130	140	150	160	170	180	190	200
キログラム (kg)	36.3	40.9	45.4	50.0	54.5	59.0	63.6	68.1	72.6	77.2	81.7	86.3	90.8

紳士服標準サイズ

アメリカサイズ	Small		Medium		Large		X-Large	
首回り (inches)	14	14½	15	15½	16	16½	17	17½
日本サイズ (cm)	35.5	37	38	39	40.5	42	43	44.5
胸囲 (inches)	34	36	38	40	42	44	46	48
日本サイズ (cm)	86.5	91.5	96.5	101.5	106.5	112	117	122
胴回り (inches)	28	30	32	34	36	38	40	42
日本サイズ (cm)	71	76	81	86.5	91.5	96.5	101.5	106.5
袖丈 (inches)	31½	33	33½	33½	34½	35	35½	36
日本サイズ (cm)	82.5	84	85	86.5	87.5	89	90	91.5

婦人服サイズ

アメリカサイズ	X-Small		Small		Medium		Large		X-Large	
	4	6	8	10	12	14	16	18		
日本サイズ	7	9	11	13	15	17	19			

靴サイズ

	アメリカサイズ	4½	5	5½	6	6½	7	7½
婦人用	日本サイズ (cm)	22	22.5	23	23.5	24	24.5	25

	アメリカサイズ	6½	7½	8	8½	9½	10½	11
紳士用	日本サイズ (cm)	24.5	25	25.5	26	27	28	28.5

	アメリカサイズ	1	4½	6½	8	9	10	12
子供用	日本サイズ (cm)	7.5	10	12	14	15	16.5	18

靴の幅

AAA	AA	A	B	C	D	E	EE	EEE
狭い			標準			広い		

ジーンズなどのサイズ

アメリカサイズ (inches)	29	30	31	32	33	34	36
日本サイズ (cm)	73.5	76	78.5	81	84	86	91.5

ボーイサイズ

アメリカサイズ	8	9	10	11	12	14	16	18
身長 (cm)	128~133	~138.5	~143.5	~148.5	~156	~164	~167	

ガールサイズ

アメリカサイズ	7	8	10	12	14	16
身長 (cm)	124.5~131	~134.5	~141	~147.5	~153.5	~160

幼児サイズ

アメリカサイズ	3	4	5	6	7 (6X)
身長 (cm)	91.5~98	~105.5	~113	~118	~123

度 量 衡

距離・長さ
1インチ (inch) = 2.54cm
1cm = 0.3937インチ
1フット (foot) = 12インチ= 30.48cm
1m = 3.28フィート（複数形はフィートfeet)
1ヤード (yard) = 3フィート= 91.44cm
1マイル (mile) = 1.609km
1km = 0.6214マイル

重さ・質量
1オンス (ounce) = 28.35g
1ポンド (pound) = 453.6g
1kg = 2.205ポンド= 35.27オンス
1パイント (pint) = 0.473 ℓ
1クォート (quart) = 0.946 ℓ
1ガロン (gallon) = 4クォート= 3.785 ℓ

ショッピングモール& アウトレット別・人気ブランドリスト

	ウォーター・タワー・プレイス	ショップス・アット・ノース・ブリッジ	900ノース・ミシガン・ショップス	ブロック37	ファッション・アウトレット・オブ・シカゴ	シカゴ・プレミアム・アウトレット	ガーニー・ミルズ
	(→ P.289)	(→ P.289)	(→ P.289)	(→ P.289)	(→ P.300)	(→ P.300)	(→ P.300)
Abercrombie & Fitch (→ P.292)	★					★	★
Adidas	★					★	★
Aeropostale	★				★	★	★
Aldo					★	★	
American Eagle Outfitters (→ P.292)	★				★	★	★
Anthropology (→ P.285)				★			
Arc'teryx (→ P.292)						★	
A/X Armani Exchange						★	
Banana Republic (→ P.286)				★	★	★	★
Bath & Body Works	★				★	★	★
BCBG Max Azria						★	
Brooks Brothers (→ P.284)						★	
Burberry (→ P.287)					★		
Calvin Klein					★	★	
Coach (→ P.285)					★	★	
Cole Haan					★	★	
Columbia Sportswear (→ P.293)					★	★	
Crocs					★	★	★
DKNY					★	★	
Ermenegildo Zegna (→ P.292)					★		
Express	★					★	★
Free People (→ P.286)	★						
GAP	★				★	★	
Gucci (→ P.288)			★		★		
Hollister Co.	★						★
J. Crew			★		★	★	
Jimmy Choo (→ P.294)					★		
Kate Spade New York (→ P.285)			★			★	
Kiehl's		★			★	★	
L'Occitane			★	★	★		
Lucky Brand Jeans		★			★	★	
Michael Kors (→ P.285)			★		★	★	
Moncler (→ P.291)					★		
Nautica						★	★
Nike Chicago (→ P.293)					★	★	★
Prada (→ P.288)					★		
Puma					★	★	
Ralph Lauren (→ P.284)						★	★
Tag Heuer						★	
Tommy Hilfiger					★	★	★
Tory Burch (→ P.285)					★		
Tumi (→ P.294)	★					★	
Ugg					★	★	
Under Armour (→ P.293)					★	★	
Victoria's Secret (→ P.286)	★					★	★

2020 年 2 月現在

人気アメリカンブランド

S アメリカンブランド アメリカントラッドの定番　　　　MAP P.26-B3／ループエリア
ブルックス・ブラザーズ
Brooks Brothers

　リンカーンをはじめとして、歴代大統領やVIPに愛されてきた老舗ブランド。オーソドックスなテイストを踏襲しながら、いつの時代にも順応してきたトラッドは、日本のビジネスマンにも似合う。サイズの大きいものが多いので、店員に相談して探してもらおう。小さなサイズは売れ残っていることが多い。マグマイル（住713 N. Michigan Ave.　MAP P.28-B4日曜営業）にも支店がある。

住209 S. LaSalle St.　☎(1-312)263-0100　URL www.brooksbrothers.com
営月～金9:00～18:00、土10:00～17:00　休日　カード A D J M V

S アメリカンブランド アイビーリーグに愛されている　　　MAP P.26-B3／ループエリア
ポール・スチュアート
Paul Stuart

　アイビーリーグ出身者をターゲットとしたニューヨーク生まれのブランド。流行は追わずに、イギリスをはじめとして世界中のよいものを取り入れた洗練されたデザイン。着る人の個性が生きるのも特徴だ。このブランドの顧客には、ニューヨークのブルームバーグ元市長、映画監督のスピルバーグら、アメリカのセレブが名を連ねる。オークストリート（住107 E. Oak St.　MAP P.28-A1　日曜営業　写真）にも支店がある。

住208 S. LaSalle St.　☎(1-312)580-0000　URL www.paulstuart.com
営月～金8:30～18:00、土9:00～17:00　休日　カード A D M V

S アメリカンブランド アメリカントラッドの老舗　　　　MAP P.28-B3／マグマイル北
ラルフ ローレン
Ralph Lauren

　トラッドで知られるこのブランドは、カジュアルウエアからフォーマルウエアまで幅広いラインアップがご自慢。アメリカのビジネスマンにもファンが多い。シカゴ店は4階建てで、メンズ&レディスウエアに加え、シーツやバスタオルなどのリネン類、スポーツウエアや子供服も揃う。また、「RL」というアメリカ料理のレストランが隣接し、テーブルクロスなどのリネン類は同社のもの。デザートの種類が多いのでお茶にもいい。

住750 N. Michigan Ave.　☎(1-312)280-1655　URL www.ralphlauren.com
営月～土10:00～19:00、日11:00～19:00　カード A J M V

S アメリカンブランド ニューヨークの人気ブランド　　　　MAP P.28-A1／マグマイル北
マーク・ジェイコブス
Marc Jacobs

　最先端のトレンドを捉えたファッション展開で、若者を中心に人気がある。マーク・ジェイコブスはニューヨーク出身のデザイナーで、服はもちろん、靴、バッグなどファッションアイテム全般をつくり出している。ヨーロッパのテイストがほどよく表現され、どの服もシルエットが美しい。マザーズバッグ、腕時計、iPhoneやタブレットケースなどのオリジナルデザインがかわいい。日本でも人気の高いブランドだ。

住11 E. Walton St.　☎(1-312)649-7260　URL www.marcjacobs.com
営月～土11:00～19:00、日12:00～18:00　カード A M V

人気アメリカンブランド

[S] アメリカンブランド スタイリッシュなロゴでおなじみの　[MAP] P.28-A1／マグマイル北

トリー バーチ　Tory Burch

前向きに働く女性に人気のニューヨーク発のブランド。初めての作品であるフラットシューズがセレブの間でブームになった。バッグや財布は飽きのこないデザイン。幅広い年代の女性たちに提案するCEO兼デザイナーであるトリー・バーチの作品は、ビビッドで大胆な色使いがポイント。

[住]45 E. Oak St.　☎(1-312)280-0010　[URL]www.toryburch.com
[営]月～土10:00～19:00、日11:00～18:00　[カード][A][M][V]

[S] アメリカンブランド シンプルで使いやすい　[MAP] P.29-B1／マグマイル南

コーチ　Coach

アメリカ屈指の人気ブランドといえばコーチ。かつてはシンプルで使い勝手のよい革製品が定番だったが、店の成長とともにデザインも実にスタイリッシュになって、おしゃれなセレブにも人気が高い。ファッション・アウトレット・オブ・シカゴ（→P.300）にも支店がある。

[住]625 N. Michigan Ave.　☎(1-312)587-3167　[URL]www.coach.com
[営]月～土10:00～21:00、日11:00～19:00　[カード][A][D][J][M][V]

[S] アメリカンブランド バッグだけではありません　[MAP] P.28-B1,2／マグマイル北

マイケル・コース　Michael Kors

日本の女性にも人気が高く、ヨーロッパのセレブにもファンの多い、ニューヨーク生まれのブランド。バッグはもちろん、エレガントかつシックな腕時計やアクセサリーは、見ているだけでも心が躍る。スポーティなアパレルもゲットしたいアイテム。もちろん、メンズも揃う。

[住]900 N. Michigan Ave.　☎(1-312)587-3600　[URL]www.michaelkors.com
[営]月～土10:00～19:00、日12:00～18:00　[カード][A][J][M][V]

[S] アメリカンブランド ビビッドな色使いに日本のファンも多い　[MAP] P.28-B1,2／マグマイル北

ケイト・スペード・ニューヨーク　Kate Spade New York

ニューヨーク発のブランド。バッグを中心に、財布やポーチ、靴、ワンピ、アクセサリーなどを展開。機能性とデザイン性に優れたバッグは、1993年の発表と同時に多くの女性を引きつけている。こだわりの素材が使用されているのも特徴。

[住]900 N. Michigan Ave.　☎(1-312)951-7365　[URL]www.katespade.com
[営]月～土10:00～19:00、日11:00～18:00　[カード][A][M][V]

[S] アメリカンブランド 20～40代のおしゃれな女性がファン　[MAP] P.28-B3など／マグマイル北など

アンソロポロジー　Anthropologie

知的でかわいくありたいと願う20～40代の女性がターゲット。花や鳥をモチーフにしたファブリックは甘くなり過ぎない仕上がりがいい。服やバッグ、アクセサリーなどトータルファッションを提案している。キッチン用品などの小物も見逃せない。

[住]111 E. Chicago Ave.　☎(1-312)255-1848　[URL]www.anthropologie.com
[営]月～土10:00～20:00、日11:00～19:00　[カード][A][M][V]

[S] アメリカンブランド アメリカのワーキングウーマンお気に入り　[MAP] P.27-C1／ループエリア

ロフトアウトレット　Loft Outlet

少しずつ流行を取り入れながら、品のいいオーソドックスな展開で人気の「アン・テイラー Ann Taylor」。おもにアメリカの20～30代の働く女性に愛されているが、そのセカンドラインがロフト。この店はそのアウトレット。お手頃な価格で、小さいサイズ、細身のサイズも多い。

[住]51 E. Randolph St.　☎(1-312)269-0301　[URL]stores.loft.com
[営]月～金9:00～20:00、土10:00～19:00、日11:00～18:00　[カード][A][M][V]

CHICAGO INFORMATION アンソロポロジーの支店　ループエリアにも支店がある。ブロック37店　[住]Block 37, 108 N. State St.　[MAP] P.27-C1,2

人気アメリカンブランド

S アメリカンブランド バーゲンコーナーは驚くほどヤ・ス・イ！ MAP P.28-B3 ／マグマイル北
ビクトリアズシークレット Victoria's Secret

全米展開するランジェリー専門店。シルクやサテンのシックなランジェリー、カシミヤのバスローブ、トランクスやブリーフまで、さまざまな下着が並んでいて、見ているだけでも楽しい。コットン素材のものなら値段も手頃。激安価格のものもよく見かける。コスメはおみやげに人気。
住 734 N. Michigan Ave. **☎** (1-312)280-1050 **URL** www.victoriassecret.com
営 月〜土10:00〜21:00、日11:00〜19:00 **カード** A D J M V

S アメリカンブランド 人と差をつけたいなら MAP P.27-C2 ／ループエリア
アーバンアウトフィッターズ Urban Outfitters

日本のバイヤーも注目しているブランド。日本人にも似合うヤングカジュアル系のメンズ＆レディスが揃う。衣類だけでなく、雑貨や化粧品に加え、カラフルなクッションや時計などはギフトに最適。マグマイル北（**住** 1100 N. State St.）、リンカーンパーク（**住** 2352 N. Clark St.）にも支店がある。
住 20 S. State St. **☎** (1-312)269-9919 **URL** www.urbanoutfitters.com
営 月〜土10:00〜20:00（金土〜21:00）、日11:00〜20:00 **カード** A M V

S アメリカンブランド おしゃれな若者の見本 MAP P.28-B3 ／マグマイル北
バナナリパブリック Banana Republic

日本でも人気のこのブランドは、カジュアルな服をフォーマルに、ちょっとラグジュアリーに着こなしたい人におすすめ。シャツやパンツは$60から揃う。また財布やかばんなどの小物もあり、トータルでコーディネートができる。値段は日本より割安。
住 744 N. Michigan Ave. **☎** (1-312)642-0020 **URL** www.bananarepublic.com
営 月〜土10:00〜21:00、日〜19:00 **カード** A D J M V

S アメリカンブランド サングラスやコスメだけではありません MAP P.28-A1 ／マグマイル北
トム・フォード Tom Ford

日本でトム・フォードというと、メイクアップ用品やセレブのサングラス、めがねで知られるが、こちらではハイエンドなレディス、メンズファッションも展開。もともとイブ・サンローランのクリエイティブディレクターとして活躍した人物で、素材のよさにも定評がある。
住 66 E. Oak St. **☎** (1-312)605-5041 **URL** www.tomford.com
営 月〜土10:00〜18:00 **休** 日 **カード** A M V

S アメリカンブランド J.クルーの姉妹ブランド MAP P.28-A1 ／マグマイル北
メイドウェル Madewell

上品かつ、おしゃれなカジュアルさは姉妹ブランドのJ.クルーと同じ。それよりもお手頃価格となっていて、年齢層も少し若めだ。パーティ用から普段着まで、さまざまなシーンに合うアイテムを揃え、シューズ、バッグなどトータルコーディネートも楽しめる。
住 932 N. Rush St. **☎** (1-312)337-3815 **URL** www.madewell.com
営 月〜土10:00〜20:00、日11:00〜18:00 **カード** A M V

S アメリカンブランド ボヘミアンテイストが人気 MAP P.28-B2 ／マグマイル北
フリーピープル Free People

アーバンアウトフィッターズがプロデュースするレディスブランド。ひときわ目立つカラフルな色彩と独創的なデザインで、若い女性たちに支持されている。素材にこだわり、比較的リーズナブルな商品展開も人気の理由だ。バッグや靴、アクセサリーもデザイン性が高い。
住 Water Tower Place 3F, 835 N. Michigan Ave. **☎** (1-312)337-2216 **URL** www.freepeople.com **営** 月〜土10:00〜21:00、日〜18:00 **カード** A D J M V

人気アメリカンブランド／シカゴブランド／高級ブランド

シカゴブランド／高級ブランド

S シカゴブランド シカゴのファッションリーダー　　　　MAP P.28-B2／マグマイル北

アキラ
Akira

純シカゴオリジナルブランドで、現在全米の主要都市に展開中。ユニークでチャーミング、そして何よりリーズナブルな価格が魅力。流行に敏感な若い女性を中心に爆発的人気を誇り、シカゴのファッションリーダー的存在になっている。メンズや靴も扱う。ブロック37（写真）にも支店あり。
住Water Tower Place 4F, 835 N. Michigan Ave.　☎(1-312)764-2783　URL www.shopakira.com　営月～土10:00～21:00、日11:00～18:00　カード A M V

S シカゴブランド 世界で唯一マイケル・ジョーダンのグッズが揃う店　　MAP P.27-C2／ループエリア

サーティトゥ・サウス・ステート・マイケル・ジョーダン
32 South State Michael Jordan

シカゴの永遠のヒーロー、マイケル・ジョーダンのフットウエア、Tシャツ、ジャケット、ボトムスなどを扱う、実はナイキの店舗。内装がとてもスタイリッシュで、一見の価値がある。エアジョーダンが充実しているほか、おみやげにはエアジョーダン付きのTシャツを。
住32 S. State St.　☎(1-312)263-7274　URL www.jordan.com/32-south-state
営月～金10:00～20:00（金～21:00）、土9:00～21:00、日10:00～19:00　カード A M V

S シカゴみやげ 航空機メーカーの本社はシカゴ　　　　MAP P.26-A2／ループエリア

ボーイングストア
Boeing Store

日本にも乗り入れているボーイング社の航空機。そのボーイングの本社はシカゴにあり、1階にはストアがある。Tシャツ、トレーナー、キャップ、ジャケット、バッグ、時計、キーホルダー、ボールペンなど、種類も豊富で、値段も比較的リーズナブル。みやげを物色するビジネスパーソンの姿も。
住100 N. Riverside Plaza　☎(1-312)544-3100　URL www.boeingstore.com
営月～金9:00～18:00　休土日、祝日　カード A M V

S シカゴブランド スケートの盛んなシカゴならでは　　　MAP P.23-A2マップ外／リンカーンパーク西

セイントアルフレッド
Saint Alfred

シカゴのローラースケーターが立ち上げたストリート系ファッションのブランド。取り扱いはメンズのみ。スニーカーを中心にファッションをトータルプロデュースしている。また、アーティストや有名ブランドとのコラボで商品をリリースし、注目度の高いアイテムをつくり出している。
住1531 N. Milwaukee Ave.　☎(1-773)486-7159　URL www.stalfred.com
営月～土12:00～20:00、日～18:00　カード A M V

S 高級ブランド 靴はもちろん小物も充実　　　　　MAP P.29-B1／マグマイル南

サルバトーレ・フェラガモ
Salvatore Ferragamo

レディスシューズといえばここ。足にしっくりくるワザはさすがフェラガモと、きっと感心してしまうはず。旅先でくたびれた靴を買い換えるのもいい。靴のほかにもスカーフ、バッグなど、その品揃えは豊富で、トータルコーディネートもできる。
住645 N. Michigan Ave.　☎(1-312)397-0464　URL www.ferragamo.com
営月～土10:00～18:00（金土～19:00）、日12:00～　カード A M V

S 高級ブランド バーバリーでコーディネート　　　　MAP P.29-B1／マグマイル南

バーバリー
Burberry

大胆なデザインの建物で目を引くシカゴのバーバリー。タータンチェック柄のトレンチコート＆傘はもちろん、レディスウエア、スカーフやバスローブ、驚くところでは犬の首輪まで揃うなど、日本にはないアイテムも充実。ただし、サイズは大きめだから、店員さんに探してもらおう。
住633 N. Michigan Ave.　☎(1-312)787-2500　URL us.burberry.com
営月～土10:00～20:00、日12:00～18:00　カード A J M V

CHICAGO INFORMATION オークストリート沿いのそのほかのブランド　エルメス 住25 E. Oak St.、ドルチェ＆ガッバーナ 住68 E. Oak St.、ハリー・ウィンストン 住55 E. Oak St.、ヴィンス 住106 E. Oak St.など。

S 高級ブランド｜NYが本店のアメリカを代表するブランド

ティファニー
Tiffany & Co.

MAP P.28-B3／マグマイル北

ネックレス、リングなど、手軽に買えるシルバーのアクセサリーから、ため息が出るような色鮮やかな宝石までさまざまなコレクションが並ぶ、アメリカンジュエリーの定番。クリスタルグラスも美しい。自分へのごほうびにどうぞ。

730 N. Michigan Ave. ☎(1-312)944-7500
URL www.tiffany.com 営月～土10:00～19:00（土～18:00）、日12:00～17:00 カード A D J M V

S 高級ブランド｜フランスの気品漂うブランド

シャネル
Chanel

MAP P.28-A1／マグマイル北

憧れのブランドのひとつ。レディメイドのスーツやブラウス、バッグなどの革製品、サングラス、靴や時計などの小物も扱っている。コスメ製品はおみやげにもいい。エレガントな店内で、エレガントなショッピングを満喫したい。

65 E. Oak St. ☎(1-312)787-5500
URL www.chanel.com 営月～土10:00～18:00、日12:00～17:00 カード A J M V

S 高級ブランド｜フランス生まれの高級宝飾店

カルティエ
Cartier

MAP P.29-B1／マグマイル南

ハートネックレスやLoveブレスで日本人にも人気の高級ブランド。まばゆいばかりの宝石をちりばめたアクセサリー、時計、ステーショナリーなど、トータルで「カルティエ」が揃う。マグマイルのほぼ中心にある。

630 N. Michigan Ave. ☎(1-312)266-7440
URL www.cartier.com 営月～土10:00～18:00
休日 カード A D J M V

S 高級ブランド｜メンズもレディスも揃う

ジョルジオ・アルマーニ
Giorgio Armani

MAP P.28-A1／マグマイル北

イタリアの超高級ファッションブランド。モノトーンを中心とした定番のスーツは、流行に左右されず、飽きのこない品のよさが特徴。ちなみに、シカゴが舞台の映画『アンタッチャブル』の衣装はアルマーニが担当した。

25 E. Oak St. ☎(1-312)751-2244
URL www.armani.com 営月～土10:00～18:00、日12:00～17:00 カード A J M V

S 高級ブランド｜バッグをはじめ品揃えが豊富

ルイ・ヴィトン
Louis Vuitton

MAP P.28-B1／マグマイル北

シカゴは高級ブランド店も多く、日本人好みの物を手に入れるには狙い目の町。人気の商品もここなら手に入る可能性が高い。店内も広く、ゆったりした雰囲気もいい。ノードストローム（→P.290）にもショップあり。

919 N. Michigan Ave. ☎(1-312)944-2010
URL www.louisvuitton.com 営月～土10:00～19:00、日12:00～18:00 休おもな祝日 カード A M V

S 高級ブランド｜洗練されたイタリアンブランド

グッチ
Gucci

MAP P.28-B1,2／マグマイル北

ハンドバッグ、靴をはじめとするレザーグッズが中心の品揃え。日本より入りやすい雰囲気で、アパレルやシューズ、スマートフォンケースなど日本にはないアイテムが見つかるかも。財布の種類も豊富。

900 N. Michigan Ave. ☎(1-312)664-5504
URL www.gucci.com 営月～土10:00～19:00、日12:00～18:00 カード A J M V

S 高級ブランド｜シカゴにあるプラダの路面店

プラダ
Prada

MAP P.28-A1／マグマイル北

高品質の革製品で知られるイタリアのブランド。広々とした店内には、バッグ、ポーチ、財布などおなじみの品が並ぶ。定番リュックやバッグは日本よりやや割安なのがうれしい。メンズコートもスタイリッシュ。

30 E. Oak St. ☎(1-312)951-1113
URL www.prada.com 営月～土10:00～18:00、日12:00～ カード A D J M V

S 高級ブランド｜長く使えるのが人気の理由

ボッテガ・ベネタ
Bottega Veneta

MAP P.28-B3／マグマイル北

イタリアの有名レザーブランド。定番のHoboのバッグをはじめ、靴、財布、ベルトなど、革製品が何でも揃う。使うほどになじむファンも多い。

800 N. Michigan Ave. ☎(1-312)664-3220
URL www.bottegaveneta.com 営月～土10:00～18:00、日12:00～17:00 カード A J M V

ショッピングモール／デパート

S ショッピングモール シカゴでのショッピングはこのモールから **MAP P.28-B2 ／マグマイル北**

ウオータータワー・プレイス
Water Tower Place

　ウオータータワーの斜め向かいにあり、シカゴのモールのなかでも老舗的な存在だ。約100店舗のうちには名物チョコを販売するデパートのメイシーズのほか、日本未上陸の人気ブランドや、雑貨、衣類、みやげ物など、ありとあらゆる店舗が豊富に揃う。フードコートとレストランもあるので、時間のない人はここでショッピングも食事も楽しめる。ジョン・ハンコック・センターに隣接し、いつも観光客でにぎわっている。

住 835 N. Michigan Ave. 　**☎** (1-312)440-3580 　**URL** www.shopwatertower.com
営 月〜土10:00〜21:00、日11:00〜18:00（季節により変更あり）　**カード** 店により異なる

S ショッピングモール とてもおしゃれなシカゴの人気モール！ **MAP P.29-B2 ／マグマイル南**

ショップス・アット・ノース・ブリッジ
Shops at North Bridge

　高級デパートのノードストロームを中心に約70店舗が入る。1、2階はファッションフロア、3階は子供向け店舗が揃う。4階のフードコートも充実していて便利。テナントは、札幌のロイスチョコレート、ボス、ファインド（ビンテージ）、ラッキー・ブランド・ジーンズ、キールズなど。シカゴの人気チョコレート、ヴォージュ・オー・ショコラは2階に入っている。

住 520 N. Michigan Ave. 　**☎** (1-312)327-2300 　**URL** www.theshopsatnorthbridge.com
営 月〜土10:00〜21:00、日11:00〜19:00 　**カード** 店により異なる

S ショッピングモール ハイエンドブランドが多いモール **MAP P.28-B1,2 ／マグマイル北**

900 ノース・ミシガン・ショップス
900 North Michigan Shops

　ブルーミングデールズのデパートを中心に、グッチ、ケイト・スペード、モンブラン、ロクシタンなど人気ブランド約60店とフォーシーズンズホテルが入る。ハイエンドブランドが多いのも特徴で、落ち着いた雰囲気のなか、ショッピングが楽しめる。
住 900 N. Michigan Ave. 　**☎** (1-312)915-3916 　**URL** www.shop900.com
営 月〜土10:00〜19:00、日12:00〜18:00 　**カード** 店により異なる

S ショッピングモール ループエリアのNo.1モール **MAP P.27-C1,2 ／ループエリア**

ブロック・サーティセブン
Block 37

　ステートストリートの復活の中心となったのがこのモールだ。ループエリアの中心にあり、CTAレッド&ブルーラインの駅とも地下でつながっている。アキラ、アンソロポロジー、バナナリパブリック、ロクシタン、マグノリアベーカリー、ゴディバ、シネコンなどが入っている。
住 108 N. State St. 　**☎** (1-312)261-4700 　**URL** www.blockthirtyseven.com
営 月〜土10:00〜20:00、日11:00〜18:00 　**カード** 店により異なる

S デパート 激安デパート、ループエリアに現る **MAP P.27-C2 ／ループエリア**

ターゲット
Target

　入口のオーナメントで有名なカーソン・ピリー・スコットは、安売りデパートのターゲットになっている。デパートというよりはスーパーに近く、価格もとても庶民的。日用品や衣料品など、アメリカらしいチープなものが見つかる。1階にはヘルシーなサンドイッチ店プレタマンジェもある。
住 1 S. State St. 　**☎** (1-312)279-2133 　**URL** www.target.com
営 月〜金7:00〜22:00、土日8:00〜 　**カード** A M V

CHICAGO INFORMATION サウスループのターゲット　State St. 店に比べ、ホームセンターや郊外型のデパートに近い雰囲気。**住** 1154 S. Clark St. **MAP** P.22-A3 **営** 毎日8:00〜23:00（日〜22:00）

S デパート お手頃感のある全米規模のデパート

MAP P.27-C1,2 ／ループエリア

メイシーズ（旧マーシャル・フィールズ）
Macy's（旧 Marshall Field's）

シカゴのメイシーズは、2000年代半ばまで「マーシャル・フィールズ」としてシカゴっ子に長い間愛されてきた老舗デパート。そのマーシャル・フィールズの名物チョコの「フランゴ」はメイシーズに替わっても、シカゴ名物として販売されている。メイシーズはマグマイルのウオータータワー・プレイス（→P.289）にも店舗があり、同様に「フランゴ」を販売している。ループエリア店には1階に観光案内所もある。

🏠 111 N. State St.　☎ (1-312)781-1000　🌐 www.macys.com
🕐 月〜土10:00〜21:00(火水〜22:00)、日11:00〜20:00　🚫 おもな祝日　カード A M V

S デパート 超高級でゴージャスなデパート

ニーマン・マーカス
Neiman Marcus

MAP P.28-B3 ／マグマイル北

バーバリー、クリスチャン・ルブタン、シャネル、プラダ、グッチ、バカラなどのハイエンドブランドが入り、ニーマン・マーカスでしか扱っていないものもある。店内のあちこちに置かれているセール品は、チェックしてみる価値大。

🏠 737 N. Michigan Ave.　☎ (1-312)642-5900
🌐 www.neimanmarcus.com　🕐 月〜土10:00〜19:00、日12:00〜18:00　カード A D J M V

S デパート 高級品が揃うNYの老舗デパート

ブルーミングデールズ
Bloomingdale's

MAP P.28-B1,2 ／マグマイル北

1872年創業のニューヨーク生まれの高級デパート。「ブルーミー」の愛称で親しまれ、コスメ、宝飾品、高品質の衣類が中心の品揃えだ。ロゴ入りオリジナルバッグは自分用のおみやげによし。

🏠 900 N. Michigan Ave.　☎ (1-312)440-4460
🌐 www.bloomingdales.com　🕐 月〜土10:00〜20:00、日11:00〜19:00　カード A M V

S デパート ノース・ブリッジ内のデパート

ノードストローム
Nordstrom

MAP P.29-A2 ／マグマイル南

シアトル発の人気高級デパート。レディスからメンズ、子供服にいたるまで洗練されたおしゃれなアイテムが多い。特に靴やアクセサリーはクラシックなものから今どきの流行のものまで、幅広い。

🏠 55 E. Grand Ave.　☎ (1-312)464-1515
🌐 shop.nordstrom.com　🕐 月〜土10:00〜21:00、日11:00〜19:00　カード A M V

S デパート NYが本店の高級デパート

サックス・フィフス・アベニュー
Saks Fifth Avenue

MAP P.28-B4 ／マグマイル北

全体的に高級品揃いだが、シーズン最後のセール時には半額以下の商品もあって狙い目。特に日本人向けサイズが残っている。7階にAltheaというレストラン&バーがあり、ランチやお休みにもってこい。

🏠 700 N. Michigan Ave.　☎ (1-312)944-6500
🌐 www.saksfifthavenue.com　🕐 月〜水10:00〜19:00、木〜土〜20:00、日11:00〜19:00　カード A M V

S ディスカウントストア お気に入りのブランドがオフプライスで

マーシャルズ
Marshalls

MAP P.29-B1 ／マグマイル南

ブランド物の衣類やバッグ、財布、日用雑貨、コスメ、文房具など、さまざまなものがディスカウントプライス（一部定価）で販売されていて、アメリカ旅行のリピーターが必ず寄る店。掘り出し物に出合える可能性大。

🏠 600 N. Michigan Ave.　☎ (1-312)280-7506
🕐 月〜土9:00〜21:00、日10:00〜19:00
カード A M V

S ディスカウントストア ブランド品が思いもかけない値段で

ノードストロームラック
Nordstrom Rack

MAP P.28-B3 ／マグマイル北

高級デパート、ノードストロームの売れ残り品を扱っているディスカウント店。ハイエンドブランドのスーツやセーターなどが、激安価格で販売されていることもあり、探せばいいものが見つかることも。"根気よく"がコツ。

🏠 101 E. Chicago Ave.　☎ (1-312)254-3660
🌐 www.nordstromrack.com　🕐 月〜土10:00〜21:00、日11:00〜19:00　カード A M V

セブン・イレブン シカゴの中心部にはあちこちにある。日本ほど品数が揃うわけではないが、飲み物やスナック菓子の購入などには便利。おにぎりの代わりにハンバーガーやホットドッグがある店も。

ファッション

S ファッション 日本でも人気のダウンジャケット　MAP P.28-B3 ／マグマイル北
カナダグース
Canada Goose

　極寒の気候にも耐えうる機能性の高いダウンジャケットは、日本では偽物が出回るほどの人気。赤い刺繍のワッペンが目印で、施された地図は北極Arcticだ。もとは登山家や厳しい環境で生活する人々が愛用してきたものだが、近年はファッション性に富み、2階建ての店内は品揃えも豊富。
🏠800 N. Michigan Ave.　☎(1-312) 767-0544　URL www.canadagoose.com
🕐月〜土10:00〜19:00、日11:00〜18:00　カード A M V

S ファッション 極寒のシカゴもこれで大丈夫　MAP P.28-A1 ／マグマイル北
モンクレール
Moncler

　ダウンジャケットといえば、単純なデザインがほとんどだが、モンクレールの製品は実におしゃれで、シルエットも美しい。品質は、もちろん折り紙付き。デザインにとどまらず、色も豊富で迷ってしまうほど。ブーツなども並ぶ。日本にもファンが多い。
🏠33 E. Oak St.　☎(1-312) 361-8573　URL www.moncler.com
🕐月〜土10:00〜19:00、日12:00〜17:00　カード A J M V

S ファッション シカゴ屈指の男性向けセレクトショップ　MAP P.28-A1 ／マグマイル北
ジョージ・グリーン
George Greene

　大人のセレクトで知られる店。クオリティのいいものを扱うだけに、値段にも納得がいく。キートン、ボリオリ、トム・ブラウン、ベルスタッフ、ヨウジヤマモト、クロムハーツなど、憧れのブランドが揃う。店員の知識も豊富で、何でも相談できる雰囲気がある。
🏠49 E. Oak St.　☎(1-312) 654-2490　URL www.george-greene.com
🕐月〜土10:00〜18:00、日12:00〜17:00　カード A M V

S ファッション 日本未上陸のヨーロッパブランド　MAP P.28-A1 ／マグマイル北
スーツサプライ
Suitsupply

　アムステルダムを拠点とするメンズブランドがアメリカに上陸。素材にこだわったスーツ以外にもシックなセーター、ジャケット、バッグ、靴類も人気。カジュアルラインもお手頃で、充実。シカゴ店はフロアが広く品揃えも豊富。
🏠945 N. Rush St., 4F　☎(1-312) 874-5772　URL apac.suitsupply.com/en/home
🕐月〜金11:00〜20:00、土10:00〜19:00、日12:00〜18:00　カード A J M V

S ファッション 創業60年のスーツの老舗　MAP P.26-B2 ／ループエリア
シド・ジェローム
Syd Jerome

　創業1958年のシカゴのビジネスマンに愛されてきたテイラー。仕立てはもちろん、さまざまなブランドのスーツを扱う。ボリオリ、ルチアーノ・バルベラ、イザイア、アルマーニ、サムエルソンなど。ほかにもコートやジャケット、シャツ、靴なども揃う。
🏠20 N. Clark St.　☎(1-312) 346-0333　URL sydjerome.com
🕐月〜金8:30〜18:00(木〜19:30)、土〜17:30　休日　カード A M V

S ファッション 日本でおなじみの店がシカゴの目抜き通りに　MAP P.28-B2 ／マグマイル北
ユニクロ
Uniqlo

　日本を代表するファストファッションのシカゴ店は2017年開業。ショッピングに便利なミシガンアベニューにあり、ベストセラーのヒートテックも販売している。アウターはアメリカサイズゆえに、手足が長いので注意を。日本より価格は高めだが覚えておきたい。上にはカフェもある。
🏠830 N. Michigan Ave.　Free (1-877) 486-4756　URL www.uniqlo.com
🕐月〜土10:00〜21:00、日11:00〜19:00　カード A J M V

S ファッション 基本をおさえたおしゃれなカジュアル

アメリカン・イーグル・アウトフィッターズ
American Eagle Outfitters
MAP P.28-B2／マグマイル北

カジュアルながらもどこかセンスのよさが光る品揃えで、お値段もちょっと手頃なのがうれしい。アメリカでは20代に人気だが、基本をおさえているので30代、40代が着ても似合う。

🏠Water Tower Place 6F, 835 N. Michigan Ave.
☎(1-312)337-5974 URLwww.ae.com 営月〜土10:00〜21:00、日11:00〜18:00 カードAMV

S ファッション 若者に人気のカジュアルブランド

アバクロンビー & フィッチ
Abercrombie & Fitch
MAP P.28-B2／マグマイル北

日本の銀座にも旗艦店があるファッションブランド。小さめのサイズが豊富で、デザインも若々しい。カラフルな色使いで見ているだけでも楽しくなってくる。

🏠Water Tower Place 6F, 835 N. Michigan Ave. ☎(1-312)787-8825 URLwww.abercrombie.com 営月〜土10:00〜21:00、日11:00〜18:00 カードAMV

S ファッション 日本未上陸のカジュアルブランド

エアロポステール
Aeropostale
MAP P.28-B2／マグマイル北

アメリカンカジュアルを代表するブランド。カジュアル過ぎずおしゃれ感もあることから、アメリカでも10〜20代の男女を中心に人気。ビビッドな色使いのTシャツやパーカー、アクセサリーはおみやげにもよし。

🏠835 N. Michigan Ave., 6F ☎(1-312)787-2538 URLwww.aeropostale.com 営月〜土10:00〜21:00、日11:00〜18:00 カードAMV

S 時計／ファッション アメリカらしい質実剛健な

シャイノラ
Shinola
MAP P.23-B3／マグマイル北

デトロイト発のブランドは、職人技ならではのクオリティの高さが自慢。腕になじんで見やすい時計が有名だが、Tシャツなどのウエアや小物、バッグ、アクセサリー、手帳なども扱う。すべてがMade in USAだ。

🏠1009 N. Rush St. ☎(1-312)663-7300 URLwww.shinola.com 営月〜土11:00〜19:00、日12:00〜18:00 カードAMV

S ファッション こだわりのイタリアブランド
MAP P.29-B1／マグマイル南

エルメネジルド・ゼニア
Ermenegildo Zegna

日本では高級デパートに支店をもつ、1世紀以上の歴史があるイタリアの紳士服ブランドで、始まりは服地の製造から。高品質の天然繊維を直接買い付けて織られた生地は高級感にあふれ、光沢のよさも抜群。バッグ、靴、時計なども揃い、トータルでコーディネートできる。
🏠645 N. Michigan Ave. ☎(1-312)867-3040 URLwww.zegna.us/us-en/home.html 営月〜土10:00〜19:00、日12:00〜18:00 カードADJMV

S ファッション 日本人モデルも注目のセレクトショップ
MAP P.28-A2／マグマイル北

インターミックス
Intermix

カジュアルからドレッシーまで、おしゃれな女性ファッションを幅広く揃えているのがここ。数多くの日本の女性誌にも取り上げられ、キュートでセクシーな洋服を探している人にはおすすめ。定番デザイナーはもちろん、新進デザイナーの作品を見るのも勉強になる。
🏠40 E. Delaware Pl. ☎(1-312)640-2922 URLwww.intermixonline.com 営月〜土10:00〜19:00、日12:00〜18:00 休祝日 カードAMV

S アウトドアブランド カナダ生まれのアウトドアブランド
MAP P.21-C3／ウィッカーパーク

アークテリクス
Arc'teryx

職人気質の製法で、防寒ジャケットやダウンの評判のよいアークテリクスは、始祖鳥のロゴで日本でも人気。シカゴ店はブルーラインDamen駅のそば、地元の若者が集うエリアにあり、スキー、スノーボード、登山のギアはもちろん、メンズ、レディスのアパレルも充実。
🏠1630 N. Damen Ave. ☎(1-773)697-7381 URLstores.arcteryx.com 営月〜土10:00〜19:00、日11:00〜18:00 カードAMV

24時間営業のWalgreens ウオータータワーの斜め前、ChicagoとMichiganの交差点にある店舗 **MAP** P.28-B3は24時間営業で便利。帰国当日の朝、簡単なみやげ物を買うことができた。（広島県 H.O. '20）

アウトドアブランド

S アウトドアブランド 日本より品揃えが豊富、人気のスポーツウエア 　MAP P.29-B1／マグマイル南

アンダーアーマー
Under Armour

　日本でも若者を中心に人気急上昇中のスポーツウエア。スポーツでかいた汗を冷やさずに乾かしてくれるなど機能的なウエアは、ファッション性も高い。最近は日米を問わずプロスポーツチームのユニホームにも採用されて、アメリカでは着実に愛好者を増やしている。
🏠600 N. Michigan Ave.　☎(1-312) 690-5094　URL www.underarmour.com/en-us/　営月～土10:00～21:00、日～19:00　カード A D M V

S アウトドアブランド 普段使いにもいいアウトドア製品 　MAP P.28-A1／マグマイル北

パタゴニア
Patagonia

　環境に優しい製品で有名なアウトドアショップ店。デザインもスタイリッシュなので町着としても人気。日本では割高なので、アメリカで買うとお得だ。ここの店舗でも基本は揃うが、北にもっと大きな店舗（🏠1800 N. Clyburn Ave.）もある。
🏠48 E. Walton St.　☎(1-312)640-5934　URL www.patagonia.com/home
営月～土10:00～19:00、日11:00～18:00　休おもな祝日　カード A M V

S アウトドアブランド 日本にもファンの多いアウトドアブランド 　MAP P.28-B2／マグマイル北

ノースフェイス
The North Face

　相変わらず人気の高い、高品質アウトドアショップの大型店。シカゴではジョン・ハンコック・センターに入っているので便利。ウエア以外に靴、アクセサリー、バックパックなど豊富な品揃え。2フロアあり、店員もとても親切なのでわからないことがあったら尋ねてみよう。
🏠John Hancock Center, 875 N. Michigan Ave.　☎(1-312)337-7200
URL www.thenorthface.com　営月～土10:00～21:00、日～20:00　カード A M V

S アウトドアブランド 芸術鑑賞をしているようなディスプレイ 　MAP P.28-B4／マグマイル北

ナイキ・シカゴ
Nike Chicago

　3階建ての店内には、スポーツごとにユニホームやグッズが飾られ、スポーツ映像が流れていたりと、見るだけでも十分価値がある。まるでギャラリーのよう。品揃えとディスプレイのよさに購買意欲をそそられてしまうはず。季節やイベントに合わせてインテリアを変えるのもおしゃれ。
🏠669 N. Michigan Ave.　☎(1-312) 642-6363　URL www.nike.com
営月～土10:00～21:00、日～19:00　カード A J M V

S アウトドアブランド ポートランド生まれ、ファッション性も高い 　MAP P.28-B2／マグマイル北

コロンビアスポーツウエア
Columbia Sportswear

　ギアはもちろん、普段使いにもいいデザインが揃う。リーズナブルでありながら、クオリティのよさから、長期間使えるのも人気の理由。アウトドア派でなくても、シカゴで「寒いっ！」と感じたら駆け込みたい店だ。日本人に合うサイズは余っていることも多い。
🏠830 N. Michigan Ave.　☎(1-312)951-2679　URL www.columbia.com
営月～土10:00～21:00、日11:00～19:00　カード A D J M V

S アウトドアブランド アウトドアブランドのセレクトショップ 　MAP P.24-A2／リグレービル

アンクルダンズ・ザ・グレート・アウトドアストア　Uncle Dan's the Great Outdoor Store

　アウトドアやスポーツブランド専門店はダウンタウンに多々あるが、一度に人気ブランドを見てしまいたいという人におすすめ。パタゴニア、ノースフェイス、カナダグース、マーモット、アークテリクス、ウールリッチなど100以上のブランドを扱う。大リーグのカブスの本拠地近くにある。
🏠3551 N. Southport Ave.　☎(1-773)348-5800　URL www.udans.com
営月～土10:00～19:00、日11:00～18:00　休おもな祝日　カード A M V

CHICAGO INFORMATION そのほかのアウトドアブランド　アディダスAdidas Chicago　ウオータータワー・プレイス内（→P.289）。
アール・イー・アイ REI　🏠905 W. Eastman St.　フェールラーベン Fjallraven　🏠1708 N. Damen Ave.　**293**

S かばん ビジネスマン愛用のバッグ

MAP P.29-B1／マグマイル南

トゥミ
Tumi

アメリカ陸軍が防弾用ベストの布地に採用したことで知られるトゥミ。耐久性の高い素材を用い、クオリティにこだわる製品は、丈夫でスタイリッシュ。日本でもビジネスマンを中心にとても愛用者が多い。旅行用、ビジネス用、財布、小物、レディスなどアメリカだけに種類、品揃えともに豊富。ウォータータワー・プレイス（→P.289）にも店舗あり。

🏠645 N. Michigan Ave. ☎(1-312)787-3096
🔗www.tumi.com 🕐月〜土10:00〜19:00、日12:00〜17:00 カード A J M V

S かばん USAブランドのバッグなら

MAP P.28-B1,2／マグマイル北

ケーラー
Kaehler

ついつい増えてしまう荷物に、やっぱりかばんをもうひとつ欲しいと思う人は多いはず。トゥミ、ブリッグス・アンド・ライリー、ビクトリノックス、フィルソン、ブリックスなど世界のバッグブランドが揃う。ブリーフケースも置いているなど、ビジネスパーソンにはうれしい店だ。
🏠900 N. Michigan Ave., 6F ☎(1-312)951-8106 🔗www.worldtraveler.com
🕐月〜土10:00〜19:00、日12:00〜18:00 カード A M V

S ファッション＆靴 イタリア発、発色のよい靴

MAP P.28-B1／マグマイル北

トッズ
Tod's

ぐっとおしゃれに、履いている人を引き立たせてくれるトッズの靴。ベーシックながらスタイリッシュなデザインも取り入れて、カジュアルからエレガントまで品揃えも豊富。男女ともバラエティに富んだ種類が揃う。

🏠121 E. Oak St. ☎(1-312)943-0070 🔗www.tods.com
🕐月〜土10:00〜18:00、日12:00〜17:00 🏠おもな祝日 カード A M V

S 靴 8000足のウエスタンブーツ

MAP P.23-A4マップ外／リバーノース西

アルカラス・ウエスタン・ウエア
Alcala's Western Wear

シカゴでウエスタンウエアが最も充実している店。8000足のブーツはさまざまな色、デザイン、生地が揃っている。帽子に加え、ウエスタンシャツ、ベルト、ジーンズ、アクセサリーも充実。ブーツの修理や、ウエスタンハットとブーツのクリーニングを行っているのは貴重。

🏠1733 W. Chicago Ave. ☎(1-312)226-0152 🔗www.alcalas.com
🕐月〜土9:30〜19:00（火水〜18:00）、日〜17:00 カード A M V

S 靴 靴のセレクトショップ

ヘイニグズフットウエア
Hanig's Footwear
MAP P.28-B2／マグマイル北

70年以上の歴史をもつシカゴの靴の老舗。アラ、エコー、ブランドストーン、イルセ・ヤコブセン、メフィスト、オンなどのブランドが揃うほか、メンズ、レディス、ビジネスからランニングまで幅広い。

🏠875 N. Michigan Ave. ☎(1-312)787-6800
🔗www.hanigs.com 🕐月〜土10:00〜19:00（土9:00〜）、日11:00〜18:00 カード A M V

S ファッション＆靴 元大統領夫人も愛用するシューズ

ジミー・チュウ
Jimmy Choo
MAP P.28-B1／マグマイル北

機能性を重視しながらも、キュートなデザインでおなじみの靴がここ。TVドラマで一躍有名に。シカゴ生まれのオバマ元大統領夫人が大統領就任パーティで履いていたことも有名。

🏠114 Oak St. ☎(1-312)255-1170
🔗us.jimmychoo.com 🕐月〜土10:00〜18:00、日12:00〜17:00 カード A J M V

状態のよいビンテージ　ビンテージアンダーグラウンドVintage Underground　ターコイズなどアクセサリーの種類も多く、洋服、家具、アートなども扱う。　🏠1507 N. Milwaukee Ave.

ビンテージ／雑貨

S ビンテージ 80年代、90年代ビンテージなら　　　**MAP P.23-A3マップ外／リンカーンパーク西**

ココロココビンテージ　　　　　　　　Kokorokoko Vintage

　日本語のような名前の店は、シカゴで1、2を争う人気のビンテージショップ。80年代、90年代のコケティッシュ＆カラフルなインナー、アウター、腕時計、サングラス、靴などが揃い、状態もよい。この店のファッションをまとったら、踊りに行きたい気分だ！

🏠1323 N. Milwaukee Ave.　☎(1-773)252-6996　**URL**kokorokokovintage.com
🕐月～金12:00～21:00、土11:00～20:00、日11:00～19:00　**カード**AMV

S ビンテージ 20年以上も続くセコハン専門店　　　**MAP P.33-A3／エバンストン**

クロスロードトレーディング　　　　　Crossroads Trading

　シカゴ市内にも2軒ある全米展開のリサイクル服飾店で、男性物も豊富。ファストファッションからデザイナーズブランドまで、質のよい流行物を扱っているため、リサイクルといっても古着のようなイメージはない。$10前後で思わぬ掘り出し物が見つかることもある。

🏠1730 Sherman Ave., Evanston　☎(1-847)864-9803　**URL**crossroadstrading.com　🕐月～土11:00～20:00、日～19:00　**カード**ADJMV　**行き方**パープルラインDavis駅より徒歩約4分

S 雑貨 目の肥えたオーナーの逸品は見るだけでも価値がある　　　**MAP P.29-A1／リバーノース**

ポッシュ　　　　　　　　　　　　　　P.O.S.H.

　個性的な家庭用品の店で、セレクトされた品々がおしゃれな店内に並ぶ。新品もあるが、フランスやアメリカのフリーマーケットでの掘り出しビンテージ物も幅広く扱う。人気のファイヤーキングの商品が並ぶこともあり、日本で買うよりかなりお得。

🏠613 N. State St.　☎(1-312)280-1602　**URL**poshchicago.com
🕐月～土10:00～19:00、日11:00～17:00　**カード**AMV

S アクセサリー／雑貨 ゴージャスでお手頃価格。セレブも愛用するシカゴブランド　　　**MAP P.29-B4／ループエリア**

ナカモル　　　　　　　　　　　　　　Nakamol

　タイ人デザイナーのナカモルが20年前にシカゴのミシガンアベニューにオープンさせたジュエリー＆アクセサリーの店。淡水パール、ナチュラルストーンなどをふんだんに使ったゴージャスなデザイン、それでいてお手頃な価格が人気を呼んでいる。

🏠336 N. Michigan Ave.　☎(1-312)332-6077　**URL**www.nakamol.com
🕐月～土9:00～19:00、日～18:00（夏期は延長）　**カード**AMV

S 毛糸 カラフルな店内の毛糸専門店　　　**MAP P.22-A2／サウスループ**

ヤーニファイ　　　　　　　　　　　　Yarnify

　毛糸専門店。約40社から毛糸を仕入れており、オーソドックスなものからゴージャスな毛糸まで色とりどりの品揃え。そのカラフルさに見ているだけで気持ちも明るくなる。編み物のパターンや、毛糸小物などもあり、編み物教室なども開催している。

🏠Dearborn Station 1F, 47 W. Polk St.　☎(1-312)583-9276　**URL**www.yarnify.com
🕐月水～金11:00～19:00、土10:00～18:00、火日12:00～17:00　**休**祝日　**カード**AMV

S 画材と文房具 心躍るような画材と文房具　　　**MAP P.27-C2／ループエリア**

ブリック・アート・マテリアルズ　　　Blick Art Materials

　イリノイ州で生まれ、100年以上の歴史をもつ全米最大の画材店チェーンの本店。絵の具、筆、紙のほかペン、ノートなど文房具は2階、1階には大人用の塗り絵やかわいいマグネットなどみやげになる物がたくさんある。入口で手荷物を預ける必要あり。

🏠42 S. State St.　☎(1-312)920-0300　**URL**www.dickblick.com　🕐月～土8:00～20:00（土10:00～）、日11:00～18:00　**カード**AMV　●エバンストン店（写真）🏠1775 Maple Ave.

書籍／レコード／CDほか

MAP P.27-C3／ループエリア

S 書籍 本を手に取るうれしさ

バーンズ＆ノーブル・デュポール・センター　Barnes & Noble DePaul Center

町の本屋が少なくなってしまった今、とても貴重な店。平積みやバーゲンコーナーの本は、言葉がわからなくても、本好きならわくわくしてくる。写真がメインの本ならおみやげにもいい。マグマイルの北State ＆ Elm Sts.の角にも支店があり、こちらは広めでゆったり（**MAP** P.23-B3）。

住 1 E. Jackson Blvd.　**☎** (1-312)362-8792　**URL** www.barnesandnoble.com　**営** 月〜金7:00〜22:00（金〜21:00）、土8:00〜18:00、日11:00〜18:00　**休** 祝日　**カード** AMV

S 書籍 本好きにはたまらないシカゴの本屋

MAP P.29-A2／マグマイル南

アフターワーズ・ブックス　After-Words Books

チェーン店とインターネットに押されて、町の独立した本屋が少なくなっているのはアメリカでも同じ。そんななか、たくましく生き残り、シカゴ市民に愛されている店がここ。新品&古本を7万点以上揃え、店内の雰囲気もいい。本を売ることもできる。

住 23 E. Illinois St.　**☎** (1-312)464-1110　**URL** www.after-wordschicago.com　**営** 月〜金10:30〜22:00（金〜23:00）、土10:00〜23:00、日12:00〜19:00　**休** 祝日　**カード** AMV

S 中古レコード エバンストンの中古レコード屋

MAP P.33-A4／エバンストン

ビンテージビニール　Vintage Vinyl

音楽がデータ配信される時代、レコード自体がビンテージとなったが、もともとこの店は希少価値のある中古レコードが揃っていることで世界中のコレクターの間では有名だった。地下も含めた店内のいたるところに未整理の商品が積み重ねてある。サイトからレコードを探すこともできる。

住 925 Davis St., Evanston　**☎** (1-847)328-2899　**URL** www.vvmo.com　**営** 月〜金11:00〜19:00、土〜18:00　**休** 日、祝日　**カード** MV　**行き方** パープルラインDavis駅より徒歩約2分

S 中古レコード／CD&DVD 音楽ファンの聖地

MAP P.23-A2マップ外／リンカーンパーク西

レックレスレコーズ　Reckless Records

ビニール盤やCDを扱う中古レコード店。膨大なコレクションの店内で半日過ごすファンもいる。ほかでは手に入りにくいシカゴのローカルバンドの品もあるのが魅力。店内は、映画『ハイ・フィデリティ』の世界。ループエリア（**住** 26 E. Madison. St.　**MAP** P.27-C2写真）にも支店あり。

住 1379 N. Milwaukee Ave.　**☎** (1-773)235-3727　**URL** www.reckless.com　**営** 月〜土10:00〜22:00、日〜20:00　**休** 祝日　**カード** AMV

S コスメ クラシックな雰囲気のコスメ&ドラッグストア

MAP P.27-C3／ループエリア

マーツ　Merz

1875年創業のシカゴを代表する店。薬種屋としてオープンしたが、現在はマリン・アンド・ゴッツ、アハバ、クラウス・ポルト、アロマリンなどのコスメも扱う。キャスウェル・マッセイの石鹸など男性向けの商品も多い。店内はキッチュで、古きよきシカゴの雰囲気がいっぱい。パーマーハウス1階。

住 Palmer House Hilton, 17 E. Monroe St.　**☎** (1-312)781-6900　**URL** www.merzapothecary.com　**営** 月〜土10:00〜20:00、日〜17:00　**カード** AMV

S コスメ ダントツの発色のよさ

MAP P.29-B2／マグマイル南

マック　M·A·C

発色もよく、もちもいいことから、日本女性にも人気の高いコスメ。デパートとは異なり、ここは専門店なので種類も色のバリエーションも実に豊富。できれば自分の肌で試してみることをおすすめする。迷ったら、知識の豊富な店員さんに尋ねてみよう。小さいのでおみやげにもいい。

住 540 N. Michigan Ave.　**☎** (1-312)595-0952　**URL** www.maccosmetics.com　**営** 月〜土10:00〜21:00、日11:00〜18:00　**カード** AMV

みやげ／コスメ／文房具

S シカゴみやげ 2016年ワールドチャンピオンのグッズをおみやげに　　**MAP P.28-B4 ／マグマイル北**

カブス・チームストア
Cubs Team Store

シカゴ・カブスといえば2016年は長年にわたるヤギの呪いを解き、ついにチャンピオンとなった、阪神タイガースのようにファンに愛されるチーム。輝かしい成績とともに、チームストアが中心部に誕生。Tシャツ、キャップ、ユニホームなどレイアウトもイキ。

🏠668 N. Michigan Ave.　☎(1-312)280-5469
🕐月〜土10:00〜21:00、日〜19:00　**カード** A M V

S シカゴみやげ シカゴのスポーツチームのグッズが何でも揃う　　**MAP P.29-B4 ／ループエリア**

シカゴ・スポーツ＆ノベルティ
Chicago Sports & Novelty

野球のカブス、ホワイトソックス、アメフトのベアーズ、バスケのブルズ、アイスホッケーのブラックホークスなど、シカゴのプロスポーツチームのロゴ入りTシャツ、ユニホーム、キャップやシカゴのロゴ入りグッズなどが揃う。球場やアリーナで買いそこねたならここへ。場所も便利。

🏠332 N. Michigan Ave.　☎(1-312)641-6106　**URL** chicagosport.com
🕐月〜土9:30〜20:00、日〜18:00　**カード** A M V

S シカゴみやげ 美術館見学のあとにおみやげを　　**MAP P.27-C2 ／ループエリア**

バイ・バイ・シカゴ
Bye Bye Chicago

シカゴ美術館から1ブロック。"Chicago"のTシャツ、キャップ、マグネットなどのほかに、有名なアル・カポネのグッズも揃えている。カブスやホワイトソックスなど、シカゴのスポーツチームのアイテムも多く、イキなシカゴみやげが充実。中心部に3店舗あり。

🏠30 S. Michigan Ave.　☎(1-312)750-9080　**URL** www.byebyestores.com
🕐毎日9:00〜21:00(金土〜22:00)　**カード** A M V

S コスメ メークアップをしてくれる

アーチアポセカリー
Arch Apothecary
MAP P.23-B3 ／リンカーンパーク

リラックスした雰囲気のなか、メークアップ、ヘアメーク、マッサージなどもしてもらえる。日本では入手しにくいオーガニック、マリン・アンド・ゴッツ、バイテイリー、シャンテカイユ、イヴロムなどのコスメ用品も扱う。

🏠1359 N. Wells St.　☎(1-312)291-9750　**URL** www.archapothecary.com　🕐火〜金10:00〜20:00(金〜19:00)、土9:00〜17:00(日11:00〜)　**休**月　**カード** A M V

S コスメ コスメのセレクトショップ

ブルーマーキュリー
Bluemercury
MAP P.30-B4 ／リバーノース中心部

ワシントンDC生まれのコスメチェーン店で、スキンケア、メークアップ、ボディ、ヘア、メンズなど幅広いブランドが揃う。日本人に人気のNARSやキールズも扱い、スパではフェイシャルやマッサージも行う。

🏠356 N. Clark St.　☎(1-312)595-9599　**URL** bluemercury.com　🕐月〜土10:00〜19:00、日11:00〜18:00　**カード** A M V

S 文房具 センスのよい紙製品専門ショップ

パピラス
Papyrus
MAP P.29-B2 ／マグマイル南

すてきなデザインの文房具は見るだけで楽しく、箱入りカードセットはおみやげにもいい。かわいい缶ケース入りカード$10〜。ほかにもノート$13〜。小物、ボディ用品、マグカップなどギフト用品も豊富。

🏠The Shops at North Bridge, 520 N. Michigan Ave.　☎(1-312)856-5063　**URL** www.papyrusonline.com
🕐月〜土10:00〜21:00、日11:00〜19:00　**カード** A M V

S 文房具 おしゃれで個性的なカードショップ

ペーパーソース
Paper Source
MAP P.30-A1 ／リバーノース中心部

活版印刷のカードセット($10〜18)はアメリカの手作り感たっぷり。ギフトはキッチン用品、アクセサリー、文房具などいろいろ。個性あふれるiPhoneケースも人気。気の利いたアメリカみやげが見つかること間違いなし。

🏠232 W. Chicago Ave.　☎(1-312)337-0798　**URL** www.papersource.com　🕐月〜土10:00〜19:00(木金〜20:00)、日11:00〜18:00　**カード** A D J M V

軍余剰品／デジタル家電／食料品ほか

S 軍余剰品 ｜米軍の余剰品なら **MAP** P.23-A3マップ外／ウィッカーパーク
ベルモント・アーミー WP
Belmont Army WP

　メンズ、レディスファッションや靴などの若者向けファッションを扱う店の一角に、軍の余剰品を扱う店がある。衣類を中心にジャケット、シャツ、リュック、ミリタリーブーツなど種類も品数も豊富。セコハンも多いが、味があってよい。じっくり探してみよう。
🏠1318 N. Milwaukee Ave.　☎(1-773)384-8448
🕐月〜土11:00〜19:00、日13:00〜18:00　🈺祝日　**カード**ＡＭＶ

S デジタル家電 ｜イベントも開催、ワクワクするアップルストア **MAP** P.29-B3／マグマイル南
アップル・ミシガンアベニュー
Apple Michigan Ave.

　シカゴ川沿いに誕生したアップルストアは、天井はiPad型、四方はガラス張り、階段とベンチからはシカゴ川が見渡せる粋な空間。ここでは教室やトークショーなどのイベントも行われ、注目のスポットとなっている。iPhoneやiPadを販売するスペースは階段の下。
🏠401 N. Michigan Ave.　☎(1-312)529-9500　**URL**www.apple.com/retail/michiganavenue/　🕐月〜土9:00〜21:00、日10:00〜19:00　**カード**ＡＭＶ

S 食料品 ｜シカゴっ子が大好きなチョコレート **MAP** P.29-B4／ループエリア
ファニーメイ
Fannie May

　シカゴのチョコレートでいちばん人気が高いのがファニーメイといわれている。ミント味のひと口サイズのチョコレートが基本で、なかでも詰め合わせ($12.99/24.99)はシカゴっ子のお気に入り。シカゴらしいパッケージはおみやげにいい。🏠144 S. Dearborn St. **MAP**P.27-C3にも支店がある。
🏠343 N. Michigan Ave.　☎(1-312)453-0010　**URL**www.fanniemay.com
🕐月〜金8:00〜21:00、土9:00〜、日10:00〜20:00　**カード**ＡＤＪＭＶ

S コンビニエンスストア ｜無人&レジなしで話題の **MAP** P.26-B3／ループエリア
アマゾンゴー
Amazon Go

　2018年シアトルで誕生したときは、レジがなく、従業員もいないことから世の中を驚かせたのは周知のとおり。その店がシカゴにもある。まずはアプリをダウンロード。スマホのQRコードをかざして店内に入り好きなものを選んで出るだけ。品揃えもそこそこで、パンやサラダも購入できる。
🏠144 S. Clark St., #100　**URL**www.amazon.comからAmazon Goを検索　🕐月〜金6:00〜21:00　🈺土日　**カード**ＡＭＶ

S ドラッグストア ｜シカゴを代表するドラッグストア **MAP** P.29-B3／マグマイル南など
ウォルグリーンズ
Walgreens

　シカゴで生まれたドラッグストアで全米50州に店舗をもつ。その数、約9300。ドラッグストアといっても、日本のコンビニに近く、市販薬、雑貨、キッチン用品、コスメ、軽いスナックや飲み物、チープなみやげ物も売っている。151 N. State店ではサラダやカットフルーツも置いている。
🏠410 N. Michigan Ave.など　☎(1-312)321-0951　**URL**www.walgreens.com
🕐月〜金6:30〜24:00、土日8:00〜(祝日は変更あり)　**カード**ＡＭＶ

S スーパーマーケット ｜シカゴ発の食材があるベストスーパー **MAP** P.23-B3／リンカーンパーク
プラムマーケット
Plum Market

　有機野菜や、ホルモン剤を使わない肉類を扱う健康志向スーパーのひとつだが、いちばんの特徴がシカゴ発祥の食材が抜群に豊富なこと。ヴォージュのチョコやインテリジェンシアのコーヒーなどが並ぶ。イートインコーナーもあるから、ピザや総菜を買ってランチや夕食を取るのもいい。
🏠1233 N. Wells St.　☎(1-312)229-1400　**URL**www.plummarket.com
🕐毎日8:00〜22:00　**カード**ＡＭＶ

スーパーマーケット

S スーパーマーケット 日本人旅行者に人気No.1のおみやげスポット MAP P.29-A1／マグマイル南

トレーダージョーズ
Trader Joe's

バイヤー自ら世界中の食品を調査し、安全で高品質かつおいしい食品を提供。ナッツ類やハーブなどの香辛料は日本に比べて安く、おみやげにも最適だ。シカゴらしいエコバッグ（英語でReusable Bag。99¢）がおみやげの定番。サウスループ（住1147 S. Wabash Ave. MAP P.22-A3）、レイクビュー（住3745 N. Lincoln Ave. MAP P.24-B4）、オークパーク（住483 N. Harlem Ave. MAP P.32-A2）などに支店がある。

🏠44 E. Ontario St. ☎(1-312)951-6369 URL www.traderjoes.com
営毎日8:00～22:00 カード A M V ●ハイドパーク（住1528 E. 55th St. MAP P.31-B3）にも支店あり

S スーパーマーケット 一度は行きたい自然食品のスーパー MAP P.30-B2／リバーノース中心部

ホール・フーズ・マーケット
Whole Foods Market

有機野菜、チーズ、シーフード、肉などの新鮮な食材のほか、あらゆる自然食品や自然派の化粧品までもが揃っている。アジア系の食材（ワカメ、ノリ、豆腐など）も豊富。ハーブやビタミン類、ドライフルーツなどはおみやげにも喜ばれそう。地元産にこだわっているのも特徴で、値札の青い帯の上に"Local"と表示されている。インテリジェンシアやメトロポリスのコーヒーなどが入手できる。

🏠30 W. Huron St. ☎(1-312)932-9600 URL www.wholefoodsmarket.com
営毎日7:00～22:00 カード A M V

S スーパーマーケット シカゴ発のスーパーは試食も豊富 MAP P.22-B1／ループエリア

マリアノス
Mariano's

ワンランク上のスーパー。中心部ではAONタワーの近くにあり、平日はランチを買い求めるビジネスパーソンで大混雑する。生鮮食品はもちろん、ワインなどのアルコール類も豊富で、店内のあちこちで試食もやっている。サウスループ（住1615 S. Clark St. MAP P.22-A3）などに支店あり。

🏠333 E. Benton Pl., Off Upper Randolph ☎(1-312)228-1349
URL www.marianos.com 営毎日6:00～22:00 カード A D J M V

S スーパーマーケット ロケーション抜群、シカゴを代表する MAP P.30-B3／リバーノース中心部

ジュエル・オスコー
Jewel-Osco

創業1899年のシカゴ（郊外）発祥のスーパーで、中心部はレッドラインGrand駅のすぐ上というとても便利なロケーション。食料品、日用品なら何でも揃い、酒類、巻き寿司などのお総菜類も豊富。オーガニック食材も増えている。深夜まで営業しているのでみやげ探しにもいい。

🏠550 N. State St. ☎(1-312)527-2162 URL local.jewelosco.comからChicago, ILを検索 営毎日6:00～24:00 カード A M V

S スーパーマーケット シカゴ近郊に住む日本人御用達の日系スーパー MAP P.20-A3とA1／郊外（日本人村）

ミツワマーケットプレイス
Mitsuwa Marketplace

日本の食品が豊富に揃うスーパーマーケットを中心に、パン屋、ブックストア、レンタルビデオ店、携帯電話ショップそしてラーメンも食べられるフードコートなどもあり、現地で暮らす人々にとってはとても貴重な場所。日本人コミュニティの情報が欲しいならまずはここへ。

🏠100 E. Algonquin Rd., Arlington Heights ☎(1-847)956-6699
URL mitsuwa.com 営毎日9:00～20:00 休無休 カード A D J M V

FROM READERS ファッション・アウトレット・シカゴ（→P.300）駐車場は空車がひと目でわかるが、大きさゆえに駐車場から出るだけで予想以上に時間がかかる。帰国前に寄る人は時間に余裕をもちたい。（東京都 Joe）['20]

アウトレット

[S] [アウトレット] 空港に近く、公共交通機関でアクセスできるアウトレット　[MAP] P.20-A4／ローズモント

ファッション・アウトレット・オブ・シカゴ
Fashion Outlets of Chicago

ローズモントのホテル街に隣接する便利な場所にあるアウトレット。130店舗以上あり、荷物預かりや両替のサービスも行っている。CTAブルーラインRosemont駅のバス停（バラが目印）からアウトレット→コンベンションセンターを結んで無料のシャトルバスも運行されている。屋内にあるので、寒い季節も安心。駐車場も無料。

[住]5220 Fashion Outlets Way, Rosemont　☎(1-847)928-7500　[URL]www.fashionoutletsofchicago.com　[営]月～土10:00～21:00、日～19:00　[カード]店により異なる　[行き方]ブルーラインRosemont駅よりシャトルバス、または徒歩で約15分

[S] [アウトレット] 人気ブランドが揃う大型アウトレット　[MAP] P.18-B2／郊外

シカゴ・プレミアムアウトレット　Chicago Premium Outlets

ダウンタウンから車で1時間30分弱、空港から45分程度。約170店舗を抱え、日本人好みのブランドが集結する。ユニオン駅からメトラBNSF線で終点Aurora駅で下車し、ペースバス#533でアクセスできるが、2時間以上かかる。

[住]1650 Premium Outlets Blvd., Aurora, IL　☎(1-630)585-2200　[URL]www.premiumoutlets.com　[営]月～土10:00～21:00、日～19:00　[カード]店により異なる

[S] [アウトレット] イリノイ州最大のアウトレットモール　[MAP] P.18-B1／郊外

ガーニーミルズ　Gurnee Mills

約200店舗のうち、工場直販店が約3分の2を占めているため、格安でブランド品が手に入る。メイシーズ、アバクロ、アキラ、バナリパ、ポロ、ピンクスなどが入る。ダウンタウンからは車でI-94Wを約1時間。メトラUP-N線Waukegan駅からペースバス#565でも行ける。

[住]6170 W. Grand Ave., Gurnee, IL　☎(1-847) 263-7500　[URL]www.simon.com/mall/gurnee-mills　[営]月～土10:00～21:00、日11:00～19:00

COLUMN

シカゴ郊外のショッピングモール

ウッドフィールドモール　Woodfield Mall

[住]5 Woodfield Mall, Schaumburg, IL
[MAP] P.20-A1　[行き方] ブルーライン Rosemont 駅よりペースバス #606 で約 30 分
[URL] www.simon.com/mall/woodfield-mall
[営] 月～土 10:00 ～ 21:00、日 11:00 ～ 18:00

中西部最大のモール。4 軒のデパートをはじめとして約 280 の店舗数を誇る。このモールで食事に人気のスポットがパックマン エンターテインメント PAC-MAN Entertainment。寿司やパスタなどは日本人の口にもよく合い、地ビールの種類も豊富。ボウリング場やゲームラウンジを併設しているので、仲間で遊ぶのも楽しい。

● **PAC-MAN Entertainment**
[住]2 Woodfield Mall, Unit A.
[URL] www.pacmanentertainment.com

オークブルックセンター　Oakbrook Center

[住]100 Oakbrook Center, Oakbrook, IL
[MAP] P.20-B4　[行き方] ピンクライン終点の 54th/Cermak 駅よりペースバス #322 で約 45 分
[URL] www.oakbrookcenter.com
[営] 月～土 10:00～21:00、日 11:00～18:00

3 つのデパートと約 180 の専門店が集まる。コーチ、ティファニー、ブルックス・ブラザーズ、バーバリーなど。

ウエストフィールド・オールドオーチャード　Westfield Old Orchard

[住]4905 Old Orchard Center, Skokie, IL
[MAP] P.21-C1　[行き方] レッドライン終点の Howard 駅よりペースバス #215 で約 35 分
[URL] www.westfield.com/oldorchard
[営] 月～土 10:00 ～ 21:00、日 11:00 ～ 18:00

シカゴの北、高級住宅街で知られるウィラメットに近い。アンソロポロジー、ブルックス・ブラザーズ、Jクルー、ホリスター、コーチなど。

アウトレットモールの休業日　一般的に11月第4木曜のサンクスギビングデイは休みだが、アウトレットは12/25のみ休みというところがほとんど。ブラックフライデイ(→P.281)の未明に開けている店もある。ウェブでチェックを。

Excursion from Chicago

シカゴからのエクスカーション

シカゴ発
スプリングフィールド ミルウォーキー
日帰り 弾丸ツアー
by Amtrak（鉄道）

シカゴからエクスカーションの町として人気のスプリングフィールドとミルウォーキー。スプリングフィールドはリンカーンの町であり、ミルウォーキーはビールの町。どちらの町もできれば1泊して観光することをすすめるが、時間のない人のためにアムトラックの鉄道で行く1日弾丸ツアーを紹介しよう。なお、アメリカの鉄道アムトラックは遅れることがとても多い。頭に入れておくこと。

リンカーン三昧する **スプリングフィールド 1日モデルコース**	ハーレー＆ビールを楽しもう **ミルウォーキー 1日モデルコース**

スプリングフィールド 1日モデルコース

7:00 シカゴ・ユニオン駅発
　　　アムトラック

10:12 スプリングフィールド駅着
　　　徒歩5分

10:30 リンカーン大統領ライブラリーの博物館見学（→ P.306）。ランチは博物館で
　　　Carpenter & 6th から 12:55 発バス #1 & 徒歩

13:30 オークリッジ墓地のリンカーンの墓（→ P.307）
　　　5th & N. Grand から 14:19 発バス #1 & 徒歩

14:30 リンカーンの家歴史地区（→ P.305）。短編映画、家のツアーに参加後、敷地内を見学
　　　徒歩10分

16:00 旧州議事堂（→ P.307）
　　　徒歩5分

16:56 スプリングフィールド駅発
　　　アムトラック

20:40 シカゴ・ユニオン駅着

ミルウォーキー 1日モデルコース

8:25 シカゴ・ユニオン駅発
　　　アムトラック

9:54 インターモーダル駅着
　　　徒歩12分

10:15 ハーレー・ダビッドソン博物館見学（→ P.313）。ランチは博物館で
　　　N. 6th & Michigan から 13:12 発バス #31 & 徒歩

13:30 ミラークアーズ・ビール工場ツアーに参加（→ P.315）
　　　41st & State から 15:24 発バス #31 & 徒歩

16:00 オールド・ワールド・サード・ストリート散策（→ P.314）
　　　徒歩5分

16:30 リバーウオーク散策（→ P.314）
　　　徒歩15分

17:00 ヒストリック・サード・ワード散策（→ P.314）
　　　徒歩12分

17:45 インターモーダル駅発
　　　アムトラック

19:14 シカゴ・ユニオン駅着

左／リンカーン一家の墓の前に顔の像があり、鼻に触れると幸運が訪れるといわれている　中／日本にもファンの多いハーレー・ダビッドソンの博物館はミルウォーキーにある　右／ヒストリック・サード・ワードにパブリックマーケットがある。夕飯を買うのもいい

シカゴからのエクスカーション

アメリカ中西部最大の都市シカゴ。シカゴから足を延ばすと、日帰り、1泊、2泊といった小旅行に最適な町がいくつもある。どの町もそれぞれに特徴があり、アメリカ国内での人気も高い。時間があれば、ぜひ訪れてほしい所ばかりだ。

マディソンのモノナテラス。ライト設計だ

移動はレンタカーが基本

シカゴ中心部は、鉄道やバスが発達しているので車がなくても支障はない。しかし、シカゴから一歩足を延ばせば、そこには完全な車社会が広がる。どの町も、車での移動が基本。シカゴからの日帰りや小旅行を考える場合、レンタカーの利用を前提に考えたい。ここで紹介する7つの町やエリアは列車や長距離バスでもアクセスできるが、ダイアースビルへは近くの町からタクシーや配車サービス、プライベートツアーを頼むなどしたい。

スプリングフィールドやミルウォーキーへはアムトラックの鉄道でも行ける

プランの立て方

まず、レンタカーを使うことを考えてみよう。日帰りなら、片道の移動に使える時間は2〜3時間。インターステートハイウエイを使えばシカゴから片道120〜200マイル（約195〜320km）。1泊2日や2泊3日の旅行なら移動時間は4〜5時間になり、片道240〜350マイル（約385〜565km）くらいが、シカゴからの半径になる。

どちらも日本の道路感覚では長く感じるが、アメリカのフリーウエイは、制限速度も高め、道幅が広いので、同じ距離を走っても、日本よりも疲労度が少ない。

シカゴからのおすすめのエクスカーション

では、具体的に日帰りや週末旅行の範囲では、どの町まで行くことができるか？
P.18〜19の地図を参照してほしい。日帰り

なら、北はウィスコンシン州ミルウォーキーMilwaukee。西はアイオワ州東部のダイアースビルDyersville。ダイアースビルへ行くなら途中のガリーナやデュビュークで1泊するのもおすすめ。南はインディアナ州北部くらいまで。週末を使う旅行なら、北はウィスコンシン州を通り抜けて、夏場の避暑地として人気のミシガン州北西部の半島、アッパーペニンシュラまで行ける。南はイリノイ州の州都スプリングフィールドSpringfieldやアルトンAltonへもOKだ。また、2泊以上ならミシガン州最大の都市であり、財政破綻から見事よみがえったデトロイトまで行くこともできる。

中距離バスがさまざまな町を結んで走っている。Lamers Busはウィスコンシン州をカバー

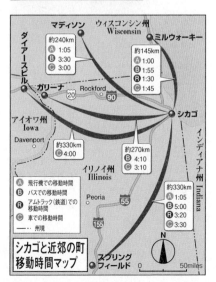

マディソン
ウィスコンシン州 Wisconsin
ダイアースビル
ミルウォーキー
約240km
Ⓐ 1:05
Ⓑ 3:30
Ⓒ 3:00
約145km
Ⓐ 1:00
Ⓑ 1:55
Ⓡ 1:30
Ⓒ 1:45
ガリーナ
Rockford
20
90
シカゴ
アイオワ州 Iowa
Davenport
約330km
Ⓒ 4:00
約270km
Ⓑ 4:10
Ⓒ 3:10
イリノイ州 Illinois
インディアナ州 Indiana

Ⓐ 飛行機での移動時間
Ⓑ バスでの移動時間
Ⓡ アムトラック（鉄道）での移動時間
Ⓒ 車での移動時間
── 州境

Peoria
55
約330km
Ⓐ 1:05
Ⓑ 5:00
Ⓡ 3:20
Ⓒ 3:30

155

N

シカゴと近郊の町 移動時間マップ
スプリングフィールド
0   50miles

スプリングフィールド
Springfield

> **1泊旅行におすすめ！**

第44代大統領オバマが最も敬愛する大統領が、第16代のエイブラハム・リンカーンだ。ケンタッキー州の丸太小屋で生まれたリンカーンが、弁護士から政治家へ転身するなど壮年期を過ごした町が、イリノイ州の州都スプリングフィールドである。イリノイ州にとってリンカーンが在住したことは誇りで、州の車のナンバープレートには "Land of Lincoln リンカーンの地" の文字も刻まれている。また、町はかつてのアメリカの大動脈「ルート66」の宿場町としても知られている。ダウンタウンの郊外にはれんがの旧道が走り、名物のダイナーもある。ルート66を走破するなら、ひと休みにおすすめの町だ。

観光案内所

エイブラハム・リンカーン・キャピタル空港
🏠1200 Capital Airport Dr.
MAP P.305-A1 マップ外
URL www.flyspi.com
行き方 タクシーで約10分、$12

アムトラック・スプリングフィールド駅
🏠100 N. 3rd St.
MAP P.305-A1
🕐 毎日 6:00 ～ 22:30

グレイハウンド・スプリングフィールドバス停
🏠2815 N. Dirksen Pkwy.
MAP P.305-B1 マップ外
🕐 毎日 9:00 ～ 18:00（土～14:00)、19:30 ～ 21:00 休日
行き方 中心部から #1、2のバスで 30 ～ 35分

スプリングフィールド観光局
Springfield Convention & Visitors Bureau
🏠1 S. Old State Capitol Plaza, Springfield, IL 62701
MAP P.305-B1
☎ (217) 789-2360
URL www.visitspringfieldillinois.com
🕐 月～金 8:00 ～ 16:30

SMTD Bus
URL www.smtd.org
💴$1.25
＃1の運行：月～土 6:00 ～ 17:30 の 30 分～1 時間間隔

行き方

イリノイ州の州都スプリングフィールドは、州のほぼ真ん中に位置し、シカゴから南西に約200マイル（約325km）の距離。車のほかに、飛行機、鉄道、長距離バスなどが運行されていて、シカゴからの1泊旅行にちょうどいいところだ。

スプリングフィールドの中心から約6.5kmの北に小さな空港があり、シカゴ・オヘア空港からユナイテッド航空は毎日2～3便で約1時間、アムトラックの鉄道は毎日5便で約3時間30分、グレイハウンドバスは毎日1便で5時間ほどかかる。アムトラックの駅は町の中心にあり、車のない旅行者にも便利。車ならシカゴからI-55を南下、Exit 98Bを出ればスプリングフィールドで、所要約3時間15分。スプリングフィールドはルート66の町でもあるので、車でのアクセスもおすすめ。

歩き方

こぢんまりとした州都の人口は約11万5000人、ダウンタウンは十分歩ける範囲にある。ただし、リンカーンの墓へは路線バスで、またニューセーラムは車のみが足だ。リンカーンが住んだ家だけでなく、弁護士として働いた法律事務所や彼がワシントンDCへ旅立っていった鉄道駅なども残る。もちろん、ライブラリーの見学も忘れずに。とにかく町は「リンカーン」でいっぱい。

●SMTD Bus Route 1

スプリングフィールド一帯をカバーする路線バス。Route 1がリンカーンの墓のあるオークリッジ墓地の近くを走る。中心部から約5分の距離だ。

どこへ行ってもリンカーンがスプリングフィールドの町

おもな見どころ

リンカーンが住んだ家やオフィスなどがある　**MAP** P.305-B2

必見 POINT

リンカーンの家歴史地区
Lincoln Home National Historic Site

エイブラハム・リンカーンがケンタッキー州から、ここスプリングフィールドに移ってきたのは1837年。1842年にメアリーと結婚し、1861年に合衆国大統領としてワシントンDCへ旅立

リンカーンが購入した唯一の家が保存されている。内部はツアーで見学。無料のチケットが必要だ

つまでの四半世紀をこの町で過ごした。1844年に購入し17年を過ごした家と、その周囲4ブロックほどが、国の歴史地区として公開されている。1842年11月に結婚した夫妻が、ギリシア復古調の家を購入したのが1844年のこと。リンカーン自身も、弁護士から州の下院議員、国の下院議員となり、大統領就任の直前までこの家で暮らした。丸太小屋で生まれ独学で弁護士となったリンカーンは、教養や身だしなみをケンタッキーの上流階級出身であった夫人からこの家で学んだといわれる。また、4人の息子のうち3人がスプリングフィールド生まれだ。

リンカーンが生涯で購入した唯一の家は、10人ほどのグループに分かれレンジャーに引率されて見学する。$1500で家を購

リンカーンの家歴史地区
🏠 413 S. 8th St.
● Visitor Center：426 S. 7th St.
☎ (217)492-4241
🔗 www.nps.gov/liho
🕐 毎日 8:30 ～ 17:00
🚫 11 月第 4 木曜、12/25、1/1
💰 無料

ツアー
毎日16:30 まで催行されるツアーに参加をしないと家の内部は見学できない。ツアーは混雑度合いによって催行頻度が変わり、夏期は回数も多い。無料だが、事前にビジターセンターで申し込みの必要あり。

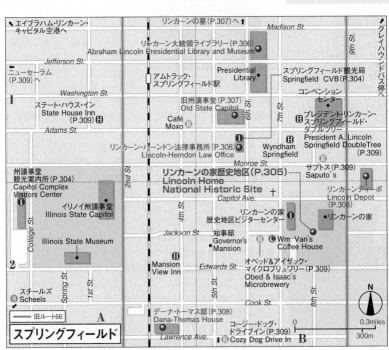

エイブラハム・リンカーン・キャピタル空港へ

リンカーンの墓 (P.307)へ　Madison St.

グレイハウンドバス停へ

リンカーン大統領ライブラリー (P.306)
Abraham Lincoln Presidential Library and Museum

Jefferson St.

ニューセーラム (P.309)へ

アムトラック・スプリングフィールド駅

Presidential Library

スプリングフィールド観光局
Springfield CVB (P.304)

コンベンションセンター

Washington St.

1

ステート・ハウス・イン State House Inn (P.309) 🏨

旧州議事堂 (P.307)
Old State Capitol

Café Moxo

プレジデント・リンカーン・スプリングフィールド・ダブルツリー
President A. Lincoln Springfield DoubleTree (P.309)

Adams St.

リンカーン・ハーンドン法律事務所 (P.308)
Lincoln-Herndon Law Office

Wyndham Springfield

Monroe St.

州議事堂観光案内所 (P.304)
Capitol Complex Visitors Center

リンカーンの家歴史地区 (P.305)
Lincoln Home National Historic Site

Capitol Ave.

サプトス (P.309)
Saputo's

イリノイ州議事堂 Illinois State Capitol

リンカーンの家
歴史地区ビジターセンター

リンカーンの家

リンカーンディーポ
Lincoln Depot (P.308)

2

Illinois State Museum

Jackson St.

知事邸 Governor's Mansion

Wm. Van's Coffee House

スチールズ Scheels 🛒

Mansion View Inn 🏨

Edwards St.

オベッド＆アイザック・マイクロブリュワリー (P.309)
Obed & Isaac's Microbrewery

N

旧ルート66

デーナ・トーマス邸 (P.308)
Dana-Thomas House

Cook St.

0　0.3miles

スプリングフィールド

コージー・ドッグ・ドライブイン (P.309)
Cozy Dog Drive In

Lawrence Ave.

A　**B**

0　300m

リンカーンのベッドは特注サイズだという

入したときは木造の平屋建てであったが、1855〜56年にかけて2階部が増築された。170年以上経過する現在も、建物の80%が当時のままだという。1階には訪問客をもてなしたパーラー、水場のなかったキッチン（井戸は外）、2階

リンカーンの政敵であるダグラスを支援していた弁護士シャットの家

のベッドルーム、子供部屋などがある。リンカーンはポーチがお気に入りで、よくここで新聞を読んでいたそうだ。

　また、このリンカーンの家歴史地区には、**ビジターセンターLincoln Home Visitor Center**のほかに夫妻のご近所さんだった**ディーンハウスDean House**、**アーノルドハウスArnold House**など10軒以上の当時の家屋が保存されている。

　アーノルドハウスには、リンカーンの家と歴史地区の修復の様子を紹介する写真や解説パネルなどが展示されているので寄ってみよう。また、ビジターセンターで上映するリンカーンに関する短編映画（約30分）もぜひ見ておきたい。

170年ほど前のスプリングフィールドの模型が案内所にある

📖 リンカーンに関する資料は世界No.1　　　　　MAP P.305-B1

リンカーン大統領ライブラリー
Abraham Lincoln Presidential Library and Museum

必見POINT

リンカーン大統領ライブラリー
●博物館
🏠 212 N. 6th St.
☎ (217)558-8844
URL www.alplm.org
🕐 毎日 9:00〜17:00
休 11月第4木曜、12/25、1/1
料 $15、学生・62歳以上$12、5〜15歳$6

再現されたホワイトハウスの前に立つリンカーン一家の像

暗殺されたリンカーンの棺と葬儀の様子も知ることができる

　リンカーンに特化した資料の豊富な資料館兼博物館。リンカーンを知る最適の場所だ。

　ハイライトはジオラマとイラスト、写真、絵画、草稿、映像などで紹介するリンカーンの一生。幼少期を過ごした貧素なケンタッキーの丸太小屋、弁護士を目指し勉学に励んだニューセーラム時代、夫人となるメアリーとの1837年の出会い、奴隷制度について7回も行われ大統領選の勝利に起因したダグラス討論、スプリングフィールドの人々との別れ、南と北に分裂した国家に対する苦悩、南北戦争、ゲティスバーグの演説、フォード劇場での暗殺、スプリングフィールドで行われた葬儀などが一目瞭然となっている。なかでもリンカーンのライフマスク（比較するといかに苦労したかがわかる）や、夫人がホワイトハウス時代に着用したドレスのレプリカなど、珍しい展示もある。凝った演出のふたつのシアターでは4Dさながら、椅子から伝わる振動や場内を流れる風を感じてリンカーンの偉業を学べる仕組みになっている（日本語の説明書きもある）。タッチスクリーンに表示された質問を押すとリンカーンが答えてくれるAsk Mr. Lincolnと、お化け（?）になったリンカーンが登場するGhosts of the Libraryのコーナーでは、ぜひその謎を自分自身で解明してほしい。ほかにも、トレジャーギャラリーではリンカーンのゲティスバーグの演説の原稿やメアリー夫人直筆の手紙、シルクハットなどが季節ごとの展示で公開されている。

スプリングフィールドを訪れるときは注意　州都という官公庁中心の町だけに、土曜日の15:00以降と日曜日はほとんどのレストランとショップは休み。観光局も土・日曜休み。グレイハウンドも市バス↗

ここで政治家、弁護士として活躍した

旧州議事堂
Old State Capitol

MAP P.305-B1

必見POINT

旧州議事堂は現在歴史博物館

スプリングフィールドが州都となった1839年から1876年までイリノイ州の州議事堂として機能していた建物。

　この州議事堂で、リンカーンは弁護士、後に政治家としてのキャリアをスタートさせた。上院議員に立候補した際、ここで**"割れた家House Divided"**というフレーズで有名な、南北が対立する合衆国の現状を案じた演説をしたのだ。弁護士時代には、堂内の最高裁判所で数百の裁判にもかかわったという。暗殺後にスプリングフィールドに帰ってきたリンカーンの遺体は、1865年の5月3日と4日の2日間この議事堂に安置され、その間、最後の別れを告げに約7万5000人が訪れた。

　堂内は、州最高裁判所、上院、下院などに分かれていて、一部の部屋にはリンカーンが座っていた椅子やシルクハット、当時の調度品などが置かれている。

リンカーンが永眠する

リンカーンの墓
Lincoln Tomb

MAP P.305-B1 マップ外

必見POINT

大統領在任中の1865年4月、南北戦争終結からわずか6日後にワシントンDCのフォード劇場で観劇中に暗殺されたリンカーンは、夫人の希望で遺体は彼が人生の大半を過ごしたスプリングフィールドに帰り、町の北にある**オークリッジ墓地Oak Ridge Cemetery**に埋葬された。現在のオベリスクの塔をもつ墓が民間からの寄付金で完成したのは1874年。リンカーンは、塔の中に安置された大きな大理石の棺に入り、夫人のメアリーと若くして亡くなった3人の息子（夫婦には4人の息子）とともに静かに眠る。

　リンカーンの死後も人気が衰えることはなく、このオークリッジ墓地はワシントンDCのアーリントン国立墓地に次いで、全米で2番目に訪問者の多い墓地といわれている。

　墓の前にはリンカーンの顔の像があるのだが、いつの頃からか、その鼻に触ると幸運が訪れるという言い伝えが広まった。シーズンにはリンカーンにあやかろうという人が列を作っている。

幸運が訪れるという鼻にはぜひ触っておこう

この塔の下にリンカーン一家が眠る

リンカーンとのディベートで知られるダグラスの像が州議事堂の前にある

旧州議事堂
🏛 Old State Capitol Plaza, at Adams & 6th Sts.
☎ (217)785-7960
🕐 毎日9:00 ～ 17:00
🚫 おもな祝日
💰 無料だが、$2、17歳以下$1の寄付が望ましい
ツアー 不定期に行われる

リンカーンの墓
🏛 Oak Ridge Cemetery, 1500 Monument Ave.
☎ (217)782-2717
URL www.lincolntomb.org
🕐 墓地は4 ～ 8月の毎日7:00 ～ 20:00、9 ～ 3月の毎日7:00 ～ 17:30。リンカーンの墓は毎日9:00 ～ 17:00
💰 無料
行き方 ダウンタウンの6th St.を走るSMTDバス#1に乗り、6 ～ 8分のEastman Ave.で下車。Eastman Ave.を西へ向かいMonument Ave.で右折すると墓地の入口が見えてくる。入口から真っすぐ北へ進めば墓の目標であるオベリスクがある。バスは平日30分間隔、土曜は1時間間隔の運行で、日曜は運休

リンカーンと墓あれこれ
・一家の墓があるオベリスクの中には、軍人姿の像、シカゴのリンカーンパークの像、ヒゲをたくわえていない像などが飾られている。
・オークリッジ埋葬から11年後の1876年、シカゴのギャングが身代金目的に遺体を盗もうとしたが、失敗した。

リンカーンディーポ（グレート・ウエスタン・ディーポ）
Lincoln Depot（Great Western Depot）

この駅舎での演説は人々の涙を誘った

大統領に当選したリンカーンが、就任に向けスプリングフィールドを列車で旅立ったのは、1861年2月11日朝8:00のことだった。天候は雨。リンカーンは見送りに来た群衆に四半世紀を過ごした感謝と別れのつらさを伝えるために演説をしている。

その駅舎は、れんが造りの2階建て。駅舎の機能とリンカーンの別れを伝える小さな史跡として残されている。チケットカウンターや待合室を生かした1階にはパネルやビデオによる解説が流れ、リンカーンがこの町をたったときの様子を伝えている。

リンカーンディーポ
📍930 E. Monroe St.
☎(217)544-8695
🔗www.lincolndepot.org
🕐月〜金 10:00 〜 16:00
💰任意の寄付

リンカーン・ハーンドン法律事務所
Lincoln-Herndon Law Offices

リンカーンは1841年から弁護士としての仕事をしているが、1843 〜 52年まで彼と彼のパートナーの法律事務所が入っていた建物。現在1階が観光案内所（→P.304側注）となっている。

リンカーンが使用していた当時、この建物は1階に郵便局、2階に連邦裁判所が入っていて、3階に彼らの事務所があった。さらに、建物の向かいには州議事堂があり、法律事務所としては絶好のロケーションだった。当時ひとつの裁判につきリンカーンは$10 〜 15で受けていたという。

観光案内所の一部に当時の様子を伝える写真やパネルなどが展示されている。2階は修復後、公開される予定。

リンカーン・ハーンドン法律事務所
📍1 Old State Capitol Plaza
🔗www2.illinois.gov → Lincoln Herndon Law Office で検索

旧州議事堂に隣接するリンカーンの法律事務所

デーナ・トーマス邸
Dana-Thomas House

デーナ・トーマス邸
📍301 E. Lawrence Ave.
☎(217)782-6776
🔗www.dana-thomas.org
🕐月火 10:00 〜 14:00、水〜日 9:00 〜 17:00（最後のツアー15:45 発）
🚫おもな祝日
💰任意の寄付 $10、17 歳以下 $5、家族連れ $15 が目安

1902年フランク・ロイド・ライトによって設計され、プレーリースタイルの住宅建築の完成型としての評価が高い、デーナ・トーマス邸はスプリングフィールドの中心部にある。

イリノイ州にもライト設計の建築は多い

ライトの設計した邸宅の多くは、人手に渡るうちに、多くのライト設計の家具が失われてしまうことが多い。しかし、35部屋を有するデーナ・トーマス邸には、ライトがこの邸宅に合わせてデザインをした数々の家具が、散逸せずに残っている。そのため、ライトの家具を含めた、トータルな住宅設計を知ることができる、とても貴重な建築だ。ライトが日本から帰ったあとに設計したもので、その影響が随所に見られる。

郊外の見どころ

郵便局員として働いていた町が復元されている [MAP] P.305-A1 マップ外

リンカーンズ・ニューセーラム
Lincoln's New Salem Historic Site

リンカーンは、ケンタッキー州からイリノイ州に移り住んだ際、1831年からの6年間を、スプリングフィールドから約30km北西の町、ニューセーラムで過ごしている。

リンカーンは、この地で郵便局員や測量技師などさまざまな仕事をしながら法律を勉強し、弁護士を目指した。

現在はリンカーンがこの地で過ごした1830年代、約190年前の町そのままの姿に復元され、一般に公開されている。彼が購入した店Second Berry-Lincoln Storeをはじめ数々の建物が、村ひとつぶん、まるまる復元されている。

ニューセーラムにも住時の建物が

リンカーンズ・ニューセーラム
[住]15588 History Lane, Petersburg
☎(217)632-4000
[URL]www.lincolnsnewsalem.com
[開]5～10月の毎日9:00～17:00、11～4月の水～日9:00～16:00
[休]おもな祝日
[料]無料だが、$4、子供$2、家族$10の寄付が望ましい
[行き方]車のみが足。ダウンタウンのJefferson St.を北西へ進み、州道97号線を右折、Lincolns New Salem Rd.を左折する。約30分の距離

[H] [高級] 快適な滞在を追求する [MAP] P.305-B1／ダウンタウン

プレジデント・リンカーン・スプリングフィールド・ダブルツリー President Abraham Lincoln Springfield DoubleTree

コンベンションセンターとは地下でつながり、アムトラック駅やリンカーンに関する観光ポイントは、墓以外すべて徒歩圏内。客室は清潔で快適、従業員の応対もいい。空港やアムトラック駅へシャトルも運行していて便利。チェックイン時にくれるチョコチップクッキーが美味。

[住]701 E. Adams St., Springfield, IL 62701 ☎(217)544-8800
[FAX](217)544-9607 [URL]doubletree3.hilton.com [客室数]310
[料]ⓈⒹⓉ$114～250 [カード]AMV
WiFi 無料

[H] [中級] 駅にも州議事堂にも近い [MAP] P.305-A1／ダウンタウン

ステート・ハウス・イン State House Inn

アムトラック駅から2ブロック、町の中心という抜群のロケーション。一見簡素な宿だが、客室は広くて清潔、洗濯機などの設備も整う。場所柄、政府関係のお役人を見かける。種類の豊富な朝食付き。駐車場も無料。

[住]101 E. Adams St., Springfield, IL 62701 ☎(217)528-5100
[FAX](217)528-4358 [URL]www.redroof.com [客室数]125
[料]ⓈⒹⓉ$95～170 [カード]AMV
WiFi 無料

[R] [名物料理] スプリングフィールドの名物料理 [MAP] P.305-B2マップ外

コージー・ドッグ・ドライブイン Cozy Dog Drive In [安]

ルート66でNo.1のアトラクションともいわれているコージー・ドッグ・ドライブイン。その名物がコージードッグ（$2.15）だ。ソーセージにトウモロコシの衣をつけて揚げたもので、コーンの衣がちょっと甘く、ソーセージの塩加減と絶妙のハーモニーを奏でる。ファンキーな内装もお見逃しなく。

[住]2935 S. 6th St. ☎(217)525-1992 [営]月～土8:00～20:00
[休]日、おもな祝日 [カード]AMV [URL]www.cozydogdrivein.com [予算]$$$

[R] [アメリカ料理] スプリングフィールド名物のホースシューはここで [MAP] P.305-B2

オベッド＆アイザック・マイクロブリュワリー Obed & Isaac's Microbrewery [安]

ホースシューとは、ハンバーガーやサンドイッチの上にチーズとフライドポテトが載った、ボリューム満点の名物料理。フルサイズ$12.25、小サイズ$10.25とお手頃で、アンガスビーフ、コーンビーフ、ベジタリアンと種類も豊富。評判の地ビールと一緒にどうぞ。

[住]500 S. 6th St. ☎(217)670-0627 [URL]obedandisaacs.com [営]毎日11:00～23:30 [カード]AMV [予算]$$$

CHICAGO INFORMATION お手軽なイタリアン　庶民的なイタリア料理で、とてもおいしいわけではないが値段はお手頃。パスタ$16.95～18.95。サプートスSaputo's [住]801 E. Monroe St. ☎(217)544-2523 [URL]www.saputos.com

世界遺産とミシシッピ川沿いの絶景は必見
イリノイ州南西部—アルトンとグラフトン Alton & Grafton, Illinois

世界遺産に登録されているカホキア墳丘群。閑散とするぶん歴史を感じさせる

セントルイスに近いイリノイ州南西部は、絶景が楽しめるドライブ道、フルーツ狩り、ワイナリー、リバークルーズ、トレッキングなど、さまざまなレジャーが楽しめるエリア。シカゴから2泊の小旅行に最適な場所だ。**MAP** P.18-A4 マップ外

★グレートリバーズ観光局 Great Rivers & Route Tourism Bureau
住 200 Piasa St., Alton, IL 62002 **Free** (1-800)258-6645 **URL** www.VisitAlton.com

世界遺産「カホキア墳丘群」

セントルイスの中心部から車で東へ15分ほど行ったイリノイ州側にユネスコの世界遺産「カホキア墳丘群」がある。今から800年ほど前、ここに北米大陸最大のコミュニティ（約2万人）があり農業やエーカーなどを営んで暮らしていた。約4000エーカー（16km²）の広さに少なくとも120の墳丘があり、最大のモンクスマウンド Monks Mounds（高さ約33m）には登ることもできる。ビジターセンターでは当時のジオラマが展示されている。

★ Cahokia Mounds **住** 30 Ramey St., Collinsville **URL** cahokiamounds.org **料**無料だが、$7、子供$2の寄付が望ましい

アルトン Alton—全米で最もお化けが出る町？

カホキアから車で北へ約30分進むと、エリアの中心地であるアルトンだ。歴史を感じさせるかわいらしい町並みだが、実は全米で最もお化けの出る町のひとつでもある。ほかにも有名なのが、世界で最も背の高い男であるロバート・ワドロー Robert Wadlow。彼はアルトンで生まれ育ち22歳で早世したが、死亡時の身長が272cmもあった。使った椅子のレプリ

世界で最も身長の高い男はアルトンの出身

カと実物大の像が生家近くにあるから、その大きさを実感してみるといい。「優しい巨人」と呼ばれ、町の誰からも好かれていた人物だ。

アルトンでの食事はホームメイドパイが人気のマイ・ジャスト・デザーツがおすすめ。
★ My Just Desserts **住** 31 E. Broadway, Alton **URL** www.myjustdessertsalton.weebly.com

絶景とアクティビティはグラフトン Grafton で

アルトンからミシシッピ川を北へ走りグラフトンへ。川沿いの州道100号線は全米屈指の景勝道。秋は赤やオレンジ、黄金色などの色鮮やかな紅葉と、白い石灰岩 Limestone とのコントラストが、それは見事な景観を作り出している。絶景を観賞するなら川を1時間航行するクルーズもおすすめだ。

グラフトンのマストのひとつがフルーツ狩り。エッカーツ農園では、初夏はモモやブラックベリー、秋は10種類のリンゴ狩りが楽しめ、週末は家族連れでたいへんにぎわう。ワイナリーも隣接し、シャルドネ、ピノノワールを醸造している。辛口で飲みやすいご自慢のワインは試飲もできる。

トレッキングや乗馬を楽しみたいならペア・マーキット州立公園がいい。園内に山小屋風のホテルもあり、アクティビティを楽しんだあと、ホテルでゆったり過ごす人の姿が印象的だ。

• 州道100号線 （Great River Road）
URL www.greatriverroad-illinois.org
• Hakuna Matata （リバークルーズ）
住 215 W. Water St., Grafton **URL** www.graftonharbor.net **料** $18～45
• Eckert's Grafton Farm **住** 20995 Eckert Orchard Rd., Grafton **URL** www.eckerts.com
• Pere Marquette State Park **住** 13112 Visitor Center Lane, Grafton **URL** www.pmlodge.net/pere-marquette-state-park/ ロッジⓈⒹⓉ $99～179

イリノイ州南部にはミシシッピ川沿いに景観のすばらしい所がある

エカーツ農園ではリンゴをはじめとしてフルーツ狩りが楽しめる

州立公園の中のロッジは雰囲気も抜群

アメリカビールとハーレーの町　　　　ウィスコンシン州　MAP P.18-B1

ミルウォーキー
Milwaukee

2泊旅行におすすめ！

　ドイツ系移民が多く移り住んだこの町は、彼らの伝統を引き継ぐビールの生産で有名だ。国内2位の販売実績を誇るミラークアーズ社 MillerCoors をはじめ、小規模の地ビール会社が多数あり、試飲のできる工場見学ツアーが名物になっている。また、オートバイで有名なハーレー・ダビッドソンの本社があり、ハーレーの魅力をあますところなく伝える同社の博物館には世界各国からのファンが訪れる。
　シカゴからは北へ約150km。鉄道やバスでのアクセスもよく、シカゴからの日帰りも可能だが、できれば1、2泊してシカゴとは違ったよさを味わいたい。

行き方

　飛行機、鉄道、長距離バス、車のどれをとってもアクセスしやすい。車は、I-94を北上しI-43に合流。その後Exit 1Dで下りれば、ミルウォーキーのダウンタウンだ。所要約1時間45分。

飛行機で着いたら
ジェネラル・ミッチェル国際空港 （略称MKE）
General Mitchell International Airport

　ダウンタウンの南約12kmにある空港。旅行雑誌からも好評価を受けている。交通アクセスは1階のバゲージクレームの外。空港シャトルバンのゴーライトウエイの予約はバゲージクレーム付近のカウンターで。市バスは出口1外から、アムトラックの空港駅行きシャトルは出口5外から出発する。

鉄道、長距離バスで着いたら
ミルウォーキー・インターモードゥル駅
Milwaukee Intermodal Station

●アムトラック Amtrak
　ダウンタウンの南にある鉄道と長距離バスの合同ターミナルである**ミルウォーキー・インターモードゥル駅Milwaukee Intermodal Station**から発着する。1日7〜9往復するハイワサ号はシカゴ間を約1時間30分で結ぶので時間がなければアムトラックで日帰りすることもできる。

●グレイハウンドバス Greyhound Bus
　シカゴ間を往復する便が1日6〜8本ある（所要1時間45分〜2時間40分）。また北西方面のミネアポリス、セントポールへ足を延ばすのにも便利だ。

観光案内所

ミルウォーキー観光案内所
VISIT Milwaukee
400 W. Wisconsin Ave.,
Milwaukee, WI 53203
（Wisconsin Center 内）
MAP P.312-A1
☎ (414)273-7222
Free (1-800)554-1448
URL www.visitmilwaukee.org
圏 月〜金 8:00 〜 17:00（夏期は週末も営業）

ジェネラル・ミッチェル国際空港
5300 S. Howell Ave.
MAP P.312-B2 マップ外
☎ (414)747-5300
URL www.mitchellairport.com

ゴーライトウエイ
☎ (414)570-5200
Free (1-800)236-5450
URL www.goriteway.com

ミルウォーキー・インターモードゥル駅
433 W. St. Paul Ave.
MAP P.312-A2

アムトラック
Free (1-800)872-7245
圏 毎日 5:00 〜 24:00（チケット売り場は 5:30 〜 21:00）

グレイハウンドバス
☎ (414)272-2156
圏 24時間

CHICAGO INFORMATION インターモードゥル駅そばのカフェ　コーヒー豆焙煎工場に併設する評判のいいカフェ。Stone Creek Coffee Factory　422 N. 5th St., Milwaukee　圏月〜金5:30 〜 19:00、土日7:00 〜 18:00

　ダウンタウン中心部の見どころはすべて徒歩圏内にある。また、ビール工場見学ツアーで人気の高いレイクフロント・ブリュワリー Lakefront Brewery, Inc.はダウンタウンの北約2km、ミラークアーズ工場MillerCoorsはダウンタウンの西約7kmにあるが、市バス路線が整っているので、不便さは感じない。ドイツの風情を色濃く残すこの町を堪能するには、少なくとも3日をかけたい。

市内の交通機関

MCTSバス
MCTS Bus（Milwaukee County Transit System）

　ミルウォーキー全域をカバーする市バス。路線は約50あり、観光に便利な路線も多い。ほとんどがダウンタウンの中心、Wisconsin Ave.を走る。バスのルート地図やM・Card、パスは**ショップス・オブ・グランド・アベニューモールShops of Grand Avenue Mall**の中の案内所や、コンベンションセンターなどで手に入る。なお、日本のSuicaなどに相当するMカードM・Cardも流通するようになり、案内所でカードを買い、金額をチャージすれば運賃が割安となる。M・カードは1日パスもある。

リバークルーズ　River Cruises

　湖と川に囲まれたミルウォーキーは、冬を除く季節はクルーズが観光の目玉。ミルウォーキー川に面する遊歩道リバーウオークにおもなツアー会社の発着場所が集まっていて、気軽に利用できる。見どころを巡るツアーやディナーを楽しみながら雄大なミシガン湖をクルージングする各種ツアーが用意されている。

MCTS バス
☎(414)937-3218
URL www.ridemcts.com
料$2.25。M・カードにチャージして利用すれば$2。1日パス$4だが、車内ではなく案内所などで購入すること

市バスを活用すればおもな見どころへ行ける

ミルウォーキー・リバークルーズライン（エーデルワイス号）
住205 W. Highland Ave.
MAP P.312-A1
☎(414)276-7447
URL www.edelweissboats.com
圏5～10月運航（最新情報はウェブサイトで確認を）
料$19～75

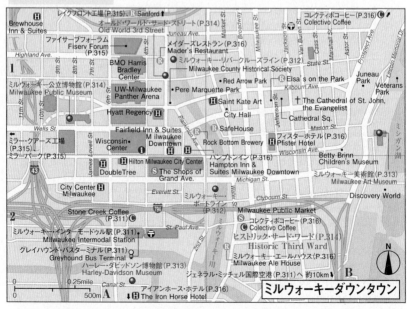

ミルウォーキーダウンタウン

おもな見どころ

世界中のライダーたちの憧れの地
MAP P.312-A2 **必見 POINT**
ハーレー・ダビッドソン博物館
Harley-Davidson Museum

ミルウォーキー屈指の人気アトラクションがハーレー・ダビッドソン博物館だ。ハーレー・ダビッドソン社は、1907年にウイリアム・ハーレーとダビッドソン兄弟によってミルウォーキーに設立された。約2万4000坪の広大な敷地には、博物館のほかに、資料館、カフェやギフトショップが建つ。450台に及ぶコレクションのうち、現存する最古のモデル"シリアルナンバー 1"やエルビス・プレスリーが21歳のときに購入した1956年式KHモデル、第2次世界大戦中の米軍用バイク、そして所有者が独自にエンジンを2機搭載した全長4.11mのカスタム（改造）バイク、通称"キングコング"など、常時約130台が展示されている。世界中のハーレーオーナーによって構成されるH.O.G.の支部もここで紹介され、日本の支部の名も並ぶ。最後に「エクスペリエンスギャラリー」ではハーレーにまたがって記念撮影を。

ハーレー・ダビッドソン博物館には世界中からファンが訪れる

ハーレーの最古のバイク

ハーレー・ダビッドソン博物館
住400 W. Canal St.
☎(414)287-2789
Free(1-877)436-8738
URLwww.harley-davidson.com/museum
開5〜9月の毎日9:00〜18:00（木〜20:00）、10〜4月の毎日10:00〜18:00（木〜20:00）
料$22、学生・シニア$16、5〜17歳$8（10〜4月の火曜は$10）
日本語音声ガイド$4
行き方MCTSバス#80で6th & Canal Sts.下車。グランド・アベニュー・モールから徒歩約20分

"動く屋根"も見どころ
MAP P.312-B1 **必見 POINT**
ミルウォーキー美術館
Milwaukee Art Museum

ミルウォーキーの顔ともいえるこの美術館は、スペインの建築家サンティアゴ・カラトラバSantiago Calatravaが手がけたもの。ミシガン湖に面して建てられた美しい建物は、巨大な白鳥、あるいは船を思わせる。開館時間の午前10:00と正午、午後5:00には翼がはばたくように屋根が大きく開き、閉じる（天候による）。

外観もさることながら、中世から現代までの美術史を網羅した約3万1000点のコレクションは全米屈指。アメリカ装飾美術やドイツ印象派、またオキーフに代表される地元ウィスコンシン出身のアーティストの作品を集めたコーナーも見応えがある。

モネをはじめルノワールやミロ、ピカソなどなじみのある作品を多数所蔵する

ミルウォーキー美術館
住700 N. Art Museum Dr.
☎(414)224-3200
URLmam.org
開火〜日10:00〜17:00（木〜20:00）、メモリアルデイ〜レイバーデイの月曜は営業
休月、11月第4木曜、12/25
料$19、学生・シニア$17、12歳未満無料、特別展は別料金
行き方ダウンタウン中心部からは徒歩圏内

翼が羽ばたくように動く美術館の屋根

ミルウォーキー公立博物館

住800 W. Wells St.
☎(414)278-2702(録音)
Free(1-888)700-9069
URL www.mpm.edu
開毎日10:00～17:00（土9:00
～、日11:00～)
休7/4、11月第4木曜、12/25
料$18、シニア$14、子供（4
～13歳)$12

展示品はチョウから恐竜まで幅広い　　　MAP P.312-A1
ミルウォーキー公立博物館
Milwaukee Public Museum

ネイティブアメリカンの暮らしぶりもわかる

ネイティブアメリカンの文化、白人入植後のミルウォーキーの歴史、ミシガン湖周辺の自然がわかりやすく展示されている。1階西側には入植当時のミルウォーキーの町並みを再現したコーナーもある。1000種以上の**チョウ**園 **Puelicher Butterfly Wing**や、地球の歴史探検コーナーには1万4000年前のマンモスの化石などが展示され迫力満点。

リバーウオーク
URL www.visitmilwaukee.
org/riverwalk

ヒストリック・サード・ワード
☎(414)273-1173
URL historicthirdward.org

Milwaukee Public
Market
住400 N. Water St.
☎(414)336-1111
URL milwaukeepublicmar
ket.org
営月～土10:00～20:00（土
8:00～）、日9:00～18:00

庶民の台所、パブリックマーケット

そぞろ歩きも楽しい　　　MAP ミルウォーキー川沿い
リバーウオーク
RiverWalk

ダウンタウンを南北に流れるミルウォーキー川の両側に設けられた遊歩道。全長約3.5kmの道沿いにはおしゃれなレストランやパブ、オブジェなどが並び、イベントも行われる市民の憩いの場となっている。南はヒストリック・サード・ワードに続いている。

川沿いの遊歩道が整備され、ここから湖クルーズも運航する

若者に愛される新名所　　　MAP P.312-B2
ヒストリック・サード・ワード
Historic Third Ward

古い建物を改造して営業するギャラリー、レストラン、バーが建ち並ぶこの再開発エリアは、夜も若者たちでにぎわう。中心にある**ミルウォーキー・パブリックマーケット Milwaukee Public Market**には地元の物産が集まり、料理教室も頻繁に開催される。

Wisconsin Cheese
Mart
住215 W. Highland Ave.
Free(1-888)482-7700
URL www.wisconsincheese
mart.com
営日～木10:00～18:00、金
土9:00～19:00(土～20:00)

Old German Beer Hall
住1009 N. Old World 3rd
St.
☎(414)226-2728
URL www.oldgermanbeer
hall.com
営月～金11:00～24:00(木金
～翌2:00)、土日10:00～翌
2:00(日～24:00)

ドイツらしさが色濃く残る　　　MAP P.312-A1
オールド・ワールド・サード・ストリート
Old World 3rd Street

ドイツ人が築き上げた町であることを実感できる所

ショップス・オブ・グランド・アベニュー正面から延びるこの通りは、ドイツの雰囲気が漂い、開業当時から変わらない店構えでバーも併設する**ウィスコンシン・チーズマートWisconsin Cheese Mart**、伝統的なドイツ風ビアホール**Old German Beer Hall**など、地元ファンに支えられて営業を続けている店が連なる。

はしごをして試飲をしよう **MAP P.312-A1 の北と西のマップ外** 必見 POINT

ミルウォーキーのビール工場
Beer Companies in Milwaukee

●ミラークアーズ工場
MillerCoors Brewing Company

　ドイツからの移民フレデリック・ミラー Frederick Miller が、1855年にこの地に小さなビール工場を興してから全米大手にいたるまでを解説した映画を見たあと、工場見学が始まる。ツアーの最後には、できたての冷たいビールを試飲できる。

大規模なビール工場ならではの醸造過程も興味深い。参加者は最後の試飲が楽しみ

●レイクフロント工場
Lakefront Brewery, Inc.

　代表的な地ビールのブランド、レイクフロントブリュワリーの工場見学ツアーは、ガイドの説明がおもしろいと好評だ。ミルウォーキー川沿いにあった発電所を改造した工場では、季節に合わせて約20種類のビ

ツアーガイドの名調子で人気の高いツアーだ

ールが醸造されている。近年オーガニックのビールが増えている。

ミラークアーズ工場
住4251 W. State St.
☎(414)931-2337
URLwww.millercoors.com
→ Breweries → Miller Tours
ツアー
月〜土 10:30 〜 15:30 の 30 分おき（日は夏期のみ）。ギフトショップ隣の案内所から出発。所要時間1時間15分
休おもな祝日、9 〜 5月の日曜など　料21歳以上 $10
行き方MCTS バス #30、31 で Highland Ave. & 38th St. 下車。ダウンタウンからバスで西へ約 20 分

レイクフロント工場
住1872 N. Commerce St.
☎(414)372-8800
URLlakefrontbrewery.com
ツアー
時期により催行時間などが異なるのでウェブサイトで確認すること。
基本的に毎日 12:00 〜 20:00 の1時間おき
休おもな祝日
料平日 $9、週末 $11
行き方MCTS バス #19 で Plankinton & Wisconsin から 約 5 分、Marin L. King Blvd. & Vine St. 下車。Vine St. を東へ徒歩約 10 分

[H] [高級] ハーレー愛好者に人気の宿 　[MAP] P.312-A2マップ外／ダウンタウン南

アイアンホース・ホテル　The Iron Horse Hotel

アイアンホース（鉄馬）の名のとおり、バイク乗りのために設計。バイク専用の屋根付き駐車場には、屋外コンセントが設置され、メンテナンスが可能。ブーツやジャケットを収納できる。100室。

[住]500 W. Florida St., Milwaukee, WI 53204　☎(414)374-4766
[Free](1-888)543-4766　[FAX](414)755-0084
[URL]www.theironhorsehotel.com　[料]ⓈⒹⓉ$199～599　[カード][A][D][J][M][V]

WiFi 無料

[H] [高級] ミルウォーキーを代表するホテル 　[MAP] P.312-B1／ダウンタウン

フィスターホテル　The Pfister Hotel

1893年の創業以来フィスター家が経営する高級ホテルで、歴史的建造物にも指定されて町の名所のひとつとなっている。特に吹き抜けのロビーの内装が豪華。スパが有名でレストラン､バーも充実。サービスもていねい。307室。

[住]424 E. Wisconsin Ave., Milwaukee, WI 53202　☎(414) 273-8222
[URL]www.thepfisterhotel.com　[料]ⓈⒹⓉ$166～579　[カード][A][M][V]

WiFi 無料

[H] [中級] ダウンタウンの中心で快適 　[MAP] P.312-A1／ダウンタウン

ハンプトンイン＆スイート・ミルウォーキー・ダウンタウン　Hampton Inn & Suites Milwaukee Downtown

Wisconsin Ave.に面し、MCTSバスのほとんどが停まるのでどこへ行くにも便利。無料朝食付き。周囲の治安もよく、レストランやバー、ドラッグストアも近くにある。138室。

[住]176 W. Wisconsin Ave., Milwaukee, WI 53203　☎(414)271-4656
[Free](1-800)426-7866　[FAX](414)319-0711　[URL]hamptoninn3.hilton.com
[料]ⓈⒹⓉ$102～269、スイート$121～289　[カード][A][D][M][V]

WiFi 無料

[R] [ドイツ料理] 本場ドイツの味をミルウォーキーで 　[MAP] P.312-A1／ダウンタウン

メイダーズレストラン　Mader's Restaurant

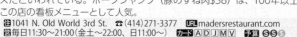

1902年にオープン、伝統的ドイツ料理が味わえる。禁酒法が廃止されたとき、ミルウォーキーで最初に合法的にビールを販売したのがメイダーズだといわれている。ポークシャンク（豚のすね肉$38）は、100年以上この店の看板メニューとして人気。

[住]1041 N. Old World 3rd St.　☎(414)271-3377　[URL]madersrestaurant.com
[営]毎日11:30～21:00(金土～22:00、日11:00～)　[カード][A][D][J][M][V]　[予算] $$$

[R] [アメリカ料理] ビールの本場の人気パブ 　[MAP] P.312-B2／ダウンタウン

ミルウォーキー・エールハウス　Milwaukee Ale House

ミルウォーキーで評判のパブ。自家製ビールと豊富な種類の肉料理で人気がある。ミルウォーキー川に面しており、窓からの眺めもすばらしい。19:00以降はボードゲームやカラオケ、コンサートなども行われ、にぎやか。ヒストリック・サード・ワードにある。

[住]233 N. Water St.　☎(414)276-2337　[URL]ale-house.com　[営]日～木11:00～21:00、金土～23:00　[カード][A][M][V]　[予算] $$$

[R] [カフェ] 古いポンプ小屋を改築したカフェ 　[MAP] P.312-B1マップ外／ノースウエスト

コレクティボコーヒー　Colectivo Coffee [安]

ミルウォーキーを中心に展開するコーヒーチェーン。ユニークなのが、ミシガン湖畔にあるこの店。1888年に造られた建物をそのまま残した空間のなかで、軽食も楽しめる。また夏には店の外で無料の音楽コンサートが開催され、地元の人たちでにぎわう。

[住]1701 N. Lincoln Memorial Dr.　☎(414)223-4551　[URL]colectivocoffee.com
[営]毎日6:30～22:00　[カード][A][M][V]　[予算] $$$

 CHICAGO INFORMATION　ビールの香り漂うホテル　パブストPabstのビール醸造所を改装したホテル。The Brewhouse Inn & Suites　[住]1215 N. 10th St., Milwaukee　☎(414)810-3350　[URL]www.brewhousesuites.com

優秀な大学と州都の町　　　　　ウィスコンシン州 MAP P.18-A,B1

マディソン
Madison

2泊 旅行に おすすめ！

　イリノイ州の北に接するウィスコンシン州は、酪農が盛んなところ。チーズやバターなどの乳製品の生産量は全米でも1、2位を争う規模。そのウィスコンシンの州都がマディソンだ。モノナとメンドータのふたつの湖に挟まれた、穏やかな町で、ウィスコンシン大学のあることでも知られている。ダウンタウンが学生街に隣接することから、治安もよく、外国からの旅人にも心地よい。少し足を延ばせば雑誌「Money」で全米で住むのにベストな町に選ばれたミドルトンや、フランク・ロイド・ライトゆかりの建築も点在する。シカゴから車で3時間弱。アメリカらしさを体験するには、最適の町だ。

行き方

　シカゴから北西に約240km。1泊、または2泊の旅行に最適の町だ。飛行機、バス、車でアクセスできるが、最もポピュラーなのが、次に紹介する中距離バス。

●中距離バス─バン・ガルダー社 Van Galder

　シカゴのユニオン駅（ミッドウエイ空港発）、またはオヘア国際空港とマディソンのウィスコンシン大学（→P.320）を結ぶローカルバス会社。ユニオン駅からは5:45から1日13本、オヘア空港からは6:30から1時間30分おきに16本走っている。ユニオン駅はCanal St.側の出口、オヘア国際空港はバス／シャトルセンター Bus/Shuttle Center から出発する。なお、ユニオン駅は乗り場がわかりづらい。オヘア空港からの乗車をすすめる。

●飛行機

　アメリカン航空とユナイテッド航空がオヘア国際空港から、それぞれ6本、7本を毎日運航させている。所要約1時間。なお、マディソンの空港である**デーン郡空港Dane County Regional Airport**（空港の略称"MSN"）は、フランク・ロイド・ライトのデザインを思わせる洗練された建物。モチーフが随所に見られ、ライトファンなら必ず寄ってほしいところだ。空港からマディソンのダウンタウンへはタクシーのみが足。

シカゴからグレイハウンドバスは走っていないが、バン・ガルダーのバスが頻繁に運行されている

バン・ガルダー社
Free (1-800)747-0994
URL web.coachusa.com/vangalder/
料 片道 $31.50（チケットはウェブサイトだけでなくドライバーから直接買うこともできる。クレジットカードのみ）
所要：シカゴのユニオン駅から3～4時間（オヘア空港からは約3時間30分）
●マディソンのバス発着所
住 250 N. Lake St., Madison
MAP P.318-A2
ウィスコンシン大学ゴードンコモン・テラス Gordon Common Terrace に各社のバスが発着する

デーン郡空港（MSN）
住 4000 International Lane, Madison, WI
MAP P.318-B1 外
☎ (608)246-3380
URL www.msnairport.com
行き方 タクシーでマディソンのダウンタウンまで約15分、$21～26

マディソンの中心がステートストリート・モール。道沿いにテラス席も多い

観光案内所

観光案内所
住 452 State St.
MAP P.318-A1
営 日〜木 11:00 〜 17:00、金
〜 18:00、土 9:00 〜 18:00（冬
期は短縮）　休 祝日
観光案内ブース
住 State & Carroll St.
営 5 〜 10 月の日〜木 11:00
〜 17:00（月火〜 14:00）、金
〜 18:00、土 9:00 〜 18:00

観光案内所が町の真ん中にあ
って便利

マディソン観光局
Destination Madison
住 22 E. Mifflin St., Suite
200, Madison, WI 53703
☎ (608) 255-2537
Free (1-800) 373-6376
URL www.visitmadison.com

メトロバス
Metro Transit Bus
☎ (608) 266-4466（時間：
月〜金 6:15 〜 18:00、土日
8:00 〜 16:30）
URL www.cityofmadison.
com/metro
料 $2、1 日パス $5。トラン
スファー（乗り換え券）は無
料で 2 時間有効。乗車時に
ドライバーからもらうこと

●車

　シカゴからはI-90Wに乗り（一部の区間有料）約150マイル。
US-12/18とのジャンクション（シカゴから約145マイル）でUS-
12/18を西へ約2.4マイル走り、J. Nolen Dr.を北へ向かえばマ
ディソン。

歩き方

　マディソンの町はこぢ
んまりしていて、州議事
堂を中心としたダウンタ
ウンは歩ける距離。州議
事堂から西に延びる道路
が**ステートストリート
State Street**という、町の
メインストリートだ。終点
がウィスコンシン大学の

マンモス校ウィスコンシン大学の町。日本人留学
生もいる

キャンパス入口。ステートストリートにはミュージアムやおしゃ
れなショップ、レストランが連なり、滞在中は幾度となく足を運
ぶ所だ。市バス以外の車両は通行禁止となっている。

　ウィスコンシン大学のキャンパスは広いが、観光客にとっての
ポイントは東側のダウンタウン寄りに固まっていて、ダウンタウ
ンからそのまま歩ける。

　フランク・ロイド・ライト設計の教会は、大学のキャンパスを
越えた西にあり、ダウンタウンから市バスで約20分の距離。ラ
イトの自宅兼学校であるタリアセンは西へ約60km行ったスプリ
ンググリーンという町にあり、車でしか行くことができない。

●メトロバス（市バス）Metro Transit Bus

　ダウンタウンと大学だけなら、バスを利用する必要はないが、ユ
ニテリアン教会やミドルトンの町へ行くなら必要。本数が少ないの
で注意。ユニテリアン教会行きのバスは2番、ミドルトン行きは71番。

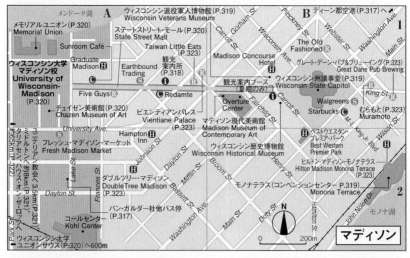

メガバスMega Busについて　安い料金で、全米各地で運行するメガバス。利用客も急増中だが、安
いにはやはりわけがある。チケットはインターネットでしか買うことができず、シカゴに関していえば乗

全米で唯一、外壁が花崗岩のドーム

MAP P.318-B1

必見POINT

ウィスコンシン州議事堂
Wisconsin State Capitol

マディソンで最も美しい建物が、町の中央にどんと構える州議事堂だ。重厚感がありながらスリムな州議事堂は、町で最も高く（87m）、頂上には「ウィスコンシン」の州名をもつブロンズの女神が起立する。女神は「前進」の象徴で、ドームの壁画にも登場する。完成は1917年。世界中から集められた43種類の石が内装に使われているのが特徴だ。例えば、最高裁判室にはドイツとイタリアの大理石、ドームの外壁はバーモント州の花崗岩など。これらの石は壁画やモザイクにも使われているので注意して見学しよう。そうなると地元産のものはあるのか？という問いの答えはドーム内の通路（Bridge）にある。通路を支える赤い御影石がウィスコンシン産なのだ。

議事堂では、ぜひ屋上の展望台へ登ってみよう。建物の歴史を紹介する展示室と、ドームのバルコニーの展望台がある。整然と建物が並ぶマディソンの町と大学、モノナとメンドータの両湖を見渡すことができ、まさに壮観。

州議事堂の内部の装飾も見事。ぜひツアーに参加しよう

ウィスコンシン州議事堂
住 2 E. Main St.。State St. Mall の東の突き当たり
☎ (608)266-0382（ツアー）
URL tours.wisconsin.gov
開 毎日8:00〜18:00（土日祝〜16:00）
ツアー：月〜土 9:00〜16:00（土〜15:00）、日 13:00〜15:00の正午を除く1時間おき。45〜55分。無料
展望台：5月下旬〜11月上旬の月〜土 9:00〜17:00、日 12:00〜17:00

ライト設計のコンベンションセンター

MAP P.318-B2

必見POINT

モノナテラス
Monona Terrace（Convention Center）

州議事堂から南東へ3ブロック、眼前にモノナ湖が広がり開放感のあるちょっとした"庭園"がある。実はここの下がフランク・ロイド・ライト設計のモノナテラス、町のコンベンションセンターだ。

周囲との調和を重んじたライトらしい設計で、既存の州議事堂の湖からの景観を損なうことなく、この巨大建築が造られた。ライトが設計に初めて着手したのが1938年、何度か案を練り直し、最終案が出されたのは1959年。逝去のわずか7週間前だったという。彼のコンセプトは「夢の市庁舎 Dream Civic Center」。テラスを見学するツアーがあり、5〜9月は屋上にカフェも誕生する。

ライト晩年の作品といえるモノナテラス。景観を損なわない造りがすばらしい

モノナテラス
住 1 John Nolen Dr.
☎ (608)261-4000
URL www.mononaterrace.com
開 毎日8:00〜17:00。ギフトショップは月〜土 10:00〜17:00、日 11:00〜15:00の営業。ツアーはギフトショップで申し込む
ツアー：5〜10月の毎日と11〜4月の金〜月の13:00。$5。ギフトショップから

酪農品は戦時に重宝した

MAP P.318-B1

ウィスコンシン退役軍人博物館
Wisconsin Veterans Museum

南北戦争から始まり、米西戦争、第1次と2次の世界大戦、朝鮮、ベトナム、湾岸、イラク戦争と、国の歴史とほぼ並行するように勃発した戦争に、ウィスコンシン州の男女がどのように従軍したかが紹介されている。ウィスコンシン州出身の兵士たちが使用した武器や医療品をはじめとして、興味深いのは、チーズなどの同州の生産品がどのくらい戦地に送られたかの展示。第2次世界大戦時のP-51マスタングやUH-1イロコイなども戦場のジオラマとともに陳列されている。

ウィスコンシン退役軍人博物館
住 30 W. Mifflin St.
☎ (608)267-1799
URL www.wisvetsmuseum.com
開 火〜土 9:00〜16:30、4〜9月の日 12:00〜16:00
料 無料
休 月。おもな祝日

アメリカが戦争の歴史だということがわかる

り場には窓口もない、バス停もユニオン駅に近いものの看板のみ。たまに係員がバス停にいることもあるが、バスがいなくなればとっとと帰ってしまう。値段は魅力的だが、旅慣れた人か英語に自信のある人以外にはおすすめしない。

州議事堂から始まるステートストリートの終点が大学のキャンパス。フードトラックも登場する

ステートストリート・モール
🏠 State St.の州議事堂から Lake St.までの間

ウィスコンシン大学マディソン校
●メモリアルユニオン
🏠 800 Langdon St.
🗺 P.318-A1
🌐 union.wisc.edu
ツアー：
メモリアルデイ〜レイバーデイの月木金 15:00、土日 12:00。メモリアルユニオン West Wing の Community Information Desk から。10分前までに集合
☎ (608)265-9500

●ユニオンサウス
🏠 1308 W. Dayton St.
🗺 P.318-A2 マップ外

チェイゼン美術館
🏠 750 University Ave. bet. Lake & Campus Mall
🗺 P.318-A1
☎ (608)263-2246
🌐 www.chazen.wisc.edu
🕐 毎日11:00〜20:00
🚫 おもな祝日など
💲 無料

大学でアイスクリームを作っているところなんてほかにある?!

ステートストリート・モール
State Street Mall

　州議事堂から西のウィスコンシン大学まで、町の真ん中を走る通りがステートストリートだ。1kmにも満たない通り沿いにはかわいらしいショップやレストラン、博物館などが並び、夜までにぎわっている。マディソンのよさを感じるならまずここへ。

全米屈指の優良公立校　　　🗺 P.318-A1,2

ウィスコンシン大学マディソン校
University of Wisconsin-Madison

　1848年創設のウィスコンシン大学は、分校を含めた学生数が17万人を超えるマンモス校。その本校であるマディソン校の学生数は約4万4000、キャンパスの面積は3.78km²を超えるが、キャン

湖沿いに大学のキャンパスが広がり、とても開放的な雰囲気

パスはいたって穏やかな感じ。私立名門校のアイビーリーグに対し、公立の名門をパブリックアイビーと呼ぶが、マディソン校はそのひとつに数えられ、博物館や美術館、研究機関も充実している。ツアーも行われているので参加してみると、大学のすごさを実感できるだろう。

●メモリアルユニオン Memorial Union

　大学の必見がメモリアルユニオンだ。暖かい季節はメンドータ湖に面してテラス席が設けられ、多くの学生が談笑に興じている。ひと休みにもおすすめで、特に夕暮れ時は湖に夕日が反射して絶景。パブやカフェなどもあるが、グッズはユニオンサウスでも販売。大学のインフォメーションもあり、大学生引率のツアーの出発点となっている。

●ユニオンサウス Union South

アイスクリーム店や売店もあるユニオンサウス

　大学のマスコットであるバジャーズ（アナグマ）のロゴ入りグッズを売る店やカフェテリアがあるなかで、試したいのが大学の手作りアイスクリーム（Daily Scoop）。甘過ぎずに美味。

●チェイゼン美術館 Chazen Museum of Art

　古代エジプトからルネッサンス、印象派、現代美術まで幅広いコレクションを有し、大学の美術館としては屈指の充実度。所蔵品には広重の富士山をはじめとしてコローやロダン、デビッド・スミスなどがあるが、池田学氏を招へいし3年3ヵ月のマディソン滞在中に完成させた『誕生』も話題となった。ペンで描いた緻密な大作は現在佐賀県立美術館の所蔵で、特別公開している。

ぜひ寄ってほしいチェイゼン美術館

🏛ライト設計の教会

ファーストユニテリアン教会
First Unitarian Society Meeting House

MAP P.318-A1 マップ外

1951年に完成、国の史跡にも指定されている教会。ライトの父はユニテリアン派に属し、父を通じてこの教会の設計を受けたという。約200人収容で、外観のシンプルな姿に比べ、内部は広く開放的。アメリカ中西部の景観との調和を目指したライトらしい設計となっている。三方から囲まれた説教壇、とんがり屋根など、建物のいたるところに三角形のモチーフがあり、三角形から派生したダイヤモンド形も見て取れる。ライト自身もこの建物が気に入っていたという。

ダイヤモンドが連なるデザインが美しい教会

郊外の見どころ

🏛マディソン郊外の住みたい町

ミドルトン
Middleton

MAP P.318-A1 マップ外

マディソンのCampus Dr.から西へ車で15分ほど行った所にあるミドルトンは、かつて雑誌『Money』で「住むのにベストな町」に選ばれた所。鉄道で発展した町で、気持ちも優しくなるような雰囲気がいい。町の中心であるParmenter St.沿いにレストランやショップが連なり、ウィスコンシン大学の教授たちもランチやディナーにやってくるなど夜も安心して歩ける。日曜を除き、夜は無料のトロリーも走っていて、観光もしやすい。

●マスタード博物館 The National Mustard Museum

全米50州、世界70ヵ国以上から集めたマスタードとマスタードにまつわるグッズ6000点以上が集められている小さな博物館。ポスター、ポット（マスタード入れ）などに加え日本のワサビも展示。お楽しみはマスタードの試食。飛び上がるほど辛いものから甘いものまで、きっとマスタードのイメージが変わるはず。

●キャピタルブリュワリー Capital Brewery

2013年のナショナル・グランド・チャンピオンに輝いたミドルトンの地ビール。常時10種類、季節もの4種類、限定品4種類を扱う人気のブリュワリーで、工場見学のツアーも催行。最後は4種類のサンプルか16オンス（453g）の受賞ビールが楽しめる。人気No.1はWisconsin Amber。

ファーストユニテリアン教会
🏠900 University Bay Dr.
☎(608)233-9774
ツアー：5～9月の平日10:00と14:30（5月は10:00のみ）。1年を通して日曜の10:00にも行われるが、それ以外のときは電話で申し込めばツアーを行ってくれることもある
💲$15。ウェブ予約は$12.50（日曜無料）
行き方メトロバス#2でマディソン中心部から約25分

観光案内所

ミドルトン観光案内所
Middleton Tourism Commission
🏠1811 Parmenter St., Middleton
Free(1-800)688-5694
URLvisitmiddleton.com
🕐月～金 9:00～17:00
🚫土日、祝日
行き方メトロバス#71でマディソン中心部から約40分。平日のみの運行で、タクシーのほうが便利。約30分

ミドルトン無料トロリー
🕐火～金 17:30～22:30、土 11:30～21:30の30分間隔の運行。1周30分。冬期などは運休

●マスタード博物館
🏠7477 Hubbard Ave.
☎(608)831-2222
URLmustardmuseum.com
🕐毎日 10:00～17:00
💲無料

●キャピタルブリュワリー
🏠7734 Terrace Ave.
☎(608)836-7100
URLcapitalbrewery.com
🕐火～木 16:00～21:00、金 15:00～21:00、土 12:00～21:00、日 12:00～18:00
💲ツアー$7（金～日）

右／全国大会で優秀な成績を収めたブリュワリーだ
左／マスタードのコレクションを集めたオーナー

CHICAGO INFORMATION マディソンのホテルが取れなかったら　ミドルトンの町には、Marriott Madison West、Hilton Garden Inn-Madison West、Courtyard Marriott Madison West、Country Inn & Suitesなどのホテルがある。

321

タリアセン
[住]5607 Cty. Rd. C, Spring Green, WI 53588
☎(608)588-7900
[URL] www.taliesinpreservation.org
[営]ツアーによる見学で、申し込みは道路を挟んだVisitor Center and Taliesin Bookstoreから　[料]$22～100
ビジターセンター：5～10月の毎日9:00～17:30。4、11月の金～日10:00～16:30。
[休]12～3月
[行き方]マディソンから車でUniversity Dr.を西へ向かい、US-14になるのでそのまま西へ約50分、County Rd. Cを左折し、約5分でビジターセンターが見えてくる

ハウス・オン・ザ・ロック
[住]5754 State Rd. 23, Spring Green　☎(608)935-3639
[URL] www.thehouseontherock.com→Attraction
[営]5月中旬～10月中旬の毎日、3月中旬～5月上旬と10月中旬～11月中旬の木～月の9:00～17:00
[料]$29.95、62歳以上$26.95、4～17歳$15.95
[行き方]タリアセンのビジターセンターからWI-23を南へ約6マイル、The House on the Rockの看板が見える

一貫性のない美術品が集められ、不思議な大博物館

ライトが造りあげたふるさとの理想郷　[MAP] P.18-A1　必見POINT

タリアセン
Taliesin

ライトの理想郷をじっくり回ろう
©Frank Lloyd Wright Foundation

ライト（→P.127）が「家庭と仕事場の密接」をオークパーク以上に発展させたのが、タリアセンである。こちらも2019年世界遺産に登録された。生まれ故郷近くのスプリンググリーンの地に、住居、仕事場（スタジオ）、学校、農園、事務所など7つの建物からなる理想郷を造った。緩やかな起伏のなかに邸宅や学校、シアターが見え隠れしてライトらしい造りが見て取れる。一方、邸宅からは周囲の自然が想像以上の迫力で目に飛び込んでくるのもおもしろい。窓枠、ライトスタンド、テーブルなどインテリアもライトによるもの。屋根の形や空間の取り方など、非常に興味深い。各種ツアーも行われている。

コレクションは珍品揃い　[MAP] P.18-A1

ハウス・オン・ザ・ロック
The House on the Rock

ジョーダン・ジュニアは1940年頃、たまたま発見した煙突状の岩に自分で家を作ろうと、仕事の合間に精を出していた。それを見物にやってくる人が増え、寄付を募ったことから、コレクションが増大、挙げ句の果てにこのアトラクションが完成した。博物館というより見世物小屋のようで、キリストの像や中国の偉人像、仕掛けの巨大オルゴール、日本庭園、意味不明な展望台、巨大なクジラの模型など、一貫性のないものが並ぶ。必見は世界最大の回転木馬。見学には最低でも4時間必要。

[H] [中級] タリアセン見学に最適、郊外のゴルフリゾート　[MAP] P.18-A1／郊外

ハウス・オン・ザ・ロック・リゾート
The House on the Rock Resort

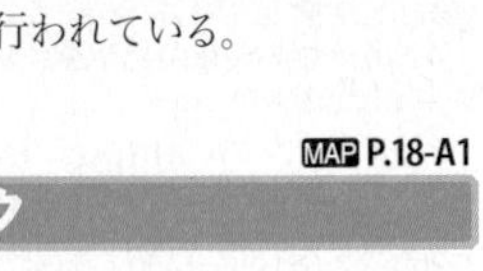

鳥のさえずりで目を覚まし、窓から見える木々にあいさつする。どこまでも続くのは穏やかな地形と深い緑……ゴルフ場も併設したリゾートホテルは、リラックスしたい人に最適。客室はシンプルだが清潔で、レストランやスパ、屋内プールなどの施設も整う。ウィスコンシン州屈指のアトラクションであるハウス・オン・ザ・ロックや、フランク・ロイド・ライトの家であり仕事場であったタリアセンからは車でわずか10分の距離。会議などビジネスの場としても人気が高い。マディソン中心部より離れているため、車のある人におすすめ。80室

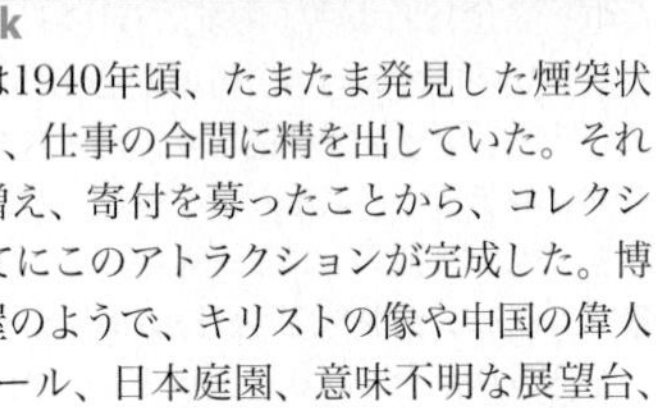

上／ホテルのフレンドリーなスタッフ
下／心身ともにリラックスできると評判もいい

[住]400 Springs Dr., Spring Green, WI 53588　☎(608)588-7000　[Free](1-800)822-7774
[URL]www.thehouseontherock.com　[料]ⓈⒹⓉ$290～390
[カード][A][M][V]　[行き方]マディソンからUS-14を西へ約40マイル、County Rd. Cを進み、Golf Course Rd.を左折し少し進むとHouse on the Rock Resortの看板が見える

[WiFi] 無料

シカゴからのエクスカーション　マディソン（ウィスコンシン州）

H 高級｜ライト設計のコンベンションセンターとつながっている　**MAP P.318-B2／ダウンタウン**

ヒルトン・マディソン・モノナテラス　Hilton Madison Monona Terrace

コンベンションセンターにつながっている唯一のホテルで、寒い季節も万全。ビジネスマンの評判もよく、客室によってはモノナ湖や州議事堂の眺めがいい。空港への無料送迎あり（7:00 〜 22:00）。240室

住9 E. Wilson St., Madison, WI 53703
☎(608) 255-5100　FAX (608) 251-4550　URL www.hiltonmadison.com
客室数240　料ⓈⒹⓉ$149〜520、スイート$364〜　カードＡＤＭＶ　WiFi $4.95

H 高級｜日本人客の対応に慣れ、評判のよい　**MAP P.318-A2／ダウンタウン**

ダブルツリー・マディソン　DoubleTree Madison

ビジネスに使いやすい机、コーヒーメーカーなど、かゆいところに手の届くホテルだ。チェックイン時の厚焼きクッキーが人気。日本人の対応に慣れていて、安心して滞在できる。空港と2マイル以内への無料シャトルあり。163室

住525 W. Johnson St., Madison, WI 53703
☎(608) 251-5511　FAX (608) 251-4824　URL doubletree3.hilton.com
客室数163　料ⓈⒹⓉ$129〜229、スイート$243〜329　カードＡＤＪＭＶ　WiFi 無料

R 日本料理｜日本の味が恋しくなったら　**MAP P.318-B1／ダウンタウン**

むらもと　Muramoto

おつまみなどは人数分で作ってくれるのがうれしい。ちょっと大人の雰囲気のする店で、とても落ち着く。アジア風の創作寿司がなかなかおいしい。スシセットが$15から。ランチは$10 〜 25。

住108 King St.　☎(608) 255-4343　営ランチ月〜金11:00〜14:00、ディナー月〜土17:00〜21:00（金土〜22:00）　休日　カードＡＭＶ　URL downtown.muramoto.biz　予算 $$$

R ラオス＆タイ料理｜アジアの味にほっとする　**MAP P.318-A1／ダウンタウン**

ビエンティアンパレス　Vientiane Palace

ラオスとタイがミックスした料理で、お米の麺はほっとさせる味。とてもカジュアルな店で、値段も手頃。麺類やカレーが$9 〜。量がちょっと多いのでシェアするといい。辛さは調節してくれる。

住151 W. Gorham St.　☎(608) 255-2848　営月〜木11:00〜21:30、金〜22:00、土 12:00〜22:00、日16:00〜21:00　カードＭＶ　URL www.vientianepalacerestaurant.com　予算 $$$

R パブ｜地ビールが飲める陽気なパブ　**MAP P.318-B1／ダウンタウン**

グレート・デーン・パブ & ブリューイング　Great Dane Pub & Brewing

州議事堂に近く、ラガーやエールなど常に12種類以上の地ビールを揃える、にぎやかな店。夜遅くまで営業している。デーン・パブ・ウイング$9.50 〜 12とおつまみも手頃な値段。

住123 E. Doty St.　☎(608) 284-0000　営日〜木11:00〜翌2:00、金土〜翌2:30
カードＡＭＶ　URL www.greatdanepub.com　予算 $$$

R アメリカ南部料理｜スパイシーな南部料理を手頃価格で　**MAP P.318-A1マップ外／ミドルトン**

ルイジアンナズ・エトセトラ　Louisianne's Etc.

ミドルトンのマスタード博物館の向かい、Vin Santoというイタリア料理店の地下にある店では、本格的な南部料理が食べられる。カキやエビなど魚介類が充実し、ほどよいスパイシーさが日本人の口に合う。おすすめはナマズ料理で、ピーカンやワインなどのソースが淡泊な白身を引き立てる。

住7464 Hubbard Ave., Middleton　☎(608) 831-1929　URL www.louisiannes.com　営月〜土17:00〜21:30くらい　カードＡＭＶ

かわいらしく、穏やかな、アメリカで人気の小さな町
イリノイ州北西部—ガリーナ Galena, Illinois

れんが造りのかわいらしい町並みが続く。チェーン店がなく1軒ずつ個性豊かな店ばかり

シカゴから車で約3時間、イリノイ州北西部に位置するガリーナは "America's Best Small Town" のキャッチフレーズをもつシカゴっ子お気に入りのリゾートタウン。人口わずか3200の町には年間140万以上の人が訪れる。

心が穏やかになる美しい町

町の中心部を流れるガリーナ川に平行して町のメインストリート Main Street が走る。端から端まで歩いても15分もかからない所に、ショップやレストラン、ナイトスポットがぎっしりと連なっている。チェーン店が1軒もないというのも、ガリーナの特徴だ。駄菓子屋を思わせるチョコレートショップや100を超える香辛料を揃える店、ディップの専門店、バラエティに富んだ靴下だけを扱う店など、アメリカはもとより、日本でも少なくなった商店街が、ここでは存在感を放っている。ちょっと疲れたら、香りに誘われてコーヒーショップでひと休みをするのもいい。

トロリーに乗って郊外も見学

ダウンタウンは十分に歩ける距離だが、ガリーナが初めてならトロリーツアーに乗りたい。町の歴史やおすすめのスポット、グラント大統領の通ったバーなどを解説付きのトロリーで回る。郊外のグラントの家（$50札の肖像）やベルベ

郊外のベルベディーア邸。トロリーツアーで行くこともできるし、豪華な内部も見学できる

ディーア邸などにも連れていってくれるので、便利。所要約1時間。

★トロリーツアー Galena Trolley Tours
🏠 出発：314 S. Main St. ☎(815)777-1248
URL galenatrolleys.com 料$18 運行：5〜10月の毎日 10:00〜17:00（上記以外は減便）

ガリーナの宿

ガリーナの宿でおすすめがイーグル・リッジ・リゾート＆スパ。山のリゾートを思わせる落ち着いた造りで、ゴルフやサイクリング、釣り、ボートなどのアクティビティに加え、頼めば乗馬や気球ライドにもトライできるし、評判のいいレストランもある。

★ Eagle Ridge Resort & Spa 🏠444 Eagle Ridge Dr., Galena, IL 61036 ☎(815)777-5000 URL www.eagleridge.com 料⊙⊤ $139〜319（リゾート料金$20） カード A M V

ガリーナへの行き方

ガリーナはシカゴから北西へ約160マイル（260km）。映画『フィールド・オブ・ドリームス』のロケ地として有名なアイオワ州ダイアースビル（→P.325）は、ガリーナから車で1時間ほど。ダイアースビルのあと、ガリーナで1泊するのがおすすめ。

MAP P.18-A1

車： シカゴからI-90を西へ約80マイル（一部有料道路）走り、ロックフォード Rockford の前でI-39南→US-20西へと進む。約85マイル走ればガリーナの町。約3時間

バス： トレイルウエイズ Trailways（グレイハウンドと提携）が、シカゴのバスターミナル（→P.52）からガリーナまで1日1往復している。片道約4時間。ガリーナでは町外れのウォルマートに到着。そこからはタクシーが便利。約10分、約$13。
A to B Cab ☎(815)494-7433

★ガリーナ観光案内所 Galena Country Welcome Center 🏠123 N. Commerce St., Galena, IL 61036 ☎(815)776-9200
URL www.visitgalena.org
時 毎日 9:00〜17:00

リラックスできるとシカゴっ子に人気のイーグル・リッジ・リゾート＆スパ

映画『フィールド・オブ・ドリームス』のふるさと　　**アイオワ州** MAP P.18-A1

ダイアースビル
Dyersville

日帰り
旅行
に最適！

　「それを造れば彼はやってくる……」。どこからともなく聞こえてくる、その言葉に導かれた主人公は、トウモロコシ畑をつぶして野球場を造った。そして、そこに現れたのは……。

　世界中の野球ファンが愛してやまない映画が『フィールド・オブ・ドリームス Field of Dreams』だ。映画の舞台は、アイオワ州東部にあるダイアースビルという町。映画公開から30年以上たった今も、その面影を訪ねてやってくる人は驚くほど多い。トウモロコシ畑ばかりが続く大平原に、突然現れる夢のような球場。シカゴからのエクスカーションとしてアメリカ人だけでなく、日本人にも人気の高い場所だ。

行き方と歩き方

　シカゴからダイアースビルへは約200マイル（約330km）の距離。車のアクセスがいちばん便利で所要約4時間。I-90を西へRockfordの町に入る手前でUS-20に移り、そのまま西へ。ダイアースビルはUS-20沿いにある。車のない人は、デュビュークDubuqueまで出てそこからタクシーで行くか、シカゴの日系の旅行会社で車を手配してもらうのもひとつの方法だ。

●デュビュークからの行き方

　車のない人は、まずシカゴからトレイルウエイズ（グレイハウンドと提携）でデュビューク（→P.327）まで行こう。そこからダイアースビルへは約27マイル、車で約40分の距離。町に着いたら、バスディーポやホテルからタクシーなどを呼ぶ。ホテルならベルマンが手伝ってくれるし、交渉しだいだが、右記のタクシー会社なら往復$160〜200で行ってくれる。なお、タクシーだと意外に遠く、待ってもらうこともあるので、チップを弾むように。デュビュークには空港もあり、シカゴからはアメリカン航空が運航（3便）。空港からタクシーで往復する場合もほぼ同額（要交渉）。

　町いちばんの見どころはやはりこの映画のサイトである。延々と続くトウモロコシ畑の中から現れる夢の球場はカンゲキものだ。球場は無料開放されているから、心ゆくまで楽しもう。隣接して映画の主人公の家もある。なお、ダイアースビルは小さな町だが、アメリカで最も美しい小さな町50のひとつにも選ばれた所。農業用トラクター玩具を集めた**ナショナルファームおもちゃ博物館National Farm Toy Museum**や、バービー人形やシャーリー・テンプル人形など2000体以上を収蔵する**ダイアー・ボッツフォード邸Dyer-Botsford House**のほか、アンティークショップやレストラン、ホテルなどもあるので1泊してもいい。

トウモロコシ畑から現れるのは……

観光案内所

Dyersville Area Chamber of Commerce & Visitor Information Center
🏠1100 16th St., Ct. SE Dyersville, IA 52040
☎(563)875-2311
URL www.dyersville.org
🕐月〜金 8:00 〜 17:00
※週末はナショナルファームおもちゃ博物館、カントリー・ジャクソン・レストラン、プラザ・アンティーク・モールなどで地図などが手に入る。

デュビュークのタクシー会社
● #1 Green Cab ☎(563)495-4444
● A1 Taxi ☎(563)582-1818
ダイアースビルへの個人旅行を手配してくれるシカゴの日系旅行会社
★スターエクスプレス・トラベル Star Express Travel
☎(1-847)439-0777
FAX(1-847)439-0773
E-mail starexp01@gmail.com

FROM READERS　日曜のゴーストプレイヤー目当てに　13:00に映画音楽とともにホワイトソックスのユニホームを着たプレイヤーが右翼のトウモロコシ畑に現れたときには、ジーンときた。　（茨城県　K.F.）['20]

325

おもな見どころ

フィールド・オブ・ドリームス・ムービーサイト

📍28995 Lansing Rd., Dyersville

Free (1-888)875-8404

URL fieldofdreamsmoviesite. com 料無料(ツアーは有料)

⏰4～10月の毎日9:00～18:00、11月の金土10:00～16:00

行き方 デュビュークからはUS-20を車で約27マイル西へ走る。Exit 294の出口(Dyersville Cascade)を下りてIA-136に入るとダイアースビルのダウンタウンに入るからIA-136を北東へ進み、3rd Ave.で右折してそのまま道なりに。道がDyersville Rd.になり、さらに進むと右側にLansing Rd.があり、これを右に曲がると看板がある。デュビュークから約40分

大リーグがやってくる

2020年8月13日、このコーン畑の中でシカゴ・ホワイトソックス対ニューヨーク・ヤンキースの試合が開催される。8000の座席も設けられる予定だ。

📷 映画のなかにいるような、夢の球場

フィールド・オブ・ドリームス・ムービーサイト
Field of Dreams Movie Site

1989年のユニバーサル・ピクチャーズ『フィールド・オブ・ドリームス』は、野球ファンが愛してやまない作品だ。農夫がある声に導かれて、自分のトウモロコシ畑をトラクターで切り開いて野球場を造ってしまう。自分の生活が困窮しているにもかかわらずだ。造られたトウモロコ

ゴーストプレイヤーが子供たちと野球に興じる

シ畑の球場に現れたのが……。映画で描かれているのは家族愛、そして野球を愛するアメリカ人の心だ。

実は、映画撮影の終了後、球場は一度取り壊された。しかし、映画の面影を訪ねてこの小さな町を訪れる人が引きもきらなかったことから、それに感銘した有志が映画そっくりの野球場を造りあげたのである。

夏期の日曜に不定期(要確認)ではあるが13:00から、映画さながらにトウモロコシ畑からゴーストプレイヤーたちが現れ、子供たちと野球をするアトラクションが行われている。子供たちとのプレイは爆笑の連続で、必見。

🍽 ダイアースビルのレストラン

R アメリカ料理 | 典型的なアメリカ田舎料理

カントリー・ジャンクション・レストラン   Country Junction Restaurant

ムービーサイトからIA-136を南下して、US-20とIA-136のジャンクションの手前左側、観光案内所やホテルが集まったエリアにある。料理はフライドチキン、インゲンの煮込みなど典型的なアメリカ料理。ローストビーフ(Open Face Beef) $9.25～10.50など。

📍Hwy. 20 & 136, 913 15th Ave., SE Dyersville ☎(563)875-7055 ⏰月～土7:00～21:00、日8:00～20:30 カードAMV URLcountryjunctionrestaurant.com

COLUMN

全米屈指の日本庭園
「アンダーソン日本庭園 Anderson Japanese Gardens」

シカゴから車で約2時間、イリノイ州北部のロックフォード Rockford という町に高評価を受けている日本庭園がある。1978年、ロックフォードの実業家ジョン・アンダーソンがオレゴン州ポートランドの日本庭園に感銘を受け、造らせたもので、約5エーカーの敷地には数寄屋造りの茶室、滝、池、東屋など、日本の名庭園にも勝るとも劣らない日本の庭が再現されている。春にはツツジ、初夏はみずみずしい新緑、雪景色も一興。特に晩秋は秀逸で池に映える紅葉が見事。イベントも盛んで、

毎月のレクチャーや、夏は和太鼓の生演奏、お茶会なども楽しめる。

📍318 Spring Creek Rd., Rockford, IL 61107

☎(815)229-9390   MAP P.18-B1

URL www.andersongardens.org

⏰5～10月の月～金9:00～18:00、土日～17:00

休11～4月 料$11、62歳以上$10、学生$9 行き方 シカゴからI-90を西へ約80マイル、US-20のジャンクションで下り、Perryville Rd.を北、Spring Creek Rd.を西へ進む

夢の野球の複合施設 ダイアースビルの映画サイトに隣接して大小合わせて24の野球場を作る構想が計画されている。工事が始まっていないので、頓挫する可能性はあるが、将来期待してみたい。

COLUMN

アメリカ中西部のあたたかさあふれる、ミシシッピ川沿いの美しい町—デュビューク　Dubuque, Iowa

ミシシッピ川沿いの遊歩道にはオブジェが

シカゴから US-20 を西へ車で約 3 時間 15 分。ミシシッピ川を越えたアイオワ州側にあるデュビュークは、人口約 6 万のこぢんまりとした町。古い建物が美しく、ミシシッピ川と長い間共生してきた所で、ダベンポート Davenport に次ぐ、州東部の拠点になっている。ダイアースビル（→ P.325）へ車なしでアクセスする人は、この町を起点にすることを断然すすめる。5 月下旬から 10 月にかけては町のおもなポイントを無料のトロリーバスが走って、観光にも便利。

●デュビューク・ウエルカムセンター（観光案内所）Dubuque, Iowa Welcome Center

[住]280 Main St.　[URL]www.traveldubuque.com

[営]月～土 9:00 ～ 17:00、日 10:00 ～ 15:00

いちばんの見どころは、国立研究機関のスミソニアンが監修する国立ミシシッピ川博物館 & 水族館。ミシシッピ川の歴史、ミシシッピ川の殿堂（資料館）、航行する船や水鳥などのアート、川の生態系を再現したミニ水族館、周辺の猛禽類の飼育エリアなどから構成され、とても見応えのある展示になっている。

★国立ミシシッピ川博物館 & 水族館 National Mississippi River Museum & Aquarium

[住]350 E. 3rd St.-Port of Dubuque

[URL]www.rivermuseum.com

[営]毎日 10:00 ～ 17:00（季節により変動あり）

[料]$17.95、65 歳 以 上 $15.95、3 ～ 17 歳 $12.95

博物館見学後はミシシッピリバーウオーク Mississippi Riverwalk の川沿いの遊歩道を散策してみよう。歩道沿いには見応えのある 10 のオブジェも点在する。

また、町の西の小高い丘の頂上までクラシックなケーブルカーが動いている。世界で最も短く最急勾配のエレベーターといわれ、史跡にもなっている。ぜひ乗って眺望を楽しみたい。あまりの簡素さに驚くが、1882 年から続く歴史ある乗り物だ。

ほかにも美術館 Dubuque Museum of Art や 9 つのティファニー製ステンドグラスが美しいセントルーク合同メソジスト教会 St. Luke's United Methodist Church、ショーも充実したカジノ Diamond Jo Casino なども見ておきたい。

★フェニロン・プレイス・エレベーター Fenelon Place Elevator（ケーブルカー）

[住]512 Fenelon Pl.

[URL]www.fenelonplaceelevator.com

[営]4～11月の毎日8:00～22:00　[料]片道$1.50

★ダイヤモンド・ジョー・カジノ Diamond Jo Casino

[住]301 Belle St.　☎(563) 690-4800

[URL]www.diamondjodubuque.com　[営]24時間営業

デュビュークは比較的小さな町なのでどこに宿を取っても大差はないが、観光に便利なのがミシシッピ川沿いに建つグランド・ハーバー・リゾートだ。川に面した客室からは四季折々のすばらしい景色を堪能することができ、目の前にはカジノ、南へ 1 ブロック行った所には国立ミシシッピ川博物館 & 水族館もある。客室はシンプルだが広くて使いやすく、スタッフも頼りになる。

小さなカジノだが施設は充実

★グランド・ハーバー・リゾート & ウオーターパーク Grand Harbor Resort & Waterpark

[住]350 Bell St., Dubuque, IA 52001

☎(563) 690-4000

[URL]www.grandharborresort.com

[料]ⓈⒹⓉ $89 ～ 279　[カード][A][D][M][V]

●デュビュークへのバスの行き方　[MAP]P.18-A1

シカゴからはトレイルウエイズ（グレイハウンド）が 1 日 1 往復、マディソンからはラマーズ社が 1 日 1 往復している。アイオワ州都デモインやシーダーラピッズからも便がある。

★ Burlington Trailways

[URL]burlingtontrailways.com

★ Lamers Bus

[URL]www.golamers.com

デュビュークのバスステーション（バーリントン、ラマーズ、市バスと共同）

[住]950 Elm St.　☎(563) 583-3397　[営]毎日 8:00 ～ 16:00（土日祝日は 11:30 ～ 14:30 が昼休み）

スミソニアン協会が監修しているだけあり、水族館、博物館も充実している

あなたの**旅の体験談**をお送りください

「地球の歩き方」は、たくさんの旅行者からご協力をいただいて、
改訂版や新刊を制作しています。
あなたの旅の体験や貴重な情報を、これから旅に出る人たちへ分けてあげてください。
なお、お送りいただいたご投稿がガイドブックに掲載された場合は、
初回掲載本を1冊プレゼントします！（発送は国内に限らせていただきます）

ご投稿はインターネットから！

URL www.arukikata.co.jp/guidebook/toukou.html
画像も送れるカンタン「投稿フォーム」
※左記の二次元コードをスマートフォンなどで読み取ってアクセス！

または「地球の歩き方　投稿」で検索してもすぐに見つかります

　地球の歩き方　投稿　　検索

▶ **投稿にあたってのお願い**

★ご投稿は、次のような《テーマ》に分けてお書きください。

《**新発見**》────ガイドブック未掲載のレストラン、ホテル、ショップなどの情報
《**旅の提案**》───未掲載の町や見どころ、新しいルートや楽しみ方などの情報
《**アドバイス**》──旅先で工夫したこと、注意したこと、トラブル体験など
《**訂正・反論**》──掲載されている記事・データの追加修正や更新、異論、反論など

> ※記入例「○○編20XX年度版△△ページ掲載の□□ホテルが移転していました……」

★**データはできるだけ正確に。**
　ホテルやレストランなどの情報は、名称、住所、電話番号、アクセスなどを正確にお書きください。
　ウェブサイトのURLや地図などは画像でご投稿いただくのもおすすめです。

★**ご自身の体験をお寄せください。**
　雑誌やインターネット上の情報などの丸写しはせず、実際の体験に基づいた具体的な情報をお
　待ちしています。

▶ **ご確認ください**

※採用されたご投稿は、必ずしも該当タイトルに掲載されるわけではありません。関連他タイトルへの掲載もありえます。
※例えば「新しい市内交通バスが発売されている」など、すでに編集部で取材・調査を終えているものと同内容のご投稿をい
　ただいた場合は、ご投稿を採用したとはみなされず掲載本をプレゼントできないケースがあります。
※当社は個人情報を第三者へ提供いたしません。また、ご記入いただきましたご自身の情報については、ご投稿内容の確認
　や掲載本の送付などの用途以外には使用いたしません。
※ご投稿の採用の可否についてのお問い合わせはご遠慮ください。
※原稿は原文を尊重しますが、スペースなどの関係で編集部でリライトする場合があります。

Travel Tips
旅の準備と技術

© Choose Chicago

イベントカレンダー

	最高気温(℃)	最低気温(℃)	降水量(mm)	服装の目安	おもなイベント
1月 January	-2.5	-9.6	44.3		
2月 February	1.2	-7.8	44.9		
3月 March	5.9	-3.3	63.8		
4月 April	15	4.6	81.3		
5月 May	19.7	9.1	92.9		
6月 June	25.2	14.5	86.7		

おもなイベント

チャイナタウン春節(旧正月)
Chinese New Year
▶1月下旬～2月中旬、旧正月に近い日曜
URL chicagochinatown.org/events/
Wentworth Ave.の24th St.からCermakまで、龍のパレードや踊り、爆竹などでにぎやかに旧正月を祝う。レストランでも豪華な特別メニューが出る。

シカゴ・オート・ショー
Chicago Auto Show
▶2月中旬の約10日間
URL www.chicagoautoshow.com
1901年より始まった全米最大のオートショー。会場はマコーミックプレイス。女性や子供を対象にしたアトラクションも多い。

日本からの参加者も多い2月のオート・ショー
© Photo Courtesy of Chicago Auto Show

セント・パトリック・デイ・パレード
St. Partick's Day Parade
▶3月17日に近い土曜
URL www.chicagostpatsparade.com
アイルランド系移民の祭り。約5000人の参加者と120基のフロートからなるにぎやかなパレードはBalbo St.からMonroe St.まで進む。シカゴ川も緑に染まる。

夏の間はミレニアムパークを中心に無料のコンサートが行われる
© City of Chicago Photo Courtesy of Choose Chicago

ブルースフェスティバル
Blues Festival
▶5月末～6月中旬の週末3日間
URL www.chicagobluesfestival.us
シカゴ市が主催する世界最大のブルース祭り。ミレニアムパークが会場。一流のミュージシャンが勢揃いするので非常に人気が高い。早めに行こう。無料(→P.186)。

ゴスペルフェスティバルにも参加したい。盛り上がる
© Photo Courtesy of Choose Chicago

ゴスペルフェスティバル
Gospel Festival
▶5月下旬の5日間
URL www.chicagogospelmusicfestival.us
全米からゴスペルの人気歌手と合唱団が集まるコンサート。会場はミレニアムパーク内ジェイ・プリツカー・パビリオン。無料。

グラントパーク音楽祭
Grant Park Music Festival
▶6～8月の水金土曜
URL www.grantparkmusicfestival.com
6月中旬から8月中旬までの2ヵ月間、無料コンサートが行われる。クラシックからポピュラー、ロックまでさまざま。ミレニアムパーク内ジェイ・プリツカー・パビリオンなど。

寛容な町だけにプライドパレードも盛大
© Adam Alexander Photography

LGBTプライド・パレードと音楽祭
Lesbian, Gay, Bisexual & Transgender Pride Parade & Music Fest
▶6月最終日曜
性的マイノリティの人権を訴えてMontrose St. & BroadwayからHalsted St.～Diversey Pkwy., Sheridan Rd.までパレードする。200以上の団体と個人がユニークな装いで参加。

テイスト・オブ・シカゴはシカゴのうまいもの祭りだ
© Choose Chicago Photo Courtesy of Andrew Miller

テイスト・オブ・シカゴ
Taste of Chicago
▶6月上旬～7月上旬の5日間
URL www.tasteofchicago.us
グラントパークのColumbus Dr.沿いで行われる全米最大の食の祭典。80以上のレストランが出店し、約150万人が参加する。

レストランでの写真撮影に注意 レストランで写真撮影をするときは周りのお客さんに迷惑がかからないように細心の注意を払おう。フラッシュはもとより、日本のスマートフォンはシャッター音がとても ↗

月	最高気温(℃)	最低気温(℃)	降水量(mm)	服装の目安	おもなイベント
7月 July	30	20.1	91.7		**独立記念日 Independence Day Celebration** ▶7月4日 18:30からミレニアムパークのジェイ・プリツカー・パビリオンで恒例のチャイコフスキーの大序曲「1812年」のコンサートが始まり、終了と同時にミシガン湖上に花火が上がる。 **ロラパルーザ Lollapalooza** ▶7月最終週末または8月第1週の4日間　URL www.lollapalooza.com 北米最大級の屋外ロックフェスティバル。会場となるグラントパークの8つのステージでは170以上のバンドが演奏、4日間で約40万人が訪れる。 **バド・ビリケン・パレードとピクニック Bud Billiken Parade and Picnic** ▶8月第2土曜10:00〜　URL www.budbillikenparade.org アメリカで最も伝統あるアフリカ系アメリカ人パレード。King Dr. を Oakwood Blvd. から51st Stまでドリルチームが華やかに行進。バド・ビリケンは昔の漫画のキャラクターで子供たちの味方。
8月 August	27.5	17.9	123.2		**銀座ホリデイ Ginza Holiday** ▶8月第2金土日曜　URL ginzaholiday.com アメリカ3大日系祭りのひとつ。中西部仏教会（住435 W. Menomonee St.）で邦楽や武道などの日本文化を紹介し、和食の販売も行う。名物のチキンの照焼きには行列ができる。 **エア&ウオーターショー Air & Water Show** ▶8月中旬の週末2日間 アメリカ海軍・空軍の協力で戦艦や巡洋艦を展示する。目玉は空軍パイロットによる驚異的な曲芸飛行。轟音につき耳栓を忘れずに。ノースアベニュー・ビーチあたりが見やすい。

シカゴは湖岸からエアショーが楽しめる
© City of Chicago Photo Courtesy of Choose Chicago

月	最高気温(℃)	最低気温(℃)	降水量(mm)	服装の目安	おもなイベント
9月 September	25	16.6	82.5		**ジャズフェスティバル Jazz Festival** ▶レイバーデイの前の4日間 URL www.chicagojazzfestival.us シカゴの音楽シーズンの終わりを彩る豪華な顔ぶれのコンサート。ミレニアムパーク内で50以上のバンドが演奏。無料かつ人気イベントなので早めに行こう（→P.190）。 **シカゴ建築バイエニアル（ビエンナーレ）Chicago Architecture Biennial** ▶9月中旬〜翌年1月初旬　URL chicagoarchitecturebiennial.org 国際的な現代建築展。カルチュラル・センターを中心に講演会、展覧会、上映会、コンペティション、ツアーなど建築に関するさまざまなイベントを開催。2年に1度の開催（→P.80。次回は2021年）。
10月 October	14.8	6.2	80.8		**コロンブス・デイ・パレード Columbus Day Parade** ▶10月第2月曜 コロンブスのアメリカ大陸「発見」を祝うパレード。State St.沿いを WackerからVan Burenまで練り歩く。フロートなどをイタリアン・アメリカン・カルチャーがサポート。 **シカゴ国際映画祭 Chicago International Film Festival** ▶10月中〜下旬の2週間 市内の各映画館で開催され、新作映画の封切りやリバイバル上映、有名な映画監督やスター俳優の舞台あいさつなどが行われる（→P.202）。 **シカゴマラソン Chicago Marathon** ▶10月上〜中旬の日曜 コースが平坦なため、記録が出やすい（→P.217）。
11月 November	5.4	-2.2	79.9		**マグニフィセントマイル・ライトフェスティバル Magnificent Mile Lights Festival** ▶11月第4週土曜　URL www.themagnificentmile.com/lights-festival/ ミシガンアベニューの街路樹に明かりをつけるセレモニー。ディズニーのキャラクターが登場し、シカゴ川に向かって華やかにパレードを行う。花火は18:55〜。 **シカゴ・サンクスギビング（感謝祭）パレード Chicago Thanksgiving Parade** ▶11月第4木曜　URL www.chicagothanksgivingparade.com クリスマスシーズンの幕開けを告げる大パレード。State St.をIda B. Wells Dr.からRandolph St.までサンタクロースやトナカイ、巨大なフロートなどが行進する。 **シカゴ市クリスマスツリー点灯式 City of Chicago Annual Christmas Tree Lighting Ceremony** ▶11月の第4火曜 デイリーセンター前の巨大クリスマスツリーの点灯式を市民が行う。ミシガンアベニューとステートストリートの店の飾り付けが華やか。通常1月第1週まで飾られている。
12月 December	5.2	-2.9	55.5		**クリストキンドルマーケット Christkindlmarket** ▶11月下旬から12月24日までの金土曜　URL www.christkindlmarket.com 冬のシカゴの名物行事。デイリーセンター前で本場ドイツのクリスマス市場に東欧のショップが加わり、工芸品と食べ物の屋台が並ぶ。名物のホットワインで温まろう。屋内ビアホールあり。 **動物園ライトフェスティバル ZooLights Festival** ▶11月下旬〜1月上旬の週末など　URL lpzoo.org リンカーンパーク動物園の大人気イベント。クマ、ペンギンなど動物をかたどったイルミネーションが楽しい。日頃は見られない夜行性の動物の生態も観察できる。無料。

＼ 大きい。また、周囲のお客さんが写り込まないように撮影すること。

旅の情報収集

観光案内所でもらえるシカゴの総合観光冊子「CHICAGO」。まとめて記載されているので便利

インターネットの普及で、日本にいながらシカゴの生の情報を得ることも容易になった。これを利用するのがいちばん便利だが、情報がアップデートされていないこともあるので、あくまでも参考程度にしよう。とはいえ、情報収集は大切。しっかり予習をしておけば、より充実した旅になること間違いなし！

✈ 日本と現地での情報収集

アメリカはもちろん、ヨーロッパでも人気のシカゴだが、日本での知名度は高いとはいえない。旅行会社にもあまり情報はない。役に立つのがウェブサイトや個人の口コミ情報。口コミ情報は個人の主観が入っているので注意を。シカゴダウンタウンにある観光案内所（→P.41）なら、観光に必要な情報が揃っている。レストランなど簡単なことなら、ホテルの人に聞くのもいい。

✈ 便利なウェブサイト

旅の総合情報
●日本外務省　渡航関連情報　**URL** www.mofa.go.jp/mofaj/toko/
●各地の観光局
　シカゴ観光局　**URL** www.choosechicago.com
　オークパーク観光案内所　**URL** www.visitoakpark.com
　シカゴ北湖岸地区観光局　**URL** visitchicagonorthshore.com
　シカゴ・サウスランド観光局　**URL** visitchicagosouthland.com
　スプリングフィールド観光局　**URL** visitspringfielddillinois.com
　ガリーナ観光局　**URL** www.visitgalena.org
　グレートリバーズ（アルトン）観光局　**URL** www.visitalton.com
　グレートリバーズ・カントリー観光局（イリノイ州西部）
　　　　　　　　　　　　　　　URL greatriverscountry.info
　ミルウォーキー観光局　**URL** www.visitmilwaukee.org
　マディソン観光局　**URL** www.visitmadison.com
　ダイアースビル商工会議所　**URL** www.dyersville.org
　デュビューク観光局　**URL** www.traveldubuque.com
●全米の情報　ブランドUSA　**URL** www.gousa.jp
●海外安全情報　日本外務省　**URL** www.anzen.mofa.go.jp
●地球の歩き方　**URL** www.arukikata.co.jp
●日本語のシカゴ・アート&エンタメ情報　**URL** www.chicagosamurai.com

✈ シカゴの情報源

新聞
●シカゴ・トリビューン　Chicago Tribune（日刊新聞）
全米でも知名度の高い地方新聞。シカゴ、全米、世界の全般的なニュース、ビジネス、スポーツ、生活などから構成。日・火・

サイドバー

●シカゴのサーチエンジン
シカゴ・トリビューン
URL www.chicagotribune.com → Entertainment → Things To Do
イエルプ・シカゴ
URL www.yelp.com/chicago

●交通機関
シカゴ市交通局（CTA）
URL www.transitchicago.com
メトラ
URL metrarail.com
オヘア国際空港
URL www.flychicago.com → O'Hare
ミッドウエイ国際空港
URL www.flychicago.com → Midway
空港シャトルバン（GO エアポートエクスプレス社）
URL www.airportexpress.com

シカゴを代表する新聞「シカゴ・トリビューン」。旅行者にも役立つ情報が満載

●シカゴ・トリビューン
URL www.chicagotribune.com
月～土曜版 $2.50
日曜版 $3.99

無料情報誌 "Key This Week in Chicago" 毎週金曜発行で、最初の4～8ページに1週間ごとのイベント情報が載っている。ホテルのフロントやコンシェルジュデスクに置かれている。　　　（東京都　匿名）['20]

金曜版はA＆E（Arts ＆ Entertainment）セクションが付き、情報が満載。

●シカゴ・サン・タイムズ　Chicago Sun Times（日刊新聞）

トリビューン紙に次ぐ販売部数を誇るシカゴの地方紙。タブロイド版の大きさで、日曜版はスポーツ欄が充実。

雑誌

●タイムアウト・シカゴ　Time Out Chicago

現在はウェブサイトのみだが年4回無料のTime Out Chicagoを配布。映画、演劇、コンサート、美術展、レストランなどを掲載。フェスティバル、イベント、クラブ情報に力を入れている。

●シカゴ　Chicago（月刊）

政治・経済をも含んだ誌面は格調が高く、スポーツ、音楽、アート、映画、イベントなど多岐にわたる情報が載っている。

フリーペーパー（無料情報紙）

●リーダー　Reader（週刊）

毎週木曜発行のフリーペーパーで、シカゴの文化・政治・スポーツの特集に始まり、映画・演劇・美術展・レストラン・コンサート情報などを網羅。CD・DVD店、書店、カフェ、町角の黄色いボックスの中などに置かれている。

●レッドアイ　Redeye（週刊）

シカゴ・トリビューン紙が木曜に発行するエンターテインメント専門紙。ハリウッドのゴシップから地元のイベントまで短くて読みやすい記事が多い。路上の赤いボックスに置かれている。

●ホエア　Where（月刊）

全米のおもな都市で発行されている観光客向けの情報誌。ダイニング、ショッピング、エンターテインメント、アトラクションなどの情報が満載。中級以上のホテルなどに置かれている。

●シカゴ・サン・タイムズ
URL chicago.suntimes.com
料 月～土曜版 $1
日曜版 $2

●タイムアウト・シカゴ
URL www.timeout.com/chicago

●シカゴ
URL www.chicagomag.com
料 $5.99

●リーダー
URL www.chicagoreader.com
料 無料

●レッドアイ
URL www.redeyechicago.com
料 無料

●ホエア
ウェブサイトからデジタル版の閲覧が可能
URL www.wheretraveler.com
料 無料

ホテルや観光案内所などに置かれている『ホエア』

COLUMN

シカゴ史豆知識「ディアボーン砦跡」
Site of Fort Dearborn

Michigan Ave. とシカゴ川が交わるやや南寄りの Michigan Ave. の舗道に "Site of Fort Dearborn" の文字がところどころに埋め込まれている。1787年の独立戦争終結にともない、イギリス領であったイリノイ州はアメリカ合衆国の一員となった。が、白人の入植により、当初はうまくいっていたネイティブアメリカンと白人の関係は、土地問題などでしだいに険悪化していった。1804年、陸軍長官ディアボーンの命によって現在のミレニアムパークに砦が築かれた。これがディアボーン砦である。1812年には両者の関係は一触即発の状態となり、デトロイトから西の砦の兵士と周辺の開拓団に、インディアナ州

ウェイン砦への脱出命令が下った。が、インディアナに向かうことになった一団にポトワトミ族 Potwatomi が奇襲をかけ、約100人の一団は壊滅、砦は焼き討ちに遭った。その後も対立はいっそう激化し、ネイティブアメリカンは西へと放逐されたのであった。

SITE OF FORT DEARBORN

シカゴ川南のミシガンアベニュー沿いにディアボーン砦があった。そのことを示す碑が埋め込まれている

旅のシーズン

シカゴの気候の特徴は？

シカゴの気候は、年間を通して天気は1日のうちでも何度も急変する。仮に雨が降ったとしても、数時間後にはやんでいる。

アメリカのおもな気候（ケッペン気候区分）

A 地中海性気候
おもな都市：サンフランシスコ、ロスアンゼルス
B 西岸海洋性気候
おもな都市：シアトル、ポートランド
C 乾燥帯砂漠気候
おもな都市：ラスベガス、フェニックス
D 乾燥帯ステップ気候
おもな都市：デンバー
E 亜寒帯湿潤気候
おもな都市：シカゴ、ミネアポリス
F 夏暖冷帯湿潤気候
おもな都市：ニューヨーク
G 温帯湿潤気候
おもな都市：アトランタ、ニューオリンズ
H 熱帯モンスーン気候
おもな都市：マイアミ

シカゴは、ケッペンの気候区分では亜寒帯湿潤気候に属し、夏は暑いが湿度は比較的低く、冬は厳しい寒さとなる。春と秋は日本に比べて短いが、四季も意外にはっきりしている。風が強いため「Windy City（風の町）」のニックネームをもつ。以下は季節と服装について。

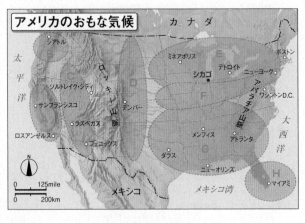

アメリカのおもな気候

カナダ / 太平洋 / シアトル / ミネアポリス / デトロイト / ボストン / ニューヨーク / ロッキー山脈 / ソルトレイク・シティ / シカゴ / ワシントンD.C. / サンフランシスコ / デンバー / アパラチア山脈 / 大西洋 / ラスベガス / ロスアンゼルス / メンフィス / アトランタ / フェニックス / ダラス / ニューオリンズ / マイアミ / メキシコ / メキシコ湾 / 0 125mile / 200km

◆春

3月になると日中の気温が0℃を超える日が多くなる。4月の中頃は木々がいっせいに芽吹き始め、市民もいっせいに外に出る。寒暖の差が激しいので、冬と初夏に対応できる、ジャケット、重ね着などの服装の用意が必要。

◆夏

6月上旬頃のブルースフェスティバルを皮切りに、シカゴはすっかり夏となる。観光シーズンで、町全体がとてもにぎやかだ。6月と9月は羽織るものが必要。夜の屋外でのスポーツ観戦は、ジャケットやブルゾンも欲しい。

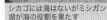

シカゴには海はないがミシガン湖が海の役割を果たす

シカゴの寒さ

シカゴの冬は、風が強いので体感温度は気温より低くなる。年に数回は華氏0度（摂氏−18度）を下回り、豪雪に見舞われることもあるが、寒さに強い町はしっかり機能している。病気に関しては、風邪をこじらせた肺炎より、冷たい空気で直接肺がやられることもあるので、マフラーで鼻と口を覆い、屋外では大きく息をしないことが大切。

マスクは要注意

アメリカでのマスクは伝染病患者に思われる可能性がある。咳やくしゃみをするときは腕で口を覆うこと。

◆秋

9月も半ばを過ぎると木々が黄色に染まり始め、10月くらいまでが紅葉の季節。旅行に適したシーズンは初秋！ 寒さの訪れる一歩手前のこの季節が、天気も安定している。ただし、コンベンションの開催も多い。10月は東京の12月くらいの服装で。

◆冬

12月以降は町の空気が澄んでいて景色が美しいが、厳寒になることも。1月以降の服装は最大限の防寒対策を。日によっては肌を出さないようにしたい。なお、シカゴはどんなに寒くても、交通機関などはしっかり動いているが、慣れない旅行者はこの季節の移動はタクシーがベスト。

CTAトレイン&バスへのカップの飲み物の持ち込みは厳禁　スターバックスのコーヒー（フタ付き）を持ったままCTAバスに乗ろうとしたら、ドライバーから捨てるよう注意された。アメリカでは厳禁とのこと。（埼玉県　F.）['20]

旅の予算とお金

旅の目的や内容に応じて支出する費用もさまざまだ。ここでは、基本的な費用を項目別に説明する。外貨は現金、クレジットカード、プリペイドカードをうまく組み合わせて利用しよう。

✈ 旅の予算

●航空券

日本からシカゴへは、アメリカと日系の航空会社が乗り入れている。ノンストップ便以外では、西海岸を経由するのが一般的。

米国内で定期便を運航する会社は、ユナイテッド航空、デルタ航空、アメリカン航空の大手航空会社のほか、サウスウエスト航空、ジェットブルーなどのアメリカ国内線格安航空会社（LCC：ローコストキャリア）まで、さまざま。以前はサービスや運賃などに大きな差があったが、現在はトータルで比較すると大差ない。

●宿泊費

客室料金の高低は同じレベルのホテルであれば周囲の治安の善し悪しにほぼ比例する。この点は各自で判断すること。同じホテルでも、シーズンや年度によって宿泊費が大幅に上がることも。シカゴの場合、大きなコンベンションやイベントなどがあるときも宿泊費が上がり、部屋が取りにくくなるので注意。

●食費

旅のスタイルによって予算も変わる。食費を切り詰めるのもよいが、雰囲気のよいレストランやその土地ならではの料理を堪能するなど、メリハリのある食事を楽しみたい。最低でも朝食に$7〜25、昼食に$12〜40、夕食に$25〜60で組んでおきたい。

●観光に要する費用

建築ツアー代、美術館などの入場料、ミュージカルやナイトスポット、スポーツ観戦……。何をするかで費用もさまざまだ。

●市内交通費

空港から市内までシャトルの利用で1回$40前後、バス、高架鉄道、地下鉄は1回$2.25〜2.50なので、期間内乗り放題のパス類を購入するとお得だ。タクシーはメーター制だ。

✈ 外貨の両替

外貨両替は大手銀行、国際空港内の銀行などで取り扱っている。日本円からアメリカドルへの両替は、日本国内のほうが概してレートはよいが、米国の国際空港には到着ロビーに必ず両替所があり、到着便がある時間帯は常に開いている。最悪ここで外貨両替をすればよい。

アメリカの通貨

アメリカの通貨単位はドル（$）とセント（¢）で、$1.00＝100¢。

一般に流通している紙幣は$1、$5、$10、$20。大きさは、

●航空券の手配→ P.340

航空券／日本発着の直行便・往復運賃の目安
（2020年1月現在）
※エコノミークラス、燃油サーチャージ別。2020年1月から12月までの目安。航空会社、シーズンにより異なる。12.76万〜41.25万円

航空券／国内線片道運賃
※2020年1月現在
シカゴ〜LA間$56〜777
シカゴ〜NY間$96〜996
シカゴ〜ミルウォーキー間$225〜345
シカゴ〜インディアナポリス間$92〜330

宿泊費の目安
高級ホテルは、$250〜、中級$180〜、エコノミー$90〜、ユースホステルなら$40〜70で泊まれる。
●ホテルリスト→ P.226
●シカゴのコンベンションカレンダー→ P.344
●レストランリスト→ P.252
●シカゴの観光ツアー→ P.65
●シカゴのミュージアム→ P.142
●エンターテインメント＆スポーツ→ P.183

2020年3月13日現在の為替交換レート
$1.00 ≒ 105.17円
最新の為替レートは「地球の歩き方」ウェブサイトで確認することができる。
URL www.arukikata.co.jp/rate

クレジットカードをなくしたら!?
国際カードの場合、まず現地等にカード会社の事務所があるので、警察より先に、そこに連絡して不正使用されないようにしてもらう。カード会社では、緊急時の連絡先（→ P.367）を用意しているので、即、連絡を。手続きにはカードナンバー、有効期限が必要。メモしておくのを忘れずに。

CHICAGO INFORMATION 燃油サーチャージ　石油価格の高騰や変動により、航空運賃のほかに"燃油サーチャージ"といって燃料費が加算される。時期や航空会社によって状況が異なるので、航空券購入時に必ず確認を。

335

金種にかかわらず同じ。また、同じ金額の紙幣でも肖像が大きくデザインされたもの、肖像が小さい紙幣などもある。

コインは、1¢（通称**ペニー Penny**）、5¢（**ニッケルNickel**）、10¢（**ダイムDime**）、25¢（**クオーター Quarter**）、50¢、$1の6種類。50¢、$1コインの流通はわずかで、通常は、1¢、5¢、10¢、25¢のコインを使うことになる。1¢が銅製の茶色で、あとは100円玉と同じニッケル製の銀色。

クレジットカード

クレジットカードはアメリカ社会において、所有者の経済的信用を保証するものとして欠かせない存在だ。

クレジットカードの利便性は❶多額の現金を持ち歩かなくてもよい　❷現金が必要なとき、手続きをしておけばキャッシングサービスを受けられる　❸経済的信用の証明として、レンタカー、ホテルの予約とチェックイン時に必ず提示を求められる、といったケースに対応できる点。日本で加入できる国際カードはアメリカン・エキスプレスAmerican Express、ダイナースDiners、ジェーシービー JCB、マスターカードMasterCard、ビザVisaなどがあり、銀行や信販会社でも上記のカード会社と提携しているところがある。緊急時のことも考えると複数のクレジットカードを持っていることが望ましい。

●クレジットカードの使い方

ほとんどの店やレストランで利用できるが、最低の利用金額を定めている店もある。会計時にカードを渡すと、利用内容が記された伝票が提示されるので、金額などを確認のうえ、暗証番号を入力するかサインをすればよい。利用控えの受領を忘れずに。

●クレジットカードでキャッシングする

キャッシングサービスは、空港や町なかのATM（操作方法は側注参照）、提携の金融機関の窓口（カードとパスポートが必要）で、いつでも現地通貨で引き出せる。ATM利用料や利息が別途かかり、カード代金の支払い口座から引き落とされる。

デビットカード

使用方法はクレジットカードと同様だが、代金の支払いは後払いではなく、発行銀行の預金口座から原則即時引き落としとなる。基本的に口座の残高以上は使えないので、予算管理にも便利。JCBデビットやVISAデビットがあり、それぞれの加盟店で使用でき、ATMで現地通貨も引き出せる。

トラベル・プリペイドカード

海外専用プリペイドカードは、出発前にコンビニATMなどで円を預け入れし、その範囲内で渡航先のATMで現地通貨の引き出しができる。手数料が別途かかるが、多額の現金を持ち歩く不安から解放される。

クレジットカードのICチップ

近年、クレジットカードは磁気の部分をスリットさせて読み込ませるものではなく、金色部分のICチップを読み込ませるタイプの読み取り機が増えてきた。チップのあるほうを差し込み、すぐには抜かない。その場合暗証番号（PIN）の入力が必要になるので、出発前までに確認しておくように。

ATMでのキャッシング操作手順
※機種により手順は異なる

①クレジットカードの磁気部分をスライドさせて、機械に読み取らせる

↓

②ENTER YOUR PIN＝「暗証番号」を入力して、ENTERキーを押す

↓

③希望する取引の種類を選択する。WITHDRAWAL、またはGET CASH＝「引き出し」を指定する

↓

④取引の口座を選択する。クレジットカードの場合、CREDIT、もしくはCREDIT CARD＝「クレジットカード」を

↓

⑤画面に表示された金額のなかから、希望額に近い金額を指定して、ENTER

↓

⑥現金とRECEIPT「利用明細」を受け取る

※初期画面に戻っているかを確認し、利用明細はその場で捨てないように

※途中で手順がわからなくなったら、CANCEL＝「訂正」を選択し初めからやり直す

デビットカードの発行銀行

JCBデビット：千葉銀行など33行にて発行

VISAデビット：ジャパンネット銀行など29行にて発行

トラベル・プリペイドカード発行会社

2020年1月現在、発行されているのはおもに下記のとおり。

●クレディセゾン発行「NEO MONEY ネオ・マネー」

●トラベレックスジャパン発行「MULTI-CURRENCY CASH PASSPORT キャッシュパスポート」

●アプラス発行「Money T Global マネーティーグローバル」など

海外のATMでキャッシングができるクレジットカード　クレジットカードの裏面に「Cirrus」や「Plus」のロゴが入ったものならば、キャッシングができる。

出発までの手続き

✈ パスポートの取得

　一般旅券と呼ばれるパスポートは、有効期間が5年（紺）と10年（赤）の2種類。発行手数料は5年用（12歳以上）が1万1000円、5年用（12歳未満）6000円、10年用が1万6000円で、期間内なら何回でも渡航可能。なお、20歳未満は5年用しか申請できない。すでにパスポートを持っている人は有効期間の確認を。

パスポートの申請から受領まで

　申請は、住民登録をしている居住地の都道府県の旅券課やパスポートセンターで行う。必要書類を提出し、指定された受領日以降に、申請時に渡された受領証を持参で、必ず本人が受け取りに行く。申請から受領まで約1週間。都道府県庁所在地以外の支庁などで申請した場合は最大3週間かかることもある。

パスポート申請に必要な書類

❶**一般旅券発給申請書（1通）**　用紙はパスポートセンターや市区町村の役所にあるが、外務省のサイトからダウンロードもできる。20歳未満の場合は親権者のサインが必要になる。
❷**戸籍謄本（または抄本）（1通）**　※6ヵ月以内の発行。
❸**住民票の写し（1通）**　※住基ネット導入エリアは原則不要。
❹**顔写真（1枚）**　6ヵ月以内の撮影。サイズは縦4.5cm×横3.5cm（あごから頭まで3.4±0.2cm）、背景無地、無帽、正面向き、上半身。スナップ写真不可。白黒、またはカラー。パスポート紛失時に備え、予備を2〜3枚持っていくといい。
❺**申請者の身元を確認する書類**　パスポート、運転免許証、マイナンバーカード（通知カードは不可）など、官公庁発行の写真付き身分証明書ならひとつ。健康保険証、年金手帳、社員証や学生証（これらの証明書類は写真が貼ってあるもののみ有効）などならふたつ必要。窓口で提示する。
❻**有効旅券**　パスポートを以前に取得した人は返納のうえ、失効手続きを行う。

✈ ビザ（査証）の取得

　ビザとは、国が発行する入国許可証。観光、留学など渡航目的に応じてビザも異なるが、日本人のアメリカ入国にあたっては、90日以内の観光、商用が目的であれば、ほとんどの場合ビザの必要はない。ビザなしで渡米する場合（**ビザ免除プログラム**）、**ESTAによる渡航認証**を取得しなければならない（→P.338）。

滞在が90日以内でもビザが必要なケース

　日本から第三国へ渡航したあと、アメリカに入国する場合、国によってはビザが必要な場合もある。そのような予定の人は必ず、

パスポートの残存有効期間
　アメリカの場合は、入国する日から90日以上あることが望ましい。

日本外務省パスポート
URL www.mofa.go.jp/mofaj/toko/passport/

現在の居住地に住民票がない人の申請方法
1. 住民票がある都道府県庁旅券課で申請（代理可）。受領は本人のみ。
2. 住民票を現在の居住地に移して申請
3. 居所申請（住民票を移さずに、現在の居住地で申請）は、学生、単身赴任等一定の条件を満たしていれば可能。代理申請不可。なお、居所申請については各都道府県庁の旅券課に確認を。

機械読取式でない旅券と訂正旅券の取扱いに注意！
　一部の在外公館で交付された旅券には、機械読取式でない旅券があるため入国拒否となる可能性がある。また、2014年3月20日より前に「記載事項の訂正」方式で身分事項の変更を行った旅券（訂正旅券）は、訂正事項が機械読取部分に反映されておらず、国際基準外とみなされるおそれがある。出入国時や渡航先で支障が生じる場合もあるため、どちらの旅券も新規に取得しなおすほうが無難。

パスポートの切替発給
　パスポートの残存有効期間が1年未満となったときから切替発給が可能。申請には左記の申請に必要な書類のうち❶❹❻を提出する（❸が必要な場合もある）。

●パスポートの紛失については→ P.363

在日アメリカ大使館
🏤〒107-8420
東京都港区赤坂1-10-5
☎(03)3224-5000（代表）
URL jp.usembassy.gov/ja

CHICAGO INFORMATION　カナダ経由でアメリカに入国する人へ　バンクーバーやカルガリーなどカナダ国内で乗り継いでアメリカへ入国する人は注意が必要。カナダ版ESTAの"eTA（電子渡航認証）"の申請が必要となる。

337

ビザに関する質問はカスタマーセンターへ

オペレーター対応の電話問い合わせは☎050-5533-2737（日本）へ。アメリカ国在住者は☎(1-703)520-2233（アメリカ）。

eメール、Skypeでも受け付けている。これらのサービスは無料で、通話料のみ利用者負担となる。詳細は**URL**www.ustraveldocs.com/jpの「お問い合わせ」をクリック。

ESTAの有効期間

原則2年間。ただし、認証期間内でも、パスポートの有効期限が切れるとESTAも無効になる。また、氏名やパスポート番号の変更があった場合は、再度申請を行うこと。

ESTAの代金決済

カード A J M V

※JCBカードは、クレジットカード情報の入力をする際、支払いカードのプルダウン・メニューで「ディスカバーカード Discover Card」を選択し、JCBカードの情報を入力する。

航空会社、旅行会社、アメリカ大使館・領事館に問い合わせること。なお、直接アメリカに入国したあとにカナダ、メキシコなどに出国、再びアメリカに戻ってくる場合、その期間のアメリカ滞在の総合計日数が90日以内ならビザは不要。

ビザの申請

非移民ビザを申請する場合は、ほとんどの人は面接（予約制）が必要。面接の予約は米国ビザ申請専用のウェブサイト（**URL** www.ustraveldocs.com/jp）から行う。面接後、約7日間でビザが発給される。再度面接が必要と判断された場合などでは4～6週間かかるケースもある。ビザに関する質問は、ビザ情報サービスの電話、eメール、Skypeで受け付けている。

✖ ESTA（エスタ）の取得

ビザ免除プログラム（→P.337）を利用し、ビザなしで飛行機や船でアメリカへ渡航・通過（経由）する場合、インターネットで（携帯電話は不可）ESTAによる渡航認証を取得する必要がある。事前にESTAの認証を取得していない場合、航空機への搭乗やアメリカへの入国を拒否されることがあるので注意が必要。一度ESTAの認証を受けると2年間有効で、アメリカへの渡航は何度でも可能（日程や訪問地を渡航のたびに更新する必要はない）。最終的な入国許可は、初めの入国地において入国審査官が行う。

●ESTAの申請手引き

❶ URL esta.cbp.dhs.gov にアクセス

トップページの英語の画面から、「日本語」をクリック。「新規の申請」をクリックし、「個人による申請」または「グループによる申請」を選択。なお、申請の状況確認を行う場合は「既存の申請内容を確認」を選択。

❷免責事項

免責事項の画面が表示される。内容をよく読み、同意なら「はい」を選択し「次へ」をクリック。

❸2009年旅行促進法

手数料に関した説明。同意なら「はい」を選択し、「次へ」をクリック。

❹申請書の記入

「*」印のある項目は必ず記入すること。
●申請者情報、パスポート情報、渡航情報、両親（存命か否かにかかわらず）、連絡先情報、勤務先情報、緊急連絡先などを入力。
●1）～9）の各質問には「はい」「いいえ」で回答。
●「権利の放棄」と「申請内容に関する証明」の内容を読み、✓チェックを入れる。
●本人以外が代行して入力した場合も✓チェックを忘れずに。
入力内容をよく確認して、間違いがなければ「次へ」をクリック。

❺ ❹で記入した内容が表示される

入力が正しくない場合は、赤字でエラーメッセージが出る。すべての回答に間違いがないか再確認する。間違いなければ「確認して続行」をクリック。間違いがある場合は右上の「申請内容の内容を変更する」オプションを選択し、修正する。再度確認をしたら、最後にパスポート番号、発行国、姓、生年月日を再入力して「次へ」をクリック。

❻申請番号が発行される

申請番号は必ず書き留める、または印刷すること。申請番号は、支払い、または既存の申請内容を確認するときに必要。
「免責事項」の✓チェック、「今すぐ支払う」をクリックする。

❼支払い

オンライン支払いフォームに進む。クレジットカードなら国名、クレジットカード名義人、請求書送付先の住所、クレジットカードの種類、番号、有効期限、セキュリティコードを正確に入力し、✓を入れ「続行」をクリック。
入力の情報を再度確認したら、「送信」をクリックする。

❽承認の確認

従来は支払いが終わると即時回答がされていたが、現在は72時間以内に判明するようになった。画面では「承認は保留中です」と表示。ここでは申請番号を保管するために印刷をし、そして「終了」を。承認されたか確認するために、❶の **URL** esta.cbp.dhs.gov に再度アクセス。「既存の申請内容を確認」をクリック。次の画面でパスポート番号、生年月日、申請番号を入力して「申請の検索」をクリック。氏名、生年月日、パスポート番号、有効期限、申請した内容などが記載された「認証は承認されました」が表示されれば、ビザ免除プログラムでの渡航が許可されたことになる。このページは印刷し、渡航時に携帯することをおすすめする。

承認されず「渡航拒否」となった場合、アメリカ大使館・領事館でビザの申請（→P.337）が必要。

ESTA申請時の注意事項 インターネットのキーワード検索結果などからESTA申請を行う場合、申請代行会社などのサイトを利用していると気づかずにあとで手数料を請求されて驚くケースがあるので、注意。

アメリカへの渡航が決まったら、ESTAによる渡航認証を申請・取得しよう（出国の72時間以上前の取得を推奨）。登録料は$14。支払いはクレジットカード、もしくはデビットカードのみ。

海外旅行保険の加入

海外旅行保険とは、旅行中の病気やけがの医療費、盗難に遭った際の補償、あるいは自分のミスで他人の物を破損した際の補償などをカバーするもの。万一のことを考えると、保険なしで旅行するのはかなり危ない。アメリカの医療費は非常に高く、犯罪の発生率も決して低いとはいえない。また、金銭的な補償が得られるということだけでなく、緊急時に保険会社のもつ支援体制が使えることはたいへん心強いもの。トラブルは、自分にも起こり得ると考えて、海外旅行保険には必ず加入しよう。

保険の種類

海外旅行保険は必ず加入しなければならない基本契約と、加入者が自由に選べる特約に分かれている。損保ジャパン日本興亜の『off!』を例に取ってみると「治療費用」という項目がある。これが旅行中の傷害（けが）や病気の治療費に対して保険金が支払われるもので、基本補償となる。

そのほかに特約として①傷害死亡・後遺障害　②疾病死亡　③賠償責任（旅先で他人にけがをさせたり、ホテルや店で物品を破損した場合の補償）　④携行品損害（自分の持ち物を紛失・破損した場合の補償）　⑤航空機寄託手荷物遅延費用（航空機に預けた荷物の到着が遅れ、身の回りのものを購入する費用など）、⑥救援者費用といったものなどがある。

一般的には、これらの項目をセットにしたパッケージプランが便利。旅行日数に応じて保険金のランクだけを選べばいいので手続きは簡単だ。

保険を扱っているところ

海外旅行保険は損保ジャパン日本興亜、東京海上日動、AIGなどの損害保険会社が取り扱っている。大手の場合、現地連絡事務所、日本語救急サービスなど付帯サービスも充実している。旅行会社では、ツアー商品などと一緒に保険も扱っているので、申し込みの際に加入することもできる。空港にもカウンターがあるので、出国直前でも加入できるが、保険は日本国内の空港と自宅の往復時の事故にも適用されるので、早めの加入が望ましい。

保険金請求について

保険の約款は非常に細かく決められている。持ち物を紛失・破損した場合、購入時期などから判断した時価が支払われる。ただし、現金、クレジットカードなどは適用外。支払いには、地元警察などへの届け出と被害報告書の作成、保険会社の現地や日本国内のオフィスへの連絡などの条件がある。契約時に受け取る証書としおりの約款には、必ず目をとおしておくこと。

取得しておくと便利な証書類

国外（国際）運転免許証

レンタカーを借りる予定の人は必要。自分の運転免許証を発行した都道府県の免許センターなどで申請をする。免許センターでは即日で発給される。申請に必要なものは国内の運転免許証、パスポート、顔写真1枚（縦5cm×横4cm）、発給手数料の2350円。

警察庁
[URL] www.npa.go.jp

ユースホステル会員証

ユースホステルは、原則として会員制。手続きは全国各地にある窓口かオンラインで。年会費は2500円(19歳以上、継続の年会費は2000円)。必要書類は氏名と住所が確認できるもの。デジタルメンバーシップになれば年会費、継続の年会費も安くなる。

(財)日本ユースホステル協会
☎ (03) 5738-0546
[URL] www.jyh.or.jp

保険に申し込むともらえるしおり。よく読んでおこう

クレジットカード付帯保険

各クレジットカード会社の発行するカードには、取得すると自動的に海外旅行保険が付帯されるサービスがあるが、「疾病死亡」が補償されない、補償金額が不足していたため実際には自己負担金が多かったなどのケースがあるので十分注意したい。

航空券の手配

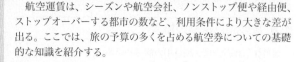

シカゴへ直行便を就航している航空会社（日本国内の連絡先）

●ユナイテッド航空
☎(03)6732-5011
URL www.united.com/ual/ja/jp
●日本航空
☎0570-025-031
URL www.jal.co.jp
●全日空
☎0570-029-333
URL www.ana.co.jp

日本の成田とシカゴのオヘア空港をノンストップで結ぶ全日空。シカゴ便は羽田と合わせると1日2本運航されている

日本～アメリカ西海岸の都市を結ぶ航空会社

●アメリカン航空
☎(03)4333-7675
URL www.americanairlines.jp
●デルタ航空
☎0570-077753
URL ja.delta.com
●シンガポール航空
☎(03)3213-3431
URL www.singaporeair.com/jp

サウスウエスト航空

日本に支社はないが、南西部に比較的強く、アメリカでは人気が高い航空会社。シカゴのミッドウエイ航空はハブ空港のひとつ。
URL www.southwest.com

航空券を購入するタイミング

ペックス運賃は、4～9月分は2月頃、10～3月分は7月中旬以降に発表。詳細は航空会社のウェブサイトで確認を。

航空運賃は、シーズンや航空会社、ノンストップ便や経由便、ストップオーバーする都市の数など、利用条件により大きな差が出る。ここでは、旅の予算の多くを占める航空券についての基礎的な知識を紹介する。

✈ 日本からシカゴへの就航便

2020年3月末現在、羽田からシカゴ（オヘア国際空港）へのノンストップ便を運航するのは、ユナイテッド航空（UA）、日本航空（JL）、全日空（NH）の3社。成田空港からは全日空の1社が運航している。ノンストップ便を選ばなければ、シカゴへの行き方もさまざま。アメリカ西海岸の都市を経由すれば、比較的早くシカゴに到着できる。

●アメリカの国内線航空会社を利用する

ロスアンゼルス、サンフランシスコ、シアトルといったアメリカ西海岸のゲートシティから、サウスウエスト航空（WN）などの国内専用の格安航空会社（LCC）を利用する方法もあるが、旅慣れた人以外には難しいかもしれない。サウスウエスト航空は、大手の航空会社と異なって受託手荷物も2個まで無料で預けられるのが利点。航空券はウェブサイトで予約することになる。

航空券の種類

●普通（ノーマル）運賃

定価（ノーマル）で販売されている航空券で、利用の際に制約が最も少ないが、運賃はいちばん高い。種類はファーストクラス、ビジネスクラス、エコノミークラスの3つに分かれる。

●正規割引運賃（ペックスPEX運賃）

ペックス運賃とは、日本に乗り入れている各航空会社がそれぞれに定めた正規割引運賃のこと。他社便へ振り替えることができない、予約後72時間以内に購入すること、出発後の予約変更には手数料がかかるなどの制約があるが、混雑期の席の確保が容易といったメリットもある。早い段階で旅行計画が進められる人は、普通運賃よりかなり安いペックス運賃を利用できる。各社、特色や規定が異なるので確認を。

成田・羽田ーシカゴ間のノンストップ便フライトスケジュール　（2020年3月末現在）

全日空 羽田	ユナイテッド 羽田	日本航空 羽田	全日空 成田	航空会社	全日空 羽田	ユナイテッド 羽田	日本航空 羽田	全日空 成田
NH112	UA882	JL010	NH12	便名	NH111	UA881	JL9	NH11
毎日	毎日	毎日	毎日	運航日	毎日	毎日	毎日	毎日
10:40	17:45	11:45	17:10	成田	*21:05	*15:55	*15:35	*15:00
↓	↓	↓	↓		↑	↑	↑	↑
8:30	15:55	9:45	14:55	シカゴ	17:45	12:45	12:40	11:55

*は翌日着

eチケット 各航空会社は「eチケット」が現在主流となっている。利用者は、予約完了後にeメールや郵送で届くeチケット控えを携帯することで、航空券紛失の心配はなくなった。

✈ 旅の準備

旅の持ち物

航空機への受託手荷物や機内持ち込みの荷物に対して、航空会社別に厳しい規制がある。たいていのものは現地調達できるので、悩むようなものは持っていかないほうがいい。

荷物について ✈

荷物で大きく占める衣類は、着回しが利くアイテムを選び、下着や靴下、Tシャツなどは2〜3組あれば十分。洗濯は、小物類なら浴室での洗濯が可能だが、大物類はモーテルやホテル、町なかのコインランドリーを利用しよう。スーツやワンピース、ワイシャツなどはホテルのクリーニングサービス（有料）に頼むとよい。なお、医薬分業のアメリカでは、風邪薬、胃腸薬、頭痛薬などを除いては、医師の処方箋がなければ薬が買えないため、常備薬を携行すること。

●機内に預ける荷物について（受託手荷物）

アメリカ運輸保安局（TSA）ではスーツケースなどを開けて厳重なチェックを行っている。受託手荷物に施錠をしないよう求められているのはそのためで、鍵がかかっているものに関しては、ロックを破壊して調べを進めてもよいとされている。受託手荷物には高価なものや貴重品は入れないこと。

また、受託手荷物は利用するクラスによって、無料手荷物許容量（→側注）が異なる。機内持ち込み手荷物もサイズや個数、重量などの規定（→P.355）があり、液体物の持ち込み規制（→P.355）もあるので必ず確認を。

TPO に合わせた服選びを ✈

服装は、現地の季節に合わせてカジュアルなスタイルで出かけよう。日常生活以上に歩く機会が多いので、靴は、基本はスニーカー、ドレスアップ用にもう1足準備しておくとよい。日中のラフな服装と変わって、夜はぐんとおしゃれな装いで過ごしたいときもある。男性はネクタイとジャケット、女性はワンピースなどを持っていけば、クラシック音楽鑑賞、観劇、ディナー、クラブなどへの服装にも対応できる。

持ち物チェックリスト

品目	チェック	品目	チェック	品目	チェック
パスポート（旅券）		身分証明書など証書類		筆記用具、メモ帳	
トラベルプリペイド・カード		辞書や会話集		スリッパ、サンダル	
現金（日本円とUSドル）		ガイドブック		カメラ、スマートフォン充電器、メモリーカード	
eチケット控え		シャツ類		ビニール袋	
ESTA渡航認証のコピー		下着・靴下		タオル類	
海外旅行保険証		上着（防寒・日焼け防止）		ティッシュ（ウエットティッシュ）	
クレジットカード		帽子、サングラス		エコバッグ	
国内運転免許証と国外（国際）運転免許証		医薬品類、化粧品類、目薬日焼け止め、リップクリーム		雨具 おしゃれ着	

リチウム電池のバッテリーの持ち込みに注意

パソコンや携帯電話内部のリチウム電池の持ち込みには注意したい。大きさにより受託手荷物か機内持ち込みかなど各航空会社によって微妙に異なるので、ウェブサイトで確認を。

TSA 公認グッズ

スーツケースに施錠できないことに不安を感じる人は、TSA公認の施錠スーツケースやスーツケースベルト、南京錠などを使用すれば悩みは解消される。これらTSA公認グッズは、施錠してもTSAの職員が特殊なツールでロックの解除を行うため、かばんに損傷のおそれが少なくなる。

受託手荷物について

2020年1月現在、国際線（北米線）エコノミークラスの場合、無料で預けられる荷物は2個まで、1個の荷物につき23kg以内、3辺の合計が157cm以内とされている場合が多い（航空会社によって異なる）。また、アメリカの国内線において、エコノミークラスの場合は2個まで預けられるが、1個目から有料（$30前後）としているところが多い。詳細は利用航空会社に確認をしておこう。

重い荷物は宅配サービスを利用しよう

事前の電話で自宅まで集荷に来てくれる。帰国時は空港内のカウンターで手続きを。
ABC空港宅配 無料 0120-919-120
☎ (03) 3545-1131
ヤマト運輸 無料 0120-01-9625

シカゴ出張 お役立ち情報

ドラッグストアで販売されているお役立ちアイテム紹介

●肌荒れにこのビタミン
飲み水や環境の変化から肌荒れ、吹き出物が出る人も多い。Nature Made の Stress B-Complex（$14.99）は疲れに効くビタミンB群。Cも補充できる。

●のどが痛い
アメリカの強烈な空調に、季節を問わずのどが痛くなる人も多い。Throat Health-Throat Coat Lemon Echinacea のお茶（$5.69）がおすすめ。

シカゴへはコンベンションに参加、視察というようにビジネスで行く人も多いだろう。そんな方のためにちょっとしたヒントを。

✈ 出かける前の準備

宿泊先周辺のドラッグストア、コンビニのチェック
小腹がすいた、飲み物が欲しい、いざというときに便利。ホテルの客室のミニバーは高くつくので注意したい。なお、シカゴのコンベンションセンターは中心部から離れた所にあり、周囲にホテルやレストランは増えているものの、中心部の便利さはない。

書類はデータ化だけでなく、印刷も
仕事の書類はワード、エクセル、PDFなどにデータ化をしてパソコンに入れておくだけでなく、念のため印刷もしておきたい。バッテリー切れもあるし、アメリカではまれに停電も起こる。

パッキングは出発の前々日までに
直前にパッキングをすると、忘れてしまったものの調達が難しくなる。例えば名刺。出発前日なら対処できることも。

これがあると便利
①Wi-Fiルーター、またはSIMカード
日本と同じように、スマートフォンを使いたい人も多いはず。ルーターがあれば、いつでもネットが使えて便利。ローミングは高くつくので注意を。また、現地の通信会社が販売するSIMカードがあれば、アメリカ国内ならネットや通話ができるだけでなく、テキストメッセージの送受信ができて利用価値がかなり高い。ただし、日本への通話ができない会社がほとんどなので注意を。
②腕時計
スマートフォンの普及で不要と思うかもしれないが、出張時の腕時計は重要。スマートフォンは電池切れのおそれもある。

出張用持ち物チェックリスト

品名	アドバイス	チェック	品名	アドバイス	チェック
名刺	仕事でいちばん重要。多めに		歩きやすい靴	ビジネスにも使えるスニーカーがおすすめ	
仕事用の資料	PCに保存するだけでなく印刷物も		スーツ、ワイシャツ、ネクタイ	ワイシャツ洗濯はホテルのクリーニングが便利	
クリアファイル	書類の整理に。アメリカのレターサイズは横にはみ出る		靴下、タイツ（女性）、羽織るもの	コンベンション会場やオフィスの冷房対策	
筆記用具	アメリカで文具は高くつく		暖かい肌着	羽織るものがなければ肌着で防御	
パソコンorタブレット端末	ACアダプターも忘れずに		のどあめ、目薬	オフィスや会場は空気が乾燥している	
スマートフォン	充電器も忘れずに		水着やジム用のワークウエア	時差ぼけ解消用にも	
辞書	スマートフォンに入れておくと便利		携帯ウォシュレット	愛用している人は恋しくなる	
USBメモリースティック	なるべく日本で購入したもので、空のもの		非常食	忙しいと食べ損ねる可能性あり	
モバイルバッテリー	信頼できるメーカーのもの		折りたたみ傘	シカゴで雨が降るときは土砂降りも多い	
ファスナー付きの小物入れ袋	領収書や名刺など小さな紙類を入れるために		みやげ	成分が英語表記されているものを。アレルギーの人が多いので	
文庫本	機内や移動中に		常備薬	いつも服用しているものや風邪薬、胃腸薬	

アトランタ国際空港で停電 2017年、世界で最も忙しいアトランタ国際空港で停電が起きた。11時間後に復旧したが、600便以上がキャンセル。構内は暗く、トイレは流れず、スマホの電池切れを起こす人 ↗

✈ シカゴのコンベンション会場事情

●**冷房が効き過ぎている**　アメリカのコンベンション会場はここぞとばかりに冷房が効いていて、寒いくらい。暖かい肌着を着る、スーツは冬物にするなどの防寒対策が必要だ。女性ならタイツを持ちたい。

●**コンビニがない**　マコーミックプレイスにコンビニは入っていない。コンベンション開催時はコーヒースタンドも現れるが、長蛇の列。隣のハイアットにもスターバックスがある。

●**屋内は禁煙**　アメリカでは屋内はほとんどが禁煙。コンベンションセンターでたばこを吸いたいのなら建物の外の灰皿のある所へ。

✈ 出張時、ここに注意

●**ロストバゲージ**　うまくすれば1日、ヘタをすればずっと出てこないこともある。予防策として機内持ち込みの荷物に少なくとも1泊分の着替え、洗面用具、パソコンとアダプター、スマートフォンのバッテリーなどを入れておきたい。スーツは着て行くのもいい。

●**忘れ物は出てこない**　ノートパソコン、タブレット端末、スマートフォンをタクシーやバスなどの公共交通機関に忘れることが多い。まず、出てくることはなく、また発見されてもバッテリーの関係から日本まで送付することができない。

●**道の渋滞**　コンベンション開催時は道が混雑する。早め早めの行動を。

●**タクシーが長蛇の列**　コンベンション終了後、タクシーは長蛇の列。夕食のアポがあるときは最寄りのホテルまでシャトルで行き、そこからタクシーをひろうのがいい。

●**セミナーやプレゼン時に要注意**　スライドを使用時は部屋を暗くしている。所持品を忘れていないかしっかりチェック。

●**右側通行**　人通りの多い所で流れに逆らうと歩きにくい。アメリカは日本と逆の右側通行であることを覚えておこう。

✈ お役立ちショップ紹介

●**ドラッグストアのウォルグリーンズWalgreens（→P.298）**

　アメリカで日本のコンビニに匹敵するのがドラッグストア。ウォルグリーンズはシカゴ生まれだけに、どこでも見かける。店舗の規模によるが、大きな店舗なら文房具、PCのUSBなどのメモリー、テレフォンカード、水などの飲み物、カットフルーツ、サンドイッチ、コーヒーなども販売する。中心部の24時間営業の店舗は右記のとおり（深夜の利用は避けること）。

●**オフィスディーポOffice Depot**

　文房具はもちろん、バッグ、PCの一般的な備品なら揃う。コピー機もあり、プリントサービスも行っている。

※国際宅配便はP.347、P.360側注、P.368参照

●**時差ボケがひどい**

　アメリカでポピュラーなサプリがメラトニン Melatonin。眠気を誘う「睡眠ホルモン」といわれるが、睡眠障害には効かない。副作用もゼロではないので注意を。

空のペットボトルを持ち歩こう

　空のペットボトルは役に立つ。アメリカの空港では搭乗エリアにペットボトルの給水機がある所が多い。また、コンベンションセンターならウオーターファウンテンの水を入れておくのもいい。

空港や公共の場に備えられているペットボトル用の給水機

ウーバーについて

　出張する人にとって、もはや欠かすことのできないウーバーやリフト。タクシーに比べて格安だが、ラッシュアワーや空港からの利用はそうとも言えない。空港によっては専用乗り場もあり、オヘア国際空港の乗り場については P.46 脚注参照。なお、ウーバーに乗る際は口コミサイトも参考に。

ウーバーやリフトの車にはステッカーが貼られているか、証明書が掲示されている

●**ウォルグリーンズ**

・**マグマイル北**

🏠Michigan & Chicago Aves. 南東角

・**リバーノース**

🏠Clark & Erie Sts. 南東角

●**オフィスディーポ**

・**リバーノース**

🏠Orleans & Ohio Sts. 南西角　🕐月 ～ 金 7:00 ～ 21:00、土 9:00 ～ 20:00、日 10:00 ～ 18:00

も多かった。このようなことが起こった場合は、仕事先の人、その日宿泊予定のホテルにすぐに電話を入れること。ホテルは当日の18:00以降はキャンセルが効かない。こんなときは腕時計などアナログ的なものが役に立つ。

シカゴのコンベンション事情とカレンダー

シカゴは全米最大のコンベンションシティだ。巨大なコンベンションセンターを有し、市がコンベンション誘致にとても積極的なこともあって、環境が特段に整っている。コンベンション参加で訪れる人は、ここでちょっと予習をしておけば、慌てず、迷わず、シカゴでしっかり動ける。

シカゴには、北米最大のコンベンション会場であるマコーミックプレイスがあり、ほかにも第2次世界大戦までは全米最大の商業スペースを有したマーチャンダイズマート、お隣のローズモント市のコンベンシ

ョンセンター、加えて巨大ホテルのボールルームなど、数万人収容可能な会場から、数十人をまかなう会議室まで、数えきれないほどのコンベンション施設がある。

シカゴでは数万人規模のコンベンションが開催されることも多く、旅行がその時期に当たると、宿の確保が難しくなるから注意したい。コンベンション参加者なら、主催者をとおしてなるべく早く宿の確保に努めよう。参加者1万人以上の大きなコンベンションについては下記のカレンダーを参照に。

期間	コンベンション名	参加人数	会場
2020年			
4/2-4/4	NCTM 2020 Centennial Conference	10,000	MC
4/10-4/12	Adidas Windy City National Qualifier 2020	14,000	MC
4/18-4/20	ABS 2020 America's Beauty Show and IECSC Chicago	43,202	MC
4/20-4/23	Institute of Electrical & Electronic Engineers - 2020 IEEE PES Transmission & Distribution Conference & Expo	14,201	MC
5/3-5/5	Digestive Disease Week	15,000	MC
5/16-5/19	2020 National Restaurant Association Restaurant Hotel-Motel Show	70,216	MC
5/19-5/21	NCA's 2020 Sweets and Snacks Expo	18,000	MC
5/29-6/2	ASCO 2020 Annual Meeting	40,500	MC
6/8-6/10	NeoCon® 2020	40,000	MM その他
6/9-6/11	RetailX 2020	21,000	MC
6/12-6/16	American Diabetes Association's 80th Scientific Sessions	18,000	MC
6/19-6/22	ASM Microbe 2020	12,000	MC
6/27-6/30	American Library Association 2020 Annual Conference & Exhibits	25,000	MC
7/10-7/12	NIKE National Invitational Tournament 2020	13,500	MC
7/13-7/15	IFT20	24,000	MC
7/26-7/30	2020 AACC Annual Scientific Meeting & Clinical Lab Expo	19,000	MC
7/30-8/2	C3 Presents 2020 Lollapalooza	295,000	Hilton Chicago
9/14-9/19	IMTS 2020 Industry & Technology Conference	94,000	MC
10/9-10/10	Bank of America Chicago Marathon and Health & Fitness 2020	40,000	MC
10/13-10/18	American Academy of Family Physicians - Scientific Assembly	10,000	MC
10/27-10/29	ISSA Show North America 2020	15,861	MC
11/8-11/11	PACK EXPO/Healthcare Packaging EXPO 2020	50,000	MC
11/20-11/22	IASB-IASA-IASBO Joint Annual Conference	12,062	Hyatt Regency Chicago その他
11/29-12/4	RSNA 2020 Annual Meeting	55,000	MC
2021年			
1/25-1/27	International Air-Conditioning, Heating, Refrigerating Exposition	60,000	MC
2/9-2/18	2021 Chicago Auto Show	100万	MC
2/20-2/22	Chicago Dental Society Midwinter Meeting	30,000	MC
3/14-3/17	The Inspired Home Show	63,000	MC
3/17-3/22	BOA 2021 Shamrock Shuffle	20,000	MC

会場：MC=McCormick Place, MM=Merchandise Mart

海外の無料Wi-Fiに注意 アメリカは日本に比べて無料Wi-Fiが発達している。「無料」だけにセキュリティがゆるい。無料Wi-Fiを利用してジャンクメールが増えることもよくある。場合によっては使用を控えよう。

コンベンション会場案内

シカゴのコンベンションセンターは北米No.1の大きさ。中心部から離れているので、タクシーやバスでアクセスを

マコーミックプレイス
McCORMICK PLACE & LAKESIDE CENTER

🏢2301 S. King Dr., Chicago, IL 60616　☎(1-312)791-7000
URL www.mccormickplace.com　MAP P.22-B4

　毎年約300万人が集まる、アメリカ最大の総合コンベンションセンター。誕生は1960年。

　マコーミックプレイスは大きく東西南北4つの建物から構成されており、いちばん古いミシガン湖に面した建物をレイクサイドセンター（東館）という。そのレイクサイドセンターは、ミース・ファン・デル・ローエMies van der Roheの建築様式の特徴を色濃く残す建物で、最も新しい西館とはまったく印象が異なる。

　面積は約24万1500m²。といってもピンとこないかもしれないが、晴海の東京国際見本市会場がゆうにふたつあるようなもの。館内には展示場のほかに、6つのボールルーム（宴会場）、173の会議室、ほかにも約4300席を有するアリー・クラウン・シアター Arie Crown Theaterがレイクサイドセンターの中にある。基本的に全館無料Wi-Fiだが通じにくいことも。

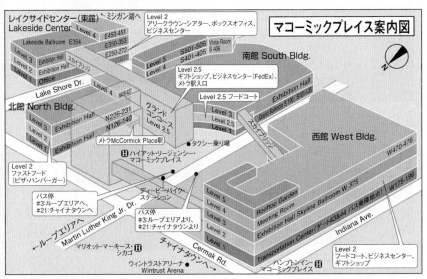

ループエリアから約4km。歩ける距離ではないので、タクシーやCTAバスなどを利用したい。コンベンション参加者なら、専用バスが宿泊先のホテルを結んでいる。なお、CTAグリーンラインCermak-McCormick Place駅はさびしいエリアにあるので暗くなってからは利用しないこと。

▶タクシー Taxi

ループエリアからは$12〜26、マグニフィセントマイルからは$18〜29＋Tip。タクシーはたいてい正面のグランドコンコース前で降ろしてくれる。所要5〜15分。

上／コンベンションセンター前にもウーバーやリフトの乗り場がある。この看板で待とう　下／タクシーは正面コンコースを出た目の前で待機している

▶CTAバス #3 King Drive

中心部からはシカゴ美術館前のミシガンアベニューを南下する#3 King Driveのバスで、運賃は$2.25。ループエリアから約15分、マグニフィセントマイルから約20分。Michigan Ave.を左折しCermak Rd.に入るとマコーミックプレイスの巨大な建物がある。King Dr.で右折して、すぐ下車。

中心部へはセンター前を走るCTA #3のバスで

コンベンション開催時は主催者が各ホテルとコンベンションセンターを結ぶ直通バスを用意する©Choose Chicago

マコーミックプレイス案内

グランドコンコース

正面を入った所がグランドコンコース。右にはフードコートのある南館、正面の階段を上って左側が北館、そのまま進んで橋の通路を渡れば東館のレイクサイドセンターに出る。マコーミックプレイスは全館禁煙。たばこを吸いたい人は建物の外に出ること

コンシェルジュデスク

グランドコンコースを入った正面に、コンシェルジュデスクがある。会場がどこかわからないときは、地図を見るよりコンシェルジュに聞いたほうが断然早い。コンベンション名を告げると、手で指しながら行き方を教えてくれるので、英語が聞きとれなくてもすぐにわかる

レイクサイドセンター

© Rob Sall Photo Courtesy of Choose Chicago

マコーミックプレイスで最初にできた建物。ミシガン湖畔にあることから、レイクサイドセンターと呼ばれ、中には劇場（アリー・クラウン・シアター）もある

コンベンションスペース

一般的なコンベンション開催時の様子。東西南北の四方に建物のあるマコーミックプレイスで、最後に増築されたのが西館。4つの建物と隣接するホテルのハイアット、マリオット・マーキス、ハンプトンイン（ヒルトン・ガーデンイン）とは通路で結ばれていて、雨や雪の日も安心

一般的なボールルーム

絨毯の敷かれたボールルーム。世界最大のボールルームが、このマコーミックプレイスの西館といわれている。コンベンションに限らず、催しものもよく行われる

案内表示

案内板もところどころに出ている。W、E、N、Sとは、東西南北の建物を指す頭文字。下の青いボードには今いる位置が表示されている。まずは自分のコンベンション会場が東西南北のどこか確認しておくこと。トイレの表示も大きく出ていて、数も多い

ビジネスセンター

フェデックスFedExのビジネスセンターはグランドコンコースの2.5階にあり、月〜金8:30〜17:00の営業。日本へ発送もOKだが、早く行かないと長蛇の列となる。セルフサービス式のコピー機などもあり、使用にはクレジットカードが必要

ギフトショップ

驚くべきことに、コンベンションセンターの中にシカゴみやげを売るギフトショップも入っている。グランドコンコース2.5階にあり、町なかで買い物をしている時間のない人はここで買うのがベスト。コンベンションの開催時のみオープン（月〜金8:30〜17:00）。北館2階、西館2階、レイクサイドセンター2階にも開催時にオープンする

食事処とフードコート

シカゴ名物のディープディッシュ・ピザの店（ユニーズ）と、シカゴ発祥のマクドナルドが北館2階に入っている。グランドコンコース右側の中2階にはフードコートもある。スターバックスのカートも出るがたいへん混雑する。これら施設は、コンベンションの開催に合わせての営業

© Abel Arciniega Photo Courtesy of Choose Chicago

臨時のサービス&案内所

大きなコンベンション開催時には、観光案内所やレストランの予約サービス、劇場などの半額チケット売り場Hot Tixなどが開設される

周辺ホテルへの専用通路

周辺のハイアット・リージェンシー、マリオット・マーキス、ハンプトンインなどとは専用通路で結ばれているので雨も雪も気にならない

メトラ鉄道のマコーミックプレイス駅

マコーミックプレイスの下をメトラME線が走っている。Millennium駅から7分で通勤時間帯は本数も多い。列車に乗りたい人におすすめ

売店

開催時はフードコートにも飲み物や軽食コーナーがあるが、隣のハイアットの売店が充実している。コンコースから歩いて2分ほど

マーチャンダイズマート
MERCHANDISE MART(theMART)

📮222 W. Merchandise Mart Plaza at Chicago River, Chicago, IL 60654
📞(1-800)677-6278
🌐www.themart.com
🗺️P.30-A4, P.22-A1

マーチャンダイズマートは現在「theMART」というが、定着していない。周囲に高層ビルが現れた

ダウンタウンを東西に貫くシカゴ川が南北に分岐する所に位置するマーチャンダイズマートは、第2次世界大戦中の1943年、ワシントンDCにペンタゴンが完成するまでは、世界最大の広さをもつオフィスビルであった。シカゴ川から見ると、その偉容がわかる。回数は少ないもののここでもコンベンションが行われる。ビルのテナントに家具、デザイン、アパレル関係が多く、行われるコンベンションや見本市も家具やアパレル関係が多い。

CTAトレインのブラウンラインMerchandise Mart駅ともつながり、中にはフードコートや郵便局、レストラン、ラジオ局などが入っている。また、西隣の建物とも連絡通路でつながっていて、上にはホリデイイン・シカゴ・マートプラザ・リバーノース（→P.236）がある。

アクセス

▶**CTAブラウンラインまたはパープルライン**
ループエリアからひとつ目のMerchandise Mart駅下車。駅と建物はつながっている。運賃は$2.50。
▶**タクシー** ループエリアから$6〜18、ウオータータワーから$8〜20。
繁華街であるミシガンアベニューからはちょっと歩くので、タクシーが便利。

ネイビーピア
NAVY PIER

📮600 E. Grand Ave., Chicago, IL 60611
📞(1-800)595-7437
🌐navypier.org
🗺️P.25-B2

寒い季節も屋内で遊ぶことができ、シカゴの老若男女が集う人気スポットでもあるネイビーピアNavy Pier。シカゴの中心部、マグニフィセントマイルの東、ミシガン湖に突き出た所にあり、娯楽施設に見える建物の中にコンベンション会場が入っている。建物の湖側半分の2階が展示場で、その下には搬入用の車寄せや駐車場もある。同じ建物の中にショップやレストランもあり、コンベンションの途中でひと休みをすることも簡単。時間があればおみやげも物色できる。

ネイビーピアの奥がコンベンションスペース。大規模なイベントも行われる
© Photo Courtesy of Choose Chicago

アクセス

マグニフィセントマイルの東。ミシガンアベニューからGrand Ave.を東に徒歩約15分。コンベンション会場までさらに7〜8分歩く。
▶**CTAバス #29、65、66、124**
ミシガンアベニュー下を走る#29、65、ワッカードライブからは#124のCTAバスで。運賃は$2.25。
▶**タクシー** ウオータータワーから$10前後。ループエリアのステートストリートからは$11前後。

ドナルド・E・ステファンズ・コンベンションセンター
（ローズモント・コンベンションセンター）
DONALD E. STEPHENS CONVENTION CENTER (ROSEMONT CONVENTION CENTER)

📮5555 N. River Rd., Rosemont, IL 60018
📞(1-847)692-2220 🗺️P.20-A4
🌐www.rosemont.com/desconvention

オヘア国際空港から車で約7分の所に位置する大規模な会場。展示用スペースだけでも約8万m²あり、100〜3500のブースが配置できる。6軒のホテルとも近く、一部連絡通路で結ばれている。

アクセス

▶**CTAブルーラインと無料シャトル**
ブルーラインの始発であるO'Hare駅からひとつ目のRosemont駅下車。駅から歩くと5〜7分かかるが、Rosemont駅からパークウエイ・バンク・パーク→アウトレット→コンベンションセンター行きの無料循環シャトルEntertainment Circulatorが出ている。バス乗り場はバラのマークが目印。

オヘア空港に近いローズモントのコンベンションセンター。周囲にホテルも多く、シカゴ市内のホテルが満室になるとこちらに回されることも

国際観光旅客税について 2019年1月以降、日本出国者を対象に、出国1回につき1000円の国際観光旅客税が導入された。原則として、航空券代に上乗せされて支払う方式となる。

COLUMN

～コンベンションでちょっと時間が空いたなら～
コンベンションセンター周辺の歩き方

　昨今、目覚ましい発展を遂げつつあるサウスループ。特にコンベンションセンター周辺は、まったく趣を異にする地区に囲まれたシカゴらしいエリア。ぶらぶらと散歩してみるとシカゴの今昔が見えてきてとても興味深い。

　マコーミックセンターから北に徒歩5分ほどの**プレーリーアベニュー歴史地区**（→P.113）にはシカゴ大火後に建てられたさまざまな建築様式の邸宅が建ち並び、なかでもシカゴで現存する最古の邸宅「クラーク邸」（1836年）が無料で一般公開されている。また西に車で5分も行けばそこはもう中国、**チャイナタウン**（→P.113）。Cermak通りとArcher通りの交差する北西にある**チャイナタウンスクエア**内のレストラン、ラーメンハウス、スイーツショップや、超人気の飲茶レストラン**フェニックス**（→P.270）などでほっこり旅の疲れを癒やすことができる。近辺は真夜中過ぎまで開いているレストランも多いので、食べ損ねた夕食をゆっくり取れるのがうれしい。アルコールをお客自ら持ち込むタイプのレストランもある。マコーミックセンターと直結する**マリオット・マーキス・ホテル**（→P.230）1階のフードホールは、窯焼きのピザレストランや、トッピングを選んで好きなベイクドポテトが作れる珍しい「ポテトバー」などが人気のスポット。気軽にランチを楽しんだり、ひとりで静かにさっと仕事を片付けたいときなどに最適だ。

　さらにマコーミックプレイスから2ブロックの距離には、あの**Chess Records（チェスレコード）**スタジオがある。シカゴブルースの父マディー・ウォーターズをはじめ、チャック・ベリー、エタ・ジェイムズなど多くの大物たちがレコーディングを行った"ブルースの聖地"で、現在はウィリー・ディクソン基金の事務所となっている。スタジオ見学ツアーもあるのでぜひ立ち寄ってみたい。1階にはショップもありレアなシカゴみやげが見つかるかも。

　シカゴには来たけれど、マコーミックプレイスにほぼ缶詰状態で観光の時間がないとお嘆きのビジネスパーソンにはもちろん、少し違う視点でシカゴを楽しんでみたいという旅の通の方々にとっても、わずかな時間で数々の楽しみ方ができるこのエリアは超おすすめ！　ただし、夜はなるべく車で出かけること。

●**チェスレコード Chess Records（Willie Dixon's Blues Heaven財団）**
🏠2120 S. Michigan Ave. `MAP` P.22-B4／サウスループ　☎(1-312) 808-1286
`URL` www.bluesheaven.com　⏰スタジオツアー：火～土 12:00～15:00の1時間おき
🈺日月　💰$15、5～17歳$10

●**クラーク邸 Henry B. Clarke House**（→P.113）
　無料ガイドツアーが水曜、金曜、土曜の13:00、14:30に行われる。約1時間

●**レジース・シカゴ Reggies Chicago**（→P.191）
　地元でも人気のライブハウス。食事もできる。

●**VU ルーフトップ・バー VU Rooftop Bar**
🏠133 E. Cermak Rd.
`URL` www.vurooftop.com
　ルーフトップからの絶景に癒やされる隠れ家的バー。ジーンズ不可、カジュアル過ぎない服装で。ハンプトンイン（→P.238）の最上階。

左上／1964年に駆け出しの頃のローリング・ストーンズがレコーディングを行ったことでも有名なチェスレコード　左下／チェスレコードはコンベンションセンターの西館から1.5ブロックの所にある　右上／センターから北へ3ブロックほど歩くとプレーリーアベニュー歴史地区がある　右下／VUルーフトップバーからダウンタウンの夜景が楽しめる

出入国の手続き

国際空港へは出発時刻の3時間前までに着くようにしたい。チェックイン手続きに時間を要するのと、急なフライトスケジュールの変更に対応できるように、早めの到着を心がけよう。

✈ 日本を出国する

国際空港へ向かう

日本国内の国際空港でシカゴヘノンストップ便を運航しているのは、成田と羽田のふたつ。関西や中部からは経由便となる。

空港到着から搭乗まで
①搭乗手続き（チェックイン）

空港での搭乗手続きをチェックイン（Check-in）といい、通常手続きは、航空会社のカウンター、または自動チェックイン機で行う。コードシェア便の航空券を持っている場合などは運航する航空会社、または有人のカウンターでチェックイン手続きを行う。eチケットを持っている人は、ほとんどが自動チェックイン機で、各自が手続きを行う（→P.351）。タッチパネルの操作をガイダンスに従って行い、すべての手続きが完了したら搭乗券が発券される。その後、荷物を受託手荷物を航空会社のカウンターに預ければよい。その際、パスポートの提示が求められ、本人確認がある。近年、航空会社のウェブサイトで出発24～72時間前にチェックイン手続きができ、搭乗券が発券されるようになってきた。その場合は、直接荷物カウンターに行けばよい。ただし、航空会社によって異なるので、事前に確認すること。
②手荷物検査（セキュリティチェック）

保安検査場では、機内に持ち込む手荷物のX線検査と金属探知機による身体検査を受ける。ノートパソコンなどの大型電子機器はかばんから出して、また、身に着けているベルトなどの金属類はトレイに入れ、手荷物検査と一緒にX線検査を受ける。液体やジェル類の機内持ち込みは透明の袋に入れて別にしておく（→P.355側注）。アメリカでは靴も脱いでX線検査を受ける。
③税関手続き

高価な外国製品を持って出国する場合、「外国製品持ち出し届」に記入をして申告する。これを怠ると、帰国時に国外で購入したものとみなされ、課税対象になることもある。ただし、使い込まれたものなら心配ない。
④出国審査

日本人は顔認証ゲートでの出入国が進んでいる。ゲートでパスポートを読み込ませ、正面の縦長の反射板に顔を向ける。問題なければゲートが開く。
⑤搭乗

自分のフライトが出るゲートへ。搭乗案内は出発時間の約30分前から始まる。搭乗ゲートでは搭乗券とパスポートを提示。

成田国際空港
空港の略号コード　"NRT"
☎(0476)34-8000
URL www.narita-airport.jp

東京国際空港（羽田空港）
空港の略号コード　"HND"
☎(03)6428-0888
URL www.haneda-airport.jp/inter/

関西国際空港
空港の略号コード　"KIX"
☎(072)455-2500
URL www.kansai-airport.or.jp

ESTA を忘れずに！
ビザなしで渡航する場合は、出発の72時間までにインターネットを通じて渡航認証を受けることが必要（→P.338）。必ず事前に承認を取得し、できれば取得番号の表示された画面を印刷して、携行していくように。航空会社によっては、この番号を確認するところもある。
「地球の歩き方　ホームページ」にも申告の手順が詳しく解説されている。
URL www.arukikata.co.jp/esta

受託手荷物は施錠しない
現在、アメリカ線は機内に預ける荷物には施錠をしないよう求められている。心配な人はスーツケースにベルトを装着するか、TSAロック機能のスーツケースを使用しよう（→P.341側注）。

タグは自分で付ける
近年、搭乗券の発券と同時に行き先の印字された荷物タグが自動的に出てくるようになった。この場合、自分で荷物のタグを付けることになり、タグを付けた後に荷物をカウンターで預けることになる。その際、タグの半券を忘れずに保管するように。

ESTAの申請代行 「地球の歩き方×ファーストワイズ アウレア ハワイ」では、インターネットにアクセスできない人のために、ESTAの申請代行を有料で行っている。無料 0120-881-347

✈ eチケットでセルフチェックイン

　国際線やアメリカの国内線のチェックインは、自分で搭乗手続きを行うセルフチェックインが一般的となっている。おおよその手順は下記のとおり。ただし、航空会社によって手順や表示が多少異なる。（協力：アメリカン航空、日本航空）

最近は自分でタグを付けてこのBag Dropで荷物を預ける

1　空港の出発フロアには、各航空会社のチェックインカウンターが並び、セルフチェックイン機が設置されている。eチケットを持っている場合、ほとんどがセルフチェックイン機での手続きになる。※ファーストクラスとビジネスクラスの利用者やビザが必要な人などセルフセチェックインで手続きが進まないときは、有人のチェックインカウンターへ。

2　アメリカの空港なら画面の表示は当然英語になる。しかし、日本に乗り入れている航空会社なら、日本語対応の機能が備わっている。まず画面上に表示された言語のなかから"日本語"をタッチする。

3　日本語による案内が開始。まずは、チェックインの方法を選択する。

4　チェックインには本人確認のため、おもにクレジットカード、または航空会社のメンバーズカード、パスポートを読み込ませるなどの方法がある。日本人ならパスポートが便利。パスポートの場合、記号と数字が並ぶ部分を機械のリーダーに入れて、データを読み込ませる。

5　搭乗するフライトと自分の名前などのデータが表示されるので、これを確認して右下の"続行"をタッチ。このときホテルなどの滞在先情報の入力を求められることがある。用意しておきたい。

6　受託手荷物は、通常、太平洋路線では航空会社によりふたつまで無料（アメリカ国内線は有料の場合が多い）。「預ける荷物がある」場合は、"続行"をタッチ。
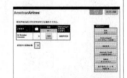

7　座席をリクエストしていない場合は、ここで座席を選ぶ。アルファベットの表示があるところが空席を意味する。

8　受託手荷物の個数を入力し、座席の変更などを行う場合は、オプションから該当のメニューを選択し手続きする。

9　画面上に搭乗時刻とゲートの案内が表示されるので確認をする。機械下部より搭乗券が出てくるから忘れずに受け取ること。航空会社によるが一緒に行き先の（3レターコード）表示されたタグが出てくる。これを各自荷物に付けるように。

10　受託手荷物がある場合は、印刷された搭乗券とタグの付いた荷物を持って、荷物預けの専用カウンターBaggage Dropで荷物を預ける。

まずはあいさつから

入国審査の際に審査官の前に進んだら、"Hello"、"Hi" と、まずはあいさつをしよう。審査終了後も "Thank you" のひと言を忘れずに。

質問の答え方
● 渡航目的は、観光なら "Sightseeing"、仕事ならば "Business"
● 滞在日数は、5日なら "Five days"、1週間ならば "One week"
● 宿泊先は到着日に泊まるホテル名を答えればよい。ホテルの住所を尋ねられることもある
● 訪問先は、アメリカを周遊する場合に尋ねられることがある。旅程表などを提示して、説明するといい
● 所持金については、長期旅行や周遊する町が多い場合に尋ねられることもある。現金、クレジットカード所有の有無を正直に答える

入国審査は簡単な英語だが、どうしてもわからないときは、通訳 Interpreter（インタープリター）を頼もう。

● 空港で荷物が出てこなかったら
→ P.364

両手の指紋をスキャンする
©Department of Homeland Security, US-VISIT

税関申告書

税関申告書に特記する申告物がない場合は、口頭の質問と申告書の提出で検査は終了する。APCでの入国は不要。

アメリカ入国時の持ち込み制限

持ち込みは無制限だが、現金は1万ドル以上は要申告。酒類は、21歳以上で個人消費する場合は1ℓ、おみやげは$100相当まで無税。たばこは200本（または、葉巻50本、刻みたばこなら2kg）まで無税。野菜・果物、肉類やそのエキスを含んだすべての食品は持ち込み禁止。

アメリカの場合、アメリカ国内線へ乗り継ぎがあっても、必ず最初の到着地で入国審査を行う。ノンストップ便でシカゴを訪れる場合は、オヘア国際空港、乗り継ぎ便の場合は、最初に到着したアメリカ国内の空港で入国審査を受けることになる。

ESTAを使って初めての入国なら到着する前に、機内で配布される「税関申告書（→P.353）」を記入しておこう。ESTAを使って2回目以降の人は「税関申告書」は不要。

入国審査から税関申告まで
①入国審査（→P.47）

飛行機から降りたら、"Immigration" の案内に沿って入国審査場に向かう。窓口は、アメリカ国籍者（U.S.Citizen）、それ以外の国の国籍者に分かれている。ESTAを取得し2回目以降の入国者はAPC（下記脚注参照）の機械で入国することができる。APCでなければ審査官のいる窓口へ進み、パスポートと税関申告書を提出する。場合によってはeチケットの控えやESTAの控えを求められることもある。なお、現在米国に入国するすべての人を対象に、インクを使わないスキャン装置によるすべての指の指紋採取（一部空港）とデジタルカメラによる入国者の顔写真の撮影が行われている。渡航目的や滞在場所などの質問が終わり、入国が認められれば、パスポートと税関申告書を返してくれる。

審査に必要なパスポートと税関申告書を手渡す

入国審査時に顔写真を撮る

↓ パスポートの検査、質問
（滞在目的、日数など）

指紋のスキャン

デジタルカメラによる顔写真の撮影

← WELCOME TO THE U.S.

バゲージクレームへ

②荷物をピックアップする

入国審査のあと、バゲージクレームBaggage Claimへ。自分のフライトをモニターで確認して、荷物の出てくるターンテーブルCarouselへ行き、ここで受託手荷物を受け取る。手荷物引換証（タグ）を照合する空港もあるので、タグはなくさないように。また、受託手荷物が出てこない、スーツケースが破損していたなどのクレームは、その場で航空会社のスタッフに申し出ること。

③税関検査

税関では、持ち込み数量に制限がある酒、たばこの持ち込みをチェック。制限を超える場合は課税の対象だ（→側注）。

自動入国審査（APC）で入国手続き 入国手続きが専用機でできる。オヘア空港には自動入国審査 Automated Passport Controlのキオスク（機械）があり、これで手続きをする。APCでの手続きは次の条件を満たす人が対象。ESTAを取得してから2回目以降の入国であること。キオスクでは、日本語 ↗

アメリカ入国に必要な書類

U.S. Customs and Border Protection

税関申告書

到着する渡航者各個人、または家族の世帯主には、以下の情報を提供することが義務づけられています。(申告書は一家族につき一通のみです)。「家族」とは、血縁関係、婚姻関係、慣習婚姻関係、または養子縁組による家族関係を持ち、同じ世帯に居住している者を意味します。

1 姓(苗字) ①CHIKYU
名(ファーストネーム) ②AYUMI ミドルネーム
2 生年月日 ③月 10 日 05 西暦年 90
3 渡航に同行している家族の人数 ④0
4 (a) 米国における滞在・居住先の住所(番地と通り)(ホテルの名称・訪問先) ⑤PENINSULA CHICAGO
(b) 市 ⑥CHICAGO (c) 州 ⑦IL
5 旅券発行国 ⑧JAPAN
6 旅券番号 ⑨MR1234567
7 居住国 ⑩JAPAN
8 今回渡米に先立って訪れた国 ⑪
9 航空会社・便名もしくは船舶名 ⑫NH12
10 今回の渡米の主要目的はビジネスです: ⑬はい いいえ✔
11 私(私達)は、以下の物品を所持しています:
(a) 果物類、野菜類、植物類、種物、食物、昆虫類: はい いいえ✔
(b) 肉類、動物、動物/野生生物製品: はい いいえ✔
(c) 病因体、細胞培養、巻貝類: はい いいえ✔
(d) 土壌、あるいは、私(私達)は、農場・牧場・牧草地にいました: はい いいえ✔
12 私(私達)は、家畜の近くにいました: はい いいえ✔
(家畜との接触、または知糧・飼いなど)
13 私(私達)は、現在通貨、または、金融商品にして、10,000ドル以上の米ドル、または、それに相当する外国通貨を所持しています: はい いいえ✔
(金融商品の定義は裏面参照)
14 私(私達)は、市販用商品を所持しています: はい いいえ✔
(販売対象になる商品、または、発注を促す目的で使用する試供品、または、個人の身の回りの所持品の範疇に当てはまらない物品)
15 米国居住者—市販用商品を含め、海外で購入、あるいは取得した物品(他人への贈与品も含める。ただし米国に郵送したものは含まないの総額: $
渡航訪問者—米国に残していく物品の総額—(市販用商品込み): ⑭$ 30.00

この書式の裏面にある記入説明文をお読みください。申告義務のある全ての品目について記入する欄が設けてあります。

私は、この書式の裏面にある重要な情報項目を読み、真実に基づいた申告をしました。

✗ ⑮地球 歩 ⑯5/1/20

署名 日付(月/日/年)

CBP Form 6059B (04/14) Japanese

米国税関・国境取締局は皆様の訪米を歓迎いたします。
米国税関・国境取締局は、米国への輸入禁止品の不法輸入を防ぐ義務を負っています。CBPの職員は、渡航者に質問したり、渡航者と渡航者の所持品を検査する権利を有しています。もし、あなたが検査をうける対象の一人となった場合は、丁重でプロフェッショナル、かつ敬意のある扱いを受けます。CBPの監督者および渡航者サービス担当者が、ご質問にお答えします。お褒めの言葉やご意見・ご要望は、コメント・カードにご記入ください。

重要な情報

米国居住者—国外で取得し、米国に持ち込むすべての物品を申告すること。

訪問者(非居住者)—米国に残す全ての物品についてその価値を申告すること。

この申告書に**全ての物品を申告**し、その価値を米ドルで記入してください。贈与品については、小売価格をご記入下さい。

関税—CBP職員が判断します。米国居住者については、所持品の$800ドル相当までの物品について免税が適用されます。渡航訪問者(非居住人)については、一般的に$100ドル相当までの免税が適用されます。関税は、免税額を超える最初の$1,000ドルについて現行利率で査定されます。

農産物及び野生生物製品—危険な農業害虫、禁制野生生物の入国を防止する目的で、以下の物品が規制の対象になっています。果物、野菜、植物、植物性産物、土壌、肉製品、食肉加工品、鳥類、巻貝類、生きた動物および、動物製品。これらの物品を、税関・国境取締局、税関・国境取締局農業専門家、魚類・野生生物検査官に申告する事を怠った場合、罰金が課されたり、所有物品の押収につながる事があります。

通常、規制薬物、猥褻品、及び毒性物質を持ちこむことは禁じられています。

通貨、または**金融商品**の輸送は金額にかかわらず合法行為です。ただし、国外から米国内に$10,000ドル以上(米ドル、またはそれに相当する外国通貨、もしくはそれらの組み合わせ)を持ち込んだり、逆に米国から国外へ上記を持ち出す場合には、それをFinCEN 105(旧税関書式4790)をもって米国税関・国境取締局に報告書を提出することが、法律によって定められています。金融商品と呼ばれるものの中には、コイン、紙幣、トラベラーズ・チェック、および持参用金融商品である個人の小切手や銀行小切手、株・証券が含まれています。本人以外の人に通貨や金融商品を運搬してもらう場合も、FinCEN105の書類を提出しなければなりません。その申告を怠ったり、全額を申告しなかった場合は、渡航者が所有しているすべての通貨、金融製品が押収の対象になったり、渡航人が民事上の刑罰または刑事訴追を受ける可能性があります。このページの上記にある重要な情報をお読みになり、真実に基づいた申告をした後、当書式の表にある署名の欄にサインをして下さい。

所有品目の明細(リストが長くなる場合は、別のCBPフォーム6059Bに記載を続けてください。)	価値・金額	CBP専用記載欄
⑰HANDKERCHIEF	$30.00	
⑱総額	$30.00	

文書業務削減法声明:現在有効のOMB管理番号の明記がない場合、当局は、情報収集を行ったり支援したりしてはならず、渡航人は、この情報に対する応答をする義務はありません。当情報収集の管理番号は、1651-0009です。当書式の見積平均記入時間は、約4分です。渡航人は、回答が義務付けられています。書式の見積記入時間についてのご意見は、下記の住所までご連絡下さい。U.S. Customs and Border Protection Office of Regulations and Rulings 90 K Street, NE, 10th Floor Washington, DC 20229.

U.S. G.P.O. 2015—570-089/50084 CBP Form 6059B (04/14) Japanese

税関検査後、市内や近郊の町へ

税関検査を終えたら、Exitのサインに従って進む。オヘア国際空港からシカゴ中心部へのアクセスには、タクシー、空港シャトルバン、配車サービスなどがある。詳しくは→P.49

アメリカを出国する

①空港へ向かう

ホテルから空港への交通手段で、最も一般的なのは空港シャトルバン(→P.49)。利用日の24時間前までに電話、ウェブサイトなどで申し込んでおこう。空港までいちばん安いルートであるCTAトレインの利用は、時間に余裕をもって行動したい。

現在、アメリカ国内の空港セキュリティが非常に厳しく、とても時間がかかる。国内線の場合は2時間前に、国際線は3時間前までには空港に着くようにしよう。

②利用航空会社のカウンターに向かう

オヘア国際空港をはじめアメリカのおもな国際空港は、航空会社によってターミナルが異なる。事前に確認しよう。

③チェックイン(搭乗手続き)

2020年3月現在、アメリカでは出国審査官がいるゲートで出国スタンプを押してもらうプロセスがない。利用航空会社のカウンターで、自動チェックイン終了後、受託手荷物とパスポートを提示すればよい。係員から、受託手荷物のタグと搭乗券、パスポートを受け取ったら手荷物検査とX線検査を通って搭乗ゲートに向かう。

税関申告書
①姓(名字) ②名
③生年月日(月日年の順:年は西暦の下2ケタのみ)
④同行している家族の人数
⑤滞在先(ホテル)の名称
⑥滞在先(ホテル)の市
⑦滞在先(ホテル)の州
⑧パスポート発行国
⑨パスポート番号 ⑩居住国
⑪アメリカに着く前に訪問した国。ない場合は無記入
⑫アメリカ行きの航空会社とフライト番号(航空会社は2文字の略号で)
⑬該当するものがあるときは"はい"に、ない場合は"いいえ"にチェック
⑭おみやげなどアメリカに残るものの金額(私物は含まれない)
⑮署名(パスポートと同様)
⑯入国日(月日年の順)
⑰おみやげなどアメリカに残るものがある場合は、品名と金額を書き込む
⑱⑰の合計金額

シカゴからほかの都市へ乗り継ぐ場合

国際線ターミナルで入国審査と税関検査を終えた後、出口の手前に乗り継ぎ便の手荷物カウンターがある。ほとんどの場合、荷物のタグが最終目的地まで付けられているので、ここでは荷物を預けるだけ。近くに乗り継ぎ便のモニターがあるから、次に乗る便のゲートや出発時刻を確認しておこう。なお、乗り継ぎ便のカウンターは出口に向かって左側がAA(JL)系、右側がUA(NH)系。到着出口はAAとJLが「A」、UAとNHが「B」。

注意:オヘア空港のターミナル間を走るATSは2020年2月現在修復中。ターミナル間の移動はバスで。ターミナル1〜3は2階、国際線ターミナルは1階に発着する。

シカゴ・オヘア国際空港の全日空カウンター。係員によるチェックインを行っている

↘を選び、次にパスポートの番号の部分を読み取らせる。質問に答えたあと、指紋のスキャン(緑のライトがつけばOK)、顔写真の撮影(カメラを目の高さに合わせる)と続き、搭乗便の確認があり、終了するとレシートが出てくる。これを係員に渡して次は税関となる。ただし、レシートに「×(バツ)」が記されたら審査官のいる列に並ぶ。

成田の入国エリアにも免税店ができた。酒とたばこを販売

✈ 日本に入国する

飛行機が到着し、ゲートを進み検疫カウンターへ。アメリカからの帰国者は基本的に素通りでよいが、体調異常がある場合は検疫官に申し出ること。入国審査は出国と同じで顔認証ゲートで各自行う。次にバゲージクレームのターンテーブルで受託手荷物を受け取ったら、税関のカウンターへ進む。海外で購入した物品が免税範囲内なら緑、免税の範囲を超えている場合は赤の検査台へ。なお、機内で配布された「携帯品・別送品申告書」はここで提出する。

携帯品・別送品申告書記入例

（表面）

（A面）
日本国税関
税関様式C第5360号

携帯品・別送品申告書

下記及び裏面の事項について記入し、税関職員へ提出してください。
家族が同時に検査を受ける場合は、代表者が1枚提出してください。

搭乗機（船）名	①NH11	出発地	②シカゴ
入国日	③2020年 4月 8日		
氏名	フリガナ チキュウ アユミ ④地球 歩		
現住所（日本での滞在先）	⑤東京都中央区八丁堀2-9-1		
	電話 03(1234)5678		
職業	⑥会社員		
生年月日	⑦1990年 1月 15日		
旅券番号	⑧TT1234567		
同伴家族	20歳以上 名	6歳以上20歳未満 名	6歳未満 名

⑨

※ 以下の質問について、該当する□に"✓"でチェックしてください。

1. 下記に掲げるものを持っていますか？ ⑩ はい いいえ
① 麻薬、銃砲、爆発物等の日本への持込みが禁止されているもの（B面1. を参照） いいえ✓
② 肉製品、野菜、果物、動植物等の日本への持込みが制限されているもの（B面2. を参照） いいえ✓
③ 金地金又は金製品 いいえ✓
④ 免税範囲（B面3. を参照）を超える購入品・お土産品・贈答品など はい✓
⑤ 商業貨物・商品サンプル いいえ✓
⑥ 他人から預かったもの いいえ✓
＊上記のいずれかで「はい」を選択した方は、B面に入国時に携帯して持ち込むものを記入してください。

2. 100万円相当額を超える現金、有価証券又は1kgを超える貴金属などを持っていますか？ はい いいえ✓
＊「はい」を選択した方は、別途「支払手段等の携帯輸出・輸入申告書」を提出してください。

3. 別送品 入国の際に携帯せず、郵送などの方法により別に送った荷物（引越荷物を含む。）がありますか？
⑪ ✓はい（ 1個） いいえ
＊「はい」を選択した方は、入国時に携帯して持ち込むものをB面に記入したこの申告書を2部、税関に提出して、税関の確認を受けてください。（入国後6か月以内に輸入するものに限る。）確認を受けた申告書は、別送品を通関する際に必要となります。

《注意事項》
海外又は日本出国時及び到着時に免税店で購入したもの、預かってきたものなど日本に持ち込む携帯品・別送品については、法令に基づき、税関に申告し、必要な検査を受ける必要があります。申告漏れ、偽りの申告などの不正な行為がある場合は、処罰されることがあります。

この申告書に記載したとおりである旨申告します。
署名 ⑫地球 歩

（裏面）

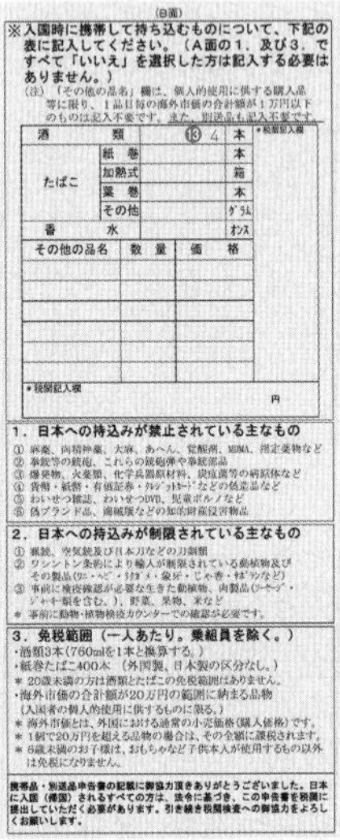
（B面）
※入国時に携帯して持ち込むものについて、下記の表に記入してください。（A面の1. 及び3. ですべて「いいえ」を選択した方は記入する必要はありません。）
（注）「その他の品名」欄は、個人的使用に供する購入品等に限り、1品目毎の海外市価の合計額が1万円以下のものは記入不要です。また、別送品も記入不要です。

				＊税関記入欄
酒類		⑬4	本	
たばこ	紙巻		本	
	加熱式		箱	
	葉巻		本	
	その他		グラム	
香水			オンス	

その他の品名	数量	価格

＊税関記入欄 円

1. 日本への持込みが禁止されている主なもの
① 麻薬、向精神薬、大麻、あへん、覚醒剤、MDMA、指定薬物など
② 拳銃等の銃砲、これらの銃砲弾や拳銃部品
③ 爆発物、火薬類、化学兵器原材料、炭疽菌等の病原体など
④ 貨幣・紙幣・有価証券・クレジットカードなどの偽造品など
⑤ わいせつ雑誌、わいせつDVD、児童ポルノなど
⑥ 偽ブランド品、海賊版などの知的財産侵害物品

2. 日本への持込みが制限されている主なもの
① 猟銃、空気銃及び日本刀などの刀剣類
② ワシントン条約により輸入が制限されている動植物及びその製品（ワニ・ヘビ・リクガメ・象牙・じゃ香・サボテンなど）
③ 事前に検疫確認が必要な生きた動植物、肉製品（ソーセージ・ジャーキー類を含む。）、野菜、果物、米など
＊ 事前に動物・植物検疫カウンターでの確認が必要です。

3. 免税範囲（一人あたり。乗組員を除く。）
・酒類3本（760mlを1本と換算する。）
・紙巻たばこ400本（外国製、日本製の区分なし。）
＊ 20歳未満の方は酒類とたばこの免税範囲はありません。
・海外市価の合計額が20万円の範囲に納まる品物（入国者の個人的使用に供するものに限る。）
＊ 海外市価とは、外国における通常の小売価格（購入価格）です。
＊ 1個で20万円を超える品物の場合は、その全額に課税されます。
＊ 6歳未満のお子様は、おもちゃなど子供本人が使用するもの以外は免税になりません。

携帯品・別送品申告書の記載に御協力頂きありがとうございました。日本に入国（帰国）されるすべての方は、法令に基づき、この申告書を税関に提出していただく必要があります。引き続き税関検査への御協力をよろしくお願いします。

携帯品・別送品申告書
（表面）
①航空会社（アルファベット2文字の略）と便名 ②出発地 ③入国日 ④氏名 ⑤住所と電話番号 ⑥職業 ⑦生年月日 ⑧パスポート番号 ⑨同伴の家族がある場合の内訳 ⑩質問の回答欄にチェック ⑪別送品がある場合は「はい」にチェック、個数を記入 ⑫署名
（裏面）
⑬日本入国時に携帯して持ち込むものを記入

携帯品・別送品申告書について

2020年3月現在、日本に入国（帰国）するすべての人は、「携帯品・別送品申告書」を1通提出することになっている。海外から別送品を送った場合は2通提出し、このうちの1通に税関が確認印を押して返してくれる。なお、この申告書は、別送品を受け取る際の税関手続きで必要になるので、大切に保管しよう。

帰国後に別送品の申告はできない。もし、別送品の申請をしなかったり、確認印入りの申請書をなくした場合は、一般の貿易貨物と同様の輸入手続きが必要になるので要注意。

海外から日本への持ち込み規制と免税範囲

海外で購入する際に問題ないと言われても、税関で規制対象品と判明した時点で所有を放棄する、自己負担で現地に送り返す、輸入許可が下りるまで有料で保管されるなどの処置がなされる。

日本へ持ち込んではいけないもの

- ●麻薬、覚せい剤、大麻、MDMAなどの不正薬物
- ●けん銃などの銃砲、これらの銃砲弾、けん銃部品
- ●わいせつ雑誌、わいせつDVD、児童ポルノなど
- ●偽ブランド品、海賊版などの知的財産を侵害するもの　など

日本入国時の免税範囲（成年者ひとり当たり）

2020年2月現在（表は2021年9月30日まで）

	品名		数量または価格	備考
1	酒類		3本	1本760mℓ程度のもの
2	たばこ	葉巻たばこ	100本（ただし、ほかのたばこがない場合）	加熱式たばこ個装等20個
		紙巻きたばこ	400本（同上）	
		その他のたばこ	500g（同上）	
3	香水		2オンス	1オンスは約28mℓ
4	品名が上記1～3以外であるもの		20万円（海外市価の合計額）	合計額が20万円を超える場合は、超えた額に課税。ただし、1個で20万円を超える品物は、全額に課税される

※未成年者の酒類、たばこの持ち込みは範囲内でも免税にならない
※6歳未満の子供は、おもちゃなど明らかに子供本人の使用と認められるもの以外は免税にならない

※輸出入禁止・規制品についての詳細は税関まで
URL www.customs.go.jp

現地での国内移動

アメリカ国内を移動する場合の移動手段は、飛行機、鉄道、長距離バス、レンタカーなどが挙げられる。何を利用するかによって、移動時間や予算面に差が出てくる。また、どの移動手段においても**アメリカ国内を旅するにあたっては、「時差」がある**ことを念頭に行動してほしい。州が変わったことで発生することがある「時差」を意識しないと、飛行機や鉄道、バス、予約しておいた現地ツアーなどの出発時刻に間に合わないこともある。

✈ アメリカ国内線の基礎知識

旅行の形態と航空券

日本と訪問都市1ヵ所を単純に往復する旅行には、往復航空券が適している。一方、2都市以上の複数都市を飛行機で巡る形態を周遊という。周遊の航空運賃は希望する区間のゾーンによる算定方法や、5～6都市までの周遊はいちばん遠い都市への運賃が適用されるなど、航空会社により条件が異なる。

また、航空会社は、乗客や貨物の効率的な輸送を図るため、運航の拠点として利用する都市に**ハブ（中枢）空港**をもっている。行きたい都市への直行便がなくても、ハブになっている都市を経由すれば目的の都市にたどり着ける。ハブの都市を経由すると遠回りになる場合もあるが、そのぶんのマイルが加算されることにもなる。多少のデメリットはあるが、利用航空会社の路線内でルートを作成するのが効率的だ。

選んだ航空会社の路線が訪問予定都市をどうしてもカバーしきれない場合などは、ほかの交通機関の利用を考えてみよう。例えば、シカゴ～ウィスコンシン州ミルウォーキーなどは、長距離バスやアムトラック（鉄道）の利用が便利だ。

国内線利用の流れ

①空港へ向かう

国内線の場合、出発時刻の90分～2時間30分前には空港に着くようにしよう。現在、アメリカ国内の空港のセキュリティが非常に厳しく、搭乗までにとても時間がかかる。また、航空会社によってターミナルが違うこともあるので注意したい。地下鉄などを使う場合は、地下鉄駅と各ターミナルを結ぶ無料のシャトルバスが運行されている空港もある。

②空港到着～搭乗まで

国内線を利用するときには、「ドメスティックDomestic」と表示のあるほうへ。セルフチェックインを済ませ、保安検査場でセキュリティチェックを受けてから搭乗ゲートへ。ターミナル内では、各所にあるコンピューターディスプレイで自分の乗るフライトのゲート番号を確認する。機内への搭乗は、通常30分前から。到着後、大きな空港は、出口で荷物のクレームタグの番号を照合することもある。

航空券に関する専門用語

● **OPEN（オープン）**
　航空券の有効期限内であれば、復路のルート変更が可能な航空券
● **FIX（フィックス）**
　出発前に日程や経路を確定させた往復便の予約を行う必要がある航空券
● **ストップオーバー**
　途中降機のことで、乗り継ぎ地で24時間以上滞在すること

コードシェアとは？
　路線提携のこと。ひとつの定期便に2社以上の航空会社の便名がついているが、チェックインの手続きや機内サービスは主導運航する1社の航空会社によって行われる。搭乗券には実運航の航空会社名が記載されるが、空港内の案内表示には複数の便名、または実運航の航空会社のみの便名で表示されるなど、ケースバイケース。予約時に必ず、実運航の航空会社を確認すること。

機内持ち込み手荷物について
　身の回り品のほか、3辺の和が113cm以内の手荷物（各航空会社によって異なる）はひとつまで機内に持ち込むことができる。貴重品やパソコン、壊れやすいものは機内持ち込みにすること。カミソリやはさみなどの刃物は機内持ち込み不可。ライターはひとりにつき1個までなら機内持ち込み可能。電子たばこは持ち込みとなるが機内はもちろん禁煙。

　また、液体物の持ち込みは、出国手続き後の売店で購入したものを除き、制限されている。化粧品など液体類およびジェル状のもの、ヘアスプレーなどのエアゾール類はそれぞれ100mℓ以下の容器に入れ、容量1ℓ以下の無色透明ジッパー付きの袋に入れること。手荷物とは別に検査を受ければ持ち込み可能。詳細
URL www.mlit.go.jp/koku/15_bf_000006.html

✕ 鉄道（アムトラック）

アメリカ大陸を迫力満点に疾走する列車の旅は、単なる移動手段としてではなく、それ自体が大きな楽しみといえる。車窓に移りゆく風景を眺めながら、思いおもいの時を過ごしてみよう。

◆乗車の流れ

乗車券の購入はウェブサイトやチケット窓口で。窓口では乗りたい列車と目的地、乗車券の枚数を告げる。ウェブサイトで予約している場合は、予約番号の入ったバウチャーを渡せばよい。USAレイルパスを持っていて初めて使うときは、パスポートなどの身分証明書（ID）を見せて、利用開始日と終了日を記入してもらう。そして、希望の列車と目的地を告げて乗車券を発券してもらうことになる。

列車に乗り込む際、安全のため列車の到着と出発時刻の前後以外は駅のホームには入ることができない。また、一部の駅では、ホームへの入口で係員がチケットをチェックするので、手に持っていよう。列車が動き出してから車掌が検札にやってくる。そのとき提示した乗車券を切り、その代わりに引換証を頭上の荷物置き場の所に挟んでくれる。席を移動するときは、これを持って移動するように。

✕ 長距離バス（グレイハウンド）

グレイハウンド社は、アメリカで唯一最大の長距離バス会社。ハワイとアラスカを除く全米48州をカバーし、提携バス会社と合わせると、行けない町はないといっていいほどその路線網は充実している。バスに乗ってアメリカの大地を感じる旅に出てみよう。

◆乗車の流れ

バスターミナル、バスディーポ（→P.358脚注）へは出発時刻の60分前までに行こう。チケットはウェブサイトで前売りを買うこともできる。割引になっているので、乗車日が決まっているのなら、そちらがおすすめ。購入後、自宅のプリンターで印刷できる。現地で普通の乗車券を買う場合は、チケットカウンターで行き先、片道か往復か、枚数を告げる。バスティーポによっては、自動券売機もある。荷物を預けたい人は、ここで荷物の数を申告し、行き先の書かれた荷物タグをもらう。

改札が始まるのは出発時刻の10 〜 15分前くらいから。改札をするのはバスを運転するドライバーだ。車体下部のトランクに大きな荷物を預ける人は、改札のときドライバーに頼む。行き先を確認したらバスに乗り込もう。近年は満席でもバスを増便することが少なくなったので、出発ゲートを確認したら早めに並ぶこと。席は早いもの順だが、ほかの町を経由してきたバスは、すでに乗客が座っているから、空いた席に座ることになる。目的地に到着したらクレームタグの半券を見せて、係員に荷物を出してもらう。

バスディーポやバスターミナルは町の中心地にあっても治安の不安定な所にある場合が多い。バス利用のとき以外は、なるべく近くをうろつかないように心がけよう。

アムトラックの時刻表
　大きな駅に用意されており、無料で手に入る。ウェブサイトでは時刻表の確認ができるほか、チケットの予約もできる。
URL www.amtrak.com
Free (1-800)872-7245

USAレイルパス
　アムトラックでは、鉄道周遊券を販売している。これはアムトラックの全路線（主要駅から発着している連絡バスを含む）を、適用期間内の利用回数分だけ乗車できるシステム。
　USAレイルパスはアムトラックのウェブサイトから購入できるほか、アメリカで購入する場合は、大きな鉄道駅に行けばよい。

ユニオン駅の切符売り場。アールデコのインテリア

グレイハウンドの時刻表はウェブ
　サイトにアクセスしたあと、"Book a Trip" の項に出発地と目的地、乗車日を入力していけば、時刻表だけでなく、運賃も知ることができる。さらに進めばバスターミナルやバスディーポの情報も知ることができる。
URL www.greyhound.com
Free (1-800)231-2222

シカゴのグレイハウンド・バスターミナルの内部。24時間営業

シカゴ・ユニオン駅でレンタカーを借りる人へ　ミシガン州まで行く予定だったため、予約を入れてからユニオン駅でレンタカーを借りた。係員がひとりしかいなく、時間がかかった。また、駐車場が駅から約

✕ レンタカー

　レンタカーを利用する際、日本で予約を入れるときに決めなければいけない項目は、借り出しと返却の日時、場所と車種。借り出しと返却の日時は、"7月23日の午前10時頃"という決め方。場所については、「オヘア国際空港の営業所」など、営業所を特定する。車種はおもに大きさを基準にして、いくつかのクラスに分類されている。クラスの名称は各社異なるが、一般的には小型車、中型車、大型車、4WD、コンバーチブル、バンなどが加わる。ほかにもカーナビやチャイルドシートなどの追加装備、運転する人（契約者）と追加ドライバーの有無などを決めておこう。

レンタカーを借りる手続きと返却手続き

◆車をピックアップ（チェックアウト）

　レンタカーを借りることをピックアップ（チェックアウト）、返却することをリターン（チェックイン）という。

　空港内のカウンター、または営業所で予約してあることを告げて、予約確認証、国外（国際）運転免許証（または運転免許証翻訳フォーム）、日本の運転免許証、クレジットカード、クーポンで支払う場合はクーポンを差し出す。クーポンで支払う場合でも、任意保険や保証金のためにクレジットカードの提示が必要になる。任意で加入する保険は、必要なものだけ、よく確認してから加入する。最後に契約書にサインをする。契約書の条件を守る義務を生じさせるものなので、契約内容を十分に理解したうえでサインをするように。契約書にサインしたら手続きは終了。キーと一緒に、車の停めてあるスペースの番号が告げられる。

◆保険について

　大手レンタカーの基本料金には、自動車損害賠償保険（強制保険のこと。最低限の対人・対物補償）が含まれている。ただし、補償上限額は低いので、任意保険（ピックアップのときに聞かれる）に加入しておいたほうが安心。そして、基本料金に保険が含まれているかよく確認すること。含まれない場合は、追加自動車損害賠償保険に加入することをすすめる。

◆車をリターン（チェックイン）

　各レンタカー会社の営業所が"Car Return"のサインを出している。これに従って進む。車を停めたらリターン専門の係員が近くにいるので、契約書の控えと記入済みの契約書ホルダーを渡して精算する。支払いが終わったら、契約書の控えと領収書を受け取って手続き終了。

給油について

　セルフサービスのガスステーションが主流。代金の支払い方法は店舗で異なり、"Please Pay First"とポンプに書いてある場合は先払い、ない場合はあと払いだ。先払いは、給油ポンプに付属の端末機でクレジットカード払い（日本のクレジットカードは受け付けないことも多い）、または売店で現金ないしはクレジットカードで支払いを済ませてから給油する。

国外（国際）運転免許証について
→ P.339 側注
※アメリカで運転するときは、必ず日本の運転免許証と国外（国際）運転免許証のふたつを携帯して運転すること。

日本に支社、代理店のあるレンタカー会社

●アラモ Alamo
アラモレンタカー
URL www.alamo.jp
日本 無料 0120-088-980
営 月〜金 9:30 〜 18:00
休 土、日、祝日
アメリカでの問い合わせ先
Free (1-844)357-5138

●エイビス Avis
URL www.avis-japan.com
日本 無料 0120-31-1911
営 月〜金 9:30 〜 18:00
休 土、日、祝日
アメリカでの問い合わせ先
Free (1-800)633-3469

●バジェット Budget
URL www.budgetjapan.jp
日本 無料 0120-113-810
営 月〜金 9:30 〜 18:00
休 土、日、祝日

●ダラー Dollar
URL www.dollar.co.jp
日本 無料 0120-117-801
営 月〜金 9:00 〜 18:00
休 土、日、祝日

●ハーツ Hertz
URL www.hertz.com
日本 無料 0120-489882
営 月〜金 9:00 〜 18:00
休 土、日、祝日、年末年始
アメリカでの問い合わせ先
Free (1-800)654-3131
（日本語対応可能）

その他のレンタカー会社
●エンタープライズ
URL www.enterprise.com
Free (1-855)266-9565

スキミングに注意
　アメリカのガソリン給油機は、日本のクレジットカードが使えない。その場合、カードをレジに預けて給油することになるが、スキミングの被害が報告されている。できれば現金がいい。

れていてわかりづらく、そこでも自分の車が見つけづらかった。ナンバーを先に聞き、時間に余裕をもったほうがいい。

チップとマナー

アメリカは、異なる慣習をもつ人々が暮らす多民族国家。これさえ守れば大丈夫! といった絶対的な決まりごとはないが、最低限守りたい慣習やマナーだけはおさえておきたい。

✕ チップについて

アメリカではサービスを受けたらチップを渡す習慣がある。一般的に、どのレストランでも飲酒代の合計金額の15〜20%をチップとしてテーブルに残しておく。グループでも人数や時間に関係なく、合計金額の15〜20%(シカゴは20%)が基本だ。なお、小額の消費をしたときでも$1以上のチップを手渡したい。

◆チップの支払い方

ウエーターへのチップは会計後、伝票を載せてきたトレイに残す。チップもクレジットカードで支払うことができる(記入例は下記を参照)。飲食代合計金額に対しての15〜20%程度(シカゴは20%)とし、タックスぶんは対象にしなくていい。

カード伝票記入例

- 税金(10.25%の場合)
- 売上料金(飲食代)

Services
40:00

Taxes
4:10

Tip/Gratuity
8:00

Total
52:10

- 合計売上
- チップ(売上料金に対して20%、端数は切り下げる)

チップ換算早見表

料金($)	15%		20%	
	チップ	合計額	チップ	合計額
5	0.75	5.75	1.00	6.00
10	1.50	11.50	2.00	12.00
15	2.25	17.25	3.00	18.00
20	3.00	23.00	4.00	24.00
25	3.75	28.75	5.00	30.00
30	4.50	34.50	6.00	36.00
35	5.25	40.25	7.00	42.00
40	6.00	46.00	8.00	48.00
45	6.75	51.75	9.00	54.00
50	7.50	57.50	10.00	60.00

簡単なチップの計算法

①料金の端数を切り下げる(または切り上げ)
例)$35.21→$35.00
②チップが20%なら、小数点をひとつ左に移動して2倍に
$35.00→$3.50×2=7.00
③チップの相当額は15〜20%($5.25〜7)の範囲。中間の数字が相場といわれるが、それぞれのサービスに見合った額を決めればよい。

✕ マナーについて

◆飲酒と喫煙

シカゴのあるイリノイ州は21歳未満の飲酒と、屋外での飲酒は禁じられている。リカーストア、ライブハウスなどでは、アルコール購入の際、ID(身分証明書)の提示を求められることもある。特に注意してほしいのが、公園やビーチ、公道でのアルコール。これは厳禁。たばこを取り巻く環境はさらに厳しい。レストランはテラスも禁煙。ホテルも禁煙ルームのほうが断然多い。

◆子供連れの場合

アメリカでは大人の空間に子供がいることはよくないことという暗黙の了解がある。レストランや公共の場などで騒いだら、落ち着くまで外に出ていること。また、ホテル室内や車の中に子供だけを置き去りにすることや、子供をしつけのつもりでもたたいたりすると、警察に通報されるので特に日本人は要注意だ。

チップの目安

●ポーター

ホテルの玄関からロビーまで荷物を運ぶドアマンと、ロビーから部屋まで荷物を運ぶポーターにそれぞれ渡す。荷物1個につき$2〜3が目安。

●ホテルメイドへ

ベッド1台につき$1〜2。

●タクシーで

タクシーなどの場合はチップを単体で手渡すのではなく、メーターの表示額に自分でチップを加えて支払うことになる。メーター料金の15〜20%とされるが、気持ちよくドライブしてくれたら多めにチップをはずんでもいい。細かい端数は切り上げて支払うのが一般的だ。

●ルームサービスで

ルームサービスを頼んだ場合、まず伝票を見る。サービス料金が記入されていればチップは不要。サービス料金が加算されていなければ伝票にチップの金額を書き、さらに合計金額を書く。現金でもOK。メッセージや届け物などは$1〜2。

●ツアーで

ガイドチップはツアー代金の15〜20%が目安。

心がけたいマナー

●あいさつ

道を歩いていて人に触れたら「Excuse me」。もし、ひどくぶつかってしまったり、足を踏んでしまったら「I'm sorry」。人混みのなかで先に進みたいときも「Excuse me」だ。無言はたいへん失礼になる。お店に入って、店員に「Hi!」と声をかけられたら、「Hi」または「Hello」などと返事をしよう。また、話をするときは、真っすぐ相手の目を見て話すように。

●帽子について

アメリカでは室内に入ったときは、帽子を取ること。日本ではファッションのひとつかもしれないが、アメリカではたいへん失礼になるので注意。

歩行喫煙はNG!!

日本で少なからず見られる歩行喫煙は絶対にやめてほしい行為だ。

バスディーポとは? バスターミナルより規模の小さいもので、アメリカではディーポというのが一般的。さらに小さいものとしてバスストップがある。バスストップはガソリンスタンドやファストフード店。

電話

　ここでは、アメリカ国内外への電話のかけ方をケース別に説明する。現在海外でも日本で使用の携帯電話を持って行動する人は多い。利用詳細は各社異なるので事前に確認しておこう。

✈ アメリカ国内公衆電話のかけ方

市内通話 Local Call

　シカゴ市は同じ市内で、エリアコードと呼ばれる市外局番が5つほどある。したがって同じ市内であっても市外通話同様に、最初に"1"をダイヤルし、エリアコード、市内局番、相手先番号を続ける。最低通話料金は50¢が一般的だ。受話器を持ち上げ、コインを入れ番号を押す。

市外通話 Long Distance Call

　最初に1をダイヤルし、エリアコード、市内局番、相手先番号と続ける。オペレーターが"Please deposit one dollar and 80 cents for the first one minute"などと料金を言うので、投入し指定額が入ると回線がつながる。

◆プリペイドカード

　カードに記された各カード固有の番号をダイヤル入力することによって、通話ができる。利用方法は、まず専用の電話番号（カードに表記されている）をプッシュ。操作案内があるので、それに従って自分のカード番号、相手先電話番号をプッシュしていけばよい。このプリペイドカードは日本やアメリカの空港、ドラッグストアのレジなどで販売されている。

✈ ホテルの部屋から電話をかける

　まず外線発信番号（多くの場合8または9）を最初に押す。あとは通常のかけ方と同じだ。ただし、ホテルの部屋からの通話にはサービスチャージが加算される。トールフリー(無料電話 Free)の番号や、たとえ相手が電話に出なくても、一定時間（あるいは回数）以上呼び出し続けていると、それだけで手数料がかかってしまうケースもあるので注意。

✈ アメリカから日本への国際電話のかけ方

ダイヤル直通

　自分で料金を払う最も基本的なもの。オペレーターを通さずに直接、日本の相手先の電話番号とつながる。国際通話の場合は前述のプリペイドカードを使うか自分の携帯でかけるのが一般的。

日本語オペレーターによるサービス（コレクトコール）

　オペレーターを介して通話するもので、料金は日本払いのコレクトコールのみ。料金は高いがすべて日本語で事足りるので安心。

アルファベットの電話番号
　アメリカの電話機のプッシュボタンには、数字とともにアルファベットが書き込まれている。これによって数字の代わりに単語で電話番号を記憶できる。
ABC → 2　　DEF → 3
GHI → 4　　JKL → 5
MNO → 6　　PQRS → 7
TUV → 8　　WXYZ → 9

トールフリーとは
　トールフリーはアメリカ国内通話無料の電話番号。（1-800）、（1-888）、（1-877）、（1-866）、（1-855）、（1-844）、（1-833）で始まる。なお、日本からかける場合は有料となるから要注意。

日本語オペレーターによるサービス（コレクトコール）
サービスアクセス番号
● KDDI（ジャパンダイレクト）
Free (1-877)533-0051

日本での国際電話に関する問い合わせ先
KDDI 無料 0057
NTTコミュニケーションズ
　無料 0120-506506
au 無料 0077-7046
NTTドコモ
　無料 0120-800-000
ソフトバンク（モバイル）
　無料 0800-919-0157

携帯電話を紛失した際の、アメリカからの連絡先（利用停止の手続き。全社24時間対応）
● au
☎(011)+81+3+6670-6944
※1
● NTTドコモ
☎(011)+81+3+6832-6600
※2
● ソフトバンク
☎(011)+81+92+687-0025
※3
※1　auの携帯から無料、一般電話からは有料
※2　NTTドコモの携帯から無料、一般電話からは有料
※3　ソフトバンクの携帯から無料、一般電話からは有料

郵便

切手の購入

切手は郵便局の窓口かUS Mailのマークのある自動販売機であれば、額面どおりの額で買えるが、みやげ物店やホテルなどにある小さな販売機は割高だ。もし、どうしても見当たらなかったらホテルで尋ねてみるのもいい。

シカゴ中心部のおもな郵便局

● イリノイ州政府センター
🏠 100 W. Randolph St.
🕐 月～金 8:00 ～ 17:30。土日休み

● Fort Dearborn
🏠 540 N. Dearborn St.
🕐 月～金 8:30 ～ 18:00、土 9:00 ～ 15:00、日 10:00 ～ 14:00

● Loop
🏠 211 S. Clark St.
🕐 月～金 7:00 ～ 18:00。土日休み

別送品の配送サービスを行っている宅配業者

● ヤマト運輸（国際宅急便）
Yamato Transport U.S.A., Inc.
URL www.yamatoamerica.com

● 日本通運（ジェットパック・輸入便）
URL www.nittsu.co.jp/sky/express

あなたの帰りを待つ家族や友達に、旅行中の感動を直筆の便りで伝えてみよう。また、郵便で日本の住居に荷物を送る場合は、市内の郵便局で手続きを行うことになる。

✈ 旅の便り、重い荷物は郵便局を活用

アメリカから日本への所要日数は、航空便Air Mailで1週間前後。料金は普通サイズのはがき、封書とも $1.20が基本。かさばる書籍類やおみやげなどは、郵便で日本に送ればラク。多くの郵便局で郵送用の箱など、梱包のアイテムも販売している。

送る方法は航空便のみ。到着の速さによって数種類あり、いちばん安いFirst-Class Mailで5 ～ 14日。宛て先住所は日本語で書いてかまわない（ただし、都道府県名と国名、例えば"TOKYO, JAPAN"は英語で別記）が、差出人住所氏名としては自分のものを英語で書く。印刷物を送る場合はそれを示すPrinted Matter、書籍の場合はBookの表示も書き加える（この場合、中に手紙は入れないこと）。

国際小包の税関申告書の記入の一例（すべて英語で記入）

まず、"From"の欄。"差出人"だから自分の名前を記入する。住所は、アメリカ在住者ならばアメリカの住所を、日本から旅行中であれば日本の住所を英語で記入すればいい。"To"は受取人を記入。自分宛てなら上の"From"欄と同じことを書けばいい。

右側の欄は、記載の宛て先へ配達できない場合、荷物をどうするかを記入する欄。差出人に送り戻すなら"Return to sender"、別の宛て先に送るなら"Redirect to Address Below :"にチェックし、宛て先を記入。廃棄は"Treat as Abandon"にチェックする。

下段は内容物について記入。"QTY"は数量、"VALUE"はその価値（おおよそでよい）をアメリカドルで記入。前述のほかにも申告書は数種類あり、記入事項がその種類によって異なる。

日本への郵便料金

(2020年1月現在)

Air Mail（First Class International Mail）航空便	
封書 Letters	1オンス（28g）$1.20、1オンスごとに1.04¢を加算。最大重量3.5オンス（約98g）
はがき Post Cards	$1.20
書籍・印刷物 (Printed Matter) エム・バッグ M-bags	11ポンド（約5kg）まで$93.50、1ポンドごとに$8.50加算。最大重量66ポンド（約30kg）
定額封書 Flat-Rate Envelope	24 x 31.8cmの封筒に入るだけ$35.35。最大重量4ポンド（約1.8kg）
定額小包 Flat-Rate Box：Large	30.5×30.5×14cmの箱に入るだけ$101.20。最大重量20ポンド（約9kg）
小包 Parcel	1ポンド（453.6g）まで$55、1ポンドごとに$3.3～4.1を加算。最大重量66ポンド（約30kg）

M-bagsという郵送方法は、大きな袋に荷物を入れられて送られるもので、紛失や破損に対して補償はされない。
※定額封書、定額小包、小包はPriority Mail（配達に6 ～ 10日要する）を利用した場合。

✈ *旅 の 技 術*

インターネット

インターネットの便利さは、容易に情報が入手でき、情報発信できること。自分のパソコンやスマートフォンさえあれば、いつでも接続できる。メールの送受信をはじめ、ウェブサイトからの事前搭乗手続きなど、旅先での行動範囲が確実に広がる。

✈ ホテルのインターネット環境

現在アメリカのほとんどのホテル、ユースホステルはWi-Fiがつながっていて、日本よりはるかに使い勝手がいい。ホテルによってはパスワードが必要だが、チェックインの際に教えてもらえる。料金は、なぜか高級ホテルは有料（1日当たり$8～20）のことが多いが、そのほかの多くのホテルは無料となっている。パブリックエリアと呼ばれるロビーやレストランはほとんど無料。

✈ 無料のWi-Fi（ワイファイ）スポット

シカゴ市で無料のWi-Fiの場所は公共図書館、ミレニアムパーク（→P.97）、デイリーセンター（→P.89）、シカゴ・カルチュラル・センター（→P.99）などの公共の場。カフェやファストフード店も無料であることが多い。

スマートフォンのインターネット利用に注意

アメリカで、スマートフォンをインターネット（海外ローミング）で利用した場合、高額となるケースがある。通話料が安いとされているIP電話も、インターネット回線を使うので、同様の注意が必要だ。日本を出発する前に、どのような設定にするのかを必ず確認しておくこと‼→P.359

シカゴの無料Wi-Fiスポット
◎ハロルド・ワシントン図書館　**MAP** P.27-C4
◎ミレニアムパーク
MAP P.27- D2
◎シカゴ・カルチュラル・センター　**MAP** P.27-C1, 2
◎デイリープラザ
MAP P.26, 27-B, C1, 2

INFORMATION

アメリカでスマホ、ネットを使うには

まずは、ホテルなどのネットサービス（有料または無料）、Wi-Fiスポット（インターネットアクセスポイント。無料）を活用する方法がある。アメリカでは、主要ホテルや町なかにWi-Fiスポットがあるので、宿泊ホテルでの利用可否やどこにWi-Fiスポットがあるかなどの情報を事前にネットなどで調べておくとよいだろう。ただしWi-Fiスポットでは、通信速度が不安定だったり、繋がらない場合があったり、利用できる場所が限定されたりするというデメリットもある。ストレスなくスマホやネットを使おうとするなら、以下のような方法も検討したい。

☆各携帯電話会社の「パケット定額」

1日当たりの料金が定額となるもので、NTTドコモなど各社がサービスを提供している。

いつも利用しているスマホを利用できる。また、海外旅行期間を通じてではなく、任意の1日だけ決められたデータ通信量を利用することのできるサービスもあるので、ほかの通信手段がない場合の緊急用としても利用できる。なお、「パケット定額」の対象外となる国や地域があり、そうした場所でのデータ通信は、費用が高額となる場合があるので、注意が必要だ。

☆海外用モバイルWi-Fiルーターをレンタル

アメリカで利用できる「Wi-Fiルーター」をレンタルする方法がある。定額料金で利用できるもので、「グローバルWiFi（【URL】https://townwifi.com/）」など各社が提供している。Wi-Fiルーターとは、現地でもスマホやタブレット、PCなどでネットを利用するための機器のことをいい、事前に予約しておいて、空港などで受け取る。利用料金が安く、ルーター1台で複数の機器と接続できる（同行者とシェアできる）ほか、いつでもどこでも、移動しながらでも快適にネットを利用できるとして、利用者が増えている。

▼グローバルWiFi

ほかにも、いろいろな方法があるので、詳しい情報は「地球の歩き方」ホームページで確認してほしい。
【URL】http://www.arukikata.co.jp/net/

CHICAGO INFORMATION **無料Wi-Fiスポットを検索するには** **URL** www.wifimap.io/2957-chicago-free-wifiで検索できる。

361

旅のトラブルと安全対策

スリ、置き引きの多い場所とは

駅、空港、ホテルのロビー、観光名所、電車やバス、ショッピング街や店内、ファストフード店の中などでは、ほかのことに気を取られがち。「ついうっかり」や「全然気づかぬスキに」被害に遭うことが多い。ツアーバスに乗ったときもバスに貴重品を置いたまま、外に出ないこと。貴重品は必ず身につけておこう。

こんなふうにお金は盗まれる

多くの犯罪者たちは単独行動ではなく、グループで犯行に及ぶ。例えば、ひとりが写真を撮ってもらうよう頼むりにかばんを地面に置いた瞬間に、もうひとりがかばんを奪って逃げていくという具合に、ひとりがカモになる人の気を引いているのだ。

親しげな人に注意

向こうから、親しげに話しかけてくる人、特に日本語で話しかけてくる人には注意。たいていはカモになる人を探しているのだ。例えば、「お金を落としてしまって困っている」なんて話しながら、うまくお金を巻き上げていく人も多い。

本当に大切なものは肌身離さず

なくなったらその旅が不可能になる、パスポート、お金、クレジットカードなどは常に携帯し、パスポート番号などの備忘録は貴重品とは別にしまっておこう。中級以上のホテルに泊まっているなら、ホテルのセーフティボックスに預けるのもよい。

荷物は少なくまとめること

両手がふさがるほど荷物を持って歩いているときは注意力も散漫になりがちだ。スリに狙われやすく、落とし物もしやすくなる。大きな荷物は行動範囲を狭める原因でもある。

旅の安全対策とは、トラブルを未然に防ぐことだけではなく、事故や盗難に遭うことを前提に、いかに被害を最小限にくい止められるかの対応力も大事である。日本人がシカゴで遭遇しやすいトラブル事例を挙げながら、対処方法を紹介しよう。

✈ シカゴの治安

シカゴというと"アル・カポネ"のイメージが強いせいか、いまだにギャングの町として治安が悪いと思われがちだ。しかし、それは禁酒法時代、1920年代のことであって、その汚名を返上すべく、以来シカゴは町の浄化に努めてきた。その成果もあって凶悪犯罪の件数が年を追うごとに減少している。シカゴは治安の悪い所とそうでない所がはっきりしているのが特徴だ。しかし、治安がいいと言われている所でも、シカゴはやはりアメリカ。日本にいるときと同じ感覚で行動してはいけない。アメリカ全体に関していえることだが、ゴミの散らかっているエリアや人通りの少ない道でのひとり歩きは避ける、暗くなってからは人通りの多い道以外は歩かない、細い路地には入らない、人前でお金を見せない、妙に親切な人には注意するなど、これらのことは徹底して守ること。いつでも、どこでも、誰にでも、危険が起こり得る可能性があるのがアメリカだ。シカゴを歩くにあたっては特に下記のことに注意してほしい。

◆高架鉄道&地下鉄のレッドラインのChinatownより南

チャイナタウンの南といっても、イリノイ工科大学周辺の治安はよい。また、MLBホワイトソックスの球場も南にあるが、試合開催時は多くの人でにぎわっているので心配ない。シカゴ市の南のエリアは、以前に比べればかなりよくなってきているが、犯罪発生率も高く、必ずしも安全とはいえない。チャイナタウンの南西も行かないように。ループエリアのWabash Ave.高架下にガラの悪いホームレスがいるので、こちらも注意したい。

◆シカゴのダウンタウンを離れた南と西

低所得者用のアパートが密集し、殺人などの凶悪犯罪の多くが南と西地区で起こっている。用もなく出歩かないこと。ハイドパークは西に位置するWashington Park以西の治安が悪いので近づかないように。また、南ではなくレッドライン北のHoward駅周辺も治安が特に悪い。

ダウンタウンはこんなふうに歩こう

中心部でもスリやひったくりの被害は多い。電車やバスの乗降時にひったくられるケースが多く、特にホリデイシーズン前に増えるので注意。まず、日本のようにドアの出入口付近には立たないことだ。ひったくりに遭ってしまったら、無理にかばんを守ろうと抵抗しないこと。けがをするケースもある。かばんには盗られてもいい最小限のものだけを入れておくように。

大麻（マリファナ）は要注意 アメリカの多くの自治体で医療目的以外の大麻販売が合法となり、目立たないようにではあるがショップが町なかにもある。「日本は違法だけれど、アメリカ国内なら大麻を吸っても大丈夫」と考える人もいるだろう。しかし、絶対に吸ってはいけない。日本人

◆夜の外出はタクシーで

　ループエリアはビジネス街のため、以前は夜間になるとぐっと人通りが減っていたが、Randolph & State Sts.を中心としたシアターディストリクトの出現によりミュージカルや、ショーの終わる時間には人通りが多くなった。しかし、夜間ゆえ気を抜かずに歩くようにしたい。夜はどのエリアもできるだけタクシーを利用しよう。

　そのほか、気をつけたい事項は次のとおり。

●CTAバス、地下鉄などの公共交通機関の利用時、暗くなってからは人通りがグーンと減るので、バス停やひと気のないプラットホームに立って待っているのはおすすめできない。

●ドライブ時の注意として、これはアメリカのどの地域に関してもいえることだが、車を離れるとき、荷物は後ろのトランクなどに入れ、窓から見える所に置かないようにする。また、特に年末のショッピングシーズンなどは、買い物の荷物を狙った車上荒らしが多発するので要注意。車と金品を狙ったカージャックは、駐車場だけでなく、走行中や信号待ちの際にわざと車をぶつけ、車内から人が降りたスキを狙う場合もある。ドライブ中に何かのアクシデントに巻き込まれたら、できるだけ安全と思われる場所（ガスステーションや警察）まで移動して助けを求めよう。

✕ トラブルに遭ってしまったら

安全な旅を目指して（事後対応編）

◆盗難に遭ったら

　すぐ警察に届ける。所定の事故報告書があるので記入しサインする。暴行をともなわない置き引きやスリの被害では、被害額がよほど高額でない限り捜索はしてくれない。報告書は、自分が掛けている保険の請求に必要な手続きと考えたほうがよい。報告書が作成されると、控えか報告書の処理番号（Complaint Number）をくれる。それを保険請求の際に添えること。

◆パスポートをなくしたら

　万一、パスポートをなくしたら、すぐ在外公館（総領事館→右側注）へ行き、新規発給の手続きを。申請に必要なものは、①顔写真（2枚）、②パスポート紛失証明書（現地の警察に届け出て発行してもらう）、③戸籍謄本または抄本、④航空券、旅行の日程などが確認できる書類。

　発給までには、写真を日本に送り本人かどうかを確認するため約1週間かかる。また発給の費用は、10年用は$145、5年用は$100（12歳未満$55）が必要。なお、帰国便の搭乗地国ないし、その国へ向かう途中でなくした場合は、『帰国のための渡航書』（$23）を発行してもらい帰ることはできる。1日ほどで発行。やはり写真と申請書が必要。

◆クレジットカードをなくしたら

　大至急クレジットカード会社の緊急連絡センター（→P.367）に電話し、カードを無効にしてもらう。警察に届けるより前に、この連絡をすること。

小銭をねだる人に注意

　地下鉄Grand駅で小銭をねだる人が現れることがある。CTAのチケットを買うときは正確な金額の現金を用意するか、カードを用意するなどして、購入はさっと済ませたい。または、"No, thank you"などというといい。

Uberなどのアプリで
呼ぶ配車サービスの注意点

　とても便利で安いことからヘビーユーザーも多いと思うが、レイプなどの事件が起こっているのも事実。特に若い女性のひとり乗車はさけるだけ避けたい。もし乗るとしても明るい時間に限り、お酒を飲んだあとは厳禁だ。
※公共交通機関の治安
→P.60

シカゴの夜の歩き方

　ミシガンアベニューは極寒の時期を除き、夜12:00くらいまで歩いても大丈夫。しかし、ミシガンアベニューを一歩外れると人通りが少ない所もあるから注意したい。判断のポイントは、人の多さ。ただし、リンカーンパークのブルースクラブが集中するエリアなどはにぎわっていても、夜の移動は必ずタクシーで。店の人に頼んで呼んでもらおう。

在シカゴ日本国総領事館
Consulate General of Japan at Chicago
【住】Olympia Center, #1100 737 N. Michigan Ave., Chicago, IL 60611
☎ (1-312)280-0400
※閉館時は緊急電話受付につながる
【FAX】(1-312)280-9568
【MAP】P.28-B3、P.25-A1、P.23-B4
【URL】www.chicago.us.emb-japan.go.jp
【営】領事関係窓口受付：月～金 9:30 ～ 16:00（12:15 ～ 13:15は昼休み）
【休】土、日、祝日

※日本総領事館への入館には、写真付き身分証明書の提示が求められるため、必ず所持して訪問すること。なお、パスポートをなくしたなど、写真付きIDがない場合は、その旨を伝えて入館の許可をもらおう。

＼は日本国外での犯罪も日本の法律が一部適用される。海外で使用せずとも所持したことが証明されれば、刑罰の対象となる。仮に逮捕されなかったとしても、大麻は常習性があるので帰国後も欲しくなるおそれもある。手を出すべきではない。

クレジットカードの連絡先がわからない！

万一、連絡先がわからない場合は、自分の持っているカードの国際カードの提携会社（ほとんどが Visa か MasterCard のどちらかのはず）に連絡を。その連絡先はホテルや警察、電話帳や番号案内で簡単に調べられる。こんなときのためにも、パスポート番号、クレジットカードなどの番号をメモしたものや、そのコピーを取っておきたい。

お金をなくして、なすすべのない人は

どうにもならない場合、日本国総領事館に飛び込んで相談に乗ってもらうしかない。

●携帯電話をなくしたら
→ P.359

●旅行保険会社の連絡先
→ P.367

●緊急時の医療英会話
→ P.366

荷物が出てこないとき航空会社の係員に聞かれるおもな事柄
●便名の確認
●預けた空港の確認
●名札が付いているか
●フライト何分前のチェックインか
●かばんの形と色
●外ポケットやいちばん上の内容物
●発見されたときの配送先

ドライブ時の罰金を支払う
罰金の支払い方法は、マネーオーダー（郵便為替）を作って送るか、ウェブサイトや電話によるクレジットカードの引き落としなどがある。

なお、帰国後でも罰金の処理を怠ると、レンタカー会社を通じて追跡調査が行われる。またアメリカの有料道路（トール Toll）で未払いした場合も同様なので、気をつけよう。シカゴ周辺には有料道路が多い。

◆お金をすべてなくしたら

　盗難、紛失、使い切りなど、万が一に備えて、現金の保管は分散することをおすすめする。それでも、現金をなくしてしまったときのためにも、キャッシングサービスのあるクレジットカード（複数）はぜひとも持っていきたい。また、日本で預金をして外国で引き出せるトラベル・プリペイドカード（→P.336）もあるので、これらのサービスを利用するのもいい。キャッシングの仕方については→P.336左側注。

◆病気やけがに見舞われたら

　旅先での風邪や下痢の原因は、気候や生活の変化に対応しきれずに起こることが多く、精神的なストレスなども原因となる。とにかく休むこと。できれば日本から常備薬を持参したい。

　休んでも治らない、これまでにない症状が出た、といったときに役立つのが、海外旅行保険だ（→P.339）。日本で加入しておけば、日本語対応の窓口に直接相談できる。日本語を話せるなど、適切な医療機関の予約を取ってくれるので、とてもありがたい。保険加入していない人は、ホテルなどに相談して医者や病院を紹介してもらおう。ただし、医療費は高額。なお、基本的にアメリカはホテルの緊急医や救急病院のほかは予約制で、診察まで1週間かかることもザラ。

◆空港で荷物が出てこないとき

　最後まで自分の荷物が出てこない場合、バゲージクレーム内の航空会社のカウンターで、諸手続きを行うことになる。手続きの前に下手な英語でいいから、できるだけ抗議をしよう。諦めたら最後にクレームタグの半券を示しながら、事情説明と書類記入をする。聞かれることは、側注のとおり。荷物発見後の配送先は、この先数日の滞在ホテルだが、宿泊先が決まってない人はいっそ荷物を日本に送り返してもらい、必要最低限の品を現地で買い揃えて旅を続けるという手段もある。荷物紛失のため生じた費用の負担については、あらかじめ航空会社に確認すること。現在、ロストバゲージの行方も、ウェブサイト上で確認できるシステムが発達している。

◆ドライブ中のトラブル

　旅行者の犯しやすい交通違反が、駐車違反とスピード違反。アメリカでは駐車違反の取り締まりはかなり厳しい。スピード違反のとき、パトカーは違反車の後ろにつけると、赤と青のフラッシャーの点滅で停止を指示する。車は右に寄せて停車。警官が降りて近づいてくる間、ハンドルに手を置いて、同乗者とともにじっと待つ。警官が声をかけたら、日本の運転免許証、国外（国際）運転免許証とレンタル契約書を見せ、聞かれた質問に答えればいい。

　事故や故障の場合は、ひとまずレンタカー会社へ連絡をしよう。相手の免許証番号、車のナンバー、保険の契約番号、連絡先を控えておく。あとは警察やレンタカー会社の指示に従う。また、車を返却するときに必ず申し出て事故報告書を提出すること。故障の場合、自走できるときは、レンタカー会社に連絡して修理する。自走できないなら、けん引サービスを呼んで対処しよう。

渡航先で最新の安全情報を確認できる「たびレジ」に登録しよう　外務省の提供する「たびレジ」に登録すれば、渡航先の安全情報メールや緊急連絡を無料で受け取ることができる。出発前に登録を。URL www.ezairyu.mofa.go.jp/tabireg

旅の英会話

ホテル編

8月11日と12日にツイン（ダブル）ルームを予約したいのですが。
I'd like to make a reservation for a twin(double)room, August eleventh and twelfth.

今晩、空いているシングルルームはありますか？
Do you have a single room, tonight?

チェックインをお願いします。 3泊の予定です。
I'd like to check in. I'll be staying for three nights.

クレジットカードで支払いします。
I'd like to pay by credit card.

部屋のカギが開きません。
The room key isn't working.

レストラン編

もしもし、今晩7：30、2名で夕食を予約したいのですが。私の名前は田中です。
Hello. I'd like to make a reservation this evening. Two people at seven thirty p.m. My name is Tanaka.

おすすめのメニューを教えてください。
What do you recommend?
Do you have any special today?

持ち帰り用の容器をください。
May I have a box?

町歩き編

空港までのチケットをください。
May I have a ticket to the airport?

これはウオータータワーへ行きますか？
Does this go to Water Tower?

片道（往復）切符をお願いします。
One-way (round-trip) ticket, please.

ネイビーピアに着いたら教えてください。
Please let me know when we get to Navy Pier.

ウィリスタワーへ行くには？
How can I get to Willis Tower?

その劇場で降ろしてもらえますか？
Would you drop me off at the theater?

■道を尋ねる便利な言葉

目印	landmark	右（左）側	on the right(left)
信号	traffic light	前方	front
角	corner	後方	behind
距離	distance	こちら側	this side
真っすぐ行く	go straight	向こう側	opposite side
右（左）に曲がる	turn right(left)	道1本先の	one block away

ショッピング編

見ているだけです。
I'm just looking.

○○売り場はどこですか？
Where is ○○ corner(floor)?

これをください。
I'll take this one.

これを試着してもいいですか？
Can I try this on?

Tシャツを探しています。
I'm looking for a T-shirt.

もう少し大きい(小さい)ものはありますか？
Do you have a larger(smaller)one?

CHICAGO INFORMATION 本書掲載のような会話文例が"ネイティブの発音"で聞ける！「ゆっくり」「ふつう」の再生スピードがあるので初心者でも安心。URL www.arukikata.co.jp/tabikaiwa

365

緊急時の医療英会話

●ホテルで薬をもらう

具合が悪い。
アイ フィール イル
I feel ill.

下痢止めの薬はありますか。
ドゥ ユー ハヴ アン アンティダイアリエル メディスン
Do you have an antidiarrheal medicine?

●病院へ行く

近くに病院はありますか。
イズ ゼア ア ホスピタル ニア ヒア
Is there a hospital near here?

日本人のお医者さんはいますか。
アー ゼア エニー ジャパニーズ ドクターズ
Are there any Japanese doctors?

病院へ連れていってください。
クッデュー テイク ミー トゥ ザ ホスピタル
Could you take me to the hospital?

●病院での会話

診察を予約したい。
アイドゥライク トゥ メイク アン アポイントメント
I'd like to make an appointment.

グリーンホテルからの紹介で来ました。
グリーン ホテル イントロデュースド ユー トゥ ミー
Green Hotel introduced you to me.

私の名前が呼ばれたら教えてください。
プリーズ レッミー ノウ ウェン マイ ネイム イズ コールド
Please let me know when my name is called.

●診察室にて

入院する必要がありますか。
ドゥアイ ハフ トゥ ビー ホスピタライズド
Do I have to be hospitalized?

次はいつ来ればいいですか。
ホエン シュッダイ カム ヒア ネクスト
When should I come here next?

通院する必要がありますか。
ドゥ アイ ハフ トゥ ゴー トゥ ホスピタルレギュラリー
Do I have to go to hospital regularly?

ここにはあと2週間滞在する予定です。
アイルステイ ヒア フォー アナザー トゥ ウィークス
I'll stay here for another two weeks.

●診察を終えて

診察代はいくらですか。
ハ ウ マッチイズイットフォー ザ ドクターズ フィー
How much is it for the doctor's fee?

保険が使えますか。
ダズ マイ インシュアランス カバー イット
Does my insurance cover it?

クレジットカードでの支払いができますか。
キャナイ ペイ イット ウィズ マイ クレジットカード
Can I pay it with my credit card?

保険の書類にサインをしてください。
プリーズ サイン オン ジ インシュアランス ペーパー
Please sign on the insurance paper.

※該当する症状があれば、チェックをしてお医者さんに見せよう

□吐き気 nausea		□悪寒 chill		□食欲不振 poor appetite	
□めまい dizziness		□動悸 palpitation			
□熱 fever		□脇の下で計った armpit		＿＿＿°C ／°F	
		□口中で計った oral		＿＿＿°C ／°F	
□下痢 diarrhea		□便秘 constipation			
□水様便 watery stool		□軟便 loose stool		1日に　　回　 times a day	
□ときどき sometimes		□頻繁に frequently		絶え間なく continually	
□風邪 common cold					
□鼻詰まり stuffy nose		□鼻水 running nose		□くしゃみ sneeze	
□咳 cough		□痰 sputum		□血痰 bloody sputum	
□耳鳴り tinnitus		□難聴 loss of hearing		□耳だれ ear discharge	
□目やに eye discharge		□目の充血 eye's bloodshot		□見えにくい visual disturbance	

※下記の単語を使ってお医者さんに必要なことを伝えよう

●どんな状態のものを	落ちた　fell	毒蛇　viper
生の　raw	やけどした　burnt	リス　squirrel
野生の　wild	●痛み	（野）犬　(stray) dog
油っこい greasy	ヒリヒリする　sore	●何をしているときに
よく火が通っていない	刺すように　sharp	湖に行った
uncooked	鋭く　keenly	went to the lake
調理後時間がたった	ひどく　severely	ダイビングをした
a long time after it was cooked	●原因	went diving
●けがをした	蚊　mosquito	キャンプをした
刺された・噛まれた bitten	ハチ　wasp	went camping
切った　cut	アブ　gadfly	登山をした
転んだ　fell down	毒虫　poisonous insect	went hiking (climbling)
打った　hit	サソリ　scorpion	川で水浴びをした
ひねった　twisted	クラゲ　jellyfish	went swimming in the river

旅のイエローページ

交通

●航空会社（日本語）
全日空	Free	(1-800) 235-9262
日本航空	Free	(1-800) 525-3663
アメリカン航空	Free	(1-800) 237-0027
デルタ航空	Free	(1-800) 327-2850
ユナイテッド航空	Free	(1-800) 537-3366
サウスウエスト航空（英語）	Free	(1-800) 435-9792
ジェットブルー（英語）	Free	(1-800) 538-2583

●空港
オヘア国際空港	Free	(1-800) 832-6352
ミッドウエイ国際空港	☎	(1-773) 838-0600

●レンタカー
アラモ	Free	(1-844) 357-5138
ハーツ	Free	(1-800) 654-3131
エイビス	Free	(1-800) 663-3469
バジェット	Free	(1-800) 214-6094
ダラー	Free	(1-800) 800-4000
エンタープライズ	Free	(1-855) 266-9565

●公共交通機関
アムトラック	Free	(1-800) 872-7245
グレイハウンドバス	Free	(1-800) 231-2222
イエローキャブ	☎	(1-312) 829-4222
道路情報	Free	(1-800) 452-4368
CTA（シカゴ市交通局）	Free	(1-888) 968-7282
メトラ	☎	(1-312) 322-6777
ペースバス	☎	(1-847) 364-7223

ビジネス

●コンベンションホール
マコーミックプレイス	☎	(1-312) 791-7000
ローズモント（ドナルド・E・スティーブンス）コンベンションセンター	☎	(1-847) 692-2220
マーチャンダイズマート（ザマート）	Free	(1-800) 677-6278
ネイビーピア	Free	(1-800) 595-7437

●宅配・郵便
FedEX	Free	(1-800) 463-3339
郵便局	Free	(1-800) 275-8777

緊急ホットライン

Chicago Medical Society
医療口頭サービス（英語）	☎	(1-312) 670-2550
警察・救急車・消防署（緊急）	☎	911
ヘルプライン	☎	311

トラベラーズエイド（オヘア国際空港）
☎ (1-773) 894-2427
Walgreens（ドラッグストア）Free (1-877) 250-5823

エンターテインメント・スポーツ

シカゴ・ブルズ	☎	(1-312) 455-4000
シカゴ・カブス	☎	(1-773) 404-2827
シカゴ・ホワイトソックス	☎	(1-312) 674-1000
シカゴ・ブラックホークス	☎	(1-312) 455-7000
シカゴ・ファイアー FC	☎	(1-708) 594-7200
シカゴ公園局	☎	(1-312) 742-7529
チケットマスター	Free	(1-800) 982-2787

観光情報

シカゴ建築センター	☎	(1-312) 922-3432
イリノイ州観光協会	☎	(1-312) 814-4732
オークパーク観光局	☎	(1-708) 524-7800

トラベラーズチェック発行会社

アメリカン・エキスプレス・リファンドセンター
（T/C紛失時の再発行）Free (1-800) 221-7282

クレジットカード紛失時の連絡先

アメリカン・エキスプレス	Free	(1-800) 766-0106
ダイナースクラブ（コレクトコールを利用）	☎	011+81-3-6770-2796
JCB	Free	(1-800) 606-8871
ビザカード	Free	(1-866) 670-0955
マスターカード	Free	(1-800) 307-7309

旅行保険会社（アメリカ国内）

損保ジャパン日本興亜 Free (1-800) 233-2203
（けが・病気の場合）
Free (1-877) 826-6108
（けが・病気以外のトラブル）
上記番号がつながらない場合、コレクトコールで　☎ 011+81-18-888-9547（日本）
東京海上日動	Free	(1-800) 446-5571
AIG	Free	(1-800) 8740-119

知ってて安心

在シカゴ日本国総領事館	☎	(1-312) 280-0400
日本クリニック	☎	(1-847) 952-8910

※2020年1月現在、トラベラーズチェックの日本での販売は終了しているが、使用は可能。

シカゴの日本語イエローページ

国際宅配便 International Parcel Service

ビジネスで増えてしまった資料や急ぎの文書などは、Door-to-Doorのサービスでおなじみの国際宅配便で送るのがいちばん便利。滞在先（ダウンタウン）のホテルまで集荷にも来てくれるので、忙しい人にはありがたい。

●オー・シー・エス・アメリカ OCS America, Inc.
🏠945 Dillon Dr., Wood Dale, IL 60191
☎(1-630)595-0111　[URL]jp.ocsworld.com
🕐月～金9:00～18:00

●ヤマト運輸アメリカ Yamato Transport U.S.A., Inc.
🏠920 Dillon Dr., Wood Dale, IL 60191
☎(1-630)595-8114　[Free](1-877)582-7246
[URL]www.yamatoamerica.com
🕐月～金8:00～17:00

国際引っ越し業者 International Moving Company

引っ越しに関しては、輸送方法や輸送先などによって料金が異なるため、業者に見積もり（ほとんど無料）に来てもらうのがいちばん。

●米国日本通運 Nippon Express U.S.A., Inc.
🏠515 E. Touhy Ave., Des Plaines, IL 60018
☎(1-630)787-0202　[URL]www.nittsu.com/hikkoshi
🕐月～金 9:00～17:00　🈺土、日、祝日

●ヤマト運輸アメリカ Yamato Transport U.S.A., Inc.
🏠920 Dillon Dr., Wood Dale, IL 60191
☎(1-630)595-8114　[Free](1-866)554-5658
[URL]www.yamatoamerica.com
🕐月～金8:00～17:00

旅行会社 Travel Agent

急にホテルが必要になった！　仕事で1日空いてしまったが、日本語ツアーは行っていないか？　明日急にニューヨークへ行かなくてはならなくなった！　など、ビジネスパーソンの旅行に関するさまざまなニーズに応えてくれるのが現地の日系の旅行会社。

●IACEトラベル IACE Travel
シカゴ店
🏠111 N. Wabash Ave., #2108, Chicago, IL 60602（ループエリアのメイシーズ東側のビル）
[MAP]P.27-C2
[Free](1-877)489-4223（電話は24時間対応）
[FAX](1-312)782-6668
[URL]www.iace-usa.com　🕐月～金9:00～18:00
🈺土、日、祝日

アーリントンハイツ店
🏠85 W. Algonquin Rd., #570, Arlington Heights, IL 60005
[Free](1-877)489-4223（電話は24時間対応）
[FAX](1-847)437-4735　🕐月～金9:00～18:00
🈺土、日、祝日

●スターエクスプレス（エクセルツアーズ）Star Express（Excel Tours）
🏠415 W. Golf Rd., Suite 30, Arlington Heights, IL 60005
☎(1-847)439-0777　[FAX](1-847)439-0773

日本人対応の医者、クリニック Japanese Doctors & Clinic

旅先では、環境の変化にともなって、体も不調を起こしやすい。日本語の話せるお医者さんなら、やっぱり安心。

●日本クリニック
Nihon Clinic
🏠2010 S. Arlington Heights Rd., #101, Arlington Heights, IL 60005
☎(1-847)952-8910（代表）
[FAX](1-847)952-0606　[MAP]P.20-A2
[URL]www.nihonclinic.com
🕐月～金9:00～17:00、土～12:00（開業時間は診療科によって異なることがある）
🈺日、祝日　[カード]MV　完全予約制

海外旅行保険での診療も受け付けており、旅行者で保険証をもっていない場合でも、日本で健康保険に加入していれば、シカゴで支払いを済ませ、帰国後に社会保険庁に提出する書類の用意もしてくれる。日本人村のミツワからArlington Heights Rd.を北に300mほど行った左側の3階建てのビルの1階。

診療科目：内科、小児科、婦人科、整形外科、放射線科、カイロプラクティック科、カウンセリング科など。ほかにも人間ドック、マッサージセラピーもあり、また上記以外の診療科についても相談に乗ってくれる。

通訳・コーディネイター Interpreter & Coordinator

シカゴで、専門的な通訳や、コーディネーターの仕事を行っている人は多くはない。ここに紹介する業者はさまざまな要望に応えてくれる。まずは問い合わせを。

●Mスクエアグローバル M Square Global, Inc.
🏠1670 Mill St., #502 Des Plaines, IL 60016

☎(1-847)768-8503　FAX(1-847)789-9609

URL m2chicago.com

コンベンション・サービス、ミーティング・プランニング、マーケットリサーチなど、企業向けビジネス・サポート専門。コンベンション時のホスピタリティルーム設置や会議・セミナーアレンジメント、視察ツアー、企業イベントがおもな業務。また、通訳や翻訳のサポートサービスも行っている。メディア向けには、撮影コーディネーションや手配も可能。

●吊木プロモーションズ Tsuruki Promotions

住 P.O. Box 9337, Naperville, IL 60567

☎(1-847)803-4578

URL www.tsurukipromotions.com

1983年以来、チャーターバス、ガイド、ホテルの手配などシカゴ観光とコンベンションへの通訳派遣などビジネス全般のサポートを行っている。

日本語の情報センター

●広報文化センター　Japan Information Center

☎(1-312)280-0430

URL www.chicago.us.emb-japan.go.jp→「広報文化センター」をクリック

営月～金9:15～17:00

日本に関する正確な情報を伝えるための機関で、総領事館（→右記）と同じビルの10階にあ

る。日本の新聞各紙、政府や各種団体発行の機関誌、シカゴの日本語新聞や情報紙が揃い、図書館で日本語の本を借りることもできる。茶室もあり、日本人ならホッとできる所。気軽に入れるので、日本が恋しくなったとき、日本の情報が欲しいときに、ぜひ寄ってほしい。

本の貸し出しも行っている広報文化センター。総領事館が入ったビルの10階にある

在シカゴ日本国総領事館 Consulate General of Japan in Chicago

住 737 N. Michigan Ave., Olympia Centre #1100, Chicago, IL 60611　MAP P.28-B3、P.25-A1、P.23-B4

☎(1-312)280-0400　URL www.chicago.us.emb-japan.go.jp　営月～金9:30～16:00（12:15～13:15は昼休み）　休土、日、祝日

業務：パスポートの発行、証明書の発行、戸籍などの各種届け出、在留届・変更届、在外選挙の手続きなど

管轄エリア：イリノイ、インディアナ、アイオワ、カンザス、ミネソタ、ミズーリ、ネブラスカ、ノースダコタ、サウスダコタ、ウィスコンシンの10州

COLUMN
シカゴの日本人村「アーリントンハイツ」

シカゴ市の北西、オヘア国際空港から13kmほどのアーリントンハイツ Arlington Heights、そこにあるミツワマーケットを中心に日系のレストラン、ショップなどが集まる日本人村と呼ばれる場所がある。車がないと行きにくいが、日本が恋しくなったら、ぜひ寄ってみたい。

●日本のスーパーマーケット
ミツワマーケットプレイス
Mitsuwa Marketplace

住 100 E. Algonquin Rd., Arlington Heights, IL 60005　MAP P.20-A3、P.20-A1

☎(1-847)956-6699

URL www.mitsuwa.com

営毎日 9:00～20:00、レストラン街 11:00～19:30　休年中無休　カード A M V

日本の食材を販売するミツワマーケット（→ P.299）は、長年日本人に愛されてきたスーパー。日本語情報基地としての重要性も高く、

ここでは地元の情報が満載のコミュニティ誌が多数置いてある。掲示板などでも日本人関係のさまざまな情報が入手できる。

●日本のケーキとパン
モンブランペストリー　Mont Blanc Pastry

住 274 E. Algonquin Rd., Arlington Heights

☎(1-847)228-5306　MAP P.20-A3

営火～土 10:00～19:00、日～17:00

休月　カード A J M V

フランス料理出身の日本人シェフによるケーキ店。ショートケーキやモンブラン、ムースケーキなど多種。

ベーカリークレセント　Bakery Crescent

住 270 E. Algonquin Rd., Arlington Heights

☎(1-847)956-6470　MAP P.20-A3

営火～日 10:00～19:00　休月　カード A M V

日本人シェフによるベーカリー。無添加・無着色の体に優しいパン。食パンはふわふわの日本人好み。

FROM READERS　H マートが便利 アジア系の食材が豊富なスーパーマーケットで、日本の食材も安い値段で販売されている。ダウンタウンの西側のほか、シャンバーグにもある。●ダウンタウン 住711 W. Jackson Blvd.●シャンバーグ 住34 E. Golf Rd., Schaumburg　　（京都府　H.M.）['20]

369

シカゴの歴史

欧州人の出現

最初にこの地に足を踏み入れた欧州人は、1673年に訪れたフランス人神父ジャック・マーケットJacques Marquetteと探検家ルイ・ジョリエLouis Jolliet。彼らは新大陸を通ってアジアへの近道を探検しながら、ネイティブアメリカンに布教活動をしていた。結果的にはその探検を断念し、途中に立ち寄ったのが現在のシカゴといわれている。この土地は、最初フランスの植民地であったが、後にイギリス植民地を経て、合衆国が支配するようになった。

ネイティブアメリカンと入植者の衝突

ネイティブアメリカンたちの土地に欧州からの入植者が増えると、両者の間で衝突が起こってきた。1803年にディアボーン砦Fort Dearborn（現ミレニアムパーク）が建設されるが、対立はいっそう激しくなり、砦も全壊してしまう。1816年には砦が再建、1818年にはイリノイが州になりシカゴはその一部となった。土地を追われたネイティブアメリカンは、連邦政府によりミシシッピ以西の未開拓の荒野へ追い出される。

シカゴの発展

1830年代にネイティブアメリカンとの対立が終結すると、シカゴは一気に発展の一途をたどる。西部開拓が推進されていた当時、シカゴはフロンティアへの入口として多くの人が集まった。1848年にはミシガン–イリノイ運河の完成、そしてガリーナ・シカゴ・ユニオン鉄道の開通により、水上だけでなく陸上交通の中心となり、全米の交通の要所としての地位を確立。さらに1861〜1865年の南北戦争を契機に、軍需物資の生産とともに林業から穀物や家畜取引、農業機械の生産などで目覚ましい発展を遂げた。

シカゴの大火

1871年10月8日、シカゴの町は火の海に覆われる。3日間燃え続けた炎はほぼ全市を焼き尽くし、約1万8000の建物が焼失、9万もの人々が家を失った。これだけの大火にもかかわらず死者は約250人。町の機能が停止しても、交通の要所であるシカゴには全米から物資が集まり、2年後にはダウンタウンはもとの機能を回復。大火後の復興事業が建築家やアーティストに数多くの活躍の場を与えたことで、新しいビルに彼らの個性があふれ、現在の建築にも大きな影響を与えている。1893年には、コロンブスのアメリカ発見400年を祝う万国博覧会Columbian Expo.が、新しく生まれ変わったシカゴで華々しく開催された。約2730万の動員数は当時の合衆国の人口の約45%に相当した。また、同万博には、宇治の平等院を模した鳳凰殿が日本館として出展した。

シカゴのふたりのボスとジャズ

20世紀に入ると、第1次世界大戦もシカゴに好景気をもたらした。しかし、1920年に施行された禁酒法と、アル・カポネという マフィア組織を仕切る男の出現により、別の意味でシカゴは世界的にその名が知られる。また、第1次世界大戦を契機に北進し、ニューヨークとシカゴを2大中心地として発達したものにジャズがある。ルイ・アームストロングなど、歴史に名を残す多くのジャズマンがシカゴで活躍した。

第2次世界大戦後、シカゴに再びボスが現れた。1955年から1976年まで市政を牛耳ったリチャード・J・デイリー市長である。彼は政治組織のボスとして君臨し、イリノイ州、連邦政府、大統領選挙にまで影響を及ぼすほどの力の持ち主だった。

これからのシカゴ

内陸の水上交通の中心地として発展したシカゴは、鉄道の開通により、全米一の交通の要所となった。そして、交通手段が鉄道から航空機へ移り変わった現在も、オヘア国際空港は世界で最も発着便数の多い空港のひとつである。東のNYと西のLAに注目が集まりやすいアメリカでは、目立たない大都市だが、産業、交通、文化など、どれについてもその役割と重要性は、不変のものであることには変わりはない。

人類出現以前のシカゴ 今日のシカゴの繁栄は、地理的な条件によるものが大きいが、その基礎は、人間が地上に現れるはるか昔に遡る。氷河が溶け巨大な湖（現在の五大湖）が形成されると、水はその

シカゴ歴史年表

年代	シカゴ	日本
1673	フランス人神父ジャック・マーキットと探検家ルイ・ジョリエのふたりが、シカゴの地に足を踏み入れる	江戸幕府(1603〜1867)／鎖国(1639〜1854)
1779	ドミニカの毛皮商が入植	蝦夷地を幕府直轄地とする
1803	軍事拠点としてディアボーン砦を設置	十返舎一九『東海道中膝栗毛』刊行(1802／09)、出羽大地震(1804)
1812	ディアボーン砦虐殺事件	浪人取締令、豊後百姓一揆
1816	ディアボーン砦が再建され、1818年イリノイ州が誕生する	イギリス軍艦、琉球で通商を請う
1833	町の自治権を得る	天保の大飢饉(1832〜38)、歌川広重『東海道五十三次』刊行
1836	ミシガン湖とミシシッピ川を結ぶ運河の建設を開始する	アメリカ船モリソン号、漂民をともない浦賀に来る(1837)
1837	シカゴ市に昇格	大塩平八郎の乱(1837)
1840	市の人口は約4500人	水野忠邦の天保改革(天保の改革/1841〜43)
1848	主要産業の農業で発展を遂げ、穀物取引所がつくられた。また、同年にミシガン―イリノイ運河が開通する	アメリカ使節ビッドルが浦賀に来て通商を請うが許されず(1846)
1850	市の人口は約3万人	水野忠邦死去(1851)
1852	ガリーナ・シカゴ・ユニオン鉄道の開通で、全米の交通の要所としてその地位を確立する	アメリカ使節ペリーが浦賀に来る(1853)。アメリカ総領事ハリスが下田に駐在(1856)
1860	市の人口が約11万人に達する	桜田門外の変で、井伊直弼が暗殺される
1871	シカゴの大火で、建造物の大半を焼失する	明治時代(1868〜1912)、廃藩置県(1871)
1885	ホーム・インシュアランス・ビル(1931年に取り壊し)建設。シカゴの摩天楼設立の先駆けとなる	内閣制度創設、第1次伊藤博文内閣発足
1893	シカゴ・コロンビア万国博覧会が開催され、大成功を収める。文化都市として脚光を浴び、図書館、博物館、公園などの文化施設の建設ラッシュが始まる	和衷協同の詔をきっかけに、自由党分裂
1906	シカゴ・ホワイトソックスがワールドシリーズで初優勝を飾る	韓国統監府を設置(統監は伊藤博文)。大正時代(1912〜1926)
1919	ブラックソックス事件(賭博がらみの八百長試合)で、アメリカ社会に衝撃を与える	野口英世、黄熱病の研究を始める
1920	アル・カポネがシカゴの暗黒街のボスとして君臨する	ニコライエフスク(尼港)事件
1925	ユニオン駅が開業	治安維持法の制定。普通選挙法を改定。昭和時代(1926〜89)
1942	オヘア国際空港が開港。シカゴ大学のエンリコ・フェルミ博士らによって世界初の核分裂反応に成功	太平洋戦争(1941)、ミッドウエー海戦(1942)、広島、長崎の原爆投下、敗戦(1945)
1955	リチャード・J・デイリーがシカゴ市長に就任	日ソ共同宣言により、ソビエト社会主義共和国連邦との国交が回復される
1973	シアーズタワー(現ウィリスタワー)建設。約25年間にわたり世界一の高さを誇った	金融の引き締めが始まり、円為替を変動相場制に移行。石油危機(オイルショック)
1976	シカゴの経済発展に貢献したリチャード・J・デイリー市長が74歳で死去	旅客機をめぐる汚職事件、ロッキード事件が政界を揺るがす
1977	シカゴマラソンが開催される	円高、1ドル250円を割る
1980	人口は約300万人を突破	大平首相急死、鈴木善幸内閣成立
1983	ハロルド・ワシントンが初の黒人市長に就任	朝の連続テレビ小説『おしん』が高視聴率を記録
1989	リチャード・J・デイリーの息子、リチャード・M・デイリーが市長に就任	昭和天皇崩御、年号が平成へ
1991	シカゴ・ブルズが初のリーグ制覇を成し遂げる。1990年代は6度の優勝に輝く	雲仙普賢岳の異常噴火
2001	9月11日アメリカ同時多発テロ。空港が閉鎖	第1次小泉内閣発足
2007	2016年夏季オリンピックの開催地として、アメリカ国内の候補都市に選出されるが、2009年のIOC総会で落選	黒川紀章設計の国立新美術館開館
2009	シカゴを地盤としたアメリカ初のアフリカ系大統領が誕生	新型インフルエンザが世界的に流行
2011	ラーム・エマニュエルが初のユダヤ系市長に就任(2015年、再選)	東日本大震災
2019	ローリ・ライトフットが黒人女性同性愛者として初の市長に当選	徳仁新天皇即位。元号が「令和」に

から川となって太古の北米大陸を流れ始めた。現在シカゴがある地域周辺には、少なくとも5つの大きな川があり、これが後に町の形成にかかわってくることになる。

Attractions & Others

378

379

地球の歩き方 シリーズ一覧

2024年7月現在

*地球の歩き方ガイドブックは、改訂時に価格が変わることがあります。 *表示価格は定価（税込）です。 *最新情報は、ホームページをご覧ください。www.arukikata.co.jp/guidebook/

地球の歩き方 ガイドブック

A ヨーロッパ

A01	ヨーロッパ	¥1870
A02	イギリス	¥2530
A03	ロンドン	¥1980
A04	湖水地方＆スコットランド	¥1870
A05	アイルランド	¥2310
A06	フランス	¥2420
A07	パリ＆近郊の町	¥2200
A08	南仏プロヴァンス コート・ダジュール＆モナコ	¥1760
A09	イタリア	¥2530
A10	ローマ	¥1760
A11	ミラノ ヴェネツィアと湖水地方	¥1870
A12	フィレンツェとトスカーナ	¥1870
A13	南イタリアとシチリア	¥1870
A14	ドイツ	¥2420
A15	南ドイツ フランクフルト ミュンヘン ロマンチック街道 古城街道	¥2090
A16	ベルリンと北ドイツ ハンブルク ドレスデン ライプツィヒ	¥1870
A17	ウィーンとオーストリア	¥2090
A18	スイス	¥2200
A19	オランダ ベルギー ルクセンブルク	¥2420
A20	スペイン	¥2420
A21	マドリードとアンダルシア	¥1760
A22	バルセロナ＆近郊の町 イビサ島/マヨルカ島	¥1980
A23	ポルトガル	¥2200
A24	ギリシアとエーゲ海の島々＆キプロス	¥1870
A25	中欧	¥1980
A26	チェコ ポーランド スロヴァキア	¥1870
A27	ハンガリー	¥1870
A28	ブルガリア ルーマニア	¥1980
A29	北欧 デンマーク ノルウェー スウェーデン フィンランド	¥2640
A30	バルトの国々 エストニア ラトヴィア リトアニア	¥1870
A31	ロシア ベラルーシ ウクライナ モルドヴァ コーカサスの国々	¥2090
A32	極東ロシア シベリア サハリン	¥1980
A34	クロアチア スロヴェニア	¥2200

B 南北アメリカ

B01	アメリカ	¥2090
B02	アメリカ西海岸	¥2200
B03	ロスアンゼルス	¥2090
B04	サンフランシスコとシリコンバレー	¥1870
B05	シアトル ポートランド	¥2420
B06	ニューヨーク マンハッタン＆ブルックリン	¥2200
B07	ボストン	¥1980
B08	ワシントンDC	¥2420
B09	ラスベガス セドナ＆グランドキャニオンと大西部	¥2090
B10	フロリダ	¥2310
B11	シカゴ	¥1870
B12	アメリカ南部	¥1980
B13	アメリカの国立公園	¥2640
B14	ダラス ヒューストン デンバー グランドサークル フェニックス サンタフェ	¥1980
B15	アラスカ	¥1980
B16	カナダ	¥2420
B17	カナダ西部 カナディアン・ロッキーとバンクーバー	¥2090
B18	カナダ東部 ナイアガラ・フォールズ メープル街道 プリンス・エドワード島 トロント オタワ モントリオール ケベック・シティ	¥2090
B19	メキシコ	¥1980
B20	中米	¥2090
B21	ブラジル ベネズエラ	¥2200
B22	アルゼンチン チリ パラグアイ ウルグアイ	¥2200
B23	ペルー ボリビア エクアドル コロンビア	¥2200
B24	キューバ バハマ ジャマイカ カリブの島々	¥2035
B25	アメリカ・ドライブ	¥1980

C 太平洋/インド洋島々

C01	ハワイ オアフ島＆ホノルル	¥2200
C02	ハワイ島	¥2200
C03	サイパン ロタ＆テニアン	¥1540
C04	グアム	¥1980
C05	タヒチ イースター島	¥1870
C06	フィジー	¥1650
C07	ニューカレドニア	¥1650
C08	モルディブ	¥1870
C10	ニュージーランド	¥2200
C11	オーストラリア	¥2750
C12	ゴールドコースト＆ケアンズ	¥2420
C13	シドニー＆メルボルン	¥1760

D アジア

D01	中国	¥2090
D02	上海 杭州 蘇州	¥1870
D03	北京	¥1760
D04	大連 瀋陽 ハルビン 中国東北部の自然と文化	¥1980
D05	広州 アモイ 桂林 珠江デルタと華南地方	¥1980
D06	成都 重慶 九寨溝 麗江 四川 雲南	¥1980
D07	西安 敦煌 ウルムチ シルクロードと中国西北部	¥1980
D08	チベット	¥2090
D09	香港 マカオ 深圳	¥2420
D10	台湾	¥2090
D11	台北	¥1980
D13	台南 高雄 屏東＆南台湾の町	¥1980
D14	モンゴル	¥2420
D15	中央アジア サマルカンドとシルクロードの国々	¥2090
D16	東南アジア	¥1870
D17	タイ	¥2200
D18	バンコク	¥1980
D19	マレーシア ブルネイ	¥2090
D20	シンガポール	¥1980
D21	ベトナム	¥2090
D22	アンコール・ワットとカンボジア	¥2200
D23	ラオス	¥2…
D24	ミャンマー（ビルマ）	¥2…
D25	インドネシア	¥2…
D26	バリ島	¥2…
D27	フィリピン マニラ セブ ボラカイ ボホール エルニド	¥2…
D28	インド	¥2…
D29	ネパールとヒマラヤトレッキング	¥2…
D30	スリランカ	¥1…
D31	ブータン	¥1…
D33	マカオ	¥1…
D34	釜山 慶州	¥1…
D35	バングラデシュ	¥1…
D37	韓国	¥1…
D38	ソウル	¥1…

E 中近東 アフリカ

E01	ドバイとアラビア半島の国々	¥2…
E02	エジプト	¥2…
E03	イスタンブールとトルコの大地	¥2…
E04	ペトラ遺跡とヨルダン レバノン	¥2…
E05	イスラエル	¥2…
E06	イラン ペルシアの旅	¥2…
E07	モロッコ	¥1…
E08	チュニジア	¥2…
E09	東アフリカ ウガンダ エチオピア ケニア タンザニア ルワンダ	¥2…
E10	南アフリカ	¥2…
E11	リビア	¥2…
E12	マダガスカル	¥1…

J 国内版

J00	日本	¥3…
J01	東京 23区	¥2…
J02	東京 多摩地域	¥2…
J03	京都	¥2…
J04	沖縄	¥2…
J05	北海道	¥2…
J07	埼玉	¥2…
J08	千葉	¥2…
J09	札幌・小樽	¥2…
J10	愛知	¥2…
J11	世田谷区	¥2…
J12	四国	¥2…
J13	北九州市	¥2…
J14	東京の島々	¥2…
J15	広島	¥2…
J16	横浜市	¥2…

※ J06 神奈川 ¥2…（掲載順に表示）

地球の歩き方 aruco

●海外

1	パリ	¥1650
2	ソウル	¥1650
3	台北	¥1650
4	トルコ	¥1430
5	インド	¥1540
6	ロンドン	¥1650
7	香港	¥1650
9	ニューヨーク	¥1650
10	ホーチミン ダナン ホイアン	¥1650
11	ホノルル	¥1650
12	バリ島	¥1650
13	上海	¥1320
14	モロッコ	¥1540
15	チェコ	¥1320
16	ベルギー	¥1430
17	ウィーン ブダペスト	¥1320
18	イタリア	¥1760
19	スリランカ	¥1540
20	クロアチア スロヴェニア	¥1430
21	スペイン	¥1320
22	シンガポール	¥1650
23	バンコク	¥1650
24	グアム	¥1320
25	オーストラリア	¥1760
26	フィンランド エストニア	¥1430
27	アンコール・ワット	¥1430
28	ドイツ	¥1760
29	ハノイ	¥1650
30	台湾	¥1650
31	カナダ	¥1320
33	サイパン テニアン ロタ	¥1320
34	セブ ボホール エルニド	¥1320
35	ロスアンゼルス	¥1320
36	フランス	¥1430
37	ポルトガル	¥1650
38	ダナン ホイアン フエ	¥1430

●国内

北海道	¥1760
京都	¥1760
沖縄	¥1760
東京	¥1540
東京で楽しむフランス	¥1430
東京で楽しむ韓国	¥1430
東京で楽しむ台湾	¥1430
東京の手みやげ	¥1430
東京おやつさんぽ	¥1430
東京のパン屋さん	¥1430
東京で楽しむ北欧	¥1430
東京のカフェめぐり	¥1480
東京で楽しむハワイ	¥1480
nyaruco 東京ねこさんぽ	¥1480
東京で楽しむイタリア＆スペイン	¥1480
東京で楽しむアジアの国々	¥1480
東京ひとりさんぽ	¥1480
東京パワースポットさんぽ	¥1599
東京で楽しむ英国	¥1599

地球の歩き方 Plat

1	パリ	¥1320
2	ニューヨーク	¥1320
3	台北	¥1100
4	ロンドン	¥1650
6	ドイツ	¥1320
7	ホーチミン/ハノイ/ダナン/ホイアン	¥1540
8	スペイン	¥1320
9	バンコク	¥1540
10	シンガポール	¥1540
11	アイスランド	¥1540
13	マニラ セブ	¥1650
14	マルタ	¥1540
15	フィンランド	¥1320
16	クアラルンプール マラッカ	¥1650
17	ウラジオストク/ハバロフスク	¥1430
18	サンクトペテルブルク/モスクワ	¥1540
19	エジプト	¥1320
20	香港	¥1100
22	ブルネイ	¥1430
23	ウズベキスタン サマルカンド ブハラ ヒヴァ タシケント	¥1…
24	ドバイ	¥1…
25	サンフランシスコ	¥1…
26	パース／西オーストラリア	¥1…
27	ジョージア	¥1…
28	台南	¥1…

地球の歩き方 リゾートスタイル

R02	ハワイ島	¥1…
R03	マウイ島	¥1…
R04	カウアイ島	¥1…
R05	こどもと行くハワイ	¥1…
R06	ハワイ ドライブ・マップ	¥1…
R07	ハワイ バスの旅	¥1…
R08	グアム	¥1…
R09	こどもと行くグアム	¥1…
R10	パラオ	¥1…
R12	プーケット サムイ島 ピピ島	¥1…
R13	ペナン ランカウイ クアラルンプール	¥1…
R14	バリ島	¥1…
R15	セブ＆ボラカイ ボホール シキホール	¥1…
R16	テーマパーク in オーランド	¥1…
R17	カンクン コスメル イスラ・ムヘーレス	¥1…
R20	ダナン ホイアン ホーチミン ハノイ	¥1…